橿原考古学研究所編

橿原考古学研究所論集　第十四

創立六十五周年記念

八木書店　刊行

図１　飛鳥京跡　苑池遺構

図２　飛鳥京跡　苑池遺構出土木簡

④

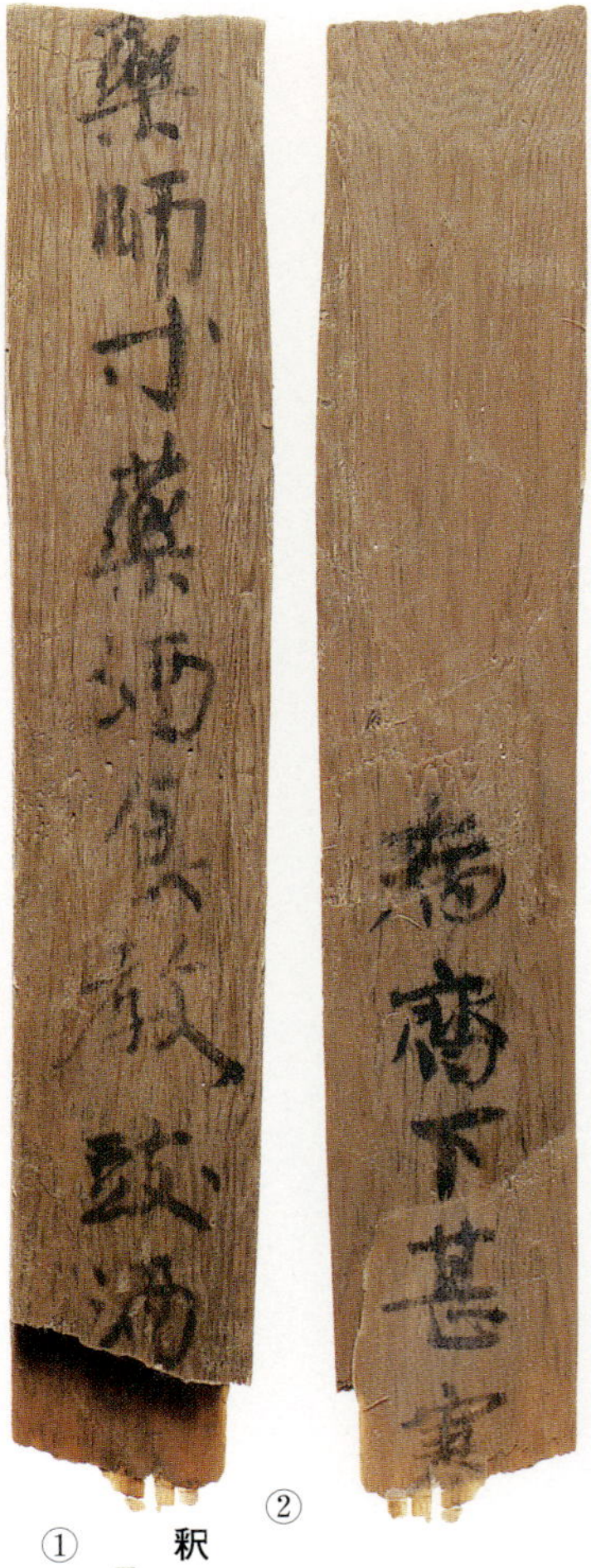

②

①

③

釈文

Ⅱ―5トレンチ水路

①・「大夫前恐万段頓首白　□真乎今日国」

・「下行故道間米无寵命坐整賜」

②・　□病齋下甚寒

・薬師寺薬酒食教豉酒

③「∨委佐碑三升∨」

Ⅳ―1トレンチ水路

④・「戊子年四月三野国加毛評」

・「度里石ア加奈見六斗」

序　文

当研究所では、五年目ごとに出版してきました論集の第十四冊目をだすことになりました。この五年間にもいろいろの変動がありました。前回執筆して戴いた伊達宗泰先生と亀田博君が亡くなられたのは、残念なことでした。その代わり、新人も増えて、新旧交代もスムースに進んでいます。研究所の活動も、最古の古墳の典型とされるホケノ山古墳や、白錦後苑かと言われる飛鳥京跡苑池遺構などの調査を始め、海外でもパルミラ地下墳墓の発掘や中国南京六朝墓の調査などを実施できました。

今回は三〇編を越える論文が集りました。勿論指導研究員の先生方の論考もあれば、幹部級、中堅所、若手組と異なる視点の多様な論文集となりましたが、一つの組織の纏まった姿を示すことが出来たと思っています。

学界に広く貢献できるものと期待しています。

平成一五年九月一日

奈良県立橿原考古学研究所

所長　樋口隆康

目次

図版目次

宮宅と古代寺院の構造（服部）

社稷の起源

樋口隆康

序

古代中国は黄河の流域に興り夏殷周三代の文明を発展させたとして、黄河文明と呼ばれてきた。ところが最近の考古調査によって、南蛮鴃舌の地と言われた長江流域でも、河姆渡遺跡の稲作、良渚遺跡の玉器や、新石器時代の都城跡などが見つかり、長江文明とも呼ぶべき独自の文明の存在が注目されるようになった。それらには問題とすべき点が多々あるが、ここでは都城の中にある方形の土壇について、考えてみたい。

一　方形土壇

1　四川省成都市羊子山土台遺跡

このような方形土台が最初に発見されたのは、成都の北門外の駟馬橋北にある羊子山と言われる土台である。この土台についての最初の報告は羊子山第一七二号墓の報告書[1]であるが、すでに土台は破壊されていて、不明だとのことである。その内圏の西北部外面に第一七二号戦国墓があったのである。

この報告の出された次の年、土台の清理報告が別に出されている。[2]それによると、この土台は墓ではなく、人工の土丘で、径一四〇m、高一〇m位の大きさであるが、周囲が現在の煉瓦工場の土取場としてかなり削られており、わずかに中心部分が長さ四〇m、高さ七mしか残っていなかった。

この土台は推定復原によると、土磚即ち泥レンガ（六五×三六×一〇cm）を用いて、三重の正方形の囲牆を作っている。牆壁の厚さは六mで、内牆は一辺三一・六mの大きさで、各牆の間は一八mであるので、中牆の大きさは辺長六七・六m、外牆は一〇三・六mとなる。各内部は版築で埋土しており、高さは内牆が最も高く、中牆、外牆の順で低くなるので、推定復原された図面によると、一辺一〇三・六m、高さ一〇mの三段築成の土壇となるが、土台の土盛りは径一四〇mあるので、さらに各段四辺中央には階段があったのではないかといわれている。

この土台には戦国末から明代に至る各時代の墓が二一一基見つかっており、土台の年代はそれ以前即ち春秋前期から西周晩期の間ではないかと推測している。土台の用途も良く判らず、観望か祭祀の場かと言うに留まっている。

その後、林向氏[3]は年代を商代早期（三七〇〇－三五〇〇前）に挙げており、また孫華氏[4]は蜀の開明氏王朝が成都に都を作った時代に当てている。さらに、方形三段の土台は水経注に出ている琅邪台に形が似ていると指摘されている。

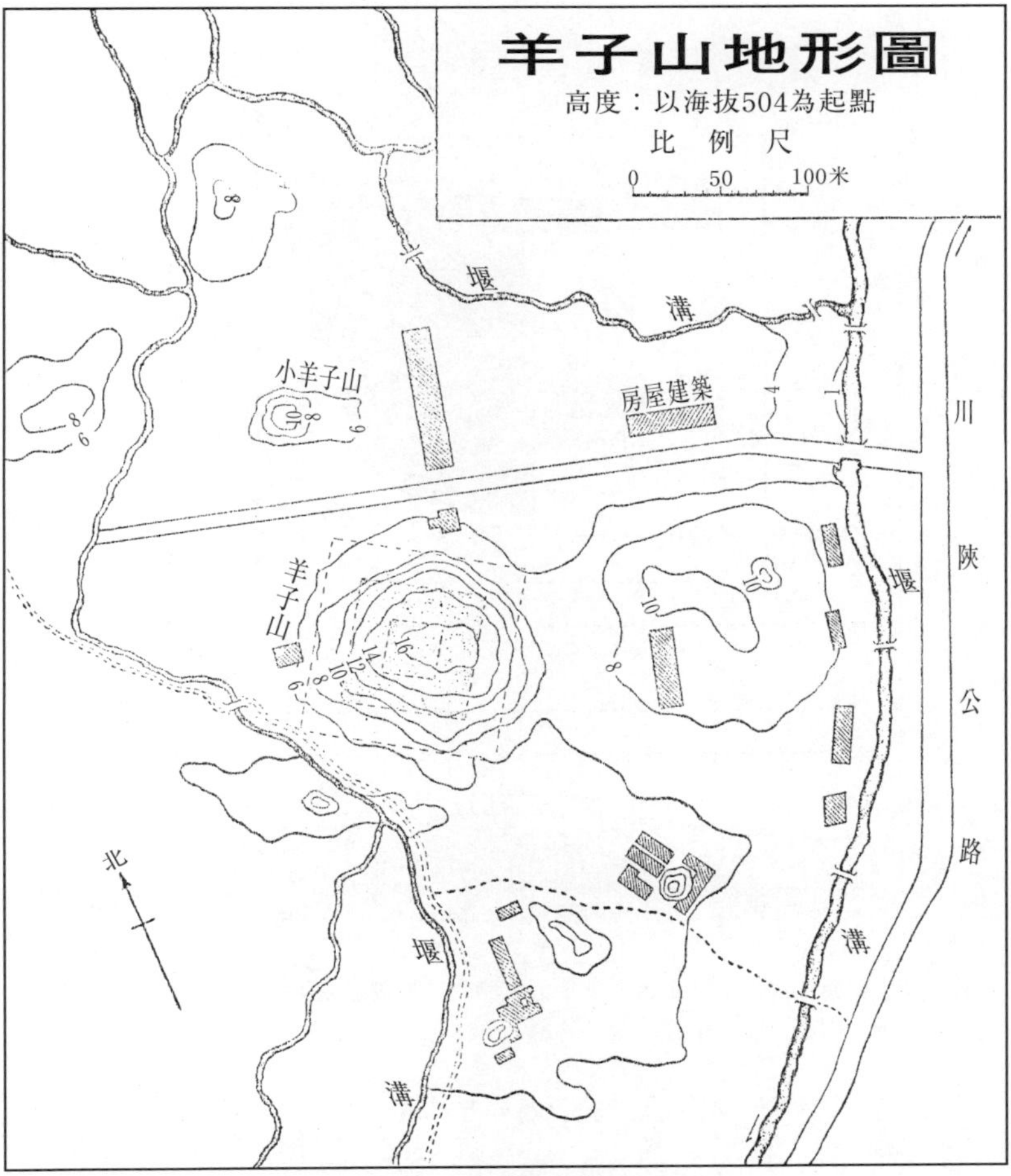

図１　羊子山地形図

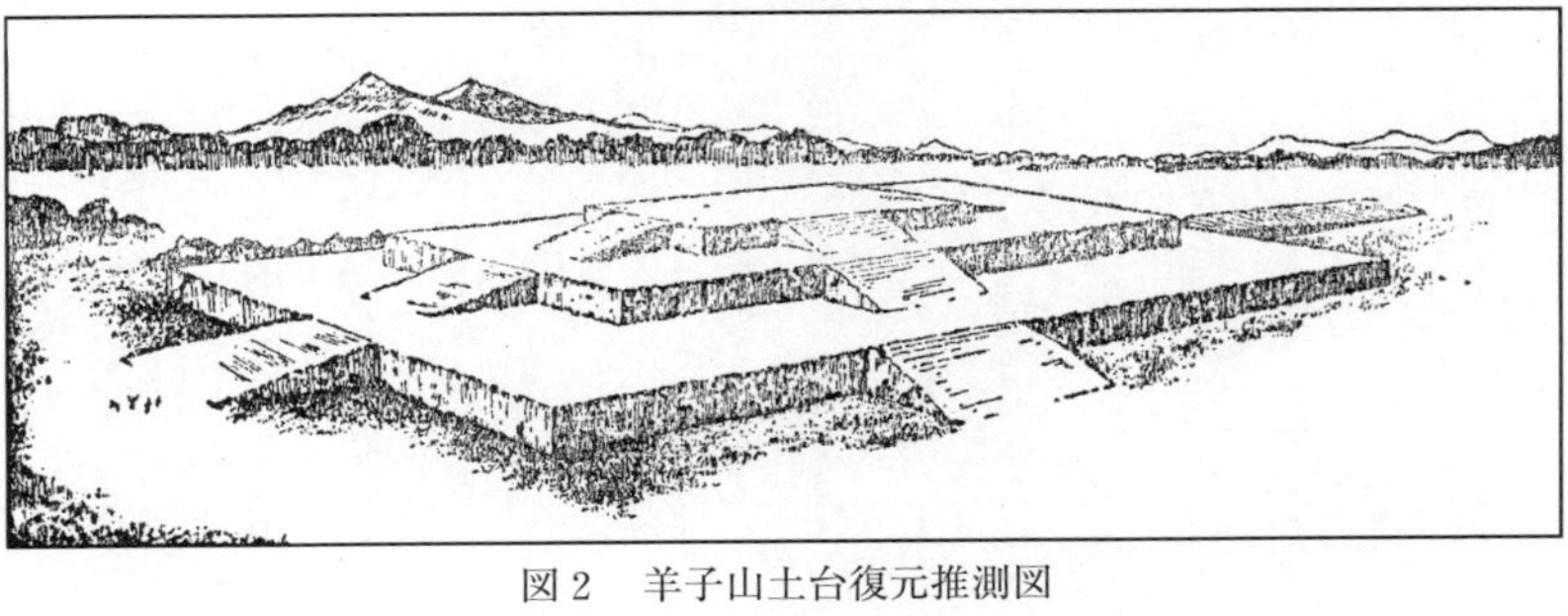

図２　羊子山土台復元推測図

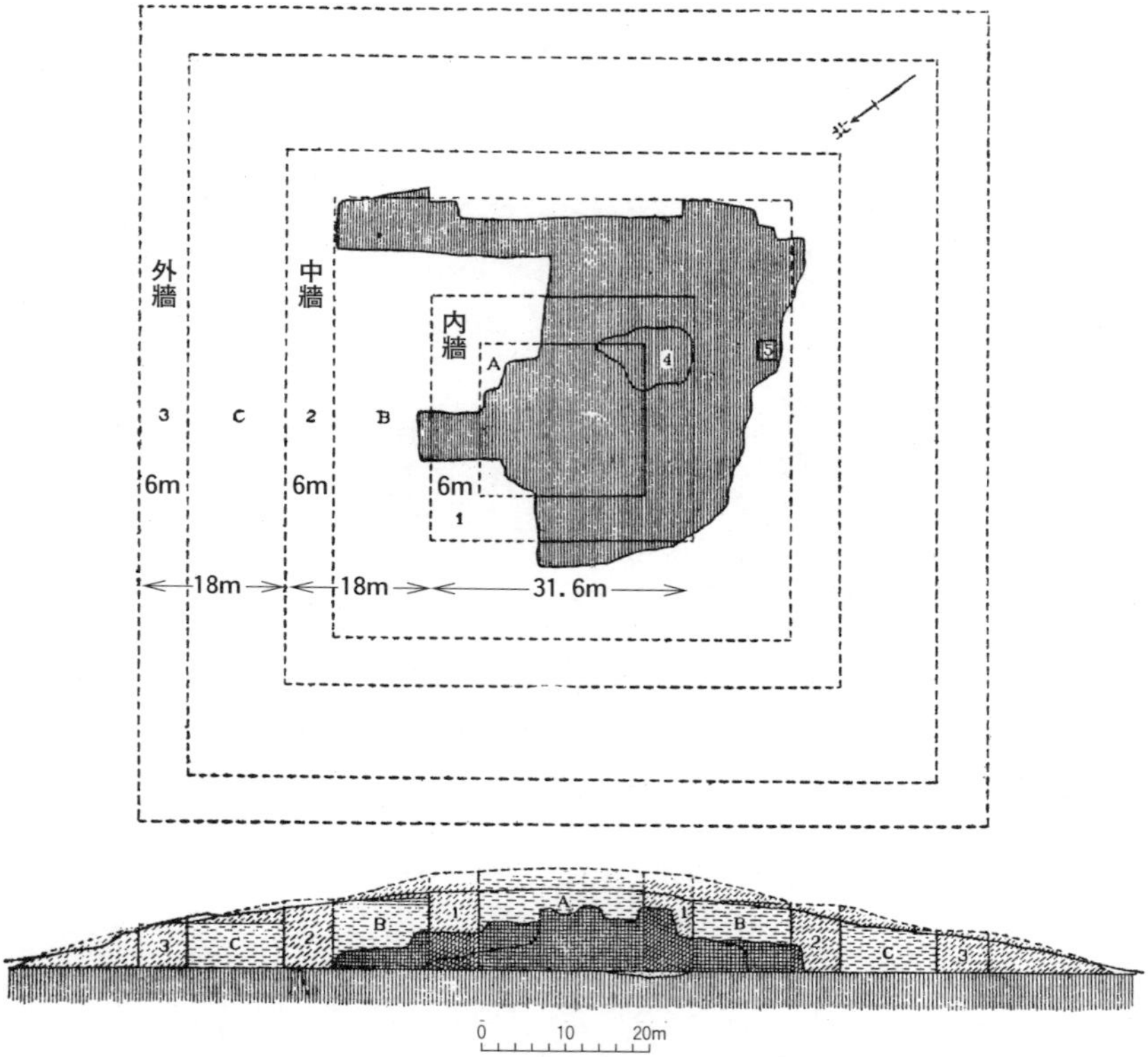

図３　土台断面図　上．土台遺址平面実測及び推測復元図　下．土台遺址剖面図
　　１．内牆　２．中牆　３．外牆

２　四川省新津県龍馬郷宝敦古城

これは、成都市文物工作隊と四川聯合大学文学院歴史系考古専業の合同調査によって発見された都城址である。長辺一一〇〇m、短辺六〇〇mの長方形の城壁であるが、主軸の方向が北東から西南に向いている。四川盆地では他の古城址、例えば芒城、魚梟城なども、いずれも同じ方向を向いている。これは河の流れに沿ったもので、洪水の際の被害を少なくするためとのことである。

この城壁は三星堆Ｉ期即ち龍山文化晩期（四五〇〇～四〇〇〇年前）の遺物を包含する黒褐色粘土層をベースとして築かれているという。

この城内中心に、注目の古敦、即ち土台がある。南北の長六〇m、東西四〇m、高さ六mの大型で三段に築成され、きちんと方位と方向が一致するという。このうち第一段は地上を削って作られており、第二、三段は盛土というが、現在は、北側で三段、南側で二段のテラスが残っており、西側には後漢代の磚墓が土台を大きく削って営まれており、東側も上段近くまで深くえぐられている。復原すると上段一〇㎡、各段テラス幅九m、とすれば下底は一辺五〇mの規模になるようである。

四川省の調査団はこの土台の年代を東漢代と言っているようである。併し、この土台を削って、東漢代の磚室墓が作られているので、土台はそれよりも古い筈である。出土の土器は三星堆Ⅰ期で、C14による年代測定ではB・P四五〇〇〜四〇〇〇年頃である。羊子山古城の土台も同じ種類の建造物で、年代もほぼ同時代とみなしていい。もし、東漢代の土台だとしても、上に建物もない方形の土台が都城の中心にあるとすれば、私が言うところ社稷の後代の遺例とみなしても良いのである。

このような都城に付属した特別の遺構として、類似の方形土台が主に長江流域にある。

3　浙江省嘉興市南河浜遺跡

崧澤文化期に属するもので、其処の土台は方形覆斗状を呈し、一辺一〇㎡、高さは〇・九mある。三度拡張されており、その際異色土を使用している。そこから犠牲の獣骨が出土しており、祭奠用として使われたと思われる。

4　浙江省良渚・瑶山遺跡

瑤山遺址の祭壇は、海抜三五mほどの小山の頂上にある。方形の土壇で一辺が二〇m、各辺は正しく方位と一致している。平滑な表面は三重の構造になっている。最内部は紅土台で、西壁七・七m、南壁六・二mの長方形に近い。その周りに囲溝がある。幅一・七m〜二・一m、深さ〇・八五mほどで、内に灰土を填めている。さらに外周は礫石を敷いた土台で西側の幅五・七m、北側の幅三・一mほどあり、西北の角は石壁が残っている。この土壇には一二基の竪穴墓が、南半部に二列並んで埋められている。

5　浙江省余杭県反山遺跡

反山遺跡でも、東西九〇m、南北三〇m、高七・三mの土壇の上に竪穴墓が並んでいたが、大量の玉器を副葬した玉斂墓であった。即ち死体の下には玉璧をおき、腹部に玉琮をおいている。

6　浙江省余杭県匯観山遺跡

ここでは長方形祭台があり四五×三三mの大きさである。その中心に灰色の方形土框（框幅二m、内側八×一〇m）がある。その外側には、三色に色割りされた三重の圏帯があり、外帯は紅色、中帯は灰色、内帯は紅色である。

二　宗廟と社稷

この都城の内部の構造については戦国時代の礼制について記している『周礼』や『礼記』の記事が参考となる。

『周礼』巻八春官　小宗伯之職、掌建国之神位、右社稷、左宗廟

『礼記』祭儀　　　建国之神位、右社稷、而左宗廟

『周礼』考工記　匠人築国、方九里（中略）左祖右社面朝後市

即ち王宮より路門を出て、左即ち東に宗廟、右即ち西に社稷があったと注釈の疏にかかれている。社は土地の神、稷は五穀の神と言われる。古代に国を建てる時、必ず王宮の右に社稷を、左に宗廟を建てた。宗廟は祖先の霊廟で、立派な建物であるが、社稷は方形の壇で、屋はない。

ところが、近年の古代都城調査によると、黄河流域では、都城の内に宗廟があったことが明らかになりつつある。例えば河南省偃師二里頭の宮殿遺構は宗廟でないかとみられており、安陽殷墟の中心部小屯村でも宗廟と思われる建物、乙七基址を中心として、その基壇や前庭部に戦車隊を含む一大軍団が犠牲として葬られていた。

また西周早期の周原の遺跡、即ち卜甲一万七千個を出土した岐山県鳳雛村早周甲組宮殿や、宗周の地とされる扶鳳県法門召陳村西周宮殿など宗廟らしきものがある。さらに、春秋時代、秦の雍城（陝西省鳳翔県）でも宮殿の中心に、人・牛・犬・車などを犠牲とした祭祀坑をともなう宗廟があった。したがって、黄河流域では都城の中心に宗廟があったと思われる例が多いのである。しかし、それとセットになると見られる社稷の壇は、見つかっていないのである。

ところが長江流域の都城では、別な遺構があったことになる。とくに宝敦遺跡では、都城の中心に土壇のあることが判った。この南北を意識した方形土壇は何かの祭壇と思われるが、これが都城の中心にあり、正しく方位にマッチしている点が注目される。そして、上には建物がないから宗廟ではない。とすれば、これは社稷の壇ではなかろうかと思う。

社については多くの学者の研究がある。

E. Chavannes: Le dieu de sol dans la Chine antique, Le T'ai-Chan, Musee Guimet. 一九一〇

出石誠彦「社を中心として見たる社稷考」、早稲田大学哲学年誌第四巻、大正九年『支那神話伝説の研究』所収

関野雄「中国古代の樹木思想」、『民族学研究』一四の二、一九四九年一二月
橋本増吉「支那古代の社稷について」、『東亜経済研究』二〇－三、一九三六年八月
藤枝了英「社の原始的形態に就いて」、『支那学』一〇－二、一九四〇年一一月
守屋美都雄「社の研究」、『史学雑誌』五九－七、一九五〇年七月
凌純聲「中国古代之源流」『民族学研究所集刊一七』、民国五三年、一九六四年

この研究を詳しく紹介することは出来ないが、社の原形は茂みであり、それが独立の樹となった。最初に、林叢に対する畏怖、霊的崇拝があって、それが樹木崇拝、大地の精気に対する崇拝と結合して、土壇に木を植える形式ができた。それが発展して、土地の神となった。穀物も土地と関係があり、その精霊に対する崇拝が同じ土地の神である社と結びついて、社稷となった。林叢即ち森と穀物は長江流域の環境にピッタリである。社稷が長江流域で誕生したことは、十分納得されるところである。

やがて、社稷は国家を代表する神となり、祖先崇拝のシンボル、宗廟と並んで、王宮の両側（社稷を右、宗廟を左）に置かれた。

社稷と言う語は国家を意味する代名詞ともなった。『礼記』檀弓下に「能執干戈、以衞社稷」とある。また、『周礼』巻一〇地官大司徒の條には「設社稷之壝（壇のこと）、而樹之田主」とある。社は土地の神、稷は五穀の神である。封土して壇を設け、中心に田主、即ち田神として樹又は茅束を植えた。屋根は陽光をさえぎり、亡国の因となるので架けなかったという。そして天子の社稷は広さ五丈、諸侯は半分の大きさといい、方位に合致させており、東、南、西、北を青、赤、白、黒の色であらわし、中央の壇は黄土で覆った構造であったという。

『史記』巻六〇　三王世家

所謂受此土者、諸侯王始封者必受土於天子之社、帰立之以為國社、以歳時祠之。春秋大傳曰「天子之國有泰社。東方青、南方赤、西方白、北方黒、上方黄。」故将封於東方者取青土、封於南方者取赤土、封於西方者取白土、封於北方者取黒土、封於上方者取黄土。各取其色物、裹以白茅、封以為社。此始受封於天子者也

また、社において、日蝕、旱魃、降雨、出師の際に儀式が行われる。

夏六月辛未朔、日有食之、鼓用牲于社非常也（『左傳』荘公二五年）

また、軍事に当たり神に加護を祈り、勝利に至ろうとするもの、社には共工氏の子の句龍（土地の神）を祀り、稷には后稷（農業の神）を祀る。

宝敦古城の壇の上面はすでに削られた部分が多く、封樹の証拠はしられないが、社稷の壇という印象が強い。成都市羊子山の方形の壇も同じである。即ち初めて都城が建設されたころ、黄河流域では都城の中心に宗廟があったが、長江流域では社稷壇があったのではなかろうか。そして、戦国時代の頃、周代礼制の確立の際に、両方をとり入れて、王室の左右に宗廟と社稷をおく構造が完成されたと見ることができよう。

中国文明はこれまでは単に「黄河文明」と呼ばれていた。併し、南の長江文明にも稲作をはじめ、絹、漆、玉器など中国文明の主要素となるものが早くから存在していたと分かった。恐らく、黄河と長江の二つの地域に起こった別々の文明が合体して、真の中国文明が成立したと見ることができよう。

参考文献

（1）　四川省文物管理委員会「成都羊子山第一七二号墓発掘報告書」（『考古学報』一九五六年四月）
（2）　四川省文物管理委員会「成都羊子山土台遺址清理報告」（『考古学報』一九五七年四月）
（3）　林向「羊子山建築遺址新考」（『四川文物』一九八八年五月）
（4）　孫華「羊子山土台考」（『四川文物』一九九三年一月）

縄文文化確立期における石器組成の地域性

松田真一

一　はじめに

縄文文化を規定する要素としていくつかの事象を挙げることができるが、なかでも土器利用の開始、新しい狩猟具の出現、海産資源の積極的な獲得、森林資源の本格的な活用および、それらの実現による定住生活様式の確立は縄文時代に始まった特筆すべき文化要素である。旧石器時代に決別して形成された縄文文化は、採集経済段階としては世界史的にみても特有の内容を備えていた文化としての評価が与えられる。文化史的にみてこの旧石器時代から縄文時代への転換は、日本列島における文化の変革のなかでも大きな画期ということができる。

この文化的画期については、更新世から完新世へ移行する地球規模の気象変動期に、日本列島を取り巻く自然環境が変化し、動物相や植物相も大きく様変わりしたなか、列島の住人達はその変化に適応したことは事実であろう。しかし縄文文化は日本列島のおかれた環境によって決定的な影響を受けて成立したのでもなければ、また環境の変化に規制されながら発展したのでもない。旧石器時代の石器型式とその当時の日本列島の植被構成を絡めて、両者の関係を整合的に理解しようとする見解もあるが、充分な資料分析手続きを経た結果とはいえない。むしろ列島に暮らした人々は自然環境に巧みに適応しながら、過酷な面をもった環境を克服して列島各地において独自の文化を築き上げたのである。そのような歴史の担い手として縄文人が築き上げた文化の実像は、彼らが残した全国各地の縄文時代遺跡やそこから出土する遺物の中にみてとることができるのである。

二　石器組成による生業復元研究史

周辺の環境へ働きかけた生業活動の結果は、遺跡で確認される遺構や遺物に反映している。なかでも貝塚などから出土する動植物の遺存体は、直接当時の食生活の実際を我々に示してくれるものである。しかし、このような資料が得られる遺跡は湿地性の遺跡や貝塚などに限られ、遺跡全体から見ると僅かな割合に過ぎない。特に西日本では貝塚遺跡は少なく、動植物の遺存体資料には恵まれていない。

今回試みた石器の内容から当時の生業を考える方法は、処理した食物の実際の量を確認することができないことや、獲得した動植物の種が確定できないこと、用途の確定できない石器が存在することなど、当然実際の動植物の遺存体を用いた分析には遠く及ばない面がある。しかし、石器を用いる研究方法の利点は、縄文時代の遺跡からは普遍的に出土することで、資料比較に地域的・時期的な偏りがおこりにくく、遺跡相互の間の比較検討には有効であることがわかっている。このような現状を踏まえて、ここでは石器の組成に焦点をあて、縄文文化確立期における地域間の生業を比較検討した。このような手法を用いた石器研究は、すでにこれまで多くの先学の研究があり、いくつかの成果が上げられて来ている。ここでは誌面の関係から詳細を述べる余裕はないため、当該時期の研究に限定し、かつ概略だけを記しておく。

片岡肇氏は石器と動植物遺存体を手がかりにして、早期押型文土器文化の生産活動はおもに動植物資源の獲得、および淡水産貝類の捕採に依存した生産活動であったことが推定できるとした。

小薬一夫氏は南関東地方条痕文土器の時期の遺構・遺跡を単位として石器を群としてとらえる石器組成研究を検討し、地域相を明らかにしようとしたものである。そこでは、石器の器種分類の混乱を避けるため石器の製作技法と形態を基本とした新たな器種分類基準を設定している。その結果、早期撚糸文土器に形成された地域特性が早期後半まで継承されていることを明らかにし、さらに石器の形態分化や、量的な増加にともなっていっそう細分化された地域性を形成することになるとした。

斎藤幸恵氏も押型文系土器文化の生産活動の特色を捉えようと、石器を形態的な特徴から狩猟活動に関わる生産用具、植物採集・加工に関わる生産用具、漁労活動に関わる生産用具、食糧・生活用具の加工に関わる生産用具に分類し、遺跡毎の主体となる生産活動の特色を比較している。それによれば、押型文土器の初期には狩猟活動主導型の生産活動が盛んであったが、そのなかで中部山地ではいち早く植物採集・加工技術が普及していたことが指摘された。次の段階で植物採集・加工にもとづく生産活動が活発となり、加工具の発達も著しく多方面へ生産活動が展開していく。終盤には新たに資源獲得のため海岸部や内陸の湖沼などにも活動の場を広げていったことが明らかになるとした。

小林康男氏は中部高地の縄文早期の石器組成を分析する中で、押型文土器期の石器の出土量と多様化に注目し、初期の狩猟具中心の石器組成からしだいに狩猟具、植物採集具、処理具など多様な用途に対応した石器組成にとって替わることが指摘できるとする。

このように縄文時代初期の石器群について、一般的には、草創期と早期を縄文文化の確立期として位置づけ、確立期の石器群と前期以降の石器群との違いは石鏃や石槍などの狩猟具の減少する一方で、植物採集や加工に用いられる石器の増加という現象を指摘されることが多い傾向にある。稲田孝司氏は磨石や石皿など植物質食糧加工に関わる石器が高い組成を示す特徴をもった武蔵野台地に代表される撚糸文土器にともなう石器群を、早期の生産活動が植物質食糧依存の方向へ向かったことを示しているとして評価する。

阿部芳郎氏は石器の分析による縄文文化確立期における移動生活から定住生活への生活パターンの変化という総体的な図式は、実際には十分な資料操作をへているものではないとし、関東地方の早期石器群を取り上げ、撚糸文土器の石鏃と磨石、石皿を両極とした石器組成の地域的な分析から、当時の生産構造を導き出そうとした。その結果、草創期以前の生産用石器群の地域性は自然環境との関係が薄く、狩猟具を主体とした個別器種の製作技術や石器型式の違いとして現れたが、早期には植物質食糧の加工具が安定して組成参入し、さらに地理的環境の違いが器種組成率に反映されるようになる。このような地理的環境に対応した一定の地域における生産用石器群の組成の特徴は、その地域の遺跡の性格の差を越えて共通している。また、このような早期の生産石器群のあり方は、当時の小規模な集団が単位となった生産社会の環境適応と資源活用の特色を示したものであると考えた。

三　石器のもつ属性と用途

1　収集石器の器種分類

確立期の石器群の特徴を見極め石器組成の内容を把握するため取り扱う器種を特定した。器種別に石鏃、尖頭器、削器、掻器、石匙、石錐、彫器、楔形石器、磨製石斧、局部磨製石斧、打製石斧、環状石器、礫器、砥石、磨石、敲石、凹石、石皿、石錘、異形局部磨製石器、石核、原石、使用痕のある剥片、二次加工のある剥片、特殊な石製品、不定形石器、剥片に区分した。これらの器種のうち、石核、原石、使用痕のある剥片、二次加工のある剥片、特殊な石製品、不定形石器、剥片を除いたものを定型的な石器として、基本的な器種組成の構成割合の比較資料として扱った。

2　石器の機能と用途

これら定型的な石器を当時の生産活動に対応させることは一見容易に思えるが、石器によっては具体的な機能や用途が解明されていない器種があること、また一種の器種が多くの機能をもっている場合も多く、活動との結びつきを考えることは難しい面もあるが、現在の研究段階での機能や用途について触れてみたい。

石鏃、尖頭器は一般的には狩猟活動に関わる石器と考えることができる。砥石の中にはいわゆる矢柄研磨器と呼ばれるものを含む有溝砥石があり、直接狩猟具として用いられる石器ではないが狩猟活動に関わる道具である可能性が高いといえる(1)。

石匙は多機能な加工具とみる考えと、捕獲動物解体に有用な石器であるとした実験的結論から導かれた見解もあり、動物の捕獲から解体までの狩猟活動の一環の中で機能を発揮したとみる石器も存在する。これらは一般的に遺跡から大量に出土することはないので、石器群の全体の石器組成に大きく影響することはないが、このような石器が含まれている石器群の性格をみるうえでは注意すべき器種であろう。今回の集計においては加工具として取り扱った。

九州においては早期から前期の遺跡で石銛と分類される石器がある。石鏃より幅が広く、重量が石鏃の倍以上という形態的特徴から大型魚類や海生の哺乳類を捕獲する漁具とみる見解がある。漁労活動のなかで土錘とともに網漁の存在を示す石器として石錘をあげることができるが、石錘は編み物のおもりとして用いられた場合もあり識別には注意を要する。

打製石斧は根菜類など植物質食糧の獲得に用いられた道具であることが明らかである(2)。同じ植物質食糧に関わる石器として磨石、敲石、凹石、石皿があげられるが、これらの石器はほかの用途に用いられる場合も考えられるが、すでに先学の研究が明らかにしているように、主な用途として植物質食糧の加工処理に関わったものとみなした。

礫器は多くの場合、素材において調整剥離の及んでいる範囲による全体の形状の特徴と、刃部の形態の違いなどで分類されている。分類された礫器の用途については、これまでの研究で、根茎植物採集のための土掘り具、ないしは堅果類の打割具などの用途が想定されているほか、貝類の捕採具やカキ・アワビなどの殻の打割具と推定されるものもある。また、榎崎B遺跡では刃部に刃こぼれや割れなどが観察され、柄の装着装置や擦れ痕跡もないことから、手持ちの斧のような機能を持つものとしている。以上のことから礫器は、種類によって森林資源を利用する際の道具としての役割のほか、植物質食糧獲得具あるいは多目的の掘削道具や海産物獲得道具として用いられたものもある。また一方で、大型動物の殺傷具ないし解体具に用いられた広い意味での狩猟具と理解する考えもある(3)。

削器、掻器、石錐、彫器、楔形石器、磨製石斧、局部磨製石斧、環状石器、礫器、砥石、異形局部磨製石器、不定形石器などは一般に加工具として一括されている。しかし、これらの石器の用途は厳密には特定しにくく、道具などの製作のための加工具、樹木の伐採などの作業工具、皮鞣しの用具としてなど用途も多岐にわたっていると考えられている。また一つの石器が複数の用途を兼ね備えている場合も想定されている。したがって、石器の種類と機能や用途の関係を整理した後に生産部門別に分類の必要があるが、これらの石器の用途の検討と考察が十分に進められているとはいい難いのが現状で、多方面の生業活動に関わって主に加工作業に用いられた石器として捉えておきたい(4)。

四　九州地方における石器組成の地域性と生業活動

1　各遺跡における定型的石器の組成データ

石器組成事例として九州地方を取り上げたのは、西日本において当該時期の遺跡単位や文化層単位の資料が九州地方で特に充実しているためであり、北部九州、西部九州の半島部、中部九州の盆地部、南部九州の各地などいづれも良好な資料が得られていることによる。遺跡の時期は筆者が縄文文化の確立期と考えた早期の遺跡を主たる対象としたが、時期的な石器組成の変遷の問題とも関わってくるため、前後の時期である草創期と前期の遺跡の資料も一部含めて一覧表とした。(5)（次頁表1参照）

2　草創期から早期へ

草創期の石器組成を検討できる資料は少なくはないが、限定した同一地域における草創期と早期の石器組成の違いを比較して検討できる資料は少ない(6)。その中にあって、九州中央部の白鳥平B遺跡では同一遺跡における組成の違いが指摘できる数少ない資料といえる。この白鳥平B遺跡の狩猟具と植物質食糧加工処理具との比率をみてみると、狩猟具は草創期文化層では六七％、早期では二八％、植物質食糧加工処理具は草創期で二一％、早期で五九％となっていて、この石器組成をみるかぎり両者の比率がほぼ逆転する結果となっている。草創期の石器には細石器が含まれているが、ここでの組成比較数値に加えなかったため、数値の比較においては若干の問題が残るが、組成の大きな変化の傾向は示しているものと理解した(7)。

文　献
木下修1978［山陽新幹線関係埋蔵文化財発掘調査報告第８集］福岡県教育委員会
山崎純男1983［柏原遺跡群］『福岡市埋蔵文化財調査報告書90』
山崎純男1983［柏原遺跡群］『福岡市埋蔵文化財調査報告書90』
山崎純男1983［柏原遺跡群］『福岡市埋蔵文化財調査報告書90』
堀川義英1979［牟田辻．中野遺跡］『佐賀県文化財調査報告書第45集』
田島龍太1988［笹ノ尾遺跡群］『唐津市文化財調査報告書第25集』唐津市教育委員会
田島龍太1989［草履作遺跡］『唐津市文化財調査報告書第34集』唐津市教育委員会
田川肇1982［九州横断自動車道建設に伴う埋蔵文化財緊急発掘調査報告書Ⅱ］『長崎県文化財調査報告書第56集』
田川肇1982［九州横断自動車道建設に伴う埋蔵文化財緊急発掘調査報告書Ⅱ］『長崎県文化財調査報告書第56集』
正林讓．村川逸朗1986［長崎県埋蔵文化財調査集報Ⅸ］『長崎県文化財発掘調査報告書第82集』長崎県教育委員会
正林讓．村川逸朗1986［長崎県埋蔵文化財調査集報Ⅸ］『長崎県文化財発掘調査報告書第82集』長崎県教育委員会
安楽勉1989［九州横断自動車道建設に伴う埋蔵文化財緊急発掘調査報告書Ⅵ］『長崎県文化財調査報告書第93集』
副島和明ほか1986［諫早中核工業団地造成に伴う埋蔵文化財発掘調査報告書３］『長崎県文化財報告書第74集』
副島和明ほか1986［諫早中核工業団地造成に伴う埋蔵文化財発掘調査報告書３］『長崎県文化財報告書第74集』
高野晋司1983［弘法原遺跡］『吾妻町の文化財』長崎県吾妻町教育委員会
木崎康弘1995［無田原遺跡］『熊本県文化財調査報告第148集』熊本県教育委員会
緒方勉1993［瀬田裏遺跡調査報告資料Ⅱ］『大津町文化財調査報告』大津町教育委員会瀬田裏遺跡調査団
太田幸博1990［高城跡郭］『熊本県文化財調査報告第95集』熊本県教育委員会
木崎康弘1986［大丸・藤ノ迫遺跡］『熊本県文化財調査報告第80集』熊本県教育委員会
木崎康弘1990［天道ヶ尾遺跡Ⅱ］『熊本県文化財調査報告第111集』熊本県教育委員会
宮坂孝宏1994［白鳥平A遺跡］『熊本県文化財調査報告第142集』熊本県教育委員会
宮坂孝宏1994［白鳥平B遺跡Ⅱ］『熊本県文化財調査報告第142集』熊本県教育委員会
宮坂孝宏1994［白鳥平B遺跡Ⅱ］『熊本県文化財調査報告第142集』熊本県教育委員会
鶴嶋俊彦1988［村山闇谷遺跡発掘調査報告書］『人吉市教育委員会』
高橋徹1991［大分空港道路建設に伴う埋蔵文化財発掘調査報告書83集］大分県教育委員会
坂本喜弘1986「菅無田遺跡」野津町教育委員会
高橋徹1986［菅生台地と周辺の遺跡11］竹田市教育委員会
長津宗重ほか1995［打扇遺跡．早日渡遺跡．矢野原遺跡．茂田遺跡］宮崎県教育委員会
山田洋一郎．谷口武範ほか1995［打扇遺跡．早日渡遺跡．矢野原遺跡．茂田遺跡］宮崎県教育委員会
菅付和樹1991［天神河内第一遺跡］宮崎県教育委員会
面高哲郎1986［芳ヶ迫第１遺跡］『田野町文化財調査報告第３集』田野町教育委員会
面高哲郎1986［芳ヶ迫第１遺跡］『田野町文化財調査報告第３集』田野町教育委員会
森田浩史1992［井手ノ尾遺跡発掘調査報告書］『田野町文化財調査報告書第14集』田野町教育委員会
面高哲郎1986［芳ヶ迫第１遺跡］『田野町文化財調査報告第３集』田野町教育委員会
出口浩1982［九州縦貫自動車道関係埋蔵文化財発掘調査報告書Ⅻ木場A遺跡］『鹿児島県埋蔵文化財発掘調査報告書21』
牛ノ浜修1982［九州縦貫自動車道関係埋蔵文化財発掘調査報告書Ⅸ山崎遺跡］『鹿児島県埋蔵文化財発掘調査報告書18』
牛ノ浜修1982［九州縦貫自動車道関係埋蔵文化財発掘調査報告書Ⅸ山崎遺跡］『鹿児島県埋蔵文化財発掘調査報告書18』
新東晃一1981［九州縦貫自動車道関係埋蔵文化財調査報告７中尾田遺跡］鹿児島県教育委員会
黒川忠広ほか2002［上野原遺跡第２～７地点］『鹿児島県埋蔵文化財センター発掘調査報告書41』
黒川忠広ほか2002［上野原遺跡第２～７地点］『鹿児島県埋蔵文化財センター発掘調査報告書41』
黒川忠広ほか2002［上野原遺跡第２～７地点］『鹿児島県埋蔵文化財センター発掘調査報告書41』
中村耕治・冨田逸郎ほか2001［上野原遺跡第10地点］『鹿児島県埋蔵文化財センター発掘調査報告書28』
雨宮瑞生ほか1992［掃除山遺跡］『鹿児島市埋蔵文化財発掘調査報告書12』鹿児島市教育委員会
青崎和憲1981［九州縦貫自動車道関係埋蔵文化財調査報告Ⅴ加栗山遺跡　神ノ木遺跡］『鹿児島市埋蔵文化財発掘調査報告書16』
湯之前尚1993［飯ヶ盛遺跡］『鹿児島県立埋蔵文化財センター発掘調査報告３』鹿児島県立埋蔵文化センター
新東晃一1990［前畑遺跡］『鹿児島県埋蔵文化財発掘調査報告書52』鹿児島県教育委員会
青崎和憲1992［榎崎A遺跡］『鹿児島県埋蔵文化財発掘調査報告書63』鹿児島県教育委員会
井ノ上秀文1993［榎崎B遺跡］『鹿児島県立埋蔵文化財センター発掘調査報告４』鹿児島県立埋蔵文化センター
宮田栄二1992［西丸尾遺跡］『鹿児島県文化財発掘調査報告64』鹿児島県教育委員会

時代早期の石器組成

る。Aは狩猟具・Bは工具・Cは植物加工処理具・Dは漁労具・Eはその他の石器の数量を、
少数以下の処理で合計が100%とならない場合が含まれている。

	所在地	遺跡名	地図位置	立　地	石器総数	A	B	C	D	E	備　考
1	福岡県	深原遺跡	1	扇状地上	792	76	14	9	1	0	
2	福岡県	柏原遺跡下層	2	低丘陵上	51	57	31	12	0	0	刺突文・条痕文土器段階
3	福岡県	柏原遺跡中層	2	低丘陵上	194	59	34	7	0	0	押型文・無文土器段階
4	福岡県	柏原遺跡上層	2	低丘陵上	96	61	32	7	0	0	撚糸文・押型文土器段階
5	佐賀県	牟田辻遺跡	3	丘陵峰部	384	64	26	10	0	0	
6	佐賀県	日焼A遺跡	4	準平原台地上	127	97	3	0	0	0	
7	佐賀県	草履作遺跡	5	小開析谷	66	70	24	6	0	0	
8	長崎県	牛込A遺跡	6	低丘陵上	89	87	11	2	0	0	
9	長崎県	牛込B遺跡	6	低丘陵上	145	86	9	5	0	0	
10	長崎県	つぐめのはな遺跡下層	7	海岸縁部	110	18	49	2	31	0	早期終末
11	長崎県	つぐめのはな遺跡上層	7	海岸縁部	87	41	40	3	13	3	早期終末～前期
12	長崎県	松山A遺跡	8	三角州南斜面	2586	98	1	1	0	1	
13	長崎県	鷹野A遺跡	9	低丘陵上	542	78	17	5	0	0	
14	長崎県	鷹野B遺跡	9	低丘陵上	489	86	10	4	0	0	
15	長崎県	弘法原遺跡	10	扇状地上	479	28	9	63	0	0	
16	熊本県	無田原遺跡	11	低丘陵上	66	27	39	27	0	7	
17	熊本県	瀬田裏遺跡	12	尾根裾	1035	39	34	25	0	2	
18	熊本県	高城跡遺跡	13	開析谷	101	25	32	40	0	3	
19	熊本県	大丸・藤ノ迫遺跡	14	丘陵上	436	32	17	51	0	0	
20	熊本県	天道ヶ尾遺跡	15	台地上	372	18	19	62	0	1	
21	熊本県	白鳥平A遺跡	16	丘陵上	975	17	6	77	0	0	
22	熊本県	白鳥平B遺跡下層	16	丘陵上	87）	66	13	21	0	0	草創期
23	熊本県	白鳥平B遺跡上層	16	丘陵上	174	28	12	59	2	0	早期
24	熊本県	村山闇谷遺跡	17	扇状地上	340	40	6	54	0	0	
25	大分県	塩屋伊豫原遺跡	18	丘陵斜面	59	66	27	7	0	0	
26	大分県	菅無田遺跡	19	台地上	361	88	6	7	0	0	
27	大分県	下菅生B遺跡	20	台地南端	71	55	16	30	0	0	
28	宮崎県	早日渡遺跡	21	丘陵上	321	95	0	5	0	0	
29	宮崎県	矢野原遺跡	22	台地上	221	58	34	8	0	0	
30	宮崎県	天神河内第１遺跡	23	河岸段丘上	201	78	13	9	0	0	
31	宮崎県	芳ノ迫第１遺跡	24	丘陵裾部	91	79	10	11	0	0	
32	宮崎県	芳ノ迫第３遺跡	24	丘陵裾部	76	55	5	40	0	0	
33	宮崎県	井手ノ尾遺跡	25	尾根上	76	53	5	42	0	0	
34	宮崎県	札ノ元遺跡	26	丘陵裾部	241	29	7	63	0	1	
35	鹿児島県	木場遺跡	27	舌状台地上	294	83	11	6	0	0	
36	鹿児島県	山崎B遺跡下層	28	台地縁辺部	70	86	11	3	0	0	吉田・前平式土器段階
37	鹿児島県	山崎B遺跡上層	28	台地縁辺部	71	86	14	0	0	0	塞ノ神・手向山式段階
38	鹿児島県	中尾田遺跡	29	舌状台地先端	46	65	22	13	0	0	
39	鹿児島県	上野原遺跡2.3地点下層	30	台地上	506	3	6	67	0	23	
40	鹿児島県	上野原遺跡2.3地点上層	30	台地上	103	6	6	64	0	23	
41	鹿児島県	上野原遺跡４地点	30	台地上	208	13	4	67	0	15	
42	鹿児島県	上野原遺跡10地点	30	台地上	3086	18	24	29	0	28	
43	鹿児島県	掃除山遺跡	31	丘陵上	128	10	80	10	0	0	草創期
44	鹿児島県	加栗山遺跡	32	舌状台地上	128	20	35	45	0	0	
45	鹿児島県	飯盛ヶ岡遺跡	33	台地上	92	26	26	34	1	13	
46	鹿児島県	前畑遺跡	34	台地上	83	13	14	73	0	0	
47	鹿児島県	榎崎A遺跡	35	丘陵端部	91	11	5	75	0	9	
48	鹿児島県	榎崎B遺跡	35	丘陵端部	140	6	5	38	0	51	
49	鹿児島県	西丸尾遺跡	36	丘陵端部	68	2	12	66	0	20	

表１　九州地方の縄文

資料比較のため草創期のデータを含めている。石器総数は定型的石器の個数を表してい
石器総数に対する百分率で表示したものである。主に報告書のデータをもとに作成したが、

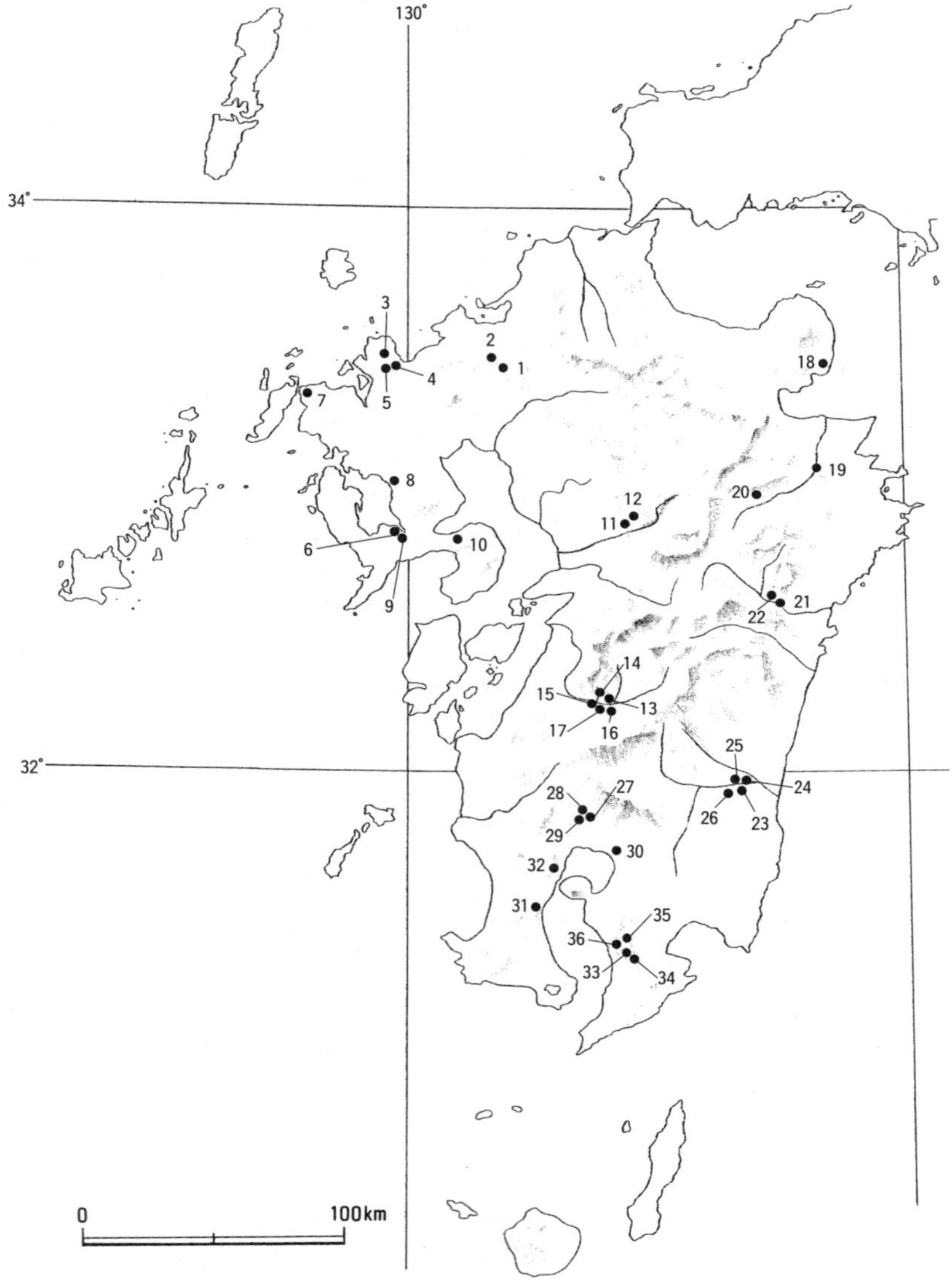

図１　石器組成をとりあつかった九州地方の遺跡（各遺跡の略位置を示している）

ところで白鳥B遺跡などが所在している九州人吉盆地では、その後の早期の遺跡において植物質食糧加工処理具が安定して石器組成の主体を構成し、どの遺跡においても狩猟具を圧倒している実態がみられる。このことは草創期から早期にかけての温暖化という気象環境の変化のなかで、しだいに植物質食糧獲得の比重が増していったことを示していると解釈できる。このことについては、先述したように早期の押型文土器の石器を分析した斉藤幸恵氏や小林康男氏が、早期には狩猟具中心の石器組成から、植物採集など多様な生産活動に対応した石器組成に移行していくことを指摘していることと大局的には整合している。

しかし、一方ではこのような人吉盆地周辺に所在する縄文早期遺跡の植物質食糧加工処理具主体の石器組成は、南九州でも鹿児島県北部を流れる川内川流域の早期の遺跡が圧倒的に狩猟具主体である傾向と比較すると極めて対照的である。このような早期における地域的な石器組成の違いが表面化する理由は、早期の遺跡が存在するそれぞれの地域の地理的環境に左右されているためだとする見解がある。関東地方の早期の石器を分析した阿部芳郎氏は、この時期の植物質食糧の加工具の安定した石器組成への参入とともに、早期後半の関東地方西南部と東部の石器組成の違いに注目し、遺跡のおかれている地理的環境が石器の器種組成率に反映されることになると指摘している。次にこの点を九州地方の遺跡で検証してみたい。

3　早期の地域的な石器組成の特徴

a　狩猟と植物採集活動

九州地方の早期の石器内容をみると地域によって組成の違いが顕著である。北九州福岡平野の周辺の扇状地に所在する深原遺跡では押型文土器期に石器全体の七六%、柏原遺跡では早期の前半の時期を通じて同じく六〇%前後の高い比率で狩猟具が組成している。また、これらの遺跡やあるいは各文化層では植物質食糧加工処理具は僅か一〇%前後に留まっている。このように狩猟具の優勢な石器組成を特徴とした石器群は、九州地方西部地域でもみることができる。唐津湾周辺や松浦半島、および大村湾周辺における早期の遺跡の石器群は、ほぼ例外なくほかの生業関連石器に対して狩猟具の数が優位を占めているばかりでなく、植物質食糧加工処理具の発達が極めて低調といわざるを得ない実態がある。特に松浦半島に所在している日焼A遺跡や、大村湾に面した松山A遺跡などではそれぞれ九七%、九九%と狩猟具が著しい占有率を示し、なかでも石器総数一二七点を数える前者は石器製作跡としての性格があるものの、石皿や磨石などの植物質食糧加工処理具がいっさい出土していない。九州地方中部でも東側の大分県から宮崎県北部の遺跡でも、植物質食糧加工処理具が一定の量出土するものの、基本的には狩猟具主体の石器群が多く分布している。但し、ひとり島原半島の北部に位置している弘法原遺跡では、植物質食糧加工処理具が六三%に及び狩猟具の参入比率を大きく上回っており、例外的ともいえる石器群である。

このような狩猟具に偏った石器組成の情況は、九州中部の熊本県側の内陸部に所在する遺跡ではみられない。阿蘇山麓の無田原遺跡や瀬田裏遺跡では狩猟具が植物質食糧加工処理具よりやや多くを占めるか、ないしは拮抗した割合をみせるが、人吉盆地一帯に位置する早期の遺跡では、九州北部や西部の石器群の構成とは一変した様相を呈している。この地域ではいづれも植物質食糧加工処理具が高い割合を誇り、多くの遺跡で石器全体の五〇%を超す数量が出土している。白鳥B遺跡の発掘調査報告書のなかで、早期の石器組成について触れられており、東九州では石鏃が組成の中心をなし、南九州では磨石と敲石が主体となるとし、その違いが人吉盆地周辺の遺跡でも南北の地域差として現れていると考察されている。このような地域差が人吉盆地でみられることは事実であるが、ここで述べているように南九州の情況をみると、どこでも植物質食糧加工処理具が狩猟具を圧倒しているかというとそれほど単純ではない。

人吉盆地と同様に植物採集が生業の主体を占めることを裏付ける石器群が分布するのは、鹿児島県大隅半島西部一帯である。この地域では早期には植物質食糧加工処理具主体の石器群を出土する遺跡が集中する。榎崎A遺跡や前田遺跡では磨石、石皿類があわせて七〇%を優に超す。植物質食糧加工処理具が石器全体に占める割合が必ずしも多くない遺跡の石器群でも、狩猟具に対しては数量的に優位を占めている。遺跡の発掘範囲などの違いもあるが、ほかの地域の遺跡と比較して石鏃などの狩猟具の絶対数も極めて少ないことは明白であることから、やはり狩猟活動そのものがほかの地域と比較して低調であったと考えるのが自然であろう。

ところが、同じく南九州鹿児島県でも、霧島山の西に広がる川内川流域の木場遺跡や山崎B遺跡などでは、狩猟具が圧倒的に多数を占め、大隅半島西部地域とは全く石器群の組成が異なっている。木場遺跡では八三%、山崎B遺跡でも狩猟具の占める割合は八六%前後にのぼり植物質食糧加工処理具に出土は極めて少ない。むしろ狩猟活動が盛んであったことを示す九州地方北部から西部に所在する遺跡の石器群の組成と類似していることがわかる。

このように、集計の結果をみると早期の石器組成は偏った地域的な特徴を有していることが明らかとなったばかりでなく、同一地域内において生業に関わる石器組成の変化が少ない地域が多くあることも判明した。例を挙げれば、貝殻条痕文土器が主体の牛込A遺跡と、押型文土器や塞ノ神式土器が主体の牛込B遺跡との石器群の石器組成の間にはほとんど変化がみられない。上述の鹿児島県山崎B遺跡における早期前半と後半の文化層、福岡県柏原F遺跡における早期の三層の文化層などでは、ほとんどと言っていいほど定型的石器全体に占める狩猟具の組成比率は変化していないのである。また、大分県新生遺跡の報告では押型文土器の前半期にともなう石器群の組成が示され、工具類が多くを占めるなかで狩猟具が二四・六%、植物質食糧加工処理具が一六・二%の割合となっている。大分県内の押型文土器期の遺跡を前半の稲荷山・早水台式段階と、後半の田村式・ヤトコロ式段階に分けて比較した結果、石器全体に占める割合は狩猟具、植物質食糧加工処理具ともに漸増する傾向があるが、狩猟具に対する植物質食糧加工処理具の比率は前半期、後半期ともに約五〇％で大きく変化していないという集計結果であり、押型文土器期を通しての生業のバランスの時期的な変化はほとんどないということができる。

ここで明らかになったことは、早期の遺跡においては必ずしも狩猟中心の生業活動が、時間の経過とともに漸次植物質食糧獲得活動が主体の生業に移行するのではないという事実である。むしろ地域によっては、時期が下がるにつれて狩猟活動が盛んになる実態もあるほか、石器組成の変化があまりみられず生業活動の内容に大きな変化がなかったと判断できる地域も存在していることがわかる。このことは早期という縄文時代確立期には、旧石器時代にはみられない幅広い生業活動の展開を始めるという意味で重要な時期と位置づけることができる。しかしながら遺跡にみる生業活動の実態は日本列島、なかでもここでみてきた九州地方においては、各地とも同様に歩調を合わせて活動の幅を広げていったわけではなく、時代を通した地域の生業活動の特徴が存在したということである。

b　森林資源の活用

ここで森林資源の活用に関わる石斧の出土情況について少し触れておく。磨製石斧は福岡県深原遺跡や柏原遺跡など押型文土器期の石器組成のなかで安定して存在している。特に深原遺跡では一一点で石器全体の一四％を占めている。瀬田裏遺跡では環状石斧を合わせて三三点の磨製石斧が出土している。また、南九州の加栗山遺跡や前畑遺跡でも、それぞれ二八点一三％と一五点二五％の割合で磨製石斧が出土している。近畿地方と周辺では確実なものとして、鳥浜貝塚の多縄文の時期に五点の出土があるが早期からは確認されていない。押型文土器の時期の大鼻遺跡で三点、やや時期幅があると思われるが別宮家野遺跡で四点出土しているが、この数値を見る限りでは九州地域でより活発な森林資源の利用があった実態が読みとれる。

c　水産資源の獲得

九州地方の早期の遺跡では漁労活動を物語る特徴的な石器が出土している。長崎県つぐめのはな遺跡では、早期終末から前期の層から一一点の石銛が、早期終末の層から三四点の石銛が出土していて、それぞれの時期の石器群全体に占める割合はそれぞれ一三％、三一％にのぼっている。つぐめのはな遺跡では植物質食糧加工処理具の出土数が極端に少なく、狩猟と漁労が主体となる生業活動が推定できる。なかでも早期終末の文化層では石銛が狩猟具の出土数を凌駕し、遺跡からは陸獣骨は検出されていないが、クジラやイルカなどの大型海獣骨が出土している。平戸瀬戸を望む岩礁に立地しているこの遺跡では、近海に回遊してきた大型海獣を対象とした漁労が盛んに行われていたことを示すものであろう。つぐめのはな遺跡の付近に位置している前目遺跡からも、早期の石器として石銛九点が出土しているほか、五島列島北部の寄神貝塚周辺からも、数点の石銛が出土していることが報告されていて西北九州地方の特色ある水産資源獲得の姿を知ることができる。

広く西日本全域を眺めても、縄文時代早期における水産資源獲得活動に関わる石器は決して多くはないが、近畿や九州地方では石器群を構成する石器組成のなかで漁猟活動関連石器が安定して存在する遺跡があること、及びいくつかの遺跡出土の動物遺存体からすると、内水面を中心とした漁労活動が盛んであったことを知ることができる。また、海産資源獲得に関わる石器の存在から、関東地方の貝塚成立に大きく遅れをとることなく、西日本でも温暖化する環境変化に適応した海への働きかけがあったことがわかる。このような内水面における漁労活動や、海産資源の獲得の対象やその方法など、活動の形態は地域によって異なっているが、その後の各地域の水産資源獲得活動の伝統を形成することになる。(8)

3　組成差の意味と今後の課題

このように縄文時代の確立期と位置づけた早期の地域的な石器群の組成差は、早期という時間幅の中における時期的な変化よりも大きい場合があることが明らかになった。早期の石器組成の検討から狩猟を主体とした旧石器時代以来の生産活動から、次第に植物採集や水産資源獲得へと活動の幅を広げていったことは、これまで多くの先学の研究によって明らかにされてきている。しかしそういった縄文時代を特徴づける多様な生産活動の確立への動きは、列島各地において歩調を合わせて進展したものではないことが明らかとなった。

このような縄文時代早期における地域性は、列島規模の巨視的な観点からは、土器の形態や文様などが示す型式学的な特徴や様相によって示される土器圏と一致するとした見解が既に示されているが、より地域を限った局地的なデータからは、必ずしも対応を示しているとは言い難いのが実態である。また石器の形態や製作技術に関わる地域色とも整合しない場合が多い。ここでいう土器圏や石器の形態や製作技法などの地域色についても、遺跡の位置する地域の立地環境の違いによって生み出される場合もあるが、多くの場合は集団相互や地域の社会的な関係が要因となって形成される。

今回検討した石器群の組成にみられる地域色は、気象や地形などの地理的な環境や、動植物の生態環境などが大きく関わっていることは明らかである。にもかかわらず、これまでの集成したデータが教えるところは、同一地域に属していて地勢や生態系など自然環境に大きな違いがない遺跡間において、基本的な石器組成に大きな相違が存在する事例が少なくないことである。加えて一方で石器組成が類似する遺跡が地域的に集中する実態も指摘できた。このように縄文時代確立期とされる早期の石器群の組成にみられる内容が、限定された地域内で相違したり共通したりするような二面性を有することは、阿部芳郎氏などが指摘するように、期間が限定されたなかで集中的に行われた「単一投下形の労働」という生業活動が繰り返された結果とみることも考えられるほか、各種の生業活動が既にこの時期には地域内で分業的に機能していた可能性などを含めて、遺跡の位置する地域の環境因子以外の要因が働いていた結果だと考えられる。

今回の小論は一定地域の石器群資料を材料にして、石器組成がもたらす意味について概括的な見通しを述べたにとどまった。そもそも石器組成論については、それを用いた分析の前提となる系統性を踏まえた石器型式研究や、石器の製作技術的・機能的研究など体系的な研究の上に立脚するものであるとの指摘がある。筆者も基本的に同様の認識であり、研究の方向はしかるべき考えるが、一方で個別石器の機能、用途研究の現時点における成果を踏まえたうえでの組成研究も大きな意義をもつと考えており、相俟って進められるべきであろう。

註

（1）　石鏃や尖頭器は陸上の動物対象とした狩猟具としての用途以外に、水中の獲物を捕獲する場合にも用いられたことが想定され、ヤスや小型のモリなどの先端部として漁労具としても用いられた可能性が高い。

（2）　中期の関東甲信地方の打製石斧については今村啓爾氏によって根茎類採集に用いられたとする見解がある。ただし、竪穴住居、貯蔵穴、墓穴などの掘削用として用いられたことも考慮する必要がある。

（3）　このように礫器は、比較的古くから注目されている石器であるが、種類によっては用途を限定することが困難であることから、ここでは生業別の石器組成の構成には加えなかった。ただ、分類されている礫器のなかでも扁平礫を用いて粗い剥離を加えて刃部を作出し、刃部に割れや刃こぼれなどの使用痕跡をもつタイプの礫器は、榎崎B遺跡をはじめ村山闇谷遺跡、大丸・藤ノ迫遺跡、天道ケ尾遺跡など南九州地方に多く出土している。しかも石器組成の中でも植物食糧加工処理具が狩猟具に対して優位を占める遺跡での出土が目立っていることが指摘でき、こういった遺跡の性格と特徴ある一種の礫器の存在が有意な関係にあることも考えられる。

（4）このほか使用痕のある剥片、二次加工のある剥片を取り上げたが、この類も多方面の活動の中で加工に関わる用途を想定できるが、具体的な道具としての確実な絞り込みは難しく、生業との関わりに結びつけることは困難な面が多い。

（5）ここでは石器組成の比較検討に有効と思われる遺跡単位、あるいは文化層単位の石器群を表にしてまとめた。ただし遺跡ごとあるいは文化層ごとのデータであるため、単純に一時期の石器群として取り扱うのには問題がある資料も多く含まれているが、仮に他の時期が混在している可能性がある資料であった場合は、生業別の石器組成の大まかな傾向を読みとるために用い、数点の石器の存在がここで問題とする考察に関わる場合などは、その点を注意して取り扱ったつもりである。なお、各石器群の組成割合は定型的な石器を基本にして算出したため各遺跡の報告書にある集成データとは異なっているものがある。

（6）西日本においては縄文時代草創期の石器組成が明らかな遺跡が徐々に多くなってきているが、その中でも特に鹿児島市周辺では掃除山遺跡で草創期の石器群の内容が明らかになっていて、ここではすでに主体となる狩猟具としての石鏃とともに、すでに植物質食糧加工処理具としての磨石、石皿類が石器組成のなかに組み込まれていることがわかる。また、福井県鳥浜貝塚では草創期の文化層に少量ながら磨石と石皿が出土している。一九八〇年から六年間の調査で出土した石器の集計によれば、多縄文土器の段階では石器全体の一二％もの割合で植物質食糧加工処理具が存在するという。このように草創期には植物質食糧の利用がすでに生業の重要な部分を担っていたことが推定できるようになっている。

（7）佐賀県草履作遺跡の報告のなかで、同じ上場台地に所在している旧石器時代の石器組成と縄文時代早期の遺跡とを比較して検討した結果がある。磨石類と狩猟具の出土割合をみると、旧石器時代の肥前町磯道遺跡では一：一〇六、馬部甚蔵山遺跡では一：三六、一方縄文時代早期の遺跡の石器をみてみるとその割合は、肥前町田尾遺跡では一：九、牟田辻遺跡では一：五、草履作遺跡では一：一二となっており、数量の差を利用頻度の反映とみるならば、縄文時代に入って植物質食料に依存した生活に傾倒していった実態が明らかになるとしている。

（8）鳥浜貝塚では草創期の多縄文土器段階に比較的多くの石錘が検出されている。ここではこれまでの継続調査のなかから集計された数値では、当該期の石器総数一四一点で石鏃が五九点（四一・八％）、植物質食糧加工処理具が一七点（一二％）に対して三三点（二三・四％）の石錘が出土しており、草創期多縄文土器段階に遡る網漁が存在した可能性を物語っている。

主要参考文献

酒詰仲男一九六一『日本縄文石器時代食料総説』土曜会
賀川光夫一九六九「縄文早期の礫器」『古代文化』二一－一二
片岡　肇一九七〇「押型文文化の生産活動について」『古代文化』二二－一一
橘　昌信一九七〇「押型文土器文化の礫器」『古代文化』二二－一一
村田文夫一九七〇「関東地方における縄文前期後半期の生産活動について」『古代文化』二二－四
小林康男一九七四・一九七五「縄文時代生産活動の在り方（一）～（四）」『信濃』第二六巻一二号、第二七巻二、四、五号
渡辺　誠一九七五『縄文時代の植物食』『考古学選書』一三　雄山閣出版
潮見　浩一九七七「縄文時代の食用植物　堅果類の貯蔵庫群を中心として」『考古論集　慶祝松崎寿和先生六十三歳論文集』
橘　昌信一九七九「石錘」『史学論叢』一〇　別府大学史学研究会
西田正規一九八〇「縄文時代の食料資源と生業活動」『季刊人類学』一一－四
宮崎朝雄一九八一「撚糸文期の石器について」『奈和』一九号
小薬一夫一九八三「縄文時代早期後半における石器群の様相」『東京都埋蔵文化財センター論集』Ⅱ
粉川昭平一九八三「縄文人の主な植物食糧」『縄文文化の研究二　生業』雄山閣出版
桜井準也一九八四「石器組成の分析と考古学的地域について」『史学』五四
麻柄一志一九八四「縄文時代の石器組成と植生」『大境』八
阿部朝衛一九八五「縄文時代石器研究の視点と方法」『法政考古』一〇
稲田孝司一九八六「縄文文化の形成」『日本考古学』六　岩波書店
赤沢　威一九八七「縄文人の生業」『畑作文化の誕生』日本放送出版協会
小山修三一九八七「縄文文化の成熟と植物栽培の意味」『畑作文化の誕生』日本放送出版協会
斎藤幸恵一九八七「押型文系土器文化の石器群とその性格」『樋沢押型文遺跡調査研究報告』
森岡秀人・和田秀寿一九八八「押型文土器文化期の遺跡立地と活動の偏差について」『網干善教先生華甲記念　考古学論集』
阿部芳郎一九八九「縄文早期末葉石器群の技術的特徴と構成」『平蔵窪遺跡調査報告』
大工原豊一九八九「縄文時代の石器研究について　石器研究史を中心として」『群馬文化』二二〇
阿部芳郎一九八九「縄文時代早期における石器群の構成と生産活動　縄文文化の成立と展開を試考するための石器群の基礎的分析」『駿台史学』第七七号
今村啓爾一九八九「群集貯蔵穴と打製石斧」『考古学と民族誌』六興出版
阿部芳郎一九九一「石器と生業」『季刊考古学』三五
斎藤基生一九九二「自問石器組成」『人間・遺跡・遺物』発掘者談話会

小池聡一九九九「遺物研究　石器組成論　縄文時代文化研究の一〇〇年」『縄文時代』一〇

九州地方各地の遺跡におけるこれらの石器組成データは各発掘調査報告書によっている。準拠した報告書等は表1に掲載し、右記の文献一覧には省略した。

もっとも細かい網代の圧痕

渡辺　誠

一　はじめに

〝もっとも細かい〟という意味は、細かすぎて網代かどうか判断が難しいくらいに細かいということである。そしてこのもっとも細かい網代の圧痕は、材質の問題も含まれるが、縄文人の技術水準の高さを示す資料として重要である。本稿でとりあげる資料には及ばないものでも、時には縄文時代に綾織があったなどと誤認をさせるほどである。このような織りの存在を前提とした議論は一見縄文人の高技術水準を指摘しながら、実質的にはなにも評価していないことに等しい。したがって本稿では縄文人の技術水準の高さを実証的に述べ、あわせて誤解を払拭したいと考える。

二　岐阜県丹生川村法力地区採集の網代圧痕

岐阜県大野郡丹生川村法力地区には遺跡が多く、古くよりよく知られていた。この地区において故寺地茂雄氏の採

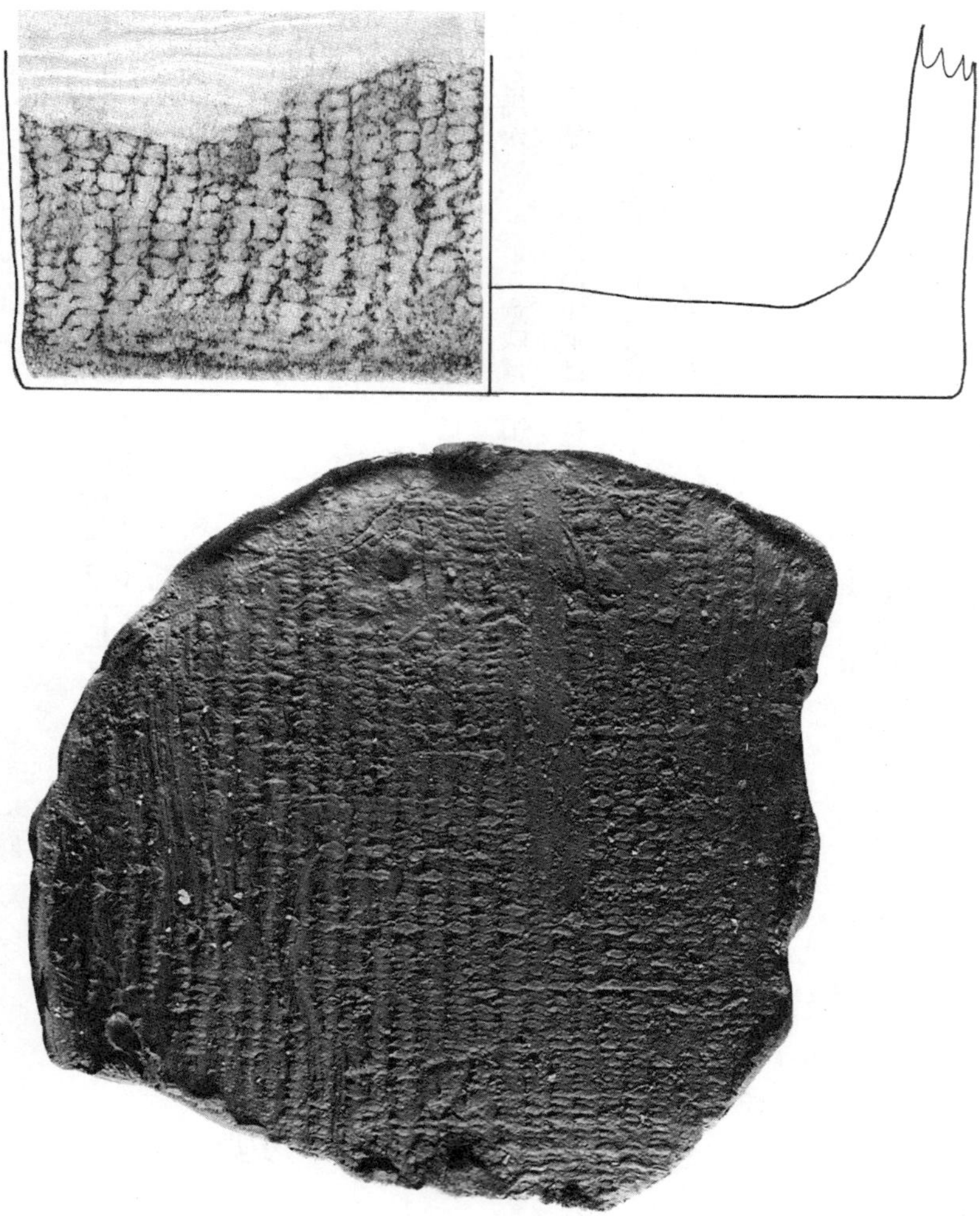

写真1　法力地区採集土器とその網代圧痕のモデリング陽像

写真２　法力(右)・岩垣外第１列(左)網代圧痕のモデリング陽像（２倍大)

1

2

3

写真３　岩垣外遺跡出土網代圧痕のモデリング陽像（実大）

集した土器底部には非常に細かい圧痕がみられ大変興味を引いたのであるが、実態はまったく不明で解明できず永い間借用したままであった。借用したのは一九七六年三月四日であるから、二七年も経過してようやくこの度答えを出せたことになる。野村宗作氏の御教示によれば法力地区には六遺跡あり、寺地氏はこのうちの平野遺跡またはしげみ遺跡において採集したと推定されるが、正確には不明とせざるを得ないという。

この土器は縄文中期土器の底部破片で、底径一二・四㎝、約八割残っている底面全体に網代圧痕が認められる（写真1）。しかし最近まで網代の圧痕とは判断できなかったのである。その原因は、ヨコ材がきわめて細かいためタテ材がまったく見えないことと、その組織の絡み方が不明確であったことにある。写真2右はその二倍大のモデリング陽像であるが、まるで縄文早期の押型文のような回転施文さえ想像させるような状態であった。しかし幅一㎜のヨコ材は長さ三・五㎜ごとに溝状に低くなり、それが直線状を呈していることから、その下に芯のように幅三㎜程度のタテ材の存在を推定できた。しかしそれが網代圧痕であることは、次の岩垣外遺跡発掘資料によってようやく確認することができたのである。なおタテ材の幅は、最大値としての溝間の幅で示すことにする。

三　岐阜県丹生川村岩垣内遺跡出土の網代圧痕

同じ丹生川村内の岩垣内遺跡は、一九九八年度に岐阜県文化財保護センターによって発掘調査が実施された、縄文中期後葉〜後期中葉の遺跡である。細かな網代圧痕は三例出土し、その時期は中期後葉とみられている。(1)

第一例（写真2左、3－1）底径九・二㎝で、約八割残っている底面の全体に網代圧痕がみられる。本例は問題解決に大きな役割を果たした資料で、次の二点において重要である。二倍大のモデリング陽像写真（写真2左）の方がより

1

2

6

写真4　荒城神社遺跡出土網代圧痕のモデリング陽像（実大）

鮮明に観察できるが、第一は、ヨコ材が幅二㎜の段階（A段階）と一㎜の段階（B段階）があってかつ連続的であり、全面にB段階のみがみられた法力地区例と異なり、「一本越え、一本潜り」の網代編みが確認できたことである。第二は、タテ材a・bの間に、bから分かれたcがみられることである。これはしばしば中心から外側にかけて編み広げていく場合の手法であり、網代編みであることをよく示している。タテ材の幅三・五㎜。

第二例（写真3－2）　底径一〇・〇㎝の底部約四分の一の破片に、網代圧痕がみられる。この破片にもA段階とB段階がみられるが、第一例と異なりA段階の部分に編み広げ手法がみられ、タテ材a・bの間に、aから分かれたc、bから分かれたdが認められる。タテ材幅三・五㎜、ヨコ材幅A段階では二㎜、B段階では一㎜。

第三例（写真3－3）　小破片であるが、A段階とB段階がみられる。タテ材幅三・五㎜、ヨコ材幅A段階では二㎜、B段階では一㎜。

四　岐阜県国府町荒城神社遺跡出土の網代圧痕

岐阜県吉城郡国府町荒城神社遺跡は、古くより知られている飛騨の代表的な縄文中期の遺跡である。細かな網代圧痕は『岐阜県史』掲載の一例と、(2)一九九三年度に岐阜県文化財保護センターの発掘によって出土した六例がみられ、(3)他の二遺跡より例数が多い。

第一例（写真4－1）　底径一〇・〇㎝の底面全体にB段階の網代圧痕がみられる。『岐阜県史』掲載資料であり、国府町歴史民俗資料館所蔵。法力地区例以前に知られていた唯一の例であるが、組織についてはまったく言及されていない。タテ材幅三・五㎜、ヨコ材幅一㎜。以下はすべて岐阜県文化財保護センターの発掘資料である。

第二例（写真4－2）　小破片で、B段階のみみられる。タテ材幅三・五㎜、ヨコ材幅一㎜。

第三例（写真4－3）　小破片で、B段階のみみられる。タテ材幅四㎜、ヨコ材幅一㎜。

第四例（写真4－4）　底径一〇・〇㎝の約五分の四の破片で、全面に網代圧痕がみられる。B段階のみでタテ材幅四㎜、ヨコ材幅一㎜。

第五例（写真4－5）　底径一二・〇㎝の約四分の一の破片で、全面に網代圧痕がみられる。B段階のみでタテ材幅六㎜、ヨコ材幅一㎜。タテ材の幅がもっとも広い例である。

第六例（写真4－6）　底径一〇・〇㎝の約五分の四の破片で、全面に網代圧痕がみられる。B段階のみでタテ材幅四㎜、ヨコ材幅一㎜。

例数は多いがA段階がみられず、岩垣内遺跡例のような編み広げの手法はみられない。

五　若干の検討

以上の三遺跡出土一〇例のもっとも細かい網代圧痕は、タテ材は幅（最大値）六㎜一例、四㎜一例で、他の八例はすべて三・五㎜である。ヨコ材はA段階では二㎜、B段階ではその半分の一㎜であり、特にB段階の細かさは全国的にみても類例がない。また細かいばかりでなく組織の形態がより幅広いA段階と連続的であることによってのみ判断できたことは、編み方が緻密であるとともに、きわめて軟らかい素材を使ったことが推定される。

その材質は不明であるが、飛騨地方はタケの生育がみられず、またタケ細工は弥生時代後期になって始まることを考えると、タケであった可能性はない。またヨコ材がきれいに並んでいることから、軟らかさとともに一定の弾力性

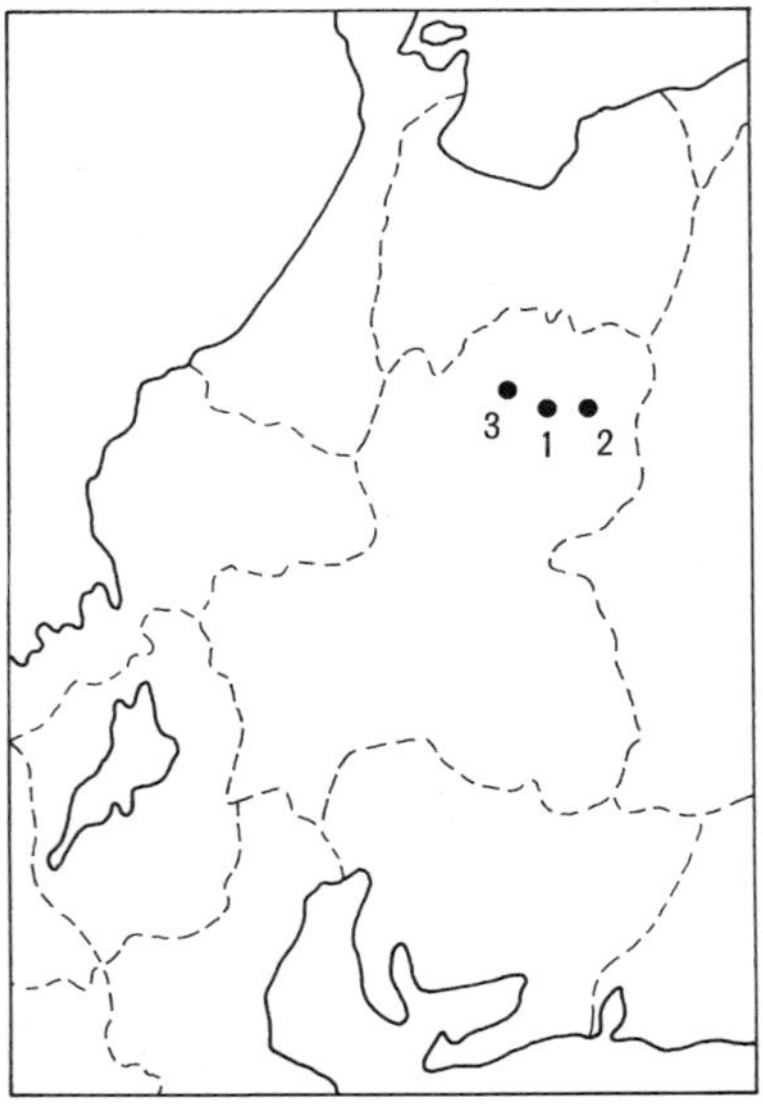

図１　出土遺跡分布図
（1：法力，2：岩垣内，3：荒城神社）

のあることも考慮する必要がある。例えば飛騨でよく使われるヒノキ・イチイやマタタビなどが注目されるが、いずれにしても分布域の狭さからみて地域性の強い素材と推定される。

三遺跡の分布するのは、飛騨の中心地である高山市市街地の北東から北にかけての地域である（図１）。そして法力地区をはさみ北東の岩垣内遺跡と北の荒城神社遺跡は直線にして約一四キロにすぎない狭い範囲であり、素材とともに限定された地域の特産品であった可能性も考えられてくるのである。

また底径の判明する六例は九・〇～一二・四㎝と大きく、中期的である。しかし圧痕は全体のごく一部にすぎず、網代の本体は大型であったとみられる。これらがどのような製品であったのか、今後是非解明していきたいと考えている。

註

（1）上原真昭他『岩垣内遺跡』（『岐阜県文化財保護センター調査報告書』第六三集、二〇〇〇年）
（2）大参義一「縄文時代」（『岐阜県史』通史編・原始、一九七二年）
（3）野村宗作他『荒城神社遺跡』（『岐阜県文化財保護センター調査報告書』第一六集、一九九三年）

謝辞

末尾ながら、貴重な資料を永い間検討させて下さった故寺地茂雄氏、種々御教示下さった野村宗作氏、資料整理に御協力下さった吉田泰幸氏に対し、深謝の意を表する次第である。

一九五〇年代、縄文・弥生移行期の研究

石野博信

序章

縄文文化は紀元前三百年頃に終った。幾千年続いた縄文文化が、弥生文化に転移した。その転変が稲作農耕を伴う処に問題がある。縄文・弥生両文化の移行問題は、古来注目されながら体系的に扱った研究は比較的少ない。

昭和五年、山内清男氏が「所謂亀ヶ岡式土器の分布と縄文土器の終末」（考古学一ノ三）によって縄文土器研究の側から研究の先鞭をつけられた。氏は、亀ヶ岡式前半と後半を明らかに分けて考え、前半には「弥生式の影響は全くない」とされながら、後半のものについては「信濃庄ノ畑式土器は往々弥生式的な土器を伴うらしい。また保美には明白な弥生式が一緒に発掘されている」「これらの事実の暗示する処少なくない」と慎重に問題を提示されている。本論文は全国の亀ヶ岡式系土器の分布を詳細に検討された上での要約であり、いまもなお生きた論考であるが、それでもなお「更に充分な例証によって解決されるべきであらう」と結んで居られる。

続いて昭和七年、再び山内清男氏の論考、「縄文土器の終末」（ドルメン一ノ六）が発表された。しかし、ここでは弥生

式土器に移向する以前の「縄文土器の終末」の問題、即ち各地方の晩期縄文土器の生成発展を、型式細分しつつ詳細に論じられたもので、弥生土器との関連には全然触れていない。

山内清男氏の労作の上に、昭和一九年、田中国男氏の大著『縄文式弥生式接触文化の研究』が完成した。昭和二三年、ジ・グロードによって二つの論考が発表された。「晩期縄文式文化と弥生式文化の関係について」と「再び晩期縄文式文化と弥生式文化について」（日本考古学一ノ一・三）である。結論的に指摘された「晩期縄文式文化は弥生式文化と同時に存在していたに違いないのである」事は、その併行した時期を厳密に限定すれば正しい。しかし、そこに展開された処は、各地方の縄文遺跡の中の弥生文化的傾向の物品の羅列であり、誤謬を含む。内容の一部は「若しも抜歯及び歯牙変形の風習が南方から日本に入った文化の影響によって晩期縄文式文化の特徴となったのであるなら、吾々は必ず弥生式文化の側よりの影響を考へなければならない」（傍点引用者）という論旨に象徴される。

縄文の側からの研究は、ここに途絶える。

近来、初期農業の問題に関連して、弥生文化研究の側から一連の論文が発表され、その中で、問題が新しい形で再登場して来た。

稲作農耕を容易に受入れた縄文文化そのものの非採集経済的性格の追求――

・澄田正一「日本原始農業発生の問題」（名古屋大学文学部研究論集Ⅸ）

・藤森栄一「日本原始陸耕の諸問題」（歴史評論二二、昭和二五年四月）

・酒詰仲男「日本原始農業試論」（考古学雑誌四二ノ二、昭和三二年）

・江坂輝弥「縄文文化の時代における植物栽培起源の問題に対する一考察」（考古学雑誌四三ノ三、昭和三四年一月）――

稲作農耕の開始と鉄器の初現期を追求して農耕社会の成立事情を考究する――

・岡崎敬「日本における初期鉄製品の問題」（考古学雑誌四二ノ一、昭和三二年）
・田辺昭三「生産力発展の諸段階」（私たちの考古学一一、昭和三二年）
・近藤義郎・岡本明郎「日本における初期農業生産の発展」（私たちの考古学一四、昭和三二年九月）
・近藤義郎「初期水稲耕作の技術的達成について」（私たちの考古学一五、昭和三三年一二月）
・藤田等「農業の開始と発展」（私たちの考古学九、昭和三一年六月）
・藤田等「初期農耕の発展に関する二・三の問題」（私たちの考古学一九、昭和三四年三月）
――等の各論文に晩期縄文社会の機構が関連する事象として取上げられて来ている。

しかし、前者はあくまで縄文文化体質論としての追求であり、後者また、弥生社会――農耕社会の生成、発展を中心とした研究であってその移行問題までには至っていない。

それを現状において大成しようとしたのが日本考古学協会による総合研究『日本農耕文化の生成』（図録篇、東京堂、一九六〇）である。未だ本文篇は刊行されていないが、研究の前進が期待されるものである（一九六一年に本文篇刊行）。

本稿は、土器形態を通じて両者の変遷の様相を考え、石器の様態より、生産内容の移行を推し測り、最後に稲を受入れる土台としての植物栽培の問題を推し進めようとするものである。

稲を受入れる前提は重要である。即ち、晩期縄文文化がどのように生成発展して来たか、という問題である。

序章として、ここに近畿の場合を考えてみよう。

近畿における縄文文化の生成はやはり早期にまでさかのぼる。近畿縄文文化晩期の性格を考える上では勿論それ以前のあらゆる文化、更には以後を併せ考察するのが本来ではあろうが、到底なし得ない処であり、ここではただ後期、特に北白川上層式文化、宮滝式文化よりの流れを追う事によって、その地域性を考えていきたい。

北白川式土器において、特にその文様に晩期への系譜が考えられるものにはどのような資料があるのであろうか。梅原末治氏のいう北白川七類、即ち磨消縄文式土器は、作り・焼成等に本遺跡主体土器（下層・爪形文系）との近似がみられるのであるが、また安行Ⅰ式（関東後期）的色彩も感じられるのである。しかし小林行雄氏も「磨消縄文及び八類の土器は爪形文・特殊突帯文土器等にくらべて、より広く各地方の縄文土器中に相似な姿で表われているものであるから、本遺跡のあまり多くない遺片で、その発生なり、他との関係を究める事はむしろ危険である」（報告書七九頁）と指摘されているように、速断は禁物である。しかし、別な観点から、本遺跡における此類をもって、本遺跡もまた縄文式後期文化の普遍性のうちにあるものと解釈しうるであろう。そして、この普遍性を具える一土器、更には八類として考えられている粗面土器のうちに、後述するように晩期とごく自然に結びつく宮滝式との関連において捉えられるものがあり、あるいは北白川上層式をもって宮滝式の祖型と考える事も出来るのではないだろうか。

さきに宮滝式をもって、後期より晩期に自然に移行するものと言ったが、それは凹線文貝殻圧痕と沈線文棒状沈刻の間に典型的にみられるであろう。これは文化の正・反・合の進展にのっとった複雑なものより単純なものへの転換として考えられ、やがて宮滝式の伝統ともいうべき貝殻文の名残りは完全に消滅し去るのである。かくして宮滝遺跡の晩期文化は形成されるが、それは畿内において独自な一型式を形成するものではなく、橿原式と併立、それ以上に包含される一文化であろうと考えられる。

宮滝晩期と橿原式の関係は前述の如くであるが、近畿にはこの間に滋賀里・丹治といった文化が介在する。滋賀里遺跡は、未発表のものであり、資料も瞥見するのみであるが、安行Ⅱ式とそれに続く形式であり、宮滝の移行型（貝殻圧痕文に代る沈刻による同系文様）もみられる一方、橿原への連りもまた考えられるようである。このように、滋賀里遺跡は、琵琶湖南岸という立地とにらみ合せて、即ち東西文化交渉という点からも重要な遺跡である事は確かである。滋賀里式に山形口縁に垂直位にみられる竹管列点文は丹治になると横位に、即ち口縁と胴部の張出しに沿ってみられる（図1）。器形はいずれも二段の三角縁状張出しをもつ晩期中葉のものであり、両者の相関が考えられる。また丹治式の多くの無文土器のうちで口縁が著しく外反して浅い椀形をなすと思われる類は橿原式との関連を示唆してはいないだろうか。

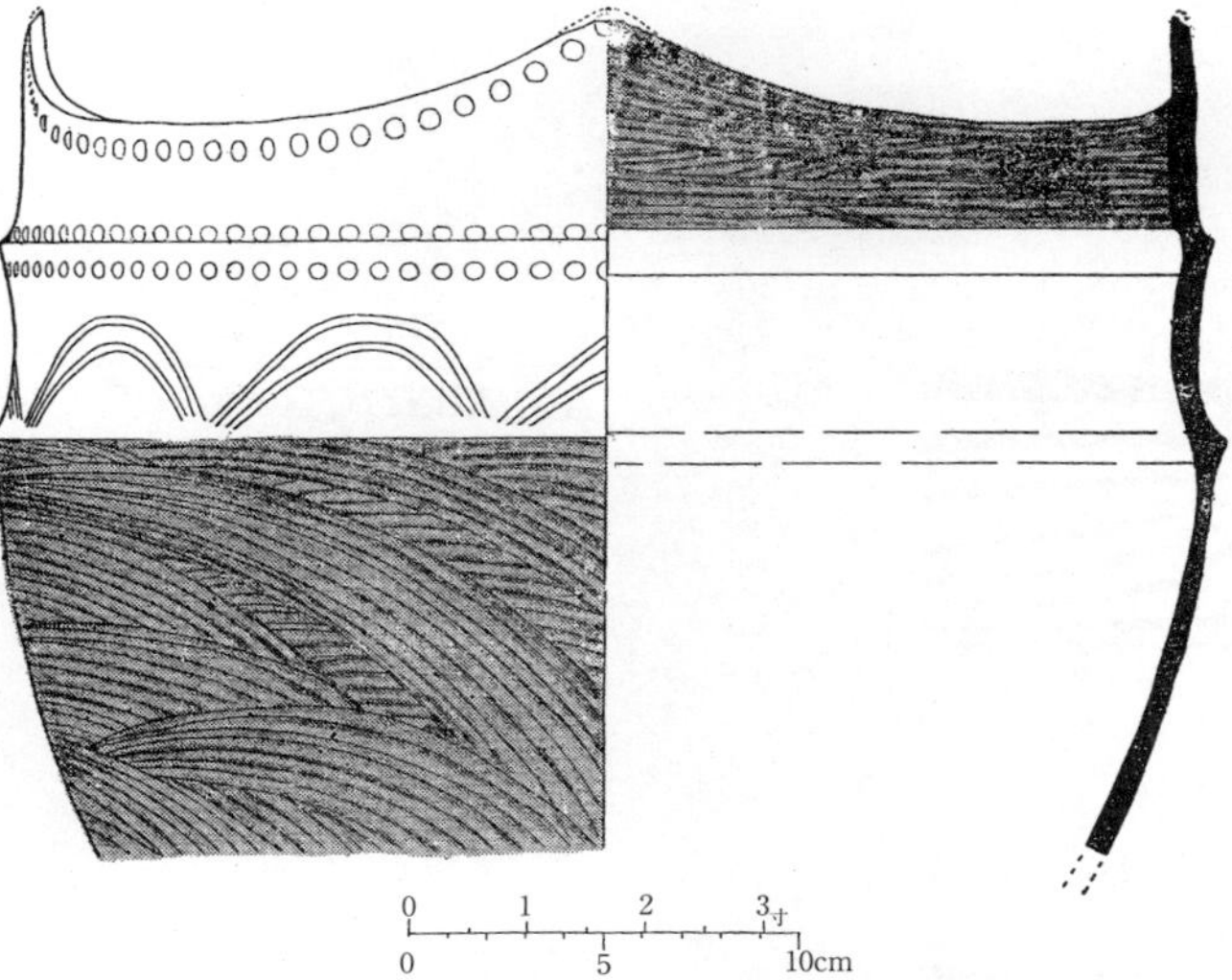

図1　縄文晩期丹治式土器（奈良県吉野町丹治遺跡）
小島俊次「吉野川流域の古文化について」
（『奈良県綜合文化調査報告・吉野川流域』奈良県，1954）

以上の発展系列の上に、近畿晩期縄文文化の最末期に至ると橿原・日下・竹内・宮滝Ⅱ式の各文化期がみられる。宮滝Ⅱ式と橿原式はさきにみた如くであるが、日下・竹内は、より弥生式文化に近い時期のものと考えられる。日下遺跡のうちにあって爪形文的色彩をもつものは近畿の伝統的発展型として特異であり、それはまた橿原式にもより多く見出されるものである。これら粗製土器より日下文化と橿原文化の交渉は考えられるが、また橿原式にはかかる粗製土器の外に、宮滝を除いて他の近畿晩期遺跡にはみられぬ多くの沈刻線による文様をもつ一群がある。

滋賀里式の一つの特徴として考えられる竹管列点文が、橿原遺跡よりも出土しているが貝殻圧痕文亜流と竹管列点文、即ち宮滝文化と滋賀里文化の交渉のうちに橿原・

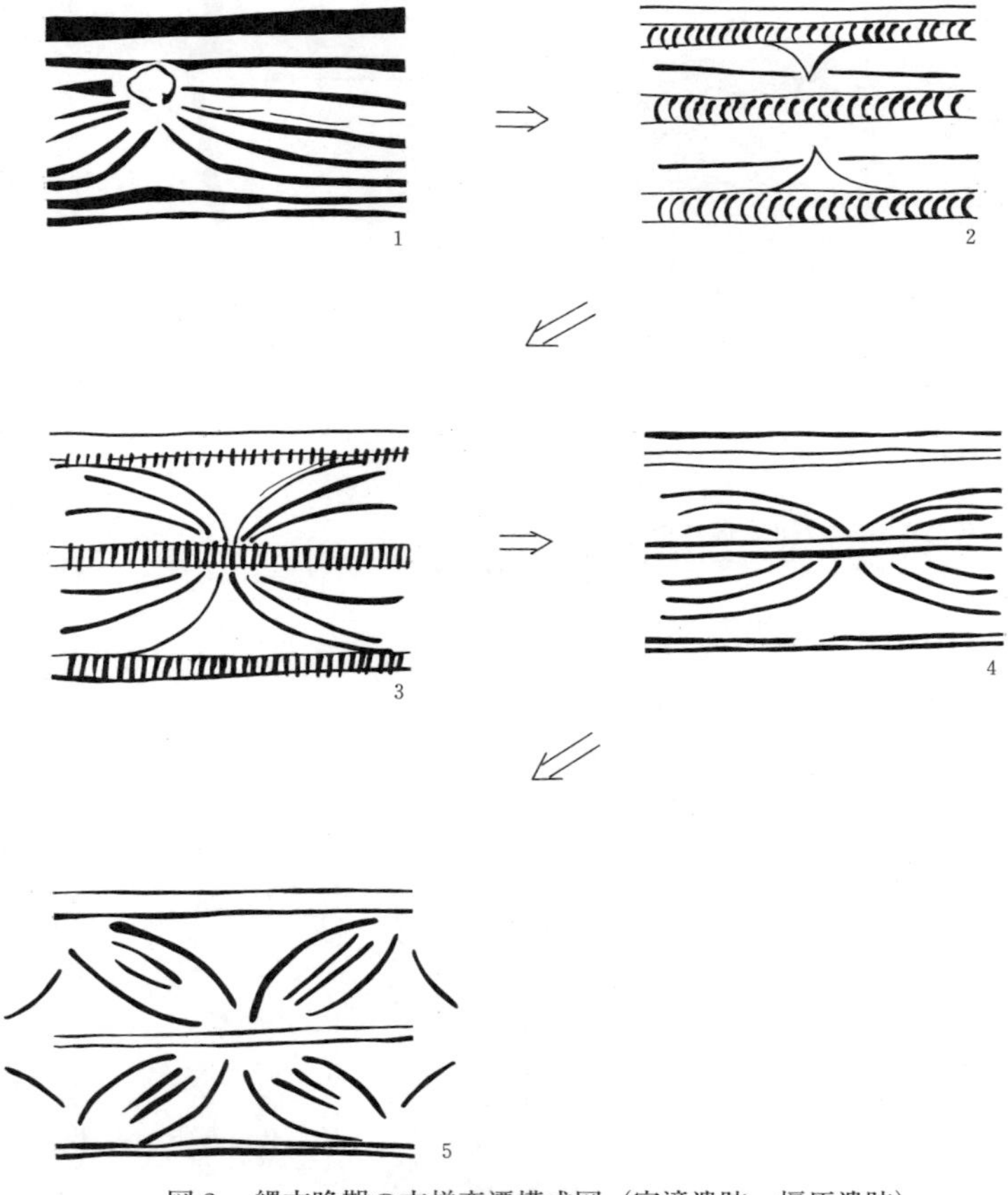

図２　縄文晩期の文様変遷模式図（宮滝遺跡・橿原遺跡）

丹治地区で形成された一つの文化要素とも考えられる。更に沈刻による口縁の斜格子文は宮滝にもみられ、橿原に、より盛行すると考えられるものであるが、その出自は解らない。他の一群と合せて遠賀川系の近畿的消化と考えられる箆描文との関連をいうならば、近畿縄文文化期が少くとも弥生式文化第二様式まで下ることになり、かなりの無理があろう。逆に橿原に特異な（宮滝にも若干はみられる）口縁部の各種突起の三角状のものを関東加曽利B式[5]に、曲線的小突起を大洞BC式の口縁文様単化、あるいは〃浮き上り〃とするならば畿内晩期はまた、大洞BC式期、即ち東北の縄文晩期初頭後半に比定されて来るわけである。

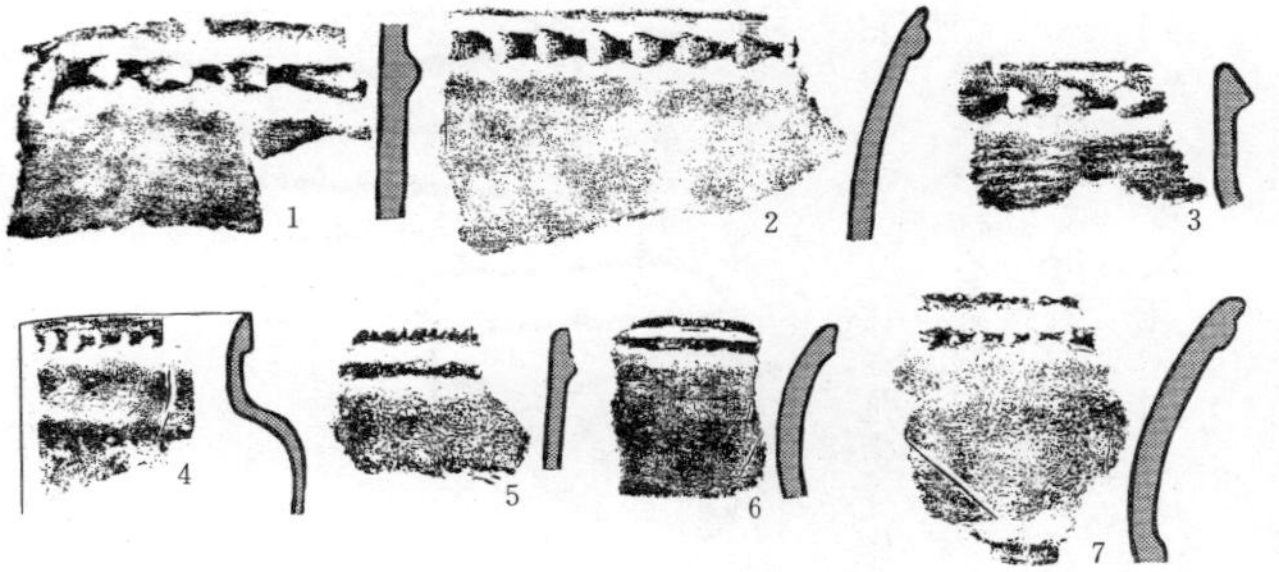

図３　突帯文土器（宮滝遺跡）
末永雅雄『宮滝の遺跡』奈良県，1944

橿原式には他に興味深い文様をもつ土器片がある（図2）。俗に〃七宝繋ぎ文〃と言われる連続花形文様である。この形式に関して図のような発展過程を提案する。即ち末永雅雄先生が五類（陸奥式）に編入する処の一片（図2－1）を貝殻圧痕文系と連続花形文を継ぐ類型として捉え、その系列上に陸前大洞式の所謂工字状文と称する大洞A式的な要素が加わったものと考える。さらに沈線文の盛行によって橿原的（畿内的）に消化され、その上に伝統的爪形文として消化された大洞C_1式的刻目文が、再び単純な刻目文化し、ついには消滅する。つまり、東北縄文文化の波及による橿原（畿内）文化の充実期である大洞C_2式期にもう一方の外来要素である遠賀川文化の影響によって、弥生式文化第一様式に特徴的なこの連続花形文の形成をみるに至った、と考える。

粗製土器の多くは無文のため、その変遷を推し難いが、橿原遺跡により多く、

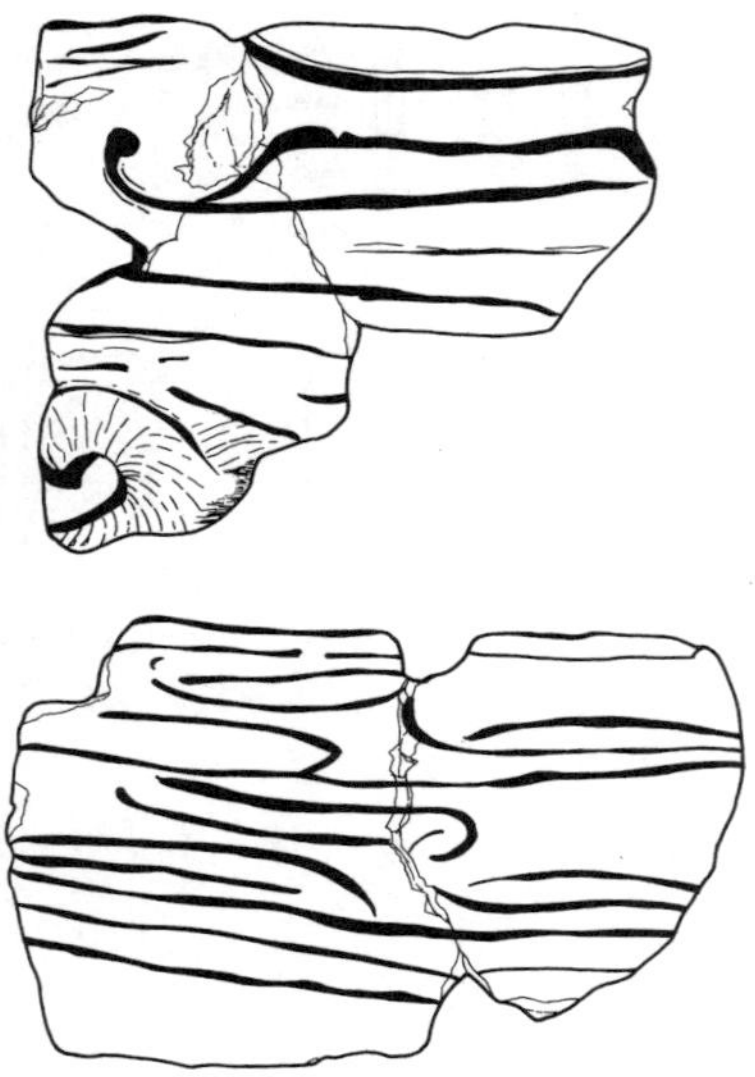

図4　安行Ⅱ式系土器（宮滝遺跡）
末永雅雄前掲書写真から模写

宮滝（図3）、大野遺跡にもその例をみる、口縁部に刻目を附した突帯を有する一群は北白川下層式にその本源を有し、遠賀川系文化の東端と言われる尾張吉胡貝塚例（報告書、図版39・41）の、より縄文式的なものへの附随といったように、弥生式文化に刺戟された充満した縄文文化の風潮のうちに発達したものではないだろうか。この事はひとり突帯文土器の出自にのみ限らず、広く粗製土器一般にも指摘されうる事であろう。(7) 日下貝塚・大阿太遺跡等の遺片（図4）はその器形のうちにあたかも陸前において縄文文化と弥生文化を継ぐ位置を与えられている福浦島(8)上層式的な様相をもつものであり、その近畿での役割が推察されるものである。

こうして近畿晩期縄文文化の大勢は北白川上層式・宮滝式、更には稲口・元住吉山といった伝統的な近畿文化の系列の上に橿原文化圏を中心に、あるいは滋賀里、日下の小地域圏を形成していったのである。

一　土器文化の変遷

縄文晩期中葉までの土器は全国的にほぼ一律の発展を辿る。(9) 東北の大洞BC・C_1(10)式期の土器が、東海吉胡(11)、近畿橿原(12)の地に同時期にもたらされた(13)。九州御領式系土器が山陰西灘(14)、山陽黒土(15)にあること、続いて夜臼式土器(16)が近畿田能[17]、船橋[18]に定着することも同じである。

このように日本列島の東西で並行して進んで来た縄文文化晩期の後半、西日本に異質の土器が介入して来た。夜臼Ⅱ式土器である。稲を伴う。

1　夜臼Ⅰ式土器文化より夜臼Ⅱ式土器文化への移行

夜臼Ⅱ式に先行する土器に夜臼Ⅰ式がある。夜臼Ⅰ式は北九州に発生する。[19]

福岡市板付北崎の板付遺跡[20]では、六〇ｍに及ぶ弓状のＶ字溝があった。内外には径二～三ｍの土坑が点在する。そこには弥生初頭に属する板付Ⅰ式土器[21]と夜臼Ⅰ・Ⅱ式土器[22]が混在した。ここではその層位関係を明白に出来なかった。

ここでは特に量の多い、甕形土器を中心にその移行を考えてみよう。

夜臼Ⅰ式は夥しい条痕文が口縁から胴部、甚しくは底部に至るまで施される。そして多くは口唇部に近く一条、口縁部下半に一条の突帯がめぐらされ、殆んど例外なく篦先による刻目がつけられる。条痕の走向は横位である。

夜臼Ⅱ式になると、横位条痕に代って、擦痕がみられる。施文部位は口縁部に少く、胴部下半に及ぶ。それもⅡ式後半になると篦磨きされて、擦痕すらもなくなる。即ち器面調整の痕を残さなくなるのである。但し器形そのものは殆んど変化しない。

このやり方が、板付Ⅰ式に引継がれると、器面調整はよく整えられたこまかい刷毛で縦に行われる。時には、刷毛に代って篦で、あるいは棒先で行われるが、いずれも縦であり、丁寧に仕上げる。

口唇部突帯は浮上して外反した口唇部そのものにこまかい篦先刻目文が施される。口縁部下半の突帯も、もはや行われないのが一般である。

器形は、口縁が内側に凹み、夜臼Ⅰ・Ⅱ式の底部の張出しはやめて、真直ぐに底部をつくる。所謂遠賀川式の特徴として著名な口縁部下の沈線の崩芽がみられるのも興味深い。即ち弥生前期の中葉以降、盛行する平行沈線が、夜臼式の流れを濃厚に汲む、板付Ⅰ式期初頭に、口唇部下の凹みの現われと共に、その抑えとしての篦先施文として現われる点――そこに縄文晩期と弥生前期の円滑な移行を看取することができる。

夜臼式土器文化の板付式土器文化との交代――交換が同地点・板付において、かくも円滑にとり行われた処に弥生文化――農耕文化浸透の姿が象徴される。

この事はひとり板付遺跡にみるのみではなく、夜臼遺跡での板付式と夜臼式の移行に認められる処であり、更に遠く土佐・入田遺跡の擦痕文系土器[23]、備前・黒土遺跡でも同じである。

入田遺跡では、弥生前期の壺形土器に突帯文と同沈線による円圏文土器とが併存する。即ち九州で横位の条痕や擦痕文が多く行われた時期――夜臼式期に、四国土佐でも弥生文化の進入があった点である。それが円滑に共存した。それだけではなく、弥生前期の沈線手法が縄文晩期の条痕手法の中にくみこまれて条痕突帯間の山形連接文となって現われているのは意味深い。

黒土の場合、縄文時代後期に近畿の宮滝式の影響がみられるように、晩期夜臼式系のものでも橿原式との関連において捉えうるものが多く含まれる。橿原の影響というのではなく、黒土と橿原の同時性、即ち後述する東北縄文晩期――大洞式との同時性を考えさせるものである。但馬・弥布ヶ森[24]と考え合せ、東北縄文の晩期前半への影響が間接的には備中の地に及んだ事を示すものであり、従って同地に濃厚な夜臼式との交換を示唆するものである[25]。

後世――弥生中期以降、北九州に代って発展する畿内ではどのように移行しているだろうか。

この問題は、晩期後半、近畿における大洞C_2式期の空白問題と関連するものとして、節を改めたい。

2　大洞C_2式期の問題

近畿地方において縄文式晩期の中頃――大洞C_1・C_2式期に条痕文を施した土器が作られだし、それが粗製土器の殆んどを占めるようになった時期、即ち橿原式土器の成立した頃に奈良盆地、大阪平野の湿地帯に遠賀川式土器が出現した(27)。両者の間には土器の交換現象がみられる。

多くは、旧来の縄文文化の側の革新として現われている。橿原遺跡に著名な鉢形土器の木彫手法による連続花形文は、序にも扱ったように唐古第一様式の沈線による花形文に通じるものであり、日下遺跡の甕の胴膨張(28)（図4）は遠賀川式壺形土器の胴部様態に影響されるものなのである。このような密接な関連があるにもかかわらず、縄文系遺跡は殆んどが一時代遺跡であって、偶々少量の大洞式土器を伴うのみであるのに対し、弥生系遺跡はいずれも歴代遺跡であって多量の晩期土器（橿原式土器）を併存する。前者は半定着――定住集落であり、後者は定着集落である。

近畿で縄文晩期土器を出す遺跡は多い(29)。しかし、それらの土器散布地が全て晩期の定住地であったとは言えない。何故なら多くは吉野川流域の山岳地帯――焼神、オムロ(30)のように土器数片を出すのみであり、あるいは大阪府国府、(31)岸和田市八幡山(32)のように弥生遺跡の中に少片含まれるだけの資料もあるからである。

夫々の資料所在――集落のあり方を考えるために、両者の共存関係を追求しよう。

A類　縄文後期土器と晩期土器併出遺跡

B類　縄文晩期土器の単純遺跡

C類　弥生前期土器と縄文晩期土器の併出遺跡

の三類に分けられる。

A類遺跡

京都市北白川京大農学部内遺跡(33)　奈良県当麻町竹之内遺跡(34)　奈良県吉野町宮滝遺跡(35)　大阪府箕面市半町阿古坂(36)

大阪府四条畷市岡山(37)　大阪府東大阪市日下(38)

B類遺跡

滋賀県大津市滋賀里南(39)　奈良県吉野町丹治(40)　奈良県橿原市橿原(41)

C類遺跡

奈良県田原本町唐古(42)　奈良県橿原市新沢(43)　大阪府道明寺町国府(44)　岸和田市八幡山砂丘(45)　尼ヶ崎市田能(46)

三項夫々の立地条件をみよう。

A類は、岡山遺跡、日下遺跡に代表されるように山麓端の小高い丘陵地で、低湿地に必ずしも遠くはないが、密接していない。山と里の両者を生活領域としている。宮滝遺跡の場合は吉野川流域の比較的広い台地面ではあるが、初期大規模農耕に必ずしも適さない条件である。

B類遺跡は低湿地に進出する。

丹治遺跡の吉野川河岸の拓けた湿地、橿原遺跡の湿地内の微高地、滋賀里南遺跡の低平な琵琶湖岸と比較的山地に近いとは言え、湿地そのものを生活領域とする。

C類遺跡は、湿地内にある。

唐古遺跡をその好例とする。しかし、国府遺跡のように湿地を控えた台地を選ぶこと、B類の場合と似る処である。B類とC類の間に画然とした占地条件の差は認められない。この事はA類の場合にも言えることで、結論的にはA類よりC類に移行するにつれて、山地を離れ、湿地――農耕への依存度を強めていった事を指摘出来よう。(47)

縄文時代後期以降の占地条件が明らかにされた。A類の遺跡に、大洞式前半文化との交渉の跡があり、その後、晩期後半になって東進して来た遠賀川文化との交換が、大洞形式（東北文化）を介在しつつ行われた形跡が認められるのである。従って、ここで近畿での東北縄文文化のあり方を追求し、後考に備えたい。

亀ヶ岡文化に直接先行する文化に後期に属する安行Ⅱ式文化がある。この時期は晩期にみるような東北独自の文化の未だ芽生えぬ時

図５　大洞B式系土器
（上：宮城県女川町浦宿遺跡　下：橿原遺跡）

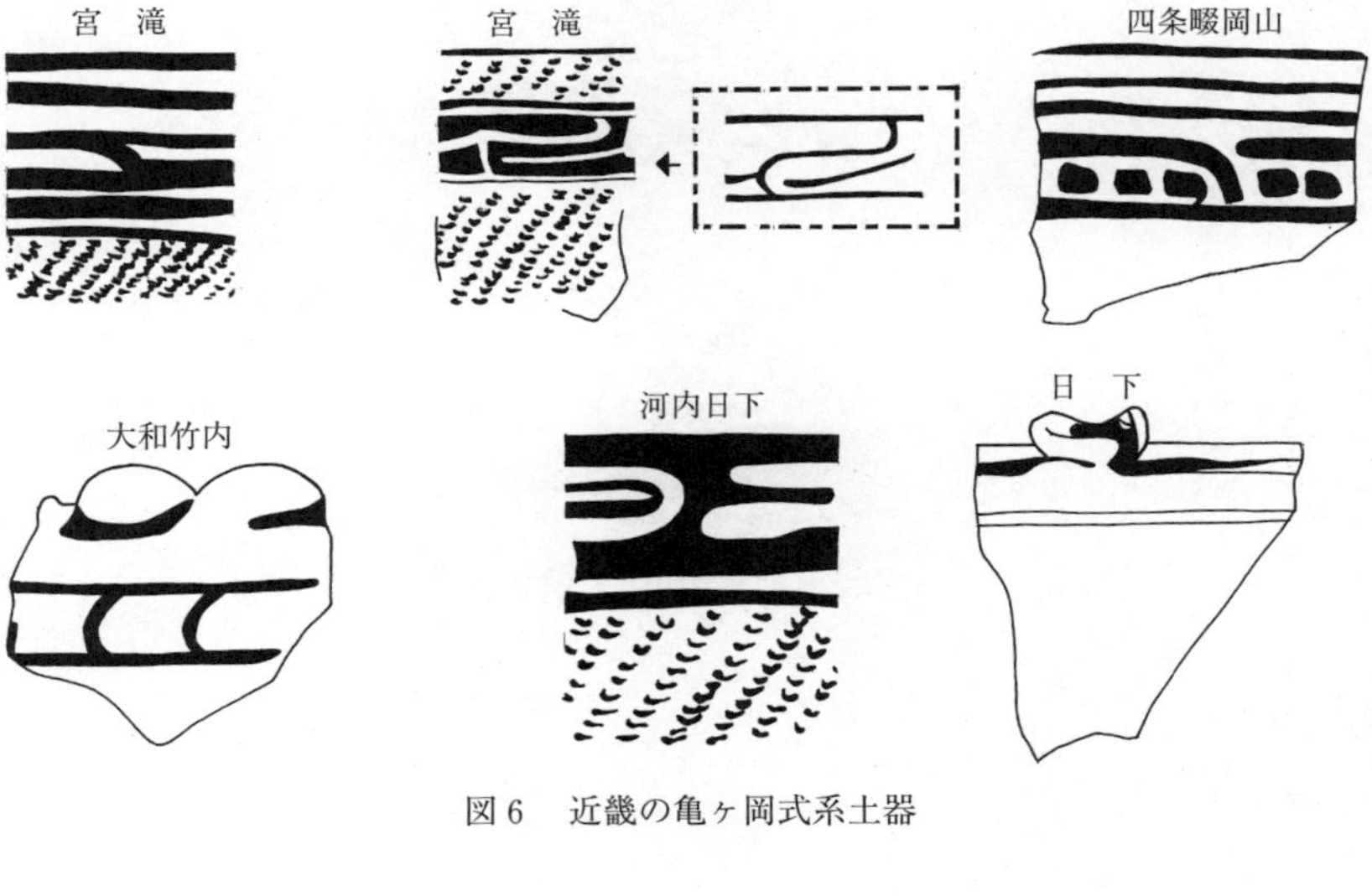

図６　近畿の亀ヶ岡式系土器

であり、[48] むしろ関東文化（安行文化）の影響下にある時代であったと考えられる。従って、僅かに橿原・宮滝・滋賀里南遺跡に見出される安行Ⅱ式土器をもって東北文化の影響とすることは出来ないかもしれないがその先駆をなすものとしての意義は認められよう。即ち関東に近い東北南半地方の安行Ⅱ式文化と大洞B式文化のスムースな移行は土器面に現われる入組文の単純化（図5）のうちにも窺い得るが、それは近畿においてもまた同様の経過がみられる所であり（図5）、江坂輝弥氏のいう[49]東日本文化圏での普遍性が考えられる。畿内の亀ヶ岡系土器としてもっとも出土例の多い大洞BC式（図5・6）[50]は亀ヶ岡式土器との類似性において、後の大洞A式系土器に比較してはるかに高く、従来言

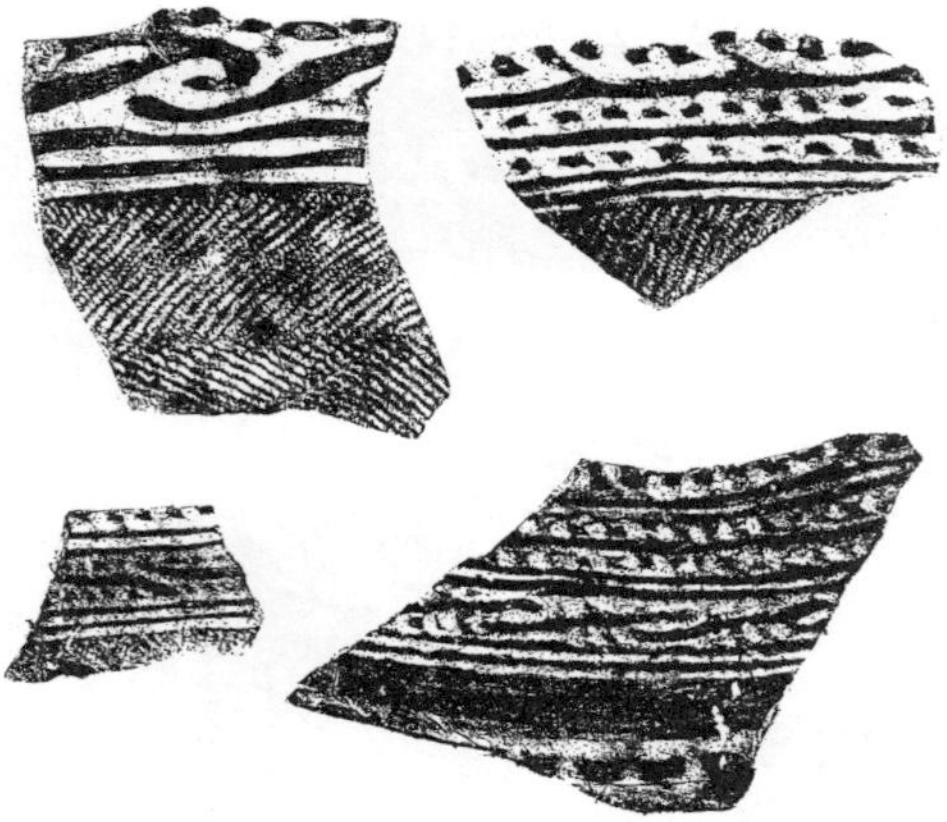

図7　大洞BC式土器（宮城県浦宿遺跡）
三宅宗議氏資料

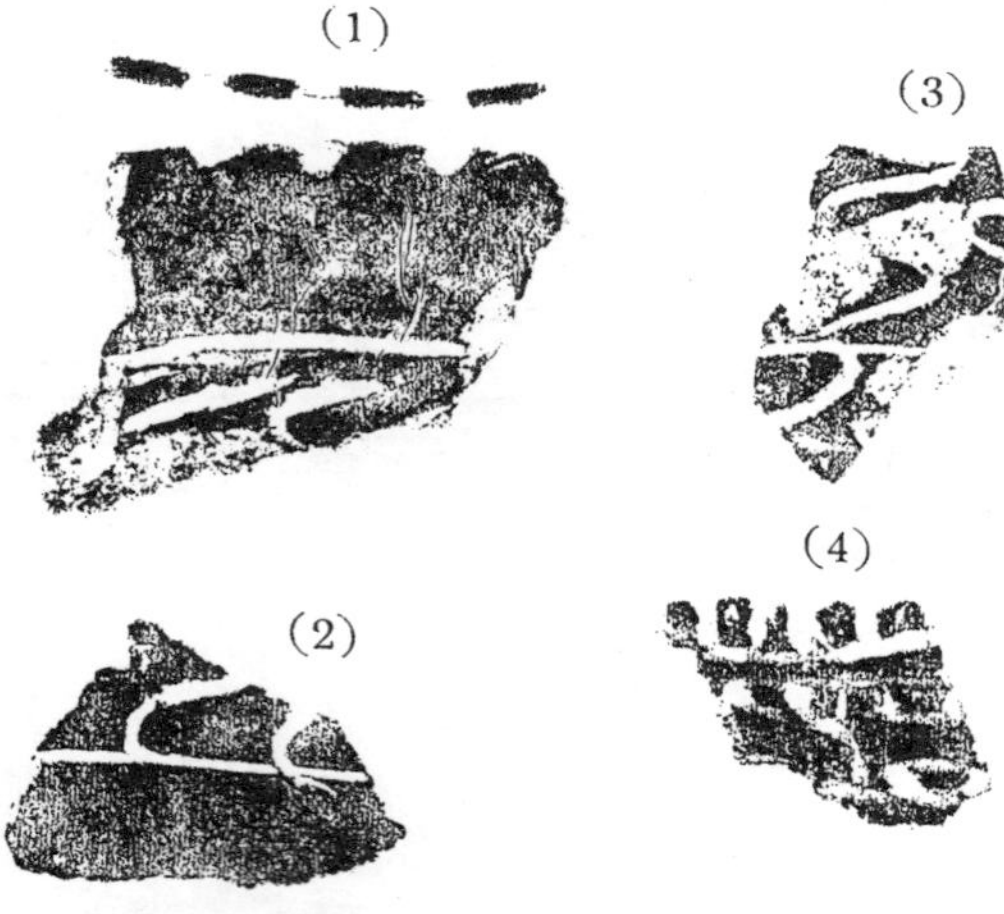

図8　大洞C_1式系土器（宮滝遺跡）

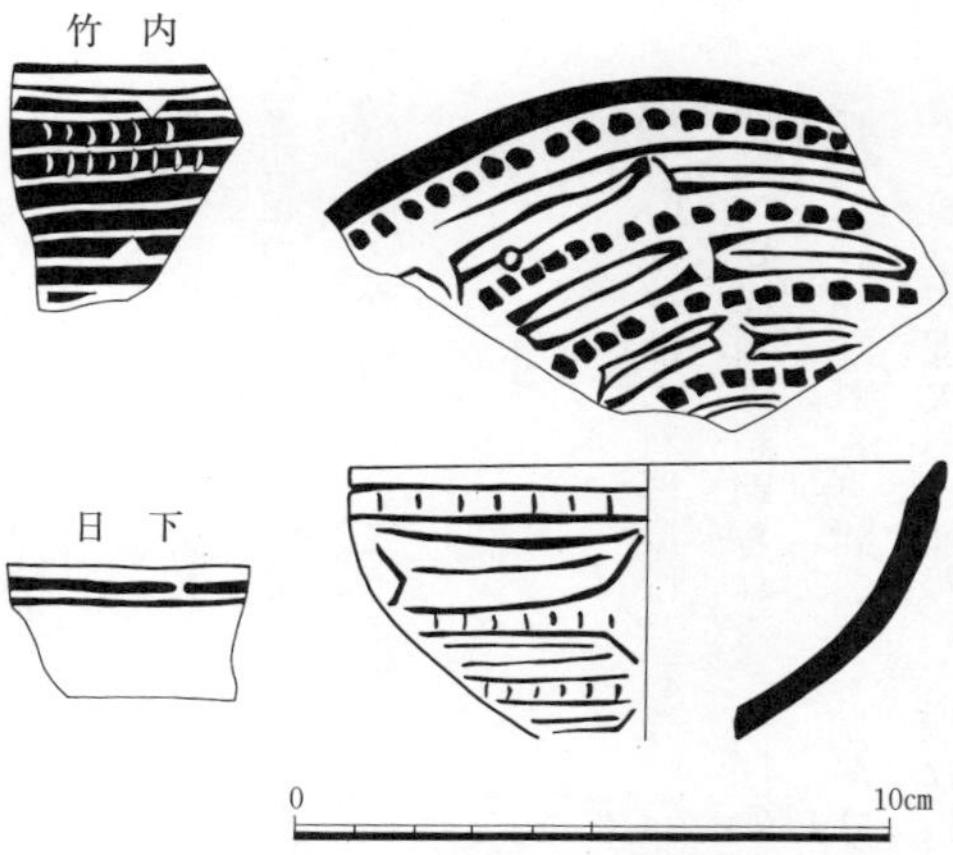

図9　近畿の大洞Ａ式系？土器

われていたように輸入乃至は模倣として捉える事が出来よう（図7）。

このように大洞ＢＣ式期までは近畿における東北文化の摂取は自らの文化として消化する事なく、輸入乃至は単なる模倣に終っていた。大洞C_1式期になると（といってもその色彩の感じられる宮滝例のみではあるが）（図8）、模倣の域を脱した近畿的消化が感じられるが、ここに萌芽をみせた両文化の融和も大洞ＢＣ式期にかなり近い位置にある宮滝例以後は大洞Ａ式期に至って完全に消化された形で再現されるまで（図9）[51]全く資料が途絶えている。[52]この空白は一型式間のみであり、たまたま資料の未発見という事も考えられる現在、それほど重視する事は出来ないが、大洞Ａ式期における様相と併せ考えるならば、この間に縄文文化と弥生文化がどう進展したか、甚だ興味のある時期である。

近畿における亀ヶ岡文化の空白期間の有無は論外にしても、大洞Ｂ・ＢＣ式期にあっては各時期毎に明確にみられた文化期が大洞C_2式期以降慌しい変化をみせ、そして大洞Ａ式期に完全に消化された形で現われたことのうちに弥生文化の刺戟を示唆してはいないだろうか。即ち大洞Ｂ式・ＢＣ式・C_1期までは東北・近畿の同時代性は認められるが、それ以後は近畿において弥生文化との接触による変革が認められて来るのではないか。従って、東北と近畿との弥生文化摂取の時間的差異は大洞C_2式——Ａ・Ａ′式期の時間と考えられはしないだろうか。換言すれば、畿内においてこの期間、縄文文化と弥生文化の併行関係がみられたということになる。

縄文時代晩期の生産用具と弥生時代前期のそれとの間には、鉄の有無を頂点とする画然たる差異がある。しかし、弥生初頭の鉄がどの程度普及していたかによって問題が変ってくる。石器そのものの生産形態とその細分を通じて、問題を明らかにしていこう。

二　生産用具の変遷——石器の様態——

1

縄文時代後期の石器には、石斧、石ヒ、石棒、石皿等がある。そのうち主要な生産用具とみられる石斧は、分銅型・撥型・短冊型に類別される。後期の遺跡を通じて、石斧は一五cm以上の中大形と小形手持用に分けられる。後者も普遍的に使用されたとは言え、前者が量的に大多数を占める。

この事は刃部欠損の甚しい大振り用工具が主体をなす事であり、後期にあっても竪穴掘さく以上の土掘りが行われた事を示唆する。しかし、この場合後期に一般的な分銅型石斧では、定着農耕を考えるのには形量ともに不適当であり、晩期の形の定った短冊型石斧の大量進出を俟つべきであろう。(53)

因に東京都大蔵の縄文後期遺跡(54)では、中大形石斧三八個、小形手持ち打石器一一個で、さきにあげた傾向を裏付ける。

晩期になって、橿原遺跡にみられるような同形の短冊型石斧の大量進出は、石器製作上に分業の行われた事を示唆する。例えば、尾張・保美貝塚では石鏃とその未完成品が五千点、同・川地貝塚では石錘三百点と多量の石錐、東京都深大寺村では打製石斧の二千点が一団となって発見されている。(55) このように特定の、しかも多量の石器がひとつの遺跡から発見されることは、石器の生産が一集落の枠を越えて行われた事を示す。それも個人個人(あるいは戸々)が各自に製作したものではなく、何らかの形の分業が行われていたと考える方がより自然である。しかしその反面、縄文時代では、殆んどの遺跡で石器の生産が行われた痕跡を示している。この事は各々の集落が原石を何らかの形で受入れ、各々の集落の必要に応じた生産を行っていたと考えねばならない。こうなるとさきにあげた大量の生産は、ある地域内の、いくつかの集落の需要に応じた生産ではなく、無造作な、無計画的な生産であると言える。即ちその地域内で特定用具の一定量生産を目的としたものではない。言い換えれば集落間の分業には至っていないのである。定型化した大型短冊形石斧の出現により、ある程度の陸耕の存在が想定されるが、生産力の弱い縄文社会の限界を考えさせる。

次に稲作りが始められてからの社会について考えてみよう。

初期弥生稲作農耕が不安定なものであった事は想像出来る。いままでの容易な採集経済を捨てて確信のない稲作を始めることは大冒険であったに相違ない。この点については古来、縄文晩期の人口増加による採集経済の膨張——ゆきづまりがあげられている。この冒険——即ち夜臼式から板付式への移行を北九州に知られる石器製作所址を素材として考えてみよう。

前期の石器製作所址と考えれる遺跡は、

福岡市今津遺跡(56)

八幡市槻田高槻遺跡(57)

中期に属するものとして、

福岡市今山遺跡(58)

飯塚市立岩遺跡(59)

などがある。

今津遺跡は博多湾の西方瑞梅寺川川口に臨んだ低平な場所にあって貝塚を形成している。今津の石斧は、(1)原料荒割り、(2)整形的打欠き、(3)器面打敲、(4)器面琢磨の四つの工程が附近の海岸線に散在する玄武岩を用い、同一場所で行われている。

高槻遺跡は板櫃川の上流の小盆地内にあって、原石の入手地も製品の分布範囲も明らかでないが、製作された石器は多数の石斧、石杵と少数の石庖丁など、多種にわたる。

今山遺跡は今津遺跡の南方にあって僅かに入江を距て、石材も製作工程も今津の石斧と同一ではあるけれども、その製品は今津に比し形態は統一されているが粗い。

遠賀川上流の立岩遺跡は、石庖丁の製作とその配布で著しいが、同時に石剣、石戈の生産が行われている。

前期の今津、高槻の製品分布は詳かでないが、今山・立岩製品の如く福岡県西、南部、更には佐賀県北部と遠く、広範囲にわたることはない。即ち弥生前期の分業形態は、縄文晩期の発展型として小地域内の分業に留まるものであった。弥生中期に至ってはじめて、地域集落の枠を越えた需要に応じた分業形態——集落間の専業——専業集落が発生して来たものと思われる。この事は弥生初頭の生産力——農耕規模が、縄文晩期の陸耕による生産力をそれほど上まわるものでない事を示している。弥生中期にならなければ、一集落の専業形態を支えるだけの一般農耕集落の余剰が生まれなかった事を意味している。換言すれば、北九州における農耕社会の発生が早くとも前期後半をさかのぼり得ない事、板付式の時期には縄文晩期——夜臼式期と同程度の農耕規模をもった社会であったことを示唆している。

2

北九州の弥生前期前半の生産力が縄文晩期のそれと同程度の段階に留まった事を指摘した。ここではそれを縄文晩期から弥生前期に行われた個々の利器によって跡付けたい。

イ　石　斧

中部山岳地帯の縄文中期に増加した大型打製石斧は陸耕の存在を思わせた[60]。後期になると再び細分化され形態による機能の分化がおこった。その機能分化が進展して、晩期には定型化した短冊型石斧が多量に作られ、使用された。奈良県宮滝、同橿原もそうである。但両者は弥生打石斧との関連を示さない。

一方、晩期縄文土器と前期弥生土器が一層位に混在した山口県岩田遺跡[61]での例は著しい。岩田遺跡は熊毛半島の西麓、荒木川のつくり出した小さな沖積地にある。土器は御領式系——津雲B式併行の類から夜臼式、更に特殊な遠賀川式系に至る。一ピット内に夜臼式と遠賀川式が混在した。石器には、磨製石斧二、打製石斧一五、石鏃六〇、石錘五、石棒三、石皿一、砥石五、管玉一がある。このうち打製石斧は表面採集品も含めて四〇本に及ぶ。打製石斧は発掘の結果、晩期縄文土器に伴うことが判明した。

「しかし、前回調査のとき、D地点は縄文後期の土器と石錘が多量に出土したのであるが打製の石斧は全く発見されていない。このことから後期の縄文土器には打製石斧が伴っていないが、晩期のものには多数出現していると云えそうである」（註61文献）

ここで調査者は、打製石斧の特殊な用途を考える。同じ珪質砂岩でありながら、石鏃は濃い灰色をしているが、石斧は全て灰白色を呈して磨滅していることから消耗の多い用法を考える。ここに縄文土器の底部に穴のある土器がある。それを弥生土器の甑と同様な用途を想定するなら、この短冊型の定型化した打製石斧を石鍬と考える事は、台湾を始め南方の石鍬と共に可能性の高い論定であろう。この石鍬による畑作農耕の存在を考えるなら、本遺跡での縄文晩期の甕棺葬の採用も、それを支えうる生産力の豊かさとして理解出来よう。

岩田遺跡に象徴される石鍬の効用は、板付遺跡の磨製短冊型石斧、(62)堀之越遺跡(63)で板付Ⅱ式に併出した中型打石斧、更には山城・深草遺跡(64)で前期中葉の土器に伴った短冊型石斧に見出される。特に深草の場合は前期に普遍化する木鍬と共存するものである。新しい稲作農耕のための低湿地での木鍬の効用と、旧来の伝統を保持する畑作用としての石鍬の効用が――広くは、旧来の縄文耨耕法と新しい低湿地稲作農耕が共栄している点を見逃せない。

ロ　石　ヒ

前章に掲げたB類并C類の遺跡に、同形の「石ヒ」が共通して認められる。

縄文晩期の石ヒは二種に分けられる。

(1)縁辺全てに丁寧な打欠きを施し、刃部、背部の区別を明らかにしない類

(2)横に剥ぎとられた剥片の一辺を刃部とする。刃部整形はこまかな階段剥離系の手法に依る。従って器具そのものは、(1)に比して粗く、また大形に属する。

弥生初頭にも、この二系統はそのまま引継がれたように見受けられる。

唐古に、二種が併存する。しかし、その量は少なく、(1)系が四個、(2)系が三個にすぎない。唐古遺跡が前期から後期にわたる総合遺跡である点を考慮に入れると、形式学的にこの縄文晩期の系統を引く(1)・(2)の類が祖型となって、

弥生時代の打製石器として特徴ある石小刀にまで発展する系列を窺う事が出来よう。

石小刀は、弥生中期西日本で盛行する石器である。唐古に代表されるように、長さ七・八cm、巾二cm程度で縁辺はきれいに打欠かれる。先端が必ずまがり、内側が刃部となる。

縄文晩期には細長の刃器であった万能器具が、弥生中期に至って定型化し、機能の分化をみせた。即ち縄文晩期の万能器具が唐古初頭にそのまま万能器具として残り、弥生中期を俟って始めて分化した。

(2)系でも同様の傾向がみられる。背面をそのまま残した縄文晩期の手法は、弥生初頭に引継がれるが、やがて背面に粗い打製調整が試みられ、完成する。その剥離は全て階段剥離で、押圧剥離は認められない。その定型化は(1)同様中期である。

このような縄文晩期から弥生中期への石ヒの二方面への定型化が弥生初頭に徐々に進行し、中期に至って完成する点に注目したい。

3

生産用具として、縄文晩期と弥生初頭に通有な、石斧と石ヒを観察した。

石斧の両期における石鍬としての効用と深草での木鍬との併用に象徴される両文化の併行期、石匕の定型化の時が弥生中期を俟つ点、共に縄文晩期と弥生初頭の通有性を示唆した。

三　植物栽培の問題

水稲耕作の初現のとき、それは九州から東海地方まできわめて急速に伝播した。異質な採集経済社会に何故これほどまでに、新しい革命的とも言える生産手段の変革が受入れられたのであろうか。その背景として、

(1)稲の第一次渡来品種の生育可能地域に急速に波及した。

(2)東北地方には、依然安定した採集、狩猟対象の動植物があった。

(3)東日本では縄文中期以降の人口増加が累加していたため、ある程度の植物栽培――陸耕の工夫があった。

等の解答が用意される。

(1)(2)についてはここでは触れない。

(3)について検討しよう。

1　縄文中期集落の異常拡張

古く大山柏氏によって、縄文中期の打製石斧が耕作具として使用されたであろうことが指摘されている。(65) 戦後その考えが発展的に押し進められた。中部山岳地帯を素材とした藤森栄一氏の見解(66)――中期になると打製石斧、乳棒状石斧、石皿、石臼が著しく増加すること、更に大集落において石鏃が少なく、中・小集落では全く逆な現象がみられること等から石斧、石皿、石臼の有機的な関連、石鏃の多寡から導かれる狩猟への依存度合、を洞察された。澄田正一氏は、木曽川、長良川沿岸のほぼ等間隔に点在する中期以降の遺跡で、夫々一遺跡で費消しきれない多量の石斧が出

土する点に注目された(67)。それらの遺跡は、おおむね河岸段丘の傾斜面に立地し、自然の流水作用によって出来る肥沃な土壌を基に、原始的な陸耕が発展していったのではないか、と推論された。

一方、栽培された植物について酒詰仲男氏は、縄文時代がすでに農業社会である、という見解の中で、資料を提示されている(68)。

「従来も東京都西ヶ原貝塚、千葉県余山貝塚、その他の石器時代低湿地遺跡の悉くから出ている、クリを重視すべき」であり「それも栽培種でないものは、ヤマグリ、シバグリ等と称され、小粒であるが」「不思議に石器時代のものは悉く中大のもので、明らかに栽培種である。」

クリはもともと寒冷地帯の産であるため、前期のシイとの混耕段階(69)を経て、「中期の寒冷期に至って益々盛んになったと言えよう。その頃からの縄文遺跡の分布が植物生態学上の所謂クリ帯とよく一致している点を重視すべきである。」

縄文中期遺跡が前期に比し、大規模になる事は特異である。長野県尖石(70)、同上原(71)、新潟県馬高(72)、等例証は多い。住居数の増加だけではない。文化内容にあっても、さきにあげた生産用具である打製石斧の量産はもとより、巨大な石棒、土偶の多出等実用具外の器具——祭祀的な器具が現われる。それを支える社会構造があったと考えられるのである。

2　縄文晩期の大規模定住

縄文中期に発生したであろう原始陸耕(73)が、後期に全国的な規模で拡大された。関東を中心とした安行式系土器の東北南半から、山陽・山陰に至る分布は、如実にそれを物語る。その中で、九州の市来式土器文化が特異な発展を遂げ、草野式を経て、晩期黒川式に至る[74]。

後期後半、北九州の並行形式、西平式との間に融和関係がみられ、総じて御領式文化として統合され、北九州夜臼式に至る。この後期後半における合同は、寒冷地帯（クリ帯）――東北日本と異質な文化の成長として注目すべきである。近年、国分直一氏によって注意されて来た西日本弥生初頭のイモの栽培問題[75]は、そのまま縄文期にさかのぼりうるものと思われる。

また、江坂輝弥氏の提唱する湧水地帯住居址でのドングリ栽培[76]が、岡山県南方前池遺跡のドングリ貯蔵穴に立証されるものとすれば、一層縄文晩期植物食料の多様性が示唆される。

奈良県橿原遺跡の、遺物の量の多いこと、内容の豊富な点もまた、これらの例証のもとに考えられよう。橿原遺跡の場合、低湿地に張り出した低平な微高地の両側に遺物包含層が形成され、数多の土器、石器、骨角器を出土した。

この集中現象はひとり西日本のみでなく、東海の吉胡、水神平遺跡の大規模定着地を経て、関東・東北の真福寺[77]、千網谷戸[78]、宮戸島里[79]等の集落に及ぶ。

3　生活領域――集落占地の問題――

各地で晩期縄文土器と前期弥生土器の混在が報告されている。

近年、九州での夜臼式土器の研究が進むにつれ、夜臼式土器が常に遠賀川式土器と共存することが、その特徴の一としてあげられて来た。その代表が板付遺跡である。

板付遺跡の場合、弓状溝に囲まれた内外に多くの土坑が散在し、その土坑内に、遠賀川式、夜臼式が混在するのである。即ち少くてもその土坑は両式の併行期間に営まれたものである。「古来、縄文人が使用して来た器が、新来の弥生人の生活形態の中に現われた。」（註16文献）。第一章に指摘した土器形態の変遷より、、それが弥生人の縄文土器の珍重という偶然性の現われでない事は明瞭である。縄文人が育てて来たドングリ、イモの生活環境の中に弥生人がイネをもたらしたとすべきである。縄文人が、同様な農耕手法をとって、稲を消化した。

籾の大量収穫は驚異であったろう。同時に稲に依存した場合の豊凶の厳しさも驚異となった。当初その調整——灌漑、施肥にまでは至らなかった。

縄文時代晩期以来の耕作地に稲が適合した。あるいは縄文晩期後半——大洞C_2式期以降すでに稲を意識して低湿地に進出したのではないだろうか。岡山県前池遺跡の同一層での両型式土器の混在も同様である。唐古遺跡にみられる多くの土坑も前池と同様の食糧貯蔵穴とするならば、内包される完形土器の存在も肯ずかれる。その上、唐古には、一土器内に桃果が入っていた。

唐古の土坑群が食糧貯蔵穴であるなら同遺跡出土の一片の晩期縄文式土器の意義は大きい。即ち山陽・前池でも池底に縄文晩期と弥生前期が共存した、唐古でも、縄文晩期の食糧貯蔵法を受継いで、低湿地に占居した。稲もそのまま同じ場所でとり入れた。その後唐古は稲の優秀な可耕地として、弥生後期、更には高塚古墳築造当初に至るまで継続して集落が営まれた。大阪府船橋の共存関係も同様であり、同下流の瓜破遺跡[80]も縄文晩期土器を混えないとは言え、旧来の傾向を引継いだものであろう。

東北日本では事情が違った。

仙台平野の場合、縄文後期から晩期にかけて遺跡は海岸に近接した島嶼に立地した。宮戸島里、石巻市屋敷浜[81]、女川町浦宿[82]等全て後期よりの歴代遺跡である。この傾向は大洞A′式期を経て土器形態に若干弥生的傾向の認められる福浦島上層式においても同様であった。然るに後続する弥生中期になると、籾痕をもった土器底部は、海岸を離れ平野

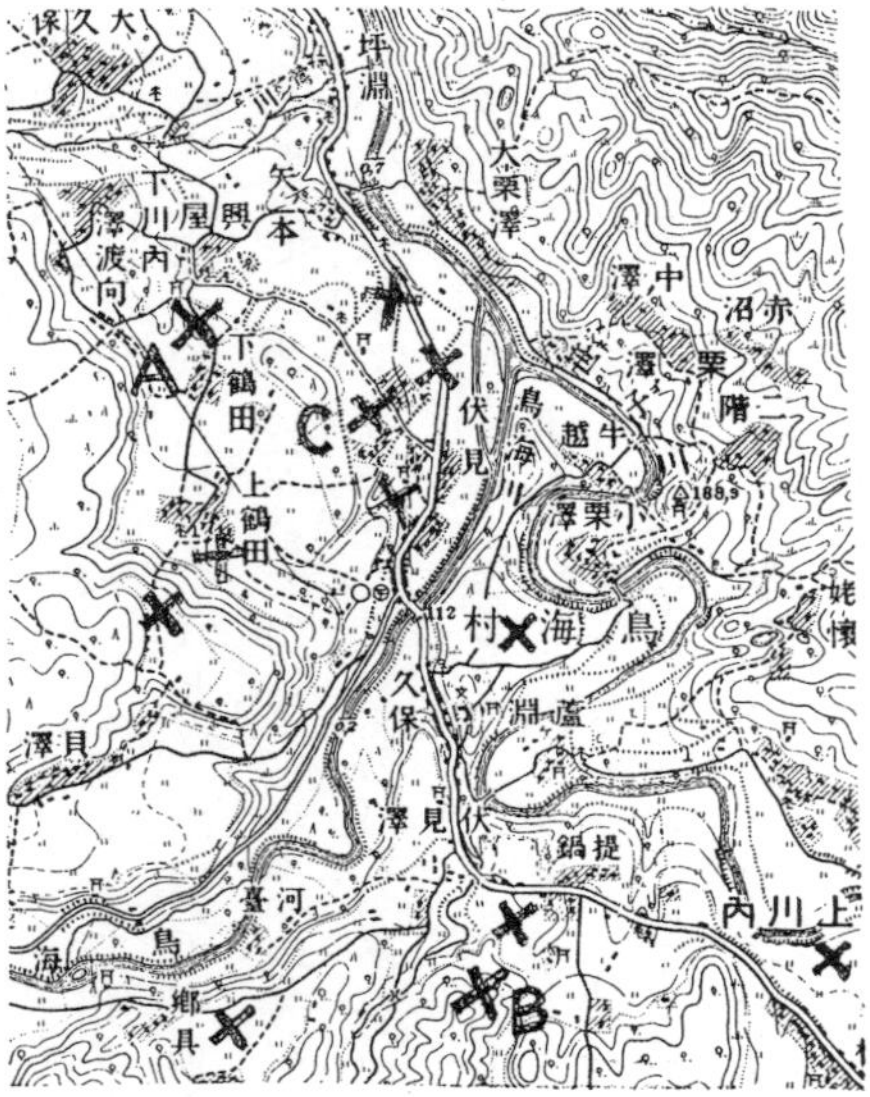

図10　東北北部の大洞A′式期遺跡の低地進出
A：前森　B：上ノ平　C：鐙ヶ平
興野義一「秋田県の大洞A′式に関する小知見」
（『東北考古学』１，東北考古学会，1960）

部に――桝形囲・崎山囲(83)の地に後退する。東北日本の縄文晩期の原始農耕が必ずしも低地を必要としなかったための弥生期になっての転地である。

その間の事情は秋田県鳥海村の大洞A′式期遺跡と田舎館式あるいは桜井式の間の転地にも象徴される。(84)

鳥海村前森、上ノ平の大洞A′式期遺跡は、低湿地を前方に控えているとは云え未だ山麓丘陵端に立地するのに対し、鐙ヶ平の桜井式期の遺跡は、すでに鳥海川に接した平地の中心部に進出する（図10）。

このような大洞A′式から桜井式期の平地に接した山麓端から平地へという、集落移動を行わねばならない点に、東北日本における西日本とは異なった縄文――弥生変換期の問題が内包するものと思われる。

さほど秀れない耕作技術によって、初期の水稲農耕を行なう場合、少しでも耕作に適した土地を選ぼうとした意識であろう。言い換えれば、集落を移動してまで、新しい稲作農耕を摂取しなければならない社会的な背景が、弥生中期に至って、秋田の地にまで波及して来た事を示していよう。

西日本では、板付－前池－唐古にみられる同地点での前住者縄文晩期人の弥生文化の摂取がみられた。

稲の一時波及の至らなかった東北日本では逆に、縄文晩期人が同地域内の農耕適地への移動という形で、稲作受入れに努力した。

この相違は、縄文中期以降の両者の食糧資源の差――イモとクリの差、ひいてはイモとクリの栽培法の相違（イモの計画経営とクリの野生経営）が原因する社会構造の差を示唆するものとして重要である。

稲作農耕以前の植物栽培の問題は、未だ研究の途上にあって明らかにしがたい。しかし縄文中期以降、集落が集中拡大し、実用具以外のもの――祭祀物が多用されるのも事実である。ここに原始農耕の存在をみようとするものであり、それを背景としてこそ、西日本弥生初頭における稲作農耕の円滑な受入れを説明出来ると考える。

結　章

農耕がその社会に占める比重が多くなる時、即ち農耕社会の成立時期の問題は、社会構成史上重要である。我国では、縄文中期の拡張期を疑問点として保留すれば、それは弥生時代の稲の出現を俟って成立した。稲作農耕は採集経済に対する革命である。

西日本の縄文晩期の土器様態は、晩期中葉、大洞C_2式期以降激しい変貌をみせた。御領・夜臼Ⅰ（橿原・黒土）の傾向が、夜臼Ⅱ（日下）を経て板付（瓜破・唐古）に至る。この時、夜臼から板付の間に稲が登場する。

晩期中葉以降変質した土器様態は夜臼に至れば安定化する。同じ傾向が板付に進められている。夜臼に稲は無く[85]、板付に伴う。であるなら、稲のない夜臼の傾向が、稲をもった板付にそのまま引継がれて行く所に、稲採用の漸進性が示唆される。

生産用具も同じ傾向をみせた。

身辺用具である石匕は、晩期に押圧剥離法を主な石器加工手段とした。前期初頭に至って、僅かにこまかな階段剥離法が加えられるが、刃部形態、背面処理とも晩期のそれと変らない。それがいかにも弥生的な特徴をもつのは、中期以降の激しい階段剥離手法と打敲による背面の整形手法がとられてからである。

石斧もまた、両者に片刃の大型打石斧が多量に使われている。弥生時代として著しい磨製の両刃蛤刃石斧が出てくるのは、前期後半に下る。

「伐る、削る、掘る」――磨製石斧、石ノミ、打製石斧の縄文晩期の用具セットが、そのまま弥生前期に移行し、弥生後期になって、鉄製工具――鉄斧、鉇、鉄製鍬先として現われる点にも、縄文晩期と弥生初頭の質を同じくする処が窺われる。

ここで鉄器の普及をとりあげたが、生産の増大をはかること――共同体の膨張と鉄器の使用は密接な関係をもつ。鉄器は壱岐カラカミ(86)に代表されるように弥生初頭より現われるが、それが生産手段の中に多用されるのは、中期をすぎて後期になってからである。縄文晩期の石器の内容、量が弥生初頭に何ら本質的な変化をみせず、後期に至って、始めて激減するのはよく指摘される所である。巨大な蛤刃石斧の消滅、依然として多量に使用された石鏃の減少がそれである。

銅利器、銅鐸によって象徴される社会が形成され、旧来の低湿地にこだわらず、新田開発が押し進められるのも、中期以降の問題であった。

歴史への稲の登場は重要である。その社会機構の変革を成熟させたときは一層重要である。後者があって、前者が意義を持つ。弥生初頭はその時ではなかった。

何故なら、縄文中期以降の趨勢のうちに、晩期に至って必然的にもたらされた集落の低湿地への進出が、そのまま漸進的に稲を採りいれ、消化した。弥生――農耕社会の曙である。極めて円滑な移行である。縄文晩期の社会機構は本質的には変革の必要を感じさせなかった。すでに低湿地を必要とする段階に育っていたからである。

弥生中期に至って、九州、近畿に夫々銅利器、銅鐸に象徴される地域が成長した。いくつかの集落が一つの銅剣、あるいは銅鐸を中心に一つの単位を形成した。

変化をみせなかった縄文晩期から弥生前期の単位集団が、統合改変される。社会機構の変質はここに至って萌芽する。この傾向を、後期の鉄器が一層助長した。

即ち「その時」は弥生後期を俟たなければならなかったのである。

〔追記〕

本稿は、一九六〇年（昭和三五）一月に関西大学大学院に提出した修士論文である。近畿の縄文晩期中葉に弥生文化の進出を認める本論文の骨子は、一九五五年（昭和三〇）一二月に関西学院大学文学部に提出した卒業論文の論旨を継承している。卒業論文の一部は、一九五八年（昭和三三）に「畿内晩期縄文文化研究の沿革」（史泉九号）として発表した。

今回、研究所六五周年に当り、ほぼ半世紀前の論考をそのまゝ提示するのは、ご指導頂いた末永雅雄・武藤誠両先生に対しても誠に申し訳けないが、一九五〇年代の一学徒の研究成果として記録しておきたいと考えた。

近畿の晩期縄文文化が大洞C2式期以降急激に変化することに気づいた直接の契機は、橿原遺跡の報告書作成をお手伝いした時であった。大和歴史館（橿原考古学研究所附属博物館の前身）には、橿原遺跡出土の亀ヶ岡式土器が時期別に展示されていた。末永先生にどなたの分類かおたずねしたら、「山内君がやってくれた」とのことだった。その後、東京大学人類学教室に山内清男先生をお訪ねし、細部について教えて頂いた。その日、たまたま同大学の鈴木尚先生の研究室に静岡県三ヶ日出土の化石人骨がもたらされ、山内先生のお供をしてそっと拝見したことを思い出す。まわりは偉い先生ばっかりで、まさに〝拝見〟だった。

一九六二年（昭和三七）四月に坪井清足「縄文文化論」（『岩波講座日本歴史』第一巻、岩波書店）が発表され、縄文晩期後半に弥生文化の影響が認められることが論述された。坪井説が容認されるには、さらに一〇数年の歳月を必要とし、そしてついに、一九七八年（昭和五三）、福岡市板付遺跡で縄文晩期の夜臼式期の水田跡が検出され、通説として定着したように思われる。一九五〇年代の私の論考は、結果として「通説」の先駆と位置づけることも可能だが、研究を進展させていないため評価は難しい。

註

（1）梅原末治『京都府北白川石器時代遺跡調査報告』（京都府史跡名勝天然紀念物調査報告、第一六冊、六一頁以降）

（2）宮滝式、むしろ後期一般の特徴ともいえる波状口縁と稚拙ではあるが口縁部にみられる沈線にその類似が考えられる、これを傍証するものとして爪形文と沈線という差こそあれ、その文様形態の類似性から図2をあげる事が出来よう。

（3）この宮滝式に併行するものとして四条畷岡山遺跡があるが、正式の発掘は未だなされて居らずどのような性格を有するものかははっきりしない。

（4）滋賀里遺跡の形成時期については山内清男氏は晩期中位と考えられる越中朝日貝塚の出土品をして「近江滋賀里・安行Ⅲ式の中に近似があるかもしれない」と示唆している（文化財保護委員会『吉胡貝塚』一二二頁）。

（5）この種の突起は加曽利B式に特徴的なものであるが、近畿晩期には北白川上層式・宮滝式、更には津雲貝塚にもみられず、橿原遺跡への根強い影響と抽象的には言い得てもその間の確証はない。

（6）山内清男、三森定雄両氏も夫々『吉胡貝塚』・『先史時代の西部日本　下』（五三頁）に指摘している。

（7）器形に後期（宮滝式）より伝統を残した竹内遺跡粗製土器を始め、橿原・宮滝、ひいては全国的に晩期粗製土器にみられるものであるが、近畿のそれは実用性という共通の基盤をもっているため弥生文化との関連を考える上で重要な一群である。

（8）宮城県松島町福浦島上層を標準とし、大洞A式と桝形囲式の中間に位置づけられるものであるが、その焼成（茶褐色）、器形（長頸壺型）等に弥生文化的色彩が強く、福島県天王山遺跡、関東野沢遺跡等に対比される。日下遺跡のそれも、縄文をもった弥生式土器が土佐窪川町神田遺跡（高知城天守閣陳列）にもみられるように縄文性の強い弥生式土器として捉えられる遺片と考える。

追註──型式名について

　橿原式並びに滋賀里式なる呼称はいずれも未発表の遺跡ではあるが、近畿晩期縄文文化編年の上に一時期をもつものと考え、一般に行われている仮称に従った。橿原遺跡の詳細については、いずれ末永雅雄先生、夫々明らかにされるであろう。

　また、宮滝式を1式・2式とする考え方は、『地方史研究必携』（岩波全書、昭和二七年）の縄文文化編年表によるものであるが、これは末永雅雄先生の宮滝式を1式（後期）とし、晩期遺物を一括して2式としたものと考え、これを採った。

（9）一律とは一元ではなく九州から東北まで、早期・前期そして中期文化もほぼ併行した発展を辿ったということである。早期には生成期の問題──長崎県福井洞窟、新潟県小瀬沢両文化の解決。前期には広範な分布圏をもつ東北日本の円筒下層式土器、西日本大歳山土器と夫々系列を異にしながら相併行している点である。

（10）山内清男『日本遠古の文化』

（11）文化財保護委員会『吉胡貝塚』（吉川弘文館、昭和二七年）

（12）橿原考古学研究所蔵、近く末永雅雄先生らにより刊行される。

（13）吉胡、橿原にある殆んど典型的な大洞B・BC式土器を指標とする。

（14）鳥取県境港、佐々木謙氏資料

（15）坪井清足『岡山県笹岡市高島遺跡調査報告』昭和三一年

（16）日本考古学協会編『日本農耕文化の生成』（東京堂、昭和三五年）

（17）尼ヶ崎市園和、村川行弘氏資料

（18）大阪府教育委員会、平安高校、泉大津高校等に所蔵されている。

（19）夜臼式系土器は北九州以外の地からも、さきに記したように出土するが、北九州の板付式等弥生初頭形式の土器と併存する弥生式土器とは考えられない一群の土器を指標とする。

（20）註(16)参照

（21）註(16)参照

（22）註(16)参照

（23）註(16)参照

（24）神戸新聞社編『視先のあしあと』I、日高市弥布ヶ森に大洞BC式期の完好な羊歯状文をもった高坏（台付鉢）がある。但し同地出土の信憑性に疑問がもたれている。

（25）現在、大洞形式と夜臼式をつなぐ明瞭な資料はない。今後出て来ても、西日本での交換であって東北の地につながるものであるまい。

（26）古来、提唱されて来た弥生前期土器の総称として用う。従って板付式をはじめ立屋敷式を含む。

（27）大和川下流の瓜破、船橋、中河内の大東、北摂平野の庄下川、藻川小河川流域の栗山、園和、田能等がある。奈良盆地では著名な唐古がある。

(28) 藤岡謙二郎「中河内郡孔舎衙村日下遺跡」(大阪府史跡名勝天然記念物調査報告、一二冊、昭和一七年)
(29) 拙稿「畿内晩期縄文文化時代研究の沿革」史泉九、昭和三三年一月
(30) 小島俊次「吉野川流域の古文化について」(『奈良県総合文化調査報告書』昭和二九年)
(31) 昭和三二年、末永雅雄、鎌木義昌氏の調査で大洞A式系の朱彩土器片が注意された。
(32) 竪田直「堺市浜寺諏訪の森出土の弥生式土器」(考古学雑誌四三ノ一)
(33) 梅原末治「京都北白川小倉町石器時代遺跡調査報告」(『京都府史蹟名勝天然記念物調査報告』第一六冊)
(34) 樋口清之『大和竹内石器時代遺跡』(大和国史会、昭和一一年)
(35) 末永雅雄『宮滝の遺跡』(『奈良県史蹟名勝天然記念物調査報告』桑名文星堂、昭和一九年)
(36) 島田福雄、佐藤正義「摂北に於ける新発見の縄文遺跡と二・三の弥生遺跡について」(考古学雑誌二五ノ三)
(37) 註(15)図版参照、枚方市長尾、片山長三氏資料
(38) 藤岡謙二郎「中河内郡孔舎衙村日下遺跡」(大阪府史跡名勝天然記念物調査報、第一二冊、昭和一七年)
(39) 坪井清足「滋賀県大津市滋賀里南遺跡」(日本考古学年報二)
(40) 註(30)参照
(41) 註(12)参照
(42) 末永雅雄・小林行雄・藤岡謙二郎『唐古弥生式遺跡の研究』(京都帝国大学文学部考古学研究報告、第一六冊、昭和一八年)
(43) 橿原考古学研究所蔵
(44) 註(31)参照
(45) 註(32)参照
(46) 註(17)参照
(47) A－C類を通じて依然として石器——石鏃は多い。二章に述べるように、狩猟、農耕の分離は弥生後期以降に俟たなければならい。
(48) 近来、東北大学、加藤孝氏等による陸前宮戸島里浜遺跡の発掘は多くの後期資料をみせ、あるいは東北南半における独自の後期文化が考えられてくるかも知れないが、今日では明らかにしがたい。
(49) 江坂輝弥「縄文文化の特質」(史学二六－三・四、昭和二八年)
(50) 宮滝遺跡の大洞BC式としてあげたものは柘本からではあるが縄文そのものも晩期の特徴を有するように思われ、その刻線は大洞BC式特有の羊歯状文の単純化と考える。同様の事は日下遺跡並びに橿原遺跡のあるものにも言えよう。
(51) 日下遺跡出土品は藤岡謙二郎氏が工字状文として大洞A式に対比させてはいるが、工字状なるものに疑問がある。しかし他の遺物から推して大洞A式を伴っても不自然さの感じられぬ所より、これに従った。丹治遺跡出土品に関しては、J.E.Kidder

のいう「宮滝の平行刻線文は安行――亀ヶ岡図文の究極の単純化」（『縄文文化編年試論』古代学三－三、昭和二九年）に類するものと出来ないこともないが相応の無理が感じられるので、疑問符を附しておきたい。

(52) 伊東信雄氏は「考古学上からみた東北の古代の研究」（『東北史の新研究』昭和三〇年）の中で、橿原遺跡の大洞式系として、B・BC・C_1・C_2式をあげておられるが、私にはC_1・C_2式に妥当と思われるものは見当らないため、以降の考え方を進める。またもし他の遺跡からでも出土例が知られにせよ論の進渉に大差ないと信ずる。

(53) 橿原では、巾五・六cm、長一七・八cmの同様の打石斧があり、後期の各形に分れていた機能の集中が行われたものと考えられる。

(54) 東京都世田谷区大蔵町、玉川河岸より一kmほど入りこんだ低平な段丘上にあり、湧水をもった一集落を形成する。昭和三四年国学院大学調査

(55) ねずまさし「考古学上からみた古代社会」（『日本古代社会Ⅰ』所収）

(56) 中山平次郎「筑前糸島郡の貝塚」（考古学雑誌六－六）

(57) 田中幸夫「筑前遠賀郡水巻村立屋敷の遺跡」（考古学二一－四）

(58) 中山平次郎「今山の石斧製造所址」（福岡県史跡名勝調査報告六）

(59) 中山平次郎「飯塚市焼ノ正の石庖丁製造所址」（福岡県史跡名勝調査報告九）

森貞次郎「古期弥生式文化に於ける立岩文化期の意義」（古代文化一三－七）

(60) 澄田正一「日本原始農業発生の問題」（名古屋大学文学部研究論集Ⅸ（史学4））

(61) 註(16)参照

潮見浩・藤田等「山口県熊毛郡平生町岩田遺跡の調査」（私たちの考古学六）、昭和三〇年一〇月

(62) 註(16)参照

(63) 註(16)参照

(64) 註(16)参照

(65) 大山柏『神奈川県下新磯村字勝坂遺物包含地調査報告』史前研究会小報第一号、昭和二年

(66) 藤森栄一「日本原始陸耕の諸問題」（歴史評論一九五〇年四月号）

(67) 註(60)参照

(68) 酒詰仲男「日本原始農業試論」（考古学雑誌四二－二、昭和三二年）

(69) 島根県菱根遺跡出土のシイ、マテバシイ、同志社大学考古学研究室調査

(70) 宮坂英式『尖石』茅野町教育委員会、昭和三二年

(71) 上原遺跡調査会編『上原』長野県教育委員会、昭和三二年

(72) 中村孝三郎編『馬高』長岡市立科学博物館、昭和三三年

(73) 北は仙台平野宮戸島里遺跡に多量に移植され、山陰は島根県島遺跡に磨消縄文手法による安行式的入組文が認められる。

(74) 河口貞徳「南九州後期の縄文式土器－市来式土器－」(考古学雑誌四二－二、昭和三二年)
(75) 国分直一「山口県豊浦郡豊浦町無田遺跡及び付近遺跡」(日本考古学協会第二六回総会要旨、昭和三五年)
(76) 江坂輝弥「縄文文化の時代における植物栽培起源の問題に対する一考察」(考古学雑誌四四－三、昭和三四年二月)
(77) 甲野勇『埼玉県柏崎村真福寺貝塚調査報告』(史前学会小報第二号、昭和三年六月)
(78) 薗田芳雄『千網谷戸』日本考古学年報
(79) 東北大学考古学研究室調査、昭和二七年
(80) 註(16)参照
(81) 宮城県立石巻高等学校調査
(82) 註(81)参照
(83) 東北大学考古学研究室蔵
(84) 興野義一「秋田県の大洞A′式に関する小知見」(東北考古学一、昭和三五年一〇月)
(85) 熊本県三万田遺跡出土の御領式土器に籾痕のあった事が疑問として残る。ここでは集団農耕としての「稲」と規定し、進める。
(86) 岡崎敬「日本における初期鉄製品の問題」(考古学雑誌四二－一、昭和三二年)

出土織物の織幅から貫頭衣の構成へ

角山幸洋

はじめに

本論文では、弥生時代の織物についての寸法（とくに織幅）の問題を取り上げることにする。要旨は、つぎの通りである。

（1）織幅がどれ位の幅であったか、出土織具からすることであった。

そのためには、全体を知ることのできる織物が出土しないので、それを織った織具から織物の幅を推定することで、その出土織具は完全な長さがなければ、推定することはできない。

（2）織具による織幅から、貫頭衣の幅が復元でき、これが人体とどのように適応できるかである。

その目的のため、（1）出土遺物の集成図を作成する、（2）民俗資料との対比を試みることであった。ここでは過去に出版した『日本染織発達史』で弥生時代の機織具を集成していて、そこから導かれる資料に、誤解を生じているので、その後に発表される考古学資料を追加することにした[1]。

そのとき論者の弥生時代の織幅についての見解は、あくまでも発掘資料によって推定したもので、「弥生時代の織幅は、約三三㎝を超えるものではない」とした。この見解は、その後新しい資料が、報告されてはいるも変えることはないのである。

ところが、ようやく三〇年以上をへたのち、雑誌『邪馬台国』に、布目順郎が書いた記事について、佐原真（当時、国立歴史民俗博物館）から、電話と、その論文の複写物が送られてきて論者の意見を求められた。(2)

その雑誌に書かれた論点は二つあり、要約すると、一つは弥生時代には、このような織幅の木製品以外に多くの木製品が出土しているではないか。その中には機織具の長いものが出土している。もう一度木製品を検討する必要があるのではないか。もう一つは上記のことから、倭人伝の服装の推定には、身頃の幅を一枚でとることができるのではないか、ということであった。

私は倭人伝の貫頭衣について何も否定していない。上記の書物にも書いてあるとおり、その構成は織幅が狭いので、身頃を二枚剥ぎ合わせているので、別に一枚にしなければならない理由はない。

ここではこの織幅を取り上げ、上記のことが成立しないことを明らかにする。現今では手織機の種類にもよるが、衣服・寝具など、用途に応じて自由に決められ、製織できる。ただ弥生時代にあっては、出土織機の部品によるが、人間の両手の行動範囲により左右され、幅には制約をうける。

そのため伝統的な手織機の種類と機能についてみていく。現在のところ、つぎのような手織機の形式は明らかであり、出土遺品から分類できる。

（1）原始機

作業座法からは、中国南部の少数民族からの伝来とみることができる。その形式が発展することにより、つぎの形

式に分かれて、必要に応じて発展をしたものとみることができる。(3)

（a）弥生機

弥生時代の遺跡から出土するもので、形式だけに注目し、一括して集成していたが、遺物が次第に増加するので古墳時代の出土品を分けることを必要とした。なお山形・嶋遺跡出土のものは、形式からみて弥生時代に包括していたが、古墳時代とするのが適当であるので、この部分では省略している。

この出土品が問題になる［図1中の6、7、8］緯巻具の長さを示しているので、上記の書では、長さからの推定長を三三㎝としていたが、別資料（大阪・瓜生堂、三重・納所）が出て、より狭くなるわけである。

（b）古墳機

上記の範疇から除外されるもので、形式的には弥生時代とはことなり、機織具としては、全体的に弥生時代のものより、長さが長く、広い織幅を織ることができる。

（2）地機

わが国では、古墳時代以後に存在するが、原産地は中国（貴州周辺）であることは明らかである。形式は中国の周辺民族の機で、座法は地面に座って織るものであり、それに機台が付属したものである。この波が弥生機とは別に分かれて、古墳時代にわが国へ導入されたわけである。ただ機台をともなうのであるが、作業座法とは合致することで、スムースに受けいれられ普及していった。(4)

（3）高機

漢民族の機で、画像石に見られる機と同じ形式で、椅子に腰を掛けて製織する。この機は能率からして次第に周辺地域にも波及するが、日本では普及しなかった。高機とは日本での名称で、地機に対して座る位置が高いので、この名称がある。

明治以後、多くはバッタン装置が付属し、織幅は自由に決めることができる。ただ前もって織機を組み立てて置かねばならないことはいうまでもない。

（4）竪機

この機は、経糸を垂直に張り渡すことから竪機とよんでいる。日本では普及しなかったが、近世になり「段通織機」として導入された。竪機では緯糸を打ち込むに際して、緯打具によって部分的に打ち込むので、織幅には関係なく自由に広い織物を織り出すことができた。日本では緯打具に代わり、織幅に応じた筬を使い改良を加えており、西欧の竪機とは構造が違う。

以上の機は、人間の行動に左右される機が存在したが、次第に人間の持つ両足、両手の動作に補助的に道具を加え、機を自由に動かせることになる。このうち両手は、投杼からバッタン装置へと展開し、足は踏木・足の操作（五脚足車、つまり五本の錘を操作できる）まで発展をとげることができた。身体は機に固定することなく、機から自由に分離する、このとき機と両手に交互に持つ刀杼とを自由に操れることが限界に達していたことに注目されたい。

この後、織機の発展により、織物の織幅を自由に調整できることになる。手織機の場合、両手の動作によるものは、つぎのように織幅と関係することであった。

（1）原始機では、左右交互に開口している経糸の間を、刀杼をもって手わたすので、手の行動範囲で織幅が規定されることになる。技術史の観点から織幅は、このような機の場合では五〇㎝を最大の織幅とするといわれてきた。これは一般的に、無地の織物を織る場合を指していっているのであって、機の上で模様を織り出す綴取織のような操作の場合では、この織幅は狭くなるであろう。

織物の幅を身体に適合させて製織するには、両手を自由に伸ばして機を操作し幅を織り出すことである。この身体・両手・機という相互関係が調整できなければ、必要とする織幅の織物を自由に織り出すことはできないのである。

これを現実に当てはめるならば、原始機で製織しているグァテマラ各地の機織具の例が注目される。論者が収集した織物・機織具とを比べてみると、その織幅と、機織具の長さの相互関係を推察することができる。もちろん長い年月の間に、変化することがあったであろう。収集したものは、経巻・布巻・緯打（刀杼）であるが、現地ではこれが一まとめにして販売している。もちろん一〇〇cmを超える長さのものは存在しなかった。

（2）高機の例を引用するが、織幅の関係することなので、ここに記すことにする。投杼によるときは、やはり人間の両手に小杼をもち織幅を超えて、左右に動かす範囲まで影響される。

（3）バッタン装置の付いた機では、その右、あるいは左手により引く手の行動範囲に上記の欠陥を補なう発明であった。この場合では、織幅は両手の行動という範囲を取り除くもので、広幅のものが製織することができる。

人類が、織物を生み出したときは、まず織物を織りだすために、小幅織物を織りだすことになる。そのときには衣類に使えるような幅のものはできなかった。このような例は、世界各地にみることができる。

アフリカでは、このような小幅の織物を織り出すための織機をつくった。このような織機では、織物の幅は、五～七cm幅に限定されることになり、それ以上の織幅を織ることはできない。もし必要ならば横方向に剥ぎ合わせ必要な幅にすることにした。ネパールその他の地域に出現をみた「スプラング」編みでも同様であった。勿論、この組織自体限界があることは明らかで、広幅のものは織りにくいのである。

一　織物幅の基礎

機織する行動は、人間の動作に左右される。この人間の行動と道具（あるいは機械）との関係を無視してはならないのである。

まず織幅について基本的なことを述べておくことにする。両手を伸ばして、緯糸を通す用具である「刀杼」を、左右の手で自由に操作できる、かつ片手で細かい作業のできる余裕のある幅が、人間の行動による限度である。したがって織面に、なにも表していない平織である場合、また織面に羅・紋織など、何らかの操作を必要とする場合、当然、狭くなっている。

織物を製織するとき織物の幅は、織の両手の自由に伸ばせる範囲に限定される。

もし幅の広い織幅のものを織りたいときは、織工二人が並んで製織することになる。このような例はインドでみられ、サリーは幅の一mを超える幅で、両端にいわゆるボーダーがあってその部分は、それを織り込むために、二人の織女が平行的に高機の椅子（腰の位置が高い）に座して製織している。到底、一人では織ることはできない。

また中央アンデスではパラカスの海岸遺跡から、ミイラを包装するために織幅が五mを超えるものが多数出土している。ただこれなどは製織する機は発見されていないので、どのようにして製織したのかわからないが、二人以上の織工が並んで製織したことである。

アフリカでは、小幅織物を製織するには、「足踏み織機」（仮称）を使用している。ただこれ以上の織幅を製織しようとしても、機の構造を変えなければ、自由に要求される織幅を織ることはできないのである。そのために必要とする織物は、小幅織物を横剥ぎにして、必要な幅のものを調達することになるのである。

このようなことから織幅は、必要に応じて織るわけであるが、原初の段階では小幅のものしかなかったのであった。これではあらゆる用途に耐えるものではなかった。これを必要に応じて「横はぎ」（この意味は、横の方向に「つなぎ合わせる」ことにより必要な幅に合成する）することであった。この方法はどこの地域でも見られたが、残念なことには遺物によることしかなく、また残存する民俗資料を詳細に検討することから、得られる資料により推定される。

現状からみると、手織で製織していたカッペタ織で、機織具と織幅との関係を見ると、織物の生地が、一三cmくらいの幅しかないのに対して織機具は三〇cm程もある。ただ記録を必要とする無形文化財に指定をうけて故人となった方が、持っておられた形ばかりの機では幅が狭いが、これは復元的な機織具がもつ機能でしかない。

二　貫頭衣着用の現状

世界中を見渡しても、貫頭衣を着用している国は、他に例をみないであろう。このグァテマラでの観察ではあるが、その全地域での服飾は貫頭衣で、素材は原始機によって製織しているので、どのような染織品であったかを明らかにすることができる。すべての地域を調査したわけではないが、多くの地域では、その着用する上衣（ウイーピル）には模様が付けられているが、上衣の身頃は、すべて二枚の切れからなり、中央の部分で接ぎ合わせている。三枚を使うことがあるが、そのためには中央の部分に首穴を開けている。もちろん各地域では、幅には広狭があり、地域的に着用するには身体に緩やかな部分と、締まった部分とに、服飾の面で区分することであった。

この地域では、例にあげられている織幅一枚で、貫頭衣を製織することは、存在しなかった。近世になり欧州から導入された高機によって処理されるのである。

このような織物自体の製織技術と特質を把握していないと全体像を理解することができない。布目順郎の『邪馬台国』には匿名ではあるとことわりながらも、『日本染織発達史』からの引用として織物の幅について批判を試みているが、私の見解には、いささかも変化するところはない。またそれ以上に自説を補強する資料が出土しているのである。最初にあげた書籍を執筆したのち、つぎのように雑誌論文を執筆しているのであり、別に調査をしていないわけではない。紙面の都合から詳細にはできないが、つぎの各論文を参照にせられたい。

1）「日本の織機」『服装文化』第一四八号　文化出版局　一九七五年一〇月　五ページ。
　第2図　弥生時代の織機部品
2）「日本の織機」『講座・日本技術の社会史』第3巻紡織　一九八三年六月　二八六ページ。
　第1図　弥生遺跡出土の織具
3）「藤の木古墳の出土織物⑪」『染織α』糸から織物へ　その一　第一二三号　染織と生活社　一九九一年六月　七三ページ。
　図11　機織用具（出土資料）実測図（弥生時代）
　図12　機織用具（出土資料）実測図（古墳・歴史時代）
4）「織物」『古墳時代の研究』5生産と流通Ⅱ　雄山閣　一九九一年九月
　図5　機織具集成図（古墳時代）　一六二ページ。
　図6　機織具集成図（弥生時代）　一六三ページ。

三　出土機織具

佐原真から問い合わせがあったのは、前掲の論文には、どこに疑問があるのかすぐに、電話で連絡してもらいたい、とのことであった。私からの回答は、つぎのとおりであった。ここには、前に掲げた論文の内容を踏まえてここに書き記すことにする。

（1）当時の発掘状況では、考古学資料が充分ではなく、比定するべき資料がなかったので、即断して太田英蔵氏の報告により、織物具と類似するものとしたのではないか。現在では発掘が進行し、多くの資料が出土するに及んでいるが当時の比較すべき遺物が少なかった状況で機織具と推定することには、この当時の資料を再検討することが必要ではないだろうか。私はこれらの資料を「田下駄の横桟」と誤って比定することで、当時の事情を知るものにとってはやむをえなかったということ以外に言葉はない(5)。

（2）前掲したが、織物具の長さである。これが長い程、織物の織幅が広いというのではなく、そこには相関関係は存在しない。それに長い織物具であるならば、経糸の張力を支えることができるという可能性を、認めることができるのであろうか。たしかに緯打具が、「桑」という材質でつくられ、長期間使えることでいえる。

現在まで出土している機織具を、弥生・古墳時代に分割すると、つぎのように表すことができる。弥生の資料のうち一部のものを古墳に分割し移行させたのは、資料が増加してくると同時に、発展的形式の違いを確定することの必要に迫られたからである。

図1は、出土遺品から同列の大きさに調整した上、幅を明らかにしたものであり、主として近畿地方からの出土遺品を中心に集成してある。

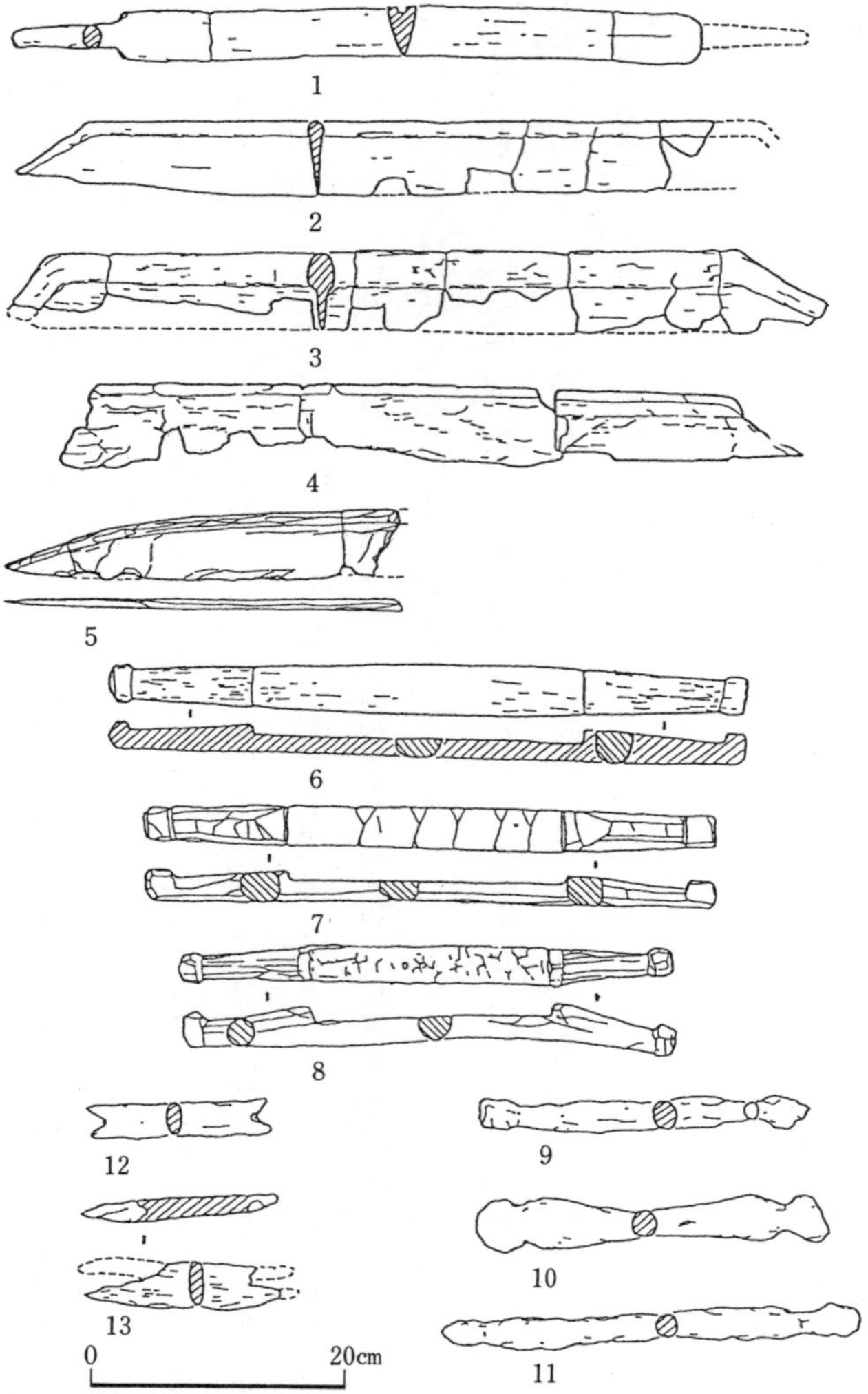

図１　機織具集成図（弥生時代）

１．静岡・登呂遺跡〔経巻具〕　２．奈良・唐古・鍵遺跡〔緯越具(刀杼)〕　３．静岡・登呂遺跡〔緯打具(刀杼)〕　４．大阪・安満遺跡〔緯打具(刀杼)〕　５．奈良・唐古遺跡〔緯打具(刀杼)〕　６．静岡・登呂遺跡〔緯巻具〕　７．大阪・瓜生堂遺跡〔緯巻具〕　８．三重・納所遺跡〔緯巻具〕　９．静岡・登呂遺跡〔経巻・緯巻具〕　10．新潟・泉遺跡〔経巻・緯巻具〕　11．大分・安国寺遺跡〔経巻・緯巻具〕　12．静岡・登呂遺跡〔緯巻具(杼)〕　13．大分・安国寺遺跡〔緯巻具(杼)〕

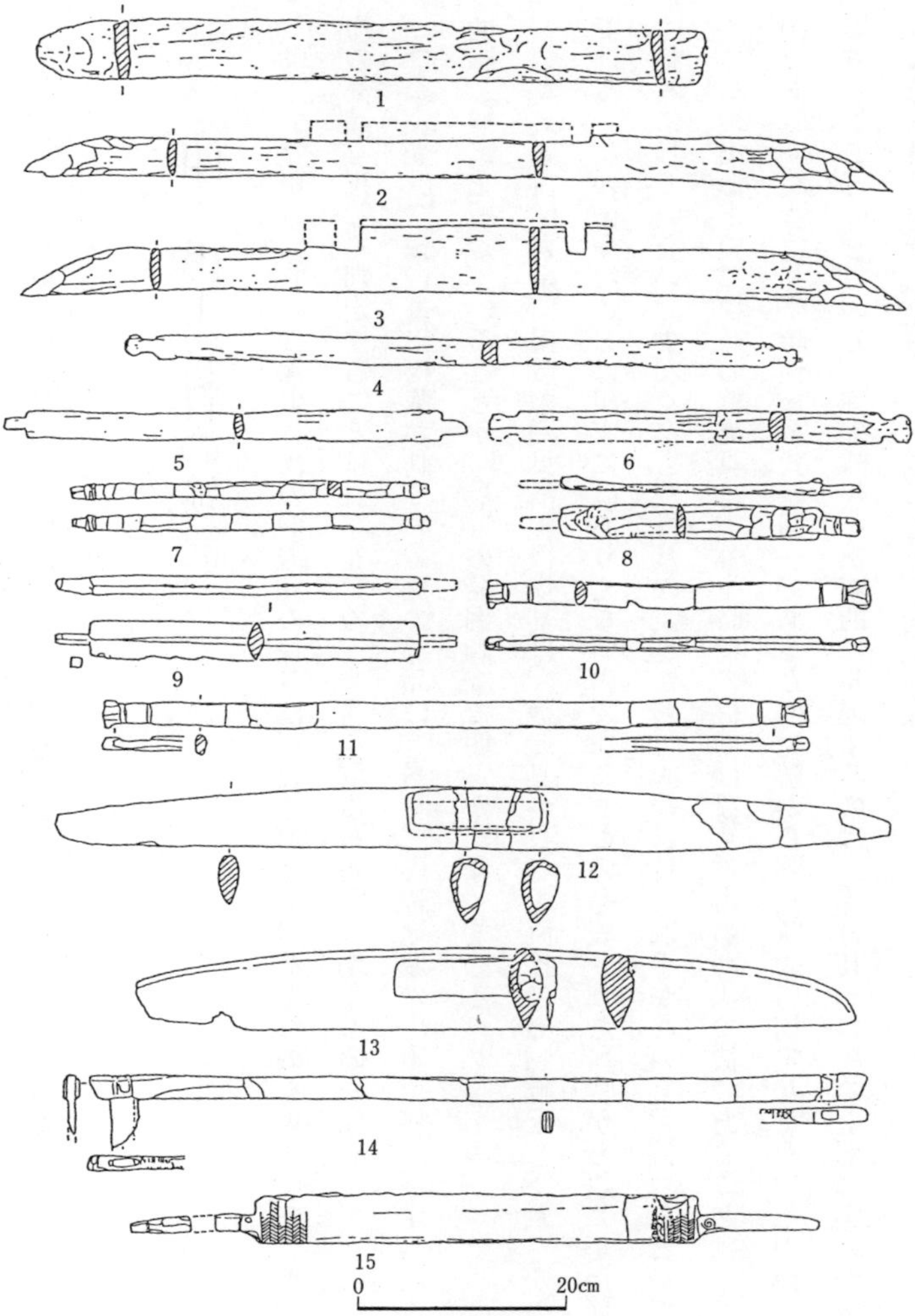

図２　機織具集成図（古墳時代）

1．山形・嶋遺跡〔開口具〕　2．山形・嶋遺跡〔緯打・緯越具〕　3．山形・嶋遺跡〔緯打・緯巻具(大杼)〕　4．山形・嶋遺跡〔経巻・緯巻具〕　5．山形・嶋遺跡〔経巻・緯巻具〕　6．山形・嶋遺跡〔経巻・緯巻具〕　7．奈良・平城宮跡〔経巻・緯巻具〕　8．大阪・亀井遺跡〔経巻・緯巻具〕　9．奈良・平城宮跡〔経巻・緯巻具〕　10．静岡・伊場遺跡〔経巻・緯巻具〕　11．静岡・伊場遺跡〔経巻・緯巻具〕　12．静岡・伊場遺跡〔緯打・緯越具（大杼)〕　13．大阪・上田部遺跡〔緯打・緯越具(大杼)〕　14．静岡・伊場遺跡〔緯打具(筬)〕　15．大阪・亀井遺跡〔経巻・緯巻具〕

この出土のうち、もともと緯巻具には二種類あり、形式的に同一と見られるのは、奈良・唐古遺跡、三重・納所遺跡からの木製品である。この形は両端に「亥の脚」と一般に呼んでいるように猪の足の形をとる。この形式にたいし二叉からなるものがあり「双脚」に分類されるが、考古学の資料では出土をみない。

四　出土資料の検討

現在まで知られている弥生時代の機織具の長さは、長さが完全であるものを集成することで解決されるが、ただ織物の部品を正しく判定することは、布巻具のうち巻き取る布幅が分かるものを除いて、正確には難しいのである。

（1）『登呂』報告書に掲載されている機の部品は、当時、周辺地域の出土資料が不足したこともあって、田下駄の横棒と推定を誤っていることが、最近の発掘調査で明らかになっている。

（2）『考古学大系』掲載の潮見浩の機織具は、機織具の長さを直接に織物幅とし、長さが三種類に分けられるとしている。このようなことは現実にはありえないのである。この発表された当時から誤りが指摘されていたので、論者は参考にしていない。少なくとも機織具の長さから、両端に持つ取手がないと、持つことができないのである。(6)

（3）『山形市史』掲載の機織具は、弥生時代の機ではなく、古墳時代の機であることは、考古学研究者の間で明らかである。論者は弥生時代と形式が同一であるとの見解から弥生時代に比定したが、その後、古墳時代のものとして集成することにしている。弥生時代と根本的に相違するのは、緯打具（刀杼）の上部に突起が付いている点である。これは緯通具（糸巻）が固定したものとみているのである。(7)

五　織幅の推定

弥生時代の織幅は、出土する機織具の長さから推定することは、否めない事実であるが、そのなかには、次のような問題がある。

（1）弥生時代の木製品を、単に長さだけで機織具と推定することは、危険ではないだろうか。そこには、長さが長いならば、織幅は広いということはできない。織物には、当然のことだが張力が必要であるので、それに耐えうる太さと長さを持っているのか。ということで、単に長さだけで機織具と推定することには、慎重を要することになる。

（2）原始機からみると、すべての織物は、狭い使用に耐えない小幅織幅から始まっているのか。この疑問に答えられるべきではないか。暫定的には、織物は人類には衣服として適用することは後世のことであり、編物についで織物が製織できるという段階の成果ではなかったか。衣服には人類はまだ裸身であり、それにいくつかの自然物をまとうのは、起源説からみて、多くの見解が出されるのではないか。

（3）これから貫頭衣は、織幅が狭いので、二枚を横に剥ぎ合わせねばならないだろう。

終わりに

本論では弥生時代の織物の織幅を推定するため、出土遺物をとりあげ、それと関係する仮説を並べた。古くから、人類は織物で作られた衣服を、まとっていたという先入観念が、強く働いているのである。

この過程を知らなければ、織幅などとりあげることはできないのである。そのため従来の小幅織物から、身体に合致した織幅が、生まれることになったのであろう。

ただ織物の発達からみると幅の狭い小幅織物から始まったことは明らかで、到底、着衣することはできなかったのである。ところが日本では、中国南部から弥生文化が伝播したもので、その発展の結果、完成されたものであった。そこには編物から織物への段階は、すでに経過していたのであった。はじめて織物に到達したときは小幅織物であった。

ここから人類に適応できるようになるまでは、世界各地でみられるような、小幅織物の段階を経過しなければならなくなるので、それに応じるような処置がとられることになる。小幅であるがゆえに、人類に適応する幅の広い織物にするには、最初の段階においては、横に剥ぎ合わせることになるが、それは充分に織物が人類に適応しなかったのである。

註

（1）角山幸洋『日本染織発達史』（初版）三一書房　一九六五年一一月

この増補改定版は、一九六八年に田畑書店から出版し内容も改定したが、それ以後の資料は、別に雑誌論文によった。

（2）布目順郎「倭人伝の貫頭衣を否定すべきでない」『耶馬台国』第六〇号　一九九六年秋号　一九九六年一〇月　六〜九ページ。なお、「『魏志倭人伝』の世界」（講演要旨）が、発行後送られてきたが、そのなかには織幅の記述が、ごく簡単に述べられているに過ぎない。

（3）座法が、漢民族（椅子に座る）と少数民族（地面に座る）との間で違っているので、それに応じて作業道具の高低となって関係している。

（4）この遠江遺跡からは、多くの遺物が出土しているので、それについての考察をあげておくことにする。

向坂鋼二「古代における貢納織布生産の一形態」『論集日本原史』論集日本原史刊行会　吉川弘文館　一九八五年五月一日

上記の論文は、古墳時代以後の機織具について論じられているが、まだ歴史時代との区分については明らかではない。

（5）太田英蔵「登呂遺跡出土の織具—弥生式土器時代の織機の復

原―」『学芸』第三六号　一九四八年三月（秋田屋）［のち『太田英蔵染織史著作集』文化出版局　一九八六年九月　三一～四〇ページに収む。］

なお原資料は、つぎのとおりである。

末永雅雄・小林行雄・藤岡謙二郎『大和唐古弥生式遺跡の研究』（京都帝国大学文学部考古学研究報告第十六冊　京都帝国大学　一九四三年三月

（6）潮見浩「機織の技術―紡錘車、機織具、布―」『世界考古学大系』日本時代Ⅱ弥生　平凡社　一九六〇年四月　六三～六八ページ。

（7）山形・嶋遺跡からの出土品については、

『山形市史』別巻1「嶋遺跡」　山形市　一九六八年三月

第五四図　織機実測図

角山幸洋「日本の織機」『服装文化』第一四八号　文化出版局

一九七五年一〇月

「第2図弥生時代の織機部品」に登載したが、のちには古墳時代に変更している。

短身銅矛論

柳田康雄

一　はじめに

国産青銅武器は、朝鮮半島製の青銅武器を原型として独自の発達を遂げることで知られている。特に銅矛は、最終段階の広形銅矛が全長九〇㎝に達するものがある。その型式分類で一貫しているのが、狭鋒・広鋒、細形・中細形などの型式名称でわかるように、平面的な形態分類である。八〇年代後半になると研ぎ減りなどの二次的改変を考慮した論考が著され、細部にも注目されるようになるが、総ての実物を実見することが困難なこともあり、その観察と分類がまっとうされていないところがある。

平面的な形態分類がいまだに活用されているのも、視覚的に判断が容易だからであるが、国産青銅武器の中には、最初から小型化の傾向があることに気付かれていない。それゆえ、中細形銅矛や中広形銅矛に分類されるべき型式が細形銅矛として分類されているものがある。研ぎ減りすることが知られていながら、全体的な形態で分類する手法が根強いために計量的な目安で分類される傾向が強い。そのために、伝世して研ぎ減りしたものが非計量的特徴では、中広形銅矛や中細形銅矛でありながら、計量的特徴が重視されて細形銅矛に分類されているものがある。

そもそも、我国で出土する銅矛は、朝鮮半島では見られない型式が多いことが知られていながら、半島製として扱われている。銅矛の耳や袋下端の複数の突帯は、当該期の朝鮮半島では見られない。さらに、最初から銅剣の背が細い小型が知られているように、銅矛にもミニチュアほどではないが、小型の型式があることに気付かれていないようである。

そこで、北部九州と朝鮮半島南端部を中心として出土するこれらの短身銅矛を集成して、その鋳型を紹介しながら所属する型式と製作地について論じたい。

二　型式分類の基準

分類の方針は、細部に至るまで細心の注意を払われた一九八六年の岩永省三(1)に従うところが多いが、銅矛では銅剣と違って研ぎ減りで改変を受けにくい部分が多いにもかかわらず、実際の分類で例示された図を見れば明らかなように、身の平面形に重点が置かれている。銅矛の「非計量的項目分類表」では、「身平面形」のＡ１～Ａ３が強く意識され、「耳の周囲の処理」以下が軽視されているものがある。すなわち、研ぎ減りする可能性が強い「先すぼまり」ではなく、身の平面的分類で有効なのは、身長と鋒長との比率である。鋒長の比率は、細形銅矛の二五％前後から身長が伸びるにしたがって中広形銅矛では四〇％に達するものがあるが、それ以上に長いものは研ぎ減りの有無を考えなければならない。鋒長とは、樋がおよばない切先とする。

二〇〇一年の吉田広の分類では、岩永の分類をベースにしながら、独自の分類を提示されたが(2)、本論で検討しよう

表１　銅矛型式分類対照表

本稿分類／従来分類	Ⅰ				Ⅱ				Ⅲ		Ⅳ	
	A	B	C	D	A	B	C	D	A	B	A	B
森貞次郎　1960		第1類細形			第２類細形	／	第１類広形		第２類広形		第３類広形	
森貞次郎　1968		細形B		細形A	細形C							
近藤喬一　1969	狭鋒a	狭鋒c	狭鋒b		狭鋒c			狭鋒d	中鋒A・B	狭鋒ｆ	広鋒A	広鋒B
岡崎　敬　1977		細形／中細A	細　形		中細A／	中　細　B			中　広		広　形	
岩永省三　1980		細形Ⅰ・Ⅱa・Ⅱb	細形Ⅰ		細形Ⅱa・中細形a	中細形b	中細形c	細形Ⅱa・中細形a～c	中広形	細形Ⅱc・d・中細形c	広形a	広形b
岩永省三　1986			細形Ⅰ			中細形b	中細形c					
吉田　広　2001		細形2	細形1	細形1・2	中細形a・b	中細形b・c	中細形c	細形２・中細形c	中広形	中細形c	広形Ⅰ	広形Ⅱ

森貞次郎　1960「青銅器の渡来―銅鏡、細形の銅剣、銅矛、銅戈―」『世界考古学大系』2 日本Ⅱ 弥生時代　平凡社
森貞次郎　1968「弥生時代における細形銅剣の流入について」『日本民族と南方文化』
近藤喬一　1969「朝鮮・日本における初期金属器文化の系譜と展開－銅矛を中心として－」『史林』52－１
岡崎　敬　1977『立岩遺跡』福岡県飯塚市立岩遺跡調査委員会
岩永省三　1980「弥生時代青銅器型式分類編年再考―剣矛戈を中心として」『九州考古学』55
岩永省三　1980「日本青銅武器出土地名表」『青銅の武器―日本金属文化の黎明―』九州歴史資料館
岩永省三　1986「銅矛」『弥生文化の研究』６　道具と技術Ⅱ　雄山閣出版
吉田　広　2001「弥生時代の武器形青銅器」『考古学資料集』21

としていることに気付かれているものの、実際上の型式分類に生かされていない。

すなわち、研ぎ減りして形態変化する身部の平面形よりも、袋部の立体的形態変化に分類の重点をおく基準としたい。

さらに、全長を分類の基準にすると、最初から小型製品を意図して製作された短身銅矛が存在することから、袋部の分類基準で中細形銅矛に分類されるべきものが細形銅矛に分類されてしまう。ここでも、袋部の長さ・幅・横断面形態、節帯の幅・平面形、耳の形態と周囲の処理などを重点的に分類し、身部の鋒と樋の長さの比率や立体的形態にも配慮する。

したがって、従来の細形をⅠ型式、中細形をⅡ型式、中広形をⅢ型式、広形をⅣ型式、平形などをⅤ型式などにする大分類を提案する。

１　Ⅰ型式（細形）

細形銅矛は、これまで岩永分類で全長四七cm以下、吉田分類で四二cm未満とされている。朝鮮半島と北部九州の出土品を網羅すると、朝鮮半島に五〇cm前後のものまで存在することから、

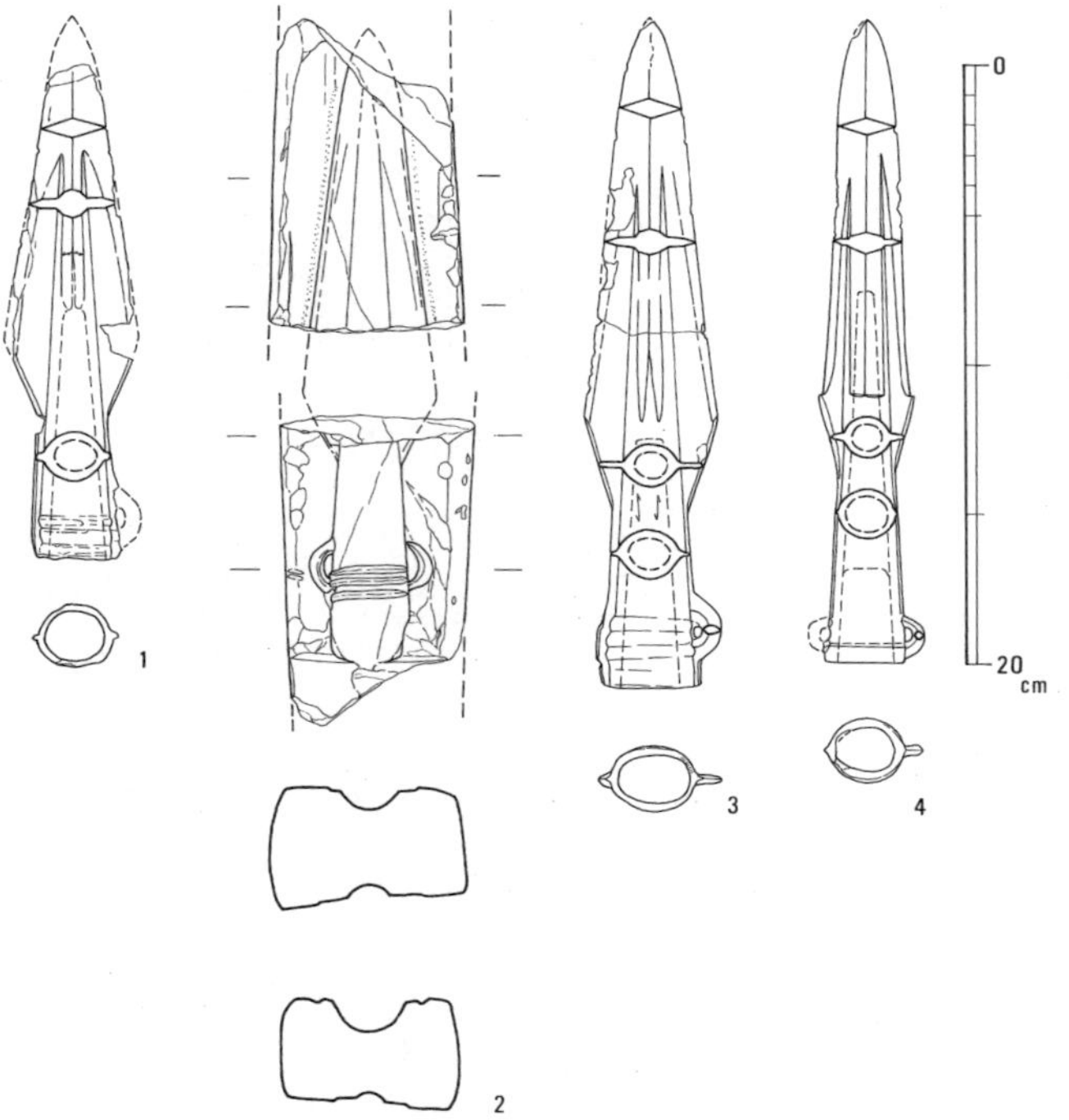

図１　ＩＤ型式銅矛（1/4）

岩永説も捨て難いが、朝鮮半島と北部九州の双方を勘案して分離できるのは、全長四五cm前後であることから、四五cm未満を目安にしている。

また、翼は刃部と同様に、内側ほどわずかに厚くなる。

Ⅰ型式の中での細分は、Ⅰ型式からⅢ型式に小型類が存在することから、これまでのように全長での分類はせずに、銅矛下半分の袋部の形態的諸特徴から、以下のように分類する。すなわち、小型から大型へ型式変遷するだけではなく、後に論及するように、小型類で時期的に下降するものを含んでいるためである。

a　朝鮮半島も考慮して耳がないものをＡ類。

b　耳があり、幅が細い一cm未満の比較的厚みのある節帯をもつものをＢ類。

c　耳があり、袋下端に複数の突帯をもつものをＣ類。

d　全体的に小型のものをＤ類。

この順番は、相対的時期を意識し、朝鮮半島製をA・B類として、国産をC・D類と考えた分類であり、B類の中にも国産が含まれていることを前提にしている。

なお、B・C類の中には、ここで問題にする小型銅矛が出現しているので、袋部上端幅が二・一cm以上をB・C類、二cm以下と袋部が扁平なものをD類として区別し、各々をDb・Dc型式とする。

小型類の実例を提示すると、B類では宗像市久原Ⅳ－一号土坑墓出土例（図1－4）[3]、C類では板付田端墳丘墓の二本[4]と佐賀県吉野ヶ里（田手一本黒木7トレンチ）鋳型（図1－2）[5]があり、共に袋部上端の幅が二cm未満であり、全長だけの比較では区別できないが、各部分の幅を各類と比較すれば明らかなように、全体的に小型である。この小型類は両側に耳をもつが、この双耳をもつ型式が小型類に限定されているのも大きな特徴である。

また、板付田端の二例（図1－1・3）のように、全長が二三cm以下のものに袋部が比較的扁平で両側に鰭をもつものがあり、これも小型類に限定されている。

背と刃部下端の研ぎ方は、銅剣と同じく最初の研ぎ方で原形に近いものを1類（吉田のyタイプ）、鋳型にも表現されるものがあるが再研磨後の形態を2類（吉田のxタイプ）に分類。1類研ぎ方は、銅剣と違ってⅡ型式以後には見られない。これは、鳥栖市本行遺跡出土鋳型[6]で明らかなように、Ⅰ型式銅矛のある段階で、おそらくB・D類に背の鎬と2類研ぎ方が鋳型に彫り込まれるものが出現し、以後は鋳型に鎬と2類研ぎ方を彫り込むものが増加して行くものと考える。

2　Ⅱ型式（中細形）

中細形銅矛は、これまでのように身全体の平面形が先すぼまりであることを前提にすると、平面形では計量的差以外に特徴的な差異が見られないものの、立体的には樋が形成される点で大きな変化をとげる。この特徴を重視すると、樋をもたない型式は、ⅠB型式と比較すると計量的差しか見出せない。細形と中細形の型式差に耳の位置が問題視されたことがあるが、確かにⅡB型式の一部に耳が節帯にかからないものが存在しているものの、他に特徴的な差異がないことから型式分類の対象にはできない。これらのことを勘案すると、細形・中細形の分類自体が研究者によって計量的な差が生じているように問題を含んでいる。さりとて、樋の形成で区分すると、全長七〇cm前後のものまで細形に含まれることになりかねないので、ここでは注意を喚起するに留めておく。

Ⅱ型式になると、小型類を除いてそのほとんどが実戦武器として使用されなくなることから、これまでのような身部の平面形での分類が可能となり、全長四五cmから七二cmの諸例が含まれる。しかし、全長などの計量的数値だけで判断すると、Ⅲ・Ⅳ型式にも小型類が存在することから、これらがⅡ型式に混入しないように配慮する。

以下、翼・節帯の形態、樋の形成具合から四類に分類する。

①ⅡA型式

身全体の平面形が先すぼまりであることが前提になるが、翼が同一厚さで水平となり、身に樋を形成しないもの。節帯の形態は、ⅠB型式と同じであるが、幅においてわずかに一cmを越すものがある。

これまでの中細形銅矛a類では、全長および袋部の長さで二分できる。袋部で比較すると、吉田の集成図で明らかなように、長さ一三cm未満と一三cm以上で明瞭な差異が見て取れる。後に論及するように、この計量的差異が時期差であれば小型から大型への変遷で済むが、短絡視できない要素を含んでいる。

②ⅡB型式

ⅡB型式の大きな特徴が樋の形成段階にあり、節帯は形態的に前型式と変化がないものの、幅が一・三cmのものまである。先に提示した袋部長が一三cm以上から一四cm未満をここに分類する。翼の形態も、外側にわずかにふくらみをもつことから、ⅡA型式の水平なものと区別できる。

③ⅡC型式

明瞭な樋が形成され、節帯の幅とわずかに裾広がりの兆候が見られるようになる。袋部両側に突線が出現するものもある。袋部の長さは、一四cm以上一六cm未満をここに分類するが、全長で比較するとB類が六〇cm前後、C類が七〇cm前後であることから明瞭に区別できる。

④ⅡD型式

Ⅱ型式にも小型類が存在することからここに分類する。これまでは細形に分類されていたもので、節帯幅が一cm以上で袋部長がⅡA型式と比較して極端に短く九cm未満のもの。例示すると、福岡県元松原例[3]と板付田端例がある。これらは、節帯が広く裾広がりであり、元松原（図2－5）は身部が極端な再研磨で短鋒化し、袋部両側に突線が形成されている。板付田端例（図2－6）は、袋部断面が扁平であることと、耳が異常に大きい。これらの特徴は、ⅡC型式に見られるものであり、細形とは明確に区別されるべきものである。

また、これまで中細形銅矛c類に分類されている全長五五cm前後のものがあるが、これらはc類の樋などの新しい諸特徴を備えているにもかかわらず、全長に比例して袋部も短小すぎる。例示すると、香川県瓦谷例（図3－9）[7]・福岡

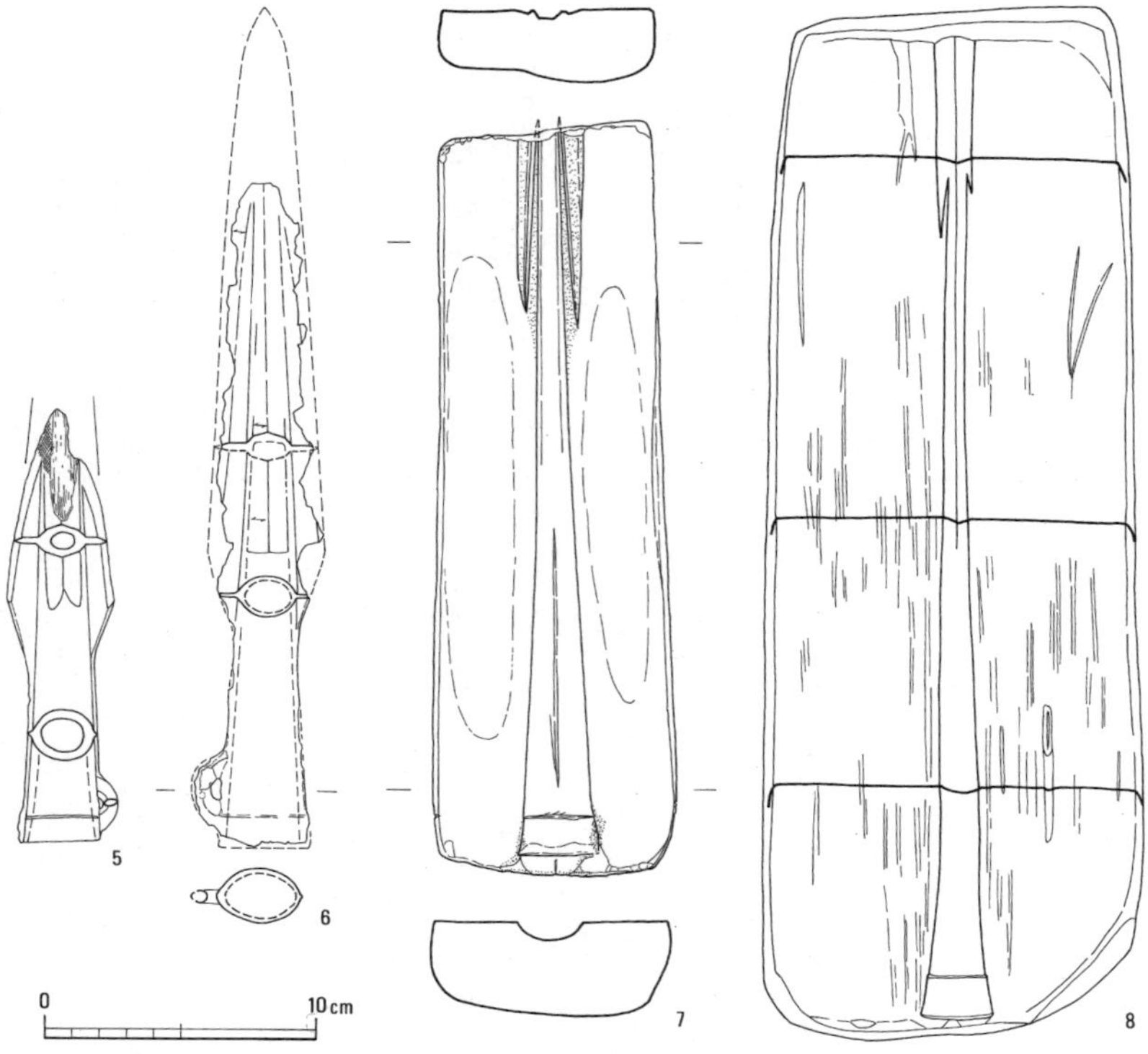

図2　ⅡD型式銅矛（1/4）

市住吉神社の二本[8]などがあり、全長七〇cm前後のc類の中では極端な小型に属することが明らかであることから、これらも小型類（ⅡDc型式）として扱う。この類は、朝鮮半島にも二例あるので、後に論及する。

ここで分類をためらうのが、熊本県今古閑四例中[8]最短の全長五四cmのものである。本例は樋が明瞭に形成されていながら、樋をもたない全長五五・五cmのものより短い。しかし、計量的には、瓦谷などと比較すると、節帯の幅が狭いことからⅡDc型式には分類できない。

なお、以上のようにこれらの小型類にも計量的に二者があることから、前者の元松原・板付田端例がⅡA型式に、後者の瓦谷例などがⅡC型式に対応する小型類（ⅡDa・ⅡDc型式）とすることができ

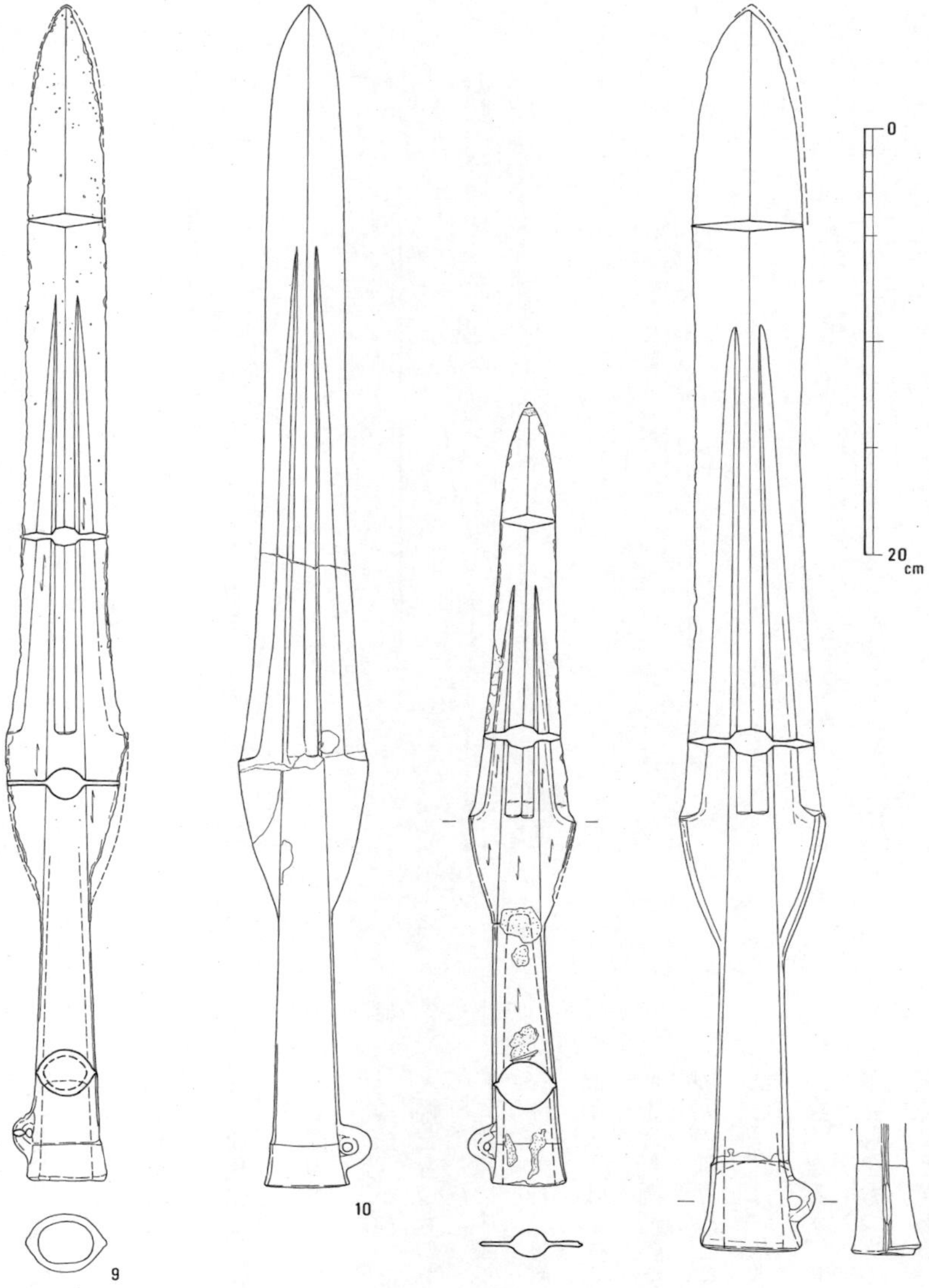

図３　ⅡD型・Ⅳ型式銅矛（1/4）

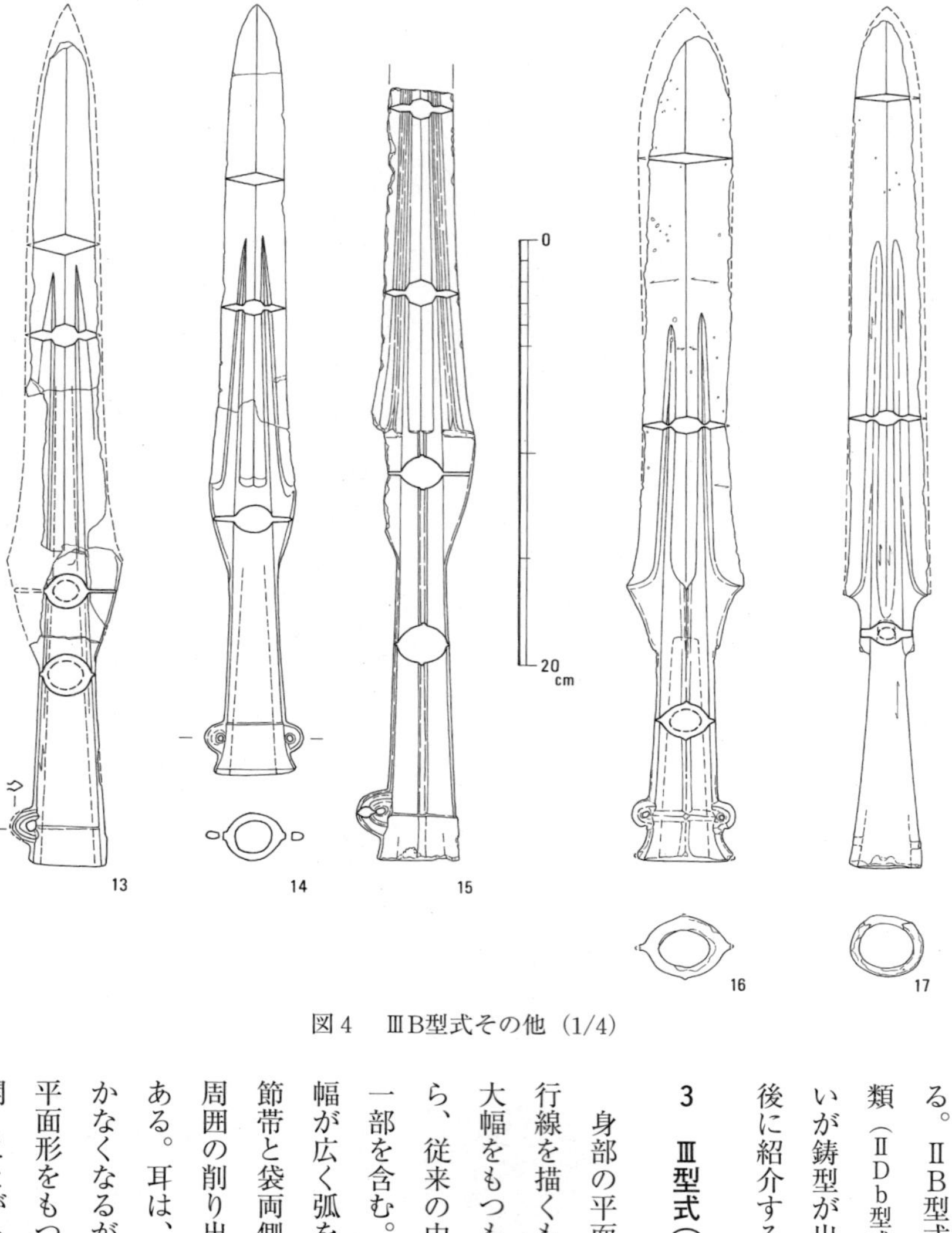

図４　ⅢB型式その他（1/4）

る。ⅡB型式に対応する小型類（ⅡDb型式）は、製品はないが鋳型が出土しているので、後に紹介する。

3　Ⅲ型式（中広形）

身部の平面形では、幅が平行線を描くものから鋒部に最大幅をもつものを含むことから、従来の中細形銅矛c類(2)の一部を含む。Ⅲ型式の特徴は、幅が広く弧を描く裾広がりの節帯と袋両側の突線、特に耳周囲の削り出し突帯の形成にある。耳は、基本的に孔が開かなくなるが、Ⅱ型式に近い平面形をもつものの中に孔が開くことがある。刃部の刃の有無からⅡ型式とⅢ型式を区分する方法があるが、Ⅲ型式は基本的に刃つぶしされている。

また、これまでは中広形銅矛が細分されたことは少ないが、Ⅲ型式のこれらの特徴を備える小型が存在することから、全長七〇㎝以上をA類、五〇㎝以下をB類に細分する。

B類を例示すると、岩永が細形銅矛Ⅱc型式とした長崎県木坂六号石棺墓出土例（図4－13）[9]、同じくⅡd型式の佐賀県千々賀庚申山例（図4－14）[8]、中細形銅矛c類の長崎県景華園例（図4－15）[10]などが挙げられる。これらは、これまでの中広形銅矛の諸特徴総てを備えているが、計量的・平面的分類が優先していたために、細形や中細形銅矛に分類されていた。

ちなみに、前述したように特に木坂例は、鋒長が身全長に対する比率で四六%を超していることから、再研磨され研ぎ減りしたものである。

4　Ⅳ型式（広形）

全長八〇㎝以上になり、鋳造後に刃部などの研磨をせずに周囲のコウバリ処理ですませることを基本にし、身部の鋒突線の有無、背の鎬の有無でA類とB類に細分する。

①ⅣA型式

身部の背から鋒に鋳出し鎬をもち、袋部の鰭が狭く目立たないもの。

②ⅣB型式

身部の背の断面形が扁平な楕円形で鎬をもたず、鋒には鋳出し突線、袋部両側に広い鰭をもつもの。

三　短身銅矛の鋳型

本論で問題にしている、短身銅矛の鋳型が四例発見されている。これらの鋳型は、早くに発見されていながら型式がうやむやにされるなど、集中した議論がされていない。それどころか、佐賀県安永田鋳型については、型式の序列の逆転説[11]や中細形銅矛と中広形銅矛の共存を主張する論考まで発表された[12]。これらは、これまでと同じく平面的な視覚に頼り過ぎた結果である。

1　安永田銅矛鋳型

そこで、最初に問題の安永田銅矛鋳型（図5）から再検討する。鋳型は、全長四九・三cm、最大幅六・七cm、最大厚三・九cmの大きさで、横断面形が蒲鉾形を呈し、側面に中広形銅矛が彫り込まれ、平坦面に中細形銅矛の袋部から背部が彫り込まれていると理解されている。この実情から中広形銅矛の鋳型を転用して中細形銅矛の鋳型を製作途中で破棄されたものとして処理された[11]。

これを整理すると、Ⅲ型式銅矛鋳型を転用して再度銅矛鋳型を製作しようとした未製品であることは衆目の一致するところであろう。先行するⅢ型式鋳型面から確認すると、この鋳型に合致する製品で最も近いのは、大分県大山町老松神社蔵例・高知市三里池長崎例[2]であり、これらは吉田の中細形b類を含み、耳に孔があることからⅢ型式の中でもⅡ型式に近いものである。

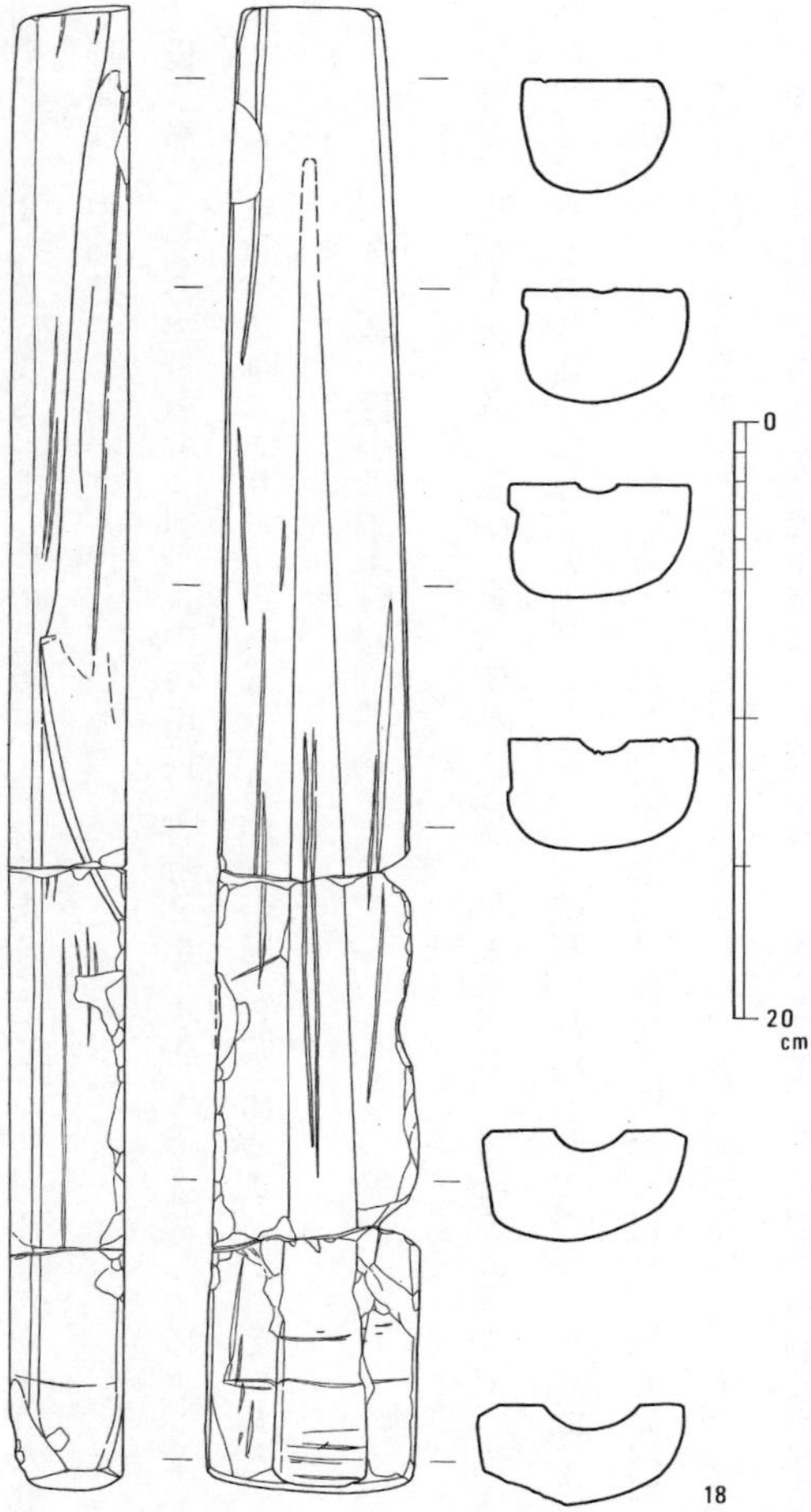

図５　安永田鋳型（1/4）

次に、その未製品である銅矛の型式を検討しよう。きれいに整形された鋳型の全長が四九・三㎝であるから、これ以内の全長の銅矛製作を目的としていたことは疑う余地がない。この寸法からでは、これまでのように計量的・平面的に判断すると中細形銅矛ａ類の最短のものしか該当する製品がない。

そこで、鋳型面に彫り込まれた袋部を立体的に観察すると、最大幅三一㎜、最大深さ八㎜であり、これから鋳造される製品は扁平な楕円形の袋部と背をもつことになる。未製品であるから、これから多少深く彫り込まれるとしても、最大幅三㎝の袋部をもち、全長四九㎝以内の銅矛製作を意図していたことに変わりない。

したがって、中細形銅矛ではなく、これをⅢＢ型式銅矛の鋳型として、これまでの中広形銅矛に対応する小型銅矛としたい。[13] 鋳型が破棄された時期は、弥生中期末と報告されているが、共伴している土器は、拙稿では後期初頭となる。

中細形銅矛との非共存についての検討は、銅矛の伝世と関わることから後に譲る。

2　吉野ヶ里（田手一本黒木地区七トレンチ）銅矛鋳型（図1－2）

鋳型には、片面に銅矛袋部、もう片面に銅矛身部が彫り込まれている。身部側は変色していることから鋳造経験があるが、袋部側にはその痕跡がない。鋳型面の銅矛の寸法は、最大身幅が三七・五㎜、袋基部最大幅二五・五㎜、袋上端幅二〇㎜であり、これまでは三本の突帯をもつ細形銅矛に分類されている。図1－2は、両面が同型式の製品であることを前提に両面の鋒部と袋部を利用して復原したものである。計量的には、板付田端二例（図1－1・3）の中間的数値を示すことになる。その他の特徴は、双耳であることと、板付田端例のような鰭状突線の表現はない。

時期は、中期前半の土器が共伴している。

袋基部に三本の突帯をもつ同型式の鋳型は、吉野ヶ里（田手二本黒木地区一五四トレンチＳＫ〇四土坑）出土四面銅剣銅矛鋳型[5]と大和町惣座遺跡[14]にあり、ＩＣ型式・ＩＤ型式が国産品であることが確実である。

3　隈・西小田銅矛鋳型（図2－7）

鋳型は、現存全長二八・三㎝、最大幅八・九㎝、最大厚さ三・五㎝の大きさで、横断面形が蒲鉾形をしている。この鋳型は、銅矛の鋳造後に鋒を欠損したことから、砥石に転用されている。平坦面には、銅矛の袋部から身部の樋の一部を残すが、鋒は欠損している。しかし、袋基部には節帯が明瞭に残り、樋も先端近くまで残っていることから、この鋳型で鋳造された銅矛の型式が判定できる。すなわち、袋基部から樋先端までの長さが約二八・三㎝、節帯幅一・五㎝の短身銅矛であることを明確に示している。これまでは、袋基部から樋先端までの長さが二八㎝に該当する銅矛といえば、全長三三㎝ほどの細形銅矛となるが、節帯の特徴から幅が二倍で広すぎる。

したがって、この鋳型から製作された銅矛は、ⅡD型式であり、ⅡB型式に対応する全長三五㎝前後の小型類銅矛（ⅡBb型式）である。

時期は、隈・西小田第六地点一二号住居跡で中期後半の土器が共伴している。図は公表されていないが、図の使用が可能になった(15)。

4　八田五号銅矛鋳型（図2−8）

福岡市東区八田出土とされる鋳型は、これまでに五点が公表されている(16)。その内訳は、中細形銅戈（一号）・中広形銅剣（二号）・中細形銅戈（三号）・中細形銅戈（四号）・中細形銅戈と銅矛の両面鋳型（五号）であり、三号を明治大学考古学博物館が、他を福岡市博物館が所蔵している。

八田五号鋳型は、先に銅矛、後に銅戈が鋳造された両面笵である。したがって、後に彫り込まれた銅戈はほぼ原形を留めているが、銅矛側が後に削られて残りが良くない。しかし、銅矛の節帯、樋先端の位置と背の鎬の範囲が明瞭に残されている。その寸法は、節帯幅一・五㎝、袋基部から一八・二㎝のところから鋒に向かって鎬がのびる。樋先端は、袋基部から三二・四㎝の位置にある。この寸法に匹敵する製品は現在のところ知らないが、復原される銅矛は、全長三八㎝から四〇㎝のものとなる。これまでは、全長四〇㎝といえば細形銅矛に分類されるが、裏面の全長三六・五㎝の中細形銅戈C類と同時期の細形銅矛では不合理であろう。

したがって、この銅矛が中細形銅矛に所属することが明らかであり、その寸法からすれば、この鋳型から鋳造された銅矛はⅡD型式であり、ⅡB型式に対応する小型類（ⅡDb型式）である。

以上のように、これまでの分類では規格はずれの鋳型四例であるが、共通しているのは時期的・型式的に新しい要素を備えているにもかかわらず、全長が短いことである。これが、ただちに中細形銅矛と中広形銅矛が共存していると短絡視できないことを論及してきたが、さらに次項以降で検証していく。

四　各型式の時期

まず最初に、これまでの銅矛の型式分類と多少区分を異にしていることから、各型式に分類される出土品を例示しておきたい。

①ⅠA型式

韓国九鳳里、草浦里二本、炭坊洞、白雲里、霊岩鋳型(3)など

②ⅠB型式

吉武高木三号木棺墓(17)、宇木汲田一九三〇年出土二本・三七号・四一号甕棺墓・G－Ⅰ地区(8)、二丈町吉井(18)

③ⅠC型式

佐賀県徳須恵(8)、吉武大石四五号甕棺墓(17)、吉野ヶ里四面鋳型(5)、惣座鋳型

④ⅠD型式

ⅠDb…久原Ⅳ－１土坑墓

ⅠDc…板付田端二本、吉野ヶ里鋳型

⑤ⅡA型式

須玖岡本王墓六本[19]、立岩堀田一〇号甕棺墓[20]、佐賀県久里大牟田一号甕棺墓付近で単独出土（現長四六・七㎝[21]）、熊本県今古閑二本（現長五五・五㎝、五九・二㎝）

⑥Ⅱ B型式

長崎県景華園（現長五三・八㎝）、今古閑（現長五四㎝）、佐賀県柏崎石倉（現長六四㎝[8]）

⑦Ⅱ C型式

住吉神社三本（現長六二・四㎝、六三㎝、五五㎝[8]）、今古閑（現長六七・一㎝）、久里大牟田二号甕棺墓（鉛矛）、神庭荒神谷一号・二号[22]

⑧Ⅱ D型式

ⅡDa…元松原、板付田端（現長二五・三㎝）

ⅡDb…隈・西小田六地点一二号住居跡鋳型、八田五号鋳型

ⅡDc…住吉神社二本（現長五三・四㎝、五五㎝）、瓦谷、韓国茶戸里一号墳[23]、伝槐亭洞[24]

⑨Ⅲ A型式

福岡県下淵二本[25]、佐賀県検見谷一二本[26]、神庭荒神谷三号～一六号

⑩Ⅲ B型式

佐賀県千々賀、安永田鋳型、長崎県木坂六号石棺墓、景華園（現長三六㎝）、韓国安渓里（全長三三・七㎝[3]）、伝金海四本（現長三八・六㎝、三九・七㎝、三一・五㎝、三七・四㎝[27]）、湖巌美術館蔵出土地不詳銅矛（図3－12[28]）

⑪Ⅳ A型式

福岡県日永[29]、長崎県ハロウA地点五号[30]、塔ノ首三号石棺墓一号[31]、和多都美神子神社[32]

⑫ⅣB型式

福岡県岡本皇后峯鋳型(33)、北九州市重留二地点一号住居跡(34)、塔ノ首三号石棺墓二号

以上の諸例の時期は、

ⅠB型式が吉武高木三号木棺墓で中期初頭の城ノ越式土器の供献小壺が伴ない、古賀市馬渡束ヶ浦E地点甕棺例(35)も同じであることから、この時期に最初に出現する。以後、宇木汲田三七号甕棺墓などで中期中頃まで副葬される。

ⅠC型式は、吉武大石四五号甕棺墓がいわゆる金海式甕棺であることから、中期初頭であることを主張している(36)。吉野ヶ里四面鋳型に中期前半の土器が伴なっていることから、この時期までは存続していることになる。

ⅠD型式は、ⅠDb型式の久原例が中期後半、ⅠDc型式の吉野ヶ里鋳型に中期前半の土器が伴なっている。板付田端の二例は、中期初頭から中期中頃の時期幅がある(37)。したがって、板付田端や吉野ヶ里鋳型のⅠDc型式がⅠC型式より古式である確証がなく、むしろⅠC型式が中期初頭、ⅠDc型式が中期前半である事実が証明されている。

ⅡA型式は、時期が判明するのが甕棺墓に副葬された中期後半から中期末である。

ⅡB型式は、時期を証明できる資料がない。

ⅡC型式は、久里大牟田二号甕棺墓が中期後半である。

ⅡD型式は、ⅡDa型式の板付田端例が中期初頭から中期中頃のいずれか、ⅡDb型式の隈・西小田六地点一二号住居跡が中期後半、八田五号鋳型が裏面の中細形（ⅡC型式）銅戈の三雲南小路王墓や須玖岡本王墓から中期末になり(38)、時期幅があるが、板付田端例に鰭があることから、古くても中期中頃であろう。

ⅡDc型式は、我国では時期が不明であるが、韓国茶戸里一号墳の前漢鏡などの共伴副葬品から、北部九州の中期末に相当することが解る。

ⅢA型式は、総て埋納銅矛であるが、安永田鋳型から後期初頭以後であることが解る。

ⅢB型式は、安永田鋳型が後期初頭以後であるが、木坂例が研ぎ減りで時期不明である。

なお、伝金海出土品は、さらなる型式分類が必要となる。

ⅣA型式・ⅣB型式は、塔ノ首三号石棺墓が後期中頃[39]、重留二地点一号住居跡が後期中頃、福岡県津古東台遺跡土器溜[40]が古墳早期であり、時期幅があるが、ⅣB型式が後期中頃には出現し、須玖遺跡群では西新式土器が共伴し、庄内式併行期の古墳早期まで製作されていることになる[36]。

五　青銅武器の年代と伝世

1　共伴関係

型式別の時期確認で明らかになったことは、これまで細形銅矛Ⅰ型式とされていた短身のもの（ⅠD型式）が、むしろ長身のⅠC型式より新しいこと、ⅠDb型式の久原例が中期後半である事実である。すなわち、これまでの型式分類では、前期末から後期まで使用されている新しい型式の銅矛を細形に含めているが、この不合理さを是正できるものと確信している。

弥生中期後半では、ⅡA型式が三雲南小路王墓と須玖岡本王墓で中細形銅剣・中細形銅戈の新しい型式と共伴している。さらに、吉田広は中広形銅矛が安永田遺跡で中期末であることから、中細形銅矛と中広形銅矛の共存を提唱している。しかし、先に鋳型の事実確認で検討したように従来の中細形銅矛ではないことが明らかであることから、Ⅱ

A型式あるいはⅡB型式がⅢA型式と共伴する事実はない。中細形銅矛と中広形銅矛が唯一共伴するのが、神庭荒神谷遺跡であるが、これとてⅡC型式とⅢA型式であり、北部九州中枢部の埋納青銅武器形祭器では異型式を含まないことを確認している。(41)

同じく、長崎県景華園甕棺墓棺外では、ⅡB型式と新しく設定したⅢB型式が共伴しているが、これもⅡB型式が若干伝世したものと考えている。

したがって、ⅡA型式は、なおさらⅢA型式と共伴する事実はないが、もし時間的に近接していることがあれば、別の事象を考えなければならない。

なお、今古閑例の四本をⅡ型式の細分とはいえ三類に分類したが、中間の長さのもの二本に樋がないことからⅡA型式、最長の全長六八cm以上のものをⅡC型式としている。最短のものをⅡB型式としたのは、吉田広の図(42)ほどではないが、樋が形成されていることと、実物は刃こぼれが著しく、鋒幅が多少広くなる事実からである。

2 年代

弥生時代の年代については、「イト国」の三雲南小路王墓の前漢鏡などから弥生中期末が紀元前後であることを提唱し、(43)北部九州では割合早く賛同を得ている。「ナ国」では、甕棺編年を通して、須玖岡本王墓の時期がほぼ同時期であることを検証した。(37)銅矛では、「イト国」・「ナ国」の王墓に副葬されているⅡA型式がその年代に該当する。さらに、韓国茶戸里一号墳例を加えると、ⅡDc型式がこの時期に接近している。

安永田遺跡では、鋳型の共有でⅢA型式とⅢB型式が共伴したことになり、後期初頭であることも判明していることから、これらが近接して継続していることが、ここでの型式分類の正当性を証明している。

一方、弥生終末は、「イト国」の西新式土器直前の型式が三世紀前半であることを提唱したが、(44)福岡県平原王墓などを勘案すると若干溯り、二〇〇年前後を想定するようになった。(45)すなわち、北部九州では、「倭国大乱」後まで武器形青銅祭器・小形仿製鏡などを製作していることになる。(46)

3　青銅武器の伝世

青銅武器の伝世については、立岩堀田一〇号甕棺墓出土銅矛と久里大牟田二号甕棺墓出土銅矛の関係から、立岩堀田銅矛が伝世していることを述べたことがある。(41)にもかかわらず、吉田広は、「中広形銅矛と中細形A′類銅剣の型式学的親縁性、中広形銅矛と中細形A′類銅剣、そして中細形a類銅矛における幅広の研ぎ分け技法の共有、さらには上月隈遺跡と須玖岡本遺跡D地点の示す時期、以上から、中細形A′類銅剣・中細形a類銅矛・中広形銅矛の三者が、中期末という時期に共存していたことが導かれる」(12)とした。そこで、以下に関連する銅剣・銅矛の実際を紹介しながらそれらが伝世していることと、共存の意義が違っていることを証明したい。

①上月隈七号甕棺墓出土中細形Ｂｂ類銅剣

先ず、上月隈七号甕棺墓(47)は中期末であり、(37)中細形銅剣のうちでも長大な(全長約四九㎝)ものをもつ。銅剣は、中期前半に中細形銅剣A類が出現しているように、早くから長大化が始まることで知られているが、中期前半の中細形銅剣A類と中期後半・中期末の中細形銅剣ｂ・ｃ類とでは型式差が明瞭である。

さらに、上月隈中細形銅剣は、長大化と鋒部の広がりが計量的に吉田の中細形B～C類銅剣に一致する。この場合に立体的に全体の厚さにおいて若干の差が生じているが、北部九州では中期末までにこの型式を生産していると理解しており、島根県出雲周辺で出土するこの類はその模倣品である。[41] すなわち、吉田分類の中細形銅剣A・B類のなかで、a・b以上の細分が可能であり、[48] 上月隈例はこれらの重要な類例となる。

また、上月隈例は、研ぎ方が2類（吉田のxタイプ）であるところが中細形銅剣C類と違っているが、2類のほとんどが再研磨であり、上月隈例の異常な形態（「長大なプロポーションが異彩を放ち」）がそのことを如実に物語っており、刃つぶし研磨は中広形銅矛と同じ手法である。幅広の研ぎ分けは、指摘されているように須玖岡本王墓のⅡA型式の銅矛にあることから中期末に例が加算されたことになる。

②須玖岡本王墓と立岩堀田一〇号甕棺墓ⅡA型式銅矛

そこで、須玖岡本王墓六本と立岩堀田一〇号甕棺墓のⅡA型式銅矛の解説をしなければならない。立岩例については、岡崎敬の分類[20]以後では中細形銅矛a類とすることで問題ないが、須玖岡本王墓では岩永が細形銅矛Ⅱ式b類、[19] 吉田が中細形銅矛a類としている。須玖岡本王墓の銅矛・銅剣は、その両方が混同されて復原されていたが、鉛同位体比分析を提案し、所属個体が検討されたことから、銅剣が二本・銅矛六本が存在するという結果が報告された。[49]

須玖岡本王墓は、銅矛の全長の破片が完全に揃うものはないが、復原すると全長四六cm前後が想定される。確実なのは、袋部長が一二cmであることから、ⅠB型式とは区別できることになるので、ⅡA型式としている。

今度は、その銅矛の表面を観察すると、鋳造後に実施する研磨痕跡がほとんど見られない。そこで、ⅣA・ⅣB型式銅矛以外の銅矛では観察できる鋳造後の研磨痕跡が見られない理由を追求しなければならない。

青銅器は、鋳造後にコウバリなどの最低限度の処理だけではなく、器種によって研磨部位と研磨程度が違っている。Ⅰ型式銅矛は、図6－1の板付田端例のようにタテに研磨しているし、図6－3の福岡県西方例のようにⅢ型

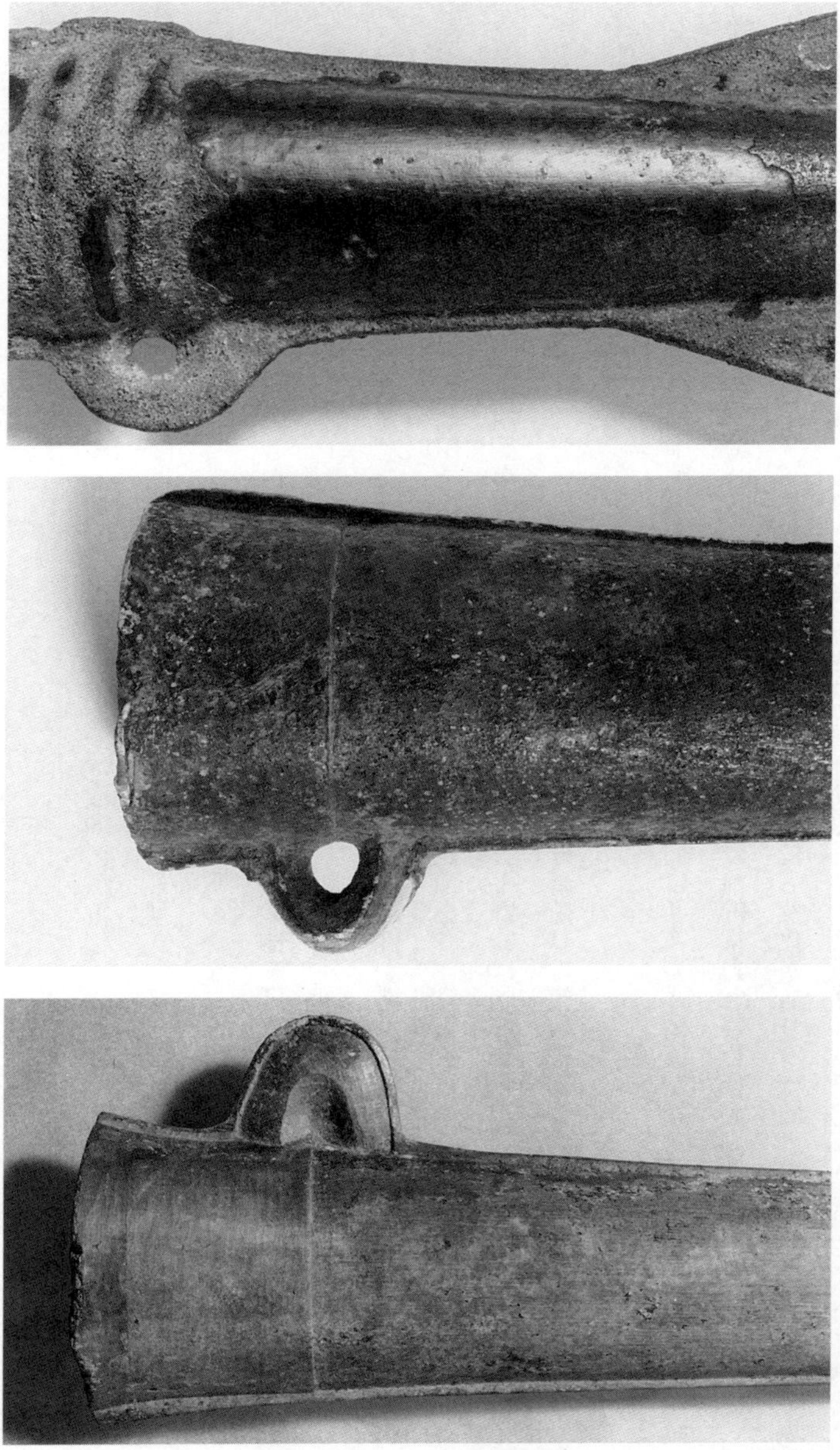

1

2

3

図６　銅矛の研磨（１：板付田端②　２：木坂６号石棺墓　３：福岡県西方）

式までは同様な研磨が継続されている。ところが、須玖岡本王墓と立岩の銅矛には、その研磨痕跡がほとんどなく、手などが触れにくい耳や翼付近にわずかに残されている程度である。この現象は、伝世鏡問題で論及したように、(50)伝世による「マメツ」以外に考えられない。

一方、熊本県今古閑でⅡA・ⅡB・ⅡC型式が共伴している事実があり、これとの合理的な説明が必要となる。北部九州の中枢部から離れた遠隔地では、神庭荒神谷遺跡のようにⅡC型式とⅢA型式が共伴することで、この時期には同時に伝世と埋納が開始されていることが解る。立岩遺跡などで明らかなように、この中期末の首長墓では鉄製武器の副葬が普及している。それにもかかわらず王墓と大首長墓(46)は青銅武器を副葬する理由が存在するはずである。

両王墓が副葬しているのはⅠB・ⅡA型式であり、三雲南小路王墓の全長四三・三㎝の銅矛をⅡA型式に含めるとしても、ⅢA型式と共伴する事実がない以上は、王墓がなんらかの必然性があって伝世して保有しているのである。同じくⅡ型中型前漢鏡を六面保有する立岩堀田一〇号甕棺墓は、地域の大首長であり、鉄製武器をも共伴している。同じくⅡ型式銅矛を保有する甕棺墓は、中期後半の地域の首長墓であり、佐賀平野では副葬銅矛が見られないように、もともと銅矛を副葬する首長墓は限定されている。しかも、久里大牟田二号甕棺墓は複数の青銅武器を保有し、その矛は長大な鉛矛である。(51)

このように考えてくると、中期中頃あるいは中期後半の早い時期にⅡA型式銅矛が祭器化し、その一部が王墓と地域の大首長に占有されるのも理解できる。これは、王と大首長が政治的権力と祭祀権の両方を把握している証しであり、その後も祭政一致の原則が継続される。ところが、祭祀形態にも変化があり、権威の象徴が青銅武器から銅鏡へと変化するなかで、前漢鏡が多量に保有できるようになると、大型前漢鏡が最高の権威の象徴となり、Ⅲ型式以後の銅矛祭祀は中枢部では下位階級の、地域では小首長および一般共同体の祭器となる。これは、近畿地方を中心とした地域共同体の農耕祭祀に銅鐸が使用されたように、北部九州では戦いの祭祀に武器形青銅器が使用され、埋納されたのである。

この中期後半に、王権が誕生したことによって、首長霊継承の儀式が銅矛から銅鏡へ交替する過渡期を迎えたことを知ることができる。王墓直前の久里大牟田二号甕棺墓は、銅鏡をもたずに現長六四・一cmの鉛矛（ⅡC型式）・中細形銅戈c類と管玉をもつところが、そのことを如実に証明している。

すなわち、王墓より古式の甕棺が同時期の銅戈と新しい型式の銅矛をもつ事実が存在することと、伝世「マメツ」した王墓のⅡA型式銅矛を総合すると、中期末に中細形銅矛と中広形銅矛が共存する事実はなく、周辺地域で別次元で共存することがあっても、その意義がまったく異なっている。

王墓や首長墓では、中細形銅剣・中細形銅戈・鉄戈を棺外に副葬することがあり、副葬形態においても祭器化がいち早く始まっているが、それでもⅡA型式銅矛が棺内に納まり、その重要な役割が存在することを証明している。

③韓国茶戸里一号墳と伝槐亭洞ⅡＤｃ型式銅矛

茶戸里一号墳銅矛（図3－10）は、全長五五・三cm、袋部長一二・八cm、節帯幅二cmの計量的数値をもつが、平面的な型式分類では中細形銅矛である。これと同型式の香川県瓦谷銅矛（図3－9）は、現全長五五cm、袋部長一二・七cm、節帯幅一・七cmで、計量的数値も近似する。瓦谷銅矛は、岩永・吉田双方が中細形銅矛c類に分類するが、同型式の中では短身に属する。両氏の分類では、各型式に長身と短身が含まれており、長大化だけではないこととして理解されている。ではあるが、同型式としては計量的差がありすぎる。茶戸里例は、節帯が幅広いのに加えて弧を描いた裾広がりであり、耳こそⅢA・ⅢB型式のように削り出し突帯ではないが、中広形銅矛に近い型式であり、やはり短身銅矛として型式分類すべきである。

伝槐亭洞の銅矛は、現存全長三五・七cm、袋部長一二cm、袋基部最大幅三・四cm、節帯幅一・八cm、翼最大幅四・八cmの計量的数値を示す。形態的特徴は、身部が鋒に向かって直線的にすぼまるところと、袋部両側の突線、節帯幅の広さである。

茶戸里銅矛と伝槐亭洞銅矛を比較すると、形態的に著しく異なるのは研ぎ減りする身部だけである。このことから伝槐亭洞銅矛は、袋部・翼・樋には縦方向の研磨痕跡が観察できるが、刃部は再研磨によって著しく研ぎ減りしたものと考える。

型式的には、瓦谷→茶戸里→伝槐亭洞銅矛の順番を考えている。

④木坂六号石棺墓のⅢB型式銅矛

最後に、中広形銅矛に属する短身銅矛を紹介する。岩永が細形銅矛Ⅱc型式に分類している木坂六号石棺墓出土銅矛は、現存全長三八・四cm、袋部長九・七cm、袋部最大幅三・五二cm、最大厚さ二・七cm、袋上端幅二・四六cm、厚さ一・八六cmの計量的数値をもつⅢB型式銅矛である。これまで細形銅矛に分類されてきた理由は、前述のように非計量的項目のうち平面的形態が重視されたためであろうが、研ぎ減りしない袋部の特徴がⅢ型式の特徴と一致する。袋部は、図6－2写真のように両側に鰭状の突線、幅広く裾広がりの節帯、耳周囲の削り出し突帯という特徴を備えている。図6－3のⅢA型式と多少違うのは、耳の孔が鋳造当初から存在することであるが、裾部の両側の鰭状突線がより発達していることからⅢ型式短身銅矛のⅢB型式とした。

次に、両氏が中細形銅矛c類とする島原市景華園出土銅矛を検討したい。この銅矛は、甕棺の棺外にⅡB型式銅矛と共伴して副葬されていたもので、樋と袋部に突線を多用する異形の銅矛であるが、基本形が中広形銅矛に近いことからⅢB型式とした。袋部に四本の突線、幅広く裾広がりの節帯、耳周囲の削り出し突帯は、従来の中広形銅矛であるが、異なる短身であるがゆえに中細形銅矛に分類されたものと推察する。袋部長が一三・七cmであるから、復原全長は四〇～四五cmとなり、袋長が長い割には全長が短くなる。

共伴している銅矛は、現全長五四・二cmで、樋が形成されていることからⅡB型式とした。前者をⅢB型式としたことから、短身中広形銅矛と中細形銅矛が共伴することになるが、後者は刃部と「マメツ」しにくい袋基部、翼の一部だけに研磨痕跡が見られることから、若干伝世したものと考える。

さらに、ⅢB型式に属する銅矛が数例存在する。吉田が細形銅矛d類とする唐津市千々賀庚申山と韓国安渓里銅矛は、双耳と幅広く裾広がりの節帯が特徴的である。千々賀庚申山例は、全長三六・三cmの短身で鋒部が身長の四七%を占めるところにも特徴があるが、この型式は全体的な形態を安渓里例と総合して、研ぎ減りは考慮しないほうがよさそうだ。

なお、図3－12の銅矛は、韓国湖巌美術館が所蔵する旧金東鉉氏蔵品である。全長五七・四cmの銅矛の全体的な特徴は、ぽってりした全形と幅広く裾広がりの節帯にある。平面的な形態ではⅡ型式とⅢ型式の中間的型式であるが、耳には孔がないことからⅢB型式とした。この銅矛の鋳造技術面で興味あるのは、鋳型が前後左右にかなりずれていること、身部上半分に「巣」(鬆)が多いことのほかに節帯が削り出された部分に湯継ぎが見られることである。この部分は、提供された原図コピーにガラス越しの観察ではあるが、袋部本体の片面に二個を穿孔して湯継ぎしていることから加筆した。この技術は、図6－3の春日市西方ⅢA型式銅矛の二本や銅鐸に見られる鋳掛と同じである。

型式未設定なのが、図4－16・17の銅矛である。韓国慶尚南道金海出土と伝える四本の銅矛のうち釜山直轄市立博

図7　久原ⅠDb型式銅矛の刃こぼれ

物館所蔵品二本を図示したが、他に同型式が二本ある(27)。

図4－16銅矛の特徴は、身部の平面形で鋒が広いこと、翼が内湾すること、袋部の突帯の多用、耳の鋳造後のドリル状穿孔などであろう。刃部は、ⅢA型式と同じ方向に研磨され刃をもつが、先端ほど「巣」が多い。

図4－17銅矛の特徴は、身部が深樋式銅剣と同じであること、著しくえぐれた関部は翼を形成しないこと、筒状袋部には耳ではなく、両側に鋳造後のドリル状穿孔があることである。なお、中空部のない身上半部の破片では、深樋式銅剣との区別が困難である。

これらの銅矛は、ⅢB型式の系統には属するが、関部が次第にえぐれて段を形成する型式が朝鮮半島南部の鉄矛に受継がれることから、半島独自の型式として分類されるべきものである。時期は、深樋式と類似する型式であり、北部九州では後期前半であることから、ⅢB型式に近い型式である。

以上のように、短身銅矛は実戦武器として実用されたものがある。ⅠDb型式の久原例は、図7のように刃部に金属刃同士で打ち付けた刃こぼれがある。さらに身部を観察すると、両側の樋の長さが揃わないことと、鋒が身長の四六％前後であることから刃こぼれ以前にも研ぎ減りしていることが解る。

ⅡDc型式の元松原例・伝槐亭洞例、ⅢB型式の木坂例もⅠ型式同様に実戦に実用されている。石剣・銅剣の実用における研ぎ減りについては橋口達也の研究(52)が知られているが、武器形祭器と考えられた中細形以後の型式では注意されていない。

武器形祭器で研ぎ減りが見られるのは、前述したように短身銅矛に限定されていることから、短身であるがゆえに刃部を研ぎ出して実戦に使用できたものと考える。

六　まとめ

長大化をとげる武器形祭器がある一方で、各型式に短身銅矛が存在することを検証してきた。これらは、短身と研ぎ減りで細身であるがゆえに、細形銅矛や中細形銅矛に分類されてきたことから、その型式の使用期間が長期間にわたっていた。これまでの型式分類では研ぎ減りすることが知られていながら、その実際が理解されずに計量的・平面的分類が優先したために異型式が含まれていた。これらを各型式の短身銅矛として型式分類することで、時期相応の型式分類ができたものと確信する。

短身銅矛は、各型式内でも時期的に新しいことから、長大化をたどる武器形祭器のなかで型式的存在を明確に示していることが検証できた。

また、短身銅矛は、短身であるがゆえに実戦武器あるいは祭祀における模擬戦用としても転用・活用された。鉄製武器が首長層には普及しているにも関わらず祭器化した銅矛が転用・活用されたことは意味があるかもしれない。ところが、ⅢB型式は、北部九州の中枢部である「イト国」・「ナ国」では出土例がないことが、鉄製武器の普及と関連するが、朝鮮半島での短身銅矛は別の解釈が必要となる。

すなわち、鉄器が普及している朝鮮半島で、紀元後にも銅矛を活用しているのは、北部九州の小首長や一般共同体

と同じ祭祀行為を実施している地域が存在するからであり、北部九州倭人との交渉が活発であることを意味する。(53)

短身銅矛は朝鮮半島でも出土し、北部九州と同様な価値観を共有するが、各型式の鋳型が北部九州に存在することから、当然北部九州で製作されている。しかし、ⅢB型式以後になると朝鮮半島独自の型式が存在することから、現地での製作がありうる。

最後に、実物の調査では、東京国立博物館・佐賀県立博物館・福岡市博物館・宗像市教育委員会・筑紫野市教育委員会・鳥栖市教育委員会・峰町教育委員会・東亜大学校博物館・釜山直轄市立博物館・湖巌美術館・阿比留伴次・井上洋一・蒲原宏行・草場啓一・七田忠昭・原俊一・常松幹雄・望月幹夫・松浦宥一郎・藤瀬禎博・沈奉謹などの機関と各氏にお世話になった。記して感謝申し上げる。

なお、掲載した実測図は、2・4・7・8・11・12が各機関から提供された原図コピーに加筆し、5・14・15が吉田広集成図から転載トレス、10が写真トレス、その他は柳田原図を使用した。トレスは、豊福弥生氏にお願いした。

註

（1）岩永省三「銅剣」・「銅矛」『弥生時代の研究』六　道具と技術Ⅱ　雄山閣出版　一九八六

（2）吉田広「弥生時代の武器形青銅器」『考古学資料集』二一　二〇〇一

（3）小田富士雄・韓炳三編『日韓交渉の考古学』弥生時代編　六興出版　一九九一

（4）中山平次郎「銅鉾銅剣の新資料」『考古学雑誌』七－七　一九一七

（5）「吉野ヶ里」『佐賀県文化財調査報告書』一一三　一九九二

（6）向田雅彦「本行遺跡」『鳥栖市文化財調査報告書』五一　一九九七、報告書の図には鎬の表現がされていない。

（7）高橋健自『銅鉾銅剣の研究』聚精堂　一九二五

（8）唐津湾周辺遺跡調査委員会編『末盧國』六興出版　一九八二

（9）坂田邦洋『対馬の考古学』一九七六

（10）島田貞彦「甕棺内新出の玉類及布片等に就いて」『考古学雑誌』二一－八

（11）藤瀬禎博編「安永田遺跡」『鳥栖市文化財調査報告書』二五

一九八五

(12)　吉田広「武器形青銅器にみる帰属意識」『考古学研究』一九五　二〇〇二

(13)　柳田康雄「高三潴式と西新町式土器」『弥生文化の研究』四　弥生土器Ⅱ　雄山閣出版　一九八七、『九州弥生文化の研究』学生社　二〇〇二に所収

(14)　「惣座遺跡」『大和町文化財調査報告書』三　一九八六

(15)　草場啓一編『隈・西小田地区遺跡群』筑紫野市教育委員会　一九九三。この鋳型は、出土した当時から短身でありながら中細形銅矛の特徴を備えていることで問題になっていたので、その重要性と近似製品の存在を説いていたが、報告書には図面が掲載されなかった。今回は、担当者から提供された原図コピーが使用可能になったので、担当者の好意でそれに加筆して掲載した。

(16)　常松幹雄「伝福岡市八田出土の鋳型について－福岡市博物館平成六年度（一九九四）収集資料－」『福岡市博物館研究紀要』八　一九九八

(17)　「吉武遺跡群Ⅷ」『福岡市埋蔵文化財調査報告書』四六一　一九九六

(18)　柳田康雄「糸島地方の弥生遺物拾遺」『九州考古学』五八　一九八三、『九州弥生文化の研究』学生社　二〇〇二に所収

(19)　岩永省三「須玖遺跡D地点出土青銅利器の再検討」『MUSEUM』三七三　一九八二

(20)　立岩遺跡調査委員会編『立岩遺蹟』河出書房新社　一九七七

(21)　中島直幸編「久里大牟田遺跡」『唐津市文化財調査報告』一　一九八〇

(22)　島根県教育委員会『出雲荒神谷遺跡』一九九六

(23)　李健茂他「義昌茶戸里遺跡発掘進展報告（1）」『考古学誌』一　一九八九

(24)　沈奉謹「本校博物館の青銅器数例について」『考古歴史学誌』三　一九八七

(25)　柳田康雄編『甘木市史資料』考古編　甘木市　一九八四

(26)　七田忠昭編「検見谷遺跡」『北茂安町文化財調査報告書』二　一九八六

(27)　尹武炳・岡内三真訳「金海出土異型銅剣・銅鉾－柳洪烈博士華甲記念論叢－」『九州考古学』四六　一九七二

(28)　湖巌美術館提供の図に加筆

(29)　緒方泉「日永遺跡Ⅱ」『一般国道二一〇号線浮羽バイパス関係埋蔵文化財調査報告』七　一九九四
佐々木隆彦「日永遺跡出土の銅矛・銅戈」『九州歴史資料館研究論集』二二　一九九七

(30)　高倉洋彰編『対馬豊玉町ハロウ遺跡』豊玉町教育委員会　一九八〇

(31)　塔ノ首遺跡調査団「上対馬町古里・塔ノ首石棺群調査報告」「対馬　浅茅湾とその周辺の考古学調査」『長崎県文化財調査報告書』一七　一九七四

(32)　岩永省三「天ヶ原遺跡出土の銅矛について」「串山ミルメ浦遺跡－第一次調査報告書－」『勝本町文化財調査報告書』四

一九八五

(33) 後藤直「青柳種信の考古資料（二）」『福岡市歴史資料館研究報告』七　一九八三

(34) 谷口俊治編「重留遺跡第二地点」『北九州市埋蔵文化財調査報告書』二三〇　一九九九

(35) 古賀市教育委員会の井英明氏の教示。金海式甕棺で銅剣二本と銅戈が半伴している。

(36) 柳田康雄「三雲遺跡Ⅱ」『福岡県文化財調査報告書』六〇　一九八一
柳田康雄「原始」『甘木市史』一九八二
柳田康雄「伊都国の考古学－対外交渉のはじまり－」『九州歴史資料館開館十周年記念大宰府古文化論叢』吉川弘文館　一九八三、『九州弥生文化の研究』学生社　二〇〇二に所収
柳田康雄「弥生の諸型式とその時期への疑問」『東アジアの古代文化』八五　一九九五
柳田康雄『伊都国を掘る』大和書房　二〇〇〇
柳田康雄『九州弥生文化の研究』学生社　二〇〇二

(37) 柳田康雄「伯玄社遺跡－「ナ国」の甕棺編年－」『春日市文化財調査報告書』三五　二〇〇三

(38) 柳田康雄編「三雲遺跡」南小路地区編『福岡県文化財調査報告書』六九　一九八五
柳田康雄『九州弥生文化の研究』学生社　二〇〇二

(39) 報告書では後期前半とされているが、棺内副葬が確実な小壺を実測したところ、後期中頃とすることができる。

(40) 片岡宏二「津古遺跡群Ⅰ」『小郡市文化財調査報告書』八四　一九九三

(41) 柳田康雄「青銅器の仿製と創作」『図説発掘が語る日本史』六　九州・沖縄編　新人物往来社　一九八六

(42) 註2では、註8から引用したようになっているが、註8の図には樋は表現されていないので、改変されたのであろうか。

(43) 註36の柳田康雄「伊都国の考古学－対外交渉のはじまり－」に同じ。

(44) 柳田康雄「三・四世紀の土器と鏡」『森貞次郎博士古稀記念古文化論集』一九八二

(45) 柳田康雄「平原遺跡」『前原市文化財調査報告書』七〇　二〇〇〇

(46) 柳田康雄『九州弥生文化の研究』学生社　二〇〇二

(47) 榎本義嗣編「上月隈遺跡群三」『福岡市埋蔵文化財調査報告書』六三四　二〇〇〇

(48) 柳田康雄「九州から見た併行関係と実年代論」『日本考古学協会二〇〇二年度橿原大会研究発表資料集』二〇〇二

(49) 井上洋一他「東京国立博物館所蔵弥生時代青銅器の鉛同位体比」『MUSEUM』五七七　二〇〇二

(50) 柳田康雄「摩滅鏡と踏返し鏡」『九州歴史資料館研究論集』二七　二〇〇二

(51) 井上洋一・松浦宥一郎「東京国立博物館保管の佐賀県唐津市久里大牢田遺跡出土の矛について」『MUSEUM』五〇八　一九九三

(52)　橋口達也「弥生時代の戦い－武器の折損・研ぎ直し－」『九州歴史資料館研究論集』一七　一九九二

(53)　柳田康雄「朝鮮半島における日本系遺物」『九州における古墳文化と朝鮮半島』学生社　福岡県教育委員会編　一九八九

柳田康雄「倭と伽耶の文物交流」『伽耶はなぜほろんだか』大和書房　一九九一

柳田康雄「朝鮮半島の倭系遺物の解釈」『東アジアの古代文化』七三　大和書房　一九九二

大和の弥生時代方形周溝墓と台状墓

清水眞一

一　はじめに

奈良県内の弥生時代は、奈良盆地内に存在した〝拠点集落〟の発掘調査によって、多くのことがわかってきた。唐古・鍵遺跡、岩室・平等坊遺跡、坪井・大福遺跡などの環濠集落遺跡は、多くの生活痕跡を私たちに提供してくれている。住居は、唐古・鍵遺跡から大形掘立柱建物が発見され、土器絵画で見られる建物が証明された。その他、竪穴住居・土坑・大溝などの遺構も検出されている。生産に関しては、銅鐸生産という弥生時代の最大のハイテクニック産業がこれも唐古・鍵遺跡で行われたことが実証され、それ以外でも石器生産・玉生産・土器生産・木製品生産などがだんだんとわかってきた。この他、各遺跡で発見された水田の存在や花粉分析による水稲耕作の証明は、昭和初期に森本六爾先生が[1]『弥生時代農耕社会論』を提唱された事を十二分に実証することのできる資料となった。昭和一一～一二年に、初めて唐古遺跡の発掘調査を実施された末永雅雄先生[2]以降、何百回・何千回もの弥生時代遺跡の発掘調査が行われた結果、多くの資料を得たことである。その中で、彼ら弥生人の生活痕跡の一つである〝墳墓〟の実態は

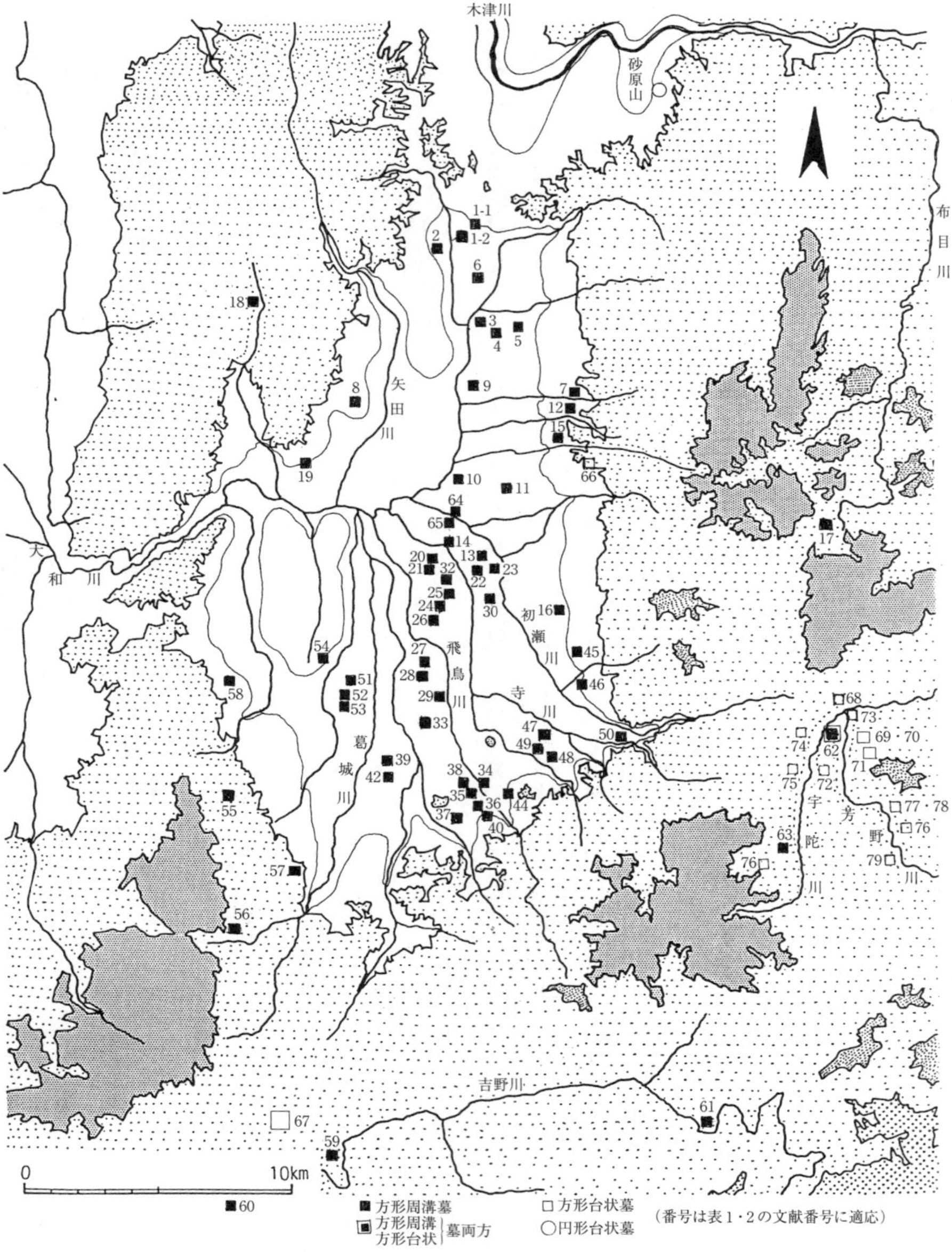

図1　大和の周溝墓と台状墓（S＝1/30,000）

どうなのだろうという疑問を持った。

奈良盆地の弥生時代の墳墓は、どのようなあり方を示すのだろう。県内で、弥生墳墓が初めて発見されたのは、土器棺からであった。蓋をした壺・甕、また合わせ口の甕などが出土しているが、殆ど副葬品はない。低湿地からは、直葬された木棺が出ている。田原本町唐古・鍵遺跡、橿原市四分遺跡・桜井市纒向遺跡などから、木棺や人骨・副葬の土器類が出土している。木棺の使われない土壙墓も、群をなして築かれているが、木棺墓と同様副葬品はまれである。

墳墓として、もっとも一般的に見られるものの一つは、方形周溝墓である。これも、群をなして築かれることが多い。また、丘陵上では台状墓が築かれている。地域的に宇陀郡に集中しており、小方墳や小円墳と大差ない状況が認められる（図1）。ここで、県内の方形周溝墓や台状墓を眺めることにより、大和の弥生時代における墳墓のもつ意味を考えてみよう。

二　奈良県内の方形周溝墓について

1　研究史

奈良県内の方形周溝墓の研究史は、そう古い事ではない。國學院大學の大場磐雄先生が一九六九（昭和四四）年に、八王子市宇津木遺跡の周囲を溝で囲み、中央に舟形土坑を持ち副葬品を持つ墳墓を、〝方形周溝墓〟[3]と名づけ、同年、明治大学の大塚初重先生と井上裕弘氏によって『方形周溝墓』[4]を定義づける論文が発表された。大和では一九六四（昭和三九）年奈良市佐紀遺跡（平城宮下層）で後期の方形周溝墓群が掘り出されている。当然、この時には方形周溝墓の定義がなされておらず、一九七二（昭和四七）年橿原市四分遺跡で中期の方形周溝墓群が発見されたのが、調査中に〝墓〟として認識された最初かもしれない。盆地の南外の吉野町宮滝遺跡では、一九七五（昭和五〇）年に中期の方形周溝墓群が発見されている。これに対して、丘の上に築かれた台状墓は、一九七二（昭和四七）年榛原町キトラ遺跡で発見されており、方形周溝墓発見と同じ頃である。

2 規模

現在、大和の中で、方形周溝墓（円形周溝墓を含む）がどれだけ発見されているのかを調べてみた。（表1）この中で六四遺跡・二九五基が発掘調査で検出されていることがわかる。多い所を上げてみると、橿原市六四基・奈良市四六基・田原本町四五基・桜井市三五基などがある。いずれも、盆地の平野部に属する地域で、弥生時代農耕社会を営んだ人々の墳墓群であった事が良く分かる。

つぎに、規模を見てみよう。規模の基準は、周溝内部の全長を測る事とした。それに拠れば一辺の最大は四分遺跡のSX七九九四方形周溝墓で、一辺が二〇×一二m（面積二四〇㎡）、三宅町伴堂東遺跡ST二〇〇一は一八×一七m（面積三〇六㎡）で、平面積では最大である。面積の大きなものは佐紀遺跡のSX一五七五が一辺一八×一四・四m（面積二六〇㎡）、都祁村ゼニヤクボ遺跡でSD〇三は二〇以上×一〇m、同SD〇四・〇五は二〇×一〇m以上。四分遺跡SX七九九五は一辺一八×?m。橿原市紀殿遺跡（図2）・方形周溝墓三は一八×一四m（面積二五二㎡）、同三七－二次の方形周溝墓三も同規模である。宮滝遺跡SX一四〇三も一八×一四m（面積二五二㎡）。田原本町十六面薬王寺遺跡のSD一〇一円形周溝墓は、直径一八・四m（面積二六六㎡）の規模を持つ。円形としては最大である。一八m以上のものはこの一〇基である。一五～一八m級では、佐紀遺跡でSX一六三八五が一五×一〇m（面積一五〇㎡）、奈良市杏遺

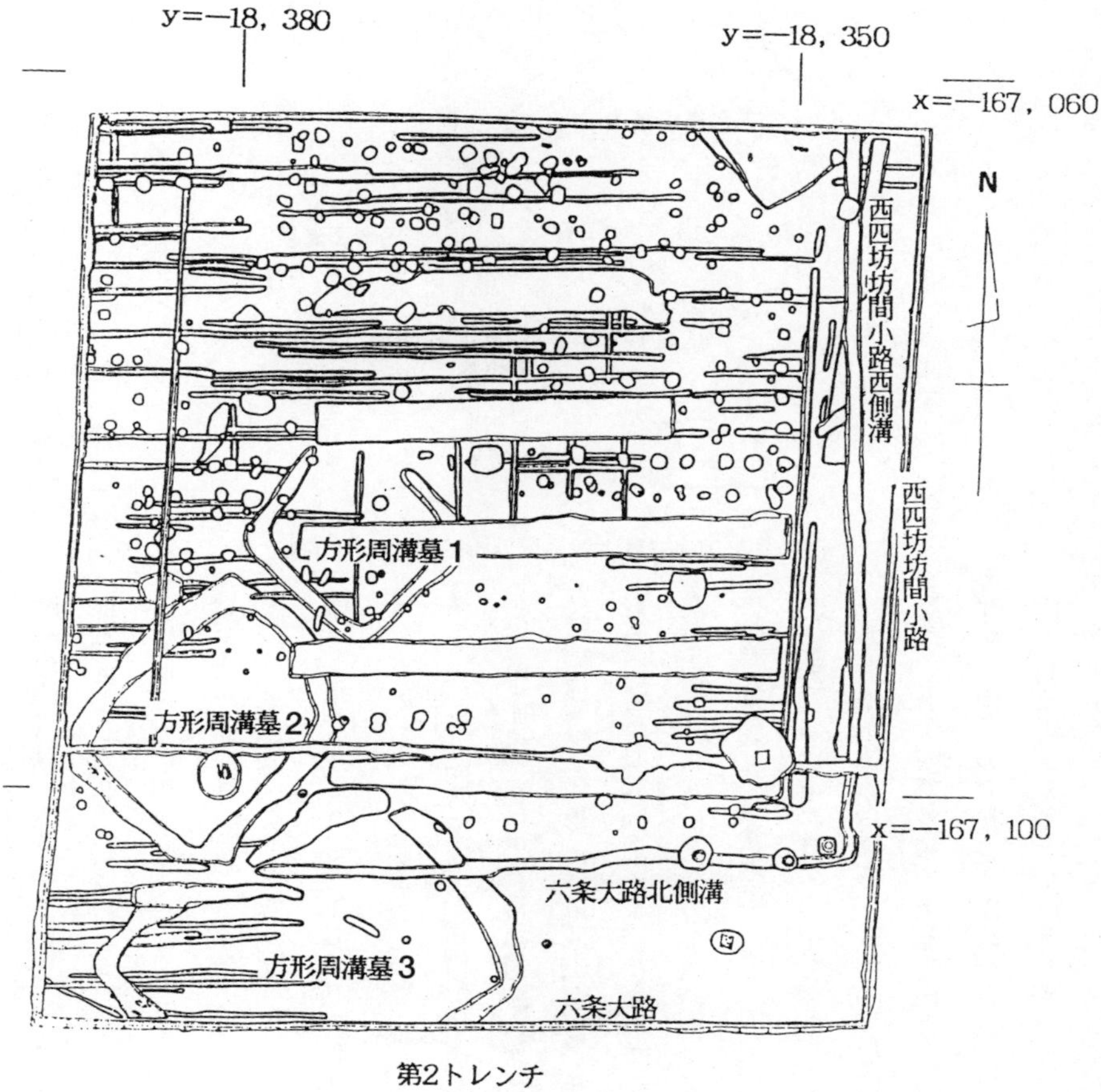

図２　橿原市紀殿遺跡方形周溝墓群（S＝1/500）

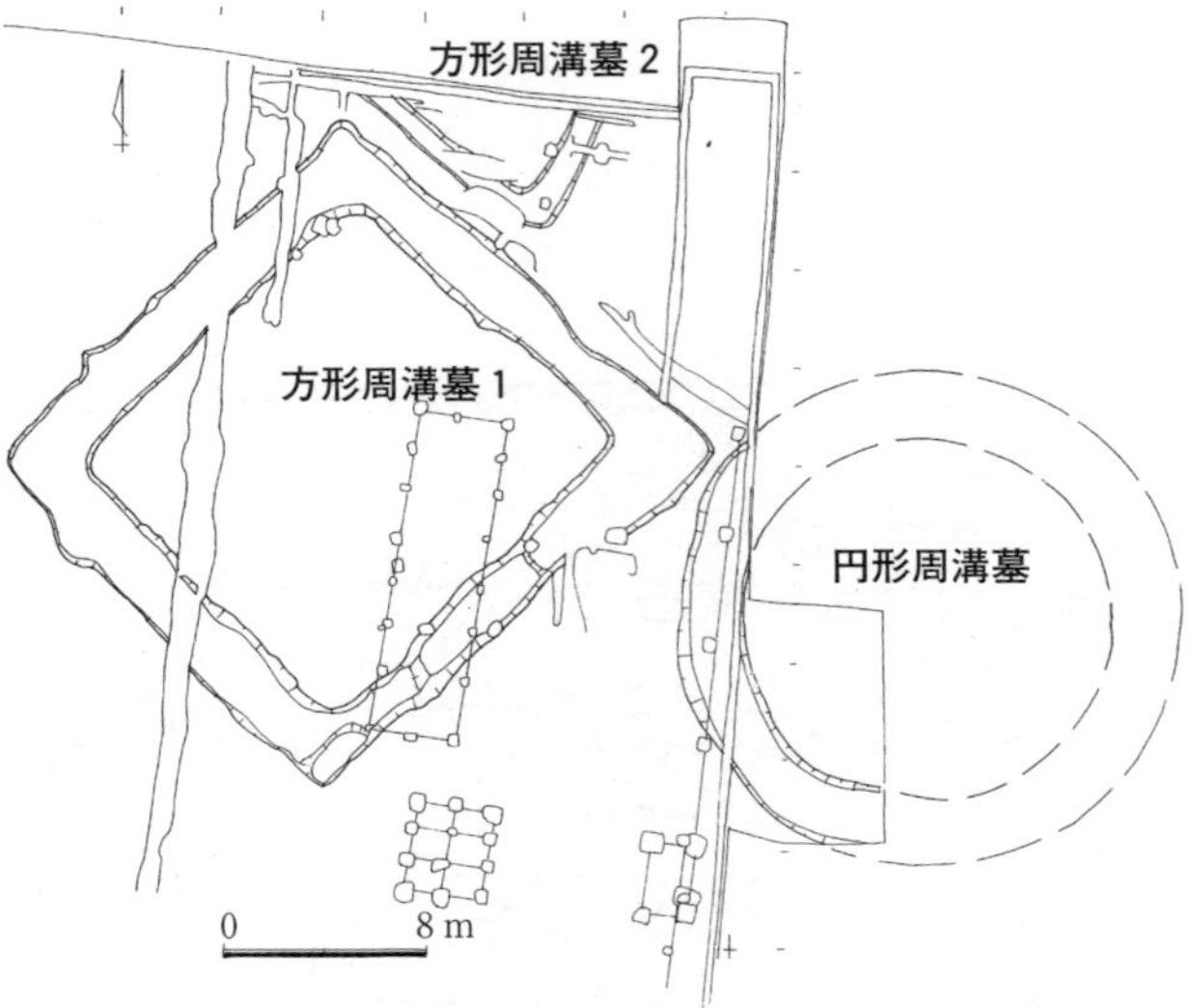

図３　黒田池遺跡大隅地区周溝墓群（Ｓ＝1/600）

跡ＳＴ〇六は一六×一三ｍ以上（二〇八㎡以上）、天理市和邇森本遺跡三次ＳＴ〇二は一辺一五ｍ（面積二二五㎡）、橿原市土橋遺跡方形周溝墓三は一六×一一ｍ（面積一七六㎡）・同六は一五×一一ｍ（面積一六五㎡）・同一一は一五×一三ｍ（面積一九五㎡）。四条遺跡は一六×一三ｍ（面積二〇八㎡）、下八釣遺跡は一五×一三ｍ、桜井市黒田池遺跡（図３）の方形周溝墓一は一五×一六ｍ（面積二四〇㎡）、同円形周溝墓は径一六ｍ（面積二〇一㎡）。四分遺跡の楕円形周溝墓ＳＤ六九六九は一五×一三ｍ（面積一五三㎡）。宮滝遺跡六次ＳＸ〇六〇一が一五×一〇ｍ（面積一五〇㎡）の一二基がある。また、一基だけ前方後方形の周溝墓が纏向遺跡で検出されている（図４）。メクリ一号墓で、全長二八ｍ・後方部二〇ｍ・前方部八ｍであった（面積四五六㎡）。奈良盆地の中で、大規模な方形周溝墓が面積二〇〇〜三〇〇㎡クラスの中で、四〇〇㎡を越えるものには一段の格差が認められる。政治的・経済的なものと理解される。ただ、周溝内で多量の土器を出土したのみで、埋葬施設や副葬品がつかめなかったため、どれだけの格差なのかは墳丘規模や面積規模で差をつけるしかない。この周溝墓を前方後方

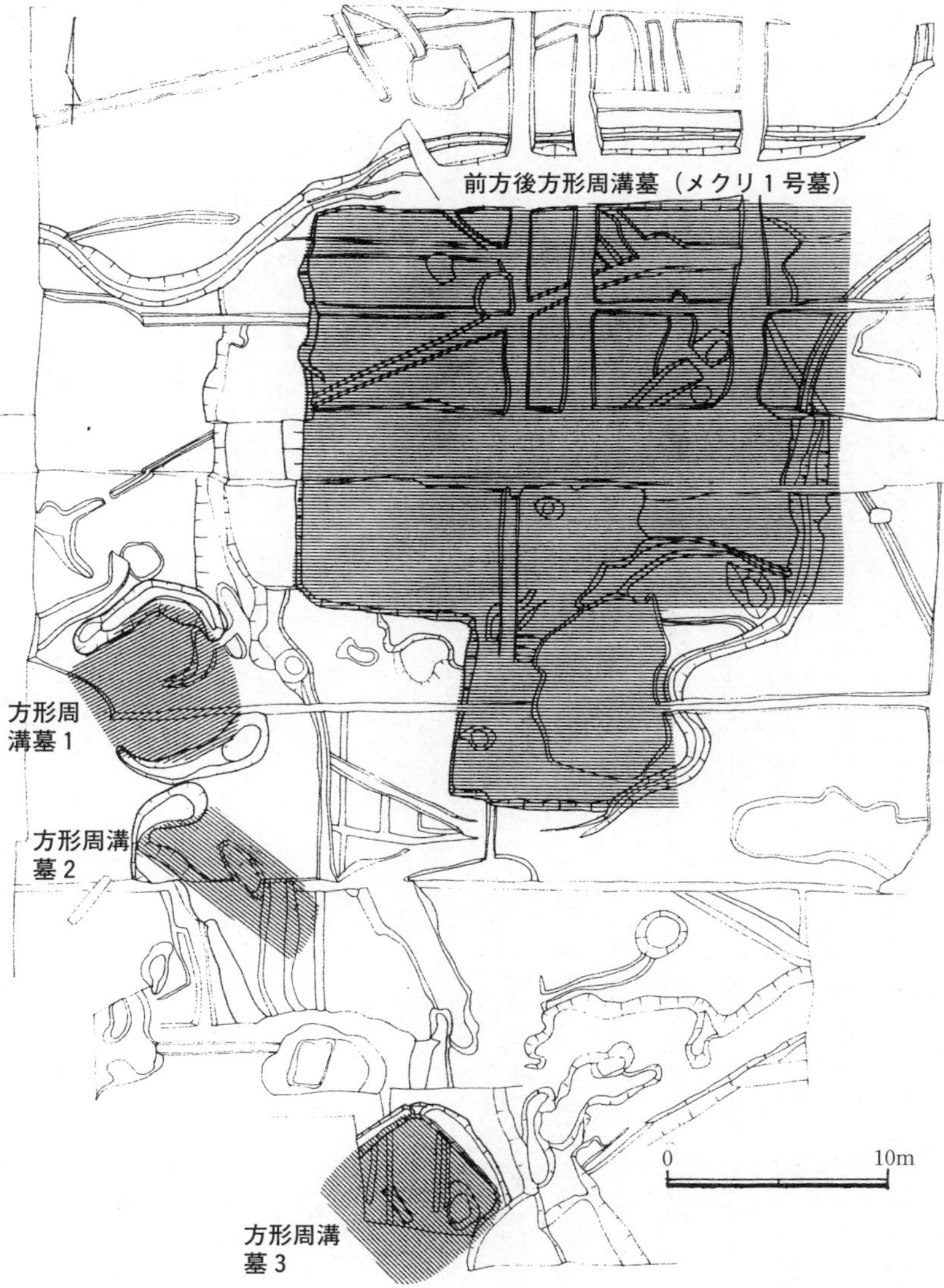

図４　纏向遺跡辻メクリ地区周溝墓群（S＝1/400）

墳と考える研究者もいるが[5]、検出された状況等や周辺に小型の周溝墓が築かれている所から周溝墓と考えるべきだろう。

円形周溝墓は四基しかないが、三基までは直径一五m以上で大型が多いといえる。なお、近年円形周溝墓は瀬戸内海地方にルーツを持つとの考え方がなされており、方形周溝墓は畿内型とのこと。これが正しいとすれば、約二九五基のうち二%しか存在しないとなると、瀬戸内海系統の墳墓は本当に少ないことになるだろう。ただ、黒田池遺跡は桜井市吉備地区内にあるのは偶然の事だろうか。

3　時　期

時期的な差を見てみよう（表1）。前期の周溝墓は、佐紀遺跡ＳＸ一六三六〇、天理市庵治遺跡ＳＴ〇一、三宅町供堂東ＳＴ〇六、田原本町多遺跡一一次方形区画墓、桜井市大福遺跡二次などで五基（二%）が発見されている。いずれも小規模で、周溝内の土器で前期とわかる程度である。中期は、奈良市菅原東遺跡で五基、柏木遺跡（図5）で一八基、大和郡山市八条遺跡（図6）で七基、天理市前栽遺跡二基、和邇森本遺跡で三基、庵治遺跡六基、ゼニヤクボ遺跡で六基、西畑遺跡で二基、斑鳩町西里遺跡で三基、伴堂東遺跡で二基、三河遺跡で三基、田原本町阪手東遺跡（図7）で一六基、四分遺跡で四基、田中廃寺で二基、藤原京右京下層で四基、土橋遺跡では二五基すべて中期に属する。桜井市芝遺跡は四基、高田市池尻遺跡で三基、新庄町脇田遺跡、御所市小林樫ノ木遺跡、五条市原遺跡で二基、宮滝遺跡は一二基すべて中期である。大宇陀町中之庄遺跡は方形区画墓七基を持つが、すべて中期である。合計一六九基で、全体の五八%を占める。これらの多くは群集形態をとり、集落の近くで発見されることが多く、集落内の特定の集団の墓の性格を見せ始める。後期では、佐紀遺跡で七基、田原本町法貴寺遺跡で二基、藤原京左京下層・四分遺跡で二基、

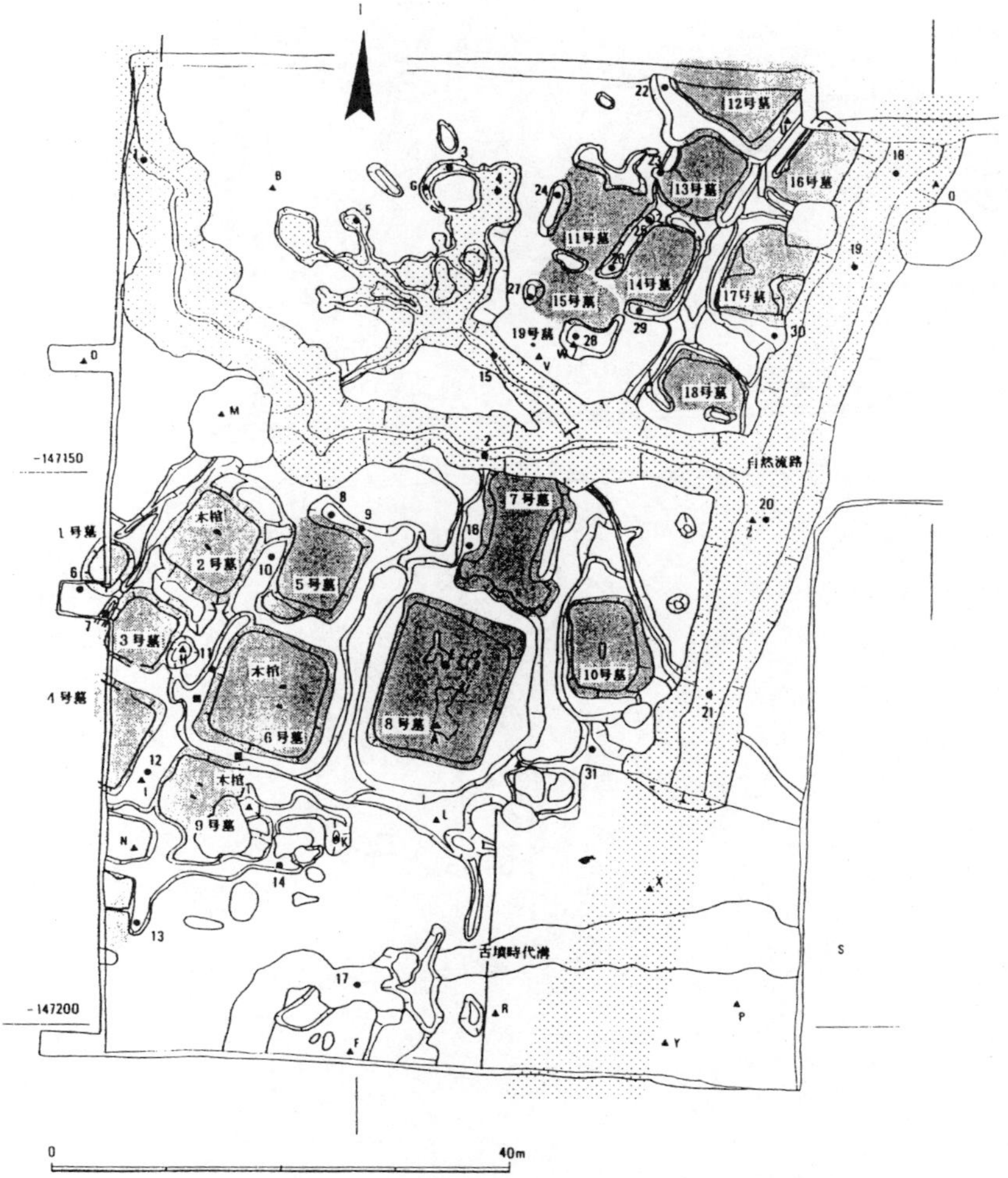

図5　奈良市柏木遺跡方形周溝墓群（S＝1/800）

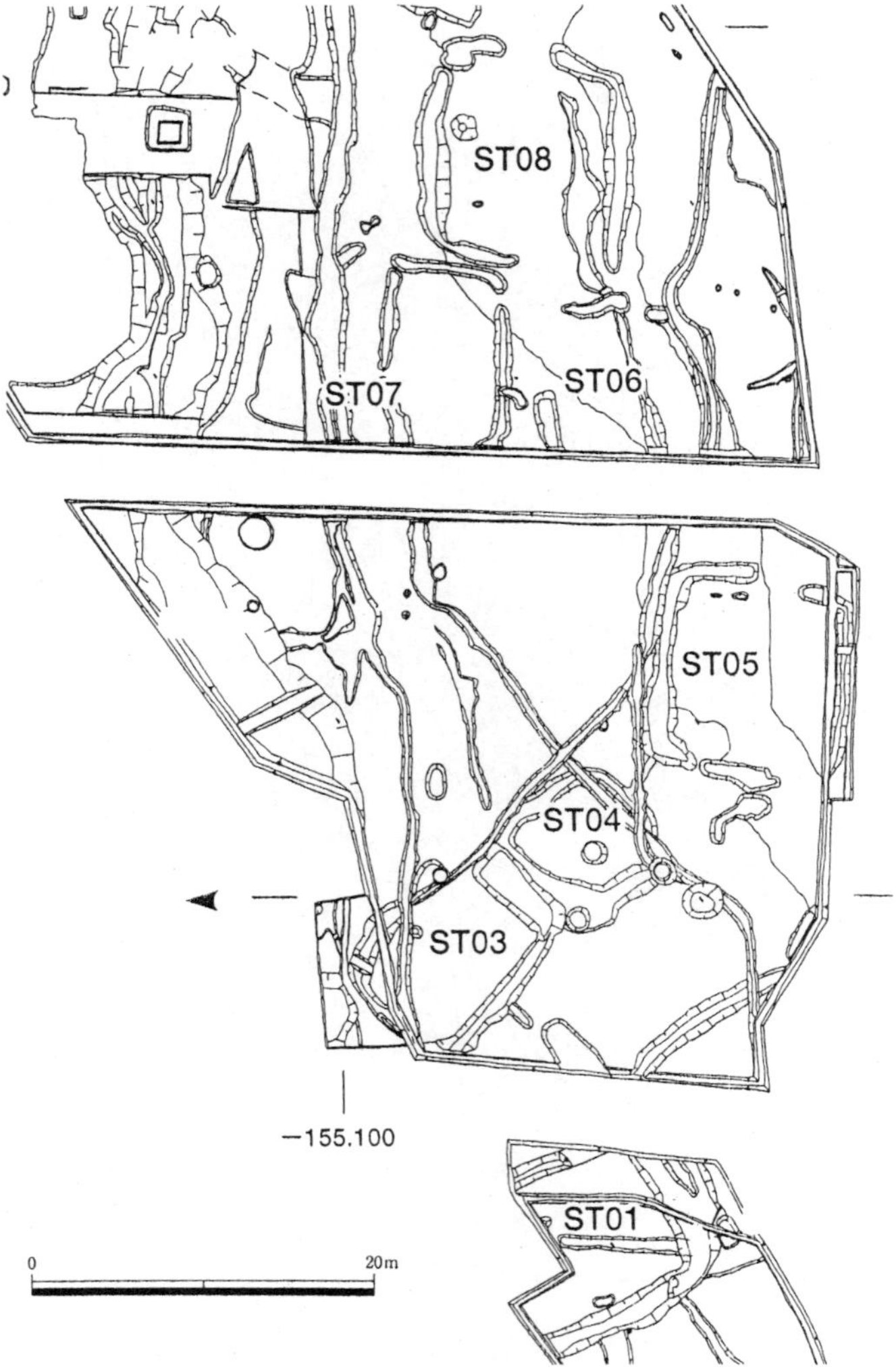

図６　大和郡山市八条遺跡の方形集溝墓群（ST）（S＝1/600）

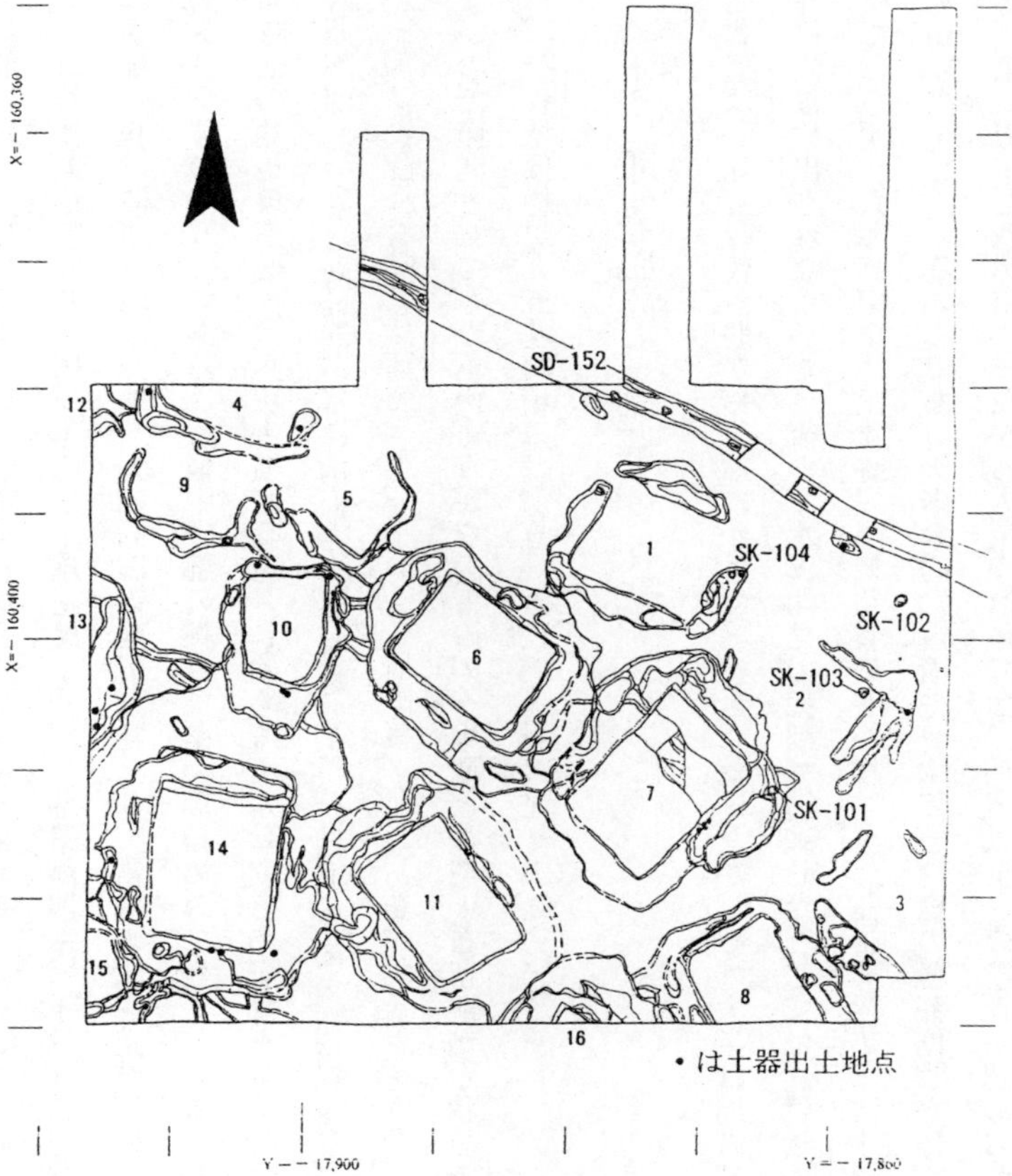

図７　田原本町阪手東遺跡方形周溝墓群（S＝1/800）

大福遺跡で五基、吉備遺跡で一基出ている。広陵町黒石一〇号墓も後期である。合計二五基を数える。全体の九％を数える。数量的には中期に劣るものの、質的には大差ないと考えられる。このあと、庄内・布留期の周溝墓が作られる。大和郡山市若槻遺跡で六基、田原本町清水風遺跡二基、矢部遺跡四基、十六面薬王寺遺跡三基、羽子田三号墳、橿原市曲川遺跡一基、桜井市内は九基、大和高田市池尻遺跡一基、當麻町太田遺跡五基、新庄町脇田遺跡一基など五三基を数える。全体の一八％である。盆地中央部の拠点集落の周辺のみでなく、盆地の縁辺部からも検出されるようになる。同時期の盆地東南部では高塚古墳が築造され始める所から、その影響を多く受けていると思われる。のこり四三基は時期不明。（一三％）時期的には、中期が約半数をしめ、後期と庄内・布留期で約三〇％。（ただし、宇陀郡等の台状墓を含めると五〇基が加わるので合計一二八基。とすると、中期と後〜布留期の比率は三対二となる。）いまだ、すべてが発見されたわけでないので傾向としてしか言いようがないものの、中期と後期〜布留期が台状墓を含めても中期が多いというのが面白い。それでは約二九五基の墳墓はどういう内容を持っているだろうか。

4　埋葬施設と副葬品

大和の周溝墓は、弥生時代前期から後期にかけて築造され続けたが、その大半は周溝部分のみが検出されただけで、殆どの埋葬施設は検出されなかった。後の、水田開発の掘削で消滅したとしては、付近から副葬品と見られる遺物がほとんど出ておらず、大和高田市池田遺跡で小型仿製鏡が一枚（ただし四世紀後半）・清水風遺跡で鏡片が一点、方形周溝墓の近くから出土しているのみである。本来的に古墳や台状墓と同様の埋葬施設が作られたとはいいにくい。八尾市加美遺跡(6)・東大阪市と八尾市にまたがる久宝寺遺跡(7)では、一m以上もの墳丘が認められ数基の木棺が埋納されていたが、奈良では遺体や副葬品をもつ確実な埋葬施設は未検出である。

周溝内の埋葬施設の大半は土壙墓で、木棺の全容が出土したとされる大福遺跡八次調査では周溝を木棺墓が切っており、不自然な状況が認められる。だが、最近柏木遺跡や五条市中遺跡で木棺墓が検出され始め、今後各地で発見され始める可能性は高い。中遺跡では、棺内部から朱が出土したと聞く。中国地方や北九州で多く見られる箱式石棺墓はこの時期大和では殆ど築かれておらず、地域性があると考えてよいだろう。周溝内の土器の供献は数多くあるが、繊維製品による衣類等の有無を除くと金属製品は大和高田市池田遺跡で小型鏡が一面のみの出土で、玉類の副葬は皆無に等しい。

そんな中で、唯一金属製品、それも飛び切りハイテク製品である銅鐸が、中央部の埋葬施設ではなく周溝内の土坑から出てきたとの報告がある。大福遺跡三次調査である。一辺一〇・五×一二mの方形周溝墓の南西隅に陸橋が見られ、そのすぐ北側の濠内から出土している。報告書の土層断面からは、あきらかに上から掘り込んだ断面が認められ、銅鐸は周溝の中がある程度埋まってから埋納されたとされる。しかし、断面図からはそのような状況が復元されるかもしれないが、銅鐸の上側の尾ひれは埋納した穴底から二一㎝のところで、埋めた時は尾ひれが見えるか見えないかの状況である。(断面図からの検討ではあるが）到底埋納したとは言い難く、また発見時当初から同様の疑問が出されており、調査担当者も埋めたとしか記載しておらず、その根拠が乏しいと考える学者も多い。現在奈良盆地で約三〇〇基近い周溝墓が発見されているにもかかわらず、どこからも銅鏃一本すら出土していない状況では、銅鐸は偶然先に埋められた所に方形周溝墓の溝が掘られたと考える方が良いかと思われる。それではあまりにも偶然過ぎるといわれたらそのとおりではあるが…。もっとも、桜井市内では纏向遺跡や大福遺跡・脇本遺跡等で銅剣や銅鏃が七本出ているが、包含層や土壙・ピット・溝内からの出土がほとんどで、それらが方形周溝墓内に副葬されていて、後に散乱したとは言いがたい状況である。

三　奈良県内の台状墓について

1　規　模

先述したとおり、台状墓は宇陀郡内に集中して築かれた。天理市・五条市で少数出土の報告もある。(表2)一六遺跡五〇基が発掘調査で検出されている。宇陀郡内では、芳野川・宇陀川流域の丘陵沿いで発見されている。榛原町で三〇基、大宇陀町で九基、菟田野町で八基等が報告されている。その中で最大のものは榛原町大王山台状墓で、一辺が一五×二一m(面積三一五㎡)の規模をもつ。同能峠北山遺跡第一号台状墓は一七×一三m(面積二二一㎡)、大宇陀町平尾東遺跡第六号墓は一三×一三m(面積一六九㎡)、能峠南山遺跡第八号台状墓(図9)は一四×九m(面積一二六㎡)、平尾東遺跡第七号墓は一二×一二m(面積一四四㎡)、能峠西山遺跡第一号台状墓は一三×九m(面積一一七㎡)を測る。面白いことにここでも、菟田野町見田大沢遺跡(図8)で、全長二七・五m(主丘二〇m)の一隅突出形の台状墓が検出されている。面積は約四四〇㎡となる。メクリ一号墓の四五〇㎡とほぼ同じ面積である。(体積では明らかに差が見られるが)時期は布留式土器以前である。この点もメクリ一号墓に似る。この台状墓のある丘陵上には、二〜五号墳と呼ばれる墳丘が築かれており、いずれも一辺一四m以上の墳丘を持つ。二号墓は一四×一四m(面積一九六㎡)、三号墓は一六×一六m(面積二五六㎡)、四号墓は一七×一七m(面積二八九㎡)、五号墓は一四・二×不明mである。時期は布留期に属すため、報告では〝古墳〟扱いされており、一号墓のみ台状墓とされている。埋葬施設は割竹形木棺の直葬で副葬品に鏡・玉・剣があり、古墳と考えるのも無理はないが、今回は台状墓に含めておきたい。

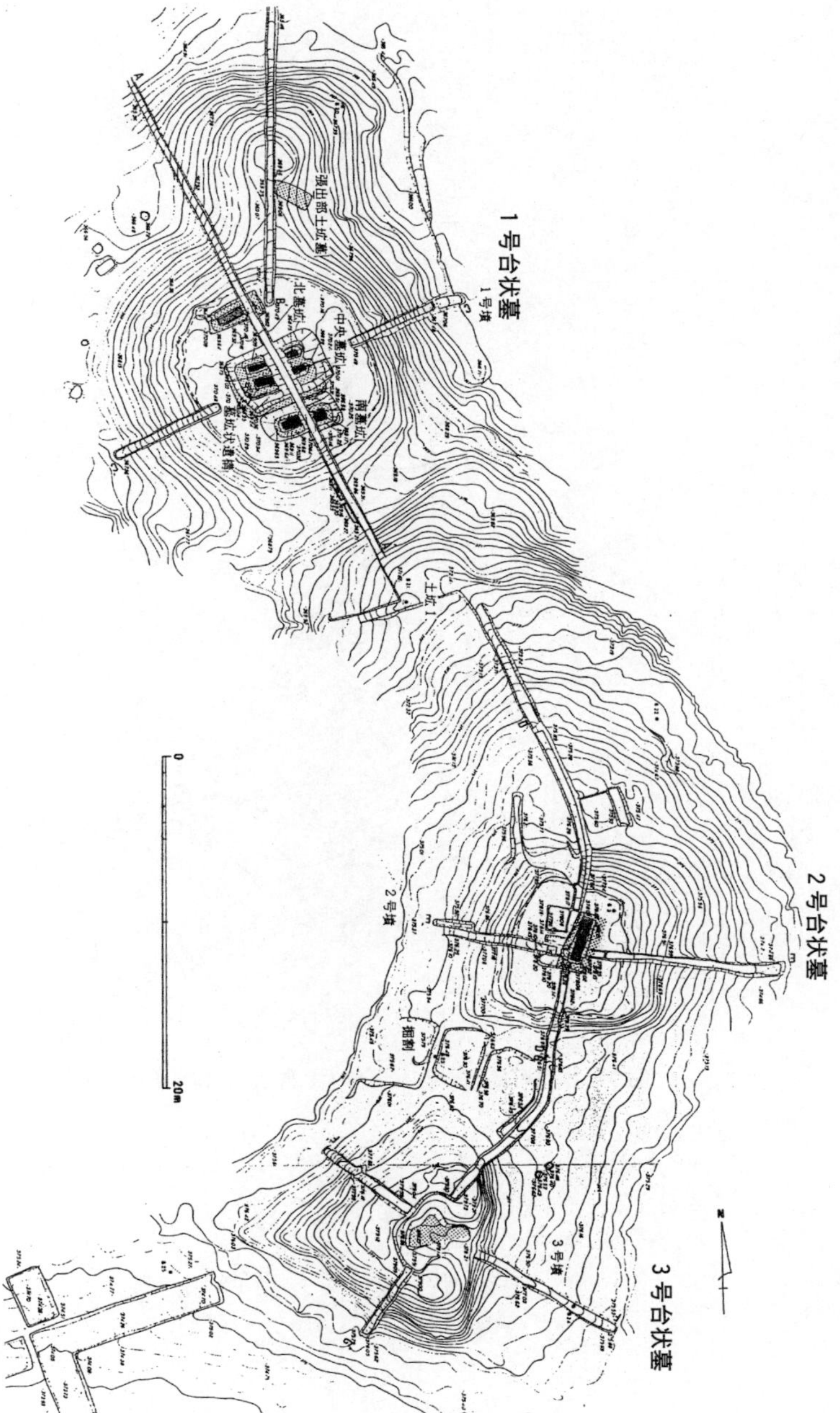

図8　菟田野町見田大沢台状墓群（S＝1/500）

図 9　榛原町能峠南山方形台状墓群（S＝1/1,000）

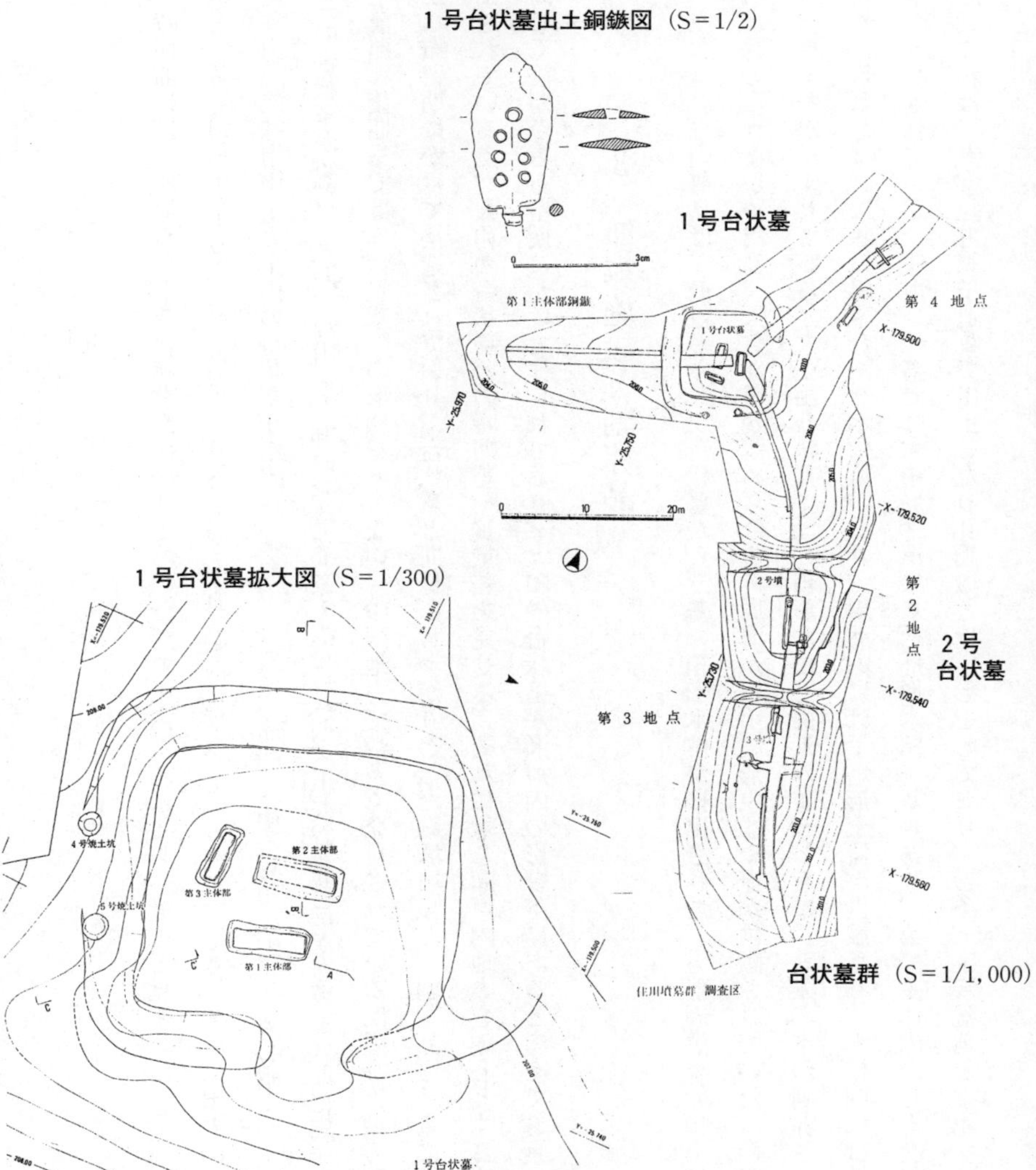

図10　五条市住川遺跡方形台状墓群

2 時期

時期的には、榛原町キトラ台状墓が庄内式土器の分類で庄内Ⅰ式に属し、最古と見られる。（天理市別所裏山方形台状墓では弥生後期後半の土器が一点のみ報告されているが、奈良盆地内に位置している為、除いて考える。）見田大沢一号墓・平尾東・蓮華山・能峠南山・大王山の台状墓が庄内期（纒向二〜三期）、能峠北山・見田大沢二〜五号墓・胎谷・住川墳墓群（図10）の台状墓が布留一式期、野山・本郷西城跡などが布留二式期、下井谷遺跡群が布留三式期に属する。いずれも、弥生前期〜後期までは〝台状墓〟の形態をとらない。中国地方で数多く発見されている四隅突出型方形墓は、弥生中期から布留期にかけて築造されており、台状墓と同様にしっかりとした高塚墳丘と、副葬品を多量に持つ埋葬施設が検出されている点、大和の台状墓との時期差や質量差を見せる。それに対し瀬戸内地方を中心とする墳丘墓は、大和と同じく後期から布留期にかけて作られており、大和の台状墓が瀬戸内の影響下にあると考えても良いと筆者は考える。

3 埋葬施設と副葬品

埋葬施設や副葬品は、最古のキトラ台状墓から三基の箱形木棺が検出された。方形周溝墓の頂上部からは木棺墓が殆ど認められなかった為、大きな差が認められる。周溝から手焙形土器や壺が供献されていた。西隣には単独に箱形木棺や土器が出土している。大王山台状墓では、箱形木棺と供献の壺とともに、鉄鏃　本が副葬されていた。平尾東六号台状墓では、二基の組み合わせ木棺墓があり、周溝内には手焙形土器が供献され、木棺内には鉄剣　口と鉄鏃本が副葬されていた。住川一号墓では、箱形木棺二基と舟形木棺一基があり、第一主体内から有孔銅鏃が一本出土した。これは、大宇陀町調子遺跡[8]で出土した有孔銅鏃と近い形をしており、五条・宇智盆地と宇陀盆地との繋がりを感じる。二号墓は刀二・剣六・鏃一八など、鉄製品が多く出た。布留一期では、能峠南山九号台状墓の組み合わせ木棺の中に鉄剣一口が副葬されていた。野山一号台状墓の箱式木棺からは、鉄剣一口・鉄鏃一本と共に朱が見られた。見田大沢の二～五号墳では、割竹形木棺と共に鏡二枚・玉類一六点・鉄剣二口・鐁ガンナ三本が出土しており、古墳と変わらぬ出土量である。黒木西城跡一号墓からは、割竹形木棺の中から彷製鏡一枚・管玉・鉄製の刀子二口・鐁カンナ二本が出土した。二号墓は割竹形木棺・四号墓は素文鏡一枚がでている。野山三～五号墓では、内行花文鏡一枚と共に鉄製の剣・鏃・斧・鐁カンナが合計九本出土している。このように見ると、台状墓と周溝墓との差には埋葬施設・副葬品のところでの差が大きく浮かび上がってくる。その原因は一体何なのだろう。

四　周溝墓と台状墓の〝差〟

周溝墓と台状墓について、単なる立地上の区別のみでなく、それぞれの築造について若干の差が認められる。まず、時期が異なる。周溝墓は、中期が最も多く、時期的には弥生時代前期から後期・庄内・布留期にかけて継続するのに対し、台状墓は弥生時代後期～布留期にかけてピークがくる。四世紀後半以降では、小型高塚墳と大差なき状況と化す。次に、立地の差が認められる。周溝墓は平地に作られることが多く面的に広がるに対し、台状墓は痩せた尾根の上に作られることが多く直線的な広がり（連なり）が認められる。一番大きな差は、副葬品だろう。周溝墓は大半が無遺物であるに対し、台状墓は少量ながらも鏡・玉・剣のセットが見られるものもあり、武器類が副葬される。このことは、もちろん時代差もあるが、周溝墓と台状墓の被葬者の間に格差が認められる。最後に、分布の面から見ると、県内では圧倒的に宇陀郡に集中する。あと、天理市や五条市で見られるが、似たような立地を持つ橿原市から高取町

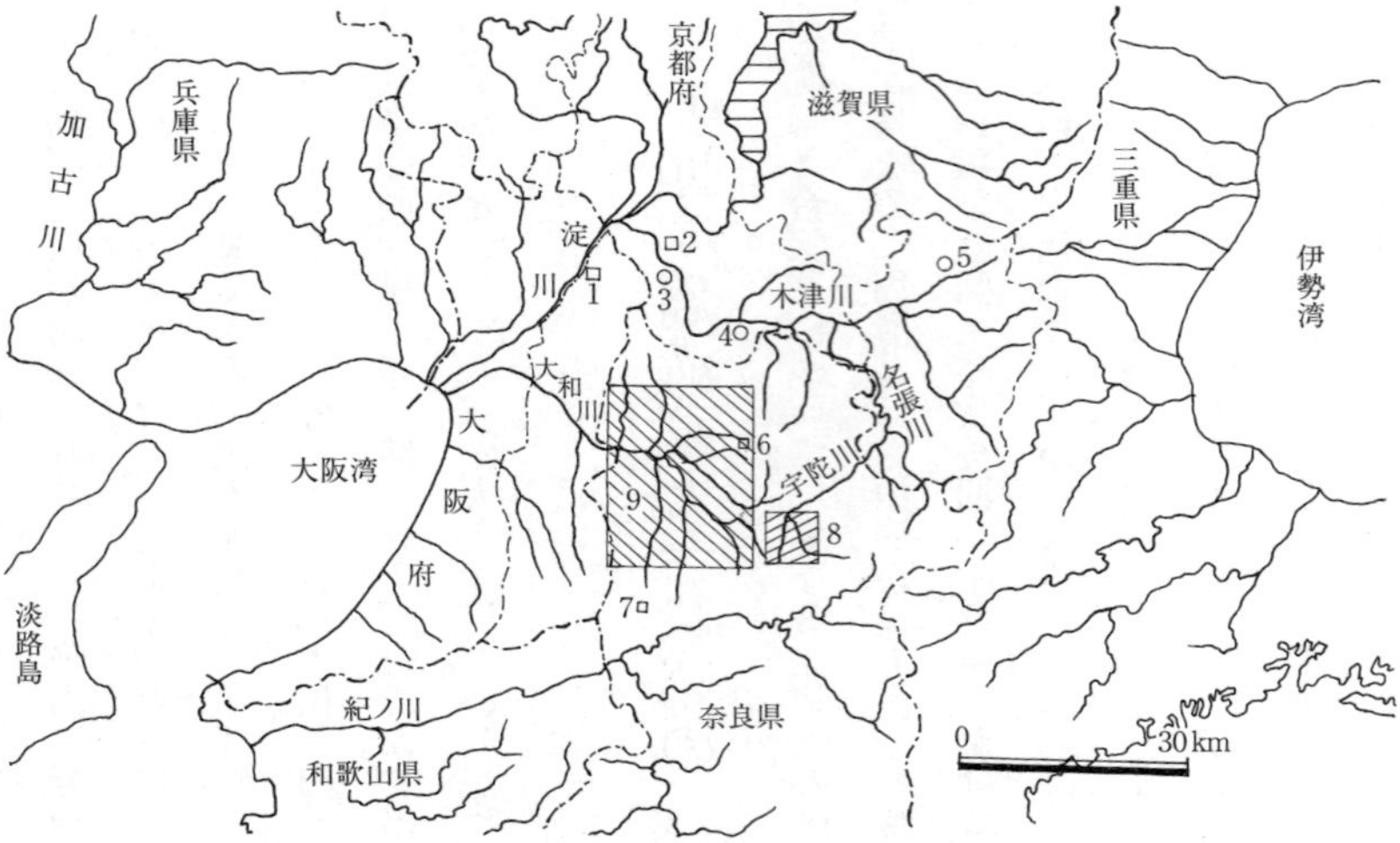

図11　奈良盆地の周溝墓群と宇陀盆地の台状墓群の位置関係

1 枚方市中宮ドンパ遺跡　2 城陽市芝ヶ原12号墳
3 京田辺市興戸5号墳　4 加茂町砂原山古墳
5 阿山町東山古墳　6 天理市別所裏山古墳
7 五条市住川遺跡　8 宇陀台状墓群
9 大和周溝墓群

に広がる越智丘陵上や、葛城・二上・生駒の山の東麓尾根上にはまったく見られない。これは、大和芳野川や宇陀川の流域のみである。宇陀郡でも、高原開拓パイロット事業という農林省の面的開発が進行した地域に集中するという調査の内部事情もあるものの、奈良盆地と宇陀郡との三～四世紀の関係をこのあたりから推察することも可能かと見られる。

以前から、宇陀郡の古墳については楠元哲夫氏(9)によってその特殊性が説かれていたが、それが台状墓のあり方から三～四世紀から顕著に見られることが解かる。記紀の神武記(紀)に出てくる宇陀郡の人々は、神武天皇を助けて墨坂・男坂・女坂をこえて大和の国内に進出したとあるが、この物語の背景にはこれら宇陀郡内の三～四世紀における墳墓のあり方が反映されているのかもしれない。現在、郡内の大半の丘陵台地は二〇世紀末の大規模なパイロット事業で大きな水田や畑地に変わり、トラクターがうなりを上げて走っている。到底、神武東征の主要な舞台になった面影は残っていないが、その背後に多くの古墳・遺跡が調査され、今回のようなことが判明し、そして一部を除いて消滅していった事もまた事実である。

これに対して、盆地内の周溝墓は、数的にはそこに住んでいた人数に比例して多く発見されているが、その〝内容〟は殆どわかっていない。おそらく埋葬施設も副葬品も、目を見張る状況ではなかったものだろう。とすると、奈良盆地では弥生時代から古墳時代初頭（庄内期から布留期）にかけて、九州や中国地方の墳墓に比較して、それに匹敵するほどの人々がいたとは到底思えない状況が見られるのである。だからこそ、庄内期に入って築かれる纏向遺跡の一〇〇m規模の〝古墳〟がとてつもなく大きな墳墓と見えたのだろう。その一つであるホケノ山古墳からは、中国製の画文帯神獣鏡・内行花文鏡（破砕してはいたが）・多数の武器（銅鏃・鉄剣・鉄鏃・鉄槍など）が副葬されていた。玉類こそ入っておらず、〝三種の神器〟とは呼べないが、後の「大型前方後円墳」の副葬品の基本となるセットが見られる。そこには、大和の弥生時代における「墳墓」の特徴が見い出せるとは、到底言いがたいのではないだろうか。纏向遺跡の大型墳墓は、大和の弥生時代に見られる伝統の上に築かれたのではなく、大和の弥生時代にはない要素が入り込んで築き上げられた墳墓であると考えられる。

五　周溝墓と台状墓の持つ意義

最後に、これらの墳墓の周辺環境について考えてみたい。まず周溝墓は、弥生時代前期に盆地中央部周辺に出現し、中期にはほぼ盆地全域に、後期から庄内・布留期には盆地の縁辺にまで築造されていく。巨視的に見ると、まず田原本町の墳墓群・清水風・法貴寺・保津宮古・羽子田遺跡などは、弥生時代・大和最大の拠点集落・唐古・鍵遺跡を中心に放射状に展開しており、唐古鍵ムラの首長層の墳墓として良いだろう。次に天理市にあっては、前栽遺跡の南西に隣接する拠点集落・岩室平等坊遺跡があり、前栽周溝墓群は彼らの墳墓群とされよう。奈良市では、広大な面積をもつ平城京の下層に眠る弥生遺跡（大半は平城宮・京の築造時に削られた可能性が高い）の墳墓群として、佐紀・菅原東・杏・柏木周溝墓群が存在する。南の橿原市では、同じように藤原京の下に埋まった遺跡が多いが、南東部分は四分遺跡の周辺・紀殿遺跡・田中遺跡・栄和町遺跡で検出されることが多いので、それらは四分遺跡の首長層の墳墓群との理解が出来るだろう。京の西端の土橋遺跡は、南接する拠点集落・中曽司遺跡の墓域とされる。桜井市では、集落である芝遺跡の中に周溝墓が造られるが、纒向遺跡の第一六次検出の弥生中期の周溝墓もその中にはいる。纒向遺跡では、石塚古墳を始めとする高塚墳が庄内期に築造されるが、その周囲に同時期の周溝墓が造られる事は象徴的なことと思われる。とくに、その中に前方後方形の周溝墓があることは、周溝墓被葬者の性格を考えるに絶好の資料と成るだろう。大和の三大拠点集落のひとつ大福遺跡の周辺では、大福・吉備・黒田池の周溝墓群が墓域と成るだろう。吉野川沿いの宮滝遺跡は中期のみの集落遺跡であるが、そこに中期の周溝墓が重なる事は宮滝ムラの首長層の墳墓に間違いのないところである。これほどまでセットで把握できる遺跡も珍しい。このようにみていくと、拠点集落とセットで周溝墓群が築かれている所が多く、集落内有力者の墳墓の位置付けがなされるだろう。

これに対し、台状墓はどうか。宇陀郡内の三町内には、大規模な弥生後期～布留期にかけての集落といえば、現在の所把握しきれていない。しいていえば、榛原町の沢・下条馬場・谷遺跡や大宇陀町の中之庄遺跡・調子遺跡等がかろうじてあげられる。これらも、盆地内の拠点集落に比べると、極めて小規模な集落である。そんな宇陀郡内に、何故台状墓が多く作られているのか。弥生後期～布留期に限ると盆地内の周溝墓とほぼ同数の台状墓が築造されていたことがわかる。同時期の周溝墓の被葬者とほぼ同数の有力者がいたことになり、副葬品からすると彼らより勝っている人々であったと推測できる。すでに、諸説が語られているが台状墓の性格からすれば、宇陀郡内独自で築かれたと考えるよりは他地域の影響下にあって築かれたと考えるべきではなかろうか。では、他地域とはどこか。奈良盆地内には台状墓は皆無に近い状況で、東の伊勢・伊賀地域も周溝墓は各地で見られるのに台状墓は殆ど見られず、台状墓文化圏から外れる。唯一、柘植川の上流・阿山町東山古墳(10)が庄内期～布留期の「台状墓」の存在を示してくれる。墳形は、円もしくは楕円形と推定され、約二〇m・高さ三mの規模と考えられる。副葬品は、前期古墳並の鏡・剣・銅鏃・鉄斧・鑓カンナ等がある。南の吉野川流域では五条の住川遺跡のみで、和歌山県内も未発見である。一番近い台状墓群のあるところは、瀬戸内海東部地方の播磨西部にまで行かねばならない。ただ、大阪府枚方市・中宮ドンパ遺跡(11)では庄内期の台状墓が発見され、鉄剣・鏃・鑓ガンナが副葬されていた。周辺からは高塚山台状墓(12)も検出されており、北河内地方にもわずかながら台状墓が認められる。中宮ドンパ遺跡は、京都府城陽市・芝ヶ原一二号墳(13)の時期と一致し、前方後方形の芝ヶ原一二号墳も台状墓とも言うべきかも知れない。全長三〇m未満の墳丘長は、見田大沢一号墓とよく似た規模である。続いて、京田辺市・興戸遺跡(14)からも台状墓が検出されている。木津川の中流域の南・加茂町砂原山古墳でも、直径二〇m・高さ四mの円形台状墓が調査されている(15)。ここでは、日本海側の特徴を持つ壺が出ている。このように見ると、これらの墳墓は淀川に合流する木津川の両岸に位置する事がわかる。もちろん、三角縁神獣鏡三二面を出土した椿井大塚山古墳(16)などの前期古墳も存在する所から、まともな古墳と台状墓・周溝墓が共存する地域である。そして淀川から木津川に遡ると、南山城村から奈良県月ヶ瀬村を経て三重県名張市に入り、再び奈良県宇陀郡に向かう。ここまで来ると、先ほどの阿山町東山古墳の前を流れる柘植川は、木津川の支流である事に気づく。とすると、宇陀郡の庄内～布留期の墳墓や東山古墳・木津川流域の台状墓群は、瀬戸内東部地方の墳墓と水系的に結びつく事になる。残念ながら他の遺構や遺物からは、宇陀郡は東瀬戸内地方の影響下にあるものは拾い出せない現状で、どちらかといえば土器や前記の多孔銅族などは伊勢湾岸地域（尾張・伊勢・伊賀）の影響が認められる地域である。そんな地域に何故瀬戸内地域の影響が認められるのだろうか。

六　まとめ

前記した如く、宇陀郡内は八咫烏神社が分布する地域で、三本足の烏に導かれて神武天皇が熊野から奈良盆地へ侵攻したといわれる道すがらに点在している。八咫烏銘の地酒まで存在する。この神武東征神話の中で、宇陀の地には神武に反抗する兄宇迦斯、味方する弟宇迦斯とに別れ、弟が兄を裏切って決着する事になる。この〝神話〟の内容はともかく、弥生時代の奈良盆地には拠点集落や環濠集落が存在するのに、それらの首長が葬られたと考えられる墳墓は最大のもので一辺二〇m足らずの方形周溝墓でしかない。これに対し、弥生時代には殆ど目を見るほどの集落がなかった宇陀郡に、盆地部をこえる内容を持つ台状墓が出現するのは一体何なのであろう。彼らをこえる人々がいたのだろうか。

この現象は、宇陀郡で産する〝水銀〟による富を考える人や、交通の要所を強調する人々がある。また、山の富（木材や石材・銅鉱石）を考える人もあるが、それらを総合計したとしても、盆地部の農業生産をこえる首長層を生み出す事が出来たであろうか。仮に、それが正しいとしても、ではなぜ宇陀郡なのか。吉野郡でも、他の周辺の山岳地域でも同じ状況がいえたはずなのに、庄内～布留期の台状墓に限っていえば宇陀郡のみである。五章でも述べたとおり、それらは宇陀郡内独自での開発行為に拠るものというよりは、他地域の影響力のもとに成り立った墳墓と考えるべきではないだろうか。

庄内～布留期に、奈良盆地の東南側に突如として出現した大規模高塚群が成立する要因の一つに、盆地東南部地域と隣接し密接にかかわる宇陀郡の存在が考えられる。二～四世紀に宇陀郡内に墳墓を造り得た彼らの出自は、大和政権成立に際して手足となって働いた兵隊たちの指導者層ではなかったであろうか。もしくは、大和へ入る前に戦（いくさ）で倒れた指導者層の墳墓の可能性が高いと考えられる。彼らとは、大和や畿内の中小豪族層ではなく、もっと西の瀬戸内海沿岸部の人々であった可能性が高いのではないだろうか。記紀では、東進勢力は紀伊半島を南に迂回して熊野から宇陀へ進んだとの記述があるが、実際は三世紀の東進勢力が生駒山脈を迂回したとすれば、木津川水系を遡ったとの考え方も可能ではないだろうか。

弥生時代から古墳時代初頭にかけての奈良県下の周溝墓や台状墓を概観し、周溝墓と台状墓との、類似点や相違点を考える事により、このような結論を導き出したものである。

註

（1）森本六爾　一九四一『日本農耕文化の起源』－考古学上より見た日本原始農耕の研究－小宮山書店

（2）末永雅雄・小林行雄・藤岡謙二郎　一九四三『大和唐古弥生式遺跡の研究』奈良県史跡名勝天然記念物調査報告一六　奈良県教育委員会

（3）大場磐雄　一九六九「東京都八王子宇津木遺跡」『日本考古学年報』一七　日本考古学協会編

（4）大塚初重・井上裕弘　一九六九「方形周溝墓の研究」『駿台史学』二四　明治大学

（5）橋本輝彦　二〇〇二「纒向・メクリ一号墳」『大和の前方後円墳集成』奈良県立橿原考古学研究所

（6）大阪市教育委員会・（財）大阪市文化財協会　一九八四『加美遺跡現地説明会資料』

（7）中西克宏　一九八六『久宝寺遺跡発掘調査報告』（財）東大阪市文化財協会

（8）松本洋明他　一九八二「大宇陀町・調子遺跡」『奈良県遺跡調査概報』一九八〇年度　奈良県立橿原考古学研究所

（9）楠元哲夫　一九八六「宇陀・その古墳時代前半期における二・三の問題」『北原古墳』大宇陀町文化財調査報告書第一集　大

宇陀町教育委員会
(10) 仁保晋作　一九九二「阿山町東山古墳の遺構と遺物」『研究紀要』第一号　三重県埋蔵文化財センター
(11) 大竹弘之　一九八九「中宮ドンパ遺跡」『枚方市文化財年報IX』（財）枚方市文化財研究調査会
(12) 谷川博史　一九八八『枚方市文化財年報V』（財）枚方市文化財研究調査会
(13) 近藤義行　一九八七『芝ヶ原古墳』城陽市埋蔵文化財調査報告書第一六集　城陽市教育委員会
(14) 奥村清一郎　一九八一「興戸古墳群発掘調査概要」『田辺町埋蔵文化財調査報告書』第二集　田辺町教育委員会
(15) 安藤信策　一九八三「砂原山古墳試掘調査速報」『京都考古』第二八号
(16) 樋口隆康　一九九八『昭和二八年椿井大塚山古墳発掘調査報告』京都府山城町埋蔵文化財調査報告書第二〇集　山城町教育委員会

この小論を書くにあたり、まず表・図面・参考文献等でふくれ上った原稿を受け付けて下さった、橿考研調査部長・松田真一氏に感謝したい。また、橿考研をはじめ奈文研藤原調査部や、奈良県内市町村文化財担当技師会の皆さんに多くの教示を得たことを感謝。特に、大和弥生文化の会が数々発刊された資料に依るところが多かった。この他、寺沢　薫・穂積裕昌・米田敏幸・大竹弘之・橋本輝彦・松宮昌樹・村上薫史・藤田三郎・豆谷和之・池田保信・近藤義行・柳沢一宏・辻本宗久の各氏から教示を受けた。厚く御礼申し上げたい。

昭和四七年三月から今日に至るまで、小生を暖かく見守って下さった故伊達宗泰先生に、感謝の気持を込めてこの小文をささげたい。先生から歴史・地理考古学の視野でもって遺跡を見るようにとのアドバイスをいただいて三〇年間、決っして先生のご忠告通りを守る優等生ではなかったが、教えられた事を文章化したものがこの小文となったことである。ご冥福をお祈り申し上げる。

表1 周溝墓一覧表

市町村	番号	遺跡名	遺構名	規模	時期	立地	備考	文献
1 奈良	1	佐紀遺跡	1.SX16360	12×10.5m	Ⅰ－2	低地	旧秋篠川微高地･壺甕出土	1－1
		(1) 平城宮下層	2.SX16370	9.5×9.0		〃		
		(馬寮246次)	3.SX16375	10×6.5		〃	平面長方形SX1630の北西近接	
			4.SX16380	14×11		〃	東南部陸橋	
			5.SX16385	15×10		〃	北側と北東周溝の一部残る	
			6.SX16385南	14×13		〃		
		(2) 平城宮下層	1.SX1476		後期	〃	土坑から大形壺	1－2
		(南西隅)	2.SX1507	9以上×7.8	〃	〃	北側に陸橋	
			3.SX1573	8.4以上×5.8	〃	〃	北西周溝中央から北西方向に西周溝が突出	
			4.SX1574	8.6以上×7.4	〃	〃		
			5.SX1575	18以上×14.4	〃	〃		
			6.SX1577	辺10.6以上	〃	〃		
			7.SX1578	辺8.6以上	〃	〃	重複関係からSX1577より新し	
	2	菅原東遺跡	1.SX01	5×6	Ⅲ－前半	台地	西ノ京丘陵の先端･標高71m	2
		(右京3条3坊)	2.SX02	5×6	〃	〃	SX01･03と一列に並ぶ	
			3.SX03	5×6	〃	〃		
			4.SX04	9×12	〃	〃	SX05と隅を接して並ぶ	
			5.SX05	9×12	〃	〃		
	3	杏遺跡	1.ST06	16×13	Ⅱ－1～2	低地		3－1
		(からもも)	2.SK108	7.7×6･5	中期	〃	(東市推定地)	3－2
	4	三条本町遺跡	1.SD01	辺8.6	庄内	〃	(平城京227次)	4
	5	柏木遺跡	1.1号墓	6×6×0.6	中期	〃		5－1
			2.2号墓	9×9×0.7	〃	〃		
			3.3号墓	7×8×0.6	〃	〃		
			4.4号墓	10×以上×1.7	〃	〃		
			5.5号墓	7.5×10×0.8	〃	〃		
			6.6号墓	10×1	〃	〃		
			7.7号墓	11×5以上×0.9	〃	〃		
			8.8号墓	12×14×1.0	〃	〃		
			9.9号墓	10×9	〃	〃		
			10.10号墓	6.5×8	〃	〃		
			11.11号墓	10×7	〃	〃		
			12.12号墓	6×9	〃	〃		
			13.13号墓	6×8	〃	〃		
			14.14号墓	7×4以上	〃	〃		
			15.15号墓	5以上×7	〃	〃		
			16.16号墓	7×9	〃	〃		
			17.17号墓	7×5	〃	〃		
			18.18号墓	7×9	〃	〃		
			19.SK03	8×7	〃	〃		5－2
			20.SK04	7×5	〃	〃		
	6	平城京下層	1.SX01			〃		6－1
		(左京四条) 遺跡	2.SX02			〃		
			3.方形周溝墓			〃		6－2
			4.方形周溝墓			〃		
	7	北之庄町遺跡	1.方形周溝墓1	8×2以上		〃		7
2 大和郡山	1	小泉調練場遺跡	1.1号周溝墓	10×7	Ⅲ－後半	丘陵		8
			2.2号周溝墓	8×8	〃	〃		
	2	若槻遺跡	1.ST01	辺7.7	弥生末	低地		9
		(カナヤケ)	2.ST02		〃	〃		
			3.ST03		〃	〃		
			4.ST04		〃	〃		
			5.ST05		〃	〃		
			6.ST06		〃	〃		
	3	八条遺跡	1.ST01	9×10以上	Ⅲ－1	〃		10の1.2
			2.ST03	8.5×7	中期前半	〃		
			3.ST04	6×6.5	〃	〃		
			4.ST05	10.5×6	Ⅲ－1	〃		
			5.ST06	8.5×6以上	中期前半	〃		
			6.ST07	10×6.5	〃	〃		
			7.ST08	10×11.5	〃	〃		
3 天理	1	前栽遺跡	1.1号周溝墓	11×8.5	Ⅲ－3	〃	供献土器あり	11
			2.2号周溝墓	10×9		〃		
			3.3号周溝墓	7×8×0.6	Ⅲ－後半	〃		
			4.4号周溝墓	9×6		〃	供献土器あり	
			5.5号周溝墓	11.5×8.5		〃		
	2	和爾森本遺跡	1.ST01	西辺9	Ⅲ－3	台地	3次	12－1
			2.ST02	南辺15	〃	〃	〃	
			3.ST04	径≒7.5	後期	〃	円形周溝 2次	12－2
	3	清水風遺跡	1.ST01	13.5×13以上	Ⅱ－3	低地		13
			2.ST02	5×4以上		〃		
	4	庵治遺跡	1.ST01	5.2×5.2	前期	〃		14
			2.ST02	9.2×5.2	中期	〃		
			3.ST03	10.6×10	〃	〃		
			4.ST04	一辺9.0	Ⅲ－1	〃		

			5.ST05	一辺9.8m	Ⅱ－3	低地		
			6.ST06	一辺7.8	中期	〃		
	5	和爾遺跡	1.方形周溝墓01	8×8	古墳前期	台地		15
			2.方形周溝墓02	5×6	〃	〃		
			3.方形周溝墓03	5×6	〃	〃		
	6	柳本遺跡群	1.方形周溝墓	一辺3.5	後期末	〃		16
4　都祁	1	ゼニヤクボ遺跡	1.方形周溝墓	14×10	Ⅲ	〃	4次	17－1
			2.SD01	14以上×12	〃	〃	5次	17－2
			3.SD03	20以上×10	〃	〃	〃	
			4.SD04･05	20×10以上	〃	〃	〃	
			5.SD05	4以上×8	中期	〃	9次	17の3･4
			6.SD06	3×4以上	〃	〃	〃	
5　生駒	1	西畑遺跡	1.SX04	12×12	Ⅲ－新	〃	濠南西壺	18-1･2
			2,SX05	9×9	〃	〃	濠西壺	
6　斑鳩	1	西里遺跡	1.ST01	？×8	中期後半	〃	東周溝に土器棺	19
			2.ST02	約7×約7	〃	〃		
			3.ST03		〃	〃	東周溝に甕棺	
7　三宅	1	伴堂東遺跡	1.ST01		古墳前期	低地		20－1
			2.ST02	西辺12.5	弥生中期	〃	北辺をST05に切られる	
			3.ST05	9×11	中期初頭	〃	ST03･06と南北に並ぶ	
			4.ST06		前期末	〃	南西隅を検出	
			5.ST07	辺12.2		〃		
			6.ST2001	18×17	布留4式	〃		20－2
	2	三河遺跡	1.ST01	北辺7.5		〃	北半分の周溝のみ	21－1
			2.ST02			〃	東・南の周溝	
			3.ST03	辺約6	中期初	〃	体部穿孔の広口壺	
			4.ST04	11×9.5		〃		
			5.ST05	14×12	中期後半	〃	東溝の墳丘側に大小形鉢	
			6.ST06	10×13.5	〃	〃	ST05と隣接	
			7.方形周溝墓	9×7	布留1式	〃		21－2
8田原本	1	清水風遺跡	1.SX01	6×7	弥生末～庄内	〃	付近から前漢鏡出土	22-1･2
			2.SX02	3×4.5	〃	〃		
	2	法貴寺遺跡	1.方形周溝墓	一辺10	Ⅳ－3	〃	陸橋部・高杯2・甕1	23
			2.〃	8×7	〃	〃		
	3	保津宮古遺跡	1.SD03･104			〃	3次調査	24－1
			2.SD105		弥生末	〃		
			3.SD03		後期	〃	平成11年調査	24－2
	4	羽子田遺跡	1.羽子田3号墳		布留Ⅰ？	〃	4次	25－1
			2.SX01	12×？	Ⅲ－1	〃	西溝から台付鉢・高杯・壺・甕・小型無形壺	25－2
			3.SX02	9.0×？	Ⅲ	〃	北東コーナー壺1･南東コーナー壺1	
			4.SX03	9.0×？	〃	〃	東溝より水差形土器・台付鉢・壺・大和形甕	
			5.SX04	5以上×？		〃	角杭状木製品	
			6.方形周溝墓2		Ⅲ	〃	23次	25－3
			7.方形周溝墓3		〃	〃	〃	
			8.方形周溝墓4		〃	〃	〃	
			9.方形周溝墓5		〃	〃	〃	
	5	十六面・薬王寺遺跡	1.SD101		布留Ⅰ	〃	6次	26－1
			2.SD102		〃	〃	〃	
			3.SD101	径18.4	弥生末～庄内	〃	11次円形周溝･多量土器	26－2
	6	矢部遺跡	1.T1方形区画	辺13	布留0	〃	土坑308･309は土坑墓	27
			2.T2方形区画	13×10	〃	〃		
			3.T3方形区画	10×8	布留1	〃		
			4.T4方形区画		布留2	〃		
	7	矢部南遺跡	1.方形周溝墓		中期後	〃		28－1
			2.方形周溝墓		〃	〃		28－2
	8	多遺跡	1.方形区画墓	辺10	前期末	〃	SD01･02で隅丸方形区画	29
	9	唐古鍵遺跡	1.方形周溝墓	12×7	庄内	〃	74次	30
	10	阪手東遺跡	1.1号墓	10×8	Ⅲ？	〃	東溝北端小土坑から甕・蓋各1	31
			2.2号墓	9.6×9	Ⅲ－3	〃	東溝より甕･壺破片	
			3.3号墓	10以上×7.3		〃	西溝より壺小片	
			4.4号墓	10×？	Ⅲ－1	〃	東溝より広口長頚壺	
			5.5号墓	6.3×？	Ⅲ？	〃		
			6.6号墓		Ⅲ？	〃	東溝より甕底部	
			7.7号墓	12.1×8.6	Ⅲ－1	〃	東溝に甕1・鉢1・壺1・広口長頚壺1	
			8.8号墓	9.5以上×7.1		〃	東溝より壺小片	
			9.9号墓	8.4×？	Ⅲ？	〃	南西コーナー付近で甕小片	
			10.10号墓	8.2×6.1	Ⅲ－3	〃	北構西端で壺1、南溝中央で鉢・壺･甕各1	
			11.11号墓	11.3×7.5	Ⅲ－1	〃	東溝肩部に鉢･壺各1	
			12.12号墓		Ⅲ？	〃		
			13.13号墓		Ⅲ－1	〃	東溝より甕2点	
			14.14号墓	14×11･8	Ⅲ－1	〃	南溝より壺1・台付鉢1・南東・北東コーナー甕	

			15. 15号墓	5.2×？m	Ⅲ？	低地		
			16. 16号墓		Ⅲ－1	〃	西溝より鉢1	
	11	八尾九原遺跡	1. SD202	7×3以上	中期後半	〃		32
			2. SD203	7×3以上	〃	〃		
9　橿原	1	曲川遺跡	1. 方形周溝墓	辺10	庄内	〃	高杯3	33
	2	下八釣遺跡	1. SD6969	13×15	庄内？	〃	藤原京63次　円形周溝	34
	3	四分遺跡	1. SX1009	約14×？	Ⅲ－新	〃	藤原宮5次	35－1
			3. SX7994	12×20	Ⅱ～Ⅲ	〃	69－12次　71－1次	35－2
			4. SX7995	18×？	〃	〃	71－1次	
			5. SX7996			〃	71－1次	
			6. SX8220		後期？	〃		35－3
			7. SX8221	2×1.5	〃	〃		
	4	紀殿遺跡 （右京6.7条4坊） （右京7条4坊） （本薬師寺下層）	1. 方形周溝墓1	7×9	中期	〃	37次-1	36－1
			2. 方形周溝墓2	12×10	〃	〃		
			3. 方形周溝墓3	18×14	〃	〃		
			4. 方形周溝墓1	7×9	Ⅳ	〃	37次？2	36－2
			5. 方形周溝墓2	12×10	〃	〃	壺・甕	
			6. 方形周溝墓3	18×14	〃	〃	壺・甕	
			7. 方形周溝墓			〃		36－3
	5	田中遺跡 （田中廃寺1次）	1. 方形周溝墓	5以上×5以上	Ⅳ	〃	北東隅を検出　壺　甕　北方向	37－1
			2. 方形周溝墓	13.5×9.8	Ⅲ－後半	〃	壺　水差　西北西と東西中央部に陸橋	
			3. 方形周溝墓1			〃	3次	37－2
			4. 方形周溝墓2			〃		
			5. 方形周溝墓3			〃		
	6	栄和町遺跡 （右京10.11条4坊）	1・方形周溝墓1	11×11	中期後半	〃	壺　甕　長軸北東	38－1
			2. 方形周溝墓2	13×13	〃	〃	東南隅　長軸北東	
			3. 方形周溝墓3	5×3	〃	〃	北隅　長軸北東	
			4. 方形周溝墓4	9以上×6以上	〃	〃	西南隅　長軸北東	
			5. 方形周溝墓5		〃	〃		
			6. 方形周溝墓		弥生時代	〃		38－2
	7	土橋遺跡	1. 方形周溝墓1	12×11	Ⅲ	〃	壺　甕　東隅陸橋部　長軸北西	39
			2. 方形周溝墓2	10×8	〃	〃	壺　甕　水差　長軸東西	
			3. 方形周溝墓3	16×11	〃	〃	壺　甕　蓋　長軸東西	
			4. 方形周溝墓4	11×9	〃	〃	壺　甕　高杯　棺材（周溝内）長軸北西	
			5. 方形周溝墓5	8×6	〃	〃	壺　甕　水差　長軸北西	
			6. 方形周溝墓6	15×11	〃	〃	壺　甕　長軸東西	
			7. 方形周溝墓7	10×9	〃	〃	壺　長軸北北東	
			8. 方形周溝墓8	8×7	〃	〃	壺　甕　長軸南北	
			9. 方形周溝墓9	5以上×5以上	〃	〃	甕　北隅検出　方位北西	
			10. 方形周溝墓10	13×11	〃	〃	壺　甕　高杯　長軸北西	
			11. 方形周溝墓11	15×13	〃	〃	壺　甕　高杯　長軸北西	
			12. 方形周溝墓12	9×9	〃	〃	長軸北北西	
			13. 方形周形墓13	南北長9×？	〃	〃	長軸東西	
			14. 方形周溝墓14	4.5×？	〃	〃	長軸北北東	
			15. 方形周溝墓15	10×9	〃	〃	石槍　南辺の一部確認　方位東西	
			16. 方形周溝墓16	10×？	〃	〃	方位北東	
			17. 方形周溝墓17	9×7	〃	〃	長軸北東	
			18. 方形周溝墓18	10×？	〃	〃	壺 甕 北3/1未検出 方位北東	
			19. 方形周溝墓19	9×？	〃	〃	破片　長軸東西	
			20. 方形周溝墓20	9×？	〃	〃	壺　甕　蓋　西辺流出　方位北東	
			21. 方形周溝墓21	？	〃	〃	甕　高杯　南側周溝の一部確認方位北西	
			22. 方形周溝墓22	4×5以上	〃	〃	破片　西辺は未確認　方位北西	
			23. 方形周溝墓23	10×10以上	〃	〃	破片　東辺の一部確認　方位北西	
			24. 方形周形墓24	9×8	〃	〃	破片　北西周濠を確認	
			25. 方形周形墓25	7×？	〃	〃	北辺周濠を確認　方位北東	
	8	石川町遺跡	1. 方形周溝墓1			〃		40
			2. 方形周溝墓2			〃		
			3. 方形周溝墓3			〃		
	9	栄和町遺跡 （右京10.11条4坊）	1. 方形周溝墓		弥生時代	〃		41
	10	西曾我遺跡	1. 方形周溝墓		Ⅲ－3	〃		42
	11	内膳町遺跡	1. 方形周溝墓	4×5以上	弥生中期	〃		43
	12	四条遺跡	1. 方形周溝墓	16×13	庄内	〃		44
10　桜井	1	纏向遺跡	1. SD02	6×3	〃	〃	13次　太田モロセ	45－1
			2. 方形周溝墓	6×8	Ⅲ	〃	16次　箸中ミタケダ	45－2
			3. メクリ2号墓	7×5	庄内	〃	27次　辻メクリ	45－3
			4. 方形周溝墓	7×？	〃	〃	36次	45－4
			5. 方形周溝墓		布留	〃	44次　東田ヤナイタ	45－5
			6. メクリ1号墓	28×8	庄内新	〃	47次　辻メクリ	45－6
			7. メクリ3号墓	6×7	〃	〃	47次　辻メクリ	
			8. メクリ4号墓	5×6	〃	〃	47次　辻メクリ	

			9.方形周溝墓	6×4m	布留	低地	59次　太田北飛塚	45－7
			10.方形周溝墓	8.6×5	〃	〃	71次　巻野内ババワキ	45－8
			11.SX1001	6×8	庄内新	〃	79次　東田勝山	45－9
			12.SX01	7×？	後期末	〃	114次　大豆越	45－10
			13.SX02	7×？	〃	〃	114次　大豆越	
			14.イズカ1号墓	13.5×12.5		〃	119次	45－11
	2	芝遺跡	1.方形周溝墓	12.5×9.5	Ⅲ－3	〃	3次	46－1
			2.SD4201	6×6	Ⅲ	〃	17次	46－2
			3.SD		中期	〃	18次	46－3
			4.SX01	7×5	Ⅳ	〃	20次	46－4
	3	大福遺跡	1.方形周溝墓	12×12	庄内2	〃	1次	47－1
			2.溝1	2以上×2以上	前期新	〃		
			3.SX01	10.5×12	後期末	〃	西周溝内銅鐸　壺　甕　3次	47－2
			4.SX02	12×6	〃	〃	3次	
			5.SX03	8×6	〃	〃	3次	
			6.方形周溝墓	6×6	後期	〃	手焙形土器	47－3
			7.SX01	10×6	〃	〃		47－4
	4	吉備遺跡	1.SX01	5×6	〃	〃		48
	5	黒田池遺跡	1.円形周溝墓	直径16	布留	〃		49
			2.方形周溝墓1	16×15	〃	〃		
			3.方形周溝墓2	6×4	〃	〃		
	6	城島遺跡	1.SX01		後期後半	〃		50
			2.SX02		〃	〃		
			3.SX03		〃	〃		
			4.SX04		〃	〃		
			5.SX05		〃	〃		
11　大和高田	1	池尻遺跡	1.SX01	7.5×8	Ⅳ	〃		51
			2.SX02	6×5	Ⅳ？	〃		
			3.SX03	3×3	Ⅳ？	〃		
			4.SX01	9×5.5	庄内～布留	〃		
	2	池尻南遺跡	1.SX01			〃	土器棺墓	52
	3	池田遺跡	1.1号方形周溝墓	12×10	布留Ⅱ～Ⅲ	〃	小型鏡・濠内木棺墓	53
12　広陵	1	新山古墳群	1.黒石10号墓	辺10	後期	丘陵		54
13　新庄	1	脇田遺跡	1.SX03		Ⅲ前	台地		55
			2.SX01		布留	〃		
14　御所	1	小林樫ノ木遺跡	1.方形周溝墓	辺10.8	中期後半	〃		56
	2	鴨都波遺跡	1.方形周溝墓1	10×9	〃	〃		57
			2.方形周溝墓2	9×3以上	〃	〃		
15　当麻	1	太田遺跡	1.方形周溝墓1	7×6.8	庄内	〃		58
			2.方形周溝墓2	5.6×6.1	〃	〃		
			3..方形周溝墓3	？×1.8	布留？	〃		
			4.方形周溝墓4	8.5×6.5	庄内～布留	〃		
			5..方形周溝墓5	10.9×？	庄内？	〃		
16　五条	1	原遺跡	1.SD01		Ⅲ前半	河岸		59－1
			2.方形周溝墓		〃	段丘		
			3.SD06		〃	〃		
			4.SD07		〃	〃		
			5.方形周溝墓1	辺6		〃		59－2
			6.方形周溝墓2	辺6.5		〃		
			7.方形周溝墓			〃		59－3
	3	中町遺跡	1.方形周溝墓		Ⅲ～Ⅳ	〃	木棺墓2基　朱	60
17　吉野	1	宮滝遺跡	1.SX0601	15×10	Ⅲ－新	〃		61－1
			2.SX1403・1901	18×14	Ⅳ様式	〃	壺4・高杯	
			3.SX2501			〃		
			4.SX2602	8×8	中期	〃		
			5.SX2801	11.5×8.5		〃	墓壙2(木棺墓)　台付鉢	
			6.SX2802			〃	甕　SX2801に切られる	
			7.SX3301	8.5×6.5	中期	〃	壺・甕・鉢・高杯・蓋	
			8.SX3401		〃	〃	壺	
			9.SX3801	6×4	〃	〃	甕	
			10.SX3803	9.5×6	〃	〃		
			11.SX4301	6×5	〃	〃		
			12.SX4302	4×4	中期後半	〃		
			13.SX4401	12×6	〃	〃	細首壺・広口壺	
			14.SX4402	10×8	〃	〃	甕・細首壺・広口壺・無首壺	
			15.SD01		中期中葉	〃		61－2
18　榛原	1	大王山遺跡	1.6号地点	辺8	後期？	丘陵		62
19　大宇陀	1	中之庄遺跡	1.1号区画墓	9×5	Ⅲ後半	台地	広口壺・甕	63
			2.2号区画墓	8×6	〃	〃		
			3.3号区画墓	10×？	〃	〃		
			4.4号区画墓	8×8	〃	〃		
			5.5号区画墓	4以上×4以上	〃	〃		
			6.6号区画墓	8×？	〃	〃		
			7.7号区画墓	14×12以上	〃	〃		
20　川西	1	下永東城遺跡	1.方形周溝墓	13×10.6	中期	低地		64
	2	下永東方遺跡	1.ST01	10.4×9.0	布留式期	〃		65
			2.ST03	13.8×6.5以上	庄内式期	〃		

表２　台状墓一覧表

市町村	番号	遺跡名	遺構名	規　模	時　期	立地	備　考	文献
１天理	1	別所裏山遺跡	1.方形台状墓	辺10m	後期後半	丘陵	北面の隅角と周溝	66
２五条	1	住川墳墓群	1.方形台状墓	12×11	庄内～布留	〃	箱形木棺2・舟形木棺1	67
			2.方形台状墓	15×14	〃	〃	割竹形木棺・刀2剣6鏃18	
３榛原	1	大王山遺跡	1.方形台状墓	21×15×1.5	庄内3	〃	箱形木棺・壺・鉄鏃	62
	2	キトラ遺跡	1.方形台状墓	10×9×1.0	庄内1	〃	箱形木棺・壺・手焙形土器	68
	3	能峠南山台状墓群	1・1号台状墓	1×1	纏向3	〃		69
			2.2号台状墓	6.5×6.5	纏向2～3	〃	組み合わせ式木棺・高杯	
			3.3号台状墓	10×7	纏向3？	〃	組み合わせ式木棺	
			4.4号台状墓	11×10	〃	〃	組み合わせ式木棺2	
			5.5号台状墓	6×？	〃	〃		
			6.6号台状墓	11×10	纏向3	〃	組み合わせ式木棺・壺5・鉢	
			7.7号台状墓	1×10.5	〃	〃	組み合わせ式木棺・壺・甕・高杯・器台・鉢	
			8.8号台状墓	14×9	〃	〃	二重口縁壺・高杯	
			9・9号台状墓	11×5	纏向4	〃	鉄剣・壺・器台	
	4	能峠北山台状墓群	1.1号台状墓	17×13	布留1	〃	組み合わせ式木棺2・小丸壺・甕	70
			2.2号台状墓	9.5×9	〃	〃	小丸壺・甕・高杯	
			3.3号台状墓	0・5×6・5	〃	〃	壺	
	5	能峠西山台状墓群	1・1号台状墓	13×9		〃	組み合わせ式木棺	71
			2.2号台状墓	7×5		〃		
			3.3号台状墓	8×9		〃	組み合わせ式木棺2	
			4.4号台状墓			〃	組み合わせ式木棺	
	6	野山遺跡群	1・1号台状墓	10×6	布留1	〃	箱形木棺・壺・鉄剣・鉄鏃・朱	72
			2・2号台状墓	10×0・3	布留2	〃		
			3.3号台状墓	9×10	〃	〃	小丸壺・高杯・鉄剣・鉄鏃・鉄斧	
			4.4号台状墓	8×6	〃	〃	箱形木棺・鉄剣・鉄斧・鉄槍	
			5.5号台状墓	7×7	〃	〃	箱形木棺・内行花文鏡・刀子・鉄斧	
	7	下井谷遺跡群	1・1号墳下層		〃	〃	甕・高杯・器台・壺	73
			2・A1号墓	11×8	布留2～3	〃	箱形木棺・鉄剣・甕	
			3・A2号墓	12・5×10	布留3	〃	割り竹形木棺・壺・高杯	
			4・A3号墓	8×7.5	布留3？	〃		
			5・A4号墓	6×5	〃	〃		
			6・A5号墓	13×9	布留3	〃	割竹形木棺・壺	
			7・A6号墓	13×10	〃	〃	箱形木棺2	
４大宇陀	1	五津・西久保山遺跡	1・1号墓	直径10		〃	墓曠	74
			2・2号墓	6×5		〃	墓曠	
	2	平尾山東遺跡	1.6号墓	13×13	庄内	〃	組み合わせ式木棺・鉄剣・鉄鏃・手焙形土器	75
			2・7号墓	12×12	〃	〃	鉄剣・鉄鏃１点	
	3	黒木西城跡	1・1号区画墓	6×7	布留2	〃	割り竹形木棺・珠文鏡・管玉・刀子・槍カンナ	76
			2・2号区画墓	7×7	〃	〃	割り竹形木棺	
			3・3号区画墓	6×7	〃	〃		
			4・4号区画墓	8×7.5	〃	〃	素文鏡・小丸壺	
			5・5号区画墓	7×7	〃	〃	箱形木棺・壺	
５菟田野	1	見田大沢遺跡群	1・1号墳	27.5m	庄内古	〃	墓曠	77
			2・2号墳	14×14	布留1	〃	割り竹形木棺・玉・鏡・槍カンナ	
			3・3号墳	16×16	〃	〃	鉄剣・槍カンナ	
			4・4号墳	17×17	纏向3	〃	割り竹形木棺・玉・鏡・鉄剣・槍カンナ	
			5・5号墳	14・2×？	〃	〃	割り竹形木棺・土器	
	2	見田遺跡群	1.蓮華山台状墓	5×6	庄内2～3	〃	土曠2　壺　鉢　高杯	78
	3	胎谷古墳	1.墳丘墓	11×6	布留	〃	割り竹形木棺　壺　鉢　小丸壺	77
	4	古市場古墳	1.9号墓	？		〃		79

付：表１・２の参考文献

1-1、奈良国立文化財研究所　1965「佐紀遺跡」『昭和39年度平城宮跡発掘調査部発掘調査概報』

-2、奈良国立文化財研究所　1981『平城宮発掘調査報告Ⅹ』奈良国立文化財研究所学報39

2、篠原豊一　1990「平城宮右京三条三坊一坪の調査　第173次」『奈良市埋蔵文化財調査概要報告書　平成元年度』奈良市教育委員会

3-1、奈良市教育委員会　1988『奈良市埋蔵文化財発掘調査概要報告書・昭和62年度』

-2、奈良市教育委員会　1996『奈良市埋蔵文化財発掘調査概要報告書・平成７年度』

4、原田修一郎　1992「平城京左京四条五坊二坪の調査」『奈良市埋蔵文化財調査概要報告書・平成３年度』奈良市教育委員会

5-1、奈良市教育委員会　1996「平城京左京五条一坊十六坪柏木遺跡発掘調査の概要」『平成７年度市町村埋蔵文化財発掘調査報告会』奈良県内市町村埋蔵文化財技術担当者連絡協議会

-2、奈良市教育委員会　1997「奈良市柏木遺跡発掘調査（HJ338次）の概要」『平成８年度市町村埋蔵文化財発掘調査報告会』奈良県市町村埋蔵文化財技術担当者連絡協議会

6-1、土橋理子　1990「平城京左京四条一坊一四坪」『大和を掘る』奈良県立橿原考古学研究所付属博物館

-2、森下浩行　1996「平城京左京四条一坊十三坪」『平成７年度市町村埋蔵文化財発掘調査報告会』奈良県市町村埋蔵文化財技術担当者連絡協議会
7、中島和彦　1995「平城京左京九条四坊・九条大路の調査」（300次）『奈良市埋蔵文化財調査概要報告書・平成６年度』奈良市教育委員会
8、長谷川俊幸　1983「小泉遺跡発掘調査概報」『奈良県遺跡調査概報1982年度』（第２分冊）奈良県立橿原考古学研究所
9、服部伊久男　1990『若槻遺跡カナヤケ地区発掘調査報告書』大和郡山市教育委員会
10-1、米川裕治　2003「最近の阪奈和道関連の調査で検出された方形周溝墓」『みずほ』38号　大和弥生文化の会
-2、坂　靖　2002「八条遺跡発掘調査概報」『奈良県遺跡調査概報2001年度』奈良県立橿原考古学研究所
11、松本洋明　1998「平成６年度・４・前栽遺跡」『天理市埋蔵文化財調査概報平成６・７年度』天理市教育委員会
12-1、中井一夫　1985『和爾・森本遺跡』奈良県史跡名勝天然記念物調査報告45　奈良県立橿原考古学研究所
-2、松田真一　1990『和爾・森本遺跡Ⅱ』奈良県史跡名勝天然記念物調査報告58　奈良県立橿原考古学研究所
13、井上義光　1989「清水風遺跡発掘調査概報」『奈良県遺跡調査概報1986年度』（第１分冊）奈良県立橿原考古学研究所
14、米川裕治　2001「庵治遺跡発掘調査概報」『奈良県遺跡調査概報2000年度』（第１分冊）奈良県立橿原考古学研究所
15、青柳泰介　2002「和爾遺跡第14・15次調査現地説明会資料」奈良県立橿原考古学研究所
16、青木勘時　1998「弥生と古墳の狭間のムラ」（前編）『みずほ』25　大和弥生の会
17-1、植松宏益　1993「ゼニヤクボ遺跡第３・４次調査」『平成４年度市町村埋蔵文化財発掘調査報告会』奈良県内市町村埋蔵文化財技術担当者連絡協議会
-2、植松宏益　1994「ゼニヤクボ遺跡第５・６次調査」『平成５年度市町村埋蔵文化財発掘調査報告会』奈良県内市町村埋蔵文化財技術担当者連絡協議会
-3、植松宏益　1994「ゼニヤクボ遺跡の発掘」『みずほ』13　大和弥生文化の会
-4、植松宏益　1998「ゼニヤクボ遺跡第９次調査」『平成９年度市町村埋蔵文化財発掘調査報告会』奈良県内市町村埋蔵文化財技術担当者連絡協議会
18-1、小栗明彦　1994「西畑遺跡」『大和を掘る』ＸⅣ・1993年度発掘調査速報展　奈良県立橿原考古学研究所付属博物館
-2、小栗明彦　1995「生駒市壱分町西畑遺跡」『みずほ』15　大和弥生の会
19、伊藤雅文　1986『西里遺跡』奈良県文化財調査報告書50　奈良県立橿原考古学研究所
20-1、坂　靖・名倉　聡　1997「伴堂東遺跡発掘調査概報」『奈良県遺跡調査概報』1996年度　奈良県立橿原考古学研究所
-2、坂　靖　2000「伴堂東遺跡第２次発掘調査概報」『奈良県遺跡調査概報』1999年度　奈良県立橿原考古学研究所
21-1、坂　靖　1996「三河遺跡発掘調査概要」『奈良県遺跡調査概報』1995年度　奈良県立橿原考古学研究所
-2、小池香津江　1997「三河遺跡第２次発掘調査概要」『奈良県遺跡調査概報』1996年度　奈良県立橿原考古学研究所
22-1、田原本町教育委員会　1996「清水風遺跡現地説明会資料」
-2、豆谷和之　1997「清水風遺跡第２次調査」『田原本町埋蔵文化財調査年報』1996年度　田原本町教育委員会
23、長谷川俊幸　1989「法貴寺遺跡」『奈良県遺跡調査概報』1982年度　奈良県立橿原考古学研究所
24-1、田原本町教育委員会　1990『田原本町埋蔵文化財調査年報』1　1988・1989年度
-2、田原本町教育委員会　2000「保津宮古遺跡」『平成11年度市町村埋蔵文化財発掘調査報告会』奈良県内市町村埋蔵文化財技術者担当連絡協議会
25-1、田原本町教育委員会　1992『田原本町埋蔵文化財調査年報』3　1991年度

-2、青木香津江　2001「羽子田遺跡第20次調査発掘調査概報」『奈良県遺跡調査概報』2000年度　奈良県立橿原考古学研究所
-3、田原本町教育委員会　2002「羽子田遺跡23次」『平成13年度市町村埋蔵文化財発掘調査報告会』奈良県内市町村埋蔵文化財技術担当者連絡協議会
26-1、北野隆亮　1991「十六面・薬王寺遺跡第６次発掘調査」『田原本町埋蔵文化財調査年報』２　田原本町教育委員会
-2、藤田三郎・清水琢哉　1996「十六面・薬王寺遺跡第11次発掘調査」『田原本町埋蔵文化財調査年報』５　田原本町教育委員会
27、寺沢　薫他　1986『矢部遺跡』奈良県史跡名勝天然記念物調査報告第49冊　奈良県教育委員会
28-1、豆谷和之　1998「矢部南遺跡第２次調査」『田原本町埋蔵文化財調査年報』７　田原本町教育委員会
-2、豆谷和之　2000「矢部南遺跡発掘調査報告書・第１・２次調査」『田原本町文化財調査報告書』第２集　田原本町教育委員会
29、寺沢　薫　1986「多遺跡第11次発掘調査概報」『奈良県遺跡調査報告1985年度』第２分冊　奈良県立橿原考古学研究所
30、田原本町教育委員会　2000「唐古鍵遺跡第74次発掘調査」『平成11年度市町村埋蔵文化財発掘調査報告会』奈良県内市町村埋蔵文化財技術担当者連絡協議会
31、清水琢哉　2003「阪手東遺跡第２次調査検出の方形周溝墓」『みずほ』38号　大和弥生文化の会
32、田原本町教育委員会　1997「八尾九原遺跡第１次発掘調査」『平成８年度市町村埋蔵文化財発掘調査報告会』奈良県内市町村埋蔵文化財技術担当者連絡協議会
33、今尾文昭　1981「橿原市曲川遺跡」『奈良県遺跡調査報告1979年度』第１分冊　奈良県立橿原考古学研究所
34、奈良国立文化財研究所　1991『飛鳥・藤原宮発掘調査概報』21
35-1、奈良国立文化財研究所　1980「藤原宮西辺地区の調査」『飛鳥・藤原宮発掘調査報告書』Ⅲ
-2、奈良国立文化財研究所　1994『飛鳥・藤原宮発掘調査概報』24
-3、奈良国立文化財研究所　1995『飛鳥・藤原宮発掘調査概報』25
36-1、橿原市教育委員会　1997「藤原京右京６・７条４坊の調査」『平成８年度市町村埋蔵文化財発掘調査報告会』奈良県内市町村埋蔵文化財技術担当者連絡協議会
-2、奈良国立文化財研究所　1986「発掘調査一覧－右京８条２坊調査・第41－15次」『飛鳥・藤原宮発掘調査概報』16
-3、奈良国立文化財研究所　1995「本薬師寺1994－１次」『飛鳥藤原宮発掘調査概報』25
37-1橿原市教育委員会　1991「藤原京右京10条２坊北東坪（田中廃寺跡）発掘調査」『平成２年度市町村埋蔵文化財発掘調査報告会』奈良県内市町村埋蔵文化財技術担当者連絡協議会
-2、竹田正敬　1994「田中廃寺下層の方形周溝墓について」『みずほ』12　大和弥生の会
38-1、橿原市教育委員会　1996「藤原京右京11条４坊（第５次）の調査」『平成７年度市町村埋蔵文化財発掘調査報告会』奈良県内市町村埋蔵文化財技術担当者連絡協議会
-2、橿原市教育委員会　1998「藤原京右京10・11条４坊の調査」『平成９年度市町村埋蔵文化財発掘調査報告会』奈良県内市町村埋蔵文化財技術担当者連絡協議会
39、橿原市教育委員会　1997「土橋遺跡の調査」『平成９年度市町村埋蔵文化財発掘調査報告会』奈良県内市町村埋蔵文化財技術担当者連絡協議会
40、橿原市教育委員会　1996『平成７年度奈良県内市町村埋蔵文化財発掘調査報告会資料』
41、橿原市教育委員会　1998『平成９年度奈良県内市町村埋蔵文化財発掘調査報告会資料』
42、　〃
43、橿原市教育委員会　2001「大藤原京北三条五坊の発掘調査」『平成12年度奈良県内市町村埋蔵文化財発掘調査報告会』　奈良県市町村埋蔵文化財技術担当者連絡協議会
44、今尾文昭　1993「橿原市四条遺跡第14次発掘調査概報」『奈良県遺跡調査概報』第２分冊1992年度　奈良県立橿原考古学研究所
45-1、寺沢薫　1977『1976年度奈良県遺跡調査概報』　奈良県立橿原考古学研究所
-2、萩原儀征　1978「箸墓西遺跡発掘調査現地説明会資料」桜井市教育委員会

-3、萩原儀征　1981『纏向遺跡昭和55年度遺跡範囲確認調査概報』　桜井市教育委員会
-4、萩原儀征　1984「纏向遺跡」『大和を掘る－1983年度発掘調査速報展－』 奈良県立橿原考古学研究所付属博物館
-5、萩原儀征　1981『纏向遺跡昭和55年度範囲確認調査概報』　桜井市教育委員会
-6、清水真一　1998「纏向遺跡辻地区小字メクリで検出の前方後方形周溝墓」『庄内式土器研究ＸⅤ』庄内式土器研究会
-7、萩原儀征　1991「纏向遺跡太田北飛塚地区」－平成２年度国庫補助事業終了報告－桜井市教育委員会
-8、萩原儀征　1993「纏向遺跡第71次調査概要」桜井市教育委員会
-9、橋本輝彦　1995「纏向遺跡第79次発掘調査報告」『桜井市立埋蔵文化財センター発掘調査報告書第16集』桜井市教育委員会
-10、清水真一　2000「纏向遺跡第114次調査報告」『桜井市立埋蔵文化財センター発掘調査報告書第21集』桜井市教育委員会
-11、米川仁一　2001「纏向遺跡119・121次調査概報」『奈良県遺跡調査概報2000年度』奈良県立橿原考古学研究所
46-1、松本洋明　1986『芝遺跡寺ノ前地区発掘調査概報』桜井市教育委員会
-2、青木香津枝　1996「芝遺跡第17次発掘調査概報」『奈良県遺跡調査概報』1994年度第２分冊　奈良県立橿原考古学研究所
-3、佐々木好直　1996「芝遺跡第18次発掘調査概報」『奈良県遺跡調査概報』1994年度第２分冊　奈良県立橿原考古学研究所
-4、清水真一　1996「芝遺跡第20次発掘調査報告」『桜井市立埋蔵文化財センター発掘調査報告書第17集』桜井市教育委員会
47-1、泉森　皎・亀田　博　1978『大福遺跡』奈良県史跡名勝天然記念物調査報告書第36集　奈良県立橿原考古学研究所
-2、石野博信・萩原儀征　1987『大福遺跡大福小学校地区発掘調査概報』桜井市教育委員会
-3、萩原儀征　1988『大福遺跡サンサイベ地区調査報告』桜井市教育委員会
-4、萩原儀征　1995『桜井市大福遺跡調査報告・大福小学校第３・４次発掘調査概報』桜井市教育委員会
48、清水真一　1992「吉備遺跡松田地区」『桜井市内埋蔵文化財発掘調査報告書』1991年度（財）桜井市文化財協会
49、萩原儀征　1986「吉備大隅遺跡第３次発掘調査現地説明会資料」桜井市教育委員会
50、松宮昌樹　2003「城島遺跡第23次調査報告」（財）桜井市文化財協会理事会資料
51、大和高田市教育委員会　1993「池尻遺跡」『平成４年度市町村埋蔵文化財発掘調査報告会』奈良県内市町村埋蔵文化財技術担当者連絡協議会
52、大和高田市教育委員会　1995「池尻南遺跡」『平成５年度県内市町村埋蔵文化財発掘調査報告会』奈良県内市町村埋蔵文化財技術担当者連絡協議会
53、大和高田市教育委員会　1999「池田遺跡第５次調査」『平成11年度奈良県内市町村埋蔵文化財発掘調査報告会』奈良県内市町村埋蔵文化財技術担当者連絡協議会
54、泉森　皎　1982「広陵町新山古墳群」『奈良県遺跡調査概報』第１分冊　1980年度　奈良県立橿原考古学研究所
55、東　潮　1982「新庄町脇田遺跡第２次発掘調査概報」『奈良県遺跡調査概報』（第１分冊）1981年度　奈良県立橿原考古学研究所
56、報告書未発行
57、御所市教育委員会　2001「鴨都波遺跡第15次調査の概要」『平成12年度奈良県市町村埋蔵文化財発掘調査報告会』奈良県市町村埋蔵文化財技術担当者連絡協議会
58、今尾文昭　1994「北葛城郡當麻町太田遺跡第１次調査概報」『奈良県遺跡調査概報』第２分冊　1993年度　奈良県立橿原考古学研究所
59-1、坂　靖　1995『奈良県五条市原遺跡』五条市教育委員会
-2、五条市教育委員会　1999『平成10年度奈良県内市町村埋蔵文化財発掘調査報告会』奈良県内市町村埋蔵文化財技術担当者連絡協議会
-3、村上薫史　2003「中遺跡第２・３次」『大和を掘る』21奈良県立橿原考古学研究所付属博物館

60、五条市教育委員会　2003『平成14年度奈良県市町村埋蔵文化財発掘調査報告会』奈良県内市町村埋蔵文化財技術担当者連絡協議会
61-1、前園実知雄編　1996『宮滝遺跡』遺構編・奈良県史跡名勝天然記念物調査報告第71冊　奈良県立橿原考古学研究所
-2、関川尚功　1998「吉野郡吉野町宮滝遺跡第40次発掘調査報告書」『1997年度奈良県遺跡調査概報』（第3分冊）　奈良県立橿原考古学研究所
62、伊藤勇輔　1977『大王山遺跡』奈良県立橿原考古学研究所編　榛原町教育委員会
63、大宇陀町教委　1996「中之庄遺跡の調査」『平成7年度市町村埋蔵文化財発掘調査報告会』奈良県内市町村埋蔵文化財技術者連絡協議会
64、米川仁一他　1999「下永東城遺跡第2次発掘調査概報」『奈良県遺跡調査概報1998年度』奈良県立橿原考古学研究所
65、坂　靖　2001『下永東方遺跡』奈良県文化財調査報告書第86集　奈良県立橿原考古学研究所
66、竹谷俊夫　1988『奈良県天理市所在別所裏山遺跡・豊田山遺跡発掘調査報告』埋蔵文化財天理教調査団
67、土橋理子　1993「五条市住川墳墓群発掘調査報告書」『奈良県遺跡調査報告』1992年度（第2分冊）　奈良県立橿原考古学研究所
68、前園実知雄　1974「奈良県榛原町の古墳時代初頭の墳墓」『古代学研究』71号　古代学研究会
69、楠元哲夫他　1986『能峠遺跡Ⅰ』奈良県史跡名勝天然記念物調査報告第48冊　奈良県立橿原考古学研究所
70、楠元哲夫他　1987『能峠遺跡Ⅱ』奈良県史跡名勝天然記念物調査報告第51冊　奈良県立橿原考古学研究所
71、松本洋明他　1987『能峠遺跡Ⅱ』奈良県史跡名勝天然記念物調査報告第51冊　奈良県立橿原考古学研究所
72、伊藤勇輔・井上義光　1989『野山遺跡群Ⅱ』奈良県史跡名勝天然記念物調査報告書第59冊　奈良県立橿原考古学研究所
73、東　潮・伊藤雅文　1987『下井足遺跡群』奈良県史跡名勝天然記念物調査報告第52冊　奈良県立橿原考古学研究所
74、河上邦彦・中井一夫　1979「大和高原南部地区パイロット事業地内の遺跡調査概報」『奈良県遺跡調査概報1978年度』奈良県立橿原考古学研究所
75、松永博明　1985「大宇陀町平尾東遺跡」『奈良県遺跡調査概報』第2分冊1984年度
76、大宇陀町教育委員会　1995『平成6年度奈良県内市町村埋蔵文化財発掘調査報告会』奈良県内市町村埋蔵文化財技術担当者連絡協議会
77、亀田　博他　1982『見田・大沢古墳群』奈良県史跡名勝天然記念物調査報告第44冊　奈良県橿原考古学研究所
78、卜部行弘他　1989「宇陀地方の遺跡調査－昭和62年度－」『奈良県遺跡調査概報1988年度』奈良県立橿原考古学研究所
79、報告書未発行

弥生土器における赤色塗彩の展開

松井一晃

一　はじめに

日本の地域社会は弥生時代から古墳時代への移行に際し、複雑な様相を見せる。弥生時代以来の地域間交流に加え、古墳時代初頭に新たな人の動きがあるからである。これまで人の動きを示す土器様相と、墳墓や祭式の変化とあわせ分析することで、古墳時代へ移行する地域の社会的、政治的変化が明らかにされてきた。その一方、各地域社会内の変化の実態は外来的な要素からの分析が中心といえ、伝統的文化の変化についての議論は盛んでない。

筆者は政治的側面に偏りがちな研究傾向に対し、伝統的な文化要素の検討が古墳時代の地域像を解明する上で重要だと考える。そこで本稿では弥生時代後期の赤色塗彩（以下、赤彩と略す）を用いて弥生時代の地域性を再検討し、古墳時代に至る社会動向を解明する糸口としたい。赤彩土器を扱うのは、今まで殆ど触れられなかった一方、汎日本的に存在し、かつ古墳時代にも存在するので、古墳時代の地域社会を分析できる可能性があるからである。

二　赤色塗彩土器研究史

赤色塗彩土器の研究は、大きく分けて機能論と文様論があるが、機能の証明は今のところ困難であり、本論では扱わない。

文様論としての研究は縄文土器から出発したが、弥生土器について初めに取り上げたのは森本六爾である。森本は弥生土器に赤彩や文様によって飾られた土器と、煮沸形態に代表される、飾られない土器の共存が各地で認められ、それぞれの地域的様式として把握が可能であることを指摘した。その後、小林行雄は唐古遺跡の報告の中で、具体的に唐古第Ⅰ～第Ⅴ様式の赤彩土器の塗彩状態を分析し、赤彩が様式区分の指標になることを指摘している。

戦後、一九六〇年代になると、近藤義郎や間壁忠彦は、吉備地方の弥生後期土器への赤彩が祭祀儀礼や墓制との関わりの中で発展したことを明らかにした。特に墓制に関し、赤彩の重要性の増大が特殊壺、特殊器台への赤彩につながることを指摘した点は重要である。

東日本では中部高地の赤彩土器に関する研究が桐原健、笹沢浩らによって進められた。両者は弥生時代中期後半に西方から伝播した赤彩が箱清水式段階で発展したという認識で一致したが、従来の伝播論を踏襲する議論であった。その後、青木一男が、集落と墳墓で赤彩率が異なる点を踏まえ、葬送の場に決まりごとがあった可能性を指摘している。しかし全体として赤彩土器の研究は低調である。筆者は以前、この問題点を踏まえ、栗林式土器から箱清水式土器に至る赤彩の変化とその実態を追った。そして箱清水式に至る赤彩が、加飾壺では段階的発展を認められるが、小型器種では外見上、栗林式と変わらないことを指摘した。赤彩の性格として、文様的性格と、従来から言われる祭祀的性格が共存し、場による器種の使い分けにより、土器自体の性格を変化させていると考えた。

概論的な研究としては、一九八六年以前の研究に対し、工楽善通が総括している。工楽はその中で、西日本の弥生時代前期の赤彩土器は縄文土器の系譜を引く東日本の赤彩とは質が異なるとした。

以上、先行研究では、赤彩を伝播論や様式論の中で扱う視点で優れているものの、従来の伝播論を踏襲した議論になり、概略的であった。また、赤彩の持つ意味の解明という点に関しては、研究が停滞しているのが現状である。本稿ではこれらの問題をふまえ、文様要素としての赤色塗彩の分析と、出土遺構・出土状況の分析から、赤色塗彩の性格を明らかにし、地域性の再検討を試みる。

分析対象地域は、大様式の赤彩の把握を目的として、吉備・畿内・北陸（法仏式、一部月影式を含む）地方を中心に、東海西部（山中式）・中部高地（箱清水式）・南関東地方（久ヶ原式）を扱い、各地域一、二ヶ所の遺跡をとりあげる。九州地方は本論では扱わない。また、記述に関し「壺形土器」「甕形土器」等を「壺」「甕」と省略する。

三　各地における弥生時代後期～終末期の赤彩土器

赤彩土器の分析にあたり、文様として赤彩を扱い、技法の問題は触れない。また、文様の描き方は外見から、二つの用語を用いる。紙面の制約から、赤彩土器出土遺構や個別の情報は表にまとめ、具体的な数量の提示にかえ、出土遺構と手法・器種の関連性について記述する。土器図版は報告書をトレース後、一部改変した。

彩色（平塗り）：文様を描かず、平面を塗りつぶした外見を呈するもの。

彩文：線描・点描・沈線内充填など文様を描くもの。部分的な彩色もこの中に含む場合がある。

赤彩の性格に関し、以下の区別をする。

日常性：住居内からの出土があり、煮沸具・供膳具を伴う。
祭祀性：出土遺構が特殊で、住居から出土する遺物とは組成・器形が異なる。

①吉備地方（表1）

集落における赤彩を百間川原尾島遺跡、墓域における赤彩を芋岡山遺跡、黒宮大塚古墳をもとに検討する。

集落における赤彩土器は出土土器全体の三％未満である。出土遺構により器種に偏りがある。竪穴住居や土器溜まりでは、一遺構で複数個体の出土があるのに対し、井戸・土坑・溝では一個体の出土が多い。器種組成では、竪穴住居では壺のみ、土坑・溝では壺・細長頸壺が出土するのに対し、井戸では壺・長頸壺・甕・鉢が出土し、土器溜まりでは壺・長頸壺・甕・高坏が出土するなど、多様性がある。

遺構の性格に関し、赤彩土器出土の井戸と土坑は、土器の一括廃棄が行なわれる他、祭祀の痕跡が顕著で、井戸一六や土壙四〇が好例である。これらの遺構では、竪穴住居であまり出土しない長頸壺や彩文土器が出土する。彩文土器は壺・長頸壺にのみ見られる。遺構により文様が異なり(2)、祭祀的な遺構で出土する。土壙五五の彩文壺、井戸一六出土の長頸壺が好例である。この彩文された長頸壺の参考資料として、下市瀬遺跡D調査区井戸Ⅱを挙げる。この井戸は上屋を持ち、前面に立てた杭に銅鐸を下げて祭祀を行っている。壺や高坏を中心とした、複数の赤彩土器を含む出土土器の中に傘形線刻絵画土器があり、渦巻と人物が描かれる。この絵画土器は、集落内の井戸祭祀における特殊な器形、文様の使用と赤彩土器の重要性を示すとともに、これらの土器が、儀礼での使用を目的として製作された事を示す。

土壙墓群である芋岡山遺跡では墓域内の溝・土坑から出土する。墓域区画溝であるC溝内には、器台・高坏の上に

表1　吉備地方の赤彩土器と出土遺構

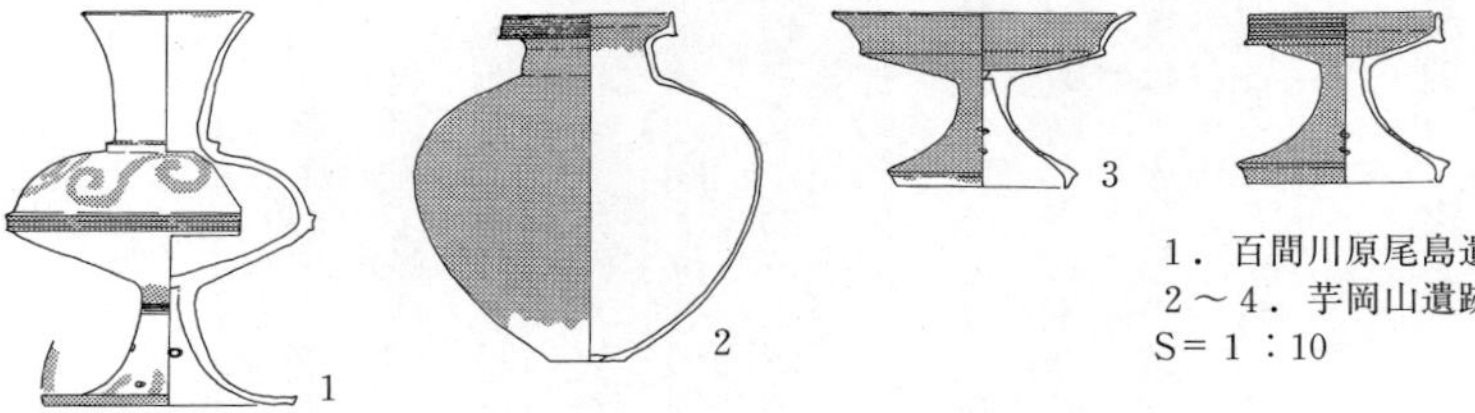

1．百間川原尾島遺跡
2～4．芋岡山遺跡
S＝1：10

百間川原尾島遺跡

調査次	出土遺構	器種	赤彩手法	赤彩部位	備考
1	D－17	壺	彩色	外面，口縁部内面	溝
1	井戸－2	壺	彩色	外面，口縁部内面	一括廃棄・新田サイフォン調査区。胴部欠失
1	井戸－2	甕	彩色	外面	一括廃棄・新田樋門調査区。胴部欠失
1	1－H－5	壺		外面，口縁部内面	竪穴住居
2	土壙－38	長頸壺		外面	口縁部のみ残存
2	土壙－40	長頸壺		外面	廃棄土坑。銅鐸形土製品出土。細片
2	竪穴式住居－34	壺		外面	柱穴内。口縁部から頸部残存
2	竪穴式住居－34	壺		外面	全4個体
2	井戸－16	長頸壺	彩文	口唇，肩，胴上位，脚部	廃絶後「宴」。焼成前赤彩。口唇・凸帯彩色，胴上位渦文つなぎ文（Z, S）脚部彩文。正面観
2	溝－48	長頸壺	彩色	口唇，口縁	地割溝。口縁部のみ残存。全2個体
2	「島状高まり」	甕		口縁部	土器溜まり。口縁部のみ残存
2	「島状高まり」	甕			土器溜まり
2	「島状高まり」	甕		外面	土器溜まり。底部欠失
2	「島状高まり」	甕			土器溜まり。底部欠失
2	「島状高まり」	高坏			土器溜まり。口縁部のみ残存。全2個体
2	「島状高まり」	高坏	彩色？		土器溜まり
2	「島状高まり」	高坏			土器溜まり。坏部欠失
2	「島状高まり」	長頸壺	彩色	外面，口縁部内面	土器溜まり。口縁部のみ残存
2	畎畝－1	鉢	赤彩？		
3	竪穴住居1	壺	彩色	外面，口縁部内面	
3	井戸2	台付鉢	彩色	外面，口縁部内面	備中からの搬入品
3	土壙13	壺	彩色	外面，口縁部内面	一括廃棄
3	土壙55	壺	彩文	凸帯，胴上位	土器埋設。土壙墓？口縁部欠失。凸帯彩色，胴部山形文
3	土器棺墓1	鉢	付着？	内面	底部のみ残存
3	土器溜まり	壺	彩文	口唇，口縁	9・10AB区。口縁部のみ残存
4	井戸9	壺	彩色	外面，口縁部内面	土器廃棄
4	井戸9	片口鉢	彩色	外面，口縁部内面	土器廃棄。水銀朱付着
4	溝13	壺	彩色	外面，口縁部内面	口縁部のみ残存
4	溝110	長頸壺	彩色	外面	胴部のみ残存
5	旧河道	蓋	彩色	内外面	
5	竪穴住居6	甕？	付着？	内面	底部のみ残存

芋岡山遺跡

	A遺構	壺		口縁部	赤色顔料散布遺構
	C遺構	壺	彩色	外面，口縁部内面	墓域区画溝
	C遺構	甕	彩色	外面，口縁～胴上位	墓域区画溝。甕とセット
	C遺構	高坏	彩色	外面，坏部内面	墓域区画溝。全7個体。壺，甕とセット
	C遺構	器台	彩色	外面，受部内面	墓域区画溝。甕とセット
	北土壙群	壺		外面	土壙墓
	中央土壙群	長頸壺		外面	土壙墓。全2個体
	中央土壙群	高坏		外面	土壙墓。全3個体
	中央土壙群	特殊器台	彩色	外面	1個体以上
	E遺構	特殊壺	彩色	外面，口縁部内面	土器集中
	E遺構	大型器台	彩色	外面，口縁部内面	土器集中

黒宮大塚古墳（特殊壺、特殊器台除く）

	主体部直上	長頸壺	彩色	外面，口縁部内面	全3個体。器台とセット
	主体部直上	器台	彩色	外面，受部内面	全3個体。長頸壺とセット
	主体部直上	台付壺	彩色	外面	全2個体
	主体部直上	台付壺	彩色	外面，口縁部内面	
	主体部直上	台付壺	彩色	内外面	全4個体
	主体部直上	高坏	彩色	外面，坏部内面	有段高坏。7個体～。一部脚部内面？
	主体部直上	高坏	彩色	外面，坏部内面	椀型高坏。5個体～。一部脚部内面？
	主体部直上	台付鉢	彩色	外面，鉢内面	2個体。一部脚内面？
	くびれ部	壺		外面，口縁部内面	前方部より。C地点

甕か壺を乗せたセットが並べ置かれており、高坏・器台は全て彩色され、赤彩率は五〇％を超える。

黒宮大塚古墳で特徴的なのは石室直上の土器群である。芋岡山遺跡ほど赤彩率は高くないが、赤彩器種に特殊壺・半特殊器台・長頸壺と器台のセットと台付鉢・高坏がある。高坏・台付鉢は全体の半数を占め、淡く彩色される。

墓域における赤彩の特徴として、先行研究が指摘するように、赤彩が重要な要素であったといえる。赤彩は祭祀土器と高坏を中心に、壺や鉢が加わる。葬送儀礼上、重要な土器群を彩色することは明らかで、赤彩は成形、調整の順序からほぼ全て焼成前と考える。間壁忠彦が指摘するように、葬送儀礼のための製作を想定できる。

吉備地方の赤彩土器をまとめる。赤彩手法はどの器種も彩色が基本で、墓域と集落内で手法の違いはないが、祭祀の内容により手法が異なる。壺では外面及び口縁部内面が彩色される。彩文は稀で、円形浮文への点描の他、凸帯への平塗りと胴上位への線描がある。凸帯への平塗りは、彩色というより彩文とするのが妥当である。長頸壺の赤彩に少数の彩文がある。彩色の赤彩部位は外面と口縁部内面である。彩色は二種類で、全面が同じ色調のものの他、凸帯とその他の部位で色調を変えて塗り分けをするものがある。甕は破片のみで実態は不明だが、少なくとも口縁部外面が赤彩部位である。高坏は外面と坏部内面が赤彩部位である。鉢と蓋は内外面が赤彩部位である。

出土遺構と赤彩土器の関係は、集落内では土器の一括廃棄を伴う祭祀的性格を持つ遺構からの出土が多い。墳墓関連遺構は、赤彩品の数、割合ともに集落を凌駕し、強い「祭祀性」をもつ。ただ、遺構の性格によって赤彩土器の器種が異なることから、祭祀の内容が赤彩器種を決定していたといえる。

②畿内地方（表2）

亀井遺跡をもとに検討する。検討資料の時期は後期初頭が中心で、他地域との単純な比較は難しい。赤彩率は三％

未満であり、亀井遺跡に関する一連の報告書に図示された土器は小片も多く、復原できないものも多い。赤彩土器出土遺構は土坑・溝・方形周溝墓で、溝では環濠や区画溝から出土する。溝を除き、基本的には一遺構で複数が出土することはない。赤彩土器出土遺構の性格は、土器埋設土坑や土器集積遺構など、祭祀に関係すると思われる遺構での出土がある一方、雑多な遺物が廃棄される環濠や大溝、旧河道などでの出土が多い。

赤彩器種は壺を中心に、高坏・器台・鉢で、出土遺構による器種の偏りは明確でない。しかし、彩色土器は土器埋設土坑や方形周溝墓から出土し、遺構と赤彩手法との間に関連性がある。赤彩手法は彩文が主体的で、壺・器台の多くは口縁部外面の円形浮文を赤彩する。彩色も部分的なものが多く、彩文の要素が強い。高坏は、有段高坏では点描と部分彩色の組み合わせが最も多く、赤彩パターンが確立していた可能性が高い。装飾性の強い高坏では大きく張り出した稜が彩色され、強調される。

畿内地方の赤彩土器をまとめる。赤彩手法は彩文が基本だが、特に土器の埋設や墓域では彩色土器を選択し、遺構の性格により手法を使い分ける。出土遺構は吉備地方と同様、住居以外が中心で、日常生活での使用は考えにくい。各器種の赤彩部位・手法は共通し、パターンが確立している。口縁部に円形浮文があるものはそれを赤彩する。器台はこれに加え、直線文や波状文を描く。器形と手法に関し、長頸壺や、坏部の有段部が大きく張り出し坏底部に焼成前穿孔を持つ高坏など、住居内では出土しない特徴的な器種でより装飾的に彩文を施す。祭祀内容により、あらかじめ決定された赤彩手法を用いたといえる。

以上、畿内地方の赤彩は「非日常性」の強いものではあるが、吉備地方の彩文土器のように特殊な性格を想定するのは困難である。畿内地方では集落の祭祀と墓域の祭祀があるが、墓域においては赤彩土器の著しい展開は認められない点で、吉備地方と大きく異なる。

表２　畿内地方の赤彩土器と出土遺構（亀井遺跡 S＝1：10）

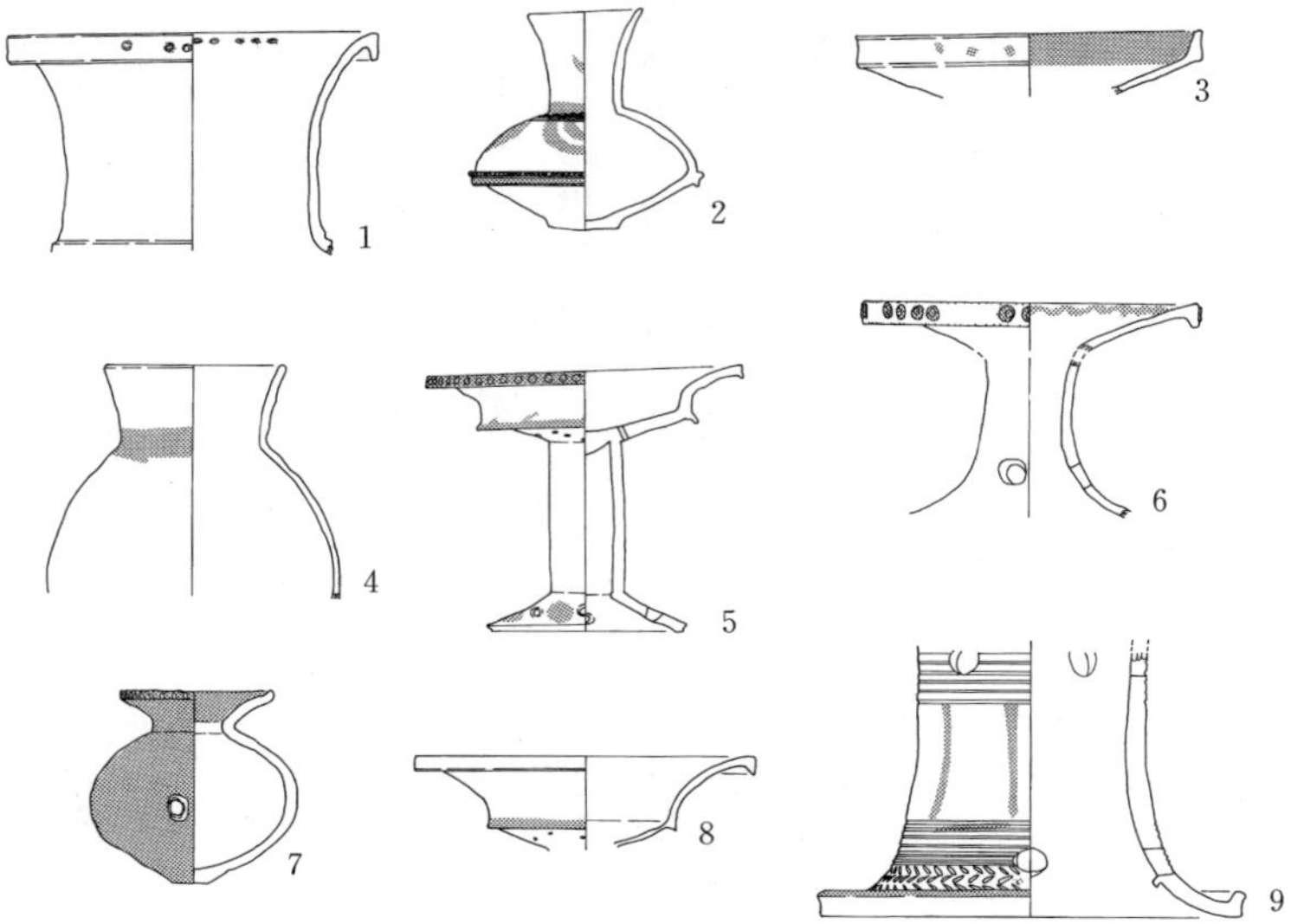

亀井・城山

調査区	出土遺構	器種	赤彩手法	赤彩部位	備考
	NR3001	器台	彩文	口縁部	円形浮文を塗る。口縁部のみ残存
	NR3001	高坏	彩色？	脚部	脚部のみ残存
	NR3001	高坏	彩文＋彩色	口縁部内外面	外面点描。全３個体
	NR3001	壺	彩文	口縁部	円形浮文を塗る。口縁部のみ残存。全２個体
	SD3008	壺	彩文的彩色	頸部	全２個体
	SD3023	壺	彩文	口縁部	円形浮文を塗る。口縁部のみ残存
	SD3041	壺	彩文	口縁部	亀井遺跡ⅡSD－09と同一。円形浮文を塗り口縁部残存。全２個体
	SD3041	壺	彩文	口縁部	亀井遺跡ⅡSD－09と同一。線描
	SK3004	壺	彩文	口縁部	貨泉，石槍，銅鏃出土。雑多なものが出土。円形浮文を塗る

亀井遺跡

	SD－02	高坏	彩色？	脚裾部	大溝。装飾性高い個体である。
	SD－04	壺	彩文	口縁部，受部内面	円形浮文
	SD－04	器台	彩文	脚部	大型。線描

亀井

	NR3001	器台	彩文	口縁部，受部内面	円形浮文を塗る。波状文
	SD3008	高坏	彩文	坏部・脚裾部外面，坏部の稜	環濠。坏部に装飾的な穿孔。外面は点描と彩色の組み合わせ
	SD3104	長頸壺	彩文	口縁，頸部，胴上・中位	
	SK3117	壺	彩色	外面，口縁部内面	口唇部文様を避ける

亀井遺跡Ⅱ

KM－H3	SD－12	壺	彩文	口縁部	円形浮文。口縁部のみ残存
KM－H3	SD－12	無頸壺		内面下半	
KM－H4	SD－09	壺	彩文	口縁部	SD3041と同一。口縁部のみ残存
KM－H4	SD－14	鉢	彩色	内面	
KM－H4	SD－14	高坏	彩文		
KM－H4	SD－14	器台	彩文？		
KM－H5	SX－03	壺	彩色		土器集積遺構
KM－H5	SX－03	壺	彩色	外面	土器集積遺構

亀井（その２）

	SD2302	壺	彩文	口縁部	円形浮文

亀井北

	SP11008	高坏	彩色	坏部の稜	土器埋納土坑。坏部に装飾的な穿孔。装飾性が強い
	SP11001	壺	彩色	外面	土器埋納土坑

③北陸地方―北加賀（表3）

北陸地方西部は加賀地域と北部で地域性があり、加賀地域では赤彩土器が少なく、住居からの出土頻度は低い。そこで赤彩土器が多い北加賀地域を扱う。集落内祭祀遺構として鹿首モリガフチ遺跡、墓域として中沼C遺跡を例に検討する。鹿首モリガフチ遺跡の赤彩出土遺構は農耕関連の祭祀を行ったと考えられる広域の土器集中のみで、多量の赤彩土器が出土し、赤彩率は一六％である。個別の情報は一部を除き省略する。

赤彩器種の特徴として長頸壺と高坏の半数以上が赤彩される。特に長頸壺は住居跡では一般的でなく、高坏も供膳形態として祭祀で使用され、これらへの赤彩が重要である。また壺を含め、中・小型品が赤彩の中心である。

赤彩は彩色と彩文が共存し複雑なため、器種毎に説明する。壺は彩色と彩文があり、ほぼ全て彩色である。彩文は追いまわし文(4)を描く。長頸壺は完形品がないが、彩色があり、口縁部から頸部が赤彩部位である。器台は全て彩色で、彩文は出土していない。鉢は全て彩色で彩色部位に多様性があり、内外面の他、口縁部への彩色が多く、口縁部が赤彩部位として意識される。高坏は有段高坏とワイングラス型が高坏の中心を占める。彩色と彩文があり、他器種と比べて装飾性が強い。彩色部位は外面と坏部内面で、外面の彩色は多様である。坏部のみを彩色する高坏も一定量あることから、坏部は彩色部位として認識されたといえる。高坏の彩文は線描による。坏部・脚裾部に横線文・円形文・勾玉文・追いまわし文を描く。追いまわし文は最も多く、多様性がある。彩文と彩色の併用が半数近くあり、やはり追いまわし文を多用する。彩色部位や彩文と彩色の併用は高坏・器台で共通する。

住居出土例として吉崎・次場遺跡を挙げる。住居からは彩色の壺・高坏・器台が出土する一方、住居内の周溝からは彩色された器台と、彩文と彩色を併用した壺・高坏・鉢と器台が一体化した器台が出土する。彩文は全て追いまわし文で、口縁端部を彩色する点で共通する。

表３　北陸地方の赤彩土器と出土遺構
（１～６鹿首モリガフチ遺跡、７，８中沼C遺跡。３は一部改変。S＝1:10）

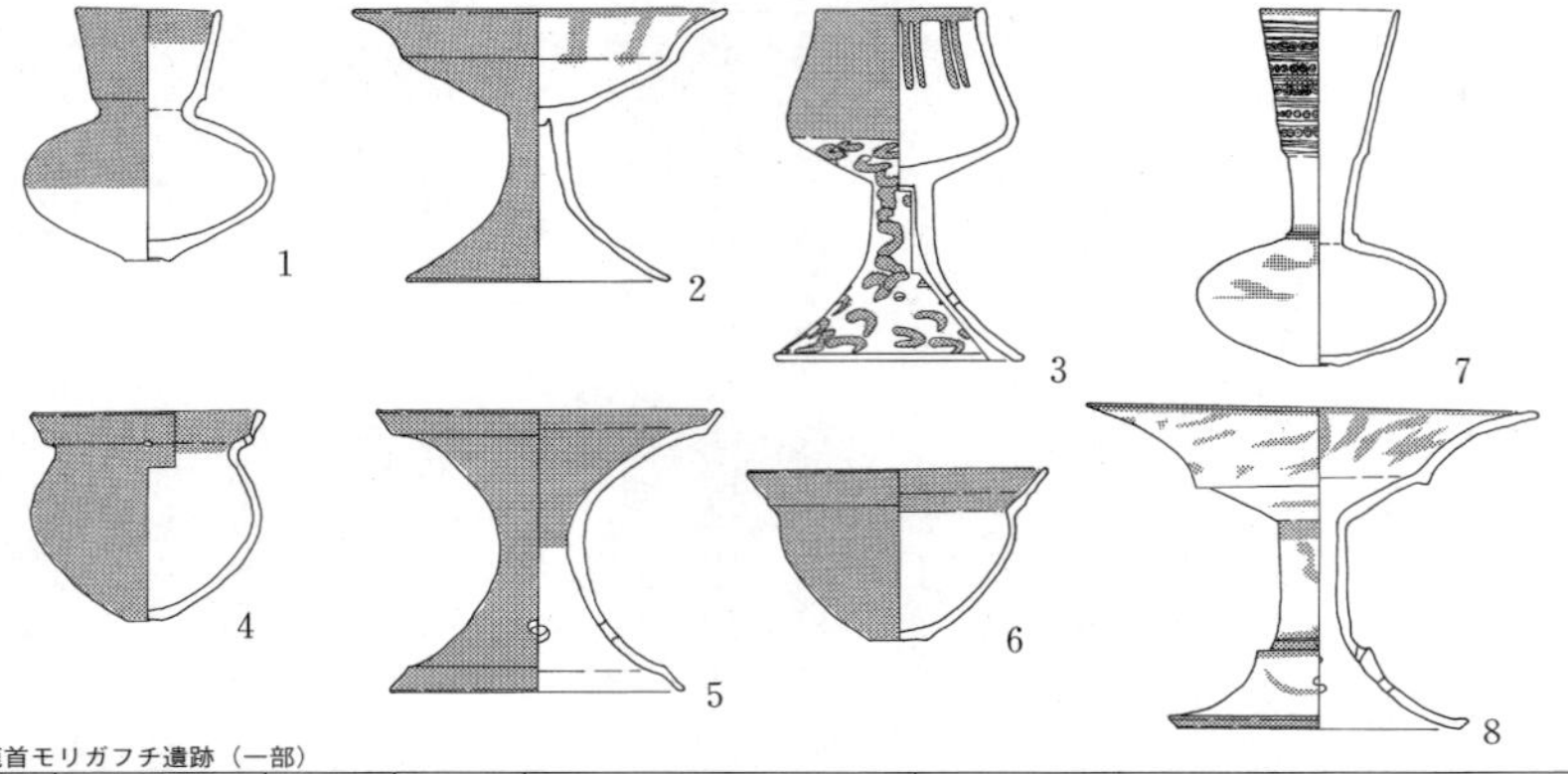

鹿首モリガフチ遺跡（一部）

調査次	出土遺構	器種	赤彩手法	赤彩部位	備考
	T18調査区	壺	彩色	外面，口縁部内面	全５個体
	T18調査区	鉢	彩色	内外面全面	全４個体
	T18調査区	鉢	彩色	外面，口縁部内面	
	T18調査区	高坏（台付鉢）	彩色＋彩文	外面，口縁部内面	ワイングラス型。口縁外面を彩色，坏底部から脚部外面に勾玉文、坏部内面に懸垂文
	T18調査区	高坏（台付鉢）	彩色	外面	ワイングラス型。口縁外面を彩色，坏底部から脚部外面に勾玉文、坏部内面に懸垂文
	T18調査区	台付鉢	彩色	外面，体部内面	
	T18調査区	高坏	彩文	脚裾	追いまわし文。坏部欠損
	T18調査区	高坏	彩色	脚柱部を除く外面，坏部内面	椀型高坏
	T18調査区	高坏	彩色	脚裾外面，口縁端部内面	彩文的な彩色
	T18調査区	高坏	彩色	坏部内外面	脚部欠失。全２個体
	T18調査区	高坏	彩色	外面，坏部内面	
	T18調査区	器台	彩色	外面	受部欠失
	T18調査区	高坏	彩色	口縁部内外面	
	T18調査区	高坏	彩色	坏部内外面	全２個体
	T18調査区	高坏	彩色	坏部外面	
	T18調査区	高坏	彩色＋彩文	外面，坏底部内面	外面彩色，内面追いまわし文
	T18調査区	高坏	彩色＋彩文	外面，口縁部内面	外面彩色，内面追いまわし文

中沼C遺跡

	第１号方形周溝墓	壺	彩色	外面	口縁部のみ残存。全２個体
	第２号方形周溝墓	壺	彩色	外面と口縁部内面	
	SK－01	器台	彩色	受部内外面，脚裾部外面	長頸壺とセット
	SK－01	長頸壺	彩色	外面，口縁部内面	器台とセット
	SK－07	高坏	彩文	坏部内面	文様不明。坏部のみ残存
	SK－19	蓋	彩色	外面	
	SD－03	高坏	彩色	坏部内外面，脚裾部外面	方形周溝墓の周溝か？
	SD－03	高坏	彩色	坏部外面	坏部のみ残存
	SD－03	長頸壺	彩文	口縁端部，口縁部，肩部，胴部	スタンプ文。口縁端部と肩部は彩色，口縁部ハネ，胴部２段追いまわし文
	a群	壺	彩色	口縁端部内外面	第３号方形周溝墓
	a群	器台	彩文	受部内外面，脚柱部上部，脚裾部	第３号方形周溝墓。受部外面追いまわし文，受部内面・脚柱部・脚裾部は彩色
	a群	器台	彩色？	口縁端部，脚柱部，脚裾部？	第３号方形周溝墓。無頸壺とセット。赤彩部位不明
	b群	高坏	彩文	内外面	第３号方形周溝墓。外面・坏部内面に変形追いまわし文，口縁端部，脚部段・裾部に彩色，脚部内面に点描
	b群	長頸壺	彩文	口縁端部，口縁部，肩部，胴部	器台とセット。スタンプ文。口縁端部と肩部は彩色，口縁部ハネ，胴部追いまわし文
	b群	器台	彩文	口縁端部，受部内外面，脚柱部上部，脚部段部，脚裾部	第３号方形周溝墓。長頸壺とセット。受部内外面脚部追いまわし文，その他は彩色。正面観
	c群	壺	彩色	外面，口縁部内面	第２号方形周溝墓。全２個体
	d群	壺	彩色	口縁～胴中位外面，口縁部内面	第３号方形周溝墓
	d群	壺	彩色	口縁～肩部外面，口縁部内面	第３号方形周溝墓
	B－３グリッド	鉢	彩色	外面，口縁部内面	方形周溝状遺構－02
	B－３グリッド	高坏	彩色	脚部段部，脚裾部	方形周溝状遺構－02

中沼C遺跡は方形周溝墓群で、土器は壺・長頸壺・甕・高坏・器台・鉢・蓋があり、赤彩率は約三〇％である。土器組成は、壺が全体の約半数を占め、長頸壺か無頸壺と器台がセット関係にある。このセットは無赤彩＋無赤彩＋彩文、彩文＋彩文、彩文の三パターンがある。集落の赤彩とは長頸壺・高坏・器台に大きな違いがあり、様々な追いまわし文を描いた彩文土器が多用される。高坏・器台は坏部・受部が赤彩部位として重視される。長頸壺では、彩文と併用される、彩色の赤彩部位が、吉備地方のそれと共通する。

以上、北陸地方（北加賀）では、集落でも墓域でも出土例があり、甕以外の器種全てに赤彩する。しかし集落内でも住居と祭祀遺構では土器組成・赤彩手法が異なる。更に祭祀遺構でも集落内と墓域では土器組成が異なり、吉備地方と同様、祭祀により器種が使い分けられたといえる。

赤彩手法は壺・鉢・高坏坏部で彩色の傾向が強く、口縁部を重視する。長頸壺・高坏・器台には彩文も多用され、様々な追いまわし文が描かれる。遺構との関連では、日常生活と関係の深い遺構では彩色が中心で、彩文は祭祀的遺構に多い。また胎土に関連し、彩文土器では白色、彩色土器では赤色系の色調という関係がありそうだが、明確でない。北陸地方の赤彩土器の性格として「祭祀性」に加え、「日常性」を指摘できる。

④東海西部及び以東―東海西部・中部高地・南関東地方（表4）

東海西部では朝日遺跡、八王子遺跡を扱う。赤彩率は赤彩率が高い墳墓でも約三〇％である。八王子古宮段階で点描が出現・増加し、高坏に顕著である。山中段階前半に彩色が盛行することが明らかになっている(5)。出土遺構の偏りや出土遺構の性格による手法の違いはないが、遺構の性格により同一器種でも器形が異なり、胴部に凸帯を持つ壺は、墓域や環濠内で出土する。各遺構での赤彩土器の出土数は、住居では壺と高坏を中心に、多くて数個体である。墓域で器台や合子を含む多くの器種が複数出土し、住居と組成が異なる。この他、環濠の盛土内から彩文の大型器台が出土しており、遺構の性格による赤彩土器の組成の違いが顕著である。赤彩手法の個別データは一部を載せた。赤彩手法の特徴をまとめる。

加飾壺は口縁部内外面と肩部の文様帯に彩色され、彩文も半数近い。文様帯以外の外面と口縁部内面を彩色する。高坏は有段高坏とワイングラス型があるが、赤彩部位・手法は共通し、外面および口縁部内面を彩色する。口縁部外面文様帯は無赤彩が普通で、赤彩する場合は彩文である。脚部文様帯も基本的には無赤彩である。坏部内面に彩文する個体もあるが、基本的に外面を中心とした彩色といえる。器台は彩色で、口唇部・脚部文様帯を除き、外面と受部内面が彩色部位である。鉢は彩色を中心に彩文があり、内外面が赤彩部位である。

以上、東海西部地方の赤彩手法は、器種や出土遺構による違いは顕著でなく、文様帯には点描を用いる場合があるが、文様帯以外は彩色が中心といえる。墓域などで特殊な器形の赤彩品が出土する一方、住居からの出土も多く、「祭祀性」が高いが、「日常性」もあわせもつといえる。また赤彩部位の特徴から、地文様としての赤彩及び「赤」い顔料と「白」い胎土の対比効果による装飾が、赤彩の目的の一つであった可能性もあろう。

中部高地・南関東地方では甕以外の器種に彩色される。各様式内に小地域性があるが、赤彩率は他地方と比較して高く、箱清水式土器では五〇％を超える。赤彩部位は文様帯以外の部位を彩色し、南関東地方では縄文帯に点描する場合がある。文様帯を意識した赤彩から、地文様としての性格を想定している。

出土遺構に関し、墓域でより多くの赤彩土器が出土するが、住居内からの出土も一般的で、特殊な器形が出土する例は珍しく、器種・サイズを選択して祭祀で使用する。このことから、当地域の赤彩土器は強い「日常性」を持つといえる。

表４　東海西部以東の赤彩土器と出土遺構
（１～５朝日遺跡，６～９篠ノ井遺跡群他，10～12新井三丁目遺跡。S＝1∶10）

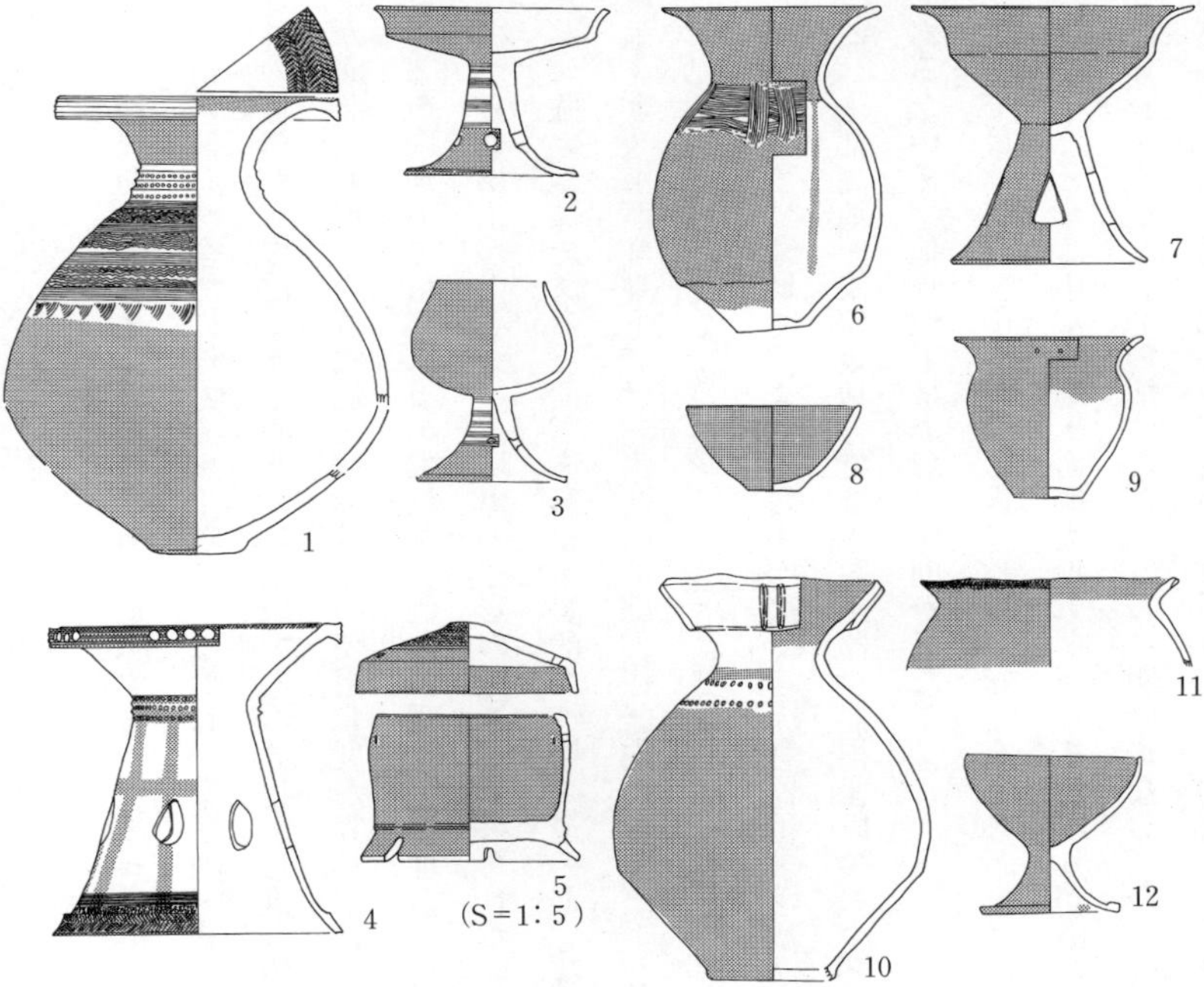

八王子遺跡（一部）

調査次	出土遺構	器種	赤彩手法	赤彩部位	備考
	SB07	高坏	彩文	坏部外面	八王子古宮段階。ワイングラス型。点描
	SB13	高坏	彩色	外面	八王子古宮段階。ワイングラス型。坏部のみ残存
	SB13	壺	彩色	口縁部内外面	山中段階。口縁部のみ残存
	SB16	高坏	彩色	外面	八王子古宮段階。脚部のみ残存。全２個体
	SB23	高坏	彩文	口唇，坏部内面	山中段階。口唇部彩色，坏部点描
	SB48	高坏	彩色	外面	八王子古宮段階。脚部のみ残存

朝日遺跡（６次）（一部）

Ⅵ	SZ345	壺	彩色	外面，口縁部内面	
Ⅵ	SZ345	壺	彩文	胴部	点描
Ⅵ	SZ345	高坏	彩色	口縁部外面	坏部のみ残存
Ⅵ	SZ345	高坏	彩色＋彩文	外面，坏部内面	外面彩色，内面点描・線描
Ⅵ	SZ345	台付鉢	彩色	外面，口縁部内面	
Ⅵ	SZ345	台付鉢	彩色＋彩文	坏部外面，脚裾部	坏部点描，脚部彩色
Ⅵ	SZ345	台付壺	彩色	外面	口縁部欠失
Ⅵ	SZ339	加飾壺	彩文	胴中位	点描
Ⅵ	SZ339	加飾壺	彩色＋彩文	口唇部，口縁部内面	外面と文様帯を除く内面彩色，内面文様帯の上に点描。口縁部のみ残存
Ⅵ	SZ339	壺	彩色	外面	
Ⅵ	SZ339	台付加飾壺	彩色＋彩文	外面，口縁部内面	外面は文様の上に線描，点描。文様帯以外の外面と内面は文様の上から彩色
Ⅵ	SZ339	台付加飾壺	彩色＋彩文	外面，口縁部内面	内外面とも文様帯を除き彩色。胴部文様帯の上から点描
Ⅵ	SZ339	加飾壺	彩色	口縁部内外面	内部文様帯を除き彩色。口縁部のみ残存
Ⅵ	SZ339	加飾壺	彩色	口縁部内外面	内面は文様帯を除き彩色。口縁部のみ残存
Ⅵ	SZ339	加飾壺	彩色	外面，口縁部内面	外面は胴上位文様帯を除く。内面も文様帯を除く
Ⅵ	SZ339	高坏	彩色	脚裾を除く外面	文様の上から彩色
Ⅵ	SZ339	高坏	彩色	外面	椀型。脚部文様帯を除き彩色
Ⅵ	SZ339	高坏	彩色	外面	ワイングラス型。文様の上から彩色
Ⅵ	SZ339	器台	彩色	受部外面	円形浮文の上から彩色。受部のみ残存

四　赤色塗彩土器の地域性と意義

では、各地域間の赤彩土器の関係は何を意味するのだろう。出土遺構・赤彩手法を中心に検討しよう。

出土遺構に関し、全ての地方で出土数の差はあれ、集落内・墓域から出土する。中でも吉備地方と畿内地方は共に住居以外の遺構からの出土が中心となる地域である。しかし重点的に出土する遺構を見ると、吉備地方では祭祀行為の痕跡が顕著な井戸や土坑に加え、墓域での使用頻度が高く、特に墓域では多量の赤彩土器が出土する場合がある。これに対し畿内地方では、ムラの領域を区画する溝や土器埋設土坑など、集落内での祭祀行為と関係があると考えられる遺構からの出土が中心で、墓域での赤彩の発達が認められない。吉備地方と畿内地方は、赤彩土器の持つ「祭祀性」が共に強い地域である反面、赤彩に本質的な性格の違いと、強弱があるといえる。

北陸地方と東海西部地方では、集落内では、住居内からの出土も少数ながら認められ、共伴土器に煮沸具の甕がある点で、「日常性」を持つ地域である。祭祀土器を持つ点でも共通する両地域は「日常性」と「祭祀性」が共存する。しかし北陸地方では墓域で、より赤彩率が高く、赤彩器種・手法が多様性に富むことから、「祭祀性」がより強い地域といえる。中部高地・南関東地方では赤彩土器が器種組成の一つとなり、祭祀土器を持たない点で、「日常性」が強い土器であるといえ、他地域とは赤彩の傾向が異なる。

赤彩手法では、彩色を中心とする吉備地方、彩文を中心とする畿内地方、彩文と彩色を併用する北陸・東海西部地方、彩色を中心とする中部高地・南関東地方というまとまりがある。「祭祀性」が極めて強い吉備地方を除き、このまとまりは赤彩を文様として理解すると、さらに明確になる。壺の無文部への彩色を基調に、文様帯を無赤彩か点描する赤彩パターンは東海西部・中部高地・南関東地方で共通する。特に東海西部地方は、南関東地方と同一の赤彩パターンを共有し、この赤彩パターンが他器種にも取り込まれる点で赤彩の画一化、文様化が明確である。一方、北陸地方では東海西部以東の赤彩パターンを持たず、彩文的な部分彩色が多い点で、畿内地方により近い赤彩といえよう。彩文の中でも特徴的な追いまわし文は主に北陸地方北西部で最も多く、多様性を持つ。北陸地方でも加賀地方ではその数が激減する。吉備・畿内地方では明確な追いまわし文は出土しておらず、文様の段階的な発展も確認できないことから、北陸地方を中心とする地域性の強い文様といえる。これはスタンプ文や長頸壺など、他地域からの情報伝達と受容というより、小地域内の情報伝達を明らかにする要素と考えられる。福井県大野市山ヶ鼻四号墳での、追いまわし文を描いた東海西部系の模倣土器の出土(6)は、越前地方内陸部と東海地方との交流を示すと同時に、被葬者と北陸地方北西部との関係をも示唆するのである。同様のことは壺の胴上位に描かれた弧状文の分布や点描土器の分布からも指摘でき、赤彩文の共通性が弥生時代後期の地域間交流と重なっている。

このように赤彩土器の地域性を遺構・文様から検討した結果、土器の地域圏を基盤にしつつ、各地域内でも地域性があることがわかる。地域性とその背後にある赤彩の共通性をまとめよう。

彩墓域での祭祀を除き、全ての地域で共通する使用方法は、井戸や土器埋設遺構など、祭祀行為の顕著な遺構での彩文土器の使用である。彩色土器が、祭祀行為が顕著でない遺構で出土することを踏まえれば、「彩色＝日常生活に近い場で使用」「彩文＝非日常的（墓前祭祀は例外）な場で使用」という使い分けを指摘できる。この使い分けは、赤彩部位・手法・赤彩文といったミクロな違いを超えて存在することから、赤彩の基本原理といえる。

加えて、赤彩器種と赤彩手法に関連し、器台を含めた、祭祀土器を持つ吉備・畿内・北陸地方、祭祀土器を持つが大量使用は稀な東海西部地方、祭祀土器を持たない中部高地・南関東地方に分けることが可能である。この地域的なまとまりに赤彩手法の地域性を重ねると、祭祀土器のある地域では彩文土器が発達し、持たない地域では彩色土器が発達することが分かる。つまり彩文と彩色の盛行する地域には赤彩に対する認識の違いがあり、それが東日本における地文様的な彩色土器を成立させる一要素になったと考えている。

五　今後の課題

ここまで、弥生時代後期の赤彩土器から見た地域性を検討した。本論では概要にとどまり、詳細を述べることができなかったが、赤彩の多様性は、「赤彩原理」といえる共通性の中での多様性であることが明らかになった。赤彩土器の文様や出土遺構との関係は、地域間交流を基盤とし、大きくは東海西部地方を境に大きなまとまりをつくる。東海西部以東では赤彩パターンを共有し、同質の赤彩が展開するのに対し、東海西部以西では緩やかな共通性を基盤に、地域性の豊かな赤彩パターンを創造する。その背景に当然、顔料の原産地との関係(7)もあわせ考える必要がある。

本稿では以上の点をまとめとするが、弥生時代の赤彩の解明には、赤色顔料付着土器や木器にも注目する必要があり、特に赤色顔料付着土器に関しては、遺跡内でのあり方(8)を検討しなければならない。

赤彩土器の使用に関し、実見すると地域や赤彩手法を問わず、その多くが焼成前に顔料を塗ったと考えられるものが多い。これはあらかじめ、特定祭祀での使用を目的に製作したことを示し、特に彩文土器の中には絵画土器と同じ性格を持つものがある可能性を示唆している。また、様々な質の赤彩土器の共存を視野に入れた分析が必要である。以上を今後の課題とし、本稿で述べることができなかった各地域の様相は、別稿で検討したい。

本稿は二〇〇二年三月に東京学芸大学大学院に提出した修士論文の一部を加筆・修正したものである。修士論文の作成にあたり、木下正史先生から多くのご指導を賜った。また、本稿を記すにあたり多くの方々・機関に御指導賜った。お礼申し上げます。

註

（1）赤彩の機能の一つに、顔料の定着による漏水防止が想定されているが、積極的な評価は難しいと考えている。
（2）細長頸壺への彩文は口縁端部及び凸帯への部分彩色が中心だが、彩色品も多く、固定化していない。
（3）「亀井・城山」「亀井」「亀井（その二）」「亀井遺跡」「亀井遺跡Ⅱ」「亀井北」など。
（4）放射状文のうち、回転しながら開くものを追いまわし文としている。
（5）赤塚次郎は八王子遺跡の報告で、八王子古宮Ⅱ式期から山中Ⅰ式前半期に「赤彩斑文」（本稿の点描）が盛行することを明らかにした。
（6）山中式の壺の影響を受けた土器だが、器形・文様ともに東海地方のそれとは全く異なる。追いまわし文は胴中位の外面に一段、描かれる。
（7）東海地方における赤彩土器の発展の一要因として、岐阜県金生山のベンガラとの関係を想定されている。
（8）赤色顔料付着土器は、各地で見ることができ、その中には祭祀的遺構から出土するものがある。

参考文献（紙面の都合上、資料の提示にのみ用いた報告書は省略し、一部のみを記載した。＊は研究史）

＊森本六爾　一九四六『日本農耕文化の起源』あしかび書房
＊小林行雄他　一九四三「大和唐古彌生式遺跡の研究」『京都帝国大学文学部考古学研究報告』第一六冊
＊桐原健　一九五六「箱清水式土器における赤色塗彩傾向とその意義」『信濃』八－一二
＊近藤義郎・春成秀爾　一九六七「埴輪の起源」『考古学研究』五一号
＊笹沢浩　一九七〇「箱清水式土器の再検討」『信濃』二二－四
＊桐原健　一九七五「赤色塗彩土器の出現」『信濃』二六－一
＊間壁忠彦他　一九七七「岡山県真備町黒宮大塚古墳」『倉敷考古館研究集報』一三
＊千曲川水系古代文化研究所　一九八一「箱清水式土器」
西川修一　一九八五「装飾壺の終焉」『古代探叢Ⅱ』早稲田大学出版部
＊工楽善通　一九八六「赤彩文」『弥生文化の研究』雄山閣
＊佐久考古学会　一九九〇「赤い土器を追う」『佐久考古』六号
赤塚次郎　一九九三「山中式というデザイン」『考古学フォーラム』三
赤塚次郎　一九九五「壺を加飾する」『考古学フォーラム』七

青木一男　一九九六「第二部第二章　五まとめ」『大星山古墳群・北平一号墳』（財）長野県埋蔵文化財センター
徳永哲秀　二〇〇〇「第二章　赤彩と時代の文様性」『上信越自動車道埋蔵文化財発掘調査報告書五　松原遺跡　弥生・総論七』（財）長野県埋蔵文化財センター
赤塚次郎　二〇〇一「濃尾平野における弥生時代後期の土器編年」『八王子遺跡』（財）愛知県埋蔵文化財センター
森浩一編　二〇〇二『東海学が歴史を変える』五月書房

三角縁神獣鏡の出土傾向

菅　谷　文　則

一　はじめに

三角縁神獣鏡という単語を始めて目にしたのは一九六〇年であった。小林行雄著『古墳の話』(1)を家兄から譲られて読んだ時に始まる。その時の感動は、考古学資料にも、「いつ誰が」が明確なものがあるという強烈な認識であった。西暦二三九年に魏皇帝から倭王に百枚の銅鏡が好物として下賜されたのが三角縁神獣鏡であると解釈されていたことに驚嘆したことを、今も鮮明に覚えている。製作された総数が判明している考古遺物は決して多くない。そのうちに、わたし自身も三角縁神獣鏡を発掘し、あるいは出土地を見学することによって、百枚よりもはるかに多くの三角縁神獣鏡が存在することを知った。果たして、どれほどが今も古墳に埋蔵されていて、過去に出土していたのかを知るためにこれまでつとめてきたが、一九九四年に国家的規模でもって、国立歴史民俗博物館から銅鏡の集成が刊行された。(2)そこで、本論では該書を利用し、三角縁神獣鏡の総量を推しはかろうとするものである。

三角縁神獣鏡を歴史資料として活用された小林行雄氏による当初の考え方の根底には、三角縁神獣鏡は、およそ百枚ほどであるという数的前提があったように思われる。一九五六年に発表された「前期古墳の副葬品にあらわれた文化の二相」[3]（のち一九六一年に『古墳時代の研究』第五章として収録）の論文集収録の決定稿一六九頁には「（前略）これらがみな五面ずつの同笵鏡のセットとして同時に輸入されたことを想定すると、一七種で八五面になる。これに大塚山古墳から一面ずつ出土している十面をくわえると、計九五面の三角縁神獣鏡が、大きい鏡群として復原せられるであろう。九五面というと過大な数字のようであるが、現実に発見されているものが、そのうち五七面に達しているのであるから、さして誇張した計算ではないといいえよう。」と記している。[4]

一九五六年には、五七枚の三角縁神獣鏡が知られていたことが示されている。よく知られているように、ここにはいわゆる仿製三角縁神獣鏡は入れられておらず、いわゆる舶載三角縁神獣鏡が配布され尽くした段階で、倭で中国製三角縁神獣鏡を模して製作されたと解釈された。いわゆる仿製三角縁神獣鏡に関する解釈も、もともとは百枚であったことから引出されたように見受けられるのである。樋口隆康氏が指摘するように、仿製と舶載の区分は、基準がないに等しい。[5]その全部を舶載とする車崎正彦氏の解釈にもおおいに理論上の合理性があり、わたしが主張する倭鏡にもおおいに合理性があるが、やはりその総量の予測なくしては、ともに断案に達することはできない。

過去の出土量と将来の出土量の予測は、当然のことながら統計学的手法を用いることによって可能かと思われるが、天理市黒塚古墳からの三二枚もの三角縁神獣鏡の出土は、予想を越えるものであった。過去に大量の鏡が出土していたにもかかわらず、三角縁神獣鏡の未検出地帯であった天理市柳本周辺からの大量出土は、統計学的手法では予測不可能で、いわゆる考古学的経験則においても同様であった。[6]そこで本稿もまた、後者の手法を用いて考えることにした。

二　三角縁神獣鏡の年代別の出土状況

三角縁神獣鏡は今日まで約四五〇枚の出土が、直接あるいは間接に確認されている。間接に確認されているものとは拓本が残されているもの、写真が撮影され図書上に公表されたのち各種事由により行方不明となったもの、戦争などで焼失したものなどである。約四五〇枚のうちには、このように間接的に確認されるものが約一二枚もある。所有者の問題は後段にも述べるので、まずは出土時期について述べることにする。

表一には出土年が報告されているもの、出土年が不明であるものを区別して記図している。江戸時代あるいはそれ以前を一八六八年以前とし、明治時代は一八〇〇年代としている。大量出土の佐味田宝塚古墳（一八八一年）、新山古墳（一八八五年）は別途に表示している。戦前とか、大正から昭和として記憶されているものは一九二五年に表示しておいた。出土時期不明のものには二種類あることに注目しておく必要がある。それは古物売買により、ごく近年の出土であっても意図的に出土年や出土地を不明としているものであった。一九一〇年代から知られていて、現在現物が行方不明となっている三重県一志郡美杉村太郎出土と伝えられるものがその例である。美杉村が雲出川の最上流地帯でその出土地を信じることができないが、(7) 古墳が存在しないと思われるところを出現地とする古道具店の商慣習による地名である。出土年はおよそ古道具店に配架されるごく前であることが普通である。もう一種は、本当に古く出土していたが来歴が伝えられていないものに多い。(8)

三角縁神獣鏡のみならず、鏡の出土時期については明治以降に大きい三つの高峰期がある。

第一は明治一五年以降で、佐味田宝塚古墳や新山古墳から多数の古鏡が掘り出されたことに示されるように、多くの古墳が地元人士によって発かれたことによる。江戸期には古墳の盗掘はほとんどない。偶然に出現した古墳出土品

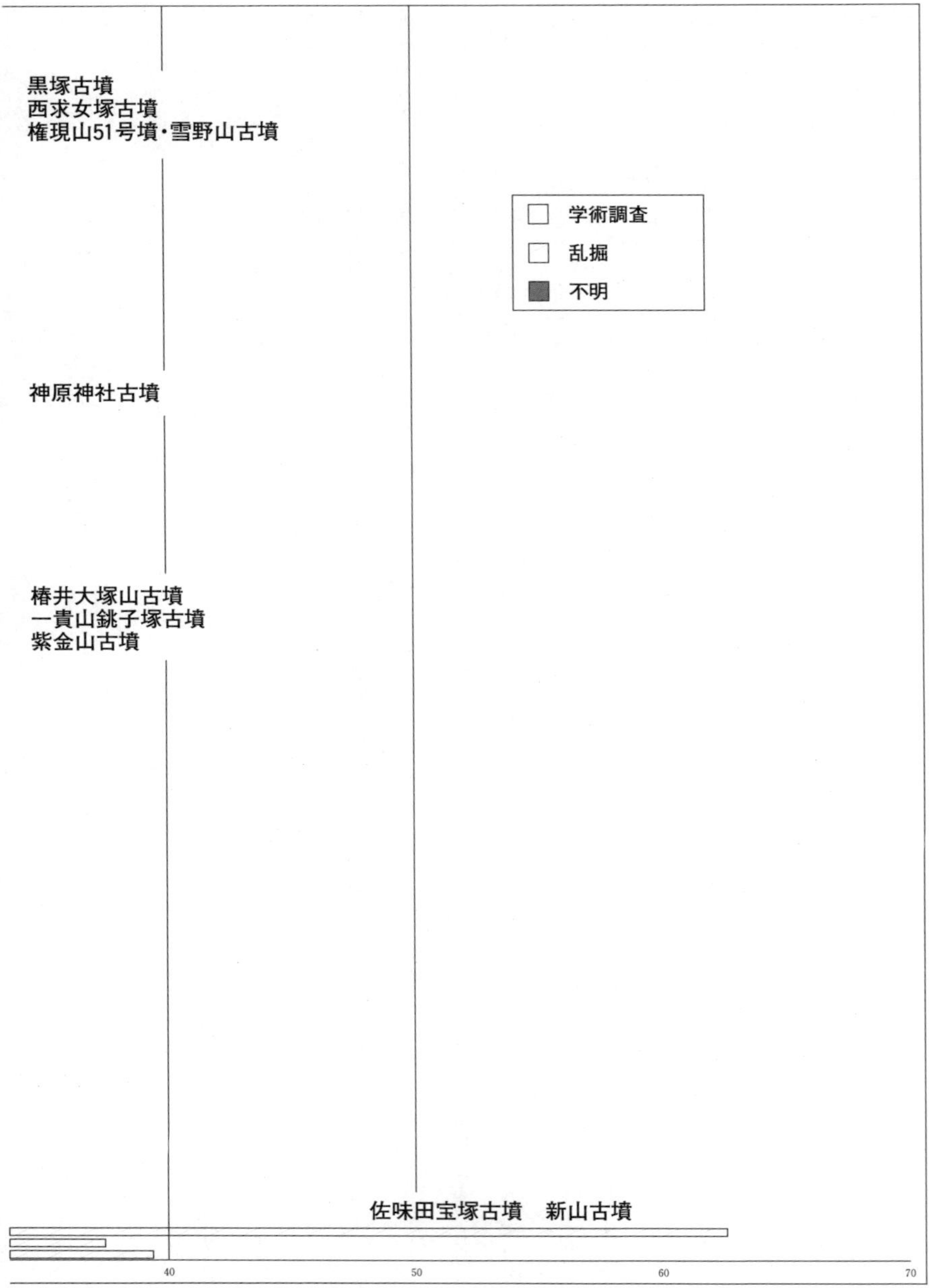
黒塚古墳
西求女塚古墳
権現山51号墳・雪野山古墳
学術調査
乱掘
不明
神原神社古墳
椿井大塚山古墳
一貴山銚子塚古墳
紫金山古墳
佐味田宝塚古墳　新山古墳
40
50
60
70

表１

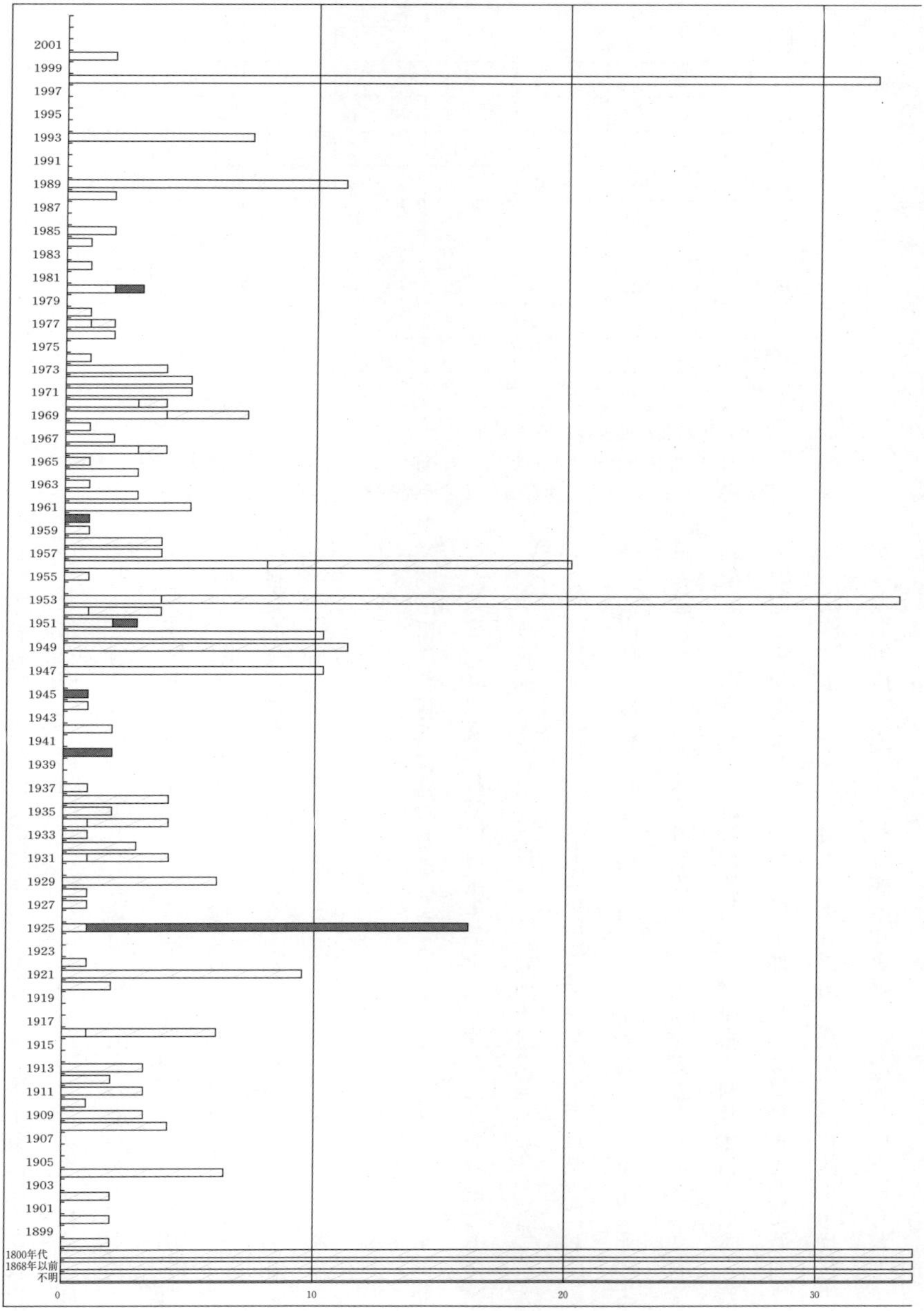
2001
1999
1997
1995
1993
1991
1989
1987
1985
1983
1981
1979
1977
1975
1973
1971
1969
1967
1965
1963
1961
1959
1957
1955
1953
1951
1949
1947
1945
1943
1941
1939
1937
1935
1933
1931
1929
1927
1925
1923
1921
1919
1917
1915
1913
1911
1909
1907
1905
1903
1901
1899
1800年代
1868年以前
不明
0
10
20
30

所有区分／郡名	官有地	宮内庁	民有地	官民共有地	共有地	寺社地	空欄
奈良市	5	1	1	0	0	0	0
添上郡	4	1	48	1	1	1	7
生駒郡	36	2	48	1	1	1	7
山辺郡	23	0	119	1	5	0	105
磯城郡	167	(*)1	98	0	3	5	13
高市郡	61	0	209	0	18	3	1
北葛城郡	47	0	61	0	3	3	0
南葛城郡	37	0	27	0	1	0	5
宇陀郡	2	0	30	0	3	0	31
吉野郡	0	0	3	0	2	0	2
%(約)	30	(0.4)	51	(0.2)	3	1	14

表2　大正14年の奈良県下の古墳所有区分表
（『奈良県史跡勝地調査会報告書　第八回』より作成。）別に御陵、御墓、御陵墓伝承地がある。「官民共有地」は村長管理地を含む。＊は九条家所有。

も整然ともいえる往復文書によって処理され、領主家に届けられたり、地元の神社、仏閣に蔵されることが多かった。領主家にまで届けられた例では兵庫県篠山市よせわ一号墳出土の鏡がある。文久二（一八六二）年三月に出土し、領主である篠山藩青山公に提出されたのち、昭和二五年九月に出土地である篠山市旧菅村に返還され、同村金照寺に保管されることになった。この経緯は旧篠山藩青山家の「桂園舎文書」により判明する。村川行弘[9]・櫃本誠一[10]氏が考証されている。

明治になり村落に残されていた入会的所有の雑木山などを開墾し、あるいは埋蔵されている出土品を入手することを目的として、いわゆる盗掘（実は乱掘。以後、目的が判明するものが少ないので乱掘とする）が行われていた。明治中期から後半にかけて奈良県下における多くの古代寺院の礎石や石塔、石碑などが庭石として東京とその近郊に運ばれた。このような状況下で、勾玉や鏡が収集家の収集欲を刺激した。こうして、乱掘が流行した。乱掘の対象地はもともと無主の地であった（表2）。これらの土地の多くは雑種地として官有され、雑種財産として旧大蔵省の所有であったが、昭和四十年代後半から六十年代にかけて、行政簡素化をはかるため払い下げられた。

近年もまた、財務省により雑種地の払い下げが多くみられる。古墳や遺構がいわゆる開発業者に払い下げられることのないことを望みたい。

この第一の高峰期に出土した鏡が、初期の考古学者、なかでも鏡鑑研究者の資料となったことは、ある矛盾を感じる。わたしは一九六九～七〇年に馬見古墳群の分布調査をしたが、戦後になってからも多くの古物商が旧馬見村を来訪し、某古墳を乱掘して欲しいと依頼したと、教えてくれる旧馬見村の古老の数は二、三人に止まらなかった。戦前には地元の仲介者がいて（天理市周辺の俗称「自転車や」などはよく知られていた）、ついで古物商にいき、ついで高名な学者とも往来のある上級の古物商を経て、収集家に収まっていたのである。東京国立博物館や宮内省に行政的処置を経て送付されたもの以外で収蔵家に収蔵されたものは、こうして学界に紹介された。

第二の高峰期は第二次大戦後の一時期である。第一の理由は戦後の都市近郊や地方都市近郊の開墾や宅地化である。これにならんで、道路や鉄道などの社会インフラ整備に戦後復興の重点が置かれたので、多くの古墳がその犠牲となり破壊あるいは破損された。ただ、この時期の土木工事の進行速度は、大型土木機械が使用されていなかったので、出土品の多くが回収されていた。この時期には三角縁神獣鏡の大量出土が三回あった。その事由のうち前述のインフラ整備にかかるものが京都府椿井大塚山古墳である。

一九五三年に三七枚もの鏡が出土したが、樋口隆康氏らが現地に出張して、出土状況を確認することができたのは二枚であった。また、竪穴式石室に並行してその西側にあった、粘土床かと思われる施設からも鏡が出土したと工事従事者の証言があったようであるが、具体的には判らない。ところが、当初に回収された鏡は今日知ることができる三六面のうち二八面分で、ほかは早くも仲介の人を通して古物商にわたっていて、その回収に数年を要したとされる(11)。それでもなお、未回収鏡があり、のち京都教育大学に寄贈されたものもそうであるとする。ほかに破片も分割所蔵されているのは、この間の事情による。鉄道の法面工事に携る工事の関係者は古墳所在地以外の人士によってなされることが多いので（椿井大塚山古墳の工事請員人は大阪在住）、出土品も持ち去られることが多い。

福岡県一貴山銚子塚古墳の大量出土は、計画的発掘調査によるもので、一九五〇年三月一四日から二六日まで日本考古学協会古墳調査特別委員会の事業として実施された。報告書には「（前略）この古墳の内部主体の一部が、過般の戦争中に防空壕の設置を機縁としてすでに露出してゐて…」と、調査の必要性を述べている。(12) 一九五一年に調査された大阪府和泉黄金塚古墳の場合も、本土決戦に備えた濠によって出土品が一九四五年に森浩一氏により知られたことによって、数年の準備期間をおいて調査が実施された。(13) 一九四七年の大阪府紫金山古墳の調査も戦後直後に警察病院内で行われていて、一〇面もの三角縁神獣鏡が出土している。一九五六年の岡山県湯迫車塚古墳からの総数一三面の出土はあきらかに盗掘によるものであった。人里から遠く離れた地点でひそかに盗掘されたが、その出土品が回収されたことは稀有のことである。

第三の高峰は八十年代末から黒塚古墳の発掘調査（一九九八年）にかけてである。一九八九年には、滋賀県雪野山古墳から三角縁神獣鏡を含む五枚の鏡が出土し、兵庫県権現山五一号墳では、三角縁神獣鏡の検出を予期して調査され、予期どおり五枚もの三角縁神獣鏡が出土した。また、同じ年に徳島県宮谷古墳の前方部裾部から三角縁神獣鏡が三枚出土している。この三枚は主体部が乱掘されたのち、何らかの事由で前方部の裾部に再埋置されたものである。九十年代の出土は少なくなっている。いわゆる住宅開発の主力が、近郊の里山を利用した雛壇式宅地造成から、都市周辺の水田地帯を埋めたて、あるいは都市内での集合住宅建設に向かったからであろう。一九九八年の黒塚古墳の調査は計画的学術調査であった。その後も三角縁神獣鏡の出土は続いていて、大阪府安満宮山古墳から二枚、奈良県鴨都波一号墳の三枚などが続いた。

表二に記した調査による出土と、乱掘による出土は完全に同一の基準では分けてはいない。詳細報告が未刊行のものは判断しようがなく、知悉しているものを例示したい。

一九四九年に発掘調査をされた奈良県桜井茶臼山古墳では二一種類の鏡片が出土していて、一〇面の三角縁神獣鏡片が含まれていたが、過去の乱掘が著しかったので、その出土破片は原副葬位置を離れていた。このため、この鏡は学術的に確認したものでないとした。同様の例は奈良県室大墓（史跡名は室宮山古墳）出土の一破片も同じである。前述したように、椿井大塚山古墳出土鏡も、現地で出土状況が確認されたものが学術調査による出土品とするべきであるが、大多数は乱掘による出土である。京都府園部垣内古墳出土の鏡のうち三枚は、厳密に記すならば、調査中ではあったが建設機械で検出されたので、ほかの三枚とは区別する必要がある。(14) ただし、椿井大塚山古墳と園部垣内古墳出土鏡の出土状況を研究者が確認するという基準からすれば後者が上位の取り扱いを受けることはいうまでもない。椿井大塚山古墳では竪穴式石室出土鏡と、その西側にあった粘土床風の遺構出土鏡の区分ができないという根本的な点が解決していない。近年の研究では、複数の主体部をもつ古墳の出土品は主体部別に取り扱い、更に棺内外の配置にも注意を払っていることは、三角縁神獣鏡研究にあっても無視できないのである。

ただし、乱掘による出土であっても、その後の観察が優れていて、原出土状況の判明する例もある。一九二九年に出土したとされる山梨県大丸山古墳（報告書には出土年の記述はなされていない）の報告書にはつぎのような記述がある。

「鑑鏡（第七図版、第八図版）本品は人骨と伴出したものにして、発掘者の談に依れば、第七図版のものが（筆者注…三角縁神獣鏡）石枕の中央向側に立掛けられ、其の左右に第八図版に示せる二面が（筆者注…環状乳神獣鏡の１／３の破片と、変形獣形鏡。前者は二片に割れているので、１／３の破片が散逸した可能性もある）置かれていたと云ふ。此の占位状態は信ずべきものとして、委員の調査の際に於ても、石枕の一端に三個の半円形の斑痕（赤褐色ノ）を見とめることを得たり。

即ち、中央に有りしものは精巧なる白銅鏡にして、直径十七仙、鏡面に約〇・二仙の反りを現す（筆者注…仙は㎝）」（報告書五六〜五七頁）(15)。一九三二年三月の刊行であり、その当時にあって被乱掘古墳の出土状況をこのように復原されていることには、大きい敬意を示す必要がある。その当時の多くの鏡を出土した被乱掘古墳の出土品などの報告の多くが出土遺物の精緻な観察とは逆に、出土状況についてはきわめて簡単なものが多い。大丸山古墳の報告は今日においても通じるものといえよう。

三　三角縁神獣鏡の出土傾向

約四五〇枚の三角縁神獣鏡のうち出土状況が確認されているものは、およそ一九〇枚で約四二％ほどである。この数字は古墳出土鏡の総数の比率よりもおよそ七％も高い値となっている。これは黒塚古墳、椿井大塚山古墳、一貴山銚子塚古墳などと、沖ノ島祭祀遺跡出土などの大量出土がその要因として作用していることは明らかである。この大量出土に目が奪われがちであるが、実は三角縁神獣鏡は不断に出土しているのである。これは学界の関心が三角縁神獣鏡に注がれたために、古く出土していたが未報告であったものが精力的に報告されたからである。

椿井大塚山古墳が乱掘された一九五三年までに出土が確認される三角縁神獣鏡は、およそ二三四枚にも達していたのである。出土状況の確認できる一九〇〇年以降の五四年間では、約一二九枚が出土していて、年平均ではおよそ二・五枚である。椿井大塚山古墳の翌年である一九五四年から黒塚古墳調査の前年まで（実は一九九七年に黒塚古墳の調査は始まっていたが、便宜上一九九八年出土としている）の四三年間には、およそ八三枚が出土していて、年平均では、およそ二枚弱が出土している。二十世紀の前半の年平均出土がやや多いが、単純な年平均とすると二枚程度が出土していていることになる。明治以降から一九〇〇年までの三二年間にもおよそ六二枚が出土しているので、これもまた年平均ではおよそ二枚となる。ここ一四〇年間に毎年二枚以上も出土していて、大量出土といえる椿井大塚山古墳や黒塚古墳のそれを含めると更に数字は大きくなる。

このこととは別に指摘しておくべきことは、古代の銅製品が不時発見されると、時にはスクラップされてしまうことである。わたしは鏡の例は知らないが、一九六〇年に滋賀県野洲町大岩山で銅鐸が出土した時に、工事従事者らは同時に出土した大形の水晶の結晶を高値で売却しようとした。銅鐸はスクラップ用に銅塊として売却したといわれている。一九六五年ぐらいまでは銅は再鋳造用に売却されることが多かったのである（ごく最近まで、中国では廃銅工場に考古学徒を常時派遣して古銅器を回収していた。『文物』や『考古』にも、こうして回収された銅器が報告されている）。明治時代の例は沢山ある。愛知県鳳来山の鳳来寺には鏡堂があり、数万枚もの鏡が奉納されていたが、廃仏毀釈によって、すべて山から下ろして、還俗する僧侶の生活費として鎔鋳されてしまった。このような例は多い。(16)

いま、鎔銅のことを記したのは、不時に発見された多くの鏡が再鋳銅された可能性を指摘し、更に多数の鏡が地上に出ていたことにも思いをめぐらせておく必要を感じているからである。

四　三角縁神獣鏡の出土する範囲

三角縁神獣鏡が出土する古墳の規模などの分析は進んできているので、ここでは述べないことにする。(17)いままでの確実な出土地を地図上にみると、地域によって出土していない県がある。青森、岩手、秋田、宮城の東北北部で、前二県は古墳の分布がごく少ない。北関東の茨城、栃木と、旧武蔵国の埼玉、東京がない。北陸地方は富山以北、四国の高知、九州の長崎、鹿児島両県に認められない。律令制で一国であった島、佐渡、隠岐、壱岐、対馬の各島からは出土しておらず、前方後円墳が分布しない淡路からは出土（大正年間出土・コヤダニ古墳）している。古式の大形古墳が多く、朝鮮半島にも近い対馬に現状では出土していないことは注目しておいてもよい。律令制では未出土情報の地域は若干多くなる。福井県では若狭、岐阜県では飛騨、三重県では伊勢、志摩、島根県では石見などが加わる。

全体としては、およそ五四％が近畿地方から出土しているが、旧五畿内に限ると、およそ四二％となる。

前述しているので、再説は避けるが、十枚以上を三角縁神獣鏡の大量出土と仮定すると、大量出土をした古墳が奈良県（大和）の四古墳、京都府（山城）の一古墳、岡山県（備前）の一古墳の計六古墳となる。一鏡種が十枚以上も一古墳の一主体部から出土することは、きわめて異質な状況で、他の鏡種を大量に一古墳から出土した古墳では、鏡種に幅があることが多い[18]。鏡種の多様性と単調性は日本の古墳時代における鏡の流通を復元する上での鍵を握っている問題である[19]。三角縁神獣鏡を含む一括出土鏡について小林行雄氏は伝世の理論を打ちたてられた。紫金山古墳では、理論的整合性があるように思われたが、黒塚古墳では、いわゆる伝世鏡が出土していず（学術調査であり、かつ未乱掘であったので可能性は限りなく零である）、ある古墳には適合し、ある古墳ではまったく適合しない現象をもって、日本全国の古墳時代を一元的に論じることは、いささか困難であるといわざるをえない。今日までのところ中国大陸の銅鏡研究が悉皆的調査段階に達していないので[20]、中国内での旧鏡笵を用いた。あるいは、旧鏡を原鏡とした鏡製作に（いわゆる踏み反し鏡）ついても研究の深化が望ましい。

小稿の論旨の重点は、三角縁神獣鏡は特殊な鏡ではなく、古墳出土鏡としてもっとも一般的な鏡式であって、出土量も古墳出土鏡の一五％にも及んでいて、前期古墳出土鏡のみでみれば約四〇％にも達していること。さらには出土傾向からみて、毎年二枚前後も出土する可能性のある鏡であることを改めて検証したものである。三角縁神獣鏡は、これからも平均して毎年二枚も出土しつづける鏡式であるとみるべきであり、出土地域も広域化する（一九五六年までは、福島県、千葉県、島根県、徳島県などで未検出であった）傾向も強い。三角縁神獣鏡の出土論（分布論）の前提を改めて認識することによって、いわゆる三角縁神獣鏡論も発展し、真実の認識に近づくのであろう。

三角縁神獣鏡はもっとも普遍的な古墳時代前期の銅鏡であり、その出土量は今後も増加しつづけるという予測が充分たてられることを述べた。

註

(1)　小林行雄『古墳の話』岩波書店　一九五九年

(2)　国立歴史民俗博物館『国立歴史民俗博物館研究報告』五六　一九九四年

(3)　小林行雄「前期古墳の副葬品にあらわれた文化の二相」『京都大学文学部五十周年記年論集』京都大学　一九五六年

(4)　小林行雄『古墳時代の研究』青木書店　一九六一年

(5)　樋口隆康『三角縁神獣鏡総鑑』新潮社　一九八五年

(6)　この地域から出土していないことについて、わたしは製作水準が高くない倭鏡が不必要であったとし、魏鏡説の人々は配布先には配布が終わった時点で、皆無となったからと解釈してきた。ともに誤りであった。

(7)　美杉村は伊勢と大和を結ぶ古代の道路に沿った地域であり、沖ノ島祭祀遺構にみるように、陸路の峠越（高見峠）においても三角縁神獣鏡を用いた手向がなされていたとしたならば、おおいに出土があってもよく、出土を信じてもよいことになる。ただし、現状では出土を信じるなんらかの根拠がない。

(8)　福井県足羽山古墳出土鏡（第二次大戦により神社が焼失）、岐阜県昼飯出土鏡、愛知県小木天王山古墳出土鏡など。ほかに、伝美杉村など出土地自体が架空にかけられているものもある。

海外にわたったものもあり、アメリカのフリーア美術館蔵三角縁四神四神獣鏡のように売買されたものと、ベルリン土俗博物館蔵の滋賀県古冨波山古墳出土鏡のように国家間で交換されたものもある。

(9)　村川行弘「三角縁画文帯神獣鏡の創作」『大阪経済法科大学論集』八　一九七九年

(10)　櫃本誠一『兵庫県の出土古鏡』学生社　二〇〇二年

(11)　樋口隆康『椿井大塚山古墳』山城町教育委員会　二〇〇一年、『シルクロードから黒塚の鏡まで』学生社　一九九九年

(12)　小林行雄『福岡県糸島郡一貴山村田中銚子塚古墳の研究』日本考古学協会特別委員会（印刷・発行は便利堂）　一九五二年

(13)　森　浩一『僕は考古学に鍛えられた』筑摩書房　一九九八年

に詳しい経緯が書かれていて、報告書の欠を補っている。

(14) 森　浩一・寺沢知子ほか『園部垣内古墳』同志社大学文学部考古学調査報告第六冊　一九九〇年

(15) 山梨県『史蹟名勝天然記念物調査報告　第五輯　史跡及天然記念物之部』一九三一年

この報告の各項目には執筆者の表示はなく、「序言」に赤岡重樹、土屋操、仁科義男の三氏の名があり、一般に仁科氏の執筆とされている。

(16) 拙著『日本人と鏡』同朋舎出版　一九八八年で例示しておいた。法隆寺西円堂奉納鏡の鋳崩しについては『法隆寺昭和資材帳　工芸八』小学館　一九八九年に記しておいた。

(17) 大阪府立近つ飛鳥博物館『平成七年度春季特別展　鏡の時代—銅鏡百枚—』一九九五年の高島徹、一ノ瀬和夫氏の論考、及び櫃本誠一氏の註(10)にも詳細に記されている。

(18) 福岡県平原墳丘墓は鏡種に多様性が認められないことでよく知られている。

(19) このことについては、二〇〇三年一二月刊行予定の石野博信氏古希記念論集（学生社刊）に投稿しているので述べない。また、三角縁神獣鏡の出土状態の検討は、二〇〇四年二月刊行予定の伊達宗泰氏記念論集に投稿している。

(20) 小林行雄氏の註(4)所収の「古墳の発生の歴史的意義」(一三五〜一五九頁) がその提議論文である。

韓と倭の馬形帯鉤

東　潮

一　馬形帯鉤の発見と発掘

一九二〇年に刊行された『大正六年度古蹟調査報告』に、慶尚北道善山出土という馬形帯鉤が報告された〔今西龍一九二〇〕。その翌年の一九一八年には慶尚北道永川漁隠洞で馬形帯鉤と虎形帯鉤をふくむ青銅器の一括遺物が発見された。その以前の一九一三年ごろ岡山県榊山古墳出土と伝える資料も知られていた〔和田千吉一九一九〕。その後数十年、あらたな発掘資料はなかったが、一九八六年忠清南道天安市清堂洞墳墓群で、二〇個体におよぶ多くの帯鉤がいっきょに出土した。あわせて一九六六年に京畿道安城郡安城邑仁智洞でみつかっていた馬形帯鉤も報告された〔徐五善一九九〇〕。

一九八七年には慶州朝陽洞墳墓群の六〇号墓で馬形帯鉤二個が出土し、金海大成洞遺跡で虎形帯鉤〔慶星大博二〇〇〇b〕、一九九三年にその北方の亀旨路四二号墓〔慶星大博二〇〇〇a〕で馬形帯鉤、慶州郡舎羅里で虎形帯鉤、忠清北道清原郡松岱里墳墓群〔韓国文化財保護団一九九九a〕、清州市鳳鳴洞墳墓群、慶尚北道尚州市城洞里・新興里墳墓群〔韓国文

遺跡	遺物	地名	墳墓	総数	埋葬施設	材質 鉄	鉤釦基部角度	鉤角度	鉤高指数	釦高	鉤高指数	釦鉤角度	鉤部全長	鉤部長	鉤基部高	鉤先端高	鉤基部幅	鉤端部幅	釦径	釦高	鋲臂長	鋲臂指数	頭部高	胴部横幅	背高	臀部高	腹高	脚部突帯	文様有
1	1	京畿道安城郡	仁智洞	1			166	81	74	29	74	14	64	27	11	8	16	5	9	9	11	19	42	59	34	39	18	1対	
2	2	忠清北道清原郡	松岱里1号墓①	2	土壙墓		176	88	75	38	75	4	68~	23	26		12		11	14	15	21	68	72	45	51	28	1対	
	3		松岱里1号墓②				168	90	64	32	64	12	76		27		11	5	13~	11			69	76	46	50	25		
3	4		松岱里6号墓	1	土壙墓		166	62	60	27	60	14	72~	22~	20	16	15	5			15		53~	50	44	45	27		
4	5		松岱里9号墓	1	土壙墓		172	90	60	32	60	8	94	37	19	18	15	7	10	11	18	22	65	82	48	53	33	2対	○
5	6		松岱里11号墓①	2	土壙墓		172	89	75	36	75	8	87	34	21	18	23	7	14	14	14	19	67	74	45	48	25	1対	
	7		松岱里11号墓②				180	82	76	38	76	0	78	32	28		11	5	12	14	11	16	70	70	46	50	27	無	
6	8		松岱里26号墓	1	土壙墓		162	82	80	35	80	18	87	37	15	11	11	4	17	12	14	19	54	72	34	44	22	無	
7	9		松岱里28号墓	1	土壙墓		180	78	68	28	68	0	89	24	17	9	20	6	16	12	16	23	56	69	39	41	18		
8	10		松岱里38-2号墓	1	土壙墓		166	78	80	36	80	14	70	30	13	11	13	8	18	13	14	23	51	62	37	45	26	1対	
9	11		松岱里53号墓	1	土壙墓	○	180	77	70	35	70	0	78	29	18	12	14	9	17	12	17	24	59	72	45	50	26		
10	12	忠清南道天安市	清堂洞5号墓①	11	土壙墓		154	90	83	38	83	26	57~	10~	15		10		15	10	13		42~	60~	38~	46	24	1対	
	13		清堂洞5号墓②				163	81	78	39	78	17	77	40	17	14	11	8	14	11			55~	74	42	50	30	1対	○
	14		清堂洞5号墓③				162	87	73	38	73	18	78	34	20	19	12	5	15	9	16	22	59~	73	47	52	29	1対	○
	15		清堂洞5号墓④				160	89	80	44	80	20	82	30	21	20	11	8	14	9	12	16	40~	74	39~	55	34	2対	○
	16		清堂洞5号墓⑤				173	88	79	45	79	7	93	40	33	31	13	8	15	13	15	18	73~	82	53	57	37	2対	○
	17		清堂洞5号墓⑥				167	89	78	47	78	13	89	32	26	25	12	9	14	9	13	16	72~	80	54	60	37	2対	○
	18		清堂洞5号墓⑦				173	83	85	49	84	7	92	37	32	28	13	7	12	9	13	16	73~	82	50	58	35	2対	○
	19		清堂洞5号墓⑧				162	90	80	45	80	18	88	31	22	23	10	7	17	10	13	15	78	88	52	56	33	2対	○
	20		清堂洞5号墓⑨				173	90	80	45	80	7	95	34	27		13	7	14	9	15	18	79~	83	53	56	34	1対	○
	21		清堂洞5号墓⑩				165	89	80	43	80	15	87	33	24	24	11	9	14	7	13	16	66	84	50	54	33	2対	○
	22		清堂洞5号墓⑪				159	86	80	47	80		63~		25		10		13	10			47	50	48	59	36	1対	○
11	23		清堂洞7号墓①	2	土壙墓		156	89	81	47	81	24	78	31	26	25	11	8			13	19	72	69	53	58	31		○
	24		清堂洞7号墓②				158	90		38		22	53~				15		11	11	12	19	60~	64	42	48	28	2対	○
12	25		清堂洞9号墓①	4	土壙墓		169	81	76	38	76	11	56		20		9		11	14	19	27	60~	71	38	50	21		
	26		清堂洞9号墓②				172	87	74	37	74	8	85	36	24	23	10	7	14	12	15	20	65~	75	41	50	24		
	27		清堂洞9号墓③				173	88	78	43	78	7	77~	20~	26		11		16	10	15	18	67	85	49	55	30	1対	○
	28		清堂洞9号墓④				162	90	84	38	84	18	86	41	16		10	8	10~	10	17	24	55~	70	42	45	22		○
13	29		清堂洞16号墓	1	土壙墓		162	78	78	39	78	8	74	29	19	16	10	5	13~	13	12	16	53~	76	44	50	25	1対	
14	30	忠清南道天安市	清堂洞	1			141	90	78	40	78	39	97	54	15	16	9	6	13	9	20	25	62	80	44	51	25	1対	○
15	31	慶尚北道永川郡	漁隠洞	1				84	59	32		0	134	76	24	14	6	6	16	25	23	26	70	89	48	54	27		○
16	32	慶尚北道慶州市	朝陽洞60号墓①	2	木槨墓		180	83	44	22		5	72~		23		9				10	13	62	75	44	50	21	?	○
17	33	慶尚北道尚州市	城洞里39号墓	1	木棺墓		168	74		39		12	72~	20~	20~		13		15	13	12		64~	68~	38~	42~	22~		
18	34		城洞里55号墓	1	木棺墓		170	87	78	38	78	10	81	25	22	22	14	8	10	8	7	11	59~	65	38~	49	28		○
19	35		城洞里77号墓	1	木棺墓		168	90	70	38	70	12	73~	23~	26		15		12	8	16		60~	60~	45	54	28	1対	○
20	36		城洞里97号墓	1	木棺墓		170	80	75	33	75	10	81	34	12	11	11	3	7	8			52~	68	40	44	20	2対	
21	37		城洞里104号墓	1	木棺墓		159	84	84	43	84	21	73	32	18	16			13	11	10		35~	51~		51	30		○
22	38		城洞里107号墓	1	木棺墓		180	84	80	43	80	0	91	32	30	26	10	5	9	7	11	13	70	85	52	54	32		○
23	39	慶尚北道尚州市	新興里9号墓	1	木棺墓		180	82	80	31	79	0	93	35	15	3	16	4	11	10	28	38	59	73	36	39	18		○
24	40		新興里28号墓	1	木棺墓		180	77	71	29	71	0	90	37	16	9	17	5	17	12	16	24	56	68	39	41	18		
25	41	慶尚南道金海市	亀旨路42号墓	1	木棺墓		180	81	68	32	68	0	90	35	25	21	8	7	13	8	17	23	65	74	43	47	21	1対	○
26	42	慶尚南道金海市	良洞里384号墓	1	木槨墓		172	90	76	35	76	8	65~	4~	25		7		8	13			64	71	41	46	26	無	

表1　馬形帯鉤出土地地名表

化財保護財団一九九八b］であいついで発掘された。

日本列島でも、二〇〇一年に長野県長野市浅川端遺跡で、馬形帯鉤がはじめて発掘された［長野市教委二〇〇二］。かつて伝榊山古墳のものが、五世紀代の渡来系遺物ととらえられたり、騎馬民族や騎馬文化伝播の資料として用いられてきた。そうした点を問題として、まず伝榊山古墳の帯鉤を再検討し、贋物の可能性のあること、出土品とすれば、一〇〇～二〇〇年の伝世のあることなどについて指摘した［東一九九二］。

馬形帯鉤は、韓国や日本、さらにアメリカの博物館で多数所蔵されている。そのうち出土地不詳であるが、あらたに李養叡蒐集品などの実測図面・写真が報告された［慶州博一九八七］。巷に流布する馬形帯鉤のなかに、あきらかに贋物がある。美術商をつうじて博物館にもたらされた六個の馬形帯鉤が亜鉛などの含有や形態、劣化状況などから、贋物と認定されたことがある［永嶋正春一九八八］。馬形帯鉤は鋳銅製品であり、同一鋳型で製作されたものもあった。馬形帯鉤は、清堂洞墳墓群の大量の発掘以来、京畿道から忠清北道、慶尚南北道へと分布域はひろまっている。馬形帯鉤が三世紀を前後とし、京畿道安城から忠清南道天安一帯が馬韓諸国の月支国の所在地と関連すること、その分布園が辰王政権の統治地域とかかわる可能性を示唆した。三世紀ならば、日本列島内で出土することも予想した［東一九九二］。

咸舜燮［一九九五・九八］は、清堂洞墳墓群を三期に分類する。清堂洞一期は二世紀後半で五・七・九号墓、清堂洞二期は三世紀前半で二〇号墓（銅製曲棒形帯鉤）、二号墓（鉄製曲棒形帯鉤）、清堂洞三期は三世紀後半で一六号墓例が属する。馬形帯鉤は、文様が省略化され、胴部が長く、脚が短くなる傾向があり、形態的に清堂洞五号墓→慶州朝陽六〇号墓（紀元二世紀後半）→清堂洞九号墓と変化したとみる。出土状態を検討し、七・九号墓では、「同一型式が二点ずつセットで有機質の痕跡範囲で近接して出土」し、帯に装着した状態であったことから、複数出土のばあい、帯の前後に装着されたと推定する。清堂洞Ⅰ期は、桓霊末（一四六～一八九年）の「韓濊彊盛郡県不能制民多流入韓国」（『三国志』魏書東夷伝）の時期にあたる。清堂洞Ⅱ期は、公孫氏による帯方郡の設置、魏の楽浪・帯方郡の平定、印綬衣幘の授与などの政治状況にあり、曲棒形帯鉤や金箔玉、瑪瑙玉が流入したとかんがえる。

竹谷俊夫［一九九七a・b］は、天理参考館所蔵の資料を紹介し、発掘資料を集成する。大きさから三型式に分類し、第Ⅰ型式は漁隠洞の一例、第Ⅱ型式には大小があり、写実的なものと省略した文様のものがあり、第Ⅲ型式には文様の鋳出がなく、鉤部が短く、前下がりになる傾向があるとした。

金邱軍［二〇〇〇］は、虎形帯鉤とともに馬形帯鉤の型式分類と編年をおこなう。馬形帯鉤は永川漁隠洞例をモデルとして製作され、二世紀後半には金海亀旨路四二号墓・慶州朝陽洞六〇号墓、三世紀前半に清堂洞五・九号墓例がつくられ、尚州新興里九号墓例のように四世紀後半まで存続する。二世紀以降、地域差が生じるようになり、二五〇年を前後する時期、天安・清原・安城など中西部地域に分布範囲が拡散するととらえる。尚州地域に分布する馬形帯鉤は、その地域の墓制（土壙木棺墓、木槨墓）や土器が「嶺南圏」でない、中部地域の伝統をもつことから、四世紀初めの帯方郡の滅亡にともなう「流移民の南下」とかかわるものと推定する。虎形帯鉤と馬形帯鉤が紀元前後の時期から、東南部の文化変動上だけでなく、中部地域との関係を立証するのに重要な資料と位置づける。

二　馬形帯鉤の型式分類と時期

型式分類　現在、馬形帯鉤の発掘資料は四九例である。そのほか出土地不詳の多くの資料が知られているが、真贋のほどは定かでない。発掘された資料を中心として型式分類をおこなう。分類にさいしての指標は、鉤の角度、文様、

脚部の突帯、鉤の長さ、鋲の角度・高さなどである、

漁隠洞帯鉤は、伴出した前漢鏡・韓鏡から、年代的にもっとも古く、後漢併行、紀元一〜二世紀ごろで、辰韓の時期にあたる。その点から漁隠洞帯鉤は、その後の帯鉤じたいの変遷過程をみるうえで、基本資料となる。

その特徴は、つぎのとおりである。①鉤と鋲は直線で、脚部底面と八四度である。底面と鉤は平行していない。②鋲の高さがほぼ中位（指数五九）で中央寄り。③胴部に横列・縦列直線文帯、脚間および鉤部に横列文の施された楕円形文。伴出した虎形帯鉤と同じ文様。④脚の太股部に直線文。⑤たてがみ部は無文。⑥鉤をかける鐶がともなう。これらの要素は変化しながら、継承されている。

馬形帯鉤の諸属性について分類する。

〈文様〉有文と無文がある。文様はたてがみ部・頭部・胴部・脚部、脚部内、臀部に表現されている。文様の種類として、斜格子文・格子文・列点文・横列文・縦列文などがある。有文のものでは、脚部内の斜格子文の有るものと無いものがある。たてがみ部は、頭部に列点の表現されたもの（清堂洞五号墓⑥〜⑩）。無いもの（五号墓②〜⑤、⑪）がある。文様の特色として、脚内や胴部の斜格子・格子文、横列文の組み合わせによって分類しえる。

第一類は、脚内・胴部とも横重列文が主体であるもの。

第二類は、横重列文とともに、斜格子文・格子文が表現されるもの。横重列文の施されるものをⅡ−一類、横重列文のみられないものをⅡ−二類とする。

第三類は、胴部に斜格子・格子文が施されるもの。

第四類は、一部に文様が施されるもの。城洞里七七号墓例のように重弧文の表されたものがある

第五類は、無文のもの。

	馬形帯鉤	分類	鉤	釦鉤	脚部	脚内					胴部					頭部	鬣	胸繋	臀部	鉤部	尾部
			角度	角度	突帯	豆粒文	横重列文	斜格子	重弧文	横重列	斜格子	直線文	格子文	横縦列	横列文	列点文	縦重列		重列文		
1	漁隠洞		84	0	1対	●					●			●						●豆粒文	
2	朝陽洞60号墓	Ⅰ類	86	5	無		●			●								●三角	●三角	●縦列文	●縦列文
3	亀旨路42号墓		81	0	1対		●					●		●				●	●		
4	清堂洞7号墓②		90	22	2対			●		●片側	●					●					
5	清堂洞5号墓⑧	Ⅱ−1類	90	18	2対			●		●両側	●					●	●				
6	清堂洞5号墓④		89	20	2対			●		●両側	●					○	○				
7	清堂洞5号墓③		87	18	1対			●		●2列			●								
8	清堂洞5号墓⑪		86	15	2対			●		●両側	●					●	●				
9	城洞里107号墓		84	0	1対			●		●両側	●					●	●				
10	清堂洞5号墓②		81	17	1対			●		●1列											
11	清堂洞5号墓⑨		90	7	1対			●			●					●	●		●		
12	清堂洞7号墓①	Ⅱ−2類	89	24	無			●			●					●					
13	清堂洞5号墓⑩		89	15	2対			●			●					●	●				
14	清堂洞5号墓⑥		89	13	2対			●			●					●	●				
15	城洞里55号墓		88	10	無			●								●	●				
16	清堂洞5号墓⑦		88	7	2対			●			●					●	●				
17	清堂洞5号墓⑤		88	7	2対			●			●					●	●				
18	清堂洞9号墓④		90	18	無			●													
19	清堂洞9号墓③	Ⅲ類	88	7	1対			●													
20	城洞里104号墓		84	21	無			●													
21	松岱里9号墓		90	8	2対			●格子文													
22	清堂洞		90		1対			●格子文													
23	城洞里77号墓	Ⅳ類	90	12	1対				●						●	●					
24	清堂洞16号墓		78	8	1対						●			●							
25	清堂洞5号墓①		90	26	1対																
26	良洞里384号墓	Ⅴ類	90	8	無																

表2　馬形帯鉤の文様

清堂洞五号墓の一一個の帯鉤は、二種類に大別されるが、共存する。同一の鋳型で製作されたものはない。清堂洞七号墓の二例もⅡ類に属する。九号墓はⅢ類である。無文化も一つの指標となるが、五号墓でも無文の一例がふくまれている。

〈角度〉鉤の角度は八〇〜九〇度の範囲にある。鉤はほんらい帯に平行に装着されるもので、直角が鉤としての機能をはたす。角度の差は、機能の変化、時期差にかかわる。釦（留金具）の中心部と鉤の方向は、鉤の角度と相関関係をもち、一八〇度のばあい釦から鉤の先端が直線であることをしめす。ちなみに曲棒形帯鉤は直線一八〇度である。

〈形態分類〉クラスター分析A（サンプル四一、変数一一、群平均法）、分析B（サンプル二九、変数一三）の結果、つぎのような特徴がある。分析Bの資料は、鉤と鉤部の延長線上の長さが測定しえるものを対象とした。

一、清堂洞五号墓⑧と五号墓⑩、清堂洞九号墓③と五号墓⑨、清堂洞五号墓⑦と五号墓⑤、清堂洞五号墓③と一六号墓、清堂洞九号墓②と松岱里一一号墓①・良洞里三八四号墓。松岱里一号墓①、新興里二八号墓と松岱里二八号墓が近似する。

二、清堂洞五号墓⑩・⑧と⑥、清堂洞五号墓③・②と④、清堂洞九号墓②と松岱里一一号墓①、清堂洞九号墓④と松岱里二六号墓、松岱里二八号墓と新興里二八号墓と類似する。

三、清堂洞五号墓⑨・⑤・⑦と城洞里一〇七号墓のクラスターは時期差と解釈される。

四、漁隠洞は他の例とくらべ、形態的にへだたりのあることをしめす。

〈時期〉馬形帯鉤の編年にさいしては、土器の編年研究が不可欠である。清堂洞墳墓群では、伴出土器から、清堂洞五・七・九号墓は二世紀後半、清堂洞二号墓鉄製帯鉤は三世紀前半、清堂洞一六号墓・仁智洞は三世紀後半に比定する［咸舜燮一九九五］。錦江流域の土器編年から、清堂洞五号墓は二世紀後半、松岱里九・一一号墓は三世紀後半〜四世

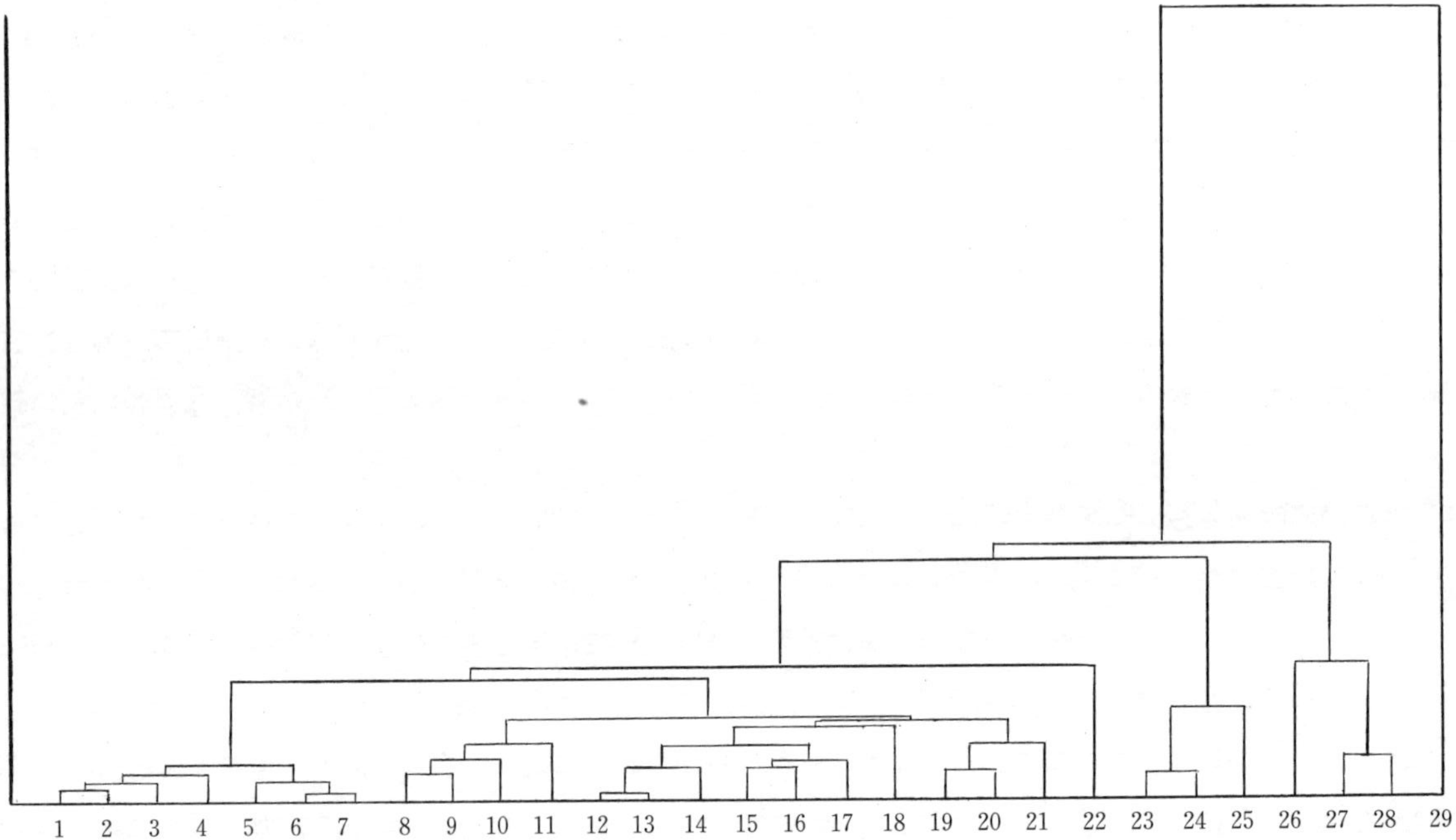

図1　馬形帯鉤(分析B)

1．清堂洞5号墓⑨　2．清堂洞5号墓⑤　3．清堂洞5号墓⑦　4．城洞里107号墓　5．清堂洞5号墓⑥　6．清堂洞5号墓⑩
7．清堂洞5号墓⑧　8．清堂洞5号墓③　9．清堂洞5号墓②　10．清堂洞5号墓④　11．清堂洞7号墓①　12．清堂洞9号墓②
13．松岱里11号墓①　14．亀旨路42号墓　15．清堂洞16号墓　16．松岱里11号墓②　17．松岱里53号墓　18．城洞里55号墓
19．清堂洞9号墓④　20．松岱里26号墓　21．城洞里97号墓　22．松岱里9号墓　23．松岱里28号墓　24．新興里28号墓
25．新興里9号墓　26．城洞里104号墓　27．仁智洞　28．松岱里38－2号墓　29．漁隠洞

紀に位置づけられている〔成正鏞一九九八〕。漁隠洞は紀元一世紀前半、亀旨路四二号墓・朝陽洞六〇号墓は二世紀後半、清堂洞五・九号墓は三世紀前半、新興里九号墓は四世紀後半に比定する考えもある〔金邱軍二〇〇〇〕。漁隠洞の青銅遺物の伴出関係が問題となるが、小形韓鏡からみると、二世紀代までくだるであろう。良洞里の二例は二世紀中葉、三世紀初と推定されている〔林孝澤二〇〇〇〕。一類のなかでも漁隠洞と朝陽洞例とには形態差、時期差がある。清堂洞五号墓は、二世紀末から三世紀前半の幅をもってかんがえておきたい。

虎形帯鉤の時期については、舎羅里一三〇号墓は紀元後一世紀後半〜二世紀初めである。大成洞一一号墓例は舎羅里一三〇号墓にくらべて、尾の渦巻文および前後脚が形式化していて、後出する。

馬形帯鉤が台頭する二世紀後半には、虎形帯鉤の製作は衰退している。虎形帯鉤じたいもその姿を失い、馬形帯鉤に似るようになるという〔金邱軍二〇〇〇〕。

忠清南道天安市清堂洞墳墓群は馬韓から百済時代の墳墓群である〔中央博物館一九九〇・九一・九三・九五〕。六基の墓から馬形帯鉤が出土している。馬形帯鉤の時期は、伴出土器などから、二世紀後半〜三世紀後半の三期に分類されている。五号墓は一一個が帯に装着されたような状態で、被葬者の片側から出土している。腰帯としての用途はかんがえがたい。九号墓四個のうちの二個は同型とみられ、同一原型をもとにした鎔范で鋳造された。

〈分布〉京畿道安城から忠清南道天安、忠清北道清原・清州、慶尚南道金海、慶尚北道慶州・永川・尚州にかけての馬韓・弁韓・辰韓の三韓地域、長野市の倭の地域に分布する。馬形帯鉤は韓と倭の地で共時的に分布する。

〈馬形帯鉤の製作地・原料産地問題〉松岱里六・一一号土壙墓出土の三例は、鉛同位体比が同一で、中国南部の鉛を使用し、清堂洞墳墓群の一一点の産地と同一と推定された。九号土壙墓例は、中国の他の地域の原料を用いたが、朝鮮時代の青銅盒のばあいは慶尚北道の第一・第二永和鉱山、青銅匙は神岡鉱山のものであるという。

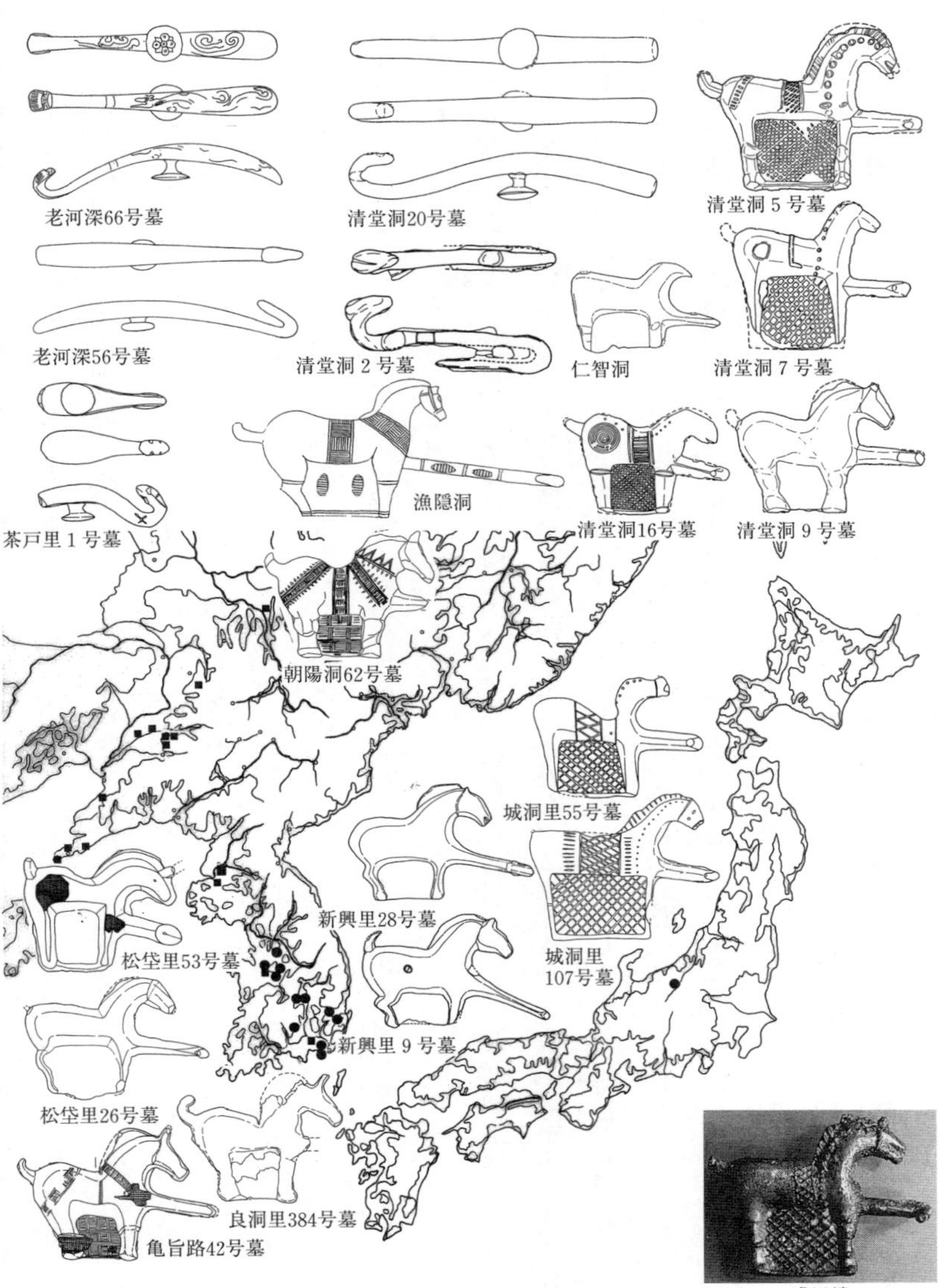

図２　馬形帯鉤(●)・曲棒形帯鉤(■)の分布

城洞里墳墓群の馬形帯鉤八点の鉛は「中国南部産」で、同じ地域の鉛を使用したと推定されている。帯鉤じたいにあきらかに時期差がある。とすれば三〜四世紀にわたって同じ産地から、鉛鉱を輸入したことになる。鉛鉱の産地については不問にせざるをえないが、形態からみて天安清堂洞と清原松岱里の馬形帯鉤の製作地は同一とかんがえられる。約三〇㎞隔てた遺跡で、二遺跡をふくむ地域に製作地があり、供給されたのであろう。馬形帯鉤は三韓の地で製作されたことはうたがいない。そのうえで銅・鉛の原産地問題を検討しなければならない。

三　馬形帯鉤をめぐる諸問題

馬形帯鉤の出土状況　型式分類をふまえ、墳墓群における馬形帯鉤の出土のあり方などを検討する。

清原梧倉面松岱里墳墓群〔韓国文化財保護財団一九九九a〕　七五基の土壙(木棺)墓が発掘され、八基から一〇点の馬形帯鉤が出土した。五三号墓例は鉄製である。胴部の背面は丸くくぼんでいて、鋳造であることをしめす。下部に織物痕が附着する。三韓時代において、鉄の鋳造技術は、紀元前一世紀後半いらい茶戸里一号墓の鍬(耒)のように発達していて、問題はない。松岱里遺跡の北東二二㎞の鎮川石帳里製鉄跡では溶解炉、鍬(耒)の鎔范も検出されている。五三号墓は伴出土器から三世紀末〜四世紀初めごろで、鉄製帯鉤が銅製を模してつくられたとすると、銅帯鉤の時期はその以前となる。

松岱里墳墓群では、隣接する五筋の丘陵上にいくつかの墓群が形成されている。馬形帯鉤はそのなかの二群からみつかっている。カ支群は三韓〜百済時代の土壙墓一八基のうち一・六・九・一一号墓の四基、ナ支群で同時期の土壙墓三六基のうち、二六・二八・三八－二号墓の三基から出土している。土壙墓の時期は、「三世紀中葉から四世紀中葉」で、年代幅をもつ。

カ支群の四基は、群の中央の尾根線上に直列するようにつくられている。馬形帯鉤のかたちは、九→一一→一・六号墓と変化する。カ支群は二つの小群にわかれるかもしれないが、馬形帯鉤は代々の墓でつづけて使用された。

ナ支群では、丘陵上・斜面に三・四つの小群にわかれて立地する。小群ごとに帯鉤がみられる。そのなかで二八号墓の墓壙（三四八×一二〇cm）は帯鉤出土の墓としては最大であるが、帯鉤出土の土壙墓は全体に中規模のものが多い。最大規模の土壙墓には馬形帯鉤は確認されていない。

尚州城洞里墳墓群［韓国文化財保護財団一九九九b］　馬形帯鉤は、発掘された三国時代の土壙墓（木棺墓）二五基のなかで七基の墓から一〇個体が出土した。三三号墓で四個体、その他は一個体ずつである。出土位置からみて、三三・九七・一〇四号墓をのぞいて、被葬者が着装したのではなく、副葬用とみられる。

三三号墓では埋葬施設の中央南寄りで四個がかたまって出土し、墓壙の短辺（北壁）に集中して土器が配置されている。北枕とすれば、帯鉤の出土位置は腰部付近である。帯として、四個体がなぜ必要であるのか不明である。四個とも各所が破損し、腐食もいちじるしい。帯鉤の周囲二〇×二五cmの範囲で灰黒色を帯びた痕跡がみつかっている。銅イオンの関係もあろうが、何かに装着されていたのであろう。

七七号墓の馬形帯鉤は頸に列状突起文、背・腹部に横列文、脚間にU字形の重弧文が表現されている。鉤の角度が直角で、古い型式のものである。一〇七号墓例は形態・文様からみて、清堂洞五号墓と同じ様式という。

三九・五五号墓では鉄鋌と伴出する。三九号墓帯鉤は現長九・一、幅一・三cmの小形、五五号墓は現長一〇・二、幅二・九cmである。松岱里一三号墓では、鑣轡に長さ四・九cm、幅〇・七～一・一cmの鉄鋌状の鉄板（リボン状の鉄板）が使用されている。三九号墓のものはその鑣轡の可能性もある。

城洞里の土壙墓群は「四世紀中葉を前後する時期」で、馬形帯鉤も同じ時期と推定されている［姜炯台・趙詳紀・鄭起生一九九九］。墓地は一つの谷に面する丘陵の傾斜面につくられている。土壙墓の方向によって、数基を単位とした小群にわかれる。小群によって、帯鉤の出土に有無がある。一〇四・一〇七号墓の一群（A群）、九七・七七号墓の一群（B群）、三九・五五号墓の一群（C群）、三三号墓の一群（D群）にわかれる。

馬形帯鉤は、形態や文様からみて一〇七→五五→一〇四→七七→九七・三三・三九号墓という変遷が想定される。土壙墓群の存続期間は半世紀、二・三世代である。一〇七号墓（A群）と五五号墓（C群）はそれほど時期差はないであろう。墓地のなかで、距離をへだてて埋葬されるという関係、家族間の差異によるかもしれない。同一小群内での馬形帯鉤の有無から、帯鉤の身分的な性格の一端をあらわしている。同一小群で、一〇七号墓から一〇四号墓、五五号墓から三九号墓へという埋葬も世帯的で、馬形帯鉤を装着した被葬者あるいは帯鉤が副葬された墓が存在した。馬形帯鉤を共通の表象とする諸集団の存在が浮かびあがる。

尚州新興里墳墓群　新興里カ九号墓の墓壙（二九四×一〇〇cm）、木棺（二五四×四七cm）で、馬形帯鉤はその中央部で出土している。鉤と釦が直線で、底辺と八二度。釦は通常、臀部にあり、胴部のほぼ中央部に位置する点は特徴的である。刀子が伴出している。

二八号墓では、木棺（二二五×五三cm）の中央部から北寄り、北短壁まで約八〇cm、南短壁まで一四五cmの位置で出土し、棺の中央部で蕨手刀子が確認されている。墓壙の北側で土器類が配置される。帯鉤は鉤と釦が直線で、底辺と七七度である。玉製の楕円環が鉤の横で出土し、帯に連結した状態で埋葬されたらしい。二段透孔高杯は新羅初期の四世紀代のものとみられる。新興里の二例は形態的に近似し、時期や製作地がちかいことをしめす。

金海亀旨路四二号墓［慶星大博二〇〇〇a］　亀旨路墳墓群は大成洞墳墓群の造営された丘陵の北側のゆるやかな傾斜

地（標高一〇m前後）に立地する。墳墓群は、木棺墓一四基、木槨墓三八基、甕棺墓四基、石槨墓一基である。四二号墓は長さ二〇八cm、幅八八cm、高さ五五cmの墓壙に石棺系石槨（一五〇×四〇×五五cm）が設けられたもので、東短壁側で小児の頭蓋骨痕が確認された。馬形帯鉤のみ床面で出土している。木槨墓と木棺墓では方向がことなり、石槨墓は木棺墓群と同一方向で、時期も近似するという。墳墓群の時期は、木棺墓が二世紀前葉〜中葉、木槨墓が三世紀第2四半期〜四世紀第4四半期と推定されている。馬形帯鉤がただ一基だけの石槨墓で、しかも小児墓で出土している点は特殊である。馬形帯鉤は胸部・臀部、脚間に縦列文が施されている。

金海良洞里墳墓群［東義大博二〇〇〇］　紀元前二世紀から紀元後五世紀の時期にかけての、木棺墓・木槨墓・石槨墓・甕棺墓など五四八基の墳墓が発掘された。馬形帯鉤は三八二・三八四号墓で各一個体が出土している。

金海地域には、紀元前後から七世紀にかけての遺跡群が分布しているが、三世紀前後の狗耶国時代の遺跡としては金海会峴里貝塚、府院洞貝塚、良洞里墳墓群、大成洞・亀旨路墳墓群などがある。

狗耶国において、一期（紀元二世紀前半）では良洞里墳墓群の五五・五九・一七号墓などが有力な「位階」であり、二期（二世紀後半〜三世紀第3四半期）では良洞里一六二号墓を頂点として八五・七・二号墓と階層差があり、三期（三世紀第4四半期〜五世紀初）では大成洞二一・一三・三九号墓が支配階層であるという［洪潽植一九九九］。狗耶国内で有力な階層の墳墓は、良洞里墳墓群から大成洞墳墓群に移るようである。弁韓十二国のなかで狗耶国は阿邪国とともに有力な大国であった。大国は四〜五千家、小国は六〜七〇〇家であった。馬形帯鉤がどのような階層の墓から出土しているのか不明である。

曲棒形帯鉤と馬形帯鉤　漢魏系統の曲棒状帯鉤［王仁湘一九八五］も清堂洞墳墓群・城洞里墳墓群で出土している。曲棒状帯鉤はあきらかに漢系統のものである。

楽浪および三韓地域における帯鉤（曲棒形）・帯金具の主要な出土地はつぎのとおりである［王仁湘一九八五、東一九九二、高久健二一九九五］。

曲棒形帯鉤は戦国時代から漢代に発達した型式である。とくに前漢末から後漢初期にかけての墳墓で出土する。帯鉤は、遼東郡、玄菟郡、楽浪郡、夫餘、馬韓、弁韓諸国に分布する。帯鉤は漢との交流をしめすものにほかならない。後漢末から三国の時期になると、帯鉤形式のものは衰退し、帯金具の形式が発達する。楽浪郡地域において曲棒形帯鉤は紀元前一世紀の上里を上限として、紀元後一世紀末から二世紀代の貞栢洞四・八・一三号墓、台城里四号墓、三世紀前半の徳星里塼室墓例のように、紀元前一世紀から後三世紀代に存在する［高久健二一九九五］。金銅銙帯は、貞栢里二号墓や三七号墓のように、紀元前一世紀後半に出現し、南井里一一六号墓（彩篋塚）のように三世紀まで存続する。なお楽浪郡治内で帯鉤の鎔范が発掘されていて、鋳造がおこなわれていた［鄭仁盛二〇〇二］。帯鉤が郡県内で製作されていた。楽浪郡内のみならず、周辺地域に楽浪郡治工房の帯鉤が流布していたこともかんがえられる。

国	馬形帯鉤出土遺跡
馬韓	京畿道安城郡安城邑仁智洞、忠清南道天安市清堂洞墳墓群（五・七・九・一六号墓）、忠清北道清州市松岱里墳墓群（一・六・九・一一・二六・二八・三八－一・五三）、忠清北道清州市鳳鳴洞
辰韓	慶尚北道永川郡漁隠洞、慶尚北道慶州市朝陽洞墳墓群（六〇号墓）、慶尚北道尚州市新興里墳墓群（九号墓）、慶尚北道尚州市城洞里（三三・三九・五五・七七・九七・一〇四・一〇七号墓）
弁韓	慶尚南道金海市亀旨路墳墓群（四二号墓）、慶尚南道金海市良洞里墳墓群（三八二・三八四号墓）
倭	長野市浅川端

弁韓地域の慶尚南道茶戸里一号墓では、星雲鏡などと伴出し、紀元前一世紀にさかのぼる。馬韓の清堂洞墳墓群で、馬形帯鉤は二世紀後半に集中し、三世紀前半になく、銅製・鉄製曲棒形帯鉤があらわれ、三世紀後半に属する一六号墓の馬形帯鉤は伝世した可能性があるという［咸舜燮一九九五］。馬形帯鉤は、尚州地域などでは三世紀中葉以後も存続する。

地域	銅帯鉤・鉄帯鉤
遼東郡	遼寧省旅順牧羊城、旅順三澗区韓家村漢墓、大連漢代貝墓、大連営城子貝墓群、金県大李家公社大嶺屯城、新金県花児山七号貝墓、新金県花児山八号貝墓、蓋県九壠地郷村一号墓、遼陽市三道壕西漢村落跡第一・二・四・五号住居跡、瀋陽伯官屯一号墓
玄菟郡	撫順市小甲邦三号墓、撫順市劉爾屯村一号墓、撫順市劉爾屯村前漢墓
楽浪郡	平壌市楽浪区域石巌里五二・一九四・二一二・二五七号墓、貞栢洞三・三六・三七・五三・五八・六二・九二号墓、貞栢里四・一三・一二七（王光墓）号墓、貞栢洞一・三・五・六・七・八・一〇・一一号墓、上里、平安北道徳星里、南浦市台城里四・五・六号墓、黄海南道葛峴里 金銅銙帯（石巌里九号墓、貞栢里二号墓、貞栢里一二七号墓、彩篋塚）
夫餘	遼寧省西豊県西岔溝、吉林省楡樹老河深二・五四・五六・六六号墓
馬韓	忠清南道天安市清堂洞二号墓（鉄）、清堂洞二〇号墓
弁韓	慶尚南道昌原郡茶戸里一号墓

馬形帯鉤は、曲棒形帯鉤の鉤に馬形装飾を施したものである。紀元後一～二世紀代、馬形帯鉤と曲棒形帯鉤と共存していた。そして二世紀末になると馬形帯鉤が盛行するようになる。漁隠洞例とその他の帯鉤とは形態的に差異がある。漸進的に発達したというよりも、二世紀末の段階で、新たな馬形帯鉤が再生したとかんがえる。清堂洞墳墓群での様相はことなるが、三韓の地では漢系統の曲棒形帯鉤から在地的な馬形帯鉤に変化した。

曲棒形帯鉤は魏晋代、一部ではその後も存続する〔王仁湘一九八五〕。遼寧省朝陽袁台子（四世紀前葉）、泰車都尉墓（四世紀中葉）、八宝村墓（五世紀）などの中国東北地方で曲棒形帯鉤が分布し、同じころ帯金具（銙帯）と共存している。清堂洞二〇号墓の銅製曲棒形帯鉤は、土器編年からⅡ期（三世紀前半）の前半、二号墓の鉄製曲棒形帯鉤はⅡ期後半に位置づけられている。五・七・九号墓の馬形帯鉤はいずれもⅠ期（二世紀後半）である。二〇号墓例は後漢末から西晋時期の型式〔王仁湘一九八五〕に類似する。後漢末に流入したものであろう。二〇号墓はⅡ期の墳墓群のなかで階層的に上位にあるという〔咸舜燮一九九五〕。五・七・九号墓と二〇号墓に時間差があれば、同一墳墓内で帯鉤は馬形から曲棒形へ変化していることになる。

三世紀代、曲棒形帯鉤が三韓諸国に流入する背景はかんがえられる。それは二三八年、魏が公孫氏とともにその政権下の楽浪・帯方郡を平定したことである。公孫氏の時期、漢系統の帯鉤も流入する余地はあるし、楽浪郡治内で製作されることもあった。辰王政権が瓦解した段階で、魏から流入したとみれば、曲棒形帯鉤をもつ集団が魏と関係をもつ「臣智」勢力と関係があったかもしれない。

馬形帯鉤と辰王・月支国　馬形帯鉤は、京畿道安城から忠清南道天安、忠清北道清原・清州、慶尚南道金海、慶尚北道尚州の各地に分布する。馬韓・弁韓・辰韓の三韓地域にひろがっている。天安－清州－尚州－金海（狗耶国）－長野（倭）を結ぶ点と点は、面的なひろがりをもつ。年代は二世紀後半から四世紀代、三韓時代から百済・加耶・新羅初期である。

ところで三世紀の韓に辰王が存在した。辰王は、三世紀の初め、遼東の公孫氏が韓族を掌握するため、その支援を受けて登場した最高君主であり、おもに諸韓国の対外調整を担っていた。馬韓の月支国を治所とし、月支国の臣智を掌握して、辰韓・弁韓の諸国の大半、馬韓諸国を統属していた。魏から率善官を冊封された諸国首長層を中心に、諸国間の利害関係を調整しながら、対外的な最高首長として君臨していた。辰王政権は二四六年の諸韓国の反乱と魏による鎮圧という歴史的展開のなかで終焉する。その月支国は、伯済国（ソウル付近）の南の天原（現在天安市・天安郡）・礼山地域と推定されている［武田幸男一九九五・九六・九七］。

月支国は馬韓五〇余国（一〇万余戸）のなかで「万余家」の大国であった。そのほか馬韓の大国としては臣濆活国や臣雲新国など限られていたかもしれない。

天安一帯では、清堂洞墳墓群、白石洞墳墓群、龍院洞墳墓群、木川土城、東方の鎮川郡石帳里製鉄遺跡、東南に清原郡松岱里墳墓群があり、清州には新鳳洞・鳳鳴洞墳墓群、北に安城郡など馬韓から百済時代の遺跡が分布する。牙山湾一帯の平野である。この天安から清州にかけての地域に馬形帯鉤が分布する。

龍院洞墳墓群では土壙墓一三七基、甕棺墓二基、石槨墓一三基が発掘された［李南奭二〇〇〇］。九号墓から南朝の黒釉鶏首壺、黒色磨研の直口短頸壺・蓋・鉢、百済土器、木心鉄板輪鐙・轡・鞍金具、胡籙、鐶頭大刀、鉄矛、金銅製耳飾が出土している。鶏首壺は、南京謝温（四〇六年没）墓と謝琉（四二一年没）墓に類似する［成正鏞一九九八］。五世紀の第1四半期ごろに推定される。したがって伴出した輪鐙も古くなる。単龍鐶頭大刀の出土した一号墓は土器が九号墓と類似し、五世紀前半ごろとみられる。墳墓群では龍文鐶頭大刀、南朝土器、馬具などが出土し、漢城時代の天安地域に、南朝とも交渉にかかわった勢力が盤踞していたことがわかる。王都の中心は伯済国の夢村土城一帯であった。

三世紀末から四世紀代には石帳里製鉄鍛冶集団が存在した。鎮川郡一帯の鉄滓の散布状況からみて、百済の中核的な「製鉄所」があった。

ソウル付近の伯済国の南に速盧不斯国、日華国、古誕者国、古離国、怒藍国、月支国、さらに咨離牟盧国、素謂乾国、古爰国などがある。清原地域は天安の東南に接している。月支国とことなる小国（数千家）であろう。

公孫氏政権・辰王政権・倭政権　三世紀前半、遼陽を基盤として、楽浪・帯方郡を支配した公孫氏政権（燕国）、馬韓の月支国を治所として三韓諸国に君臨した辰王政権、そして邪馬台国を治所として女王卑弥呼をいだく倭政権が存在していた。

公孫氏政権は遼陽を拠点とする。遼陽三道壕第二現場墓の墓主図像の右側に「□□支令張□□」の墨書があり、「魏令支令」と判読された。また夫人（第二夫人？）像の左肩に「公孫夫人」という墨書文字がある。これらのことから墓主は遼東大族である公孫氏統治集団と関連があり、その時期は魏代である〔李文信一九五五〕。公孫政権下の墳墓の可能性もあろう。三道壕墳墓群は遼東城の北辺に位置し、公孫氏の墓群ととらえることもできよう。

その遼陽では、後漢末から魏晋にかけての時期、三道壕一号墓で鳥文方格規矩鏡（径一六・八㎝）、同七号墓で「太康二年」（二七八）銘の瓦当と宜子長生銘内行花文鏡（径一五・六㎝）が伴出している。

大阪安満宮山墳墓と京都太田南二号墓の青龍三（二三五）年銘方格規矩鏡は、公孫氏政権下の帯方郡から流入したとかんがえる。安満宮山墳墓への副葬時期はおくれるが、鏡の流入時期はあくまで青龍年間であった。つまり魏の景初三（二三九）年の四年まえである。公孫氏が魏に滅ぼされるのは景初二（二三八）年のことであった。

魏晋の規矩鏡が河北省から遼寧省にかけての環渤海湾、朝鮮半島東南部から西日本の各地に分布する〔森下章司二〇〇三〕。三世紀中ごろの鏡群ということであるが、その分布圏は公孫氏の勢力圏にほかならない。二三八年以降は魏の領域にくみこまれる。二世紀後葉～三世紀初めの画文帯神獣鏡の流入も公孫氏との関係でとらえられている。二世紀末から三世紀初葉にかけての公孫氏と倭国との国際関係をしめすものである。

遼東城、遼陽一帯には漢魏晋代の遺跡が未発見のまま埋もれている。今後、その時期に方格規矩鏡・内行花文鏡を中心とした鏡式がみつかるであろうと予想している。そうした鏡群は公孫氏政権下の楽浪郡・帯方郡から倭に流入したと推定されるからである。奈良県ホケノ山古墳で出土した内行花文鏡や画文帯神獣鏡などがそうである。ホケノ山古墳の時期は、三角縁神獣鏡群を中心とした黒塚古墳の前段階にあたる。楽浪郡内で三世紀代の画文帯神獣鏡も出土している。倭において三角縁神獣鏡が出現する以前の鏡式は方格規矩鏡・内行花文鏡・画文帯神獣鏡であった。

帯方郡と馬韓諸国の臣濆活国・伯済国（ソウル付近）・月支国（天安付近）・臣雲新国（光州付近）、弁辰の阿邪国（咸安）・狗耶国（金海）・瀆盧国（釜山）と倭という国際的な交流関係がむすばれていた。その帯方郡から狗耶韓国に至る航路上にある竹幕洞遺跡は三韓から三国・加耶時代にかけての祭祀遺跡で、港市でもあった。出土した土馬は金海府院洞貝塚のものと類似する。

三世紀には、弁韓・辰韓地域から鉄素材である斧状鉄板・棒状鉄板や各種の鉄器が流入している。倭人は、弁韓の鉄素材を「市《か》（取）」い、コメなどを交易していた。対馬島や壱岐島人は「南北市羅」していた。

また弁辰の鉄はまた楽浪・帯方郡に「供給」されていた。供給という語には朝貢関係や支配関係の意味あいはない。その見返り品は諸技術、織物・漆器や銅鏡などであった。平安南北道や黄海南北道一帯に鉄鉱石の産地があるが、漢魏の楽浪郡には漢の鉄官は設置されていなかった。遼東郡では平郭（蓋州）に置かれている。楽浪郡と弁韓諸国とのあいだでは物資の交換・交易がおこなわれていた。楽浪・帯方郡の設置、郡県支配の意図・目的が問題となるが、魏は、高句麗・韓・濊、さらに倭への軍事的支配をもくろんでいる。

三世紀後半、馬韓諸国は魏の滅亡後、西晋と通交する。馬韓から百済が成立する時期に、在地的な馬形帯鉤は消滅し、西晋からの流入を契機として帯金具化した。馬形帯鉤は馬韓諸国の盛衰と百済国家の形成過程を象徴している。長野県浅川端遺跡の馬形帯鉤は形態的にみて、清堂洞五号墓など初期のものに類似する。三世紀前半ごろ倭国に流入したのであろう。その流入経路は、辰王政権下の金海の狗耶国などからであろう。長野市根塚の鉄製渦文利器（有棘利器）も同じころ蔚州下岱遺跡などの洛東江下流域から伝来したものである。

馬形帯鉤から帯金具へ　曲棒形帯鉤は漢魏・三韓、虎形帯鉤は三韓、馬形帯鉤は三韓・倭、帯金具は西晋・東晋、高句麗・三韓・百済・倭の地域に分布する。

曲棒形・馬形帯鉤、帯金具の時間的・空間的関係は意味をもつ。後漢代の曲棒形帯鉤をもとに、漁隠洞型を継承しながら、あらたなる型式の馬形帯鉤が出現した。機能も帯鉤でなく、帯の装飾物であった可能性がつよい。

三世紀末～四世紀初めになると、ソウル夢村土城のような西晋製の帯金具が出現する〔朴淳発一九九七〕。圭形銙に垂飾金具がつくもので、茘枝文（葡萄唐草文）の形式化した文様が蹴彫されている。類似の帯金具の一具が湖北省武漢熊家嶺の塼室墓でみつかっている〔劉森淼一九九四〕。銙には、茘枝文（葡萄文）が施されている。その心葉形の垂飾金具には鳥文が蹴彫りされる。形態・文様からみて、夢村土城のものより古い。

また同型のものが、南京の南京大学北園墓で出土している〔南京大学歴史系考古組一九七三〕。「錯金銅片」として報告されたものである。上辺部は三山形で、その直下に円孔が穿たれ、下方の欠損部に円孔の痕跡がある。茘枝文（葡萄文）が蹴彫されているが、その先端部は波状文となっている。円孔のまわりに波状文がめぐり、穿孔ののちに施文されたことがわかる。

三世紀末から四世紀初め、西晋の帯金具は、銭文陶器とともに馬韓から百済、高句麗の地域に分布する。四世紀前半代に倭にも伝播する。奈良県新山古墳や兵庫県行者塚古墳の帯金具である。

馬形帯鉤は、尚州城洞里墳墓群などのように、一部は四世紀代にくだるころまで用いられている。しかし馬形帯鉤は、三世紀代に発達したものであった。

馬韓の月支国から弁韓の狗耶国へと、点と点が線となり、面的にひろがるか、時代の趨勢をみきわめたいとおもう。

引用文献（年代順）

和田千吉一九一九「備中国都窪郡新庄下古墳」（『考古学雑誌』九－一一）

今西龍一九二〇「慶尚北道善山郡、達城郡、星州郡、金泉郡、慶尚南道、咸安郡、昌寧郡調査報告」『大正六年度古蹟調査報告』

李文信一九五五「遼陽三道壕両坐壁画墓的清理工作簡報」（『文物参考資料』一九五五－一二）

朱栄憲一九六六『中国東北地方の高句麗及び渤海遺跡踏査報告』

南京大学歴史系考古組一九七三「南京大学北園東晋墓」（『文物』一九七三－四）

王仁湘一九八五「帯鉤概論」（『考古学報』一九八五－三）

慶州博物館一九八七『菊隠李養璿蒐集文化財』

永嶋正春一九八八「考古資料の贋物と本物」（『歴博』二九）

徐五善一九九〇「天安清堂洞及安城出土一括遺物」（『考古学誌』二、ソウル）

中央博物館一九九〇「天安清堂洞遺跡発掘調査報告」（『国立博物館古蹟調査報告』二二）

中央博物館一九九一「天安清堂洞第二次発掘調査報告」（『国立博物館古蹟調査報告』二三）

東潮一九九一「馬韓の国際関係」（『三韓の歴史と文化』自由知性社、ソウル）

東潮一九九二「朝鮮渡来の文物」（『吉備の考古学的研究』山陽新聞社出版局）

中央博物館一九九三『清堂洞』（『国立博物館古蹟調査報告』二五）

劉森淼一九九四「湖北漢陽出土の鍍金帯金具」（『考古』一九九四－一〇）

中央博物館一九九五『清堂洞Ⅱ』（『国立博物館古蹟調査報告』二七）

咸舜燮一九九五「原三国時代の墳墓」（『清堂洞Ⅱ』『国立博物館古蹟調査報告』二七）

高久健二一九九五『楽浪古墳文化研究』（学研文化社、ソウル）

武田幸男一九九五・九六「三韓社会における辰王と臣智　上・下」（『朝鮮文化研究』二・三）

武田幸男一九九七「朝鮮の古代から新羅・渤海へ」（『隋唐帝国と古

代朝鮮　世界の歴史』六、中央公論新社）

朴淳発一九九七「漢城百済의 中央과 地方」『百済研究論叢』五、忠南大学校百済研究所、大田）

竹谷俊夫一九九七ａ「朝鮮半島出土の青銅製馬形帯鉤について」（『堅田直先生古希記念論文集』真陽社）

竹谷俊夫一九九七ｂ「馬形帯鉤補遺」（『天理参考館』一〇）

咸舜燮一九九八「天安清堂洞遺蹟を通じてみた馬韓の対外交渉」（『馬韓史研究』忠南大学校出版社、大田）

成正鏞一九九八「三～五世紀錦江流域における馬韓百済墓制の様相」「三～五世紀の錦江流域における馬韓・百済墓制の様相」（亀田修一訳一九九九『古文化談叢』四三）

韓国文化財保護財団一九九八ａ『尚州新興里古墳群（Ⅰ）』（『学術調査報告』七）

韓国文化財保護財団一九九八ｂ『尚州新興里古墳群（Ⅱ）』（『学術調査報告』七）

洪潽植一九九九「考古学으로 본 金官加耶－成立・位階・圏域－」（『제二三회 한국고고학전국대회 고고학을 통해 본 가 야』）

姜炯台・趙詳紀・鄭起生一九九九「납同位元素比法에 依한 尚州城洞里古墳群出土青銅製馬形帯鉤의産地推定」（『尚州城洞里古墳群』）

韓国文化財保護財団一九九九ａ『清原梧倉遺蹟（Ⅰ）』（『学術調査報告』二三）

韓国文化財保護財団一九九九ｂ『尚州城洞里古墳群』（『学術調査報告』四〇）

金邱軍二〇〇〇「虎形帯鉤の形式分類と編年」（『慶北大学校二〇周年紀年論文集』）

慶星大学校博物館二〇〇〇ａ『金海亀旨路墳墓群』（『慶星大学校博物館研究叢書』三）

慶星大学校博物館二〇〇〇ｂ『金海大成洞古墳群』（『慶星大学校博物館研究叢書』四）

東義大博二〇〇〇『金海良洞里古墳文化』（『東義大学校博物館学術叢書』七）

林孝澤二〇〇〇「金海良洞里古墳群調査와 그成果」（『金海良洞里古墳文化』）

李南奭二〇〇〇『龍院里古墳群』

鄭仁盛二〇〇一「楽浪土城と青銅器製作」（『東京大学考古学研究室研究紀要』一六）

森下章司二〇〇三「山東・遼東・楽浪・倭をめぐる古代銅鏡の流通」（『東アジアと「半島空間」－山東半島と遼東半島－』思文閣出版）

長野市教育委員会二〇〇二（『長野市埋蔵文化財センター所報』一三）

前方後方墳の埋葬施設

茂木雅博

一　はじめに

筆者はかつて前方後方墳に興味を持って九州から東北まで網羅的に調査して、その資料を集成して紹介した事がある。(1)その後久しくこの問題から遠ざかっていたが、その間この種形態の古墳は類例が増加したばかりでは無く、東海地方で発生し、しかも魏志倭人伝に見える狗奴国の王墓説という見方が一部の研究者によって進められている。(2)これに対して歴史的に成立しないという説もある。(3)そうした意見が論理的及び歴史学的に成立するか否かは時間が解決するだろう。日本考古学界は二〇世紀最後に大きな汚点を残した。それは高松塚古墳の報道以来、発掘者が報道の〝麻薬〟に汚染された結果による所が大きいといえる。そして日本考古学全体がバブル経済の中で破壊を前提とした発掘調査に追い回され、珍品主義に陥り、新発見があれば研究成果が大きく進展したかの様な錯覚をしていたのも事実である。今こそ日本考古学は研究の原点に帰って国民の信頼を回復する努力をしなければならない事を我々日本の考古学研究に従事する者は肝に銘じて置かなければならない。私は久しく前方後方墳問題から遠ざかっていた、ここで十

表１　前方後方墳の埋葬施設一覧

No.	古墳名	所在県（旧国名）	埋葬位置	埋葬施設	頭位	土器	副葬品組合せ
1	出居塚古墳	長崎県（対馬）	墳丘盛土内	竪穴式石室	北		武器
2	京ノ隈古墳	福岡県（筑後）	墳丘盛土内	粘土槨	東	無	武器・工具
3	松本１号墳	島根県（出雲）	墳丘盛土内	粘土槨２基	東	有	鏡・武器・工具・玉
4	湯迫車塚古墳	岡山県（備前）	墳丘盛土内	竪穴式石室	東	有	鏡・武器・工具
5	都月１号墳	岡山県（備前）	墳丘盛土内	竪穴式石室	東	有	武器・工具・玉・埴輪
6	七つ坑１号墳	岡山県（備前）	墳丘盛土内	竪穴式石室３	北	有	鏡・武器・農工具・埴輪
7	久米三成４号墳	岡山県（美作）	墳丘盛土内	箱式石棺５基	東	有	鏡・武器・農工具・玉
8	権現山51号墳	兵庫県（播磨）	墳丘盛土内	竪穴式石室	北	有	鏡・武器・農工具・玉・埴輪
9	丹田古墳	徳島県（阿波）	墳丘積石内？	竪穴式石室	東		鏡・武器・工具
10	石塚山１号墳	香川県（讃岐）	墳丘盛土内	竪穴式石室・箱式石棺	東		？
11	芝ケ原古墳	京都府（山城）	墳丘盛土内	木棺直葬	北	有	鏡・工具・玉・銅釧
12	南原古墳	京都府（山城）	墳丘盛土内	竪穴式石室	北	有	鏡・武器・工具・玉・埴輪
13	元稲荷古墳	京都府（山城）	墳丘盛土内	竪穴式石室	北	有	武器・工具・？
14	八幡茶臼山古墳	京都府（山城）	墳丘盛土内？	竪穴式石室	北	無	武器・石製品・？
15	下池山古墳	奈良県（大和）	墳丘盛土内	竪穴式石室	北	無	鏡・武器・玉・埴輪・？
16	新山古墳	奈良県（大和）	墳丘盛土内	竪穴式石室	北	無	鏡・武器・石製品・玉・埴輪
17	紫金山古墳	大阪府（摂津）	墳丘盛土内	竪穴式石室	北	無	鏡・武器・石製品・工具・玉
18	板持古墳	大阪府（和泉）	墳丘盛土内	粘土槨（木棺直葬）	東	有	鏡・武器・工具・埴輪
19	東之宮古墳	愛知県（尾張）	墳丘盛土内	竪穴式石室	北	無	鏡・武器・工具・玉・石製品
20	象鼻山古墳	愛知県（尾張）	墳丘盛土内	木棺直葬？	北	有	鏡・武器・石製品
21	東野台古墳	神奈川県（相模）	墳丘盛土内	粘土槨	北	有	武器・工具・玉
22	高部30号墳	千葉県（上総）	墳丘盛土内	木棺直葬？	北	有	鏡・武器
23	高部32号墳	千葉県（上総）	墳丘盛土内	木棺直葬	北	有	鏡・武器・釣針
24	新皇塚古墳	千葉県（上総）	墳丘盛土内	粘土槨２	東	有	鏡・武器・農工具・玉・石製品

No.	古墳名	所在県（旧国名）	埋葬位置	埋葬施設	頭位	土器	副葬品組合せ
25	飯合作１号墳	千葉県（下総）	墳丘盛土内	木棺直葬	東	有	玉
26	原１号墳	茨城県（常陸）	墳丘下土壙	土壙（組合せ木棺）	東	有	武器・農工具・玉
27	勅使塚古墳	茨城県（常陸）	墳丘盛土内	粘土塊	北？	有	鏡・武器・玉
28	丸山１号墳	茨城県（常陸）	墳丘盛土内	粘土槨	北	有	鏡・武器・工具・玉
29	狐塚古墳	茨城県（常陸）	墳丘盛土内	鹿沼土槨	北	有	武器・武具・工具・玉
30	安戸星古墳	茨城県（常陸）	？	未埋葬・流出？	？	有	？
31	小菅波４号墳	石川県（加賀）	墳丘盛土内	木棺直葬	東	有	工具・玉
32	雨の宮１号墳	石川県（加賀）	墳丘盛土内	粘土槨２	東	有	？
33	垣吉B22号墳	石川県（加賀）	墳丘盛土内	土壙（木棺）	北	有	？
34	国分尼塚１号墳	富山県（越前）	墳丘盛土内	土壙（割竹形木棺）	北	有	鏡・武器・農工具・玉
35	国分尼塚２号墳	富山県（越前）	墳丘盛土内	土壙（木棺）	北	有	鏡・玉
36	山谷古墳	新潟県（越後）	墳丘盛土内	土壙（木棺）	東	有	工具・玉
37	瀧の峯２号墳	長野県（信濃）	墳丘盛土内	土壙（木棺？）	北	有	玉
38	弘法山古墳	長野県（信濃）	墳丘盛土内？	礫槨	東	有	鏡・武器・工具・玉
39	中山36号墳	長野県（信濃）	墳丘盛土内	粘土槨？	？	有	鏡・武器
40	元島名将軍塚古墳	群馬県（上野）	墳丘盛土内	粘土槨	北？	有	鏡・武器・工具・石製品・玉
41	大桝塚古墳	栃木県（下野）	墳丘盛土内	粘土槨	東	有	鏡・武器・農工具・玉
42	茂原愛宕塚古墳	栃木県（下野）	墳丘盛土内	木棺直葬	北	有	鏡・工具・玉・櫛
43	山崎１号墳	栃木県（下野）	墳丘盛土内	粘土槨	北	有	武器・工具・玉
44	那須八幡塚古墳	栃木県（下野）	墳丘盛土内	木棺直葬	東	有	鏡・武器・農工具・玉
45	駒形大塚古墳	栃木県（下野）	墳丘盛土内	木炭槨	東	有	鏡・武器・工具・玉
46	大安場古墳	福島県（陸奥）	墳丘盛土内	粘土槨	北	有	武器・農工具・石製品
47	本屋敷１号墳	福島県（陸奥）	墳丘盛土内	木棺直葬	東	有	工具・櫛・玉

年以上の蓄積された調査成果を踏まえて改めて整理して見たい。(4)

二　資料の検討

前節では比較的詳細に発掘調査が実施されたと思われる前方後方墳を列記した。これらの資料から調査内容が公表された古墳を検討していきたい。

a）京ノ隈古墳（福岡県福岡市西区田島三丁目所在）(5)

本墳は、樋井川に面する標高三〇ｍの狭い尾根上に、東南面して築造された前方後方墳である。前方部は発掘調査の時点で土砂採取によって削り取られており、詳細は不明である。しかし後方部は南西部を除いて残されており、埋葬施設を調査する事が出来た。

墳丘は現存する部分が後方部のみで長さ二三ｍ、高さ二・三ｍである。埋葬施設は後方部に粘土槨一基、前方部に箱式石棺一基が確認されている。後方部の主体部は墳丘の主軸線上に構築されている。それは墳丘形成後、盛土を切り込んで土壙を穿ち割竹形木棺を安置している。土壙は上縁で長さ五・八六ｍ、幅二・五六ｍの不整長方形で、壙底は五・二八ｍ×一・七五ｍの長方形プランであり、その深さは現存で〇・六五ｍに過ぎない。割竹形木棺は長さ三・九二ｍ、東幅七七㎝、西幅五九㎝、深さ〇・五ｍを測り遺骸は東頭位である。棺底には五～一〇㎝の厚さに赤色顔料が敷かれ、鉄剣一、鉇一、鉄斧一等が副葬されていた。

b）松本一号墳（島根県飯石郡三刀屋町給下）(6)

斐伊川の支流三刀川に面する標高九〇ｍの尾根上に、南面して築造された前方後方墳である。墳丘の規模は全長五〇m、後方部長二八m、幅二五m、前方部幅一五m、後方部高さ三・五m等である。墳丘の構築は地山整形によって大半が作られ、盛土は後方部で一・五m程である。

前方部は地山を整形しただけで、盛土の形跡は認められないという。埋葬施設は後方部に粘土槨が二基（南側を第一主体・北側を第二主体）存在し、更に前方部に一基の壺棺が発見されている。

第一主体は組合木棺で、その構築は盛土で完成した墳丘に墓壙を地山面三〇cmまで穿ち、粘土床を作り棺を安置している。第二主体は割竹形木棺で、墓壙の切り合い関係から第二が最初に埋葬された事が判明する。双方共に遺骸は東頭位である。副葬品は第一から獣帯鏡一、短剣一、刀子三、針一束、ガラス小玉五四、朱若干、第二から剣一、管玉一、朱若干等が検出された。

c）七つ坑一号墳（岡山県岡山市津島）(7)

笹ヶ瀬川に面する標高六〇〜七〇cmの尾根上に南面して築造された前方後方墳である。墳丘の規模は全長四五・一m、後方部長二二・七m、幅二〇m、後方部高さ二・六m等である。

墳丘は地山の整形と若干の盛土によって構成されている。埋葬施設は後方部二基、前方部一基からなる竪穴式石室である。中心主体部の第一石室は盛土及び地山を掘り込んで南北七・五m、東西五・四m、深さ一・四mの墓壙を穿ち、石室が設けられている。この石室は戦時中に軍用施設を設置する際に破壊され、副葬品の一部が採集されたに過ぎない。

d）権現山五一号墳（兵庫県揖保郡御津町中島）(8)

揖保川に支流林田川が合流する東南の標高一三五mの尾根上に東面して築造された前方後方墳である。その規模は全長四二・七m、後方部長二三・七m、後方部高さ五・一七m等である。墳丘は地山を整形し、盛土で完成している。

埋葬施設は後方部に設けられた墳丘主軸に直交する竪穴式石室で、盛土上面から長さ六・五m、幅三・五m、深さ〇・六mの墓壙を穿ち石室を設けている。遺骸は北頭位である。副葬品は盗掘に遭遇しながらもかなり豊富に採集された。具体的には鏡五、鉄剣一、鉄槍四、銅鏃六、鉄鏃七、鉄鎌一、鉄斧三、鑿状鉄器七、鉄鋸一、砥石一、紡錘車形貝製品二二〇、木製枕一等である。

e）丹田古墳（徳島県三好郡加茂町）(9)

吉野川に面する標高三二〇mの北東に延びる尾根上に築造された積石塚の前方後方墳である。その規模は全長三五m、後方部長一七・五m、幅一七m、前方部先端幅六・六m、後方部高さ三m等である。墳丘の築造は、地山の岩盤を基礎に土砂を使用せず、完全な積石塚で、使用石材は結晶片岩である。埋葬施設は後方部中央に主軸と直交して設けられた竪穴式石室で、長さ四・五一m、東幅一・三二m、西幅一・二八m、深さ一・三m等と報告されている。しかし遺骸の頭位置については記録されていない。副葬品は既に盗掘されていたので完全ではないが、鏡一、鉄剣片二、鉄斧一等が採集されている。

f）元稲荷古墳（京都府向日市向日町北山）(10)

桂川の支流小畑川に面する長岡丘陵の標高五五m程の地点に南面して築造された前方後方墳である。その規模は全長八四m、後方部長五四m、前方部幅四三m、後方部高さ七m等である。墳丘は盛土で構成され、埋葬施設はこれを穿って主軸線上に長方形の墓壙を設け、竪穴式石室が組まれている。石室は長さ五・五六m、幅は北側一・三二m、南側一・〇二mで、遺骸は北頭位であった。西谷真次氏は報告書の中で、本墳の構築過程を次の様に整理されている。「1）まず前方部と後方部を通じて同じ高さに墳丘を築く。2）つぎに後方部に第二次の盛土をする。3）後方部の中央に所要の大きさの墓壙を掘りこむ。そのさい、壙底の四周には排水溝を、中央部には壇をつくりつける。4）壇を粘土によって二重に塗り固める。また粘土層の間には板石を敷きならべて、壙の肩の部分を補強する。その上に粘土床をつくる。いっぽう、壙の周囲の墓壙内部には、砂利を粘土床とほぼ同じ高さまでつめる。この砂利の上に、粘土床の外縁にそって、石室内壁の基礎となる粘土帯を、また壙壁に接して、壁體外側の根固めとなるクリ石をめぐらす。この工程の各段階ごとに、粘土の上面あるいは砂利の上に朱を施こす。これをもって基礎構造が終了する。」すばらしい観察力である。なお副葬品は断片的であるが、簡単に触れると、鉄器（剣、鏃、刀、刀子、槍、鉾、錐、斧、鉇）、銅鏃等である。

g）下池山古墳（奈良県天理市成願寺町）(11)

標高九〇ｍ前後の盆地緩斜面に南面して築造された前方後方墳である。その規模は全長一二〇ｍ、後方部長六〇ｍ、後方部幅五七ｍ、前方部先端幅二七ｍ、後方部高さ一四ｍである。墳丘の構築状況については調査概報には触れられて居らず、詳細は不明である。埋葬施設は墳丘主軸線上に設けられた竪穴式石室で、次の様に報告されている。「墓壙は南北一八ｍ、東西一二ｍのややいびつな隅丸長方形プランをなし、深さ四ｍにおよぶ二段墓壙である。石室は墓壙内やや北寄りに主軸を南北において構築される。内法の長さ六・八ｍ、北端幅一・三ｍ、南端幅〇・九ｍ、高さ一・八ｍ前後を測る。」とある。調査中に何度か現場を見学させていただいた私の観察では、墓壙は墳丘盛土を穿って構築されていたと理解した。副葬品は大半が取り除かれていたが、僅かに石釧片一、玉類、鉄器（刀、槍、ヤス）と北西隅の小石室から内行花文鏡一が検出された。

h）象鼻山古墳（岐阜県養老郡養老町橋爪）(12)

標高一四二ｍの独立丘陵上に北西面して構築された前方後方墳である。その規模は全長四二・八〇ｍ、後方部長二二・九五ｍ、幅二五・八六ｍ、後方部高さ四・二三ｍである。墳丘は地山を平坦にした後、全て盛土によって構築している。その量は後方部で一・六m、前方部で一・〇mの高さという。しかし墳丘と墓壙の関係は発掘調査では明確にされておらず、副葬遺物面に達してしまった様である。報告書の墳丘構築状況の記載から推定すると、墓壙の切り込み面はかなり上面である事が理解できる。副葬品は鏡一、琴柱型石製品三、鉄鏃四四、鉄刀二、鉄剣六、朱入り土器一等である。

i）高部三〇号墳（千葉県木更津市請西）(13)

東京湾を望む標高四〇～五〇mの丘陵上に北東して築造された前方後方墳である。その規模は全長三三・八m、後方部最二一・九m、幅二〇・八m、前方部長一一・九m、前方部先端幅九m、後方部高さ二・二mである。墳丘の平面プランは纏向型前方後円墳の前方後方型といえる注目される形態である。墳丘の構築は旧表土を最初に除去し、周溝掘削による土砂を積んで構成されている。埋葬施設はこの盛土完成後、主軸線上に長さ三・一二m、幅一・五四m、深さ五七㎝の墓壙を掘り込み、箱形木棺が埋納されている。遺骸は北頭位で、副葬品は頭側に鏡一、鉄剣二、朱若干、土器等である。

j）高部三二号墳（千葉県木更津市請西）(13)

高部三〇号墳に接する様に東面して築造された前方後方墳である。その規模は全長三一・二m、後方部長一五・八m、幅一九・五m、前方部長一五・三m、前方部先端幅一〇・六m、後方部高さ二・八mである。墳丘の平面プランは三〇号墳同様である。墳丘の構築は旧表土を除去後盛度が行われている。埋葬施設については調査者の研究者としての良心が、報告に見られるので引用して置きたい。「木棺底は中心核の水平面に近く、墓壙の掘り方が平坦面に確認できなかったことから、水平面に直接木棺を設置したという解釈もできる。しかし、木棺の周囲、特に主軸断面ではほとんど棺に接する斜めの流れやその両外側にも確認できることから、その上端が墓壙掘削面と考えられる。よって、中心核水平面上に褐色土で七〇cm前後盛土と側面を覆う作業を平行して行う。そして、褐色土を水平にしてから墓壙を掘削して、棺部を埋設したと考えられる。墓壙が確認できなかった要因として、墓壙充填土に周囲の盛土に近似する褐色土を用いたためと思われる。」大変重要な記録である。埋葬施設は墳丘主軸に直交し、木棺は箱形木棺で、遺骸は北頭位が想定される。副葬品は鏡片一、鉄槍二、朱若干である。ただし周隍内に四基の土壙が確認され、括れ部南側のA土壙からは鈞針一、鉇一、土器三等が発見されている。

k）原一号墳（茨城県稲敷郡桜川村浮島）(14)

霞ケ浦に浮かぶ孤島の一独立丘陵の標高二三mの尾根上に西面して構築された前方後方墳である。その規模は全長三一・五m、後方部長一七m、幅一一・五m、前方部先端幅五・四m、後方部高さ二・八〜三・二mである。この高さは地山整形が南側で一・七m、北側で二・一mで墓壙が掘り込まれ、その上に盛土が一〜一・一m存在する。埋葬施設は東西四・一m、南北二mの土壙で箱形木棺が埋納されていた。遺骸は東頭位であり、副葬品は東側に鉄槍一、鉇一、鑿一、鉄針一、朱若干、ガラス玉四、中央部に鉄器一、管玉四、ガラス玉七、西側に鉄斧一、鉄鎌一、鉄挺状品一等が検出された。更に埋葬後土器を伴う祭祀が行われ壺三、器台一、大型砥石一等が平面的に採集された。

l）安戸星古墳（茨城県水戸市飯富町）(15)

本墳は東側を那珂川に、西側を田野川によって形成され南に突出した標高三五mの舌状丘陵上に構築された前方後方墳である。その規模は全長二八・三m、後方部長一八・七m、幅一六・五m、前方部長九・六m、先端幅八・一m、後方部高さ二・三mである。墳丘の構築は地山整形によって前方後方形に墳丘が整えられ、その後盛土が行われている。

盛土は地山上に一・五m程あったと想定されている。しかし埋葬施設の痕跡は全く発見されず、盛土下面の旧表土上面から弥生系土器片とともにガラス小玉二個が採集されたに過ぎない。調査団の見解としてはこれを主体埋葬とする意見は否定された。埋葬施設は墳頂近くの部位に位置し流失したか、未埋葬であったかである。

m）瀧の峯二号墳（長野県佐久市根岸）(16)

千曲川に望む標高八〇〇m前後の尾根上に西面して二基の前方後方墳が確認されている。その東側が二号墳である。その規模は全長一八・三m、後方部長さ一二・六m、幅一三・〇m、前方部長五・七m、先端幅四・五m、後方部高さ一・三mである。墳丘の盛土は六〇cmで前方部状の突出部は地山整形である。埋葬施設は後方部中央より北東に一m程寄りで主軸には直交していない。墓壙は旧表土上の盛土から切り込まれ、南北二・二m、東西一七mの長方形プランで、深さ約三五cmである。棺の詳細は明らかでないが木棺が埋納されたと報告されている。遺骸は北頭位で歯一〇本が検出され、副葬品はガラス小玉一が採集された。なお周隍内からは土器が多量に発見されている。

n）弘法山古墳（長野県松本市出川）(17)

松本平の東南に位置する標高六五〇mの尾根上に北西面して築造された前方後方墳である。その規模は全長六三m、後方部幅三三m、前方部先端幅二二m、後方部高さ六mである。墳丘は地山を整形後、周辺土砂で盛土されて構築されている。埋葬施設は後方部中央に墳丘主軸に直交して設けられた礫槨である。報告書によると「後方部の頂上部を自然の地山から五mぐらい盛りあげ、一応平らに地均した。…このようにして盛りあげて固めた土のほぼ中央部に、長軸八m、短軸五・二m位の墓壙を穿った。」とある。断面図が紹介されず詳細は不明である。そして東頭位で礫槨内に埋葬された。副葬品は豊富で鏡一、ガラス小玉四八一、鉄斧一、鉄槍三、銅鏃一、鉄鏃二四、土器（壺・坩・甕・器台・高坏・埦）等である。

o）那須八幡塚古墳（栃木県那須郡小川町吉田）(18)

那珂川の河岸段丘上の標高一一〇m弱の地点に西面して築造された前方後方墳である。その規模は全長六〇・五m、後方部長三一・五m、幅三六m、前方部長二九m、先端幅一六m、後方部高さ六・五mである。墳丘は旧表土を残して地山まで整形し、その上に盛土して構築している。埋葬施設は盛土内に東西八m、南北五mの土壙を穿ち木棺を埋納している。副葬品は鏡一、鉄槍一、鉄鋸一、鉇四、間透一、小刀三、鉄斧三、鉄鎌二、管玉二等が採集された。墳丘や周隍内から土器が検出されている。

p) 駒形大塚古墳（栃木県那須郡小川町小川）(19)。

那珂川の河岸段丘上に位置し、八幡塚古墳の西五〇〇m程の標高一二五mに西面して築造された前方後方墳である。その規模は全長六〇・五m、後方部長三〇m、幅二八m、高さ六・五m、前方部長三〇・五mである。墳丘は盛土で、埋葬施設は墳頂部中央の主軸線上に設けられた木炭槨である。副葬品は鏡一、ガラス小玉五三、鉄刀二、鉄槍二、銅鏃六、鉄斧一、鉇一、刀子一等である。埋葬施設上から土器が検出されている。

三　埋葬施設の前方後円墳との共通性

以上第一節では、前方後方墳の中でも調査が行われ未盗掘及びそれに近いと思われる好資料を四七基を全国的に表示し、第二節ではそれらの中から代表的な古墳を要点のみ整理して置いた。最初に確認したいのはNo.22、No.23、No.37の三基の古墳である。これらは前方部に非常に特徴がある。寺沢薫氏が提唱している纒向型前方後円墳(20)のプロポーションを踏襲しているのではないかと思う程近似しているのである。纒向型前方後円墳は寿陵の条件を考古学的に備えている(21)。この三基の前方後方墳も寿陵の可能性が強いと解釈出来る(22)。しかし問題は低位置に構築された東海地方の西上免遺跡SZ〇一や廻間遺跡SZ〇一との関係である。これらの遺構には埋葬施設が確認されず、平面プランが小規模で低墳丘が想定され、王墓として想定されるものではない。大和盆地では、纒向古墳群の陵園の形成に始まり、立地に於ては平坦地を盆地内で移動している。その一方桜井茶臼山古墳やメスリ山古墳或は赤土山古墳の様な尾根上に構築された一群も存在する。私は東海地方や各地に確認される低位置に立地する前方後方形周溝墓は纒向古墳群との関連で造営されたと想定する。

初期古墳を論ずる場合には、前代の墓葬立地と副葬遺物の相違に、吉備地域と北九州という問題がある。弥生時代の墓葬の中心は青銅器副葬としての北九州と、墳丘墓としての吉備が先行地域であり、大和盆地でも東海地域でもない事が前提となる。

第一に埋葬位置を全体的に観察して比較すると、№26を除いて墳丘盛土内に埋葬の為の土壙が掘り込まれている。原一号墳は墳丘の大半が地山整形で土壙が旧表土面から掘り込まれており、埋葬後に覆土として盛土がされているので考古学的には寿陵としては断言できない。№30は埋葬位置が空欄である。安戸星古墳では墳丘盛土内に埋葬施設が発見されなかった。しかし後方部のやや前方部寄りの盛土下の旧表土面にガラス小玉二個が採集された、それを私は埋葬とはしなかった。この古墳は未埋葬の古墳であったのでは無かったかと最近は考えている。この地域の古墳は埋葬されないものが調査されたり、寿陵ではない埋葬後に墳丘を築造したりする例が何基か知られている事も念頭に置いて検討しなければならない。発掘調査が進んだ現在、原則的に初期前方後方墳は考古学的には寿陵であり、前方後円墳の埋葬形態と何の相違も見られない。

第二の問題として埋葬施設そのものが挙げられる。最初に№20の象鼻山古墳の埋葬施設を問題としたい。近年狗奴国東海地方説を主張する一部研究者にとってこの古墳の発掘調査の成果は無視出来ないからである。しかし本墳は発掘調査に於て墓壙を確認しておらず、その上遺骸を納めた棺の実態も明確ではない。報告書では埋葬施設の調査の結論として次のように述べている。「主体部の墓坑と棺については、調査前から竪穴式石室・割竹形木棺の存否に注目していたが、調査の結果、石を使用しない構築墓坑に箱形木棺を設置するという東日本的なものであることが判明した。」とある。更に調査の結論部分では「象鼻山一号墳は狗奴国王あるいは狗奴国王族の墓であろうと推定し、また東之宮古墳以後の動向においては古墳規模が増大し副葬品も充実していくことから、東海が前方後方墳体制において重要な役割を果たしたと推定する。」と結んでいるのである。

この古墳を狗奴国王墓や王侯墓とする事は考古学的に、より多くの実証的証拠が必要であり現状では物的証拠は全く見あたらない。この古墳の調査成果を持って狗奴国王墓説とする根拠は、考古学的にも論理学的にも有りえない。それでは前方後方墳の埋葬施設を全体的に検討して見よう。大別すると二種であって木棺を直葬したものと、竪穴式石室内に木棺を埋納したものである。そして墓壙底に直葬する場合は箱形木棺が報告される事が多く、後者の場合は割竹形木棺が通常である。またNo.19東之宮古墳は現在までの所、竪穴式石室の東限である。この現象も前方後円墳の埋葬施設の様相と何等変わらない。埋葬施設の形態から東海地域に前方後方墳体制と呼ばれる様な政治体制の中心が置かれる要素は見当たらない。

第三として遺骸の頭位を整理して置きたい。この点に関しては畿内の古墳を中心に都出比呂志氏の研究が知られ、大王墓に北頭位が優勢である事が学界の評価を得ている。(24)

前方後方墳の遺骸の埋葬頭位は四七例中不明の二例を除いて北頭位二五例、東頭位一八例である。その割合は北頭位が五五％強であるのに対して、東頭位が四〇％である。これらを地域毎に観察すると、畿内では八例中七例が北頭位で八七・五％であるのに対して、畿内以西では一〇例中八例が東頭位で八〇％を占めている。更に東海道で見ると一〇例中八例が北頭位で八〇％、北陸道では六例中三例で両者が半々である。東山道では、一一例中不明の一例を除いて半々である。この数値は前方後円墳に埋葬された遺骸の頭位の比率と殆ど一致しており、前方後方墳の遺骸頭位が畿内以西では東頭位が多いことに注目して置きたい。

第四として埋葬施設内に副葬された威信財としての副葬品について整理したい。前方後方墳の比較資料としてはじめに、最古の前方後円墳ホケノ山古墳の副葬品を列記する。ここでは画文帯神獣鏡一と二三点の鏡片、銅鏃五七、素環頭大刀一、直刀一、鉄剣六、鉄鏃八〇、鉄一、鉄鑿二、鉇二、「へ」字形鉄製品一八、土器一一(壺八・小型丸底坩三)等である。これらは「鏡・武器・工具・土器」のセットである。これが現在考古学的調査によって得られた大和王権最古の墓に副葬された威信財である。これに加えて墳丘を寿陵として築造する事が、魏と冊封関係を結んだ大和王権国家の政治的・精神的な威信であったと筆者は想定している。勿論この種類は時を経て変化を示す事は当然である。これと同様前方後方墳も大半が寿陵の条件を備えていると言える。大和王権にとって最も重要な墓葬は魏との冊封関係から成立したと想定される寿陵制である。前方後方墳が寿陵として築造された時点で大和王権の傘下にある事を意味していると私は考えたい。それでは副葬品ではどの様な相違が摘出されるだろうか。ホケノ山古墳と同様の組み合せにある古墳はNo.4、No.9、No.18、の三例であるが、農具が含まれるともう一例No.6が加わる。しかしこれらは全て畿内以西の古墳である。この組み合せに玉が加わるとNo.3、No.7、No.8、No.12、No.28、No.34、No.38、No.41、No.44、No.45等一〇例が増加する。弥生時代の方形墓は元来畿内以西の墓制であり、その源流は秦人墓であるとする説も見られるのである。(25) 威信財として前方後方墳に鏡を副葬した例は二八例あり、紹介した四七例中五九％と半数を越えている。特に東海地域のNo.20では副葬品の組み合せが鏡一、直刀二、剣六、鉄鏃四四、琴柱型石製品一と朱入り壺であり、No.

19では鏡一一、直刀七、剣二〇、鉄鏃五、鉄斧六、鉄針三、鍬形石一、車輪石一、石釧三、石製合子二等である。象鼻山古墳はこれだけの条件で前方後方墳体制の盟主的古墳とはなり得ない。ただ本墳出土の鏡一面が大和では余り例を見ない船載の蘷鳳鏡である。(26)この鏡は樋口隆康氏によると紀年鏡が二面あり、一面は元興元年（ＡＤ一〇五）、一面は永嘉元年（ＡＤ一四五）で双方共後漢時代の鋳造である。この鏡は西村倫子氏の集成によると、わが国では二四面が発掘調査で出土しており、前方後方墳からも四面が報告されている。(27)具体的には№06、№20、№34、№44等をあげているが、№6については報告書で「一片三㎝の鏡片で、図文は平彫りであり、文様の特徴から蘷鳳鏡と考えられる。(28)」とされる。副葬品が当時の威信財であったとしても前方後方墳の組み合せは前方後円墳体制の中で検討すべき内容である。

第五として土器の存否の問題を取り上げて置く。土器は四七例中三八古墳から何等かの形で発見され、八〇％を越える確率である。前方後方墳から壺形土器を中心とする祭祀専用品と想定される土師器が発見される事はよく知られている。しかし纒向陵園の主墳である箸墓古墳に見られる吉備型埴輪は畿内から吉備にかけての一部の古墳を除いて発見される事がない。具体的には№5、№6、№8、№12、№16等五例である。大和王権の首長が前方後円墳出現段階から埴輪を伴っていたとしたら、それを八七％伴わない前方後方墳は陵園内では一ランク低いクラスの墓葬と言えるのではないか。古墳は個々の墳丘を問題にするのと同時に全体として、陵園内でどのような意味を有するかが重要である。例えば現在調査が進んでいる纒向陵園では箸墓古墳を中心として勝山古墳、石塚古墳、矢塚古墳、東田大塚古墳、メクリ一号墳、ホケノ山古墳、茅原大墓古墳及びホケノ山古墳北西部の円墳群である。日本の古墳研究は極めて不条理な問題が存在して、研究を疎外している。それは宮内庁による陵墓に治定されたものへの立入調査の厳禁である。どんな理由にせよ研究者及び一般人の立入は中堤までで、皇族及び宮内庁職員のみが墳丘に入る事が許されるのである。纒向陵園では首長墓である箸墓古墳がそれである。幸いな事に研究資料としては、この古墳では一九六八年一一月に宮内庁職員が後円部上と前方部で特殊円筒と壺及び二重口縁壺の破片六〇片余りを採集され、更に一九九八年九月の台風七号によって墳丘上の樹木がなぎ倒され、前方部一九ケ所後円部一〇ケ所から一五〇片を超える同種破片が採集された(29)。これらは吉備型埴輪(特殊円筒・特殊壺)と底部穿孔の二重口縁壺が中心である。更に本墳は宮内庁管理外の墳丘周辺で一〇次を数える発掘調査が行われ、日常雑器と思われる甕、坩、高坏、埦、小型器台等が破棄された状態で発見された(30)。ホケノ山古墳では埋葬施設上に二重口縁の加飾された壺が焼成後に過半部を穿孔して置かれ、周隍内には箸墓古墳同様日常雑器が破棄されていた。また勝山古墳、石塚古墳、矢塚古墳、メクリ一号墳等でも周隍から日常雑器類が発見されている。しかし吉備型埴輪等は検出されていない(31)。この陵園は寿陵として完成されていたものであり、殉死の確証のないわが国では埋葬時期に相違が見られるのは当然である。その事は土器の状況証拠からホケノ山古墳が箸墓古墳に先行している点で証明できる。

四　まとめにかえて

古墳時代前期前方後方墳の埋葬施設を未盗掘墳及びそれに近い考古学的詞査を経た資料から整理して来た。その結果第一に埋葬施設の構築された場所が墳丘盛土内で、しかも盛土を埋葬施設を設置するために切り込んで墓壙が設けられており、埋葬時には墳丘がある程度完成している寿陵であることが明らかとなった。第二に埋葬施設はその土壙内に粘土で外被された箱形木棺か竪穴式石室に安置された割竹形木棺である事が判明した。第三に埋葬された遺骸の頭の位置は畿内・東海道地域は北頭位、畿内以西は東頭位、北陸・東山道地域は北頭位と東頭位が半々である事が知られた。第四に副葬された威信財では「鏡・武器・工具・土器」の組み合せは三例で〇・七%で「鏡・武器・農工具

・玉・土器」となると二三％と増加する傾向にある。この事は前方後円墳に埋葬された威信財の組み合せと連動している。第五に墳丘及び埋葬施設から検出される土器に注目した。その結果祭祀用の二重口縁を有する底部穿孔の壺形土器が八〇％を超える古墳から発見されるのに対して、吉備型埴輪は一一％しか伴わない事が明らかとなった。

註

(1)　茂木雅博『前方後方墳』雄山閣　一九七四。『改訂増補前方後方墳』一九八四。
(2)　赤塚次郎「前方後方墳から見た初期古墳時代」『前方後方墳を考える』第二分冊　一九九五。宇野隆夫「象鼻山一号墳が意味するもの」『象鼻山一号墳－第三次発掘調査の成果－』養老町埋蔵文化財調査報告第三冊　一九九九。
(3)　森　浩一「僕の倭人伝（二四）　熊襲・隼人私考二－狗奴国は南九州にある－」『一冊の本』第八一号（二〇〇二・一二）朝日新聞社。
(4)　第三回東海考古学フォーラム『前方後方墳を考える－第一・第二分冊－』一九九五。を基に整理した。
(5)　山崎純男編『京ノ隈遺跡』段谷地所開発株式会社　一九七六。
(6)　山本　清他『松本古墳調査報告』島根県教育委員会　一九六五。出雲考古学研究会編『松本古墳群－斐伊川流域の前期古墳をめぐって－』一九九一。
(7)　近藤義郎・高井健司編『岡山市七つ圦古墳群』七つ圦古墳群発掘調査団　一九八七。
(8)　近藤義郎編『権現山五一号墳』権現山五一号墳刊行会　一九九一。
(9)　森　浩一・伊藤勇輔『徳島県三好郡加茂町丹田古墳調査報告』同志社大学文学部考古学調査報告第三冊　同志社大学文学部文化学科考古学研究室　一九七一。
(10)　西谷真次『元稲荷古墳』西谷真次先生還暦祝賀会刊　一九八五。
(11)　河上邦彦・卜部行弘他「下池山古墳」『大和の前期古墳－下池山古墳・中山大塚古墳調査概報』学生社　一九九七。
(12)　宇野隆夫他『象鼻山一号古墳－第一次発掘調査の成果－』養老町埋蔵文化財調査報告第一冊　養老町教育委員会　一九九七。同『象鼻山一号古墳－第二次発掘調査の成果－』養老町埋蔵文化財調査報告第二冊　養老町教育委員会　一九九八。同『象鼻山一号古墳－第三次発掘調査の成果－』養老町埋蔵文化財調査報告第三冊　養老町教育委員会　一九九九。
(13)　西原崇浩編『高部古墳群Ⅰ－前期古墳の調査－』千葉県木更津市千東台遺跡群発掘調査報告書Ⅵ　木更津市教育委員会　二〇〇二。
(14)　茂木雅博編『常陸浮島古墳群』浮島研究会　一九七六。
(15)　茂木雅博・塩谷修編『常陸安戸星古墳』常陸安戸星古墳調査

団　一九八二。

(16) 林　幸彦・三石宗一『瀧の峯古墳群』佐久市教育委員会　一九八六。

(17) 斎藤　忠他『弘法山古墳』松本市教育委員会　一九七八。

(18) 三木文雄・村井嵓雄『那須八幡塚古墳』小川町古代文化研究会　一九五七。真保昌弘『那須八幡塚古墳』小川町埋蔵文化財調査報告一〇冊　栃木県小川町教育委員会　一九九七。

(19) 三木文雄編『那須駒形大塚』吉川弘文館　一九八六。

(20) 寺沢　薫「纏向型前方後円墳の築造」『考古学と技術』同志社大学考古学シリーズⅣ　一九八八。

(21) 茂木雅博「日本における寿陵の起源」『日本考古学の基礎研究』茨城大学人文学部考古学研究報告第四冊　二〇〇一。

(22) 筆者はかつて「寿陵試論」(『古代学研究』九一、一九七九。)と「前方後円墳と前方後方墳」(『東アジアの古代文化』三八号、一九八四。)で№26原一号墳の埋葬位置等を重視して、前方後方墳は寿陵ではない可能性を示唆したが、その後全国的な調査が進む中で明らかに墳丘盛土内に土壙を掘り込んで埋葬施設を設ける事例が大半であることが判明した。そこで従来の仮説を一部修正する事にした。しかしその中でも№14、№30、№38等は寿陵と断定する事は不可能な事例である。方形墓制から前方後方墳が発生したとする仮説には今も変わりないし、その起源を大和を中心とする地域に求める事にはやはり躊躇したい。

(23) 代表的な古墳としては茂木・鈴木裕明他『常陸部原古墳』東海村教育委員会　一九九〇。茂木・木崎　悠『中道前古墳群五号墳（茅山古墳）確認調査概報』東海村教育委員会　一九九九。

(24) 都出比呂志「前方後円墳出現期の社会」『考古学研究』第二六巻第三号　一九七九。

(25) 兪　偉超「方形周溝墓与秦文化的関係」『中国歴史博物館館刊』第二一期　一九九三。兪・茂木「中国と日本の周溝墓」『東アジアと日本の考古学Ⅰ』同成社　二〇〇一。

(26) この鏡は後漢鏡であるが名称について最近の研究者は「双鳳八爵文鏡」(岡内三真氏)、「双鳳紋鏡」(宇野隆夫・西村倫子氏)等の呼称をされると言うが、樋口隆康氏『古鏡』新潮社（一九七九）の以下の考えに私は従いたい。「糸巻形の四葉文の間に、双鳥が相対する形の図文を四つ配したものである。外縁に十六の連弧文があり、厚さが外内区かわらず、図文は平彫りである。この鏡を夔鳳鏡と呼ぶのは日本の学者たちである。(鳳文とは商周の銅器文様にでてくる特有の図文であって、鏡の対鳥文をこの古代文様と同じ名称で呼ぶのは好ましくない)。中国では梁上椿など、単なる鳳文とみなしている。対鳥文鏡とでもよぶのが適合するが、すでに夔鳳鏡の名前で日本でひろくつかわれているので、慣例にしたがった。」

(27) 西村倫子「双鳳紋鏡」『象鼻山一号墳－第二次発掘調査の成果－』一九九八。

(28) 甲斐昭光「副葬品」『岡山市七つ坹古墳群』七つ坹古墳群発掘調査団　一九八七。

(29) 笠野　毅「大市墓の出土品」『書陵部紀要』第二七号　一九七五。徳田誠志・清喜裕二「倭迹迹日百襲姫命大市墓被害木処理事業（復旧）箇所の調査」『書陵部紀要』第五一号　一九九九。

(30)　寺沢　薫編『箸墓古墳周辺の調査』奈良県文化財調査報告書第八九集　奈良県立橿原考古学研究所　二〇〇二。

(31)　石野博信・関川尚功『纒向』桜井市教育委員会　一九七六。
橋本裕行「桜井市勝山古墳第四次発掘調査概報」『奈良県遺跡調査概報二〇〇〇年度』奈良県立橿原考古学研究所　二〇〇一。

倭屯倉の成立過程をめぐる一試論

――伴堂東《ともんどひがし》遺跡とミヤケ――

坂　靖

一　はじめに

奈良県磯城郡三宅町伴堂《ともんど》に所在する伴堂東遺跡の調査は、奈良盆地中央部を南北に縦断する京奈和自動車道の建設に伴い、奈良県立橿原考古学研究所が実施したものである。合計一〇四〇〇㎡という調査面積を、平成七年度（第一次調査）と一一年度（第二次調査）に、延べ一年三ヶ月の現地調査の期間を要して、発掘調査を行ったもので、縄文時代から江戸時代に及ぶ夥しい量の遺構・遺物を検出した。そして、このほどその報告書を刊行するにあたり(1)、本遺跡とその周辺の古墳時代の遺構・遺物のありかたから、当該地と「ミヤケ」の関係や、外来系土器と移住者、その管理者と居住地、さらには古墳被葬者との関係などに着目することによって、倭屯倉の成立過程を跡づけてみたい。

伴堂東遺跡の所在する三宅町の町名は、明治年間の村制施行に伴って、万葉地名の「三宅ヶ原」などに因んで新たに命名されたものである。また『倭名抄』には、大和国城下郡に大和郷などと並び三宅郷の名があって、現在の三宅町域にこの三宅郷が所在したと推定される。しかし、この三宅郷が現在の三宅町域に限定されるかというと、そうではなく、北側の川西町域なども含めて考慮する必要がある。いうまでもなく、三宅は、屯倉に因んだ地名であるが、奈良盆地中央の「屯倉」が、いかなる性格をもち、どのように形成されていったかについては、不明な点が多い。しかし、この問題を究明することは、「ヤマト政権」の根元を問う極めて重要な問題である。いまや、ヤマト政権の成立基盤が、奈良盆地の東南部地域にあったことは、纒向遺跡の発掘調査の成果や、当該地の前期古墳のありかたやその調査成果などから自明のことといえようが、それに奈良盆地の中央部の地域がいかに関わっていたかが問われているのである。

二　問題の所在

もちろん、舘野和己氏が指摘しているように(2)、屯倉の制度そのものは、推古朝以降に確立したものであって、古墳時代に遡るものがあったとしてもそれはきわめて不安定な存在であり、その性格についても、天皇の直轄領としての意味ばかりではなく、地方においては王権の政治的・軍事的拠点として意義づけられるものとして理解される。奈良盆地においては「倭屯倉」が古く景行朝に設置されたとされるものの、実態はなく、田原本町多から桜井市江包・大西・大泉のあたりに奈良時代の大和の屯田がおかれていたことが史料によって裏付けられているにすぎない。

そうした中で、今回の伴堂東遺跡の調査では、あるいはこの倭屯倉の先駆的な意義をもつような遺構が確認されたのである。伴堂東遺跡は、上記の倭屯倉推定地から北東四㎞の位置にあって、厳密には、遺跡と倭屯倉が結びつくか

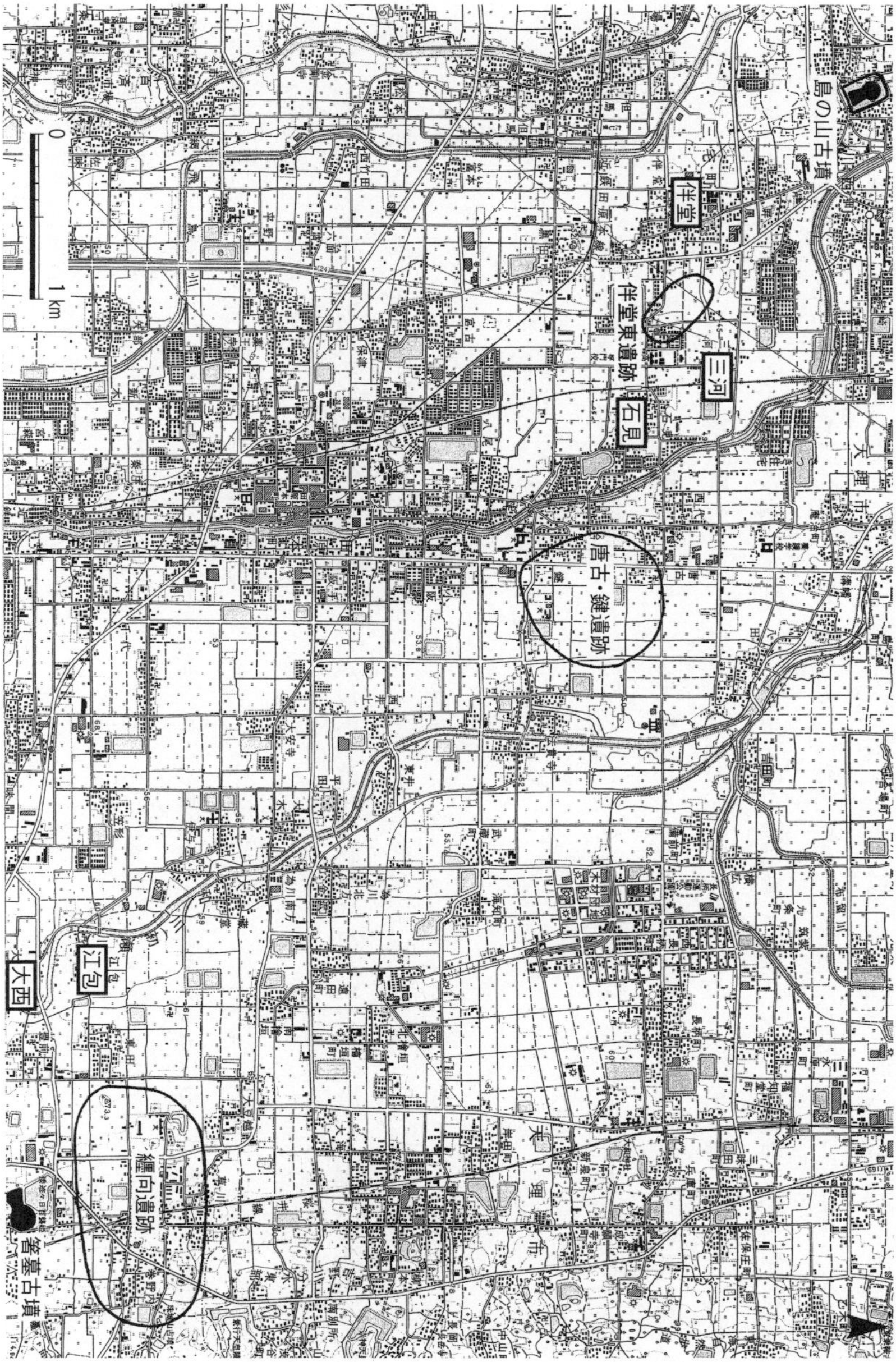

図1　倭屯倉関係遺跡と地名

どうかの論証が先に必要であろうが、ここでは、屯倉の成立過程を明らかにするために、古墳時代のヤマト政権の直轄地をミヤケと定義し、制度としての屯倉が確立するまでの過程を伴堂東遺跡の調査成果をモデルにしながら考えてみることとしたい。

伴堂東遺跡は、三宅町のほぼ中央に位置する大字伴堂の東端にあり、北側には大字三河、東側には大字石見という国名地名があり、これらにほど近い。特に、北側の「三河」という地名が、後述するようにこの遺跡から大量に出土した東海系土器の出自と深く関わるものと考えられる。また、伴堂という地名の由来については、伴戸（伴部）転訛説(3)と舎人転訛説(4)とがある。

なお、伴堂東遺跡の周辺には、東約一・五㎞に奈良盆地最大の弥生時代の拠点集落である唐古・鍵遺跡があり、西北約一・五㎞には盆地中央部最大の前方後円墳（全長約二〇〇ｍ）である島の山古墳がある（図１）。

三　纒向式・庄内式・布留式と伴堂式

伴堂東遺跡では、古墳時代の土器が遺構に伴って大量に出土している。奈良県では、古墳時代前半期の土器は、纒向遺跡で大量に出土しており、ここでは纒向一～六式の土器編年がなされている(5)。纒向遺跡は前述のとおり、当時の政権中枢とも目される巨大遺跡(6)で、本遺跡からは南東約五・五㎞の位置にある。しかし、伴堂東遺跡では、この纒向遺跡と同様に土器は変化しておらず、この編年をそのまま援用することは難しい。さらに、近畿地方の古墳時代前半期の土師器は、一般に「庄内式」から「布留式」へ変遷するとされているが、伴堂東遺跡では、この庄内式や布留式の編年をそのままあてはめることすら難しい。纒向式や庄内式の土器編年は、庄内式甕と呼ばれる底部が尖り底の土器を基準としているが、本遺跡ではそれが顕在的ではなく、布留式や纒向三式以降の段階になって僅かに認められる程度にすぎないからである。そこで、本遺跡では、古墳時代前期～後期に至る伴堂Ⅰ～Ⅵ式の編年案を新たに設定することとした。この編年案では、伴堂Ⅰ式が庄内式併行期（三世紀）、Ⅱ～Ⅳ式が布留式併行期（四世紀）、Ⅴ～Ⅵ式（五・六世紀）が須恵器出現期以降にあたる（表1）。

四　伴堂東遺跡の外来系土器とミヤケ

伴堂東遺跡の遺構のうち古墳時代前期にあたるⅠ～Ⅲ式の遺構では、完形の土器を数多く含む土坑が計二三基検出されている。そのうち、伴堂Ⅰ式のＳＫ二三八〇、ＳＫ二四八〇、ＳＫ三〇二〇と名付けた三基の土坑で大量の外来系土器が出土している。ＳＫ二三八〇は、最大径三・二二ｍ・深さ一・二四ｍほどの土坑で、ここから出土した八二点の土器を分析したところ、吉備地方周縁部を中心とした地域の土器が集中していることがわかった。外来系土器の割合は全体の一八％ほどだが、そのうちの五三％が吉備系の土器であった。また、ＳＫ二四八〇は、本遺跡の中で最も多くの土器が出土した最大径四・四七ｍ・深さ一・五四ｍほどの土坑であるが、計三〇二点の土器を分析したところ、外来系土器が二九％含まれており、そのうちの七二％が東海系（東三河地方）の土器であった（写真1・2）。さらにＳＫ三〇二〇は、最大径二・四四ｍ・深さ一・一〇ｍほどの土坑で、計六九点の土器のうち、二三％が外来系で、そのうちの実に九四％が東紀州・熊野方面の外来系土器であった（図2）。

古墳時代前期において、土坑などの遺構から外来系土器が出土することは決して珍しくない。そして多くの場合それは、様々な地域からの搬入品であることが多く、こうした遺構の存在する遺跡は、物流拠点の意義をもつ。しかし、

表1　伴堂式の併行関係

赤塚(文献1)	鈴木(文献2)	坂	石野・関川(文献3)	寺沢(文献4)	豊岡(文献5)	田辺(文献6)
廻間Ⅰ式	欠山Ⅰ	(土坑SK2060)	纒向1式	庄内0式	纒向1類	
	Ⅱ	伴堂Ⅰ－1式	2式	1	2類	
	Ⅲ	2		2		
Ⅱ	元屋敷(古)	3		3	3類	
		Ⅱ－1	3式	布留0	4類	
		2				
Ⅲ	元屋敷(新)	Ⅲ	4式	1	5類	
		●	5式	2		
松河戸Ⅱ式		Ⅳ	6式	3		
		Ⅴ－1a		4		TG232型式
宇田Ⅰ式		1b				TK73～TK216
Ⅱ式		－2				TK208
		－3				TK23～TK47
儀町式		Ⅵ－1				MT15～TK10
		－2				TK43

文献1　赤塚次郎「考察1　廻間式土器」『廻間遺跡』愛知県埋蔵文化財センター、1990年
文献2　鈴木敏則「三河地域の後期弥生土器の編年」『高井遺跡』豊橋市教育委員会、1996年
文献3　本文註5
文献4　豊岡卓之「『纒向』土器資料の基礎的研究」『纒向遺跡の研究』1999年
文献5　田辺昭三『陶邑古窯址群』平安学園考古学クラブ、1966年

本遺跡においては、外来系土器は、上記の三基の土坑から集中的に出土しており、しかもそれぞれが特定の地域との繋がりをもっていると考えられる。本遺跡は、弥生時代から継続的に集落が営まれていると考えられるが、弥生時代の段階では、唐古・鍵遺跡の「衛星集落」[7]としてその影響下にあり、土器の総量は僅かで、外来系土器は皆無といった状況にあった。そうした中で、伴堂Ⅰ式の段階になって、突如としてこうした遺構が出現するのである。こうした状況から、本遺跡では、古墳時代の開幕を告げる伴堂Ⅰ式の段階に、特定の地域から多くの移住者を迎え入れ、集落の様相が激変したと想定されるのである。

さらに、この三基の土坑は、僅かながらその築造年代を異にしており、またその位置もそれぞれが離れた位置に存在している。そして、この三基の土坑を中心としてその周りに次々と伴堂Ⅰ~Ⅲ式の土坑が営まれていく状況を復元することができる。こうしたありかたから、特定地域の移住者たちは、それぞれ別々の時期に来訪し、少し離れた場所に住んで、そのゴミを廃棄する場所も異にしていたと推

写真１　土坑SK2480の在地系土器

写真２　土坑SK2480の東海系土器

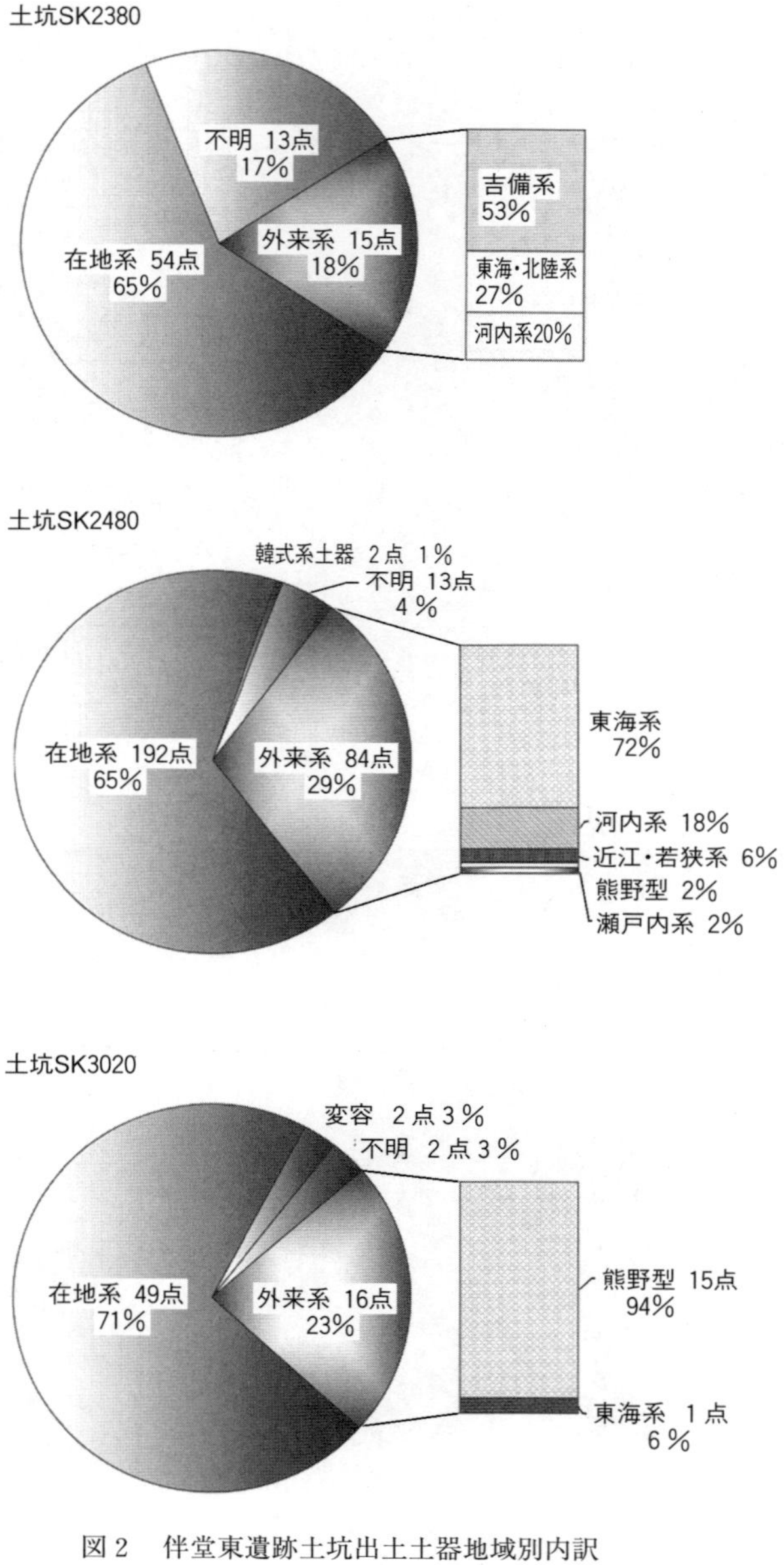

図２　伴堂東遺跡土坑出土土器地域別内訳

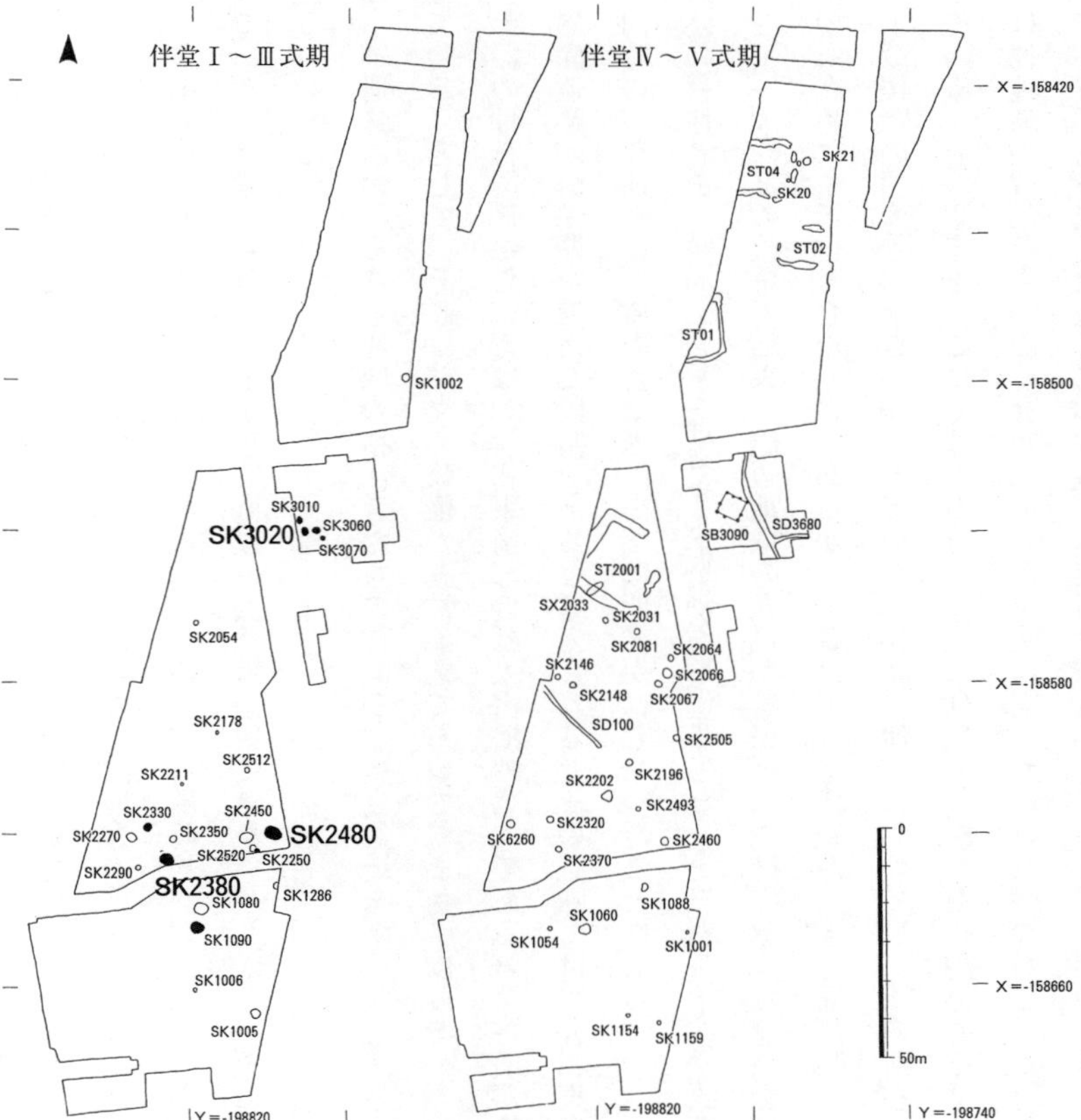

図３　伴堂東遺跡の遺構変遷図（1）

定することができるのである（図3左）。

以上のように、伴堂東遺跡においては、吉備周縁部地方・東三河地方・東紀州、熊野地方などから移住者を受け入れ、それぞれが何世代かに亘って生活していたのである。特に、東三河地方の土器の量は圧倒的であり、前述のように本遺跡北側に所在する大字三河との連関が考えられる。もちろん、古墳時代前期に三河の名称は遡り得ず、また東三河は穂国の領域であったと考えられることから、直接的関係は想定できない。しかし、そこに何らかの伝承が存在した可能性が窺えるのである。

そして、筆者は、本遺跡における特定地域の移住者たちの目的が、奈良盆地を肥沃な水田地帯に開拓するための入植であったと考えている。そして、それはヤマト政権の直営事業であって、まさに彼らこそミヤケの先駆者《パイオニア》として位置づけられよう。土器の併行関係からいえば、大和東南部の巨大古墳の嚆矢である箸墓古墳が築造される直前であった可能性があり、(8)纒向遺跡が繁栄期を迎えた段階であると考えられる。その意味では、大和東南部に「ヤマト政権」が誕生するとほぼ同時に、移住者による奈良盆地中央部の開発がはじまったことになる。

一方、伴堂東遺跡の移住者を「難民」として理解する仮説を提示することも可能だ。赤塚次郎氏は、東海地域（濃尾平野）の政治権力と「ヤマト」との抗争の結果、周辺地域の人民が難民として排出される構図を描く。(9)赤塚氏の議論は、邪馬台国・狗奴国の所在地にまで言及したものであるが、筆者は、実年代観が大きく揺れ動いていることといまだに邪馬台国と「ヤマト政権」の関わりが解き明かされていない現状の研究においては、その所在地についての議論は無意味であると考えている。その意味で、ここでは古墳時代に、奈良盆地にあった政治勢力をヤマト政権の名で呼びたいが、その成立には他地域の政治勢力が深く介在している事実が明らかにされつつある。東海地域もまたヤマト政権を生み出す原動力であり、前方後円墳造営における土木技術や、壺形土器の配置や朝顔形埴輪の定形化などは、東海地域との深い関わりが看取され、そこには対立の図式は全くない(10)。

そのように考えるなら、伴堂東遺跡の移住者の出身地もヤマト政権の成立に積極的に参画した地域であったと理解されよう。そして、それがいずれも強大な政治力をもっていたと考えられる地域の縁辺部にあたっていることは、実に興味深い。あるいは、これらの地域は、東海地域や吉備地域が、ヤマト政権に参画するにあたって、その労働力を提供したと考えられるのであり、これらの地域の首長の徴発に応じて、奈良盆地に移住したとも考えられるのである。

五　島の山古墳とミヤケ

伴堂東遺跡では、Ⅲ式～Ⅳ式の時期になると遺構数は激減する。特に、布留二式併行期と考えられる遺構はほとんどない。そして、本遺跡において遺構数が激減するのと期を同じくして、島の山古墳が造営される。想像を逞しくすれば、本遺跡の住人たちは、島の山古墳造営のために古墳近傍に移動したと考えることもできる。

島の山古墳の性格をめぐっては、これを葛城地域の墳墓と一連のものとみる見解(11)が最近提示されているが、筆者はこの立場はとらない。また、田中卓氏がその被葬者について応神天皇の妃である糸井比売との関連を指摘し(12)、直木孝次郎氏がそれを批判されている(13)。田中氏の見解は、筆者の検討とも整合する点が多くあり、極めて示唆的ではあるが固有名詞を持ち出すにはなお多くの検討が必要である。まずは、その考古学的事実から伴堂東遺跡のような奈良盆地中央部の開拓者たちを統括した「王」の奥津城とみるべきであって、開拓者たちにとっては古墳の造営が、極めて象徴的な意味をもつものであったにちがいない。そして、周辺では最古にして、しかも突出した規模をもつことから、絶大な権力を有した政治的司祭者という被葬者像が浮かび上がってくる。大和古墳群の系譜が断絶したのち築造されていることから、大和東南部地域の直接的な系譜をひくヤマト政権の「王」が、盆地中央部へ進出し、この地域全体の開発の象徴としてこの墳墓を造営したと考えられるのである。(14) その意味で、島の山古墳もまたミヤケの先駆者たちの象徴であって、「王」が当該地の直接的な経営にのりだしたことを内外に示したものと考えられよう。当該地は、盆地東南部や南部方面からの小河川が合流する地点で、奈良盆地の中では最も標高が低い場所のひとつである。ヤマト政権の中枢にあった島の山古墳の「王」が、大和川水系の治水や利水をおこなって土地開発を発展させるとともに、河内地方へ至る交通上の要地を掌握してその本拠地としたことを、この墳墓の造営をもって高らかに宣言したのである。その意味で注目されるのが、島の山古墳周辺の集落遺跡で、川西町下永東城遺跡(15)では、溝がL字形に検出されていて、その内部に同時期の土坑が存在することから、一辺四〇m以上の「方形居館」が存在した可能性がある。さらに、溝からは石釧が検出されていて、島の山古墳との関係を暗示させる。規模などから判断して、島の山古墳の「王」の麾下にあり、石製品などの生産工人を統括していた階層の居宅かもしれない。また、天理市角田遺跡(16)などでも、島の山古墳と同時期の一般集落に関わる井戸などの遺構が検出されていて、集落の営みは継続的ではあるが、島の山古墳と同時期にはその麾下にあったと考えられる。当該地において、島の山古墳の造営が大きな画期となったことは確かであり、様々な階層をその麾下に治めて、古墳の造営という大事業がなされたのである。それは、当該地の土地開発史にあっては、極めて象徴的であって、政治的な意義は大きいと考えられるが、実質的な土地開発が著しく進行したとは考えられない。島の山古墳の造営は、いわばミヤケに打ち込まれた政治的な楔であって、その後の開発の幕開けを告げるものであったと理解されよう。

六　屯倉の成立

伴堂東遺跡の遺構が再び増加し、大きな画期を迎えるのは伴堂Ⅴ式期である（図3右）。北側が方形周溝墓を中心とした墓域となり、南側には土坑群が形成される。土坑群には、韓式系土器や初期須恵器が多数納められていて、渡来人との関わりが想定できる。Ⅴ式期は、こうした新来の文化が波及し、竈や甑、鍋が導入されたことをはじめとして遺跡内の生活様式が大きく変化した時代であったと考えられ、本遺跡においても遺構の数が急増して、各時代を通じ最も遺構の数が多くなる。『応神紀』には、韓人池の造営の記事があって、屯倉の開発と関連するものと考えられるが、この韓人池と唐古を結びつける説が古くからある。(17)現在の唐古池は、近世に築造されたもので(18)それとはすぐには結びつかないが、唐古・鍵遺跡で陶質土器をもつ後期初頭の小規模方墳が確認されている。(19)また、保津・宮古遺跡の第二九次調査で(20)、中期の遺構から甑などとともに百済産とされる陶質土器が出土するなど、盆地中央部の各所において渡来人の先進技術により、新たな開発が開始されたことだけは確かな事実である。

田中史生氏が指摘しているように(21)、当該期の渡来人は、ミヤケの開発に重要な役割を果したと考えられる。伴堂東遺跡にあっても、人口が著しく増加して、革新的な技術と独特の生活習慣をもつ人々が集住することによって、周辺の開発は大きく進んだと考えられる。ここにミヤケの開発が、実質的に開始されたといえよう。しかし、それは継続的なものではなく、伴堂東遺跡にあっては、Ⅵ式期に集落の様相が激変し、渡来人を出自とする集落は消滅するに至ったと考えられる。これは、舘野氏や田中氏が指摘するように、当該期の「ミヤケ」が極めて不安定であったという動向と一致するものであろう。

そして、伴堂Ⅵ式期には、方形の溝で区画された「首長居館」が突如として出現する。掘立柱建物を中心に八六八

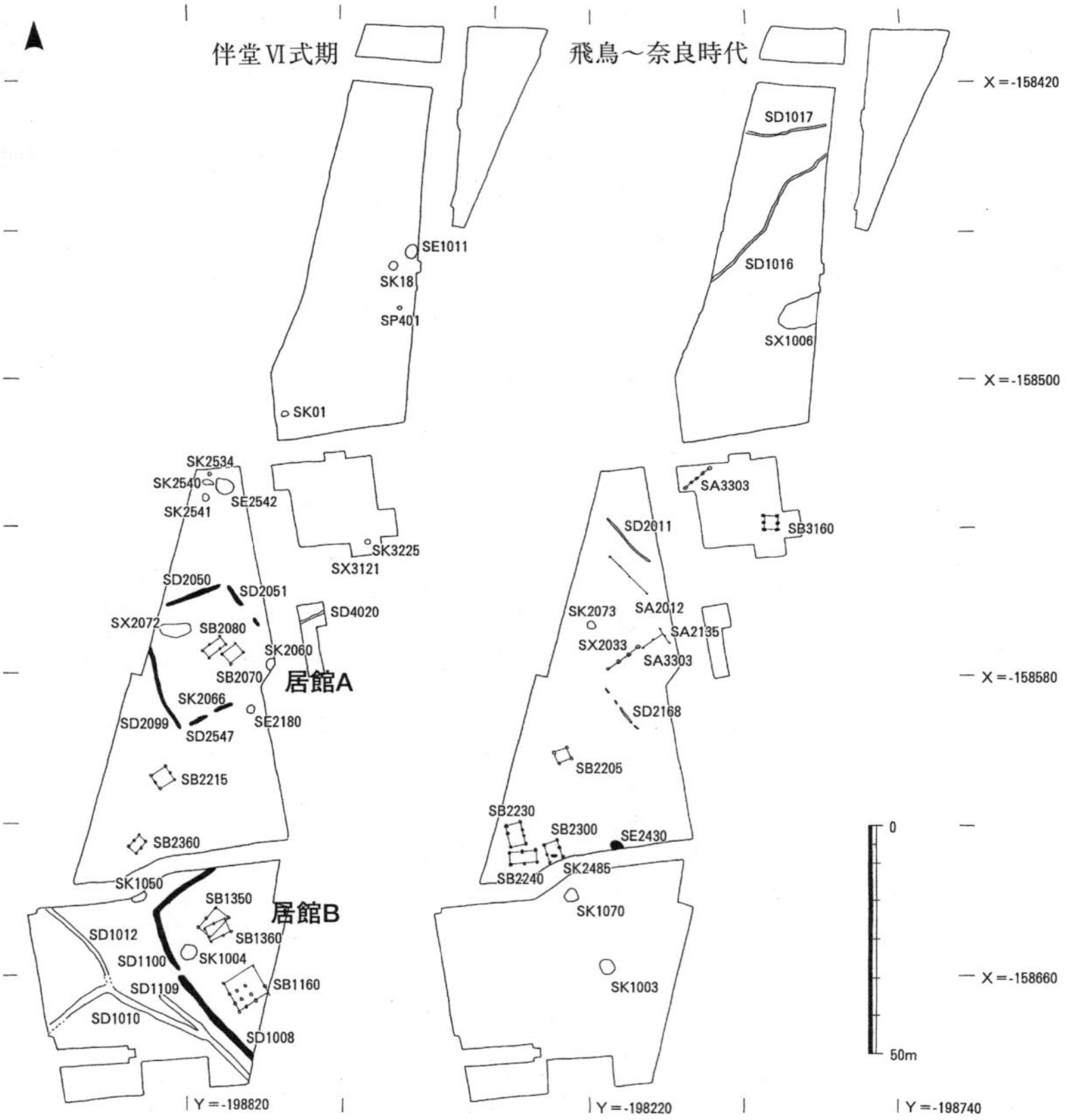

図４　伴堂東遺跡の遺構変遷図（2）

㎡の占有面積がある居館Aと、二〇〇〇㎡以上の占有面積がある居館Bが六世紀初頭頃に共存する（図4左）。この居館については、島の山古墳の南側に展開する六世紀代の小規模前方後円墳の被葬者が住んだ屋敷地と考える見解もあるだろうが、筆者はこの立場はとらない。占有面積が狭く、生産の痕跡が顕著でないことから、小規模円墳の被葬者などをその候補とすべきだろう。(22)調査地のすぐ北には三河古墳群(23)があり、あるいはそれとの繋がりが考慮される。そして、こうした古墳の被葬者こそ小規模前方後円墳の下位にあって、現地で開発を主導した階層であったと考えられる。伴堂V式以降、本遺跡に来訪した新たな入植者たちを統括し、盆地中央部の開発を積極的におしすすめた階層が、ここに居住したと考えられるのであり、ヤマト政権の支配秩序に組み込まれたミヤケの開発者層として位置づけられよう。それは、V式以降の新来の渡来人を中心とした社会組織が根本的に再編成されたことを意味すると考えられる。

伊達宗泰氏は、古くから当該地周辺の後期古墳を「倭屯倉地帯の古墳群」として認識し、その被葬者を屯倉の管理者として位置づけられた。(24)そして、これまで述べてきた筆者の解釈からすれば、その中にあって、前方後円墳と円墳の被葬者には階層差があって、前方後円墳の被葬者こそ屯倉の管理者、円墳の被葬者はその開発の「親方」（現場監督）ともいうべき役割が考えられよう。筆者は、葛城地域の屋敷地と古墳のありかたから、古墳時代中期における葛城氏麾下の渡来系技術者集団を統括する「親方層」の存在を指摘し、その居住地と墳墓を推定したことがある。(25)伴堂東遺跡の場合は、古墳時代後期のミヤケにおいても「親方層」が存在し、ヤマト政権による土地支配の一翼を担っていたと考えることができよう。葛城氏のそれは、古墳時代中期に渡来人を含む技術者層を組織化したものと理解されるが、ヤマト政権は、古墳時代後期に渡来人を出自とする技術者層を再編して、その身分秩序を確固たるものとしたと理解されるのである。(26)そして、それは同時にヤマト政権の支配領域にすぎなかった「ミヤケ」が、大王権の管理支配秩序としての「屯倉」へ移行したことを意味するのであって、一定の階層秩序によって土地支配を貫徹しようとする強い意識を伺うことができるのである。

七　確立期の倭屯倉

伴堂東遺跡では、飛鳥～奈良時代にかけても集落は継続する（図4右）。飛鳥時代の様相は、古墳時代後期の集落の地割を踏襲したもので、その延長線上にあるものと理解されるが、区画施設や建物などの規模が縮小し、遺物の量も減ることから、衰退期を迎えたものとして理解される。そして、おそらく奈良時代の前半期には、この集落は断絶してしまうことになる。再び、遺跡内に建物や井戸などの遺構が顕在化するのは、奈良時代後半期以降のことである。それは、それまでとは全く異なった地割に基づくもので、緩やかながら真北を指向している。銙帯や墨書土器などの出土遺物もあって、これもまた屯倉に関わる施設と考えられる。

当該地において、飛鳥～奈良時代には筋違道（太子道）と下つ道が重要な基幹道路の役割を果たしたと考えられるが、飛鳥時代後半期には両者が併存しており、それを繋ぐアクセス道路も検出されている。(27)さらに、三河遺跡をはじめ宮古北遺跡(28)・保津宮古遺跡などで倭屯倉に関連すると考えられる遺構が盆地中央部の各地で散在的に検出されている。こうした遺跡は、それぞれの交通路を通じて、宮都と直接的に繋がっているのであり、あるいは同時期の遺跡は相互にネットワークとして結びついていたと考えられるのである。

筆者は、宮都や寺院の造営などに伴い、渡来人や技術者集団の組織が再編成されたと考えている。(29)倭屯倉でも、それが進んだことは疑いがない。伴堂東遺跡の調査結果からは、その問題を深く掘り下げることはできないが、倭屯倉の確立していく過程が、今後、周辺遺跡の動向が明らかになることにより鮮明になっていくことであろう。

八　結　び

以上、倭屯倉の成立過程を素描してきた。一遺跡の調査結果からだけで、古代史の重要問題に敷衍できるとは思わないし、この論考は、あるいは「井の中の蛙大海を知らず」といった文言がそのままあてはまるような内容かもしれない。さらには、冒頭で述べたように、倭屯倉と伴堂東遺跡を結びつけるための十分な論証をおこなっていないまま論をすすめたがゆえに、その広がりを奈良盆地中央部の中で漠としてとらえる結果となってしまった。

しかし、ここであえて実態が不分明な倭屯倉を持ち出したのは、近年、奈良県でもようやく古墳時代の集落遺跡が数多く調査され、この時代が古墳づくりのみに明け暮れていたのではなく、土地開発史にあっても大きな画期であったことが窺えるようになってきたからである。筆者は、古墳時代こそ大和の大開発時代であって、政権が管理し、収奪するシステムが徐々に形成されていったと考えている。版図としてのミヤケが制度としての屯倉へ移行する過程の中に、それが象徴的に示されていると考えられる。さらに、屯倉は、地方の支配形態としても機能したが、制度の確立は、古墳時代の終焉を待たなければならなかったのである。

註

（1）坂　靖編『伴堂東遺跡』奈良県立橿原考古学研究所調査報告第八〇集、二〇〇三年
（2）舘野和己「畿内のミヤケ・ミタ」『新版古代の日本』⑤近畿Ⅰ角川書店、一九九二年
（3）池田末則「三宅・国号地名考」『三宅町史』、一九七五年
（4）磯城郡役所『磯城郡誌』一九一五年、名著出版一九七三年復刻
（5）石野博信・関川尚功『纒向』桜井市教育委員会、一九七六年
（6）寺沢薫「纒向遺跡と初期ヤマト政権」『橿原考古学研究所論集第六』一九八四年
（7）坂　靖編『下永東方遺跡』奈良県文化財調査報告書第八六集、

二〇〇一年
(8) 寺沢薫・佐々木好直『箸墓古墳周辺の調査』奈良県文化財調査報告書第八九集、二〇〇二年
(9) 赤塚次郎「東海系のトレース－三・四世紀の伊勢湾沿岸地域」『古代文化』第四四巻第六号、一九九二年
(10) 北条芳隆「前方後円墳と倭王権」『古墳時代像をみなおす　成立過程と社会変革』青木書店、二〇〇〇年。ただし東海地域の役割が、土木工事の担い手であったとする点は承服できない。東海地域は、墳墓築造の土木技術や、埴輪祭祀の成立や確立に重要な役割を果たしたと考えられる（坂　靖「特殊器台から埴輪へ」『日本考古学協会二〇〇二年度　橿原大会研究発表資料集』二〇〇二年）。
(11) 白石太一郎「葛城地域における大型古墳の動向」『古墳と古墳群の研究』塙書房、二〇〇〇年
(12) 田中卓「奈良県磯城郡島の山古墳の被葬者について」『史料皇學館大学史料編纂所所報』第一四三号、一九九六年
(13) 直木孝次郎「奈良県島の山古墳の被葬者をめぐって」『甲子園短期大学紀要』第一五号、一九九六年
(14) 泉森皎『島の山古墳』川西町教育委員会、一九九二年
(15) 米川仁一・高橋幸治「下永東城遺跡第二次発掘調査概報」『奈良県遺跡調査概報一九九八年度』一九九九年
(16) 宮原晋一ほか「萓田遺跡・松本遺跡・角田遺跡発掘調査概報」『奈良県遺跡調査概報一九九八年度』一九九九年
(17) 『大和志』大和之十三に「韓人池、唐古村、今呼柳田池」とある。
(18) 町史編纂室「唐古池の築造年代を追って」『田原本の歴史』第三号、一九八四年
(19) 豆谷和之・藤田慎一「唐古・鍵遺跡第八四次調査」『田原本町文化財調査年報一一　二〇〇一年度』二〇〇二年
(20) 前掲註(19)
(21) 田中史生「ミヤケの渡来人と地域社会」『日本歴史』第六四六号、二〇〇二年
(22) 坂　靖「三河遺跡発掘調査概報」『奈良県遺跡調査概報一九九五年度』一九九六年、青木香津江「三河遺跡第二次発掘調査概報」『奈良県遺跡調査概報一九九六年度』一九九七年
(23) 坂　靖「古墳時代の階層別にみた居宅－『豪族居館』の再検討－」『古代学研究』第一四一号、一九九八年
(24) 伊達宗泰「倭屯倉地帯の古墳群」『古代学研究』第五九号、一九七一年
(25) 前掲註(23)
(26) 坂　靖「古墳時代における大和の鍛冶集団」『橿原考古学研究所論集第一三』吉川弘文館、一九九八年
(27) 「羽子田遺跡の古代道路」『田原本町埋蔵文化財調査年報八　一九九八年度』一九九九年
(28) 関川尚功『保津・宮古遺跡第四次発掘調査報告書』奈良県文化財調査報告書第五四集、一九九〇年
(29) 前掲註(26)

古墳時代中期における鉄鏃の分類と編年

水野敏典

一　はじめに

鉄鏃は、古墳時代の古墳副葬品として普遍的な存在で数量があり、型式も豊富で、なおかつ型式変化が早く、編年資料に適している。さらに馬具のように金銅装の轡と素環の轡というように被葬者の階層にその形態が左右されることが少ない。それは鉄鏃があくまでも弓矢の矢の一部品に過ぎず、鉄鏃自体に威信材的な価値を見出し難いことにある。その結果として非常に豊富な資料を扱うことを可能とする。また、現状において複雑な地域性の抽出が可能な数少ない武器であり、編年から時間軸を、地域性から地域間の交流の粗密をうかがうことができ、古墳時代研究全般に応用が可能である。小考では、古墳時代を三区分する際の大きな画期を前後にもつ中期を扱い、鉄鏃の分類を軸に鉄鏃編年とそれに関わる地域性の問題、短頸鏃、長頸鏃の導入の問題を大和の資料を中心に整理することにする。

二　研究史――問題の所在――

鉄鏃の分類研究は、一言でいえば後藤守一[1]と末永雅雄[2]の初期の研究の問題点を指摘し、部分的な修正を加えるものの、後の研究に引き継がれないということを繰り返してきた。特に後藤による一八七目の細分類の提示と、個々の部位の形態分類名を羅列して型式名とするという手法は後の研究に決定的な影響をおよぼした。生物学的な分類を提唱しながら、大村直が指摘するように「抽出できる諸要素をすべて同列的な範疇において処理[3]」しており、系統的な理解を難しくしたのも事実である。また、末永雅雄は古墳時代から中近世までの鉄鏃を包括して整理し、中近世での名称にならって細根式、厚根式、平根式、尖根式、雁股式の五つに分類した。これについても型式設定が不明瞭な例も多く[4]、その細分化に大きな問題を残した。これらの問題は、現在に至るまで決定的な解決をみていないが、その最大の原因は資料数にあるといっても良いであろう。八〇年代に入ると、埋蔵文化財行政が軌道にのったことから資料が急増して、古墳時代の鉄鏃全体を把握することが著しく困難となった。その結果、地域や時代を区分した限定的な研究が行われ、基礎的な整理が各地で進められた。特に関東では、栃木の小森哲也[5]、埼玉の小久保徹ら[6]、そして後期の千葉を扱った白井久美子[7]の研究など活発な研究が進められた。それに対して、関西では甲冑との相関関係の中で鉄鏃研究が進められたところに特徴がある[8]。主に短甲の変遷と鉄鏃変遷が対応するものとして鉄鏃型式を機能性から理解しようとした。この間に、畿内の鉄鏃を中心とした研究には富田好久による集成[9]、北野耕平による古市古墳群出土例の整理[10]、飯島武司による後期の畿内出土鉄鏃編年がある[11]。

そして一九八八年の杉山秀宏の「古墳時代の鉄鏃について」が発表され、後藤以来はじめて全国の鉄鏃を集成・分類し、編年を行ったことで鉄鏃研究は大きな転機を迎える[12]。膨大な数の鉄鏃を整理されたことで、編年研究だけでなく、鉄鏃型式の分布的な偏在から地域間の交流の粗密を見出す地域性研究などの展望が開けた。地域性については杉山自身が全国を対象として大枠を指摘したが、その後、もう少し詰めた形で、中国地方を尾上元規、(13)関東周辺を筆者(14)や内山敏行(15)が分析を進めた。ただし、鉄鏃分類については統一されることなく、見切り発車的に研究が進められているのが現状である。小考においても鉄鏃分類の問題を避けて通ることができない。学史的な問題点は二つに集約できる。

一つ目は、型式把握についての視点の問題である。個々の部位の差異の並列的な認識に問題があることはすでに指摘されて久しい。つまり、型式のどの要素が分類と編年に重要なのかを追求してこなかったことにある。それは鉄鏃型式の呼称に端的にあらわれており、他の遺物に当てはめればその問題点は明確となる。土器でいえば「S字状口縁甕」は口縁がS字状に屈曲することに重点を置いた名称であり、台付きの甕で、器壁が薄く、器面に斜めのハケ目状工具痕をもつなどの特徴は名称にはあらわれない。これは、土器型式が系統的に理解されており、各部特徴のセットとして「S字甕」を認識していることを示している。したがって、鉄鏃研究の方向は鉄鏃型式の細分化ではなく、主要な型式要素を把握することにあると考える。細分化はその中で位置づけるものであり、先行すべきではない。

二つ目は、地域性の認識にある。鉄鏃研究は地域に偏在した型式分布が重層的に地域性を形成していることを前提とする必要があり、編年作業には型式分布の把握が不可欠である。これは、後藤の詳細な分類にも関わらず、東日本の資料に偏ったため、全国規模で適用すると多数の遺漏と過剰ともいえる細分化を招いたことからも明らかであり、これは斉一性の強いとされる中期であっても例外ではない。近年の尾上元規の研究に代表されるように、基本的な分類だけでも地域性の把握と変遷という目的達成は十分に可能である。(16)分類の大枠には汎用性が求められるが、あくまでも目的に適したレベルの分類が必要と考える。そこで、小考では時期変遷を示す形態的な要素と、地域性の理解に必要な最低限の型式分類を用いることにする。

三　分類と名称

現状においても、分類および各部位の名称については、統一的な見解を得られていない。先の問題を踏まえた一つの案として、装着形態を重視する私案を提示する。(17) 鉄鏃が弓矢の矢の一部品であるという視点に立ち返り、第一次分類として矢柄との装着形態をもとに分類を行い、三つに大別する。つまり、矢柄装着形態にもとづいて、鉄鏃と矢柄との装着に根鋏などの別部品を必要とする無茎鏃および薄く短い茎部をもつ短茎鏃と、茎部をもつ有茎鏃に分類し、さらに、有茎鏃は鏃身部と茎部の間の棒状部分（頸部）の有無から、無頸の有茎鏃と有頸鏃とに分類する（図1）。有茎鏃は、鏃身部と矢柄に差し込まれる茎部からなり、鏃身と茎との境に関をもたない。有頸鏃は鏃身部と茎部の間に棒状の頸部をもつ短頸・長頸鏃である。この枠組みを重視することで型式組列間の関係を明確にする。その下位分類として鏃身形態によって二次分類を行うことで、鏃身形態分類の上位・下位分類を明確に区別し、さらに下位の三次以降の分類として各部の細部形態を扱う。これは従来の鏃身形態を重視する分類の弱点を修正するものである。第一に、鏃身形態を優先した分類は、鏃身三角形、長三角形などの分類の基準とその意義が不明瞭になりやすく、結果として型式組列の関係も並列化し不明瞭になりやすい。第二に、鏃身形態が他の鏃と類似するものが多い無茎・短茎鏃の問題がある。従来はこの時だけ、茎の有無を鏃身分類に優先させることが慣例となっていたが、これは明らかな論理的不整合である。茎の有無と頸部の有無を優先した分類の方が論理的であり、分類全体が明瞭なものとなる。すでに古墳時代後期の鉄鏃に用いたところ、鏃身の形態の細分にとらわれずに、鉄鏃の型式組列の消長や型式組列間の相互影響を見出すのに有効であった。(18) 以下各部の名称、分類類型については図二、図三によるものとする。

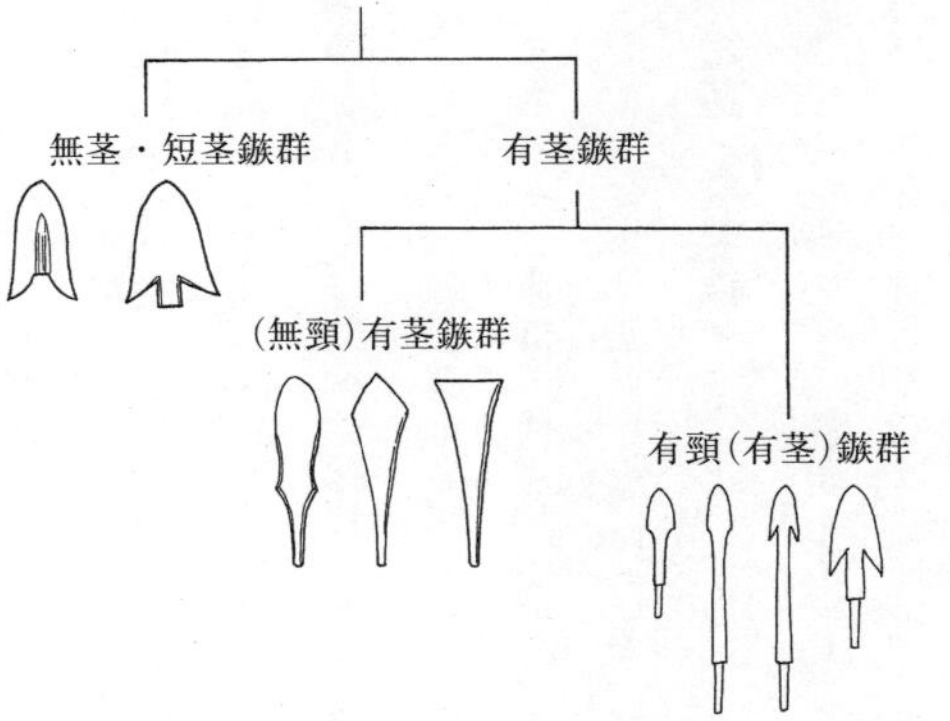

図１　鉄鏃基礎分類図

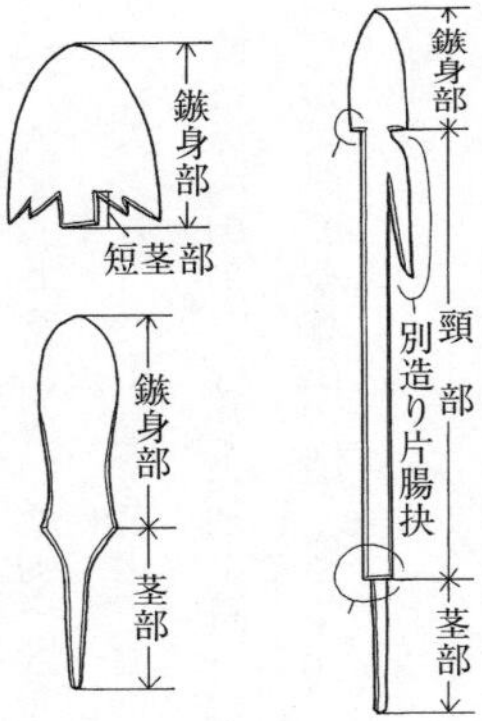

図２　各部名称

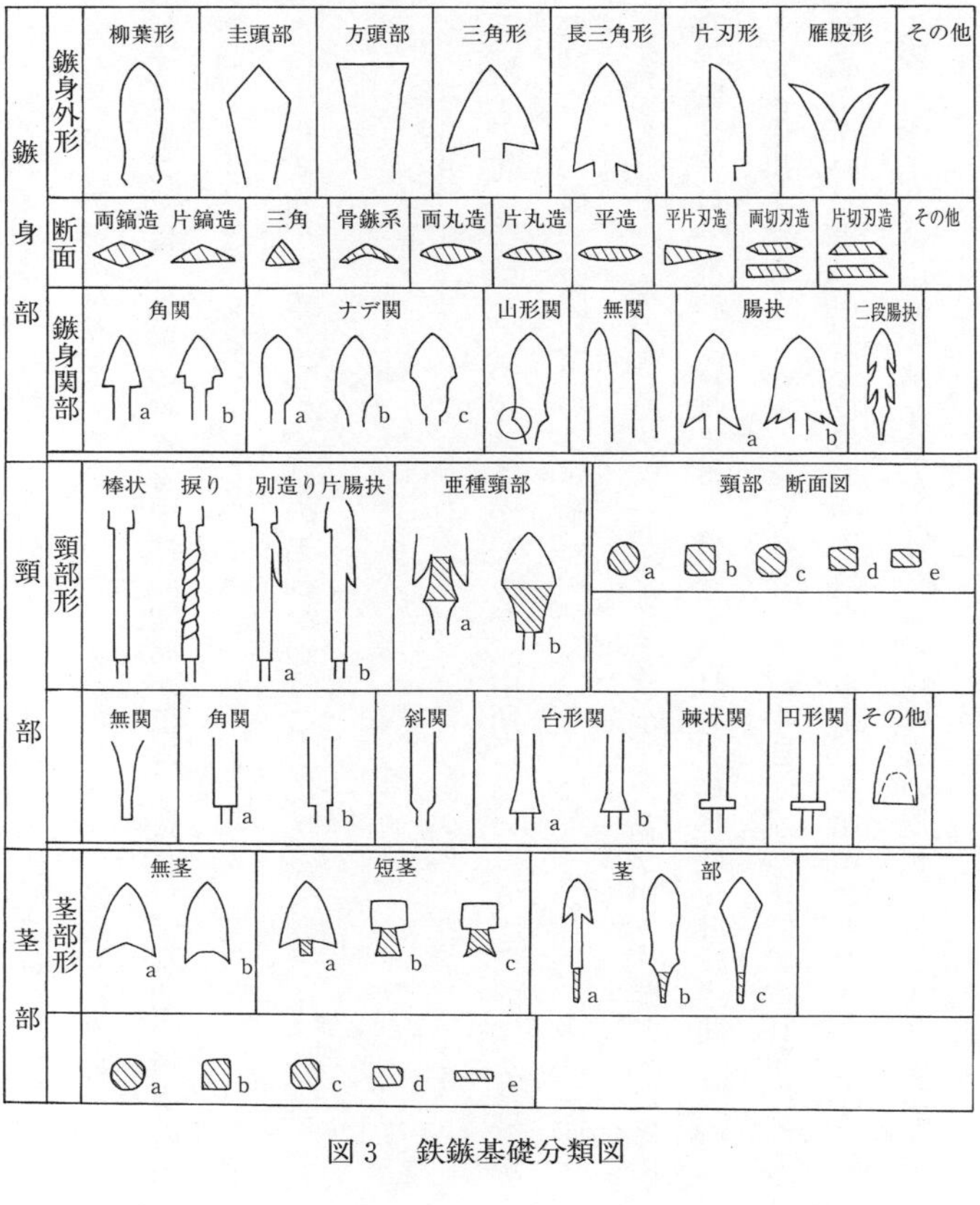

図３　鉄鏃基礎分類図

四　鉄鏃の型式組列

鉄鏃からみた古墳時代中期の大枠に触れておく必要がある。まず、一次分類の一つである有頸鉄鏃群（短頸鏃）の出現をもって中期の開始とみる。そして無茎・短茎鏃の畿内周辺での終焉という一次分類レベルでの鉄鏃様式斉一性の崩壊をもって後期への移行と考える。共伴する遺物では、銅鏃の終焉と中期の開始がほぼ一致し、定型的な短甲の出現と終焉がほぼ鉄鏃からみた中期と時期を同じくすると考える。

まず、各鉄鏃群の代表的な型式をとりあげ、型式組列を重視して変遷の過程を追うことにする。

短茎・無茎鏃

根鋏を必要とする鏃群として無茎鏃と、扁平で短い茎部をもつ短茎鏃があるが、中期においては圧倒的に短茎鏃が優勢である。前期までは細長い三角形を基調とした深めの腸抉をもつ短茎鏃が主流であったが（図7－1。以下、括弧内の数字は図中の番号を示す）、中期にはいると形態が変化し、鏃身幅の広い三角形が主体となる（図7－9～11）。それと同時に、大型で非常に深い逆刺をもち、二重の腸抉を持つ形態が盛行する（図7－10・11）。大型特殊化は、中期一段階にすでにみられ、岡山県金蔵山古墳、旗振り台古墳出土例などがある。盛行のピークは中期二段階までで、長頸鏃導入以降は畿内周辺ではその数を減らし、大型品や深い二重の逆刺を持つ形態は数を減らす。長頸鏃とのセットをなす例は、奈良県五条塚山古墳（図5－30～34）、京都府宇治二子山南古墳などがあり、鏃身幅の広い短頸三角形式と短頸鏃が存続する。

またこれらとは別に、鏃身部が小さく短茎部端が幅広の形態（短茎b・c）をもつ鉄鏃群がある。鏃身には方頭系と圭

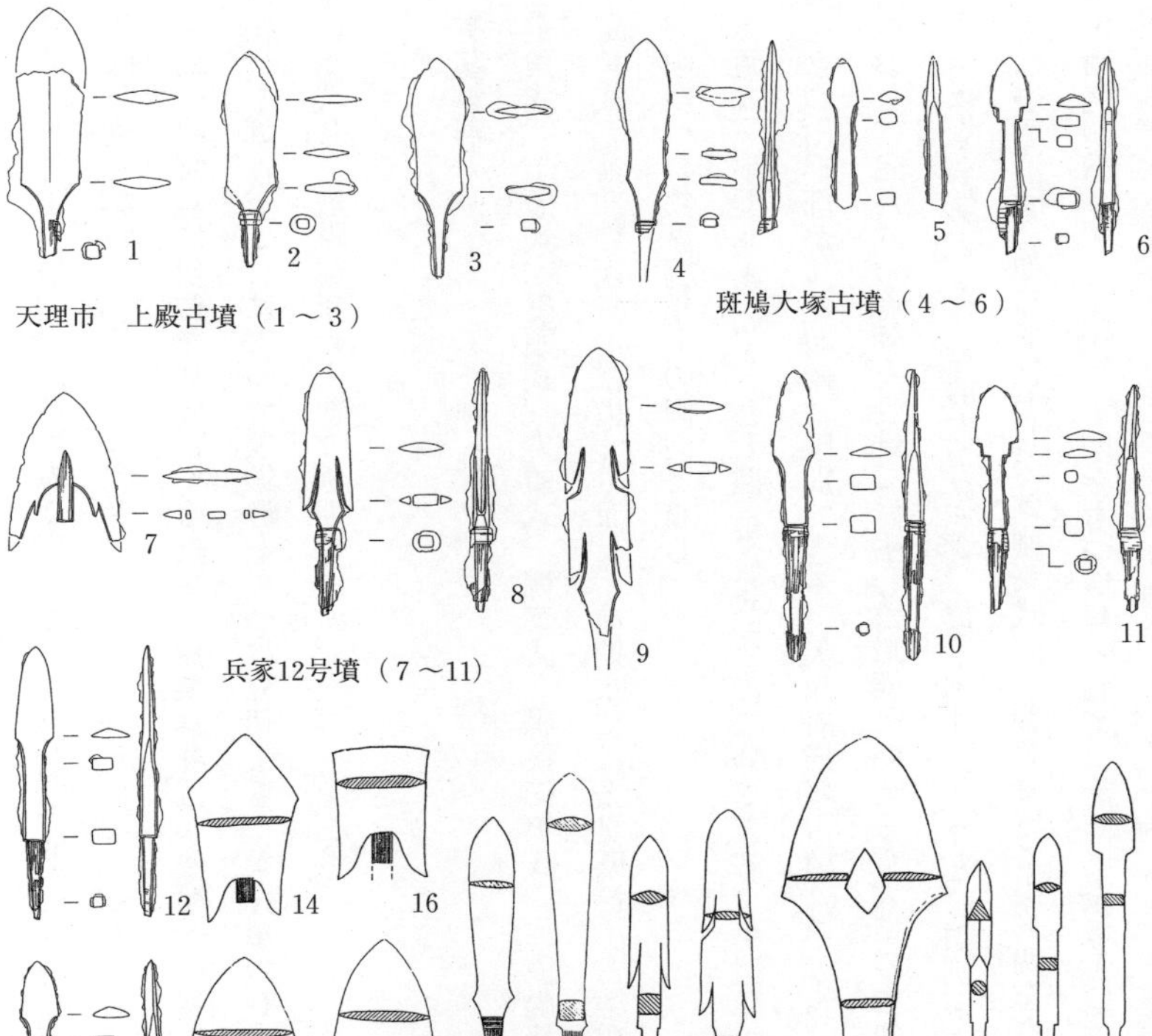
天理市　上殿古墳（1～3）
斑鳩大塚古墳（4～6）
兵家12号墳（7～11）
兵家6号墳
（12～13）
五条猫塚古墳（14～25）
新沢千塚139号墳（26～29）
0
10cm

図4　大和の中期鉄鏃（1）

頭系の二つがあるが、短茎部の形態が共通で、共伴して出土することから強い類縁関係をもつ。前期の例としては群馬県前橋天神山古墳、奈良県東大寺山古墳例があり、中期二段階に静岡県堂山古墳（図7－32・33）などがあるが形態的変化は明瞭でない。

矢柄への装着に根鋏を必要とする無茎・短茎鏃群は、後期への移行とともに畿内周辺では姿を消すが、関東周辺では盛行を続け、これによって鉄鏃群を三つに分類する一次分類のレベルで、畿内を中心とした鉄鏃様式の斉一性は明瞭に崩壊し、鉄鏃編年の大きな画期を成す。(19)

有茎鏃群

定角式、圭頭式、鑿頭式、方頭式、柳葉式、腸抉柳葉式、二段腸抉柳葉式をふくむ。

定角式　前期の西日本に広く分布し、前期末には奈良県櫛山古墳出土例などがある。しかし、中期に入ると姿を消し、中期への鉄鏃編年上の画期となる。

圭頭式　小型（圭頭式a）と大型（圭頭式b）に二分できる。小型品の鏃身先端は扁平な定角式に似るがナデ関で、刃部をもつ山形部が短く明確に区別できる。大阪府盾塚古墳（図7－12）、山口県天神山古墳例など中期一段階を中心としており、定角式の影響を受けて派生した形態といえる。大型の圭頭式bは前期の福岡県一貴山銚子塚古墳例（図7－3）などの系譜を引き、奈良県五条猫塚古墳（図4－22）などに類例があるが、九州以外の多くの地域では長頸鏃導入前までに姿を消す。他に亜種としては柳葉式の影響を受けて山形関をもつ大阪府野中アリ山古墳（図7－16）、京都府恵下山古墳例があり、有頸化して関をもつ亜種としては静岡県金塚古墳例がある。九州南部でもナデ関のものは鹿児島県別府原第六号地下式横穴墓、宮崎県旭台第四号地下式横穴墓など中期が中心で、後期になると有頸化し、頸部関をもつものが主流となる。

鑿頭式　前期の典型的な型式であり、平面が長方形を基調とする。前期末には福島県会津大塚山古墳（図７－４）などに例があり、中期になると静岡県堂山古墳例（図７－35）など長大化し、鏃身先端が扁平で開いた形となり、さらに茎と鏃身の境が不明瞭な形へと変化する。この変化は同時期の方頭式との相互影響と考えられる。圭頭式ｂと同様に長頸鏃導入前に姿を消す。しかし、中期末から有頸化した柳葉式の影響を受けて、ナデ関の三角形式が出現し、後期にはいり西日本に広く分布するようになる。

方頭式　斜め関をもつ前期末の例に静岡県馬場平古墳例があり、中期ではナデ関をもつ大阪府和泉黄金塚古墳（図７－14）、柳葉式の影響を受けた山形関を持つ岡山県金蔵山古墳がある。この型式も長頸鏃導入後には畿内周辺からいったん姿を消す。九州では後期に再び有頸化して関を持つ形態が盛行し、東へと分布域を広げる。

柳葉式　前期から小型、大型の多様な形態がある。前期末の奈良県上殿古墳（図４－１～３）では鏃身に鎬があるものを含み、鏃身先端は丸みが強い。それ以外には銅鏃の柳葉式にみられる円錐状に広がる箆被をもつ滋賀県北谷一一号墳が前期後半例にある。中期になると鏃身が長大化し、鏃身側線の緩いＳ字カーブを強調した明瞭な山形関をもったものが主流となる。それにともなって、鎬はほとんどなくなり、鏃身部の刃の研ぎ出しも山形関付近まで来ることはなくなる。時期が下るにつれて長大化し、刃の研ぎ出し範囲も狭くなる。また、有頸鏃群の影響を受けて短い頸部を持つ形態が東京野毛大塚第三主体部例（図７－17）などに既にみられ、野中古墳例では長頸鏃の影響を受けて著しく長大化する（図７－47）。山形関をもつ柳葉式と長頸鏃との副葬セットが確認できる例としては新沢千塚一三九号墳がある（図４－26～29）。

腸抉柳葉式　山形関を利用して鏃身に深い切り込みをもつ、会津大塚山古墳例（図７－７）が挙げられる。それが中期にはいると鏃身部が長大化し、さらに深く切り込みを入れた形態が盛行する。時期が下るとさらに鏃身部が長大化した奈良県大王山一二号地点例、後出六号墳例などがある。

二段腸抉柳葉式　中期一段階に出現した型式である。腸抉柳葉式の亜種といえ、山形関をもつ奈良県兵家一二号墳（図4－9）、群馬県長瀞西古墳例を基本として、山形関の弱くなった野中アリ山古墳例などがある。また、鹿児島県成川遺跡(20)など九州南部のいわゆる二段腸抉柳葉式と呼ばれるものの中に、一段目の切り込みが浅いもしくは直角関に近いものがあるが、中期に畿内周辺で流行する切断の技法とは別物である可能性が高く、区別した方が良いと思われる。さらに亜種として三段腸抉をもつ石川県小坂一号墳例がある。

有頸鏃群

短頸鏃　中期一段階に広範囲に多様な鏃身形態が出現する。初期の鏃身はナデ関が主流で、鏃身が大きめのものは組列が続かない（図7－20）。鏃身部は片丸造りもしくは弱い片鎬造で先端のみ鎬をもつ。短い棒状の頸部は断面四角形を基調とし、頸部関は直角である。他に小さい直角関の付く三角形鏃身（図7－39）、二段関（図4－11）、さらに二段関で頸部に捩りをもつもの（図7－23）がほぼ同時に出現する。この短頸鏃の出現はすでに触れたように有茎鏃群に大きな影響をおよぼし、その有頸化と直角関の導入を促す。その後、頸部が伸び、扁平化する傾向がみられる。長頸鏃導入以後はその数を著しく減らし、二段関などの形態は姿を消すが、鏃身関、腸抉の明確な形態が後期まで存続する。

片刃箭式　前期の滋賀県安土瓢箪山古墳に例外的に幅広な片刃の鉄鏃があるが中期の片刃箭式との繋がりは不明である。中期前半には刀子状の片刃箭式ａ（図7－24）と棒状の片刃箭式ｂ（図7－25）がある。いずれも鏃身の長大化傾向がみられる。片刃箭式ａは直角関に近いａ1と腸抉をもつａ2に細分され、ともに中期一段階に出現するが、ａ1

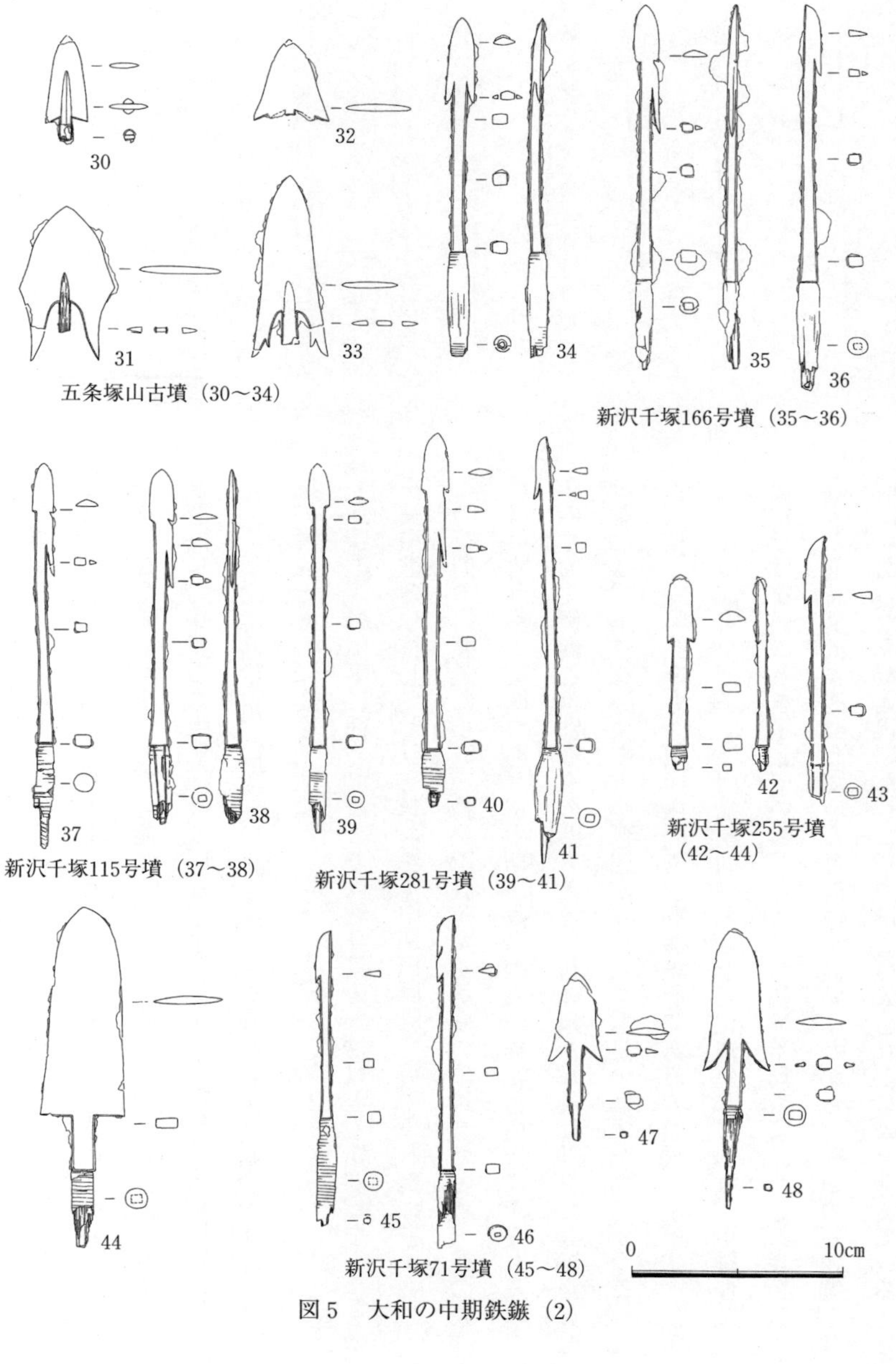
30
32
31
33
34
五条塚山古墳（30～34）
35
36
新沢千塚166号墳（35～36）
37
38
新沢千塚115号墳（37～38）
39
40
41
新沢千塚281号墳（39～41）
42
43
新沢千塚255号墳
（42～44）
44
45
46
47
48
新沢千塚71号墳（45～48）
0
10cm

図5　大和の中期鉄鏃（2）

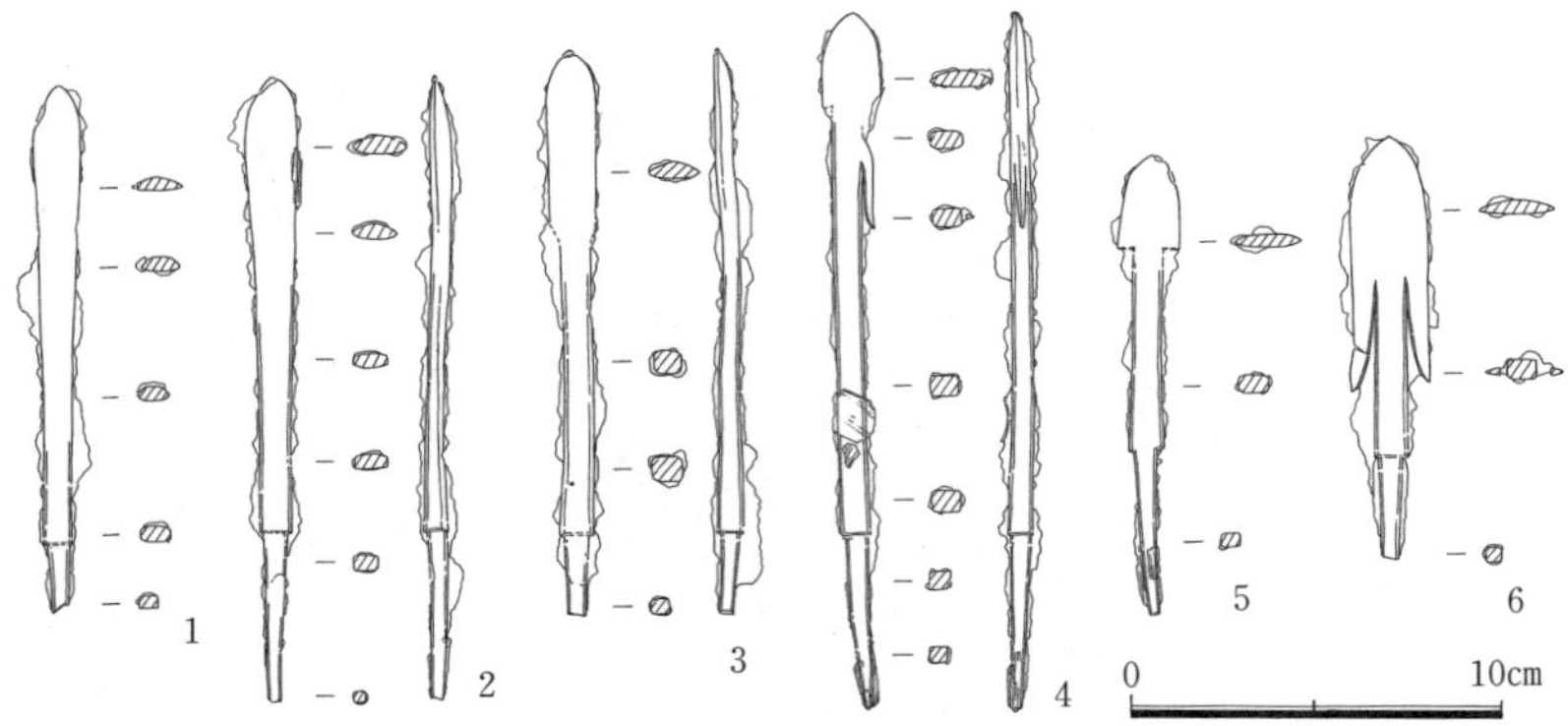

図６　河内野中古墳出土主要鉄鏃型式

は長頸鏃の導入とともに姿を消すのに対し、a２は鏃身幅が増した宮崎県平松第四三－一号地下式横穴墓例や、頸部が伸びた下北方第五号地下式横穴墓例など九州南部の中期後半に盛行する。片刃箭式ｂは頸部が不明瞭であり、有茎鏃とすることも可能だが、片刃箭式ａと強い類縁関係をもつ点を重視して短頸鏃の中で扱っている。東京都野毛大塚第三主体部例（図７－25）から大阪府鞍塚第古墳例（図７－43）など鏃身の長大化傾向があり、長頸鏃の導入とともに姿を消す。

長頸鏃　杉山案に従ってここでは鏃身長の二倍以上の頸部長をもつものを長頸鏃と呼称しており、長頸鏃は中期三段階に導入される（図７－49・50）。この時期の短頸鏃に小さい腸抉や直角関があるのに対して、導入期の長頸鏃はいずれもナデ関であり、中期二段階の五条猫塚古墳例にみられる短頸鏃の長頸化傾向とは別なものと考える。短頸鏃が単純に伸びて長頸鏃になるならば、小さな腸抉をもつ形態がみられても良いはずであるがなく、他の大型二重腸抉をもつ短頸鏃群や、有茎鏃群である方頭式、圭頭式、柳葉式、片刃箭式など多くの型式組列に大きな変化が生じており、単純な型式変化ではないことを示している。さらに、朝鮮半島南部における長頸鏃の導入とも時期的に連動している可能性が高いことから、従来の短頸鏃とは別に、あらたな型式組列として長頸鏃が導入されたものと考えている。(21)

導入期の長頸鏃は鏃身ナデ関で片丸または先端のみ片鎬造りで、頸部は太く重いのが特徴で、奈良県新沢千塚一三九号墳（図4－26・27）、兵庫県宮山古墳三主体出土例がある。次の段階では鏃身関をもち、鏃身に腸抉をもつ奈良県塚山古墳例（図5－34）もあらわれ、さらに長頸化する中で長頸鏃全体に定型化が進む。中期五段階の埼玉県稲荷山古墳では腸抉の大きいもの、小さい直角関をもつものがでそろうが、大阪府黒姫山古墳例など頸部の比較的短い長頸鏃もみられ、型式の統一的な様相は薄れる。長頸鏃は中期後半から後期にかけて盛行し、副葬鉄鏃の主要な位置を占める。特異な型式に、別造りの片腸抉をもつものがある。野中古墳（図6－4）や新沢千塚一六六号墳（図5－35）、二八一号墳（図5－40）など中期末までみられ、時期とともに鏃身の腸抉が浅くなる傾向があり、後期にはいると京都府物集女車塚古墳例のいわゆる段違い関へと変化する。製作が難しい割に兵器として特に有効とは思われず、製作工人の技術的な遊びのような形態である。同様のものに頸部の捩り技法がある（図7－23・41）。本来は馬具などの環状部品を造るための技法を鉄鏃に応用したものとみられるが、頸部を曲げずに捩らなければならず、製作が煩雑な割に殺傷機能とはあまり関係がなさそうである。岡山県随庵古墳など長頸鏃の一部にもみられる。また、複合型式として、短茎鏃にみられる二重腸抉をもつ幅広の三角形鏃身に長頸部と別造りの片腸抉をもつ茨城県三昧塚古墳例なども中期五段階に出現する。

長頸片刃箭式　ナデ関の鏃身をもつ長頸鏃から少し遅れて、片刃の鏃身をもつ長頸鏃が出現する。短頸の片刃箭式a2を小型化したような鏃身で、深く切れ込んだ腸抉をもつ。腸抉は時期とともに浅くなる傾向があり、他の長頸鏃群の頸部形態変遷はほぼ連動しており、頸部長は時期とともに伸び、関部も初期には太い棒状であったものが、時期が下るとともに細くなり、裾広がりの台形関aを含むようになる。

有頸腸抉三角形式　前期後半の小さな腸抉をもつ池ノ内七号墳（図7－8）などと腸抉柳葉式の有頸化の中から派生

したaと、長頸鏃出現後の大型の鏃身をもつbに分けられる。有頸腸抉三角形式は、腸抉柳葉式に比べ鏃身が短く、長三角形を基調とする。頸部の短い大阪府豊中大塚古墳出土例（図7－27）から頸部の伸びた野中古墳例（図6－6）へと組列がつながる。岡山随庵古墳などでは鏃身を長大化したものが中期後半まで存続する。中期五段階には腸抉三角形式bが出現する。その形態は腸抉三角形式aの鏃身が小型であったのに対し、腸抉三角形式bは大型で、腸抉先端が外反する傾向が強い。後期に盛行する広根系の有頸鏃につながるとみられ鏃身形態が長三角を基調とする点で分類上似るが、系譜は直接にはつながらないとみられる。むしろ、腸抉三角形式bは、同時期の長三角形鏃身の短茎鏃に形態が似ており、畿内での短茎鏃の減少に呼応するように姿を現わす。新沢千塚七一号墳例（図5－47・48）などの腸抉をもつb1と、新沢千塚二五五号墳例（図5－44）などの直角関のb2とに大別される。後期にはいり爆発的に数を増やし、長頸鏃とともに主要な型式となる。

五　古墳時代中期の鉄鏃編年

各段階を重視して鉄鏃変遷を整理する。
古墳時代前期から中期への鉄鏃にみる画期は、定角式の終焉と短頸鏃の導入がメルクマールとなり、他の遺物では銅鏃の終焉と時期をほぼ同じくする。

中期一段階

新型式として短頸鏃群と片刃箭式が導入される。短頸鏃は頸部が短く、初期のものはナデ関で鏃身部形態の明確でないものが多い。古墳時代前期の鉄鏃とは頸部をもつという点で系譜を異にしている。その中で、柳葉式などの有茎鏃、三角形を基調とする短茎鏃は前期からの系譜を引くが、柳葉式は長大化して山形関をもち、短茎鏃は深い二重の腸抉をもつ型式が主流となり、変化は明確である。鉄鏃群全体に短頸鏃の影響と鏃身部に複雑な切り込みを入れる切断の技法が目に付くようになる。副葬のセットとして、短頸鏃群と短茎鏃の組み合わせが大勢を占め、多数の型式が含まれるのが特徴である。代表的なものとして、奈良県斑鳩大塚古墳（図4－4～6）、大阪府和泉黄金塚古墳、大阪府豊中大塚古墳などが挙げられる。この副葬セットをもつ古墳は非常に多く、新相・古相に細分できる可能性をもつ。また、鏃一点のみであるが、大阪府津堂城山古墳もこの段階とみられ、定型的な長方板皮綴短甲、三角板皮綴短甲の出現と期をほぼ同じくするとみられる。

中期二段階

大きな新型式の出現はなく、先に出現した短頸鏃群は総じて長頸化の様相を示す。また、有茎鏃である柳葉式や鑿頭式も鏃身の長大化が進み、圭頭式と柳葉式の山形関が複合した野中アリ山古墳例などがあらわれ、有茎鏃が有頸鏃の影響を受けて派生した有頸の腸抉柳葉式、柳葉式が増え、全体に頸部が長大化する。奈良県五条猫塚古墳（図4－14～25）、大阪府野中アリ山古墳、静岡県堂山古墳などが代表的である。

中期三段階

新型式として長頸鏃群が出現する。長頸鏃導入後も鏃身関や腸抉の明瞭な短頸鏃は存続する。しかし、無茎・短茎鏃群はこの段階以降、畿内周辺ではピークを過ぎて減少に向かう。また、方頭式、圭頭式は畿内周辺においてこの段

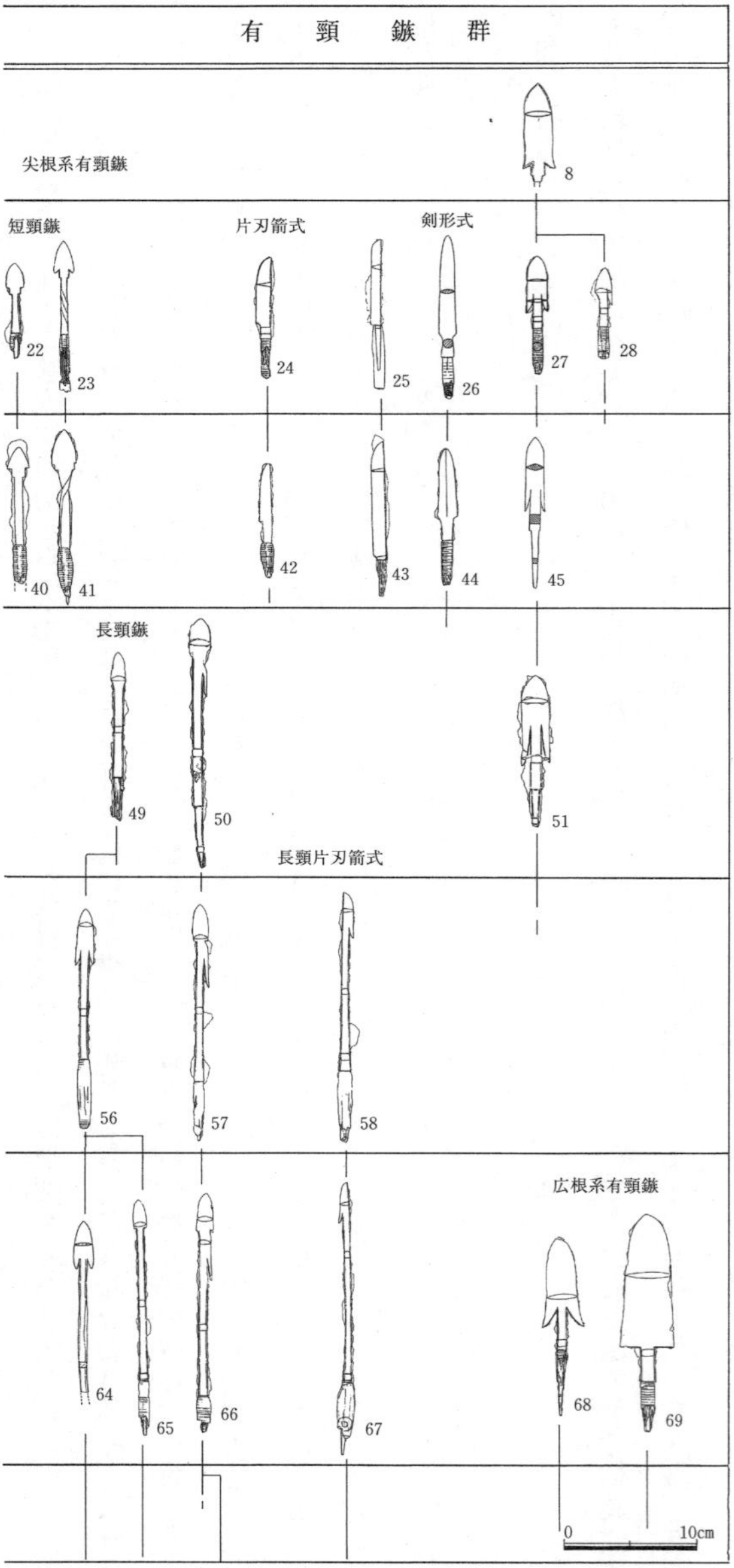

1・2・4・7．福島県会津大塚山古墳、3．福岡県一貴山銚子塚古墳、5．奈良県タニグチ古墳、6．奈良県上殿古墳、8．奈良県池ノ内7号墳、9．滋賀県新開1号墳、10・18～20．奈良県兵家12号墳、11・17・23・25・28．東京都野毛大塚第3主体部、12・24・27．大阪府盾塚古墳、13．岡山県月の輪古墳、14．大阪府黄金塚古墳、15・22．奈良県斑鳩大塚古墳、16．大阪府アリ山古墳、21．奈良県兵家6号墳、26．岐阜県竜門寺古墳、29・32・33・35・44．静岡県堂山1号埴輪棺、30・43．大阪府鞍塚古墳、31・34・36・37～42・45．奈良良県五条猫塚古墳、46・49．奈良県新沢千塚139号 墳、47・48・50・51．大阪府河内野中古噴、52～56．奈良県五条塚山古墳、57・58．奈良県新沢千塚166号墳、59～61・64．京都府宇治二子南古墳、62．奈良県寺口忍墳、63・69．奈良県新沢千塚255号墳、65～67．奈良県新沢千塚281号墳、68．奈良県新沢千塚71号墳

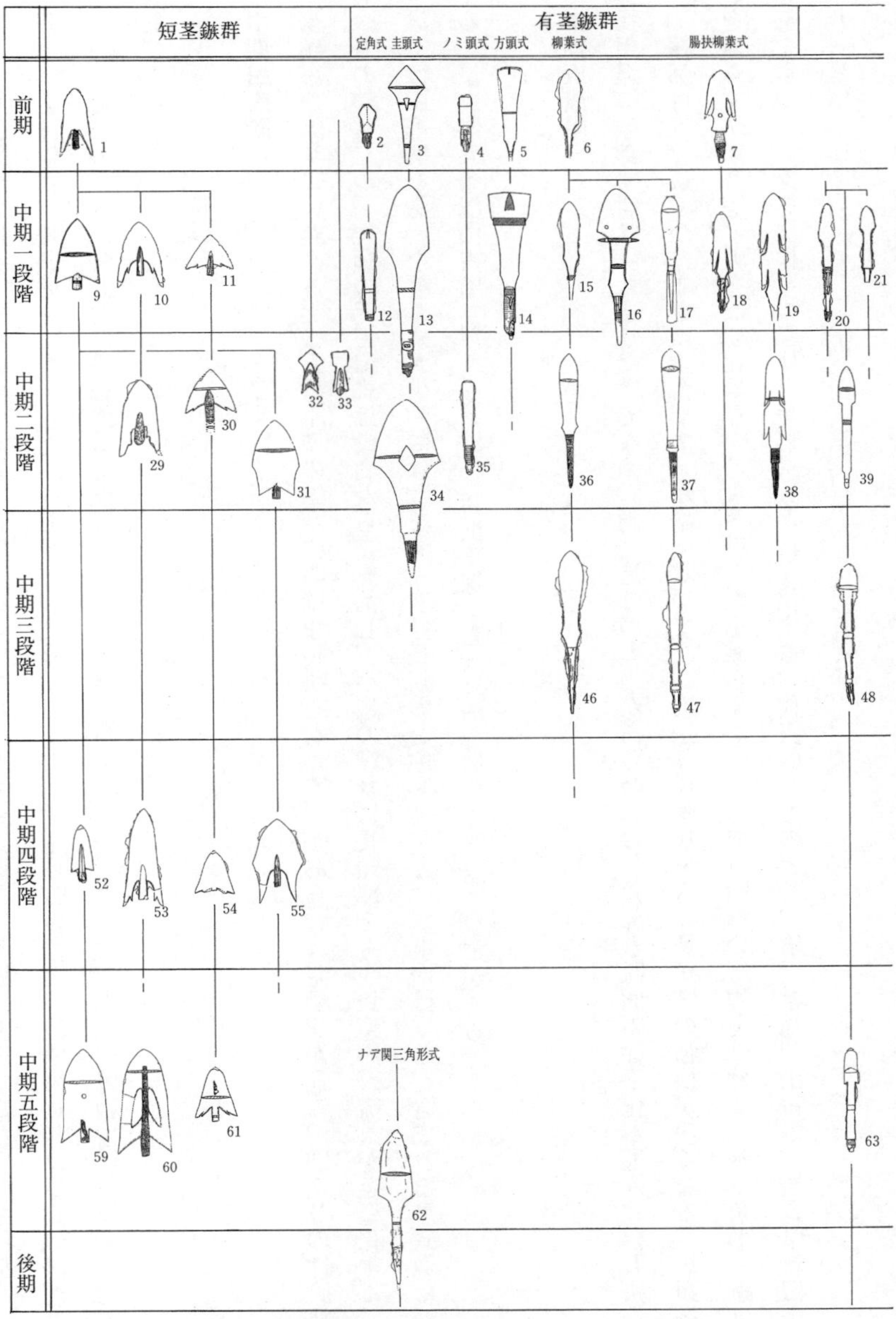

図７　中期鉄鏃編年図（畿内版）

階でいったん終焉を迎え、有茎鏃群も明確な画期をなす。これにより短頸鏃と短茎鏃による多様な型式を特徴とする副葬セットは崩れ、長頸鏃を主力とした副葬セットが成立する。なお、中期二段階と三段階の様相は型式の区別は明瞭であるものの、一部時間的に重複する可能性をもつ。奈良県新沢千塚一三九号墳、大阪府野中古墳（図6）などが代表的である。

中期四段階

長頸鏃の鏃身にいわゆる尖根系の小型の鏃身に明確な腸抉をもつものがあらわれ定型化が進み、別造りの片腸抉をもつものが目立つ。短頸の片刃箭式は畿内から姿を消し、小型の鏃身に長頸部をもつ長頸片刃箭式が定型化する。有茎鏃では山形関をもった柳葉式が畿内では数を減らす。長頸鏃を中心としたセットが確立し、含まれる型式数は減少する。奈良県五条塚山古墳（図5－30～34）、新沢千塚一六六号墳（図5－35～36）などがある。

中期五段階

長頸鏃の鏃身断面は片丸造りだけでなく、両丸造りのものがあらわれる。頸部も断面の扁平化が進み、幅も狭くなり、頸部付近で緩やかに幅を増す台形関aが増える。また、別造り片腸抉をもつ長頸鏃の腸抉が浅くなる。短頸鏃は数を減らすが鏃身等に大きな変化はない。短茎鏃も数を減らすが、一方で有頸鏃の影響を受けて、長三角形の鏃身に頸部をもついわゆる広根系の腸抉三角形式bが顕在化する。代表的なものとして埼玉県稲荷山古墳、奈良県新沢千塚二八一号墳（図5－39～41）、大阪府黒姫山古墳が挙げられる。

後期一段階

畿内では無茎・短茎鏃群が姿を消すことで、畿内を中心とした鉄鏃様式の斉一性は崩れ、大きな変化を迎える。その一方で、圭頭式の一種であるナデ関三角形式（図7－62）が畿内を中心とした西日本に広く出現する。尖根系の長頸鏃の腸抉は全体に浅くなる。その中で別造り片腸抉は鏃身と一体化し、いわゆる段違い関へと移行する。長頸片刃箭式の亜種として、いわゆる反刃鏃が出現する。福岡県番塚古墳、三重県井田川茶臼山古墳、群馬県上陽村二四号墳など各地に点的にみられる。(22) 広根系有頸鏃は逆刺をもつもの、直角関のもの両方とも数を増やし、長頸鏃とともに後期の副葬セットの中核をなす。

まとめ――中期鉄鏃の地域性と機能性評価をめぐる諸問題――

中期前半には短頸鏃の導入と共に非常に多数の型式が出現し、中期三段階の長頸鏃の導入と共に多くの型式が途絶する。そして、長頸鏃定型後に広根系の有頸鏃が出現し、畿内地域での短茎鏃の終焉をもって後期へと移行する。その大きな型式変遷を一覧できる形で図七を示した。(23)

地域性の問題については、今回扱ったレベルの分類においても、岡山県周辺の金蔵山古墳、旗振り台古墳、随庵古墳や、奈良県五条猫塚古墳と五条塚山古墳など、他の地域と異なる形態の鉄鏃が集中して出土しており、少なからず地域ごとでの鉄鏃生産があったことは明らかである。これは畿内からの鉄鏃（靫）(24)の分配の可能性を否定するものではないが、鉄鏃が特定の地域での一括生産だけではない点を確認しておく。その上での中期の畿内を中心とした広域における鉄鏃様式の斉一性を評価すべきである。下位分類における緩やかな地域性の許容や腸抉などにみられる製作技法を伴わない形態的模倣品の存在から、そこには法的規制というよりも、強い畿内志向がうかがわれ、そうあることが望ましいとする緩やかな社会規範として理解すべきかも知れない。その上で、九州南部の圭頭式を主体とする鉄鏃様式を中期の大きな地域性として評価できるものと考える。

また、「攻撃用兵器と防御用兵器は表裏一体の関係にある」(25)として中期鉄鏃の機能性を重視した指摘があったが、今回整理した中期前半の鉄鏃には、深い切断や頸部捩り、鍛接などの当時最新の鉄加工技術を駆使しているものの、鏃身幅の広い短茎鏃や、二段腸抉、二段関、頸部の捩りなど、機能性で合理的に説明できない新型式も多く、中期鉄鏃群においても儀仗的な要素を過小評価できない(26)。また、短頸鏃は半島南部の影響を受けて導入されたと考えられ、中期三段階の長頸鏃導入についても半島南部の動向と連動している可能性が高く(27)、列島内の短甲製作と鉄鏃変遷が連動するのは武具と武器という直接対峙する関係からではなく、渡来系の工人の移動、新技術の導入タイミングそして対外関係とも無関係ではないように思われる。実戦的とされる長頸鏃にあっても別造り片腸抉などの特殊形態は日韓両地域にみられ、中期五段階には腸抉が浅くなるなど退化傾向がみられ、大型の平根系有頸鏃が出現するなど、機能性だけを鉄鏃型式変遷の主要な要因に置くことには躊躇を覚える。

今回は、鉄鏃研究の基礎となる分類案と、それにしたがった古墳時代中期の編年案を提示した。そして鉄鏃型式の整理を通じて、鉄鏃機能性以外の視点として中期鉄鏃の儀仗性を再評価し、鉄鏃変遷においても、朝鮮半島、大陸の動向を視野に入れた検討が必要となる見通しを示した。

資料の収集と観察に当たり、以下の方々の協力を得ました。文末ではありますが、記して感謝申し上げます。
鈴木裕明　清家章　千賀久　長友朋子　大阪大学考古学研究室（五十音順）

註

（1）後藤守一「上古時代鉄鏃の年代研究」人類學雑誌五四巻四号　一九三九
（2）末永雅雄『日本上代の武器』一九四一
（3）大村直「弥生時代における鉄鏃の変遷とその評価」考古学研究三〇－三　七二頁　一九八三
（4）小森哲也「栃木県内古墳出土遺物考」（Ⅰ）栃木県考古学会誌第八集五四頁　一九八四
（5）小森哲也「栃木県内古墳出土遺物考」（Ⅰ）栃木県考古学会誌第八集　一九八四
（6）小久保徹・浜野一重・利根川章彦・山本禎・高橋好信・田中正夫・岩瀬譲・滝瀬芳之「埼玉県における古墳出土遺物の研究Ⅰ－鉄鏃について－」埼玉県埋蔵文化財事業団研究紀要　一九八三
（7）白井久美子「東国後期古墳分析の一視点」千葉県文化財センター研究紀要一〇　一九八六
（8）野上丈助「古墳時代における甲冑の変遷とその技術史的意義」考古学研究　一九六九、小林謙一「弓矢と甲冑の変遷」『古代史発掘』六　一九七五、田中晋作「武器の所有形態からみた古墳被葬者の性格」ヒストリア九三　一九八一などがある。
（9）富田好久「畿内における古代鉄鏃の集成」『横田先生還暦記念日本史論集』一九七六
（10）北野耕平「古市古墳群の鉄鏃上」神戸商船大学紀要文化論集二八　一九八〇
（11）飯島武司「後期古墳出土の鉄鏃について」東京都埋蔵文化財センター研究論集Ⅴ　一九八七
（12）杉山秀宏「古墳時代の鉄鏃について」橿原考古学研究所論集第八集　一九八八
（13）尾上元規「古墳時代鉄鏃の地域性－長頸鏃出現以降の西日本を中心として－」考古学研究四〇－一　一九九三
（14）水野敏典「東日本における古墳時代鉄鏃の地域性」『古代探叢Ⅳ　滝口宏先生追悼考古学論集』一九九五
（15）内山敏行「新郭古墳群の検討」『新郭古墳群・新郭遺跡・下り遺跡』栃木県埋蔵文化財調査報告二一四集　五一二頁　一九九八
（16）（13）に同じ
（17）水野敏典「鉄鏃にみる後期古墳の諸段階」第八回東北・関東前方後円墳研究大会『後期古墳の諸段階』発表要旨資料　三〇頁　二〇〇三
（18）（17）に同じ　三〇～三三頁
（19）（14）に同じ　四三〇頁
（20）鹿児島県「成川遺跡」九一頁『埋蔵文化財発掘調査報告書』第七文化庁　一九七四
（21）水野敏典「古墳時代中期における日韓鉄鏃の一様相」帝京大学山梨文化財研究所研究報告集第一一集　二〇〇三
（22）特異な型式であるがバリエーションが多く、後期初めの型式交流を知る好例である。
（23）畿内周辺を対象とした編年図であり、同型式が他地域で存続していても編年図に実測図は載せていない。あくまでも鉄鏃の型式を対象とした編年であり、古墳の年代観と一致しない場合がある。須恵器との併行関係は、中期三段階がおよそＴＫ七三・二一六併行、中期五段階をＴＫ四七併行ととらえている。

(24) 鈴木一有「交易される鉄鏃」『表象として鉄器副葬』鉄器文化研究会　二〇〇二

(25) (8)に同じ、括弧内は田中晋作「武器の所有形態からみた古墳被葬者の性格」ヒストリア九三　一頁　一九八一

(26) 全てを葬祭用とみる戸田の考え方とは異なるが、資料のほぼ全ては副葬品であり、矢柄、矢羽根、対となる弓にしても実戦用と異なるものを含む可能性は考えておく必要がある。戸田智「古墳時代の鉄鏃及び弓の機能的分析」古代学研究七七　一九七六

(27) (21)に同じ

図四～六掲載の鉄鏃実測図は、図四－一四～二五の五条猫塚古墳出土鉄鏃を除き、筆者の再実測による。

文中引用の鉄鏃資料の出典については誌面の都合により省略した。

石製模造品生産・流通の一形態

北山峰生

一　はじめに

古墳時代の各種手工業生産は、たとえば須恵器や埴輪・鉄器生産など、多角的な視点から生産体制の復元的考察が進められ、集団関係・交易システムなどの検討に寄与している。だが、同じく中期に積極的に製作される石製模造品は、そのような生産体制の検討がほとんどすすんでいない。(1)これは類例が多い割に個体差が大きく、汎用分類の設定が困難であるという点に一つの理由がある。

だが、人間が作る器物である以上、その生産者(製作工人またはその集団、以下同様)の個性は、全体としてのプロポーションに最も端的に反映されるはずである。そこで、本稿では非常にきわだった形態的特徴を有する一群に注目し、同形態の類例との比較・検討を進めることにする。これにより、石製模造品を通して該期の生産・流通体制を考察するための出発点を用意するつもりである。

本稿で扱う対象は、刀子形品の一部である。周知の通りこの遺物は非常にバラエティに富んでおり、単純な類型化が困難である。刀子形品の形態を構成する各属性の整理を試みたものに、杉山晋作氏や河野一隆氏の論考があるが［杉山一九八五・河野二〇〇二］、その連続性・系譜関係などは十分に把握できる段階にはいたっていない(2)。

したがって、あえて対象資料を限定することで解釈の余地が狭められるというデメリットもあるが、それ以上に、少なくとも限定された資料のなかで、有意性のある情報を確実に把握できるというメリットを重視する立場をとる。

以下では、本稿における分析の目的と必要性を明確にするために、まず巣山古墳出土資料の観察および分類を行い、そこから見出される問題点について述べていくことにする。

二　観察の前提

石製模造品の表面には通常の場合何らかの加工痕が残される。それらの観察にあたっては、製作技法・使用工具などを考慮に入れて行うべきであると考えるが、ここで、本稿において観察の基準とした視点について整理しておく(3)（図一）。

実際の石製模造品製作には、原石を採取し、順次加工を施して製品へ仕上げるまで数段階の過程に整理できることを、製作地遺跡の資料を基に篠原祐一氏が指摘している［篠原一九九六］。しかし、ここで扱う資料はすべて製品として供給されたものばかりであるため、検討対象となるのは製作工程における最終段階の作業に限られることになる。

表面に残された加工痕は、基本的に二大別できる。一方は、帯状に並列する加工痕を残すもので、幅二～五㎜程度であることが多い。これは刀子などの鉄製工具の刃を、鉛筆を削るときと同様に進行方向に対して鋭角に当てて加工した結果であると判断でき、それぞれの帯状の痕跡が加工時の一単位と考える。

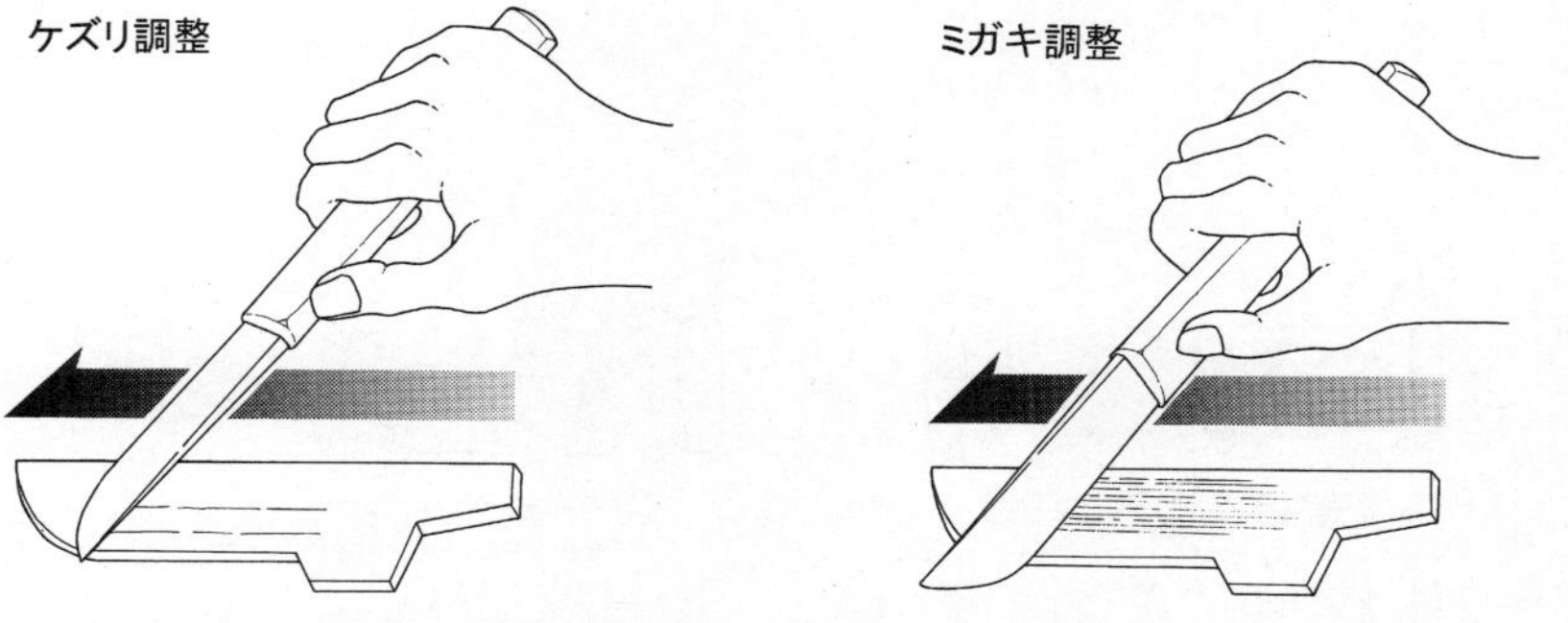

	ケズリ調整	ミガキ調整
痕　　跡	幅広で帯状の単位が残る。	平行する浅い擦痕が残る。明瞭な単位を認めない場合が多い。
技　　法	進行方向に対して、工具を鋭角にあてる。	進行方向に対して、工具を鈍角～垂直にあてる。
図上表現	模式図のとおり。	模式図に示したものが基本。
備　　考	1. 右のノッキングはケズリ調整の単位内に生じる場合もあり、特に顕著な部分のみ図化対象とする。 2. 個体によっては、ケズリ調整とミガキ調整との区別がつかないほどに、調整痕を残さず精緻に仕上げるものがある。その場合は、しいて図化せず、所見の記述にとどめる。	1. 進行方向に直交して、密に平行する細かい傷がつく場合がある。これは石材の片理に逆らって加工した際に生じるノッキングと判断でき、基本的に図化しない。 2. 全面にわたってノッキングが存在し、それを示さないとミガキであることが表現できないような場合は、部分的に図化対象とする。 3. 一部、砥石を使用したかのような深い擦痕があるが、現状では区別する基準をもたない。

図１　調整技法模式図

他方は、直線的な擦痕が平行するもので、明瞭な単位はほとんど観察できない。これは、同じく鉄製工具の刃を、進行方向に対して鈍角もしくは垂直に近い角度で、擦りつけるように移動させた結果であると推断する。ちょうど鉛筆の芯を尖らせたあと、さらに稜を落とすためにナイフの刃を立てて擦ることがあるが、これに類似する行為である。前者を「ケズリ」、後者を「ミガキ」と呼称する。

これらの作業は、篠原氏の指摘する「研磨・成形」の工程に含まれるものであろう。ただ、その中でも最終時の作業状況を反映しているに過ぎないため、この段階の作業を、製作工程のすべての段階を包括する「加工」とは区別する意味で、「調整」と呼称する。[4]

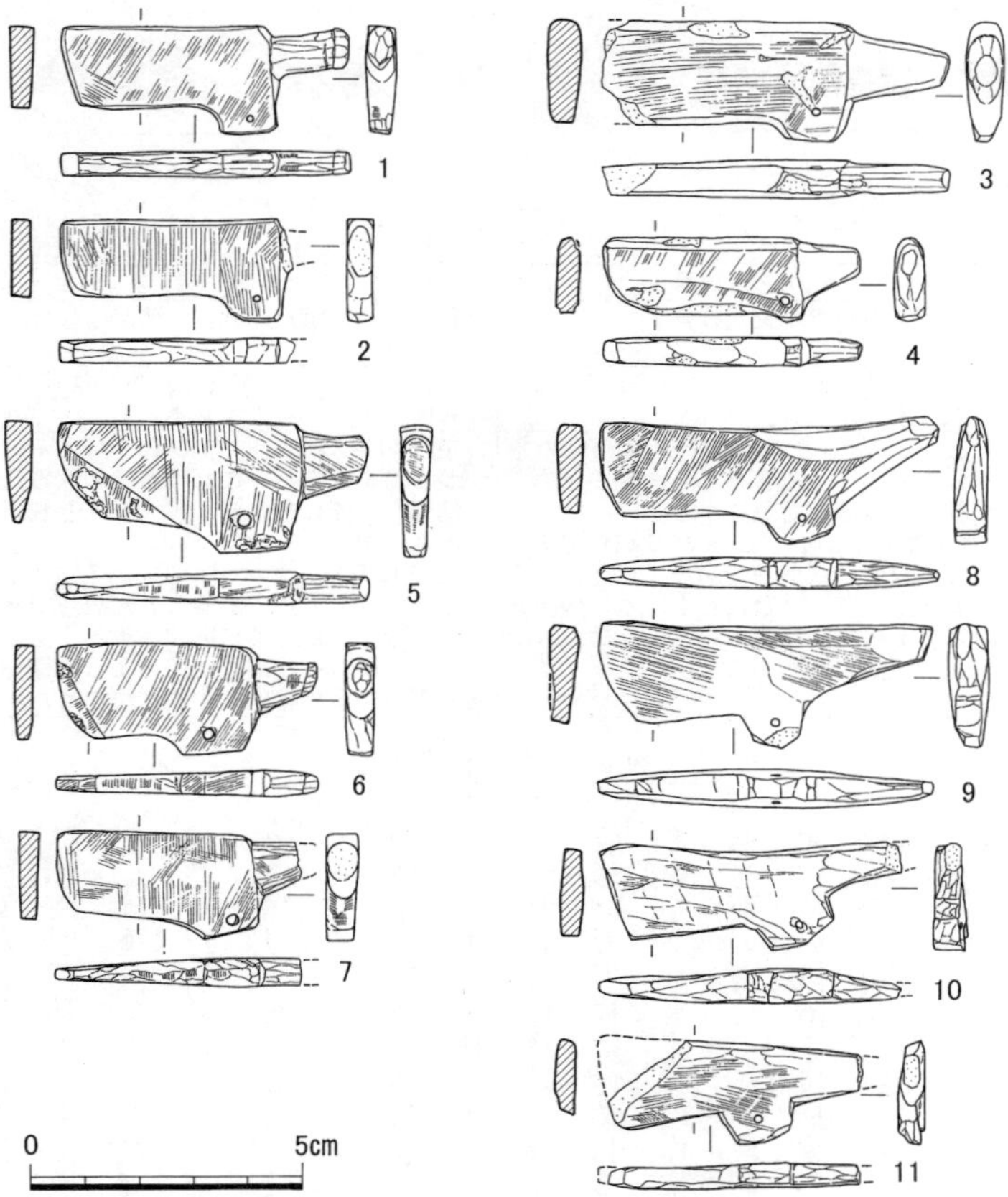

図２　巣山古墳出土刀子形品　実測図（1：2）

三　出土資料の観察

1　巣山古墳出土例（図二）

資料の収蔵にいたる経緯や、各個体の計測値などの詳細はすでに公表されているので、ここでは形態的特徴と加工痕に注目して、観察を行う。

刀子形品は一一点出土しており、全体的なプロポーションに基づくと三者に分類できる。それぞれA類、B類、C類とする。

A類は1～4が該当し、鞘部に対して柄部は厚みを減じており、両者の間にスロープ状の段を設けて境を表現するものである。B類は5～7が該当し、鞘部と柄部の厚みはほぼ等しいが、両者の間に刻線を施し、境を表現するものである。C類は8～11が該当し、鞘部と柄部の厚みはほぼ等しく、その境界を表現しないものである。C類では、上端面が切先から柄尻までひとつの連続する平面をなしており、鞘口（柄元）の部分に段を設けていない。これは他の類例と比較しても、きわだった特徴である。

以上の分類は形態的特徴に基づくものであるが、これに付随して、石材にもそれぞれ個別の特徴がある。A類は、濃緑色を呈するもので、やや硬質な質感をもつものである。B類は青緑色を呈するもので、やや硬質であるが気泡状の空隙がめだつものである（いわゆるスが入る状態）。C類は暗緑色～黄灰色を呈し、軟質な質感で、粗い層状片理を有するものである。

つぎに、表面に残された加工痕についてみてみると、同じように各類型ごとに個別の特徴を有している。A類は鞘

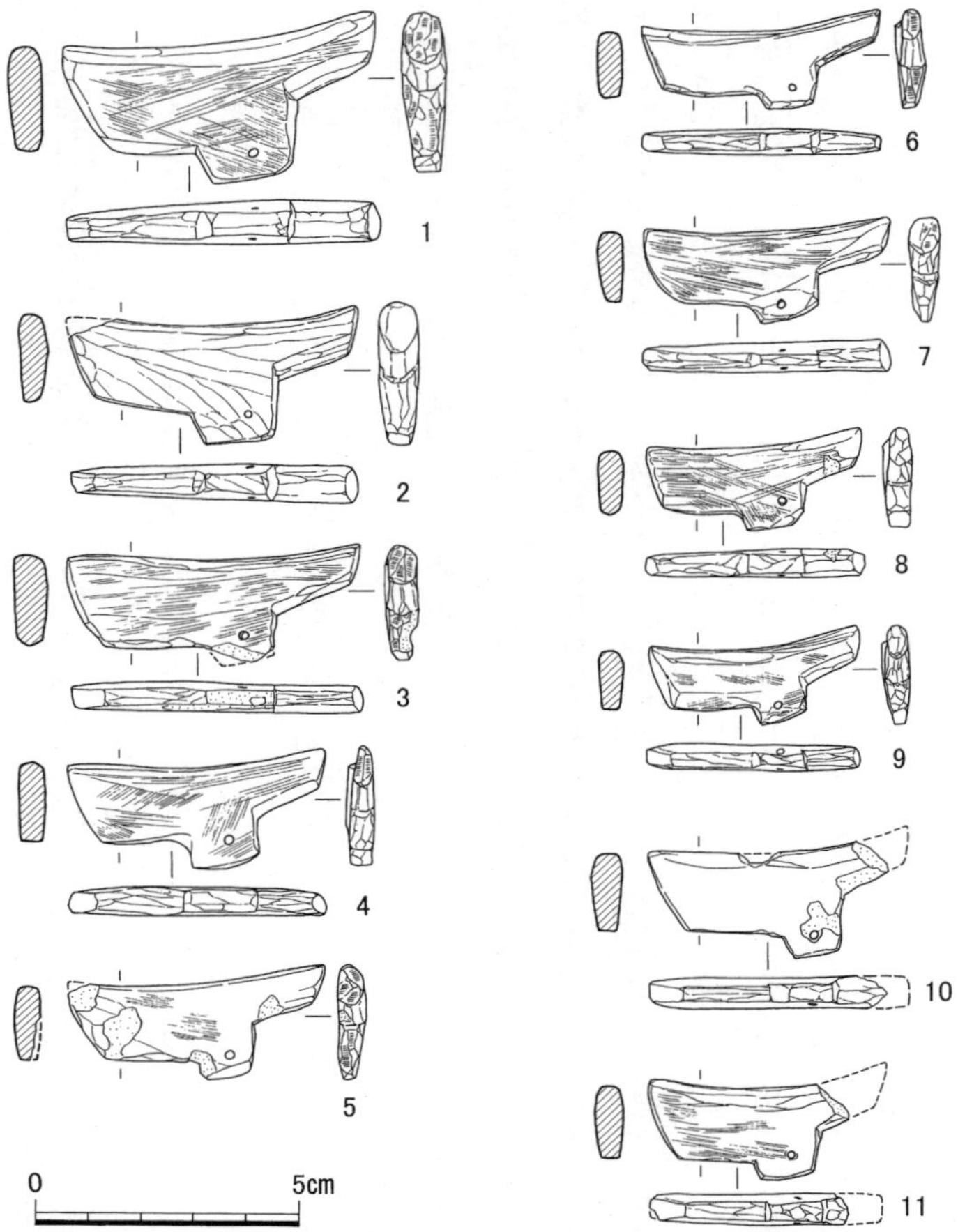

図３　金蔵山古墳出土刀子形品　実測図（1：2）

部・柄部をケズリで成形し、その後鞘部にミガキを重ねて調整する。3は横方向ミガキであるが、1・2・4は縦方向ミガキである。柄部にはミガキは施さない。B類は鞘部・柄部を主にケズリで成形し、その後鞘部には縦方向のミガキを重ねて調整する。柄部には、側面に若干のミガキ痕を看取することができるが、積極的な調整を意図したものではない。C類は、全体をケズリにより成形し、その後全体的にミガキを重ねて調整する。柄部には錆が付着して加工痕の判然としないものもあるが、基本的に柄尻までミガキが及んでおり、調整に対する意識は高い。

このように、形態的特徴により分類した三者は、調整技法・石材ともに三者三様の状況を示している。そのため、ここに挙げた三者が、おのおの生産者の違いを反映している可能性が高いものと考える。

ここで、C類と呼称した一群について注目してみたい。これは、筆者が分類したうちの鞘入系C〔北山二〇〇二〕に属するものであるが、そのなかでも際だった特徴を有している。それを言葉で説明するなら、①上端面が切先から柄尻まで連続し、鞘口と柄元の接合部に段をもたないこと、②フクラが顕著に突出し、直角に近い角度で屈曲すること、③方形突出部をのぞく鞘部の最大幅が、フクラの屈曲点にあることという三点に集約される。このような形態をもつ刀子形品の類例は少なく、ごく一部の集団がその製作なり、使用なりに関与したことが予測できる。そこで、以下には同形態の資料に関して観察を行い[5]、この予測について検証を行う。

2　金蔵山古墳出土例（図三）

現在倉敷考古館にて保管されている刀子形品のうち、本稿で対象とする形態のものは、一一点が確認できる。全長は四cm～五cm程度である。ここでは個別の観察所見を述べることは避けるが、いずれも形態・製作技法とも共通している。5・6は調整がきわめて精緻であるため、痕跡が確認できない。また、10のように表面が風化して旧状をとど

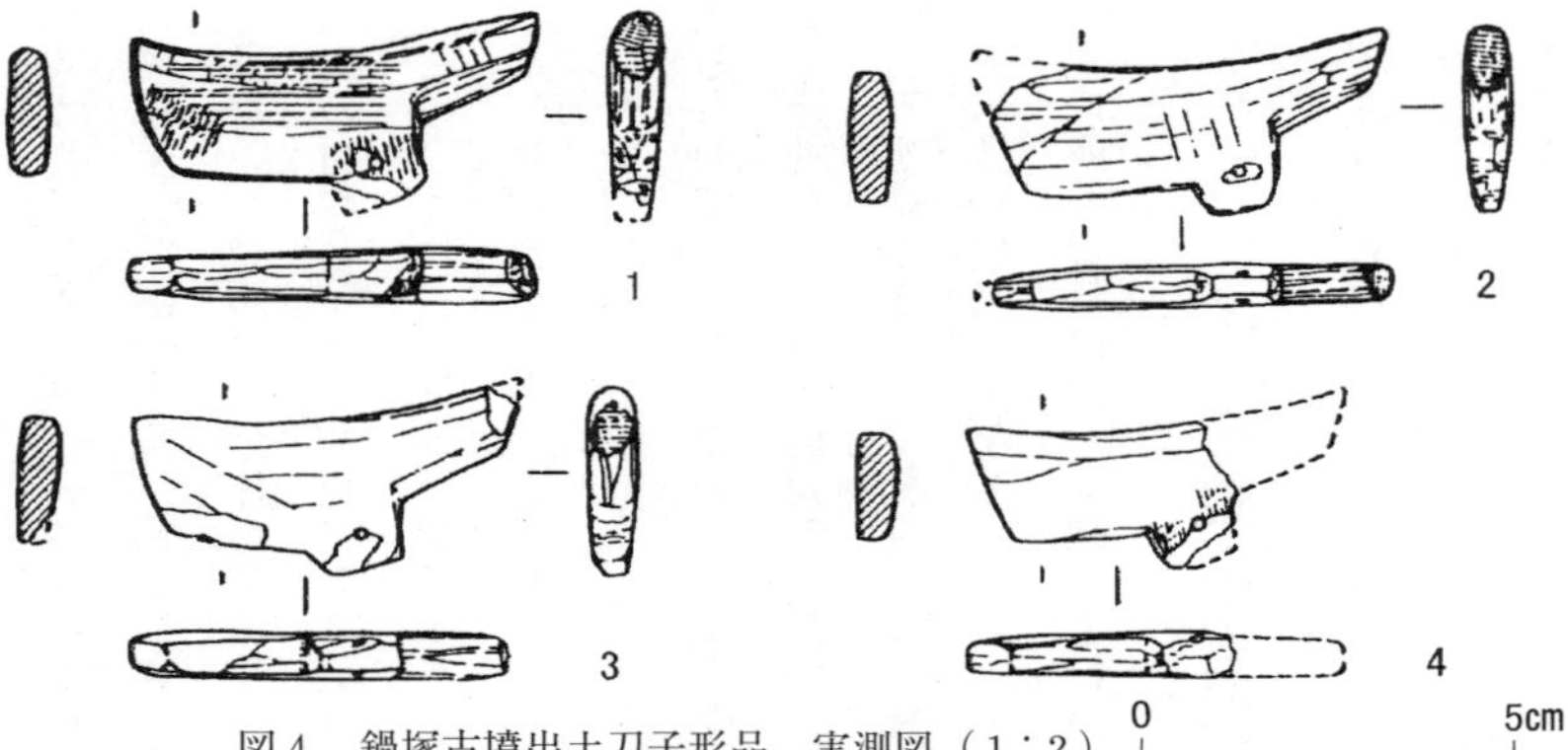

図4　鍋塚古墳出土刀子形品　実測図（1：2）

めないものもあるが、観察可能なものはすべて最終調整はミガキによっている。ただし、2のみは、加工痕の状態からはケズリであることが窺えるが、比較的粗い単位のなかに擦痕が観察でき、ほとんどミガキに近いものである。ミガキのありかたは鞘部と柄部で区別するような傾向は認められず、両者を連続して施している。また、鞘部の断面形は、背の両端に面取りを施し、側面中位にわずかな膨らみを有するものである。この際、片面のみが膨らみを有し、他方は平坦である個体が多い。

3　鍋塚古墳出土例（図四）

関西大学博物館が所蔵する旧本山コレクションのなかに、大阪府鍋塚古墳出土と伝える石製模造品がある。個々の詳細については以前紹介したことがある［北山一九九九］ので割愛し、ここでは要点のみ確認する。

石製模造品には刀子形品七点があり、それらはプロポーションに基づきA類・B類の二者に分けたが、本稿で扱うのはB類のほうである。B類には図示した四点があり、いずれも鞘部から柄部へと連続的にミガキを施している。

4　(伝) 神田出土例（図五・六）

ここに挙げるものは、前者同様、関西大学博物館所蔵旧本山コレクションに含まれるもので、『本山考古室要録』（古墳時代の部）に、「一一五　石製模造器具　一括　上野國多野郡美乃里村神田　滑石製劔、斧各一個　刀子八個　臼玉一聯」と記載される一群である。

神田（じんだ）は、現在の行政区画では群馬県藤岡市内に該当し、また同じく神田出土と伝える石製模造品は、東京国立博物館にも保管されている［東博一九八三、二〇〇〜二三〇頁］(6)。上記資料のうち、現在所在が確認できるのは斧形品一点および刀子形品七点であるが、ここではまず上記の遺物を紹介し、さらに本稿の分析対象となるものを抽出していく。

刀子形品1　鞘部は粗い横方向ケズリを施す。上端は若干面取りを施して、背を丸く表現する。下端の外郭に沿って二条の凹線を施し、鞘の縫い目を表現する。鞘口付近には、縦横の線刻による羽根状の表現を有する。方形突出部に穿孔を二か所有するが、一方は横断方向へ、他方は縦断方向へと十字に貫通する(7)。鞘口と柄元は段差をもって接続し、柄部には横方向ケズリを施す。調整痕は微弱である。柄尻は上反せず、短く直線的に伸びる。

刀子形品2　鞘部は縦方向ケズリの後、横方向ミガキを施す。全面に縦位で平行する弱い傷が視認できるのは、ミガキに伴うノッキングの痕跡である。鞘部中位に突起を設ける。断面形は、上端面が平坦で、やや胴張り状を呈する。方形突出部には横位に二孔を有する。

鞘口と柄元はわずかな段差をもって接続し、柄部には横方向ケズリの後、縦方向ケズリを施す。柄尻の下端は斜めにカットする。

刀子形品3　鞘部は全面にわたり横方向ミガキを施す。断面形は上端に狭い平坦面を有し、面取りによる斜面に連続して、両側面は平行する。鞘部中位に突起を設ける。方形突出部には横位の二孔を有する。

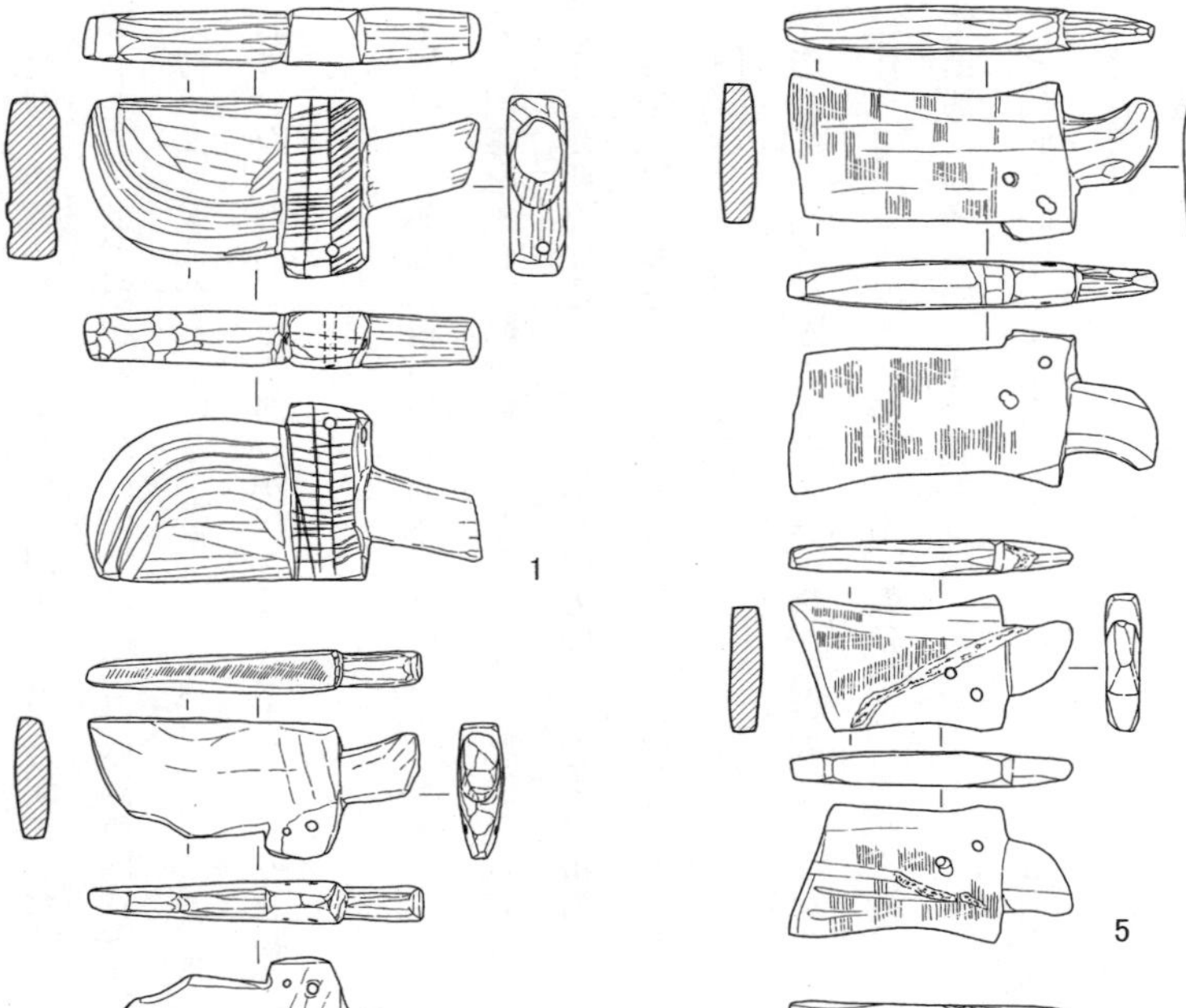

図５　（伝）神田出土刀子形品　実測図（１：２）

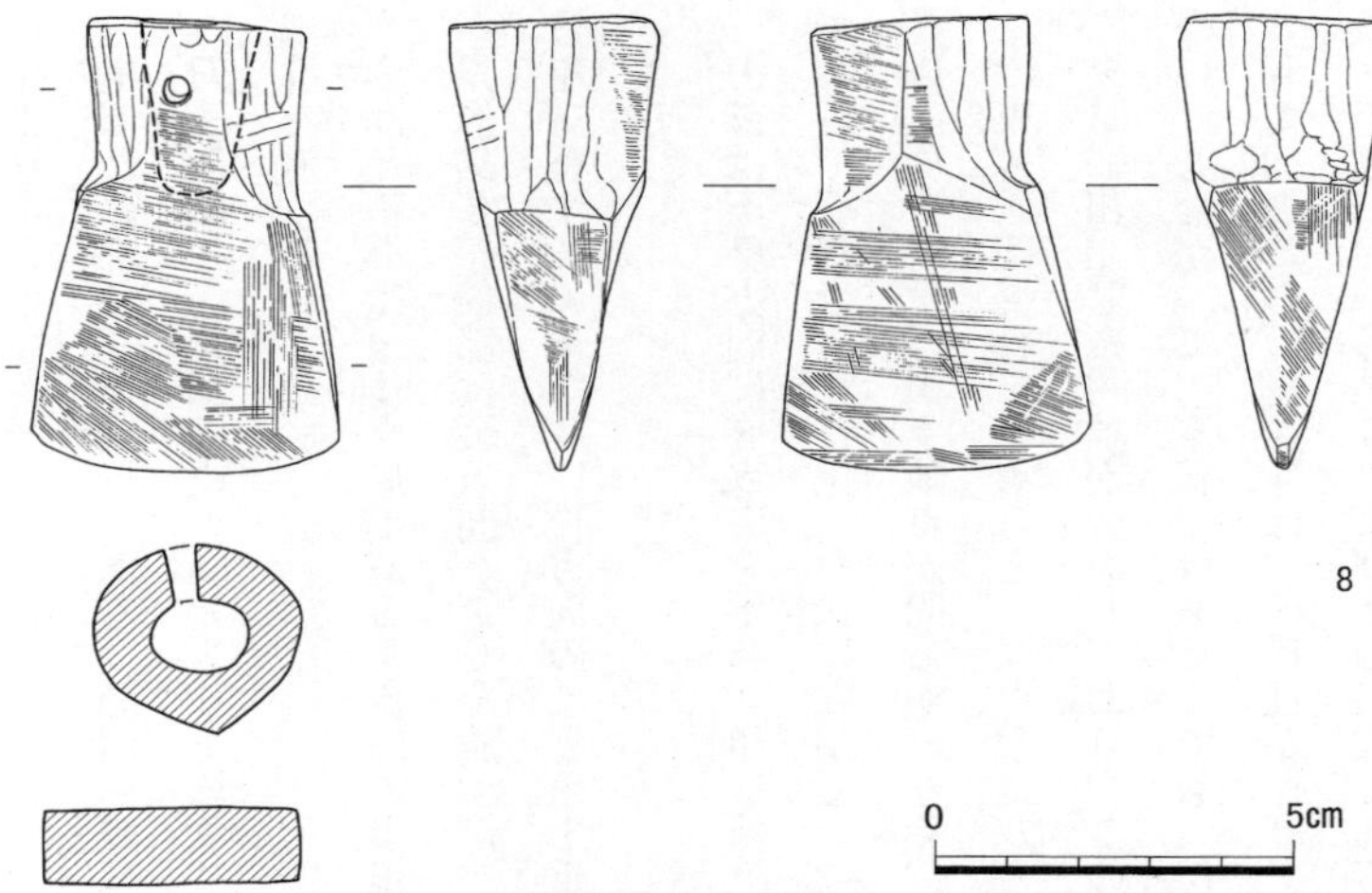

図６　（伝）神田出土斧形品　実測図（１：２）

鞘口と柄元はわずかな段差をもって接続し、柄部には横方向ケズリを施す。柄尻の下端は若干えぐり取って湾曲させる。

刀子形品４　鞘部は横方向ミガキを施す。全面にわたって縦位で密に平行する傷が視認できる。上端面は横方向ケズリを施す。断面形は上端が平坦で、中位でやや膨らむ形状である。方形突出部付近に二孔を有するが、一方は表面より裏面へ、他方は裏面より表面へ穿孔したことが、おのおの一度失敗してやり直していることから判明する。

鞘口と柄元はわずかな段差をもって接続し、柄部には横方向ケズリを施す。柄尻の下端は斜めにカットする。

刀子形品５　鞘部は横方向ミガキを施すが、全面にわたりノッキングによる傷が視認できる。上端面は横方向ケズリを施す。断面形は上端に平坦面を有し、ほぼ長方形状を呈する。方形突出部は明瞭ではなく、鞘口部下端にわずかな膨らみが確認できる。その上部に二孔を有する。

鞘口には段差をもうけず、線刻により表現する。柄部は銹が付着しているため、調整痕は判然としない。柄尻の下端は斜めにカットする。

刀子形品6　鞘部は粗い横方向ケズリを施す。断面形は上端で平坦、中位で若干膨らむ。方形突出部付近に横位の二孔を有する。

柄部と鞘部は一体成形である。鞘口の表現はなく、切先から柄尻まで上端面が連続する。

刀子形品7　鞘部は横方向ケズリを施す。断面形は上端が平坦で、中位に最大厚がある。方形突出部付近に横位の二孔を有する。

柄部と鞘部は一体成形である。鞘口の表現はなく、切先から柄尻まで上端面が連続する。

斧形品8　袋部は縦方向ケズリを施すが、調整痕は弱い。片面には稜を有し、鉄斧の合わせ目を表現する。この部分を調整するにあたり、横方向のミガキを重ねている。反対面に穿孔を施し、貫通する。袋部横断面はほぼ楕円状を呈する。

刃部は不整方向にミガキを重ね、粗い擦痕を残す。側面も同様に不整方向にミガキを重ねる。断面形状はほぼ方形である。肩部は小さく撫で肩状に広がる。

以上の資料は、出土地点が明らかでなく、一括性にもとぼしい。だが、先述のように神田出土と伝える石製模造品は、東博所蔵資料を含めると一九点が確認できる。また、藤岡市には白石稲荷山古墳、十二天塚古墳など石製模造品を多量に出土した古墳が分布しており、この地域のある古墳から当該遺物が出土したものと捉えても、強いて矛盾はない。したがって、本稿ではあくまでも（伝）をつけたうえで、神田周辺地域からの出土品と考える。

さて、これらの遺物群は、一括性が保証できないため、あえて形態分類は行っていない。本稿の目的に直接関係するものは、刀子形品6および7の二点である。いずれも鞘部から柄部まで、一体的に横方向ミガキを施す。図でケズリ痕のように表現しているものは、ミガキに伴う粗い単位である。

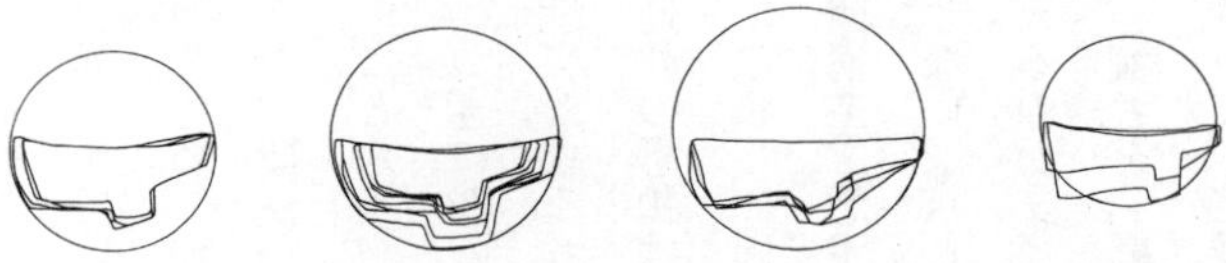

図７　巣山C類型の形態比較（１：４）

四　生産・流通形態の一側面

巣山C類型の類似性　前節で個別に観察した資料は、いずれも非常に類似した様相を呈している。そこで、以下ではこの形態を巣山C類型と仮称して、検討の俎上にあげる(8)。

図七に示すように、鍋塚古墳および金蔵山古墳の事例は、全長の点で二㎝程度のばらつきが生じているものの、全体としての形状は相似形を示している。製品の大きさは、素材石材から切り出したプレート状石材の大きさに規制されるものと考えるが、その際、材の大きさにかかわらず生産者がイメージした形状が一致していることを示している。

巣山古墳の場合は、前二者とは若干細部の形状が異なっているが、全体として目指している方向性は共通している。また、神田出土例は少々形状が異なっていて、切先をはじめとして全体的に角張った印象をもつことから、他の三者とは若干の差異を感じるものである。だが、この類型が有する属性を分解してみた場合、完成形に対するイメージは共通しているのであり、このような差異は、石材の性質に規制された偶発的な変容であると考える(9)。

つぎに調整技法の点では、いずれの製品も鞘部・柄部を区別せずに一体的なミガキを施す点で一致している。このように、巣山C類型は単にプロポーションが似ているのみでなく、一個体の製作に関わる情報を共有している点に注意すべきである。

解　釈　これらの事象に対する解釈として、①同一の生産者が各事例の製作に関与した、②製品のモデルのようなものが存在し、それをもとに在地の生産者が見よう見まねで製作した、という視点が得られそうである。それぞれ解釈としてどの程度妥当性があるだろうか。

まず①の場合であるが、それぞれの個体の肉眼観察による限り、石材の様相が違うことに気がつく。各古墳内では共通の材を用いているが、古墳をこえて類似するものは、金蔵山例と鍋塚例がよく似ているのみで、他の二例は質感を異にしている。したがって、完成形に対するイメージは同一でありながら、石材の産地は各個別的であることが理解できる。つまり特定の生産者が一か所で集中的に製作し、一元的に供給したという性格のものではなさそうである(10)。また、彼らが古墳築造地へ随時移動して製作したという可能性も、各古墳における石製模造品の形態組成が一致しないことから、支持しがたい。

つぎに②の場合であるが、巣山C類型の製品は、すべて調整技法が一致している点が重要である。モデルをもとに没交渉な二者が製作に関与したのであれば、製作過程の情報までは共有し得ないはずである。したがって、上述の二通りの解釈は、両方とも成り立ちがたいものと言わざるを得ない。

これらの両者は、先導的な役割を果たす「中央」と、それに追随する「地方」という中央管理体制を前提とする集団構造を想定したものであった。だが、それが成り立ちがたいということは、逆説的に捉えると、中央管理体制を介しない、点と点での交流が存在し、在地勢力の自主的な交流ラインにのっとった情報のやりとりが行われたものと考えるのが妥当であろう。

前者を「網」の存在とすると、後者は「線」の結合ということになる。このことは、さまざまな形態の刀子形品がすべて、形態ごとに個別の生産者の手になるものである、という意味ではけっしてない。数多い石製模造品のうち、少なくとも巣山C類型に限っては、独自のルートで直接的な流通がなされたことを推定するのである。

中期以降急激に盛んとなる手工業生産の各種分野では、生産者の個性をこえて、その上位に位置する管理集団の存在が容易に推測できる。当然のことながら石製模造品も、この大きな体制のなかに位置するものと考えるのが自然であろう。

これに対して、巣山C類型は一種イレギュラーな存在として認識された。本類型は該当資料が少なく、わずかに二一点を数えるにすぎない。古墳時代中期には刀子形品が大量に用いられるなかにあって、その製作の絶対量が極めて少ない。また、原位置をたもって出土した事例が皆無であるため、副葬時の取り扱い、使用のされ方などは確認する術がない。だが、この類型のみで刀子形品を構成する事例は皆無であり、いずれも他形態と組み合わせることで、副葬品組成をなす。したがって、祭祀を実施する主体者が、意図的に別形態の刀子形品を要求したものである。

そこで、このような使い分けを必要とした理由が問題となる。この部分は推測の域を出ないが、点で結びついた集団間で祭祀体系の一部を共有した結果であることは疑いない。つまり、中央から地方へという面的な情報流通網以外に、在地勢力本位の自主的な情報流通ラインが存在しており、そのような交流経路の維持・強化を図るための手段であったと考える。

五　おわりに

論点を石製模造品に限定した場合でも、その生産や流通がどのような体系として営まれていたのかという実態が不明瞭なままの現状では、ある特定の形態が存在することやその分布の意味を、当該期社会のなかで位置づけることは困難である。

だが、ある一つの視点に基づき、確実に線で結べる存在を個別に識別していくという、地道な作業が一方では必要であると考えている。本稿ではその作業の一環として、形態と調整技法を共有する事例を一つの類型と認め、その類型に付随する属性を検討することで、生産者の独立性を導いた。その結果、刀子形品のなかには限定された集団間でのみ共有される形態が確認できることを述べた。

本稿の結論としては、おそらく古墳時代中期において中心的であったろう中央管理体制による流通網に対して、それを介しない在地勢力主体の流通ラインが存在する可能性を示すにとどまっている。今回はひとつの試みにすぎないが、より視点を掘り下げて分析することが可能であれば、たとえば生産地と供給先の関係・材の流通経路などから生産組織の復元や、地域間交流の把握へと論を展開し得るものと考える。そのような可能性を視野に入れて、生産・流通体制の実態論へと深めていきたい。

本稿をなすにあたり、左記の方々・諸機関には、資料調査の過程でご協力を賜りました。末筆ながら記して深謝申し上げます（順不同・敬称略）。
稲葉千絵・清喜裕二・中井正幸・中川敬太・真壁忠彦・山口卓也
宮内庁書陵部・倉敷考古館・関西大学博物館

引用文献

大岡由記子　二〇〇一「南近江における滑石製玉生産」『古代学研究』第一五四号　古代學研究會
河野一隆　二〇〇二「石製模造品」『考古資料大観』第九巻　弥生・古墳時代　石器・石製品・骨角器　小学館
北山峰生　一九九九「石製品の研究における若干の問題点－関西大学博物館所蔵・鍋塚古墳出土石製品を巡って－」『関西大学博物館紀要』第五号　同博物館
北山峰生　二〇〇二「石製模造品副葬の動向とその意義」『古代学研究』第一五八号　古代學研究會

篠原祐一　一九九六「剣形模造品の製作技法－下毛野地域を例にして－」『研究紀要』第四号　栃木県文化振興事業団埋蔵文化財センター
末永雅雄　一九三五『本山考古室要録』
杉山晋作　一九八五「石製刀子とその使途」『国立歴史民俗博物館研究報告』第七集　共同研究「古代の祭祀と信仰」　同博物館
清喜裕二　一九九四「古墳出土農工具形石製模造品の研究－富雄丸山古墳と鏡塚古墳－」『文化財学論集』　同刊行会
東京国立博物館　一九八三『東京国立博物館図版図録』古墳遺物篇（関東Ⅱ）　同博物館
中井正幸　一九九三「古墳出土の石製祭器－滑石製農工具を中心として－」『考古學雜誌』第七九巻第二号　日本考古學會
中川敬太　二〇〇二「大和と周縁地域における農工具形石製模造品の展開」『溯航』第二〇号　早稲田大学大学院文学研究科考古談話会編

挿図出典

図一　筆者作成
図二　筆者作成（宮内庁書陵部所蔵　実測図は清喜裕二・稲葉千絵・中川敬太の各氏と共同で作成）
図三　筆者実測（倉敷考古館所蔵）
図四　［北山一九九九］より一部改変のうえ引用
図五・六　筆者実測（関西大学博物館所蔵）
図七　筆者作成

註

（1）石製模造品をふくめた玉類の生産体制について、大岡由記子氏は近江の事例をとり上げて考察している［大岡二〇〇一］。

（2）河野氏は、この点について再度詳細に整理されており、注目すべき示唆を含んでいる。脱稿後に知ったため、本稿では触れることができなかった。
河野一隆　二〇〇三「石製模造品の編年と儀礼の展開」『帝京大学山梨文化財研究所研究報告』第十一集

（3）これは筆者が以前に示した所見［北山一九九九・二〇〇二］と共通する。本稿は製作技法に基づく生産者の区別が目的であるため、再度整理を図ることとした。

（4）製作時の加工痕に着目し、技法の類別を試みたものに、中井正幸氏の論考がある［中井一九九三］。本稿におけるケズリ痕は、中井氏の整理による「ケズリ手法a～c」に、またミガキ痕は「研磨手法d～f」にほぼ相当する。氏は、「ケズリ手法」と「研磨手法」をそれぞれ「整形段階」、「調整段階」に分けており、一個体の製作にかかる段階差を想定している。本稿では工具の扱い方を重視する立場から上記の通り二大別する。また、それらは加工時の段階差ではなく、技法を使い分けた結果であると考えるため、両者を一括して「調整」とする。

（5）本稿で扱う四例のほか、天理参考館および倉敷考古館所蔵資料に同形態の刀子形品が一点ずつ含まれている。これらは出土地不明であるため、今回は検討の対象外とした。なお、この形態の製品がめだって特徴的であり、類例も少ないという点は、中川敬太氏が指摘している［中川二〇〇二］。

（6）資料番号一五二・一五三・一五六の三件が該当する。いずれも多野郡美九里村大字神田出土とされており、本稿で紹介する資料と同一地を示すものと考える。なお、『本山考古室要録』に「美乃里村」と記載されるのは、「美九里村」の誤りであると思われる。

（7）このような特徴を有する刀子形品は類例に乏しく、茨城県鏡塚古墳および奈良県富雄丸山古墳出土例に確認できるにすぎない［清喜一九九四］。

（8）これは第三章で挙げた類例を比較するために、本稿のなかのみで用いる名称であり、刀子形品の全体を見渡した上で設定した型式分類ではない。

（9）神田出土例は緒貫孔が二孔並列している点で、他の類例とは異なっている。このような特徴は、関東地方の刀子形品にはおおく看取できることであり、地域的変容の一種であると考える。

（10）このような解釈は、各地で採取した石材を一か所に集積し、そこで特定の生産者が製作に関わったということを想定しない限り、考えがたいものである。奈良県曽我遺跡では、複数産地の石材が大量に集積された状況が判明しているが、この集落は中期後半以降に中心があり、巣山古墳などが築造された中期前半には形成されていない。

鉄地金銅装楕円形鏡板の性格

木許　守

一　はじめに

ここでいう「鉄地金銅装楕円形鏡板」とは、通例「鉄製楕円形鏡板」と呼称される鏡板の鉄地板を、金銅板で覆うことで装飾を施したものである。この「鉄製楕円形鏡板」の名称については、別形式と認識されている十字文楕円形鏡板などとの区別がつきにくく不都合である、または、韓国での呼称にならい術語の国際的な統一を図るとの理由で、「鞆形鏡板」(1)や「内彎（湾）楕円形鏡板」(2)などの名称が提示されている。

それらはいずれももっともな意見であるが、鉄製楕円形と一括されるものには下辺部が直線的であるものや全体の形態が長方形に近いものがあり、それらに対しては「鞆形」も「内彎楕円形」も適当ではない。そのようなことから、この「鉄製楕円形」という名称にはいずれにせよ不都合があるとは承知するが、小稿ではむしろ学史的にも定着していると思われる「鉄製楕円形鏡板」の語を用いる。(3)また、金銅装のものについては、金銅板による装飾は基本的に鉄地板に対して行われるのは自明のことなので、殊更に「鉄地金銅装」と言うことは煩雑に過ぎる感もあるが、別形式の楕円形の鏡板と区別したうえで、「鉄製楕円形」との連想をし易くするために、これを「鉄地金銅装楕円形鏡板」と呼称し、混乱の無い場合には「鉄地」を省略して呼ぶ。

さて、小稿の目的は、このような鉄地金銅装楕円形鏡板付轡の性格を検討することであるが、ひいては、それを副葬する古墳の位置づけを考えることにある。

鉄地金銅装楕円形鏡板は、その地板の形状からみて、鉄製楕円形鏡板との間に有機的な関連を持ちつつ制作されたとみられる。また、同時期にはf字形鏡板も盛行するので、まず、それら各出土古墳を通観して、それぞれの位置づけを検討する。鉄地金銅装楕円形鏡板出土古墳の位置づけは、それらとの比較検討を通して考えるとの手順を踏む。

鉄製楕円形鏡板は、現在、全国で七十例ほどが知られているが、(4)金銅装楕円形鏡板は、十数例を数えるに過ぎない。相対的に数が少なく、黄金色に飾られた金銅装楕円形鏡板を出土する古墳は、単なる鉄製楕円形鏡板を出土する古墳より、階層的に上位に位置しているといえるだろうか。あるいは、そのような格差は認められないのだろうか。また、改めてf字形鏡板出土古墳との比較で見た場合、どのような位置づけができるだろうか。

小稿では、このような観点から鉄地金銅装楕円形鏡板について検討するが、その結果、この種の鏡板を出土する古墳には一定の傾向があることを指摘する。

二　検討のための前提

鉄製楕円形鏡板付轡に関する先行研究のなかには、すでにf字形鏡板付轡出土古墳との比較によって、鉄製楕円形鏡板付轡出土古墳の階層的位置に言及するものや、金銅装・鉄製楕円形鏡板そのものの型式分類を行ったうえで、こ

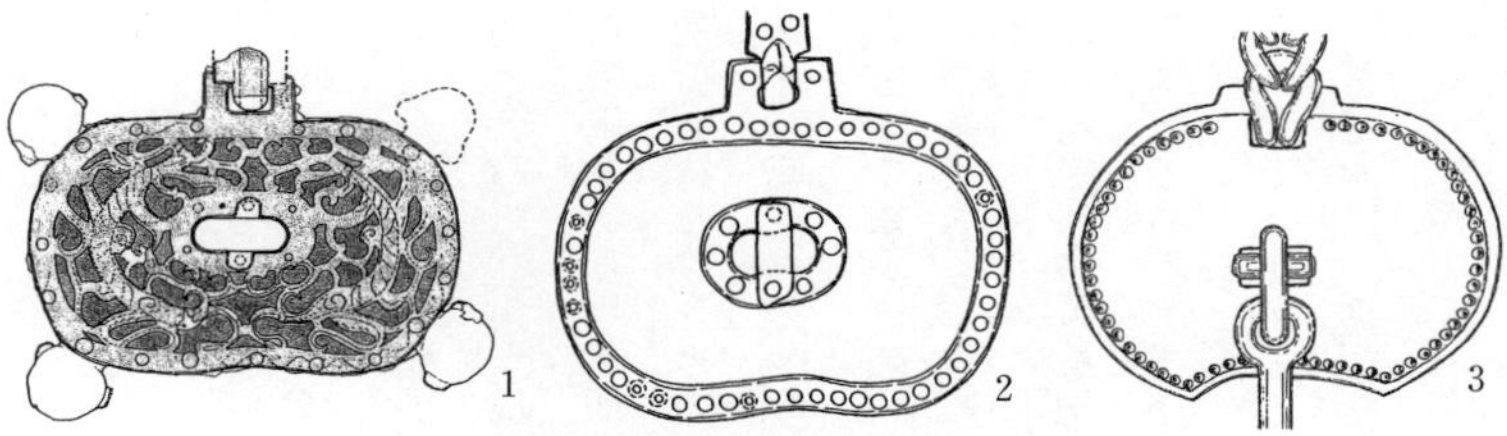

図１　金銅装・鉄製楕円形鏡板（S＝1/4）
1．45十善ノ森古墳　2．47巨勢山75号墳　3．73忍坂４号墳
（拠　付表各文献。但し、１は本文註１）

の型式間での階層的格差を論じたものもある。ここでは先行研究を顧みつつ、小稿の前提となる諸事項を整理しておく。

鹿野吉則氏は、主として奈良県内出土の鉄製楕円形鏡板付轡について検討した(5)。鹿野氏は、五世紀代では、鉄製楕円形鏡板付轡出土古墳と、ｆ字形鏡板付轡と剣菱形杏葉をセットで出土する古墳に規模の差は認められないが、五世紀末から六世紀になると明確な階層差が表われるとし、鉄製楕円形鏡板付轡出土古墳をより下位に位置づけた。

坂本美夫氏は、剣菱形杏葉や「Ｆ字形鏡板付轡」などを「剣菱形杏葉類」と呼ばれ、「剣菱形杏葉類」各類型出土古墳の分布状況を検討して、その背景に「ヤマト政権」と地域勢力との諸関係があると論じた(6)。さらに、「剣菱形杏葉類」各類型出土古墳について、六世紀代になるとその墳丘規模の違いに格差が表れていることを述べた。その中でより下位に位置づけられるのは、「Ｆ字形鏡板付轡」と呼ぶ類型であるが、「鉄製楕円形鏡板付轡」は、「Ｆ字形鏡板付轡より下位か同等の階層」とした(7)。坂本氏の場合、「Ｆ字形鏡板付轡」の上位に「Ｆ字形鏡板付轡＋剣菱形杏葉」などの類型を想定されるので、全体的に見れば、やはり鉄製楕円形鏡板付轡出土古墳をその中でも下位に位置づけるものと理解される。

植田隆司氏は、ｆ字形鏡板付轡出土古墳と鉄地金銅装・鉄製楕円形鏡板付轡出土古墳の墳丘規模および横穴式石室墳である場合の玄室規模を比較して、前者が後者に対して優位にあるとした[8]。

筆者も、f字形鏡板付轡出土古墳と鉄製楕円形鏡板付轡出土古墳を比較することは、両者の鏡板付轡の消長が中期後半から後期に至る時期でおおよそ軌を一にすることから一定程度有効であると考え、出土古墳の墳丘規模および墳形を検討して、前者が後者に対して優位にあることを示したことがある[9]。しかし、それは発掘調査成果の速報展図録であった性格上、基礎データの提示や個々の古墳に対する検討も不十分なものであった。そこで、次章以下に、前稿の視点・方法を踏襲しつつ、改めてこれらの鏡板付轡出土古墳の位置づけを検討するものである。

ところで、出土馬具から後期古墳の階層性を検討した研究に、尼子奈美枝氏の一連の論攷[10]がある。尼子氏は、後期古墳における馬具所有形態は、横穴式石室墳である場合の玄室規模との間に相関関係があることを示したうえで、主要な馬具セットのほぼすべてを備える所有形態から、セットのほとんどを欠く所有形態までの各出土古墳は、古墳被葬者の階層的な格差として把握できるとした。その方法論と、各地域を個別具体的に検討しつつ横穴式石室墳ではない古墳や未調査の古墳にも考慮する論証過程は説得力がある。小稿では、中・後期を通じての統一的な視点として墳丘規模・墳形・立地条件を基準にして、f字形鏡板と鉄製楕円形鏡板の各出土古墳の性格を検討し、そこに両者における階層的格差を想定している。この点については、本来は、そのような馬具所有形態によってクロスチェックをするべきであるが、今回は成し得ていない。両鏡板出土古墳の、まずは概括的な性格の把握に努めたためであるが、今後の課題としたい。

さて次に、鉄製楕円形鏡板付轡に関して鏡板本体部分の鉄地板の形状に注目して型式学的な分類を行った研究としては、花谷浩氏[11]・宮代栄一氏[12]・坂本美夫氏[13]・植田隆司氏[14]の各論攷が挙げられる。このうち、花谷氏・宮代氏・坂本氏は、各氏それぞれが提示される基準によって分類した型式差を、主として時期差として捉えているが、坂本氏はこうした視点に加えて地域差であることを述べてその背景にも言及した。また、花谷氏は、鉄製楕円形鏡板には、鉄製f字形鏡板などと同様に、同形態の金銅装の製品があり、これらが鉄製品のモデルになっていたとの重要な指摘を行い、鉄製楕円形鏡板と鉄地金銅装楕円形鏡板とはやや性格が異なることを示唆した。これらに対して、植田氏の場合は、氏が設定された鏡板の「類型」差を出土古墳の階層差に対応すると考えているのが、大きな特徴である。

冒頭で述べたように、小稿は、鉄地金銅装楕円形鏡板付轡の性格を検討し、ひいてはそれが出土する古墳の位置づけを考えようとしている。そして、後述するようにそれらの古墳には一定の傾向があることを指摘するものである。しかし、植田氏が論じるように、鏡板の鉄地板の形状差に出土古墳の階層差などの性格が反映しており、したがってこの観点からは、金銅装か単なる鉄製かの別は問題ではないとすれば、小稿のように殊更に鉄地金銅装楕円形鏡板出土古墳を分離して、その位置づけを行うこと自体が意味をなさない。そこでこの点について今少し検討しておきたい。

植田氏は、出土古墳の玄室床面積および墳丘規模の比較から、C類[15]出土古墳に対し、A２類[16]出土古墳が相対的に規模が大きいとし、これらの古墳の被葬者間に階層差を想定して、A２類出土古墳が優位にあると論じた。しかし、このような鏡板の形状差が出土古墳の階層差に対応するとの考えは妥当であろうか。

植田氏が示した資料に即して一例を挙げれば、このように考えられたことによって結果的に、独立墳であり墳丘長六〇mを測る前方後円墳である45十善ノ森古墳（番号は小稿付表の古墳番号に一致、以下同様）と、群集墳中の一古墳であり墳丘径一一mの小円墳である47巨勢山七五号墳が、同じA２類内彎楕円形鏡板付轡を出土する古墳として、古墳被葬者としては同様の階層が想定されることになっている。また、この巨勢山七五号墳と同様に群集墳中の一古墳であり墳丘規模も同程度である50寛弘寺七五号墳は、C類内彎楕円形鏡板付轡が出土するので、この古墳の被葬者層は巨勢山七五号墳被葬者層より下位に位置づけられることになる。

十善ノ森古墳の、在地における首長墳という性格は、本墳から出土している方格規矩四神鏡・金銅装轡ほか馬具一式・金銅製冠などを始めとする豊富な副葬品内容にも表われている。一方の寛弘寺七五号墳については、確かに鏡板はC類内彎楕円形のそれであるが、その他の副葬品を見れば、追葬棺に伴うものに挂甲や衝角付冑が含まれているなど、同様の立地条件を備える群集墳中の古墳と比較すれば、むしろ特異とも言うべき要素が看取できる。さらに、巨勢山七五号墳と寛弘寺七五号墳出土の馬具を見ると、巨勢山七五号墳では、轡の他、杏葉・雲珠・鞍・鐙の一セットがそろっており、寛弘寺七五号墳では鐙を欠くらしいが、やはりこのセットに近い状態で出土している。鉄製楕円形鏡板出土古墳の多くは、主要な馬具セットの多くを欠いている場合が多いので、先の尼子奈美枝氏の研究に照らせば、この面からも巨勢山七五号墳のみならず、寛弘寺七五号墳の違いが際立っているといえる。したがって、寛弘寺七五号墳を、古墳被葬者層として殊更に下位の位置に想定することは難しい。

このようにみれば、植田氏が導き出した、各類内彎楕円形鏡板付轡出土古墳の被葬者の階層的格差については、必ずしも支持しがたい場合もあるのである。それでは、出土古墳の階層的位置を考察するとの観点で、この種の鏡板を分類するにはどのような点を重要視するべきであろうか。このことを考えるには、まさにこれら十善ノ森古墳・巨勢山七五号墳・寛弘寺七五号墳出土の鏡板が手がかりになる。

植田氏によって同類とされた十善ノ森古墳と巨勢山七五号墳出土の鏡板を比較すれば（図一－１・２）、一見してその違いに気が付く。すなわち、両者はともに鉄地金銅装楕円形鏡板であるが、十善ノ森古墳の鏡板には双龍文の透文様が施され、さらにその周囲には四個の鈴を取り付けており、極めて装飾性が豊かなものになっている。むしろこのような差異こそが、墳形や墳丘規模・立地条件・その他の副葬品内容の差異に対応して表われていると考えた方が自然である。

また、寛弘寺七五号墳の鏡板も、巨勢山七五号墳と同様に鉄地金銅装楕円形鏡板であり、単なる鉄製楕円形鏡板とは簡単に違いを認識できるものである。寛弘寺七五号墳の、群集墳中における優位性を示すその他の要素は、鏡板としては金銅装である点に対応して表れていると考えることができるだろう。

そもそも、形状の微細な差異に基づく分類は、我々が考古資料としてそれらを個別に認識する際には利便で必要かも知れないが、古墳時代の人々がその差を意識していたかどうかは、疑問である。むしろ、出土古墳の階層差を抽出するとの観点でこれらの副葬品を理解しようとするならば、一目でその格差が瞭然とする違いに着目して分類するべきであると考える。

以上の点を踏まえ、小稿では、まず鉄製楕円形鏡板と金銅装楕円形鏡板を分離した。金銅装のものはさらに装飾性の豊かなものに分けたうえで、それぞれの出土古墳のあり方について検討するものである。

このような考えに基づいて、管見に触れ得た各資料のうち、出土の経緯やその状態および墳丘に関する情報が一定程度以上有効であると判断したものを付表として掲げた。ただし、ここでは出土古墳の墳丘の比較を主な方法とするため、横穴や地下式横穴出土資料は除外している。また、追葬棺・周溝・いわゆる馬坑内出土などの副次的または付属的な施設に伴う資料、および鐘形鏡板など別種の轡が出土していて初葬に伴うものがいずれであるかを決し難い資料などは、除いている。ここでの目的が各鏡板出土古墳の性格を検討することにあるためで、不明瞭な要素を含むものを一旦除外したものである。またｆ字形鏡板と楕円形鏡板が同一主体部から出土した場合は、ｆ字形鏡板出土古墳として扱っている。そのような事例は、01長持山古墳・06石ノ形古墳・09トヅカ古墳・22甑塚古墳・30芝塚二号墳(17)の諸例であるが、いずれも同時期までに金銅装楕円形鏡板が存在するにもかかわらず、ｆ字形鏡板のみが金銅装となり、楕円形鏡板は単なる鉄製である。この点から、それらの古墳においてはf字形鏡板が第一義的に扱われたと想定できるからである。

以下に各鏡板出土古墳の位置づけを検討していく。

三　f字形鏡板付轡出土古墳

付表に基づいて、鏡板の形式別に出土古墳の規模・墳形を中期・後期に分けてそれぞれ図二・三に示した。図二のうち、f字形鏡板出土古墳についてみると、TK二三型式期・TK四七型式期(18)のいずれの場合も、規模の大きい前方後円墳から径二〇m前後までの円墳があり一定の墳形・規模に集中する傾向が見られない。

墳丘規模の上位を占める前方後円墳は、いずれも各地の首長墳といえる古墳であるが、相対的に小規模な円墳や方墳は、どのように考えられるだろうか。そこに一定の傾向を見いだせるだろうか。

このことを考えるために、まずTK二三型式期の相対的に小規模な古墳を見ると、02唐櫃山古墳や01長持山古墳など、古市古墳群における大王墓級の古墳の陪冢としての位置を占めるものが存在することが判る。さらに規模が小さい04宇治二子山南墳・06石ノ形古墳・05多田大塚四号墳・08川上古墳を含めてもいずれの場合にも、例外なくその副葬品に横矧板鋲留短甲や挂甲などの甲冑類を含んでいる点で共通している。

次にTK四七型式期の各古墳については、そのすべてに甲冑類の副葬が確認できるわけではないが、ここでの最小規模である径二一mの15和田山二号墳を含めて、やはり甲冑出土古墳はかなりの高率になる。

ここでは相対的に墳丘規模が小さい09トヅカ古墳(19)と11十二天古墳について、今少し内容を確認しておこう。

墳丘規模m ＼ 鏡板形式	鉄地金銅装楕円形	f字形	f字形	鉄製楕円形
111～120			●13	
101～110				
91～100				
81～90		●07	●10	
71～80			●17	
61～70		●03		
51～60		●02	●12	
41～50			●14 ●16	
31～40	●46	○01 □?04		(?)58
21～30		○06 ○05	○09 (?)11 ○15	
～20		○08		●55 ○57 (?)59 ○60 ○61
	TK208型式期	TK23型式期	TK47型式期	

図２　中期後半のｆ字形・楕円形鏡板出土古墳の墳形と規模
●前方後円墳　○円墳　□方墳・番号は付表古墳番号を示す

09トヅカ古墳は、南山城地域の中央付近にあって木津川の南岸に築造される。独立丘陵状を呈した飯岡丘陵の東麓の緩斜面上に立地する。この飯岡丘陵には、前期前方後円墳である飯岡車塚（九〇m）をはじめとして、中期に継続するとみられる一〇基ほどの古墳群が形成されている。トヅカ古墳もこのような古墳群中の一基として築造されている。また当該地は、木津川の北岸に当たる城陽地区などに比べて古墳自体が少ない。このような中で築造される本墳は、中規模墳ながら、当該地域において重要な位置を占めている。

11十二天古墳については、望月幹夫氏は、周囲に存在したという上車塚や下車塚とともに古墳群を形成していたと考えられることや、時期が近接し出土遺物相に共通点のある12牛塚古墳や14亀塚古墳が帆立貝式の前方後円墳であることもあって、本墳についても帆立貝形前方後円墳である可能性を示した[20]。つまり、十二天古墳は周囲に存在する五〇m級以上の数基の前方後円墳と共に古墳群を形成しており、地域の首長墳系譜の一角を占める古墳といえる。

以上のようにみれば、ＴＫ二三～ＴＫ四七型式

墳丘規模m ＼ 鏡板形式	f字形	鉄地金銅装楕円形（文様有り）	鉄地金銅装楕円形（文様無し）	鉄製楕円形
111～120				
101～110				
91～100	●19			
81～90				
71～80	●26●41			
61～70	●21		●48	
51～60	●20	●45		
41～50	●28●32●39 ○29		●53	
31～40	●25●27●43			●80
21～30	●18●37○22 ○30○33○38 ○40○42		●49	○68○69
～20	ⓘ23ⓘ24○31 ○34ⓘ35○36 ○44		○47○50 ○51○52	○62○63○64○65 ○67○70○71○72 ○73○74○76○77 ○78○79
	MT15～TK43型式期			

図３　後期のｆ字形・楕円形鏡板出土古墳の墳形と規模
●前方後円墳　○円墳・番号は付表古墳番号を示す

期までの、ｆ字形鏡板出土古墳は、一見して墳形・墳丘規模にばらつきがあるが、いずれも各地の首長墳などの重要な位置を占める古墳であると評価できるだろう。

　次に、後期の状況を図三に示した。ｆ字形鏡板出土古墳を見ると、九〇ｍ級の前方後円墳から二〇ｍ以下の円墳まであることが判る。このような図上の分布状況は、一瞥すると、中期の状況と同様であるかにもみえる。

　しかし、これらの古墳の築造時期を細分して示した図四を見ると、時期が下るに従って規模の大きい前方後円墳が減少し、小規模な円墳が増えていることが判る。

　ＭＴ一五型式期では、相対的に規模の大きい前方後円墳が多く見られる。墳丘規模の下位に位置している23井田川茶臼山古墳は、本来は前方後円墳であった可能性が高い。また、22甑塚古墳や24めんぐろ古墳も、二〇～三〇m規模の円墳で、顕著な群集墳を形成しないかもしくは群集墳中の古墳ではない。いずれも、地域の初現的横穴式石室墳で、甑塚古墳は、挂甲や冑片・仿製鏡をはじめとする豊富な副葬品が出土している。めんぐろ古墳の副葬品は工事中の出土でその全体像に不分明な点があるが、いずれも各地域の主要な古墳として位置づけられている。

ＭＴ一五型式期のこのような状況は、次段階以降になるとやや異なってくる。すなわち、ＴＫ一〇型式期では中規模以下の円墳の占める比率が高くなり、ＴＫ四三型式期にはｆ字形鏡板出土古墳の数自体が減少している。とは言うものの、ＴＫ一〇型式期でも、32物集女車塚古墳や39王墓山古墳などの前方後円墳として築造される首長墳のほか、中規模以下の円墳でも各地において重要な位置を占めているものも少なくない。その一方で、35西野五号墳など、群集墳と関連を持ちつつ、その中でも上位に位置するとみられる古墳も現われる。

以上に述べたように、ｆ字形鏡板付轡は、その出現当初から後期中葉までは、各地における首長墳に副葬されているが、後期中葉頃にその傾向に変化が生じ、後葉にはその数自体が減少していることが判る。なお、このことは、小野山節氏が、馬具の総体としての組合せおよび

鏡板形式／墳丘規模m	ｆ字形鏡板		
91～100	●19		
81～90			
71～80	●26		
61～70	●21		
51～60	●20		
41～50	●28	●32●39 ○29	
31～40	●25●27		●43
21～30	●18○22	●37○30 ○33○38 ○40	○42
～20	(?)23(?)24	○31○34 (?)35○36	○44
	MT15型式期	TK10型式期	TK43型式期

図４　後期のｆ字形鏡板出土古墳の時期別墳形と規模
●前方後円墳　○円墳・番号は付表古墳番号を示す

細部の構造などから組み立てられた古墳時代馬具の変遷観[21]のうち、f字形鏡板に限った部分を個別資料で追認したものに他ならない。すなわち、上述のf字形鏡板の動向は、小野山氏が第Ⅲ期（六世初から中頃まで）に十字文楕円形鏡板が新型式として加わり、第Ⅳ期（六世紀中頃から末まで）には鐘形鏡板・ハート形鏡板・花形鏡板などが盛行するとされたことと対応するものと考えられる。

四　鉄製楕円形鏡板付轡出土古墳

TK二三型式期までの鉄製楕円形鏡板の出土例は少なく、f字形鏡板と共伴する長持山古墳例や、後述する、副次的な埋葬施設の副葬品とみられる京都市穀塚古墳例などを除くと、ここで扱える資料は、管見の限りでは知られない。

さて、図二を見ると、TK四七型式期の鉄製楕円形鏡板出土古墳は、f字形鏡板出土古墳とは様相が異なっている。一見して、58古海原前一号墳を除いて、[22]二〇m以下の小形の古墳に集中する状況が判る。

これらの小規模墳は、55大滝二号墳・57寺口忍海D二七号墳・59斎院茶臼山古墳・61向山一号墳など、群集墳中の古墳かそれと関連を持ちつつ築造された古墳が基本的な構成になっている。ただ、その中でも大滝二号墳・寺口忍海D二七号墳・斎院茶臼山古墳は、周囲の古墳群中最古段階に築造されたかまたはその可能性が高い。また、前方後円墳である大滝二号墳の他、斎院茶臼山古墳は、立地の上でも群集墳とはやや隔絶した位置にあることが特徴的である。

この他、発掘調査による出土ではない60天皇神社古墳は、副葬品の全体像に不安を残しているが、現有資料から考えれば、本墳は独立丘陵の山麓に三基の古墳とともに並んで存在したといい、その周囲の平地には、時期不詳ながら三〇～五〇m規模の前方後円墳である郷戸古墳・的場古墳・坂井狐塚古墳などが築造されている。[23]この径八mの天皇神社古墳は顕著な群集墳ではないが、現状ではそうした中では劣勢の感を否めない。

次に後期の状況を見よう。後期の鉄製楕円形鏡板出土古墳は、図三の右端に示したように、径二〇m以下の小形の円墳に集中する傾向が顕著である。これらの古墳は、いずれも群集墳中の一古墳か、丘陵上などの同様の立地条件を備えた古墳が一般的である。

こうした中で、墳丘規模や立地条件にやや違いをみせる80釘先三号墳・68どうまん塚古墳は注意しておく必要があるだろう。

釘崎古墳群は、二〇基以上の古墳で構成される群集墳であるが、特に三・四号墳は、それらとはやや隔絶した平坦面に占地する。一方で、これらの古墳群が立地する八女丘陵上には、岩戸山古墳以来の首長墳系譜として乗場古墳・善蔵塚古墳・鶴見山古墳が継続している。これらは七〇〜八〇m規模以上の古墳であって、釘先三号墳はこれらに対しては、下位の位置が想定できる。周囲の状況からみても、本墳は群集墳と関連を持ちつつ築造された、その盟主墳的な古墳と位置づけられよう。

ただし、どうまん塚古墳の場合はやや異なる。本墳は、木棺直葬の主体部からこの鏡板の他、金銅装剣菱形杏葉・挂甲・仿製鏡などの比較的豊富な副葬品が検出された。また低台地上の緩斜面に立地し、一般的な群集墳とは立地条件を異にしている。これらの点からは、他の鉄製楕円形鏡板出土古墳に対して、優位な側面を見て取ることができるが、墳丘径二五mほどの円墳に止まっていることが、鉄製楕円形鏡板が出土する古墳の特徴といえるだろう。

以上のように中・後期の鉄製楕円形鏡板出土古墳を見ると、一部に独立墳を含むが、基本的には群集墳中の古墳かそれと関係の強い古墳であることが判る。特に、中期段階では、築造時期や立地の面から、その中でも相対的に上位に位置していると理解される。そして、このように鉄製楕円形鏡板出土古墳を群集墳との関連で位置づけることは、先に当該期のｆ字形鏡板出土古墳が、各地において首長墳など重要な位置を占める古墳であるとしたことと対照的である。鉄製楕円形鏡板出土古墳は、中期段階からｆ字形鏡板出土古墳とは、階層的位置が異なっていると考えられる。

筆者のこのような理解は、鹿野吉則氏が中期にはこの両者に墳丘規模などの格差がないとされた立場とは異なる。こうした相違が生じる原因は、中期後葉段階の鉄製楕円形鏡板付轡出土古墳としても著名な京都市穀塚古墳出土例に対する評価の違いに関わる部分が大きいと思われる。

穀塚古墳は、全長四一ｍの前方後円墳である。後円部頂の中央付近に主軸に平行して竪穴式石室が存在したらしい。この主体部は、大正三年（一九一四）の土砂採取時に破壊されたもので、その後に梅原末治氏が現地を踏査された(24)。梅原氏は、墳丘の見取り図を作成され、主体部に関する知見を記録し、遺物の一部も採集された。その採集遺物およびこの時までに出土していたとみられる遺物の一部は、梅原氏らにより京都大学文学部博物館に収められたが(25)、出土遺物の残りは土地関係者が東京国立博物館に寄贈した(26)。しかし、その後、昭和二七年から三二年（一九五二～一九五七）にかけて土砂採取のためにさらに墳丘土が削りとられ古墳はついに消滅した。この工事の際、昭和三〇年（一九五五）に、後円部に先の竪穴式石室とは別の、粘土槨かとみられる主体部が見いだされ、棚橋信文氏によって調査されている(27)。この間の事情および棚橋氏が残された図面については、丸川義広氏が紹介している(28)。これによれば、この主体部は、後円部の中心よりやや南東に寄った地点で、墳頂部から約六ｍの下位に基底を置いていた。また、この主体部に伴う副葬品は、馬具・鏃・直刀・剣・須恵器壺三点があって、それらおよび埋葬された人骨の出土位置と状態が図面上に記録された。

後円部の中心からやや南東に寄り、墳頂部から約六ｍも下がっているという位置を、墳丘裾付近に求めることができるとすれば、墳頂部中心の施設が竪穴式石室であるのに対してこの施設が粘土槨とみられることと相俟って、この施設が副次的な埋葬施設である可能性が高いと考えられる。

さて、京都大学文学部博物館には、穀塚古墳出土品として多くの遺物が収蔵されているが、目録[29]を見ると、一九一五年に収蔵されたものと、一九五三～五五年に棚橋氏らが寄贈したものが、はっきりと区別されている。そして今問題にしている鉄製楕円形鏡板付轡は、この棚橋氏の寄贈資料中にあるので、この轡が、副次的な埋葬施設とみられる粘土槨から出土したことは明確である。また、一方で本墳出土資料としてよく知られる鈴杏葉は、一九一五年に梅原氏が採集した資料中に含まれていることも明記されている。

したがって、従前、本墳出土の鉄製楕円形鏡板が鈴杏葉とセットになるとされたこともあった[30]が、これは誤謬である。また、この轡が、副次的な埋葬施設から出土したものとすると、この資料を根拠にして、中期後葉においてf字形鏡板と鉄製楕円形鏡板を出土する各古墳の間に、墳丘規模の格差が認められないということはできない。

五　鉄地金銅装楕円形鏡板付轡出土古墳

中期の鉄地金銅装楕円形鏡板の出土例は、ＴＫ二〇八型式期の46経ヶ峰一号墳を挙げうるのみである（図二）。経ヶ峰一号墳は、前方部がやや狭小な帆立貝式前方後円墳である。墳丘長が三五ｍで中規模の古墳といえるが、この金銅装楕円形鏡板付轡のほか、頸甲・肩甲・鉄鏃・金銅金具・大刀・剣・刀子・鉄斧・碧玉製管玉など、豊富な副葬品に注目させられる。その副葬品のうち特徴的なものの一々を詳細に検討された鈴木一有氏は、本墳の被葬者像として、畿内政権と関連を持ちつつ、北部九州から朝鮮半島に至る広域な交流範囲を持った新興の人物を想定した[31]。鈴木氏が指摘するとおり、本墳は、その副葬品内容を見れば、当該地にとってきわめて重要な意味を持った古墳であることが判る。

経ヶ峰一号墳とf字形鏡板出土古墳とを比較するには時期がやや異なっているうえに、資料数としても制限があるが、上のような本墳の内容を見る限り、この段階の金銅装楕円形鏡板出土古墳に限っては、f字形鏡板出土古墳に対して明確な階層的格差があるとはいえない。

次に後期の状況を図三に示した。後期には装飾性豊かな文様を施す45十善ノ森古墳例と、それ以外の文様を伴わない金銅装の諸例がある。

45十善ノ森古墳は、墳丘長が六〇mの前方後円墳で、これらの中では墳丘規模が最大級の古墳である。本墳は、当地において首長墳の系譜をなす天徳寺古墳群の一角を占めており、墳丘規模・墳形のほか、すでに述べたように立地条件や副葬品内容に至るまで、首長墳としての性格が明瞭である。このような本墳の性格が、鏡板としては、通有の金銅装楕円形鏡板とは異なり、装飾性豊かなものとして表われていると理解できる。

次に図三によって、これ以外の通有の金銅装楕円形鏡板出土古墳を見ると、先の鉄製楕円形鏡板出土古墳とも、図上の分布状況がやや異なることに気が付く。すなわち、鉄製楕円形鏡板出土古墳と同様な径二〇m以下の小形古墳が約半数を占める一方、六〇m級までの前方後円墳も存在している。今少しそれらの古墳の内容を詳しくみてみよう。

まず、径二〇m以下の円墳である、47巨勢山七五号墳・50寛弘寺七五号墳・51鬼神山古墳・52一須賀W－一五号墳は、MT一五型式期からTK四三型式期の比較的長期間のうちにそれぞれが築造されている。一見、個別的・散在的に築造される各古墳であるが、ここに一定の共通項を見いだすことも可能である。すなわち、いずれもが畿内地域およびその縁辺部に所在している。また、各古墳の立地を見ると、いずれも群集墳中の一古墳である。このような立地条件は、これらの古墳の基本的な性格が、先に見た鉄製楕円形鏡板出土古墳と共通することを示している。しかし、さらに具体的にこの四基の古墳を見ると、いずれもがやや「特殊」な位置を占める古墳であることが判る。

巨勢山七五号墳については、渡来系の遺物として注目される銀製釵子(32)が出土している。また、本墳の横穴式石室は同古墳群中の四〇七・四〇八・四三一・四三二・七一号墳の石室とともに同一の「石室系譜の一群である」とされた永井正浩氏の考察(33)を受けて、それらの各古墳から銀製指輪やミニチュア竈形土器が出土すること、およびその周辺の状況を踏まえて、その一群が渡来系集団と強い関係があるとした(34)。

渡来人との関連で言えば、52一須賀W－一五号墳が含まれる一須賀古墳群は、発掘調査以来、ミニチュア竈形土器が多数出土することなどから、渡来系集団と強い関連のある群集墳と考えられてきた(35)。W－一五号墳は、副葬品の残存状況が良好ではなかったために直接的な根拠を欠くが、やはり同一群集墳にあることから、渡来人との関連の強い墳墓と考えることが可能であろう。

一般に、古墳時代における渡来系の集団は、その先進的な技術や知識やよって当時の政権に奉仕したものとみられ、政権にとっては有用な存在であったと考えられる。上記の二古墳は、それぞれ、こうした有用な集団が営んだ古墳群中の一基であると位置づけられる。

50寛弘寺七五号墳は、このような渡来人との関連を示す遺物は乏しい。寛弘寺古墳群の被葬者像については、紺口県主とその子孫との想定も提示されているが(36)、ここでより注目されるのは、七五号墳から、追葬棺に伴って挂甲・衝角付冑が出土している点である。後期の群集墳中の小古墳から甲冑類が出土するのは異例のことである。本墳の被葬者が、どのような経緯でこの甲冑を入手し得たのか不明であるが、このような武具類を入手するに際しては、政権もしくは政権にきわめて近い人物との特別な関係があったことが想定できるだろう。

51鬼神山古墳は神戸市垂水区の伊川流域に所在する。周辺には大小四〇基あまりの古墳が存在したといい、同一丘陵上にも群集墳が造営され、本墳もそのうちの一基と理解される。本墳の墳頂部には木棺直葬の主体部が二基存在したらしい。金銅装楕円形鏡板が出土した主体部は追葬棺とみられているが、乱掘後の緊急調査によるため不分明な点も多い。同じ主体部からは、鏡板のほか鉄鏃や玉類などが出土しているが、注目されるのは、この玉類の中に碧玉製管玉の未製品が含まれていることである。

この管玉未製品を手がかりにして周辺地域を見ると、同じ伊川流域で南西約三㎞の地点に所在する新方遺跡が注意される。(37)新方遺跡は、弥生時代から鎌倉時代に至る複合的な集落遺跡であるが、玉造に関して見れば、弥生時代と古墳時代(38)のそれぞれの遺構で碧玉製品などの未製品が出土している。古墳時代のそれは、ＴＫ二三型式期とされる住居址から多量の勾玉・管玉・臼玉の未製品・剥片が出土したもので、玉造工房址と考えられている。

鬼神山古墳と新方遺跡の上のような内容から、鬼神山古墳の被葬者が新方遺跡の玉造に関わっていたと推測されている。(39)現状では古墳と玉造遺構の間にやや時期差があるが、未検出の遺構の存在や、両者の地理的な関係を考えると妥当性が高いといえよう。

以上のように、畿内地域およびその縁辺部に所在する金銅装楕円形鏡板出土古墳を見ると、いずれも技能や知識などに優れた有用な者との被葬者像が浮び上がる。寛弘寺七五号墳の場合にはその職能に言及できるだけの用意がないが、政権との結びつきは強く意識される。また、新方遺跡での玉生産の供給範囲は、関川尚功氏が述べるように、(40)広くても旧国程度の範囲にとどまると思われるが、そのような玉造に関わった集団が在地において殊更に有用な存在であったことは間違いないだろう。

これらの古墳の属する階層的な位置は、群集墳中の一古墳との立地条件からみて、先に見た鉄製楕円形鏡板出土古墳のそれと同様であったと考えられる。そうした中でも、畿内政権にとって、保有する技能や知識が有用である者がこのような金銅装楕円形鏡板を入手し得たと考えるのである。

ただ、そのような古墳の多くからこの鏡板が出土するかというと、そうではない。先に例示した巨勢山古墳群で見ると、金銅装楕円形鏡板が出土した七五号墳と同一の石室系譜を持つ一群のうち、四〇七号墳は素環鏡板、四〇八号墳は複環式鏡板、四三一号墳は鉄製楕円形鏡板が出土している。これらの古墳は、同様の立地条件・規模・石室形態を示すことから等質的であることを視認できるものである。それにもかかわらず七五号墳のみがやや装飾性の高い馬具を保有していることについては、七五号墳被葬者が個人として負った要素が大きかったものと理解している。その「要素」を具体的に考えることは想像の域を出ないが、比較的装飾性の高い馬具には、「褒賞」の意味があったと理解すれば、上に考察した古墳被葬者の性格とも合致すると考える。

さて、このように畿内地域およびその縁辺部での状況を整理したうえで、次に地方の状況を見よう。

地方における鉄地金銅装楕円形鏡板出土古墳は、現状で墳形・墳丘規模が判るものとして、48久保田一号墳（正清寺古墳とも称される）・49北本城古墳・53弁天塚古墳が挙げられる。いずれも、先に見た状況とは異なって、群集墳中の古墳ではなく、それらとは一線を画した立地条件を備えた前方後円墳であるが、墳丘規模には偏りが見られない。また、墳形不詳のため図三には記していない54鍬形原古墳は群集墳中の古墳である。地方においては、墳形やその規模に一定の傾向は見いだし難い。ただ、例数が少ないものの、これらの古墳の墳丘形態や立地から、先に見た鉄製楕円形鏡板付轡出土古墳より優勢な古墳が存在することは確実である。

ここで重要なことは、一つの分布の偏りが畿内地域およびその縁辺部にあることで、かつ、鉄地金銅装楕円形鏡板は政権がその配布に関係していると想定されたことである。そして、畿内地域などの出土例の検討から、この鏡板には「褒賞」の意味が込められる場合があったと理解されたので、これら地方の古墳から出土したものについても、その流通には畿内政権が関係していたとみるのが妥当であると考える。これらの古墳の所在地が信濃地域に偏る傾向がみられることも示唆的で、ここでは各古墳に対する検討が不十分ではあるが、地方の古墳被葬者の中には、在地でのあり方もしくは畿内政権との関係の如何によっては、そのような鏡板を入手し得る機会があったと考えられないだろうか。また、畿内地域などでは二〇m以下の小円墳に副葬されたこととの差異は、畿内地域と地方の格差と考えられるかもしれない。

六　まとめ

中期段階のｆ字形鏡板は各地における首長墳などの重要な位置を占める古墳から出土していることを確認した。出土古墳のこのような性格は後期になっても継続するが、後期中葉にはその傾向に変化が生じ、後葉には出土数自体が減少している。一方、中・後期の鉄製楕円形鏡板出土古墳は、一部に中規模以下の独立墳を含んでいるが、基本的には群集墳中の古墳かそれと関係の強い古墳であった。出土古墳のこのようなあり方の違いから、これらの鏡板出土古墳の間には、階層的な格差を想定できることを確認した。

このようなｆ字形・鉄製楕円形鏡板出土古墳との比較から、鉄地金銅装楕円形鏡板出土古墳の占める位置を考察した。まず、中期段階の金銅装楕円形鏡板出土古墳は、現状では資料数が少ないが、ｆ字形鏡板出土古墳との間に明確な階層的格差を見て取ることはできなかった。

次に後期では、同じ金銅装楕円形でも、より装飾性の高いものと通有のものを区別して考えた。前者の唯一例である十善ノ森古墳は、在地における首長墳という性格が明瞭な古墳であるが、後者の場合は状況がやや複雑である。

通有の金銅装楕円形鏡板出土古墳は、畿内地域およびその縁辺部においては、群集墳中の一古墳であることが共通しており、このような古墳の立地条件からは、鉄製楕円形鏡板出土古墳との間に階層的な格差を想定することができない。ただし、その古墳の内容を具体的に見れば、その被葬者像として、それらの持つ秀でた技能や知識によって政権から有用な存在と見なされた可能性が考えられ、金銅装楕円形鏡板には、そうした者に対してなされた「褒賞」の意味が込められた場合があったと理解した。

一方、この段階の地方の鉄地金銅装楕円形鏡板出土古墳は、六〇m級の前方後円墳までが含まれる。出土古墳の墳丘規模に見られるこのような差異は、畿内地域と地方の格差と考えられるかもしれない。

以上のように、鉄地金銅装楕円形鏡板出土古墳は、畿内地域およびその縁辺部を見れば、出土古墳の性格や階層的位置に一定の傾向があることが判り、すなわち、この種の鏡板が極めて選択的に用いられていることを指摘した。そのことはまた、古墳時代における鏡板付轡など馬具の流通に関する事情の一端をも示唆している。鉄地金銅装楕円形鏡板は、出土数が相対的に少なくやや特殊な遺物であるが、それ故に限定的な性格が表出しているともいえる。そして、そこに注目することで見えてくることもある。殊更にこの種の遺物を取り上げて論じる意味がここにあると考える。

小稿を草するに際しては、藤田和尊・渡辺邦男・尼子奈美枝・植田隆司・鈴木一有・永井正浩・太田宏明の諸氏から数々のご教示をいただいた。また、文献検索・資料収集について、恩田裕之・海邊博史・濱慎一・青木美香の諸氏にお世話になった。記して感謝申し上げる。

付表　f字形鏡板と金銅装・鉄製楕円形鏡板出土古墳

鏡板	番号	古墳名称	所在地	墳形	規模(m)	土器型式期
f字形	01	長持山	大阪府藤井寺市	○	40	TK23
	02	唐櫃山	大阪府藤井寺市	●	53	TK23
	03	大谷	和歌山県和歌山市	●	70	TK23
	04	宇治二子山南墳	京都府宇治市	□?	34	TK23
	05	多田大塚C4号	静岡県田方郡韮山町	○	24	TK23
	06	石ノ形	静岡県袋井市	○	27	TK23
	07	築山	岡山県邑久郡長船町	●	82	TK23
	08	川上	香川県大川郡長尾町	○	15	TK23
	09	トヅカ	京都府京田辺市	○	25	TK47
	10	三昧塚	茨城県行方郡玉造町	●	85	TK47
	11	十二天	栃木県足利市	○?	26	TK47
	12	牛塚	栃木県宇都宮市	●	57	TK47
	13	埼玉稲荷山	埼玉県行田市	●	117	TK47
	14	狛江亀塚	東京都狛江市	●	48	TK47
	15	和田山2号	石川県能美郡寺井町	○	21	TK47
	16	天狗山	岡山県吉備郡真備町	●	46	TK47
	17	大須二子山	愛知県名古屋市	●	75	TK47
	18	七ノ坪	大阪府大阪市	●	24	MT15
	19	前二子	群馬県前橋市	●	92	MT15
	20	江子田金環塚	千葉県市原市	●	60	MT15
	21	禅昌寺山	千葉県佐原市	●	60～70	MT15
	22	甑塚	静岡県磐田市	○	26	MT15
	23	井田川茶臼山	三重県亀山市	○?	20	MT15
	24	めんぐろ	島根県浜田市	○?	20?	MT15
	25	番塚	福岡県京都郡苅田町	●	40	MT15
	26	寿命王塚	福岡県嘉穂郡桂川町	●	78	MT15
	27	宮脇	福岡県飯塚市	●	35	MT15
	28	塚坊主	熊本県玉名郡菊水町	●	47	MT15
	29	割塚	奈良県大和郡山市	○	49	TK10
	30	芝塚2号	奈良県北葛城郡當麻町	○	25	TK10
	31	青松塚	大阪府茨木市	○	20	TK10
	32	物集女車塚	京都府向日市	●	45	TK10
	33	大門大塚	静岡県袋井市	○	30	TK10
	34	虎渓山1号	岐阜県多治見市	○	16	TK10
	35	西野5号	三重県一志郡嬉野町	○?	20程	TK10
	36	上島	島根県平田市	○	15	TK10
	37	中宮1号	岡山県津山市	●	23	TK10
	38	四ツ塚1号	岡山県真庭郡八束村	○	24	TK10
	39	王墓山	香川県善通寺市	●	45	TK10
	40	潮見	佐賀県武雄市	○	25	TK10
	41	山ノ神	福岡県嘉穂郡穂波町	●	80	後期前半
	42	新沢178号	奈良県橿原市	○	26	TK43
	43	牛石7号	大阪府堺市	●	40	TK43
	44	才園	熊本県球磨郡免田町	○	12	TK43
金銅装楕円形(有文)	45	十善ノ森	福井県遠敷郡上中町	●	60	MT15
金銅装楕円形(無文)	46	経ケ峰1号	愛知県岡崎市	●	35	TK208
	47	巨勢山75号	奈良県御所市	○	11	MT15
	48	久保田1号	長野県飯田市	●	47	MT15
	49	北本城	長野県飯田市	●	24	MT15
	50	寛弘寺75号	大阪府南河内郡河南町	○	15	TK10
	51	鬼神山	兵庫県神戸市	○	14	TK10
	52	一須賀w-15号	大阪府南河内郡河南町	○	20	TK43
	53	弁天塚	愛知県豊橋市	●	44	後期前半
	54	鍬形原	長野県松本市	不詳	不詳	後期前半
鉄製楕円形	55	大滝2号墳	兵庫県多紀郡丹南町	●	20	TK47
	56	上野	茨城県真壁郡関城町	不詳	不詳	TK47
	57	寺口忍海D27号	奈良県北葛城郡新庄町	○	17	TK47
	58	古海原前1号	群馬県邑楽郡大泉町	○?	30	TK47
	59	斎院茶臼山	愛媛県松山市	○?	15	TK47
	60	天皇神社(熊田山北4号)	岐阜県各務原市	○	8	TK47
	61	向山1号	愛知県宝飯郡一宮町	○	8	TK47
	62	寺口忍海H16号	奈良県北葛城郡新庄町	○	12	MT15
	63	新沢312号	奈良県橿原市	○	18	MT15
	64	新沢112号	奈良県橿原市	○	16	MT15
	65	巨勢山431号(境谷8号)	奈良県御所市	○	12	MT15
	66	治平谷3号	愛媛県今治市	不詳	10強か	MT15
	67	雲座D1号	静岡県袋井市	○	11	MT15
	68	どうまん塚	埼玉県川越市	○	25	MT15
	69	朝光寺原2号	神奈川県横浜市	○	23	MT15
	70	上石野3号	静岡県袋井市	○	9	MT15
	71	高尾向山3号	静岡県袋井市	○	10	MT15か
	72	鴇崎天神台遺跡3号墳	千葉県佐原市	○	20	MT15
	73	忍坂4号	奈良県桜井市	○	14	TK10
	74	立石105号	兵庫県豊岡市	○	16	TK10
	75	丁3号墳	兵庫県姫路市	不詳	不詳	TK10
	76	治平谷5号	愛媛県今治市	○	10強か	TK10
	77	きよしの2号	福井県三方郡三方町	○	10強	TK10
	78	法恩寺4号	大分県日田市	○	13	TK10
	79	脇田山	福岡県粕屋郡粕屋町	○	19	TK10
	80	釘崎3号	福岡県八女市	●	35	TK43
	81	西大塚1号	茨城県日立市	○	不詳	6世紀前半

凡例　●前方後円墳・○円墳・□方墳

本文註

(1)　花谷　浩「馬具―日本出土鉄製鏡板付轡に関する覚え書き」『川上・丸井古墳発掘調査報告書』長尾町教育委員会　一九九一年

(2)　植田隆司「内彎楕円形鏡板付轡の馬装」『龍谷史壇』第一一一号　一九九九年
鈴木一有「経ヶ峰一号墳の再検討」『三河考古』第一五号　二〇〇二年

(3)　花谷浩氏は、従前「鉄製楕円形鏡板」と呼称されてきた鏡板を「鉄製鞆形鏡板」と呼び変えて、これとは別に、鏡板の高さと幅の差が小さい、長野県鳥羽山洞穴遺跡出土の鏡板を例示しつつ、下辺を繰り込まない形態として、これを「鉄製楕円形鏡板」と呼んだ。こうした呼称法はむしろ混乱をきたす原因になるかと思われる。

(4)　白澤　崇「鉄製楕円形鏡板付轡とその馬装」『石ノ形古墳』袋井市教育委員会　一九九九年

(5)　鹿野吉則「大和における馬具の様相―鉄製楕円形鏡板付轡を中心に―」『考古学と地域文化』同志社大学考古学シリーズⅢ　一九八七年

(6)　坂本美夫「剣菱形杏葉類の分布とその背景」『考古学の諸相』坂詰秀一先生還暦記念論文集　一九九六年

(7)　坂本美夫「剣菱形杏葉類の階層制とその背景」『研究紀要』一二　山梨県立考古博物館・山梨県埋蔵文化財センター　一九九六年

(8)　植田隆司　前掲書註（2）

(9)　木許　守「巨勢山七五号墳出土の馬具―出土馬具が語るもの―」『大和を掘るⅩⅣ―一九九三年度発掘調査速報展』奈良県立橿原考古学研究所附属博物館　一九九四年

(10)　尼子奈美枝「古墳時代後期における中央周縁関係に関する予察」『ヒストリア』第一八号　二〇〇三年　ほか

(11)　花谷　浩　前掲書註（1）

(12)　宮代栄一「五・六世紀における馬具の「セット」について」『九州考古学』第六八号　一九九三年

(13)　坂本美夫「鉄製楕円形鏡板付轡の分布とその特性」『立正史学』第八一号　一九九七年

(14)　植田隆司　前掲書註（2）

(15)　植田分類のC類。鏡板の下辺部が鋭角をなして刳り込まれるもの。例えば小稿図一―三。植田隆司　前掲書註（2）

(16)　植田分類のA二類。鏡板の下辺部の刳り込みが緩やかで、縦横比が三対四程度になるもの。例えば小稿図一―二。植田隆司　前掲書註（2）

(17)　芝塚二号墳出土のf字形鏡板付轡は、発掘調査速報展の図録（下記文献①）では、石棺（初葬棺）ではなく、木棺（追葬棺）に伴うとされている。しかし、調査概報（下記文献②）には、その出土位置について、石棺と奥壁の間に置かれた木櫃内に、その他の馬具や鉄刀・U字形鋤先・鉄斧・鉄鏃などとともに収められていたと記されている。そして、その文脈から、この木櫃は石棺（初葬棺）に伴うと考えておられるようである。追葬がある横穴式石室墳では、各遺物がどの段階の埋葬に帰属するのか判断し難い場合も多いが、本墳においては木櫃の出土位置から、f字形鏡板付轡は初葬棺に伴うと考えるのが自然であると思われる。

①伊藤雅文「芝塚二号墳」『大和を掘るⅥ－一九八五年度発掘調査速報展』奈良県立橿原考古学研究所付属博物館　一九八六年

②伊藤雅文「當麻町　芝塚古墳群　発掘調査概報」『奈良県遺跡調査概報』一九八五年度（第一分冊）　一九八六年

(18)　田辺昭三『陶邑古窯址群』Ⅰ　平安学園考古学クラブ　一九六六年

(19)　トヅカ古墳の墳丘径については、『京都府遺跡地図』第五分冊［第二版］　一九八五年　に掲載されたものを採った。

(20)　望月幹夫「栃木県足利市十二天古墳の再検討」『MUSEUM』№六三一　東京国立博物館美術誌　一九八一年

(21)　小野山節「古墳時代の馬具」『日本馬具大鑑』第一巻古代上　一九九二年

(22)　58古海原前一号墳の墳形は、周溝の調査から円墳以外の形状が想定されており、あるいは帆立貝形の前方後円墳になる可能性がある。墳頂部には、五世紀末から六世紀前半までの比較的短い期間に構築されたと考えられる、四基の埋葬施設が検出された。鉄製楕円形鏡板付轡は、最初の主体部である第四主体部から出土した。そして、最終の埋葬施設である第一主体部からは鉄製f字形鏡板が出土している。一つの古墳から、f字形と楕円形の二形式の鏡板が出土する場合、追葬棺など副次的な施設にf字形鏡板が伴うのは、異例である。そこで、ここでの埋葬施設を個別にみた場合、追葬的な埋葬施設である第一～三主体部が礫槨であるのに対して、初葬に当たる第四主体部が粘土槨であることは注目できる。しかもこの粘土槨の粘土床は一㎝と薄く、被覆粘土も棺蓋全体に施されたのではないという比較的簡略なものであった。このようにみると、その四分の三以上が盗掘によって攪乱されながらも、四基のうち最長の五・〇ｍの長大な割竹形木棺が検出された第一主体部こそが、本来の中心主体部として相応しいといえよう。本墳の場合、例えば、本来は追葬されるべき人物が短命であったために中心施設に先行して埋葬施設を構築したなどという特殊な事情を考えるべきで、他の古墳と同様に単純に鉄製楕円形鏡板轡出土古墳として扱うべきではない。

(23)　中司照世・渡辺博人ほか「美濃」『前方後円墳集成』中部編　一九九二年

(24)　梅原末治「松尾村穀塚」『京都府史蹟勝地調査會報告』第二冊　一九二〇年

(25)　小野山節ほか『京都大学文学部博物館　考古学資料目録』第二部　日本歴史時代　一九六八年

(26)　東京国立博物館編『東京国立博物館図版目録』古墳遺物編（近畿Ⅰ）　一九八八年

(27)　棚橋氏が残された図面から、氏が工事の期間中たびたび現地を訪れられたことが窺える。また、調査といっても期間も費用もまったく用意されないものであったと思料される。先学の熱意と姿勢に心から敬服申し上げる。

(28) 丸川義広「洛西山田の古墳分布について」『京都考古』第五一号　一九八九年

(29) 小野山節ほか　前掲書註(25)

(30) 鹿野吉則　前掲書註(5)
花谷　浩　前掲書註(1)
植田隆司　前掲書註(2)　など

(31) 鈴木一有　前掲書註(2)

(32) 関川尚功「古墳時代の渡来人—大和・河内を中心として—」『橿原考古学研究所論集』第九　一九八八年

(33) 永井正浩「巨勢山七五号墳の横穴式石室について」『巨勢山古墳群Ⅳ』(『御所市文化財調査報告書』第二六集)　二〇〇二年

(34) 木許　守「まとめ」『巨勢山古墳群Ⅳ』(『御所市文化財調査報告書』第二六集)　二〇〇二年

(35) 古代を考える会『河内飛鳥と磯長谷』(『古代を考える』3)　一九七六年　など

(36) 井上　薫「南河内における県主の活動」『河内における古墳の調査』(『大阪大学文学部国史研究室研究報告』第一冊)　一九六四年
山本　彰「紺口県主の墳墓」『末永先生米壽記念　獻呈論文集』乾　一九八五年

(37) 丸山　潔『新方遺跡発掘調査概要』　神戸市教育委員会　一九八四年
千種　浩・谷　正俊「新方遺跡(東方地点)—第一次調査—」『昭和59年度　神戸市埋蔵文化財年報』　一九八七年
松林宏典「新方遺跡北方地点　第二次調査」『平成四年度　神戸市埋蔵文化財年報』　一九九五年

(38) 丹治康明「新方遺跡(大日地点)」『昭和57年度　神戸市埋蔵文化財年報』　一九八五年

(39) 喜谷美宣「群集墳の時代」『新修　神戸市史』歴史編一　自然・考古　一九八九年

(40) 関川尚功「古墳時代における畿内の玉生産」『末永先生米壽記念　獻呈論文集』乾　一九八五年

付表　文献註

01　小野山節「馬具と乗馬の風習」『世界考古学大系』三日本Ⅲ　平凡社　一九五九年
小野山節ほか『日本馬具大鑑』第一巻古代上　吉川弘文館　一九九二年

02　北野耕平『河内野中古墳の研究』(『大阪大学文学部国史学研究室研究報告』第二冊　一九七六年)

03　樋口隆康ほか『大谷古墳』　一九五九年

04　杉本宏ほか『宇治二子山古墳発掘調査報告』(『宇治市文化財調査報告書』第二冊　一九九一年

05　原茂光ほか「多田大塚古墳群・芋ヶ窪古墳群(韮山町)」『静岡県の前方後円墳—個別報告編—』(『静岡県文化財報告書』第五五集)　二〇〇一年

06　白澤崇ほか『石ノ形古墳』　袋井市教育委員会　一九九九年

07　梅原末治「岡山県下の古墳調査記録（2）」『瀬戸内海研究』第九・一〇合併号　一九五七年
葛原克人「古墳時代前期」『岡山県の考古学』吉川弘文館　一九八七年
08　花谷浩ほか『川上・丸井古墳発掘調査報告』長尾町教育委員会　一九九一年
09　梅原末治「飯ノ岡ノ古墳」『京都府史蹟勝地調査會報告』第二冊　一九二〇年
小野山節ほか『日本馬具大鑑』第一巻古代上　吉川弘文館　一九九二年
10　斉藤忠・大塚初重ほか『三昧塚古墳』茨城県教育委員会　一九六〇年
11　望月幹夫「栃木県十二天古墳の再検討」『MUSEUM』№三六一　一九八一年
12　大和久震平『牛塚古墳』（『宇都宮市埋蔵文化財報告』第一集（再版））一九八四年
13　県立さきたま資料館編『埼玉稲荷山古墳』　一九七九年
14　小出義治「亀塚古墳」『狛江市史』　一九八五年
15　吉岡康暢・河村好光編『加賀能美古墳群』寺井町・寺井町教育委員会　一九九七年
16　村井嵓雄「岡山県天狗山古墳出土の遺物」『MUSEUM』№二五〇　一九七二年
近藤義郎編『岡山県史』第一八巻　考古資料　一九八六年
17　伊藤秋男「名古屋市大須二子山古墳調査報告」『考古学論文集』南山大学小林知生教授退職記念会　一九七八年
18　高井健二「城下マンション（仮称）建設工事に伴う長原遺跡発掘調査（NG85―23）略報」『昭和60年度　大阪市内埋蔵文化財包蔵地発掘調査報告書』大阪市文化財協会　一九八七年
19　右島和夫「上野の初期横穴式石室の研究」『東国古墳時代の研究』　学生社　一九九四年
20　永沼律朗・武田宗久『上総江子田金環塚古墳発掘調査報告書』市原市教育委員会　一九八五年
21　杉山晋作・大久保奈奈・荻悦久「佐原市・禅昌寺山古墳の遺物」『古代』83号　一九八七年
22　中嶋郁夫「古墳時代」『磐田市史』資料編一　考古・古代・中世　一九九二年
23　小玉道明『井田川茶臼山古墳』（『三重県文化財調査報告』二六）一九八八年
24　山本清「濱田市めんぐろ古墳遺物について」『島根大学論集（人文科学）』第七号、一九五七年
25　岡村秀典・重藤輝行編『番塚古墳』九州大学考古学研究室　一九九三年
26　梅原末治・小林行雄『筑前國嘉穂郡王塚装飾古墳』（『京都帝國大學文學部考古學研究報告』第一五冊）一九四〇年
27　高島忠平・藤田等「宮脇前方後円墳」『嘉穂地方史』先史編　一九七三年
28　江田船山古墳編集委員会『江田船山古墳』　菊水町　一九八〇年

小野山節ほか『日本馬具大鑑』第一巻古代上　吉川弘文館　一九九二年
29　小島俊次「割塚古墳の調査（概要）」『青陵』No.一四　橿原考古学研究所　一九六九年
千賀　久「奈良県出土の馬具集成」『平群・三里古墳』（『奈良県史跡名勝天然記念物調査報告』第三三冊）一九七七年
30　伊藤雅文「当麻町　芝塚古墳群　発掘調査概報」『奈良県遺跡調査概報』一九八五年度（第一分冊）一九八六年
31　小野山節ほか『日本馬具大鑑』第一巻古代上　吉川弘文館　一九九二年
32　秋山浩三・山中章『物集女車塚古墳』（『向日市埋蔵文化財調査報告書』第二三集）一九八八年
33　吉岡伸夫『大門大塚古墳』袋井市教育委員会　一九八七年
34　多治見市『多治見市史』通史編上　一九八〇年
35　伊勢野久好『天花寺山』一志町・嬉野町遺跡調査会　一九九一年
36　池田満雄「出雲上島古墳調査報告」『古代学研究』第一〇號　一九五四年
宮代栄一「島根県上島古墳出土馬具の再検討―古墳時代の鞖金具の多変量解析―」『島根考古学会誌』第一四集　一九九七年
37　近藤義郎「中宮第一号墳発掘調査報告」『佐良山古墳群の研究』第一冊　一九五二年
38　近藤義郎『蒜山原―その考古学的調査―』（『岡山大学考古学研究報告』第二冊）一九五四年
39　笹川龍一『史跡有岡古墳群（王墓山古墳）保存整備事業報告書』善通寺市教育委員会　一九九二年
40　木下之治『武雄市潮見古墳』武雄市教育委員会　一九七五年
41　児島隆人「山ノ神古墳」『嘉穂地方史』先史編　一九七三年
42　石部正志「一七八号墳」『新沢千塚古墳群』（『奈良県史蹟名勝天然記念物調査報告』第三九冊）一九八一年
43　宮野淳一・山川登美子編『陶邑』Ⅶ（『大阪府文化財調査報告書』第三七輯）一九九〇年
44　宮代栄一「熊本県才園古墳出土遺物の研究―鍍金鏡と八セットの馬具が出土した小円墳―」『人類史研究』一一　一九九九年
45　齋藤　優『若狭上中町の古墳』上中町教育委員会　一九七〇年
46　斉藤嘉彦『経ヶ峰一号墳』岡崎市教育委員会　一九八一年
鈴木一有「経ヶ峰一号墳の再検討」『三河考古』第一五号　二〇〇二年
47　木許　守・藤田和尊『巨勢山古墳群Ⅳ』（『御所市文化財調査報告』第二六冊）二〇〇二年
48　市村咸人編『下伊那史』第二巻　一九五五年
小林正春「正清寺古墳」『続日本古墳大辞典』東京堂出版　二〇〇二年
49　小林正春・佐々木嘉和・伊藤文男『北本城々跡　北本城古墳』飯田市教育委員会　二〇〇三年
50　上林史郎「寛弘寺七五号墳の発見」『未盗掘古墳の世界―埋葬時のイメージを探る―』（『大阪府近つ飛鳥博物館図録二七　平成14年度春期展図録』）二〇〇二年

51　是川　長『鬼神山古墳』（『神戸市文化財調査報告』九　一九六七年
52　大阪府教育委員会『河南町東山所在遺跡発掘調査概要』（『大阪府文化財調査概要一九六八』）一九六九年
53　愛知県『愛知縣史蹟名勝天然記念物調査報告』第一三　一九三五年
澤村雄一郎『愛知県・岐阜県内出土馬具の研究』南山大学大学院考古学研究室　一九九六年
54　東筑摩郡　松本市・塩尻市郷土資料編纂会『東筑摩郡　松本市・塩尻市誌』第二巻　一九七四年
長野県『長野県史』考古資料編　全一巻（三）　一九七三年
55　富田好久ほか『大滝二号古墳』西紀・丹南町教育委員会　一九八一年
56　松尾昌彦・滝沢誠「上野古墳出土遺物の再検討」『関城町史』別冊史料編　一九八五年
57　吉村幾温・千賀久編『寺口忍海古墳群』（『新庄町文化財調査報告』第一冊）一九八八年
58　石関伸一・橋本博文『古海原前古墳群発掘調査概報』大泉町教育委員会　一九八六年
59　西尾幸則『斉院　茶臼山古墳』（『松山市文化財調査報告書』一6）一九八三年
60　八賀晋「岐阜県各務原市蘇原町天王神社古墳出土遺物」『岐阜史学』第五六号　一九六七年
61　須川勝以『城山』一宮町教育委員会　一九九五年
62　吉村幾温・千賀久編『寺口忍海古墳群』（『新庄町文化財調査報告』第一冊）一九八八年
63　堀田啓一「三一二号墳」『新沢千塚古墳群』（『奈良県史蹟名勝天然記念物調査報告』第三九冊）一九八一年
64　山田良三「一一二号墳」『新沢千塚古墳群』（『奈良県史蹟名勝天然記念物調査報告』第三九冊）一九八一年
65　久野邦雄・中井一夫『巨勢山古墳群（境谷支群）』奈良県教育委員会　一九七四年
66　芝田幸光ほか『唐子台遺跡群　今治市桜井国分唐子古墳（墳墓）群調査報告』今治市教育委員会　一九七四年
67　松井一明「遠江・駿河における初期群集墳の成立と展開について」『向坂鋼二先生還暦記念論集　地域と考古学』一九九四年
静岡県『静岡県史』資料編二　考古二　一九九〇年
68　小出義治「埼玉県どうまん塚古墳調査の概要」『國學院高等学校紀要』第五輯　一九六三年
埼玉県『新編　埼玉県史』資料編二　一九八二年
69　横浜市港北ニュータウン埋蔵文化財調査団編『古代のよこはま』一九八六年
70　静岡県埋蔵文化財調査研究所『小笠山総合運動公園内遺跡群』（『静岡県埋蔵文化財調査研究所調査報告』第九五集）一九九七年
71　松井一明『高尾向山遺跡Ⅱ』　一九九六
72　荒井世志紀『鴇崎天神台遺跡』（『（財）香取郡市文化財センター調査報告書』第二六集）一九九四年

73　前園実知雄編『桜井市外鎌山北麓古墳群』（『奈良県史跡名勝天然記念物調査報告』第三四冊）一九七八年
74　瀬戸谷晧「豊岡市立石古墳群発掘調査報告」『兵庫県埋蔵文化財調査集報』第四集　一九七九年
75　上田哲也『姫路丁古墳群』東洋大学付属姫路高等学校　一九六一年
76　芝田幸光ほか『唐子台遺跡群　今治市桜井国分唐子古墳（墳墓）群調査報告』今治市教育委員会　一九七四年
77　三方町教育委員会『若狭きよしの古墳群』三方町文化財調査報告一　一九七五年
78　賀川光夫ほか『大分県日田市　法恩寺古墳』日田市教育委員会一九五九年
79　松岡　史『佐谷・脇田山、古墳調査報告』福岡県教育委員会一九七四年
80　八女市史編さん専門委員会『八女市史』上巻　一九九二年・同資料編　一九九三年
81　鈴木裕芳ほか「西大塚古墳群」『赤羽横穴墓群』一九八七年

近畿地方古墳出土銅鋺と被葬者

小栗明彦

一　はじめに

古墳から出土する銅鋺は、どのような脈絡の下に副葬されたものであろうか。全国の出土例を集成して編年や系譜など総合的な検討を行った毛利光俊彦は、銅鋺は初期のものを除き、仏器として舶載もしくは生産されたものが、畿内政権の地方豪族把握の手段として配布されたものという考えと、(1)必ずしも仏教と結びつかず、実用の豪華な食器として豪族層に浸透していたものという考えの二つ見解を提出している。(2)この見解を叩き台に、前者的な見解としては、仏教文化を彩る銅鋺が装飾大刀や金銅装馬具と共に威信材として有力豪族層に賜与され、その後地域内部で再分配が行われたとする考えや、(3)古墳出土銅鋺が関東地方に集中するのは、推古朝畿内政権の東国支配とそれに伴う仏教文化の伝播に関係するものとする考えなどがある。(4)後者的な見解としては、古墳の副葬品の中に銅鋺以外に仏教に関係する遺物がないことから、敢えて銅鋺を仏器とする必要はなく、新たな大陸的な食生活様式に伴う銅鋺を、有力豪族層が日常食器の一つとして受容したものとする考えなどがある。(5)筆者の見るところ、これらの見解の相違は、銅鋺が古墳に副葬された年代の認識の違いに起因し、その時代背景の違いに左右されているところが大きい。最近、銅鋺の年代を検討し直した論考[6]も発表されており、そのような年代を詳細に検討する作業を行っていくことによって、年代認識の相違を克服していくことが必要であろう。

本稿では、その作業の一環として、近畿地方の古墳出土銅鋺について観察所見を記して類例を挙げると共に、出土状況と共伴遺物の検討、類例との比較などによって、副葬された年代を明らかにする。そして、その過程で浮かび上がってきた銅鋺所有被葬者像を提示することとしたい。なお、年代はＴＫ二〇九型式併行期、ＴＫ二一七型式併行期というように、須恵器型式[7]との併行関係で表す。

二　銅鋺の観察と類例

近畿地方の古墳出土銅鋺の数は、関東地方に比べて極めて少なく、奈良県星塚二号墳[8]、棚機神社東古墳、三番双古墳、京都府畑山三号墳、湯舟坂二号墳、三重県宮山古墳、上村古墳から出土した各一点ずつと、兵庫県大谷二号墳出土と伝えられる一点の併せて八点にすぎない。まず、これら銅鋺の特徴を説明し、類例を挙げる（図1）。

星塚二号墳例[9]（1）は蓋と考えられるものである。復元口径七・八㎝、復元器高五・七㎝、器壁厚一㎜。口縁部がやや内湾し、口縁端部は二・五㎜の厚さに肥厚してほぼ水平な平坦面が作り出され、口縁部外面に幅三㎜の削り出し突線の中央に細い沈線のあるものが二条巡る。鈕は円筒形で、頂部径九㎜、下端径一一㎜、高さ一四㎜の中実なものである。現在のところ、類例はない。

棚機神社東古墳例[10]（2）は高台付鋺と考えられるものである。復元口径九・六㎝、器壁厚一㎜。口縁部がやや内湾し、口縁端部は器壁と同じ厚さのまま丸く収められ、口縁端部付近の内外両面に各々一条の細い沈線が巡る。類例には埼玉県将軍山古墳出土例[11]、神奈川県登尾山古墳出土例[12]、奈良県法隆寺所蔵例[13]（3）の高台付鋺などがあるが、口縁部の内湾程度や端部形態が最も近いものは法隆寺所蔵例である。

三番双古墳例は、後藤守一の報告文に[14]「銅鋺残片」と記載されているが、実見できておらず詳細は不明である。

畑山三号墳例[15]（4）は無台鋺である。復元口径一一・八㎝、器高五・三㎝、器壁厚一㎜。口縁端部は二・五㎜の厚さに肥厚してほぼ水平な面が作り出され、口縁部外面に一・三㎜の間隔をあけた二条の細い沈線が巡る。類例には栃木県足利公園麓古墳出土例[16]、埼玉県若小玉八幡山古墳出土例[17]（5）、静岡県中石田宮下古墳出土例[18]（6）などがあり、口縁端部形態が最も近いものは若小玉八幡山例、口縁端部外面に沈線が巡る点では中石田宮下例が近い。

湯舟坂二号墳例[19]（7）は無台鋺である。口径一五・三㎝、器高六・二㎝、器壁厚一㎜。口縁端部は三・五㎜の厚さに肥厚してわずかに内傾する平坦面が作り出され、口縁部外面に三㎜の間隔をあけた幅一㎜の削り出し突線二条を一単位としたものが三単位、底部外面に幅三㎜の削り出し突帯が一条と、一㎜の間隔をあけた二条の細い沈線を一単位としたものが二単位巡る。類例には埼玉県小見真願寺古墳出土例[20]（8）、将軍山古墳出土例、茨城県塚畑古墳出土例[21]、八幡山古墳出土例[22]、広島県横大道八号墳出土例[23]などがあり、口縁形態や外面文様がほぼ同じものは小見真願寺例、口径が等しいものは横大道八号例である。

宮山古墳例[24]（9）は無台鋺である。復元口径九・八㎝、器高四・七㎝、器壁厚一㎜。口縁端部は二㎜の厚さに内側に丸く肥厚する。内外面ともに無文である。類例には群馬県石原稲荷山古墳出土例[25]、千葉県殿塚古墳出土例[26]（10）、静岡県中石田宮下古墳出土例[27]（11）などがあり、外面に文様があるものの形態が最も近いものは殿塚例である。

上村古墳例[28]は承盤である。実見できておらず詳細は不明であるが、外反ぎみに開く高台と鋺受けの圏帯部分が残存

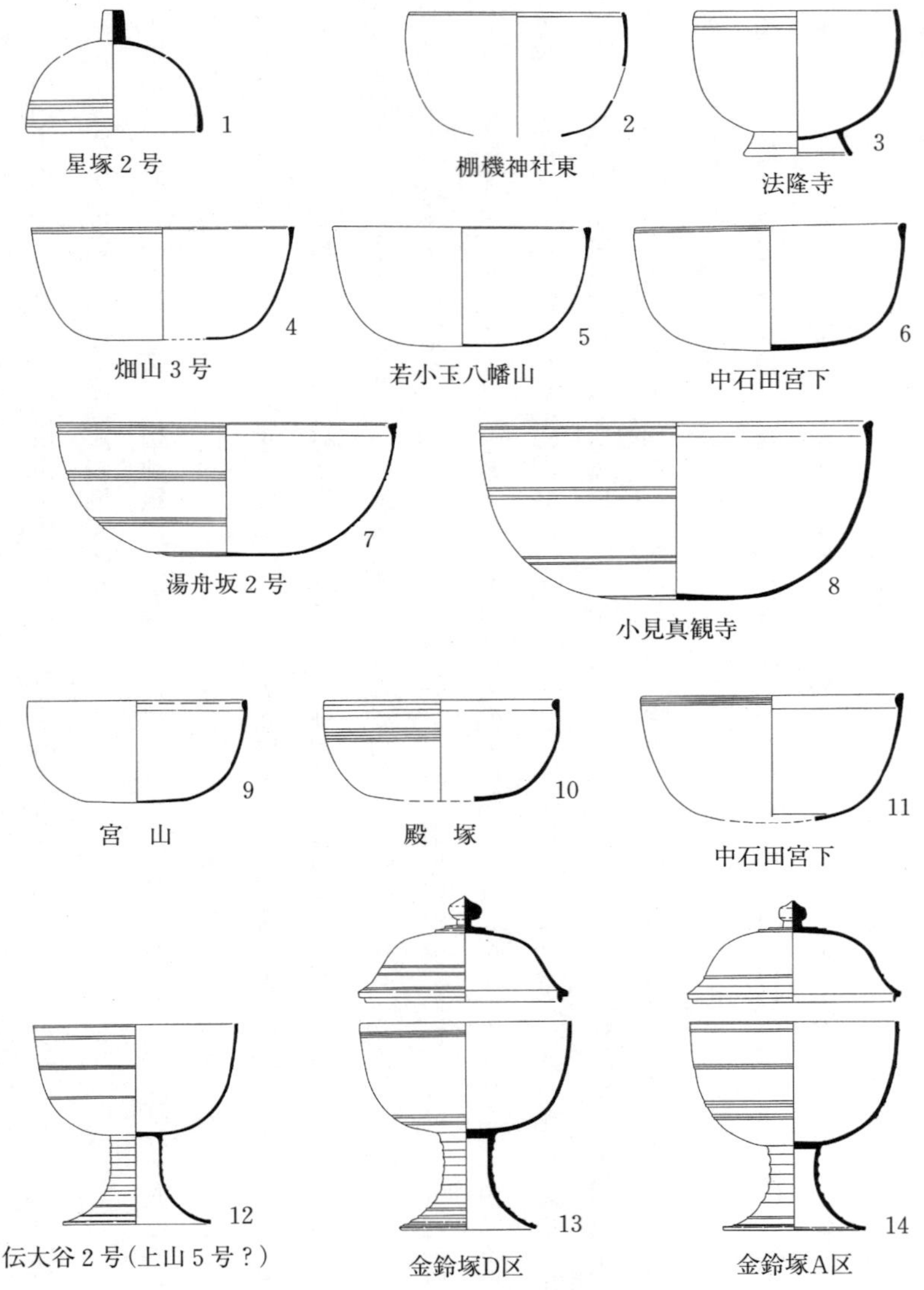

図１　近畿地方出土銅鋺と類例（S＝1/4）

する。残存高二・八㎝、高台裾径八㎝。

伝大谷二号墳例(29)(12)は高脚付鋺である。口径九・二㎝、器高九・二㎝、鋺部高五・一㎝、脚部高四・一㎝、脚裾径六・六㎝、器壁厚一㎜。口縁端部は器壁とほぼ同じ厚さのまま水平な平坦面が作り出され、口縁部外面に幅一㎜弱の削り出し突線が三条と、幅一・五㎜の削り出し突線の中央に細い沈線のあるものが一条巡る。脚部外面では、上半に匙面取り九単位と各単位境に沈線が、下半に幅一㎜弱の削り出し突線が二条巡り、裾に幅一・五㎜の削り出し突線が一条巡る。類例には群馬県観音塚古墳出土例(30)、埼玉県小見真観寺古墳出土例(31)、伝茨城県舟塚古墳出土例(32)、千葉県金鈴塚古墳出土例(33)(13・14)などがあり、法量や脚部の形態が最も近いものは金鈴塚例である。

三　銅鋺の出土状況と年代

1　星塚二号墳(34)

立地と環境　奈良盆地中央の平坦地にあって、布留川水系の扇状地に立地する。直前に築造された全長約三六ｍの前方後円墳である星塚一号墳の前方部を一部破壊して築造された。二つの古墳築造以前には、朝鮮半島加耶西部から全羅道地方にかけての系統の韓式系土器を出土する集落（星塚・小路遺跡）が営まれており、星塚一号墳周濠や星塚二号墳石室からも同系統の陶質土器が出土しており、半島南西部との関係が深いことに特徴がある。

古墳形態　全長三九〜四一ｍ程度の前方後円墳で、二重の周濠をもち、埴輪を樹立する。主体部は全長七ｍ、玄室長四・七ｍ、玄室幅二・三ｍの両袖式横穴式石室である。石室内には組合式家形石棺が設置される。

埋葬状況と副葬品　石室内から銅鋺、六鈴鏡、金銅装馬具、金銀象嵌円頭柄頭、鉄刀、鉄鏃、石突、刀子、垂下式金製耳飾、玉類、須恵器、半島全羅道地方産の陶質土器蓋杯などが出土している。須恵器蓋杯の法量には大小二規格あるものの、形態的特徴に違いはなく一括性が高い。発掘時、石室内は近代の乱掘によって既に荒らされ、遺物はほとんど原位置を留めていなかった。出土状況の記載から、銅鋺、鏡、円頭大刀、耳飾、玉類、鉄鏃は本来石棺内に副葬され、馬具は広く空いた奥壁と石棺の間にあったと推定できる。また、鉄釘が出土しており、棺釘であるとすると、石棺の奥に初葬の木棺が存在した可能性はあるが、須恵器に型式差が見られず、副葬品の分離も難しい。

年　代　須恵器はＴＫ一〇型式段階のものであり、象嵌円頭柄頭の年代観[35]もそれに合う。

2　棚機神社東古墳[36]

立地と環境　奈良盆地西縁の葛城山麓の低丘陵上に立地する。竹内街道に近く、大和と河内を繋ぐ交通の要衝である。すぐ北には、後続する時期の全長六二ｍの前方後円墳で横穴式石室をもち、鏡や金銅装馬具などが出土している平林古墳[37]がある。

古墳形態　墳丘は損壊が著しく墳形や規模は不明であるが、全長二五ｍの前方後円墳であった可能性もある。主体部は横穴式石室であって、掘形や石材抜き取り痕から見て、玄室長五・五ｍ以上、玄室幅一・七ｍ以上と思われる。石室内に前後二基の組合式家形石棺が存在したと推定される。

埋葬状況と副葬品　遺物は全て攪乱された状況で出土した。須恵器型式の新古から、初葬と追葬の二段階に分けることができ、初葬に伴う遺物として組合式家形石棺、鉈尾状金銅製品と須恵器が、追葬に伴うものとして組合式家形石棺、銅鋺一点、須恵器、土師器がある。その他に耳環一点などが出土している。

年　代　須恵器型式から見て、初葬はＴＫ四三型式併行期、銅鋺を伴う追葬はＴＫ二一七型式併行期である。

3　三番双古墳(38)

立地と環境　奈良盆地東縁の竜王山麓にあって、奈良盆地から大和高原の都介野盆地へ向かう街道のひとつを南に見下ろす交通の要衝に立地する。同じ斜面にある古墳は、箱式石棺から耳環を出土した竹之内古墳(39)のみである。南方二・五㎞には小規模な横穴式石室墳群と横穴墓群が混在する竜王山古墳群(40)がある。

古墳形態　墳形や規模は不明であるが、主体部は側壁に自然石を用いた横穴式石室で、規模は全長五・五ｍ、幅一・二ｍ、高さ二・一ｍとされる。石室内には土師質亀甲形陶棺(41)が設置されていた。

埋葬状況と副葬品　陶棺の横から頭椎大刀、馬具（轡、鉸具）、銅鋺、須恵器、土師器などが出土した。それらが初葬に伴うものか、追葬に伴うものかは不明である。

年　代　遺物の詳細は不明であるが、須恵器の中に蓋杯があることや頭椎大刀の存在(42)からして、少なくともＴＫ二〇九～ＴＫ二一七型式併行期のものを含んでいる。また、設置されていた土師質亀甲形陶棺の類例は奈良県赤田一号横穴墓(43)、狐塚一号横穴墓(44)にあり、その型式はＴＫ二〇九～ＴＫ二一七型式併行期のもの(45)である。

4　畑山三号墳(46)

立地と環境　木津川中流域左岸の甘南備山麓の丘陵上に営まれた三基の後期古墳からなる畑山古墳群の内の一基である。木津川と古代山陰道が近接しながら平行して走るのを見下ろす交通の要衝である。同じ丘陵上にある同時期の横穴式石室墳の郷士塚四号墳からは、金属製品生産に関わる被葬者を想定できる鉄鉗が出土している(47)。谷を挟んだ南側にある堀切横穴墓群[48]、北西約二kmの丘陵地帯にある松井横穴墓群[49]や美濃山横穴墓群[50]など、横穴墓が集中する地域でもある。

古墳形態　墳丘は損壊が著しく墳形や規模は不明である。主体部は横穴式石室であって、掘形や散乱する石材の範囲から、玄室長は四・五m程度、玄室幅は一m強程度の大きさと思われる。

埋葬状況と副葬品　石室内から、銅鋺の他に須恵器が出土している。

年　代　副葬された須恵器にはTK四三～TK二一七型式段階のものがある。[51]本墳の銅鋺の形態類似例を出土した足利公園麓古墳から出土した竪畦目式柄頭と六窓透鍔の金銅装頭椎大刀[52]がTK二〇九型式併行期に編年[53]できること、同様に形態類似例を出土した若小玉八幡山古墳から出土した須恵器フラスコ瓶がTK二一七型式併行期に編年[54]できることから、本墳の銅鋺はTK二〇九～TK二一七型式併行期のものであって、追葬に伴う副葬品の可能性が高い。

5　湯舟坂二号墳[55]

立地と環境　丹後半島の西側付け根部分にある久美浜湾に注ぐ川上谷川によって開析された狭小な平野部の奥まった位置の丘陵と谷間に営まれた須田古墳群の内の一基である。久美浜湾を介した海上交通の中継地的位置と、丹後地方と但馬地方を結ぶ陸上交通の中継地的位置という双方の性格を兼ね備えた陸海交通の要衝である。須田古墳群は総数一三〇基程度の大規模な後期群集墳であり、古墳群内や周辺に横穴墓群も存在する。

古墳形態　直径約一七・五mの円墳で、主体部は全長一〇・六m、玄室長五・七m、玄室幅二・四m程度の両袖式横穴式石室である。墳丘規模は周囲の古墳に比べてやや大きい程度であるが、石室規模は丹後地方最大級である。

埋葬状況と副葬品　石室床面から出土した遺物は、最終埋葬当時の位置を留めていた。耳環が四組と一点が出土し

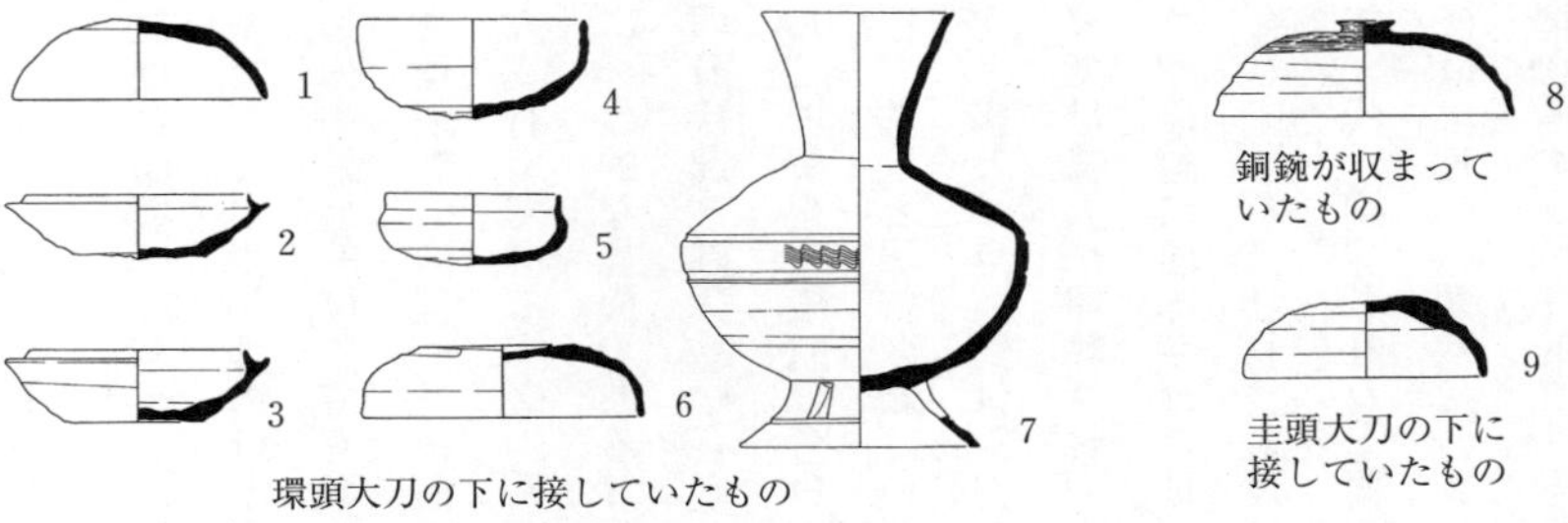

図２　湯舟坂２号墳　石室床面出土須恵器（S＝1/8）

ており、最低五人の埋葬が考えられる。追葬に伴う片付けの結果による遺物のまとまりがあり、（a）奥壁に沿った一群と、（b）玄室中ほどから羨道にかけての一群に分けられる。両群の須恵器型式の新古から考えて、（a）奥壁に沿った一群は初葬及び初期の追葬に伴う副葬品であり、（b）手前の一群はそれ以降の追葬に伴う副葬品である。（a）の一群の須恵器は更に新旧二型式に分離でき、金銅装双竜環頭大刀一振、銀装圭頭大刀一振、直刀一振、イモガイ座飾鋲を含む一揃いの馬具の中の鉄製素環鏡板付轡がそれぞれ新型式の須恵器の上に乗っていること、銅鋺が新型式の須恵器高杯蓋の中に収まっていることから、これら装飾大刀、馬具、銅鋺は新型式の須恵器と共にその後の追葬時に片付けられたものと考えられ、初期の追葬に伴う副葬品である可能性が高い。また、馬具の鐙がもう一組出土しており、それが初葬の副葬品の可能性がある。初葬か追葬のものかを判断できないものに、鉄鏃、鞁、刀子などがある。（b）手前の一群には新旧二型式の須恵器の他、鉄製円頭大刀柄頭一点、直刀四振、馬具二組、鉄鏃、石突、刀子、鉄釘、玉類などがある。

年代　出土した須恵器は、TK四三～TK二一七型式段階のものがある。出土状況から考えて、初葬をTK四三型式併行期、装飾大刀や馬具、銅鋺などを伴う初期の追葬をTK二〇九型式併行期（図2）、更にその後の数次にわたる追葬をTK二〇九～TK二一七型式併行期とできる。

6 宮山古墳[56]

立地と環境　志摩半島南側付け根部分にある五ヶ所湾に突出した半島状地形の先端部に営まれた礒浦古墳群の内の一基である。平坦地のほとんどない狭小な地域で、生業基盤が主に漁撈活動であると共に、紀伊半島沿岸を伝う海上交通の中継地的位置でもある。礒浦古墳群とその周辺の古墳は、判明している限り、全て後期古墳である。[57]

古墳形態　直径一一m前後の円墳で、主体部は全長推定八m、玄室長約五・五m、玄室幅約二・三mの右片袖式の横穴式石室である。畿内系石室とされる。[58]様相が明らかになっている志摩地方の後期古墳と比べると、墳丘、石室ともに一般的な規模である。

埋葬状況と副葬品　石室が発掘調査以前に一部崩壊していたため、盗掘をまぬがれていた。埋葬部分の層位的関係から、埋葬を三段階に分けて捉えることができている。[59]第一次埋葬では一人が埋葬され、副葬品には耳環一組、鉄刀二振、釣針と報告されている鮑懸に似た鉄製品、須恵器がある。第二次埋葬では二、三人が埋葬され、副葬品には耳環が一組と一点、鍔付鉄刀一振、須恵器がある。第一次埋葬か第二次埋葬か判断のつかないものに鮑がある。第三次埋葬では二人が埋葬され、玄室に埋葬された被葬者に伴う副葬品には銅鋺一点、金銅装双竜環頭大刀一振、須恵器があり、羨道に埋葬された被葬者に伴うものには須恵器の他に鉄刀三振が推定される。その他、どの段階に伴うか不明なものとして、刀子、鉄鏃、土師器などがある。

年　代　副葬された土器のうち、陶邑窯系須恵器にはＴＫ四三～ＴＫ二一七型式段階までのものが、猿投窯系須恵器にはＴＫ二〇九型式の新しいところからＴＫ二一七型式の古いところにかけて併行する東山四四・五〇号窯型式間段階のものと、ＴＫ二一七型式併行期の東山五〇号窯型式段階のものがある。[60]層位的関係から分けられた埋葬段階と、耳環などの出土位置によって推定できる遺骸の位置に近接して分布する須恵器の型式から考えて、第一次埋葬をTK四三型式併行期、第二次埋葬をTK二〇九型式併行期、双竜環頭大刀と銅鋺を伴う第三次埋葬をTK二一七型式併行期とできる。(61)

7　上村古墳（志島一〇号墳）(62)

立地と環境　志摩半島先端の海岸際の尾根上を中心に営まれた志島古墳群の内の一基である。熊野灘から伊勢湾への入口に位置し、海上交通を把握できる要衝という地理的特徴がある。志島古墳群は一三基で構成され、北部九州系横穴式石室を主体部とする五世紀後葉のおじょか古墳（志島一一号墳）(63)を除けば、判明している限り、全て横穴式石室を主体部にもつ後期古墳である。また、おじょか古墳から方格規矩鏡と珠文鏡、上村古墳から珠文鏡、志島三号墳から五鈴鏡、志島一二号墳から変形五獣鏡の併せて五面の鏡が出土しており、鏡の出土に特徴のある古墳群である。(64)

古墳形態　墳丘形態や規模は不明で、主体部は全長約一一・九m、玄室長約五・九m、玄室幅約二・五mの両袖式の横穴式石室と復元されている。玄室内には箱式石棺が設置されている。石室は、様相が明らかになっている志摩地方の後期古墳と比べれば一般的な規模であるが、石材には近隣で産出する石材は用いず、二〇km以上離れた北方の鳥羽市方面あるいは西方の五ヶ所湾以西方面で産出する石材を使用している。また、石棺蓋石の石材は、志摩半島には現出しない松阪市付近で産出する細粒両雲母花崗閃緑岩である。(65)

埋葬状況と副葬品　遺物はいずれも採集されたもので、採集当時の記録によれば大きく分けて四ヵ所から出土している（図3）。（a）石棺内には耳環一組、玉類、鉄刀などが、（b）石棺と奥壁の間には鉄刀、鉄剣、鉄鏃などが、（c）石棺と左側壁の間には耳環、珠文鏡、金銅装馬具（鏡板、雲珠、辻金具、鞍金具）、金銅装大刀、金糸、金銅鈴、銅鋺、須

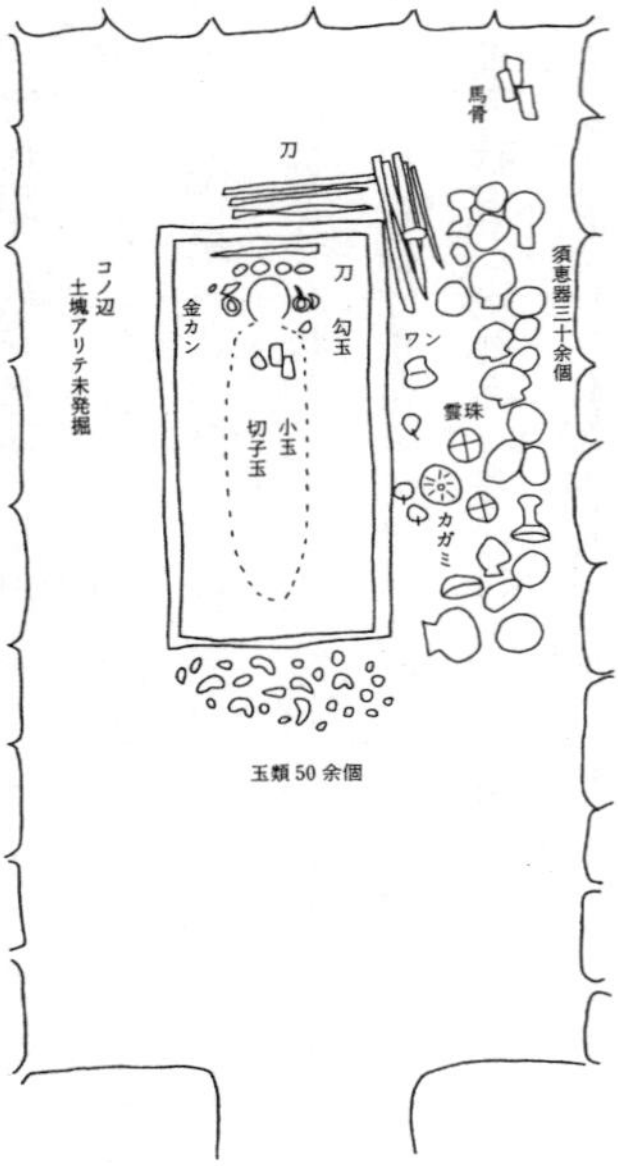

図３　上村古墳遺物出土状況

恵器などが、(d) 石棺の前には玉類があった。その他、鹿角装刀子、歩揺などの金銅製品の破片などが出土している。(b) の石棺と奥壁の間に須恵器の出土が見られないことと、(c) の石棺と左側壁の間から出土した遺物群の中に耳環が含まれていることを考えあわせると、(a) の石棺内の遺物群及び (b) の石棺と奥壁の間の遺物群が、初葬時の被葬者の装飾品及び副葬品であり、(c) の石棺と左側壁の間の遺物群は、初葬時に石棺の横ないしは前に置かれていた副葬品が追葬時に片付けられたものと、追葬時の被葬者の装飾品と副葬品が更にその後の追葬時に片付けられたものとが混在している可能性が高い一群であり、(d) の石棺前の玉類は、追葬時の被葬者の装飾品と、更にその後の追葬時の被葬者の装飾品とが混在している可能性が高い一群と捉えることができる。即ち、最低でも三回の埋葬を考えることができる。また、(c) の石棺と左側壁の間の遺物群のうち、鏡については、石棺内の被葬者の副葬品として棺外に置かれたとするよりも、追葬の被葬者の木棺内に副葬されたものが、更にその後の追葬時に片付けられたと考えるのが適当であり、鏡と近接して出土した金銅装馬具と銅鋺も、追葬時の副葬品である可能性が高い。

年代　出土した須恵器のうち、陶邑窯系須恵器にはＴＫ四三型式段階のものが、猿投窯系須恵器にはＴＫ二〇九型式併行期の東山四四号窯式段階のものと、ＴＫ二一七型式併行期の東山五〇号窯型式段階のものがある。(66) 金銅装馬具の鏡板一対は、出雲岡田山古墳出土例(67)に類似した心葉形十文字透であり、この型式のものはＴＫ四三～ＴＫ二〇九型式併行期とされる。[68]雲珠は二点あるうちの一つが、腹部に凹線が巡る半球形の鉢に半円形で一鋲の脚が一二脚付くものであり、この型式はＴＫ四三～ＴＫ二〇九型式併行期とされる。[69]これらのことから、石棺に埋葬する初葬時期はＴＫ四三型式併行期であり、その後ＴＫ二一七型式併行期まで追葬が続くが、鏡、金銅装馬具、金銅装大刀、銅鋺は早い段階の追葬（ＴＫ四三～ＴＫ二〇九型式併行期）に伴う副葬品と考えられる。

8　伝大谷二号墳出土[70]

立地と環境　大谷二号墳は、日本海に注ぐ円山川とその支流の糸井川が合流する地点に面する丘陵上に営まれた九基の横穴式石室墳からなる大谷・随泉谷古墳群の内の一基である。そこから約三〇〇ｍ尾根を下ったところに、和田山から出石へ向かう路の分岐点を見下ろす交通の要衝に立地する上山五号墳（春日古墳）がある。

所属に対する疑義　銅鋺は大谷二号墳から出土したと報告されているが、かなり疑わしい。当初は上山五号墳出土遺物としていたが、糸井郷土史研究会の下村竜男氏の指摘に従って、銅鋺のみ大谷二号墳から出土したことになった。しかし、この銅鋺は、千葉県金鈴塚古墳石室内[71]の最も奥のＤ区に葬られた被葬者（ＴＫ四三型式併行期）に伴うと考えられる高脚付鋺（図１－13）の鋺部と法量や形状がほぼ等しいものの、脚部の法量や形態、鋺部の文様が、石室中央のＡ区の石棺内に葬られた被葬者（ＴＫ二〇九型式併行期）に伴う高脚付鋺（図１－14）に近いことから、ＴＫ四三型式からＴＫ二〇九型式への過渡期の時期のものと考えられるが、大谷二号墳の無袖式石室の壁は四〇×二〇㎝程の大きさの自然石を乱石積し、かなり古式な印象であって、銅鋺と時期的に齟齬を来しそうである。また、高脚付鋺のほとんどが地域の首長墓と見られる大型横穴式石室墳から出土していることからしても、全長約五ｍ、幅約一ｍ程度の石室の大谷二号墳では不釣り合いである。一方、上山五号墳は直径約一二ｍ、高さ約四・五ｍの墳丘の高い円墳で、玄室長三・

六m、玄室幅一・六m、羨道長五・三mの両袖式横穴式石室をもち、石室規模や立地から考えて、大谷二号墳を含めた古墳群中の盟主墳的な位置づけができる。玄室が発掘されて、須恵器、金銅装馬具、金銅装大刀、鉄鏃、刀子、玉類が出土している。須恵器はTK四三型式〜TK二一七型式段階のものである。金銅装馬具は二組出土しており、斜格子文楕円形杏葉、車文楕円形杏葉、一鋲で責金具のない半円方形脚八脚の雲珠の存在から、TK二〇九型式併行期のものといえる。(72) 金銅装大刀は鍔が八窓透であることからTK二〇九型式併行期のものといえる。(73) 以上のことから、大谷二号墳出土とされてきた銅鋺は、上山五号墳出土の可能性が高いと考える。もしそうであるならば、金銅装馬具、金銅装大刀、銅鋺のセットが追葬の際の副葬品であったことになろう。(74)

四　銅鋺を副葬された被葬者

1　前半期の被葬者像

銅鋺の副葬年代は、TK一〇型式併行期の星塚二号墳例が突出して古く、残りは上村古墳例がTK四三型式併行期に遡る可能性があることを除けば、全てTK二〇九型式〜TK二一七型式併行期である。その他の様相も考慮すれば、TK一〇型式併行期を中心とする前半期(六世紀前半〜中頃)と、TK二〇九型式〜TK二一七型式併行期を中心とする後半期(六世紀後葉〜七世紀中葉)に分けることができる。

前半期の例である星塚二号墳は、立地面において、後半期の古墳立地に多い交通の要衝という要素はない。また、朝鮮半島加耶西部から全羅道地方にかけての系統の韓式系土器が出土する星塚・小路遺跡の上に位置すること、石室内及び先行して築造された星塚一号墳の周濠から全羅道地方産の陶質土器が出土していることから考えて、その地方に系譜をもつ渡来系集団が形成していた集落を母体として築造され、被葬者にその集団を代表する首長を考えることができる。これは、副葬品の中に金銀象嵌円頭柄頭、垂下式金製耳飾、列島内では他に類例のない型式の銅鋺というような、半島からの舶載品と考えられるものが出土していることからも補強される。また、MT一五型式段階の須恵器が出土している佐賀県島田塚古墳(75)や続く時期の熊本県国越古墳(76)から出土した銅鋺も、列島出土のものよりも半島出土のものに類似し、舶載品と考えられることから(77)、この時期の古墳出土銅鋺は、半島や大陸と関係の深い地域の首長が、散発的に舶載品を入手した結果であると考えられる。しかし、この時点において既に、鏡、金銅装馬具、装飾大刀という後半期にみられる威信財の組合せと共に銅鋺が副葬されている点は、後半期の組合せの端緒が前半期の組合せにあるという意味で重要である。

2　後半期の被葬者像

後半期の銅鋺副葬古墳において注目できる点として、宮山古墳において銅鋺と環頭大刀が追葬の被葬者に伴うものであることが発掘調査で確認されていること、須恵器型式の不明な三番双古墳を除いた残りの例において、検討の結果全て、銅鋺及びそれに伴う鏡、馬具、装飾大刀が追葬時の副葬品である可能性が高いことを挙げることができる。

では、初葬についてはどのような被葬者像が想定できるのであろうか。古墳の立地からみると、棚機神社東古墳、三番双古墳、畑山三号墳、上山五号墳は陸上交通の、宮山古墳、上村古墳は海上交通の、湯舟坂二号墳は陸海両交通のそれぞれ要衝に築造されており、交通の要衝に関係するという共通点がある。各古墳個別の状況を見ると、上村古墳は、石室規模は志摩地方の中では一般的なものであるが、石棺蓋石材や石室石材に近隣で産出する石材を使用せず、二〇㎞以上離れた遠隔地の石材を海路運んできたと考えられ、海上活動に関係した被葬者を想定できる。宮山古墳は、石室規模は志摩地方の中では一般的なもので、銅鋺副葬以前の第一次、第二次埋葬とされる段階では、鮑や「釣針」が副葬されており、漁撈に関係した被葬者を想定できる。湯舟坂二号墳は、石室規模が丹後地方最大級で、同じ須田古墳群内にあって横穴式石室を主体部にもつ前方後円墳である平野古墳の次代の古墳と考えられ、川上谷川流域の首長系列にある被葬者を想定できる。棚機神社東古墳も石室規模は大型なものと推定でき、家形石棺や金銅製品も所有しており、後続する古墳が平林古墳であることから、當麻地域の首長系列にある被葬者を想定できる。上山五号墳の被葬者も、二〇基程度の古墳群を束ねる首長を想定できる。畑山三号墳は、石室規模は周囲の古墳の中では一般的なものであるが、隣接する郷士塚四号墳の被葬者に金属製品生産関係者が想定できることや、隼人との関係が指摘される横穴墓群が付近に分布するなど、周辺に特殊な集団を抱える被葬者像を想定できる。三番双古墳においても、石室規模は付近の竜王山古墳群の石室と比べて一般的なものであるが、主に横穴墓で用いられる陶棺が使用されていたりすることや、竜王山古墳群中に横穴墓群が分布していることから、横穴墓被葬者集団と関係をもった被葬者像を想定できる。また、湯舟坂二号墳のある須田古墳群内にも横穴墓群が存在し、湯舟坂二号墳の被葬者にも同様なことを想定できる。

このように、初葬の被葬者には、海上活動や漁撈に従事した者、地域の首長、横穴墓被葬者集団と関係をもつ者などが想定でき、各者それぞれである。ただ、全てが交通の要衝に居住することや、横穴墓被葬者集団と関係をもっていた場合が多いことには注目できる。

銅鋺を副葬された追葬の被葬者は、どのような性格を想定できるのであろうか。銅鋺と共伴する威信財の組合せとしては、墳丘損壊が著しく副葬品の様相がほとんど分からない棚機神社東古墳と畑山三号墳を除き、（a）鏡＋金銅装馬具＋装飾大刀（上村古墳）、（b）金銅装馬具＋装飾大刀（上山五号墳）、（c）金銅装でない馬具＋装飾大刀（湯舟坂二号墳[79]、三番双古墳[80]）、（d）装飾大刀（宮山古墳）の四つに分かれる。鏡、金銅装馬具、金銅装でない馬具、装飾大刀の関係について、静岡県をフィールドとした検討結果を参考にすれば[81]、それらの内のいずれか一つが副葬品として優位だとは断定できず、三種類以上の組合せ、二種類の組合せ、金銅装でない馬具を含む二種類の組合せ、一種類というように、所有種類数が階層の上下を表していることになる。とすれば、（a）〜（d）の組合せの所属階層はそれぞれ同じではなく、銅鋺をもつ被葬者は複数の階層にわたって存在しているといえる。また、（a）〜（d）の全てに装飾大刀があることから、銅鋺と装飾大刀との深い関係が考えられる。列島の銅鋺出土古墳の大部分から装飾大刀が出土していることもそれを補強する。つまり、各階層の装飾大刀佩用者の中に、銅鋺を入手する機会を得ることのできる者が存在していたことになる。

このように、銅鋺を伴う追葬の被葬者には、交通の要衝に居住した初葬の被葬者が築造した古墳に追葬される立場にあって、所属階層に幅があり、装飾大刀を佩用する場面を経験しつつ、銅鋺を入手できる環境にあった者を想定できそうである。更に、上村古墳と宮山古墳では、銅鋺をもつ被葬者の埋葬にのみ、陶邑窯系須恵器の他に猿投窯系須恵器も副葬されたようであり、銅鋺所有被葬者が広域的な繋がりを持っていたことを伺わせる。

五　おわりに

近畿地方の古墳出土銅鋺の出土状況と年代を検討する過程で浮かび上がってきた、特に後半期の銅鋺は追葬に伴う可能性が高いという視点から、銅鋺が副葬される被葬者像を探ってみた。それは、古墳築造主体者ではなく、装飾大刀佩用者の一部であって、広域的な繋がりをもち、階層的にある程度の幅がある者たちと考えられた。これは、地域の各階層の首長の子弟あるいは有力者の子弟が政権中央に出仕し、装飾大刀を佩用して仏教色をおびた儀礼の場に参加する機会のある職掌につき、帰任した後、中央での身分や地位なりを体現する姿でもって埋葬されたというイメージである。

また、今回は銅鋺自体が表象するものについては触れることができなかった。今後の課題とすることとし、更に多くの各地の銅鋺とその出土状況を検討していく中で考えを進めていきたい。

小文を作成するにあたって、次の方々から様々なご教示やご協力を頂きました。記して感謝申し上げます。

相見梓、浅野雅則、井口喜晴、稲葉昭智、今尾文昭、岩戸晶子、川口祐二、下千絵、滝沢匡、千賀久、辻本和美、永井武義、中村弘、広岡孝信、福島孝行、松井忠春（順不同・敬称略）

註

（1）毛利光俊彦「古墳出土銅鋺の系譜」『考古学雑誌』第六四巻第一号　日本考古学会　一九七八年

（2）毛利光俊彦「青銅製容器・ガラス容器」『古墳時代の研究第八巻　古墳Ⅱ　副葬品』雄山閣　一九九一年

（3）大谷徹「北武蔵出土の銅鋺」『埼玉考古学論集』（財）埼玉県埋蔵文化財調査事業団　一九九一年

（4）金井塚良一「推古朝と北武蔵の銅鋺」『古代東国史の研究』埼玉新聞社　一九八〇年

（5）原明芳「銅鋺考」『長野県の考古学』（財）長野県埋蔵文化財センター　一九九六年

（6）桃崎祐輔「風返稲荷山古墳出土銅鋺の検討」『風返稲荷山古墳』霞ヶ浦町教育委員会　二〇〇〇年

（7）田辺昭三『須恵器大成』角川書店　一九八一年

（8）平野塚穴山古墳から銅鋺片の可能性がある不明青銅製品が出土したという報告（泉森皎編『竜田御坊山古墳　付平野塚穴山古墳』奈良県教育委員会　一九七七年）があるが、橿原考古学研究所附属博物館にてその破片を実見したところ、銅鋺ではないことを確認した。

(9) 小島俊次『奈良県史跡名勝天然記念物調査抄報　第七輯』奈良県教育委員会　一九五五年
泉武編『星塚・小路遺跡の調査』天理市教育委員会　一九九〇年
(10) 小栗明彦編『棚機神社東古墳』奈良県立橿原考古学研究所　二〇〇二年
(11) 岡本健一『将軍山古墳《史跡埼玉古墳群整備事業報告書》』埼玉県教育委員会　一九九七年
(12) 赤星直忠「伊勢原町登尾山古墳」『埋蔵文化財発掘調査報告一』神奈川県教育委員会　一九七〇年
(13) 阪田宗彦「佐波理小鋺」『特別展観　法隆寺昭和資材帳調査秘宝展図録二』法隆寺　一九八三年
(14) 後藤守一「大和国山辺郡朝和村大字竹之内字三番双古墳発掘品」『考古学雑誌』第一二巻第一〇号　考古学会　一九二二年
(15) 石井清司・黒坪一樹「京奈バイパス関係遺跡　昭和六〇年度発掘調査概要」『京都府遺跡調査概報　第二〇冊』（財）京都府埋蔵文化財調査研究センター　一九八六年
(16) 古谷清「足利公園古墳」『栃木県史蹟名勝天然紀年物調査報告第二輯』栃木県　一九二七年
(17) 金子真土ほか『八幡山古墳石室復原報告書』埼玉県教育委員会　一九八〇年
(18) 静岡県『静岡縣史　第一巻』一九三〇年
(19) 奥村清一郎編『湯舟坂二号墳』久美浜町教育委員会　一九八三年
(20) 田中広明・大谷徹「東国における後・終末期古墳の基礎的研究（一）」『研究紀要』第五号　（財）埼玉県埋蔵文化財調査事業団　一九八九年
(21) 瓦吹堅・黒沢彰哉「行方郡玉造町塚畑古墳出土の銅鋺について」『婆良岐考古』第一三号　婆良岐考古同人会　一九九一年
(22) 大谷徹「常陸・八幡山古墳出土遺物の検討―銅鋺及び頭椎柄頭を中心として―」『坂詰秀一先生還暦記念　考古学の諸相』一九九六年
(23) 本村豪章・藤田等「竹原周辺の考古学的考察」『竹原市史　第二巻　論説編』竹原市役所　一九六三年
(24) 藤田奈美枝「第Ⅲ章３Ｂ ｅ④銅鋺」『紀伊半島の文化史的研究―考古学編―』清文堂　一九九二年
(25) 田村孝・高橋政子編『石原稲荷山古墳』高崎市教育委員会　一九八一年
(26) 滝口宏ほか「千葉県芝山古墳群調査速報」『古代』第一九・二〇合併号　早稲田大学考古学会　一九五六年
(27) 前掲註（18）文献。
(28) 中村弘ほか「上村古墳の調査」前掲註（24）文献所収。
本村豪章ほか「志摩郡阿児町志島字布莟出土品」『東京国立博物館図版目録・古墳遺物篇（近畿Ⅰ）』一九八八年
(29) 櫃本誠一「上山五号墳・大谷二号墳」『秋葉山墳墓群』和田山町教育委員会　一九七八年
(30) 尾崎喜左雄・保坂三郎『上野国八幡観音塚古墳調査報告書』

群馬県教育委員会 一九六三年

(31) 田中広明・大谷徹「東国における後・終末期古墳の基礎的研究（一）」『研究紀要』第五号 （財）埼玉県埋蔵文化財調査事業団 一九八九年

(32) 前掲註（21）文献。

(33) 千葉県教育委員会『上総金鈴塚古墳』一九五一年

(34) 前掲註（9）文献。

(35) 橋本博文「金銀象嵌装飾円頭大刀の編年―亀甲繋鳳凰文・花文系列を中心として―」『考古学ジャーナル』二六六号 ニュー・サイエンス社 一九八六年

(36) 前掲註（10）文献。

(37) 坂靖編『平林古墳』當麻町教育委員会 一九九四年

(38) 前掲註（14）文献。

(39) 佐藤小吉「山辺郡朝和村大字竹之内古蹟」『奈良縣史蹟勝地調査会報告書第七回』奈良県 一九二〇年

(40) 河上邦彦ほか『竜王山古墳群』奈良県立橿原考古学研究所 一九九三年

(41) 後藤守一「甕棺陶棺に就いて（三）」『考古学雑誌』第一四巻第一一号 考古学会 一九二四年

(42) 新納泉「関東地方における前方後円墳の終末年代」『日本古代文化研究』創刊号 ＰＨＡＬＡＮＸ―古墳文化研究会― 一九八四年

(43) 西崎卓哉「赤田横穴群の調査」『奈良市埋蔵文化財調査報告書昭和五八年度』奈良市教育委員会 一九八四年

(44) 立石堅志・篠原豊一「山陵町狐塚横穴群の調査」『奈良市埋蔵文化財調査報告書 昭和五九年度』奈良市教育委員会 一九八五年

(45) 森下浩行「土師質亀甲形陶棺小考―北大和・南山城を中心に―」『奈良市埋蔵文化財調査センター紀要一九九三』奈良市教育委員会 一九九四年

(46) 前掲註（15）文献。

(47) 前掲註（15）文献。

(48) 林正ほか『堀切古墳群調査報告書』田辺町教育委員会 一九八九年

(49) 海老瀬敏正「松井横穴群」『田辺町遺跡分布調査概報』田辺町教育委員会 一九八二年

(50) 奥村清一郎「南山城の横穴」『京都考古』第二七号 京都考古刊行会 一九八二年

(51) 前掲註（15）文献掲載の須恵器実測図はＴＫ四三～ＴＫ二〇九型式段階のものであるが、未報告品にはＴＫ二一七型式段階のものも含まれていることを、松井忠春氏にご教示頂いた。

(52) 本村豪章ほか「足利市緑町一丁目 足利公園麓古墳出土品」『東京国立博物館図版目録・古墳遺物篇（関東Ⅰ）』一九八〇年

(53) 前掲註（42）文献。

(54) 鈴木敏則「湖西窯古墳時代須恵器編年の再構築」『須恵器生産の出現から消滅 第五分冊 補遺・論考編』第一回東海土器研究会資料 二〇〇一年

(55)　前掲註（19）文献。
(56)　米田文孝ほか「宮山古墳の調査」前掲註（24）文献所収。
(57)　米田文孝ほか「磯浦古墳群の調査」前掲註（24）文献所収。
(58)　米田文孝「志摩地域の横穴式石室」前掲註（24）文献所収。
(59)　徳田誠志「第Ⅲ章3Bｆ遺体配置」前掲註（24）文献所収。
(60)　廣岡孝信「伊勢・志摩地域の須恵器編年と宮山古墳の占める位置」前掲註（24）文献所収。
　廣岡は、宮山古墳出土須恵器を陶邑窯系と猿投窯系に分け、両者の時期的併行関係を明らかにしている。但し、陶邑窯の須恵器型式について、中村浩（「和泉陶邑窯出土遺物の時期編年」『陶邑Ⅲ』大阪府教育委員会　一九七八年）の型式を使用しているため、本稿では便宜的に田辺昭三（前掲註（7）文献）の型式に置き換えて考えた。
(61)　前掲註（59）文献で徳田の行った遺体配置復元に基づき、前掲註（60）文献の廣岡の須恵器型式分類に従って、各埋葬段階ごとの遺体に伴って分布する須恵器型式を再検討した結果、導き出したものである。なお、第三次埋葬の玄室の被葬者足下付近と頭付近に分布する須恵器には、陶邑窯系と猿投窯系の両者があって、猿投窯系須恵器の中には、東山五〇号窯型式段階のものの他に東山四四・五〇号窯型式間段階のものも存在するが、少量であることから、東山五〇号窯型式段階の時期と考えておく。また、羨道の被葬者付近にまとまって分布する須恵器は、陶邑窯系ＴＫ二一七型式段階のもののみである。
(62)　前掲註（28）文献。
(63)　中村弘「おじょか古墳の検討」前掲註（24）文献所収。
(64)　中村弘ほか「阿児町志島古墳群の調査」前掲註（24）文献所収。
(65)　鈴鹿恒茂「志摩半島における古墳の築造に使用された素材岩石と志摩半島の地質との関係」前掲註（24）文献所収。
(66)　前掲註（60）文献。
(67)　西尾良一「馬具の検討」『出雲岡田山古墳』島根県教育委員会　一九八七年
(68)　岡安光彦「心葉形鏡板付轡・杏葉の編年」『考古学研究』第三五号第三号　考古学研究会　一九八八年
(69)　宮代栄一「中央部に鉢を持つ雲珠・辻金具について」『埼玉考古』第三〇号　埼玉考古学会　一九九三年
(70)　前掲註（29）文献。
(71)　前掲註（33）文献。
(72)　前掲註（68）、（69）文献。
(73)　前掲註（42）文献。
(74)　前掲註（29）文献九三頁には、大谷二号墳が直径約一二ｍ、高さ一・五～四・五ｍの円墳で、北側に開口する横穴式石室をもつと記され、図版三九にその写真が掲載されている。しかし、現地で確認したところ、その古墳が、八九頁第一表と九一頁第一図に記載された大谷四号墳であることが判明した。また、第一表と第一図において大谷四号墳のすぐ南にあって大谷二号墳とされる円墳の石室は、無袖式であって、奥壁が大型石二段積で、側壁には四号墳とされる古墳よりもやや大振りな石を用いたものであることを視認した。もし、銅鋺が出土したとされる古墳がこちらの方であるのなら、時期的には合いそうではあるが、しかし、石室規模がそれほど大きくないことを考えると、この古墳から出土したとすることについても否定的にならざるを得ない。

(75) 岡崎敬・本村豪章「島田塚古墳」『末盧国　佐賀県唐津市・東松浦郡の考古学的調査研究』六興出版　一九八二年

(76) 乙益重隆「不知火町国越古墳」『昭和四一年度埋蔵文化財緊急調査概報』熊本県教育委員会　一九六七年

(77) 前掲註（1）文献。

(78) 森浩一「近畿地方の隼人」『日本古代文化の探求　隼人』社会思想社　一九七五年

(79) 湯舟坂二号墳で出土しているイモガイ座飾り鋲は、九州と東日本に集中的に分布し、多くの場合は鉄製素環鏡板付轡を伴い、金銅装馬具をもつ大型古墳からは出土していないとされる（大久保奈奈「イモガイと飾り鋲」『古代探叢Ⅳ』早稲田大学出版部一九九五年）。

(80) 三番双古墳のものについては、追葬時の副葬品とする根拠はないが、他例がそうであるため、追葬の可能性が高いと考える。

(81) 大谷宏治「遠江・駿河における古墳時代後期の階層構造」『静岡県埋蔵文化財調査研究所　研究紀要』第七号　二〇〇〇年

挿図出典

図1－1・2・4・12・13は、筆者作成。

3は、註（2）文献掲載図をトレース。

5は、註（17）文献掲載図をトレース。

6・10・11は、註（1）文献掲載図をトレース。

7は、註（19）文献掲載図をトレース。

8は、註（31）文献掲載図をトレース。

9は、註（24）文献掲載図に加筆修正。

14は、註（33）文献掲載図を大幅に修正。

図2は、註（19）文献掲載図を編集。

図3は、註（28）中村弘ほか文献掲載図を引用。

補記

脱稿後、穂積裕昌氏より、伊勢神宮徴古館に保管されている三重県度会郡玉城町佐田山三号墳出土の無台鋺が報告（前川嘉宏「第二編第一章第四節　古墳時代」『三重県玉城町史　上巻』一九九五年）されていることをご教示頂いた。古墳の形態、規模は不明とされる。

「大壁建物」再考

青柳泰介

一　はじめに

筆者は奈良県御所市所在の南郷遺跡群の発掘調査に四年間従事し、南郷岩下遺跡、井戸大田台遺跡で六世紀代の「大壁建物」四棟を発掘する機会に恵まれた。その際に、類例の多い滋賀県大津市北部の穴太遺跡群（六世紀後半～七世紀前半代）例を参考にして調査を進めたが、そこで復原されていた構築方法とは違った方法で建てられていることが分かったので、類例を検討し前稿を草した（青柳泰介二〇〇二、以下、前稿と称す）。前稿以降、飛鳥南部の檜前地域に該当すると思われる奈良県高市郡高取町の清水谷遺跡の調査成果や、花田勝広氏の最新の研究成果も公表された（花田勝広二〇〇二）ので、改めて前稿に手を加えてみた。

筆者は南郷遺跡群の調査を通じて、渡来人について考える機会をもった。特に、従来はその存在の重要な指標として韓式系土器が挙げられてきたが、研究が深化するにつれてそれ単独で判断するのは困難になってきた。その中で、花田氏は早い段階から遺構と遺物を絡めた総合的な研究を展開してこられた。その最大の成果は先述の穴太遺跡群において墓域と集落域の相関関係を明らかにされたことだろう（花田勝広一九九三）。その中で集落域の核となる「大壁建物」は渡来人認定の重要な指標であると強調されている。筆者も同種遺構の調査を通じて、その構築方法の特殊性を目のあたりにした。しかも、韓式系土器のように普遍的にはみられず、かつ真似の難しい工法をとり、更に日本列島では根づかないので、渡来人を認定する際には有効かつ重要な指標であると判断できた。よって、公表例を中心として分析し、筆者が将来的に行なおうとしている渡来人の具体像や、首長層（古代豪族）の勢力基盤の具体像を構築する際の布石と位置づけて本稿を草したい。なお、前稿で研究史および個別具体例については詳述したので、本稿ではその大部分を省略する。また、前稿とは構築方法および類型化に関して変更を加えた。

二　研究の現状

本稿で取り上げる「大壁建物」は研究者によって名称が様々である。筆者はこの種の遺構は様々な屋根形式を含む可能性があり、住居以外の用途も考えられるので、標題の名称を採用した。なお、「大壁」とは、基本的には柱が土壁に塗りこめられて外からは見えない構造のことを指す（坂田泉一九七二）。また、一番類例の多い滋賀県大津市北部の例は未報告の遺跡が多く、かつ研究者間での遺跡の名称も一定していないので、本稿では花田氏の研究を基にして、それらを穴太遺跡群と仮称して包括し、氏の提唱する遺跡名および地区名に依拠したい（花田勝広二〇〇〇）。なお、各部名称については図一を参照していただきたい。また、本稿ではいわゆる「平地式建物」（大阪府教育委員会一九九二ほか）や家形埴輪（石野博信一九九四ほか）は分析対象から外した。

まず、一九七一年に穴太遺跡群穴太南遺跡ＶＤなどの調査が実施され、そこで三基の性格不明の「囲溝」を検出した。その後類例が相次ぎ、一九八二年に滋賀里遺跡見世A地区の同種遺構の調査例を踏まえて、松浦俊和氏がそれらを「方形周溝状遺構」と総括して類型化を試みた（松浦俊和一九八二）。なお、性格については不明とされたが、筆者は事実報告文と遺構断面図とを重視したい。即ち、主柱穴などが溝埋土を切っているという事実をである。

一九八二年に転機が訪れる。穴太遺跡群穴太遺跡A地区BPで、良好な状態で同種遺構が確認されたので、はじめて考古学者と建築史学者が協議し、それを「切妻大壁造り住居」と命名した。これを受けて、林博通氏、宮本長二郎氏がそれぞれ同種遺構に考察を加えた（林博通ほか一九八三、林博通一九九七、宮本長二郎一九八七）。これ以降、この種の遺構は韓半島系渡来人の関係した建物という認識にいたり、その構造論も含めて、その後の研究に大きな影響を及ぼす。

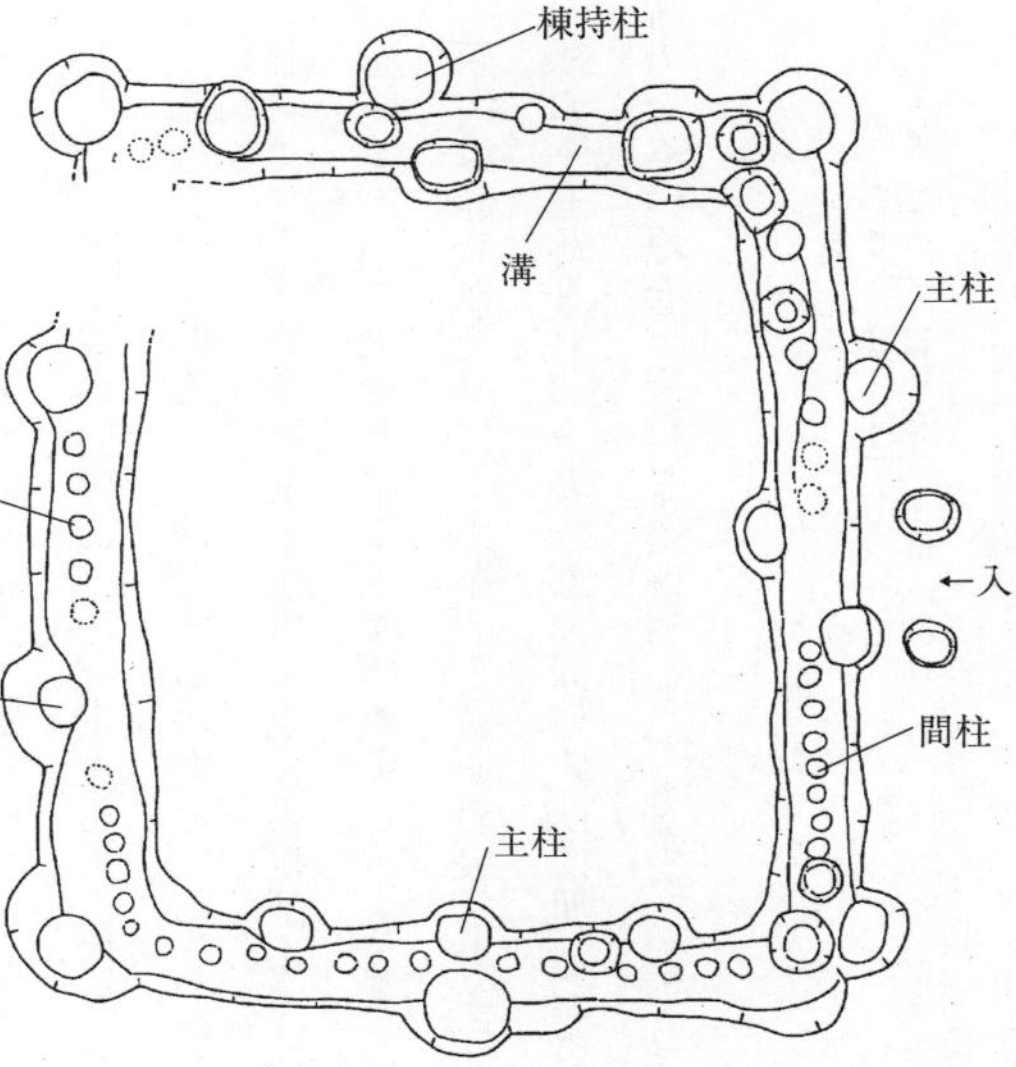

図１　各部名称

　その後、先述したような花田氏の一連の研究が展開する（花田勝広一九九三、一九九五、二〇〇〇、二〇〇二）。その間類例は穴太遺跡群内だけに留まらず、各地で確認されるようになる。筆者も調査の機会に恵まれた。また、そのルーツとされる韓国でも類例が確認されるようになった（定森秀夫一九九六）。

　ここで林氏の「大壁造り建物」の構築方法についてまとめておきたい（林博通一九九七）。二種ある。

Ａタイプ（棟持柱の有無で一タイプと二タイプに細分）…溝掘削→柱を溝に突き刺す→溝埋め戻し→床構築→柱間に木舞を渡し、両側からスサ入り粘土を厚く塗って大壁とする（→草葺き屋根）。韓国の艇止山遺跡例はこの類型のようだ。ただし、そこでは溝の内外に柱が突出するように配置されているので、大壁構造になるのか疑問を呈しておられる。また、床は粘土を貼って土間とする場合と、「ころばし根太」を渡して板間にする場合とがあるようだ。

Ｂタイプ…浅い溝掘削→溝底に主柱穴掘削→主柱設置→主柱間に間柱設置→木舞を渡してその両側からスサ入り粘土を厚く塗って大壁とする→溝埋め戻し（→草葺き屋根）。韓国の公山城例はこの類型のようだ。

筆者は調査例を基に、溝掘削→溝埋め戻し→主柱穴掘削→主柱設置→間柱設置と想定した。不確定要素は多いが、南郷岩下遺跡ＳＢ〇一の一部で間柱穴が溝埋土および主柱穴を切っている状況を確認したからである。なお、間柱は掘方をもつ場合（南郷岩下遺跡例）と、もたない場合（井戸大田台遺跡例）とがあるようだ。

三　問題点

前稿で詳述した個別具体例については表一に簡単にまとめておいた。それも踏まえて、以下に問題点を列挙する。

①艇止山遺跡や南郷遺跡群例では溝の内外に突出する柱があるが、そこでは「大壁」構造は成り立つのか。
②この種の建物の構築方法は従来は二通りしか想定されていなかったが、果たしてそうなのか。
③従来の分類は類例の多い穴太遺跡群例を基準としてきたが、それでよいのか。
④この種の建物は集落の中でどういう位置にあるのか。
⑤この種の建物は周囲の遺構や遺物等から韓半島に由来する可能性が高いが、どの地域の系譜に連なるのか。

先に結論を述べれば、これらの課題の殆どは未解明のままである。ただし、近年の韓国での三国時代（特に百済地域）の集落の調査例の増加には目覚しいものがあり、今後かなりの確率でこの種の遺構に遭遇する機会が増えると思われる。また、日本においても重要な類例が徐々にだが増えている。よって、ここで現段階の見解をまとめておくことは無駄な作業ではないと考える。なお、壁材の検出例は現状で二例しかないので、その究明も急務となっている。以下、類型化および集落の中での位置付けを行ない、今後の課題と展望を述べたい。

四　類型化

現状で日韓あわせて四七遺跡一〇三例が確認されているようだ。時期は五世紀〜八世紀にわたり、分布は近畿地方を中心とし、東は愛知県、長野県、西は鳥取県、大分県の九府県におよぶ。しかし、その大半は六世紀後半〜七世紀前半の滋賀県にある。なお、韓国では現状では五世紀後葉〜七世紀前半の忠清南道公州、扶余周辺に限られる。ここでは、確実な例を中心として取り上げることにする。

1　名　称

ここで、図一で本稿で頻繁に使用する各部名称を確認しておく。壁の下部構造を構成するのは、溝、主柱、間柱である。溝は平面形が長方形もしくは正方形を呈し、断面形は概ね逆台形である。全周する場合と陸橋部をもうける場合とがある。後者はそのまま入口になるが、前者は柱の間隔をあけて入口とするようだ。主柱は基本的には屋根を支える役目を果たしたと考えられ、間柱よりも概ね大きい。間柱は基本的には土壁の下地となる木舞を固定する役割を

表1　「大壁建物」一覧表　　凡例：「遺跡内での位置」　A：単独、B：最大、C：中～上位

番号	遺跡名	所在地	遺構名	平面形	規模（単位：m）	時　期	分類	棟持柱	杭状柱	遺跡内での位置	渡来系遺物	文献	備　考
1	南郷柳原	奈良	SD01	長方形	7.0×9.7以上	第1段階	A-1	○		A	鉄滓	1	
2	南郷井柄	奈良	大壁住居	長方形	11.2×5.0	第2段階	A-2	○		B		2	佐田遺跡南郷第2地区
3	南郷生家	奈良	SD01・02	正方形？	8.0×4以上		A-2？			B？		1	2棟が切りあう？
4	佐田(釉ノ木)	奈良	SB18		8.2×5.2以上	第2段階	A-2			B		3	
5	南郷岩下	奈良	SB01	正方形	6.9×6.6	第2段階	A-1	○		A	鉄滓	4	南郷安田第3地区、土間
6	南郷岩下	奈良	SB02		6.5×3.5以上	第3段階	A-1	○		A		4	南郷安田第3地区
7	井戸大田台	奈良	大壁住居01	正方形	6.0×5.5	第2段階	B-2		○	C		5	
8	井戸大田台	奈良	大壁住居02		5.8×3以上	第3段階	B-2		○	C		5	
9	大園	大阪	方形周溝状遺構	正方形	7.8×7.2	第2段階	A-1？			B		6	
10	森垣外	京都	大壁住居跡639	正方形	9.0×9.0	第2段階	B-1？			B？	陶質土器	7	土間
11	夏谷	鳥取	1号大壁住居状遺構	正方形	12.2×12.0	第2段階	B-2？		○？	B	移動式竈	8	
12	上の城	長野	掘立柱建物址	長方形	7.6×5.9	第2～3段階	B-1？			C		9	
13	寒鳳	兵庫	SB40	長方形	7.0×4.9	第3段階	C-1？			C		10	
14	寒鳳	兵庫	SB41	正方形	4.0×3.9	第3段階	C-1？			C		10	SB40を切る
15	櫟本高塚	奈良	掘立柱建物跡1・2	正方形	4.2×3.9	第3段階	A-2	○？		C		11	
16	穴太南VD	滋賀	2号囲溝	正方形	8.0×8.0	第3段階				B		12	
17	穴太南VD	滋賀	4号囲溝	正方形	8.0×8.0	第3段階				B		12	
18	滋賀里VA	滋賀	18号囲溝	正方形	8.0×8.0	第3段階			○	B		12	
19	南滋賀	滋賀	方形周溝遺構	正方形	7.0×7.0	第3段階			○	A？		13	
20	穴太下大門	滋賀	方形周溝状遺構	正方形	8.2×8.2	第3段階	A-2？	○？		B		14	
21	滋賀里見世A	滋賀	SX 2		9.4×5.5以上	第3段階	B-2	○	○	B		15	
22	滋賀里見世D	滋賀	SB 6	正方形	8.5×8.5	第3段階	C-2	○	○			16	
23	穴太A地区BP	滋賀	第2遺構面大壁造り建物-1	正方形	6.4×6.0	第3段階	B-1			C		17	林Bタイプ
24	穴太A地区BP	滋賀	第2遺構面大壁造り建物-2	長方形	7.5×6.4	第3段階	B-1			C		17	1号を拡張、林Bタイプ
25	穴太A地区BP	滋賀	第2遺構面大壁造り建物-3	正方形	7.4×7.0	第3段階	B-1？			C		17	2号を建替え
26	穴太A地区BP	滋賀	第2遺構面大壁造り建物-4			第3段階	B-1？			C		17	3号を建替え
27	穴太A地区BP	滋賀	第1遺構面大壁造り建物-1	長方形	8.6×7.2	第3段階	C-1？	○	○	B		17	土間、木舞、壁材
28	穴太A地区BP	滋賀	第1遺構面大壁造り建物-2	長方形	8.6×7.2	第3段階	C-1	○	○	B		17	土間、板間、1号を建替え、林A－1タイプ
29	穴太A地区BP	滋賀	第1遺構面大壁造り建物-3	正方形	8.0×8.0	第3段階	C-1？		○	B		17	土間、2号を建替え
30	穴太A地区BP	滋賀	第1遺構面大壁造り建物-4	正方形	7.0×7.0	第3段階	C-1？		○	B		17	土間、林A－2タイプ
31	穴太弥生町	滋賀	SB 1	正方形	7.5×7.5	第3段階	C-2	○	○	C		18	オンドル？
32	大谷南	滋賀	SB 1	正方形？	7.5×7.1以上	第3段階	C-2？	○	○	B		19	
33	滋賀里南生水	滋賀	SB 6	長方形	10.0×8.0	第3段階	C-1		○	C		20	林A－2タイプ
34	滋賀里南生水	滋賀	SB 7	正方形	10.0×10.0	第3段階	C-2	○？	○	C		20	林A－1タイプ
35	木曽	滋賀	SB0401	長方形	7.6×6.1	第3段階	C-1			C		21	
36	木曽	滋賀	SB0501	長方形	7.0×5.4	第3段階	C-1			C		21	
37	なまず	滋賀	SH-3	正方形	5.6×5.5	第3段階	C-1	○	○			22	竈、壁材？

38	矢迫	愛知	大壁住居１	長方形	8.0×8.2以上	第３段階	B-2		○	B		23	
39	矢迫	愛知	大壁住居２	長方形	10.0×7.5	第３段階	B-2		○	B		23	大壁住居３を切る
40	矢迫	愛知	大壁住居３	長方形	10.0×5.9	第３段階	B-2		○	B		23	
41	光相寺	滋賀	大壁造り建物	長方形	6.7×8.1以上	第４段階	C-1					24	間仕切りあり？、壁材？
42	公山城	韓国	百済掘建式建物址１	正方形	6.8×6.6	第２段階	A-2	○？		C		25	２棟が切りあう？、林Bタイプ
43	艇止山	韓国	１号大壁建物址	長方形	8.2×7.0	第２段階	A-1	○		C		26	林Aタイプ
44	艇止山	韓国	２号大壁建物址	長方形	6.2×5.2	第２段階	A-1			C		26	林Aタイプ
45	艇止山	韓国	３号大壁建物址	正方形	7.0×6.6	第２段階	A-1			C		26	林Aタイプ
46	艇止山	韓国	４号大壁建物址		8.4×5.2以上	第２段階	A-1	○？		C		26	林Aタイプ
47	艇止山	韓国	５号大壁建物址		6.1×3以上	第２段階	A-1			C		26	林Aタイプ
48	艇止山	韓国	６号大壁建物址		6.9×4以上	第２段階	A-2	○？		C		26	林Aタイプ
49	艇止山	韓国	７号大壁建物址	長方形	6.6×4.0	第２段階	A-2			C		26	林Aタイプ
50	安永里（３棟）	韓国	大壁建物址１～３			第２段階	A-2	○？		B		27	うち２棟は切りあう
51	西羅城	韓国	S－４－１	正方形	5.3×5.2	第３段階	B-1？			B		28	鉄製竈枠
52	西羅城	韓国	S－４－２	正方形	4.3×4.2	第３段階	B-1？			B		28	S－4－1を建替え

表１文献

1．坂靖ほか1996『南郷遺跡群Ⅰ』奈良県史跡名勝天然記念物調査報告第69冊
2．坂靖1994「佐田遺跡（南郷・井戸地区）」『奈良県遺跡調査概報』1993年度
3．佐々木好直ほか1999『南郷遺跡群Ⅱ』奈良県史跡名勝天然記念物調査報告第73冊
4．青柳泰介1996「井戸遺跡・南郷安田遺跡発掘調査概報」『奈良県遺跡調査概報』1995年度
5．青柳泰介ほか1998「南郷遺跡群（南郷岩田・南郷鍋田・井戸大田台・南郷田鶴・佐田柚ノ木地区）発掘調査概報」『奈良県遺跡調査概報』1997年度
6．広瀬和雄1976「大園遺跡発掘調査概報」『大阪府調査概要』1975年度
7．小池寛1998「森垣外遺跡第２次調査」『京都府遺跡調査概報』第86冊
8．森下哲哉ほか1996『夏谷遺跡発掘調査報告書』倉吉市文化財調査報告書第84集
9．青木幸男1982「上の城遺跡」『長野県史』考古資料編
10．神戸市教育委員会1999「寒鳳遺跡第２次調査」『平成８年度神戸市埋蔵文化財年報』
11．池田保信1989『櫟本高塚遺跡発掘調査報告』櫟本高塚遺跡発掘調査団
12．田辺昭三編1973『湖西線関係遺跡発掘調査報告書』滋賀県教育委員会
13．西田弘1974『畑尻遺跡』大津市文化財調査報告書（1）
14．佐藤宗諄1975『穴太下大門遺跡』大津市文化財調査報告書（3）
15．松浦俊和1982「滋賀里遺跡－見世二丁目字馬舺139－１，５－発掘調査報告」『滋賀里・穴太地区遺跡群発掘調査報告書Ⅱ』大津市埋蔵文化財調査報告書（5）
16．栗本政志1994「滋賀里遺跡」『埋蔵文化財調査集報Ⅲ』大津市埋蔵文化財調査報告書（23）
17．林博通・仲川靖ほか1997『穴太遺跡発掘調査報告書Ⅱ』一般国道161号（西大津バイパス）建設に伴う発掘調査報告書、滋賀県教育委員会ほか
18．青山均1994『穴太遺跡（弥生町地区）発掘調査報告書』大津市埋蔵文化財調査報告書（15）
19．福田敬1994『大谷南遺跡発掘調査報告書』大津市埋蔵文化財調査報告書（24）
20．栗本政志1994『滋賀里遺跡発掘調査報告書』大津市埋蔵文化財調査報告書（26）
21．北村圭弘1996『木曽遺跡－犬上郡多賀町木曽・中川原－』ほ場整備関係遺跡発掘調査報告書ＸＸⅢ－２、滋賀県教育委員会ほか
22．喜多貞裕1996『第３次なまず遺跡発掘調査報告書』愛知川町埋蔵文化財発掘調査報告書第６集
23．鈴木正貴1998「矢迫遺跡」『年報平成９年度』（財）愛知県埋蔵文化財センター
24．中主町教育委員会1999「「大壁造り建物」が検出される中主町光相寺遺跡」『滋賀埋文ニュース』第232号、滋賀県埋蔵文化財センター
25．公州大学校博物館1992『公山城建物址』
26．国立公州博物館1999『艇止山』
27．(財)忠清埋蔵文化財研究院1999『公州安永里遺蹟』
28．姜秉權・金起範2000「扶余東羅城・西羅城発掘調査概報」『湖西考古学』第３輯

果たしたと考えられる。なお、床については粘土を用いて土間としたり、「ころばし根太」を用いて板間とする場合があるようだが、検出されるのは稀である。同様に、木舞や土壁などの上部構造材も検出されることはほとんどない。屋根についても屋根材が確認された例は皆無であるが、棟持柱の有無で屋根形式を想定できる。それが存在すれば切妻造、存在しなければ寄棟造が概ね想定される。

2　類型化

「大壁建物」は大きく三つに分類することができる。ただし、本来ならば建築技法および建築構造を踏まえた分類が好ましいのだろうが、上述したように、余りにもそれらを推測する情報が少ないので、ここでは平面形および断面形を重視し、それに断片的に判明している技法的要素や構造的要素を加味したい。なお、構築方法は不確定要素が多いので、あくまでも現状での見解であることを予め断っておく。

A類…従来の分類では取り上げられなかったものである。基本的には主柱穴が溝の内外に突出し、棟持柱をもつ例が多い。構築方法は溝掘削→溝埋め戻し→主柱穴掘削→主柱設置→間柱穴掘削→間柱設置。南郷柳原遺跡例の西辺部で主柱穴が溝を切る状況、先述した南郷岩下遺跡ＳＢ〇一の状況、櫟本高塚遺跡例の主柱（掘立柱建物一）、間柱（同二）ともに掘方をもち、前者が後者に切られる状況より判断。二種に分ける。

1類は二～三重の柱列により構成される。類例は南郷柳原遺跡例、南郷岩下遺跡例、艇止山遺跡一～五号大壁建物址などであり、時期は五世紀前半～六世紀後半におよぶ。大園遺跡例もこれに含められるか。

2類は一重の柱列により構成される。類例は南郷井柄遺跡例、佐田（柚ノ木）遺跡例、櫟本高塚遺跡例、公山城例、艇止山遺跡六・七号大壁建物址、安永里遺跡例などにみられ、時期は五世紀後半～六世紀後半におよぶ。なお、南郷

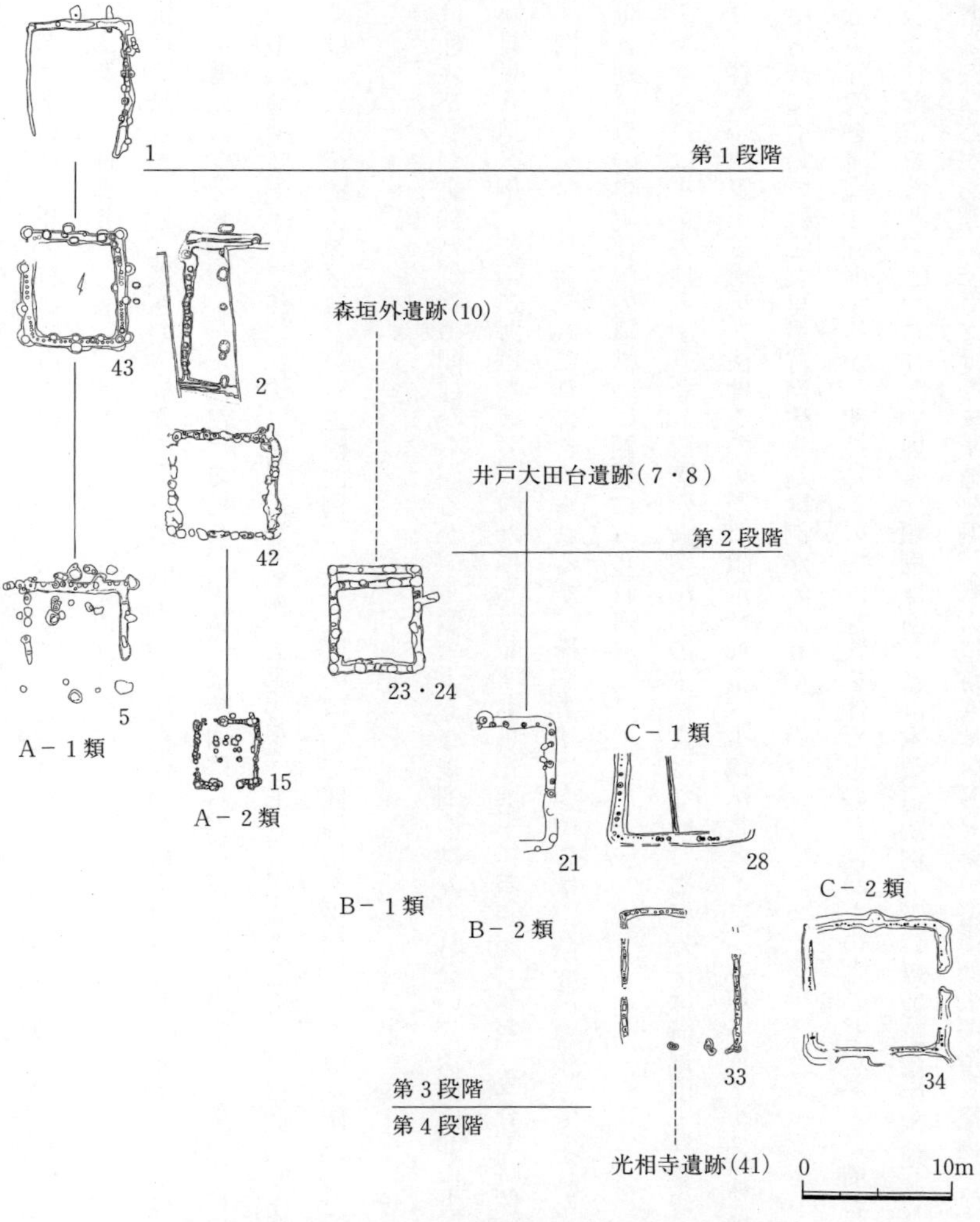

図2　形式変遷図（S=1/625）〈番号は表1の番号と対応〉

生家遺跡例（時期不詳）、穴太遺跡下大門地区例（七世紀前半）もこれに含められるかもしれない。

B類…基本的には一重の柱列よりなり、溝から突出する主柱穴はなく、棟持柱をもつ例は少ない。構築方法はA類と同じである。二種あり。

1類はほぼ同じ大きさ、深さの主柱穴で構成され、主柱と間柱が交互に配置される。確実な類例は穴太遺跡A地区BP第二遺構面大壁造り建物－一・二だけであり、現状では時期は六世紀後半に該当する。なお、森垣外遺跡例（五世紀後半）、上の城遺跡例（六世紀代）、扶余・西羅城遺跡例（六世紀後半～七世紀前半）などもこれに該当しようか。構築方法については、穴太遺跡A地区BP第二遺構面例で主柱穴間の溝底で間柱用の礎板を二ヶ所で確認したことが注目される。

2類は柱穴をもつ主柱と杭状の間柱からなるが、1類のような規則性はみられない。類例は井戸大田台遺跡例、滋賀里遺跡見世A地区例、矢迫遺跡例などで、時期は六世紀～七世紀前半におよぶ。なお、夏谷遺跡例（五世紀後半）、南滋賀遺跡例（六世紀末～七世紀初）もこれに含められるか。構築方法については、「研究の現状」でふれたように、滋賀里遺跡見世A地区例の事実報告の遺構図に顕著にみられる。

C類…基本的には一重の柱列よりなり、溝から突出する主柱穴はない。構築方法は溝掘削→柱設置→溝埋め戻し。二種あり。林氏の想定する構築方法はこの類型に限定される。1類はBタイプ、2類はAタイプ（林博通一九九七）。なお、構築方法については滋賀里遺跡南生水地区例が分かりやすい。

1類は主柱穴を溝底で掘削するが、間柱については柱穴を伴うものと伴わないものとがある。前者の方が、B－1類のような柱配置をとり、きっちりしている。類例は前者には木曽遺跡例、滋賀里遺跡南生水地区SB六（六世紀末）、光相寺遺跡例などがあり、後者にはなまず遺跡例、穴太遺跡A地区BP第一遺構面大壁造り建物－二・三などが挙げられ、時期は六世紀後半〜八世紀におよぶ。なお、寒鳳遺跡例は前者に、穴太遺跡A地区BP第一遺構面大壁造り建物−一・四は後者に含められるかもしれない。棟持柱を伴わない場合が多い。

2類は柱のほとんどが杭状を呈し、従来の「大壁建物」の典型例である。類例は滋賀里遺跡見世D地区例、穴太遺跡弥生町地区例、滋賀里遺跡南生水地区SB七（七世紀初）などが挙げられ、時期は六世紀後半〜七世紀前半におよぶ。なお、大谷南遺跡例もこれに含められるかもしれない。棟持柱を伴う場合が多い。

このように、似たような平面構造を呈していても、それらの構築方法は単純ではなく、部分的な観察のみではその共通の要素と固有の要素との識別が困難であることが分かった。今後は、平面・断面を交互に検証しながら、慎重に調査を進めねばならないと思われる。また、以上みてきたように、従来の穴太遺跡群をモデルとした単純な構築方法だけではないことも分かり、穴太遺跡A地区BP例は林氏の分類とは違った構築方法をとる可能性が高い。

3　変遷と画期

さて、以上に分類したものを時間を追ってみていきたい。

第一段階（五世紀前半）…A−1類の南郷柳原遺跡例のみ。

第二段階（五世紀後半〜六世紀前半）…A−2類、B類が加わる。A−1類の南郷岩下遺跡SB〇一、艇止山遺跡一〜五号、A−2類の南郷井柄遺跡、公山城例、艇止山遺跡六・七号、B類の井戸大田台遺跡大壁住居〇一など。

第三段階（六世紀後半〜七世紀前半）…C類が加わる。A−1類の南郷岩下遺跡SB〇二、A−2類の櫟本高塚遺跡例、B−1類の穴太遺跡A地区BP第二遺構面一・二号、B−2類の井戸大田台遺跡大壁住居〇二、滋賀里遺跡見世A地区例、C−1類の滋賀里遺跡南生水地区SB六、C−2類の滋賀里遺跡南生水地区SB七など。

第四段階（七世紀後半～八世紀）…Ｃ－１類の光相寺遺跡例のみ。

なお、現状では日本の南郷柳原遺跡例が最も古いが、この種の建物は日本の建築伝統にはのらない特殊なものであり、南郷岩下遺跡例と綎止山遺跡例との平面形態などの類似性を考慮すると、将来的には韓国でもっと古い例が確認される可能性は非常に高いと思われる。

また、大きくみると、平面形態では柱穴が溝よりも突出するもの（Ａ類）から、突出せずにその中に収まるもの（Ｂ、Ｃ類）へとシフトしていくという傾向が読みとれる。構築方法でも、複雑な構築過程を経る方法（Ａ、Ｂ類）から溝埋め戻しを最後にする方法（Ｃ類）へと徐々に変化し、柱穴についても掘削するもの（Ａ、Ｂ－１類）からしないもの（Ｃ－２類）へと徐々に変化するという、簡略化の流れを追える。

よって、穴太遺跡群例だけでは「大壁建物」の系譜は把握できないといえる。類例はまだ少ない（特に、五世紀代の良好な例）が、幸いに南郷遺跡群では第一段階～第三段階にかけて連綿とみられ、Ａ－１、Ａ－２、Ｂ－２類と種類も豊富でその変遷過程も追えるので、穴太遺跡群と合わせて分析を進めれば、より豊かな成果を期待できそうである。

また、上述したように、日本列島ではＡ→Ｃ類という漸移的な変化過程が追えたが、韓半島ではまだ確認できない。今後、両地域でその変化過程を把握できれば、渡来現象を考える上で重要な根拠とできよう。なお、両地域とも五世紀代にはＡ類が共通してみられる。

なお、最大の画期は類例の大半が所属する穴太遺跡群が最盛期を迎える第三段階である。また、それは構造や構築方法の変化（Ｃ類の登場）からも支持できそうである。

五　集落内での位置関係

集落内で「大壁建物」がどういう位置にあるかを代表的な遺跡で見ていきたい。既に花田氏が他の建物とセットで存在する場合が多いと指摘している（花田勝広二〇〇〇など）ので、ここではそれらの位置関係などに焦点を絞る。

1　日本

a　南郷遺跡群

奈良盆地西南部に位置する古墳時代の大集落である。その最盛期の五世紀代には約一㎞四方の範囲を占めた。注目されるのは、この遺跡群が形成される前の四世紀代にはほとんど未開の土地であったことである。周囲の大型遺跡も室宮山古墳（全長二〇〇m以上、五世紀初）や巨勢山古墳群（群集墳、五〜七世紀）などいずれも五世紀代以降に出現する。また、この周辺は文献や考古学のデータより、古代豪族葛城氏の本拠地であった可能性が高い。本遺跡群も文献に登場する韓半島系渡来人を住まわせたという葛城四邑の一つと目されている（坂靖ほか二〇〇〇）。付近は紀ノ川流域と大和川流域とを結ぶ南北ルートと大阪府南部と奈良県桜井市とを結ぶ東西ルートとの交差点であり、交通の要衝である。この遺跡群は大きく五つのブロックに分かれる。竪穴式住居を中心とする一般層居住区（主に集落の北部に分布）、「大壁建物」や掘立柱建物を中心とする「中間層」居住区（主に集落の中心部に分布）、様々なものを生産していた総合工房（集落の西南端）、流通拠点となる大型倉庫群（集落の西南端）、五世紀代の日本最大の掘立柱建物と導水施設より成る「祭祀」儀礼区（集落の南部）などに分かれる。また、東北端の多田遺跡では石貼の濠が長方形にめぐっており、首長居館としては面積的に遜色ないが、内部構造が不明確である。墓については合口式甕棺墓が居住域の縁辺部にあるが、身分の高い人は隣の巨勢山古墳群に葬られた可能性がある。なお、農業生産に関する考古学的なデータはないが、東北方の安定した平地にもとめられる可能性はある。

「大壁建物」の集落内における位置関係をみていくと、五世紀前半代の南郷柳原遺跡例は「中間層」居住区内にあって石垣や湧水点の祭祀遺構を伴って単独で立地しており、六世紀代の南郷岩下遺跡例も同様に、「中間層」居住区内で単独で立地している。一方、五世紀後半代の南郷井柄遺跡例は「中間層」居住区内に、五世紀後半代の佐田（柚ノ木）遺跡例や六世紀代の井戸大田台遺跡例は一般層居住区内に位置し、同時期の竪穴式住居などよりも規模が大きいという傾向がある。以上より、ここでは単独で立地する場合と竪穴式住居群などとセットになるが規模で卓越する場合とがあることが分かった。なお、ここでは従来の典型例であったC類はみられない。

本遺跡群出土の特徴的な遺物は、韓式系土器、鉄滓、鞴羽口、砥石、馬歯、製塩土器、滑石製模造品、玉チップなどで、ほぼ万遍なく出土する。また、算盤玉形紡錘車、鋳造鉄斧、ミニチュア鉄斧なども少量出土している。このように、渡来人の居住していた証拠とされるものが多くみられ、かつ鍛冶生産の証拠も規模の差はあれ、ほぼ全域でみられる。ただし、その最盛期は集落の形成期の五世紀代で、六世紀代に入るとその割合は低くなるようである。なお、「大壁建物」そのものからの渡来系遺物は鉄滓の細片ぐらいである。

b　穴太遺跡群

滋賀県西南部の琵琶湖と比叡山に挟まれた狭小な平地部で、六世紀後半～七世紀前半に渡来人の痕跡が集中して確認された。「大壁建物」も四二棟も確認されており、今後も増えるものと思われる。これらの建物の分布域は大きく四

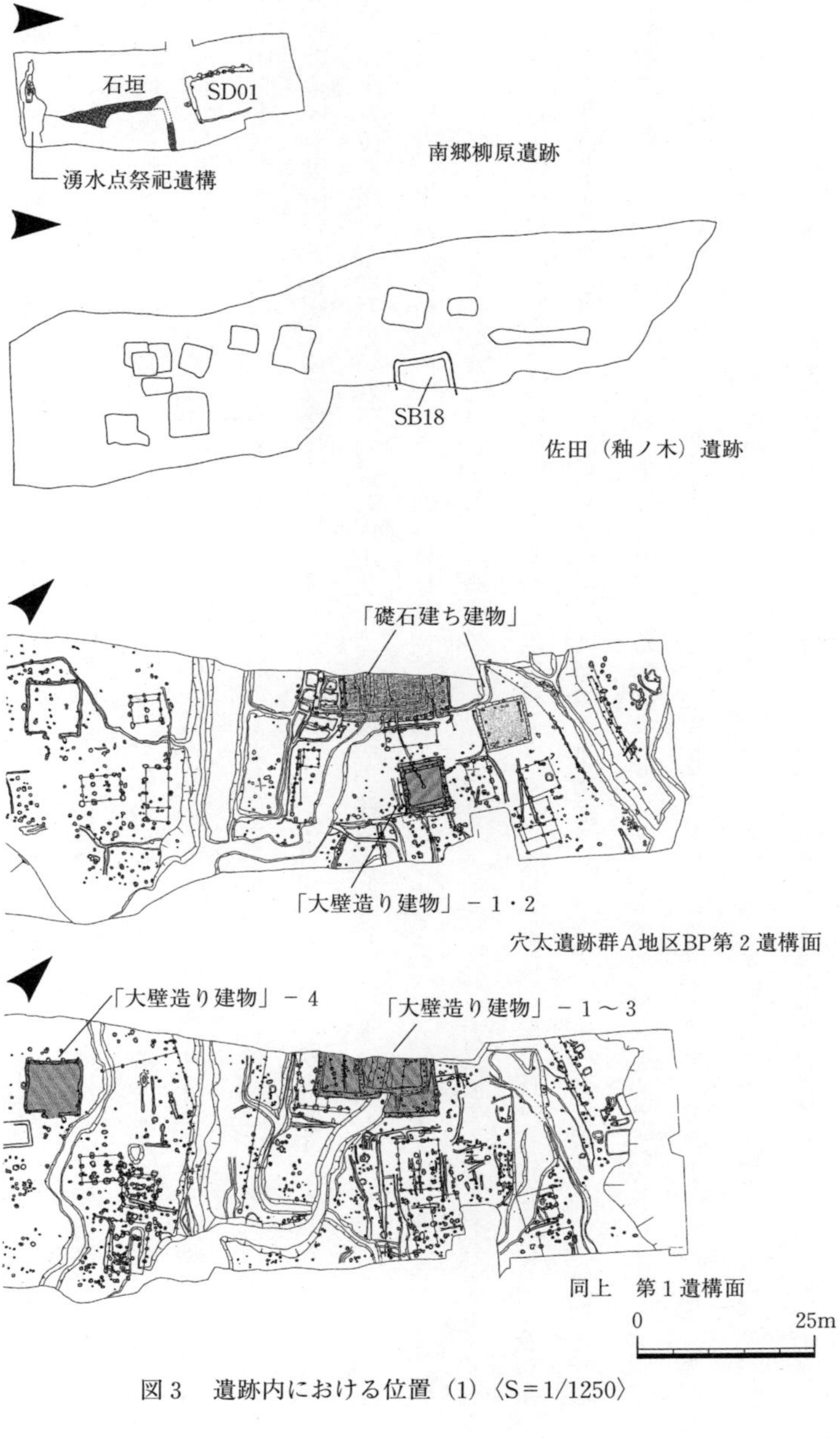

図３　遺跡内における位置（1）〈S＝1/1250〉

つに分けられる（坂本、穴太、滋賀里、南滋賀・北大津）。特異な横穴式石室をもちミニチュア炊飯具などを副葬する古墳群および初期古代寺院の分布もそれに符合するようだ（花田勝広一九九三）。なお、分布が集中するのは穴太、滋賀里地域であり、分布の少ない南滋賀・北大津地域では後に大津宮が造営される。

このように、六世紀〜七世紀前半代に渡来人が集住して居住域と墓域を形成した地域に、七世紀後半代に寺院が相次いで造営され、かつほぼ同時に古代日本の首都も大和から移転してきているので、この地域の重要性はかなり大きかったものと思われる。また、この地域は大きく四つのグループに分けられるので、四つの集団に整理が可能であり、その中でも穴太と滋賀里の集団が有力であったと思われる。なお、この地域では四世紀代までの遺跡は顕著にみられるものの、前段階の五世紀代の遺跡は少ない。また、「大壁建物」が集中するのは六世紀後半〜七世紀前半代であり、渡来人が集住を開始したと思われる六世紀前半代や古代寺院・大津宮が相次いで造営された七世紀後半代にはみられない。林氏は渡来人の倭政権の中での位置づけに起因するのではないかと考えている（林博通一九九七）。

このような地域に渡来人が集住する状況は南郷遺跡群と似ており、その背後に有力豪族の存在を想起させてくれる。なお、水野正好氏はその豪族を「和邇」氏と考え（水野正好一九七〇）、大橋信弥氏は蘇我氏と想定している（大橋信弥一九九五）。南郷遺跡群例と同様、ここでも「大壁建物」は周囲の建物よりも規模が大きく、各地点での中心建物となる可能性が考えられる。特に、穴太遺跡A地区ＢＰ第一遺構面で同じ場所に相次いで建替えられた三棟の大型建物にそれが顕著に現れていよう（例外として同第二遺構面例が挙げられ、そこでは「礎石建ち建物」よりも下位で中型クラスとなる）。ただし、それ単独で立地するものは現状ではない。なお、ここでは複数の「大壁建物」が同時に建っていたり（穴太遺跡A地区ＢＰなど）、「礎石建ち建物」（穴太遺跡A地区ＢＰ第二遺構面）やオンドル状施設（穴太遺跡弥生町地区）や隅柱のない正方形プランの掘立柱建物（滋賀里遺跡南生水地区）などの特異な建物と共伴したりしており、他ではみられない構成をとる。特に、

「礎石建ち建物」は当時では飛鳥寺などの寺院にしかみられない最先端の建物であり注目される。なお、本遺跡群ではA類はほとんどないので、従来はその存在を想定できなかった。

一方、ここからは顕著な渡来系遺物は出土していない。僅かに穴太遺跡A地区BP第二遺構面から土製移動式竈や硯などが出土するだけである。

c　その他

その他に、夏谷遺跡例と櫟本高塚遺跡例について簡単に触れておきたい。前者では不確定要素が多いものの、同時期に「礎石建物」が存在した可能性があり、後者では古代豪族のワニ氏の本拠地と目されている東大寺山丘陵上に立地し、かつ両者とも後述する韓国の類例と似たような位置関係になる可能性が指摘できるからである。

夏谷遺跡は、古代に伯耆国府（鳥取県倉吉市）が所在した平地部の、奥まったところの丘陵上にある五世紀後半代をピークとする集落である。南へひらく谷筋をはさんで西側の尾根筋にB地区、東側にC地区があり、前者には「大壁建物」を核とする竪穴式住居群があり、後者にはB地区に面した斜面に平坦地を造成した二×二間の小規模な「礎石建物」がある。なお、後者ではそれ以外に同時期の遺構はないようである。また、B地区とは小さな谷をはさんで北（E地区）と南（H地区）の二ヶ所に、箱式石棺を主体部とする同時期の円墳が数基存在するので、ここはB地区の集落を中心として南北のE・H地区に古墳、東のC地区に特殊な空間を設けている。特徴的な遺物としては、「工」字形琴柱形石製品（亀井正道氏の設定した室宮山古墳出土例を標式遺物とする宮山型に該当、亀井正道一九七三）、土製移動式竈、鉄器、砥石などが挙げられる。

櫟本高塚遺跡は、四世紀後半代の東大寺山古墳ののる丘陵端部の北西斜面に位置する、六世紀後半代の遺跡である。

斜面地に平坦面を造成して「大壁建物」を構築しており、その前面（南面）には空閑地をもうけている。平坦面北方の斜面地には土師器高杯のみを廃棄した場所があり、東方のやや安定した斜面地には竪穴式住居が二棟ある。これらの遺構は日常生活の痕跡が希薄であり、その特異な状況からも祭祀遺跡と目されている。なお、筆者は本例は先述した夏谷遺跡の「礎石建物」と位置関係が類似すると考える。すなわち、本例の位置する丘陵の北側の和爾丘陵西麓部に集落本体（和爾・森本遺跡第一次調査の谷周辺）があり、その北側に群集墳の寺山古墳群が展開する。その丘陵の南斜面には和爾坐赤阪比古神社が鎮座し、その周辺にワニ氏の本拠地が想定されている（岸俊男一九六六）。なお、この周辺では同時期の渡来系遺物はみられない。

以上より、南郷遺跡群「中間層」居住区例のような単独で存在するもの、同一般層居住区や穴太遺跡群例のような集落の核となるもの、夏谷遺跡の「礎石建物」や櫟本高塚遺跡の「大壁建物」のように、谷や川をはさんで集落本体と対峙する丘陵斜面地に平坦面を造成して特殊な在り方を呈すものなど、多様なありかたが分かった。類例が増えれば、更にケースが増えると思われる。また、類例の大半は集落内で「大壁建物」は同時には一棟しか存在しないが、穴太遺跡群では同時に複数棟存在するケースが目だつ。なお、「大壁建物」そのものから渡来系遺物が出土する例はほとんどない。また、周囲で鉄器（鍛冶）生産の痕跡がある場合が多い。

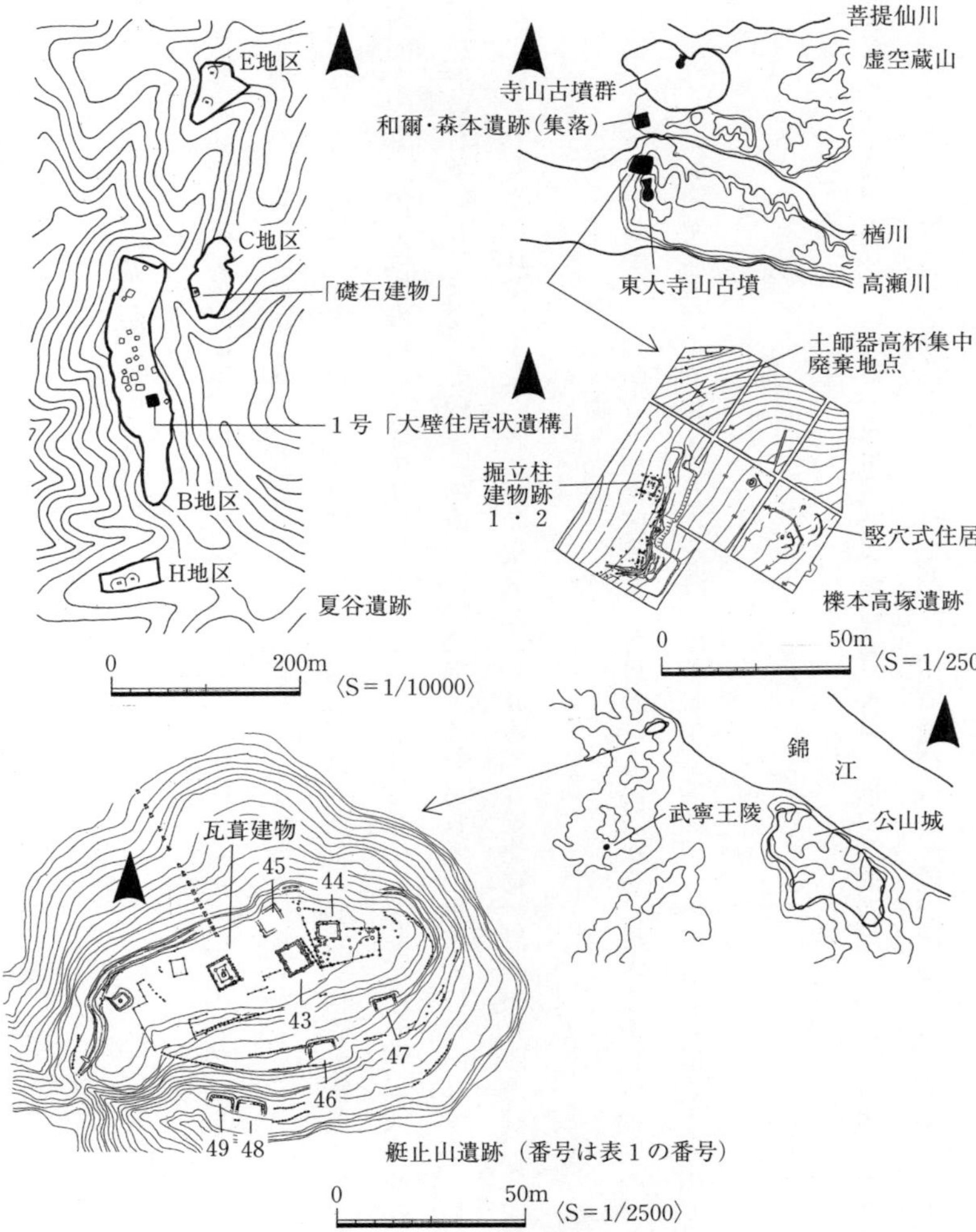

図4　遺跡内における位置（2）

2　韓国

a　公山城、艇止山遺跡

百済で二番目の都の熊津北端部には、現公州市街地をはさんで錦江を望んだ二つの丘陵があり、その東側の先端に公山城、西側の先端に艇止山遺跡がある。前者から「大壁建物」A－2類が一棟、後者からA－1類五棟、A－2類二棟が検出された。ただし、いずれも中心建物ではない。後者では、前代の竪穴式住居で構成された集落を撤去して、濠や柵で周囲を囲み、公山城側の斜面を雛壇状に造成して、瓦葺建物を中心としてそれと「大壁建物」などから成る特異な遺跡を形成している。また、その丘陵の南方には武寧王陵を含む宋山里古墳群が所在する。類似の状況は、規模が違うが、日本でもみられる。また、後者での複数棟より成る「大壁建物」群のありかたは、穴太遺跡群を考える際のヒントにもなる。

このように、百済の中心部の、しかも王権が関与したと思われる施設からは様々な情報が抽き出せそうであり、かつ日本での類例とは形態や構造だけでなく、その遺跡の中での位置関係についても、類似点が見出せそうである。

b　その他

類例は少ないが、公州市郊外にある安永里遺跡例や百済三番目の都の泗沘の縁辺部にある西羅城遺跡例では、小規模ながら「大壁建物」を核とした集落が形成されており、南郷遺跡群の一般層居住区例や穴太遺跡群例などと類似する。

六 まとめと課題

ここで、今まで述べてきたことを「問題点」で触れた項目を中心としてまとめ、今後の課題にも触れたい。まず、これらの建物を時間を追ってみていくと、主柱穴が突出するタイプからしないタイプへの移行がみてとれるので、実はこれらの建物は本来は「大壁」であったのではなく、頑丈な「土壁」であったのが時間的な変遷の中で「大壁」化したのではないかという見通しを得た。この見解が妥当ならば、「大壁建物」という名称も変更すべきであろう。本稿ではその意味も含めて「 」付きで表記した。今後の類例の増加を待って結論づけたい。しかし、ルーツとなるべき韓国での類例が少ないので、まだ流動的な部分が多いことは否めない。また、中国の新石器時代~漢代の中原地域でも大壁構造状の建物がみられるので、それらとの系譜関係が追えるようになると、そう単純には言い切れなくなる。

次に、実例を通していくつかの構築方法があることが分かり、かつ複雑な過程を経ているようなので、部分的な観察に頼ると構築方法の解明に支障をきたすことも分かった。今後は溝、主柱、間柱の構築過程が分かるような調査を実行することが望まれ、それが日韓双方で実行されれば、渡来人の実態に迫れるものと考える。

また、穴太遺跡群例だけでは「大壁建物」の実態には迫れないことも分かった。

集落の中での位置については、集落を構成する建物群のそれぞれの単位の中では中心を占める場合が多い(他の建物とセットになる場合と単独で存在する場合とがある)。多くは居住用と考えられるが、艇止山遺跡や櫟本高塚遺跡例のように、集落の縁辺部に位置して大規模な地業を行ない、かつ日常生活の痕跡がない場合は、何らかの儀礼に使われた可能性が考えられる。また、通常はこの種の建物は同時には一棟のみが存在する場合が多いが、穴太遺跡群や艇止山遺跡例などの政治的要因で形成された遺跡については、同時に複数棟存在する場合がある。これらのことは日韓双方で確認され、かつ類似点も多い。

日本列島におけるこれらの建物は韓半島のどの地域の系譜を引くのかについては今後も地道に追求していかなければならないが、最古の例である南郷遺跡群から出土する渡来系遺物（韓式系土器、ミニチュア鉄斧など）の系譜（安順天一九九六、朴淳撥一九九九、門田誠一一九九九）などより、韓半島西南部、即ち伽耶西部～馬韓～百済の地域をその候補に挙げておきたい。しかし、個人的には文献にみられる百済と倭の密接な関係や、現状での類例（形態や構造だけでなく、集落内での位置関係など）が百済の地域に限定されることなどから、百済との関係を強調したいが、資料が少ないので類例を待つしかない。

なお、「大壁建物」そのものから韓半島系遺物が出土するケースは少ない。五世紀代の例は周辺の遺構から出土するケースが多いが、六世紀代の例は周辺からもほとんど出土しないケースが多い。五世紀代に韓半島系文物が波状的に渡来して日本列島の生活パターンに急速に吸収されて、六世紀代の渡来人が韓半島の生活パターンを無理に導入しなくても済んだことや、それらを構築した人々が第二、三世代に属していた可能性があることなど、現状では多様な考えが提示できる。花田氏や林氏は硯や鉄滓などの先進的な遺物がその周囲で出土するケースが多いことを根拠としているようだ（花田勝広一九九三、林博通一九九七）。いずれこの問題は考究しなければならないであろう。

なお、渡来人と「大壁建物」との関係が確定すれば、今回は触れることができなかったが、大王や豪族（首長）と渡来人の関係および政治的事件と渡来人の関係についても考えられるようになるだろう。南郷遺跡群と葛城氏、和爾遺跡群（櫟本高塚遺跡など）とワニ氏、穴太遺跡群と蘇我氏などの関係が期待できるので、古代豪族の実態が不明な点が多い現状では、「大壁建物」はそれを解明する糸口となる可能性を秘めている。しかも、韓国の艇止山遺跡は百済の王権が関与した可能性があり、そのありかたとワニ氏との関与が考えられる和爾遺跡群でのありかたの類似性はその期待を膨らませてくれる。また、これも後日を期さねばならないが、日韓をめぐる当時の国際情勢と「大壁建物」のありかたは密接な関係があると思われるので、それも整理せねばならない。段階設定はそれも意識して設定した。すなわち、第一段階は韓半島では高句麗が百済などを圧迫する一方、日本列島では「倭の五王」の最盛期であり、日本最大級の前方後円墳が相次いで造営された段階である。第二段階は韓半島では百済の都漢城が高句麗によって陥落し、熊津、泗沘と遷都を繰り返しており、日本列島でもあらゆる点で変革期を迎えていた時期である。第三段階は韓半島では新羅が強盛となり百済と高句麗を圧迫しはじめ、中国に統一帝国が出現して東アジア全体に風雲急が告げられようとしており、日本列島でも古墳時代の体制から脱却しつつあった段階である。第四段階は韓半島では百済および高句麗が唐・新羅連合軍により滅亡し、日本列島では百済遺民を受け入れて唐・新羅連合軍と戦ったが敗北し、内戦を経て唐の律令を範とした古代国家が成立した段階である。

ところで、「大壁建物」の変遷での最大の画期は、穴太遺跡群が隆盛を迎えた第三段階である。また、多数の百済遺民を受け入れてからの第四段階の動向が不明であるが、それは彼らの移住先の近江国神崎郡や同蒲生郡の遺跡の調査事例の増加をまって考究すべきであろう。

以上、雑駁なまとめとなってしまったが、この種の建物が韓半島系渡来人を考える上で非常に重要かつ有効な指標となる可能性が高いということを強調するとともに、不確定要素の占める割合も大きいということを再度指摘しておきたい。なお、建築史学者との議論が穴太遺跡群の例を除いてほとんどないことも今後の課題であろう。特に、何故方形に溝を掘削するのかということについては、未だに解明されていない。

最後に、高取町教育委員会の木場幸弘氏には清水谷遺跡の調査時から資料の提供などいろいろと配慮していただきました。また、橿原考古学研究所の坂靖氏より櫟本高塚遺跡例が「大壁建物」ではないかとのご教示をいただきましたので分析することができました。同じく小栗明彦氏よりA類などの溝埋土が柱穴に切られてみえる現象は、溝掘削→中途まで埋め戻し→柱穴掘削→柱設置→溝埋め戻し→削平の結果生じた現象であり、中途まで埋め戻すことによって布掘りのように柱を固定させる役割を果たしたのではないかという指摘を受けました。三氏に謝意を表し、再考を約して結びとしたいと思います。

参考文献

青柳泰介　二〇〇二「「大壁建物」考」『百済研究』第三五輯
安順天　一九九六「小型鉄製模型農工具副葬の意義—大加耶古墳の埋葬儀礼と関連して—」『嶺南考古学』一八
石野博信　一九九四「家形埴輪の壁」『橿原考古学研究所論集』一一、吉川弘文館
大阪府教育委員会　一九九二『小阪遺跡』
大橋信弥　一九九五「近江における渡来氏族の研究－志賀漢人を中心にして」『青丘学術論集』第六集
亀井正道　一九七三「琴柱形石製品考」『東京国立博物館紀要』
岸俊男　一九六六「ワニ氏に関する基礎的考察」(『日本古代政治史研究』塙書房所収)
坂田泉　一九七二「家形埴輪にみられる建築形態について」『東北大学建築学報』第一四号
定森秀夫　一九九六「考古資料からみた日韓交流」『いにしえの渡りびと—近江・大和・河内の渡来人—』(財)滋賀県文化財保護協会設立二五周年記念・第七回埋蔵文化財調査研究会シンポジウム資料
朴淳撥　一九九九「百済の南遷と栄山江流域政治体の再編」『韓国の前方後円墳』忠南大学校百済研究所
花田勝広　一九九三「渡来人の集落と墓域」『考古学研究』第三九巻第四号
花田勝広　一九九五「渡来人の住居」『東大阪市文化財ニュース』Vol.六No.三
花田勝広　二〇〇〇「大壁建物と渡来人集落（上）」「同（下）」『古代文化』第五二巻第五・七号
花田勝広　二〇〇二「河内・大和・近江の渡来人—集住と移動—」『究班』Ⅱ—埋蔵文化財研究会二五周年記念論文集—
林博通ほか　一九八三「渡来系集団の集落跡」『滋賀文化財だより』七三、(財)滋賀県文化財保護協会
林博通　一九九七「「大壁造り建物」の発見・経緯・問題点」表一文献一七所収
坂靖ほか　二〇〇〇『南郷遺跡群Ⅳ』奈良県立橿原考古学研究所調査報告第七六冊
松浦俊和　一九八二「方形周溝状遺構の検討」表一文献一五所収
水野正好　一九七〇「滋賀郡所在の漢人系帰化氏族とその墓制」『滋賀県文化財調査報告』第四冊

宮本長二郎　一九八七「三国遺事と日韓建築交流」『三国遺事の綜合的検討』韓国精神文化学院第四回国際学術会議論文集
門田誠一　一九九九「古墳時代の鉄製模型農工具と渡来系集団」『史学論集―仏教大学文学部史学科創設三十周年記念―』

付記

脱稿後、中主町教育委員会二〇〇一『平成一一年度中主町内遺跡発掘調査年報』（表一No.四一）が刊行された。表一文献二四では八世紀代としていたが、ここでは七世紀後半代に遡らせている。他の内容も含めて、後日再検討したい。

藤ノ木古墳出土馬具の源流を辿る

勝部明生
鈴木　勉

一　はじめに

藤ノ木古墳出土金銅製馬具（以下「藤ノ木馬具」という）は、その出自について各方面から様々な見解が提示された。それは、六世紀の東アジアの文化と技術の有り様を明らかにしようとする作業でもあった。つまり、アジア全域の文化と技術の粋を集めたとも言える金銅製馬具が何処でどのような体制で作られ、最後に藤ノ木古墳に副葬されたのかを検討することが、少なくとも東アジアの文化や技術を背負った古代の人々の動きを明らかにすることに繋がるからである。

私達は、当馬具の出土以来の研究成果を『古代の技　藤ノ木古墳出土馬具は語る』として刊行し[1]、その前後にもいくつか論文を発表した[2]〜[7]。再現実験を繰り返して技術を明らかにすることの中で、同古墳石棺内から出土した円頭大刀（大刀2）の装具と藤ノ木馬具が同じ工人の手によって作られ、同時に馬具作りの工人集団と刀装具の工人集団などが協力したプロジェクト型技術移転の成果であることを明らかにした。そして、そうした生産体制で作られた馬具が列島内でしか出土していないという事実から、藤ノ木馬具の製作地を列島内と推定した。私達のこの論証に対する論理的な反論には未だ接していない。私達自身も、これを覆す資料に出会っていない。

そうした成果も、当馬具の発見当時、「七十年間さまざまな出土品を見てきたが、驚くべき発見といってもよい。図像文様の立体的な彫金技術は、馬具では初めて目にするものだ」との言葉を残された橿原考古学研究所初代所長末永雅雄先生、同じく「古代美術工芸の枠を結集している。一目見て息をのみ、立ちすくんでしまった」と発せられた第二代所長有光教一先生が示された藤ノ木馬具研究の大きな課題に応え得ているとはとても思えない。

私達は、藤ノ木馬具の発見以来、これを作り上げた文化と技術の源流を辿る研究も併せて進めてきた。その一部を以下にまとめてみた。藤ノ木馬具の技術と藤ノ木以前の金工技術との関連の有無を検討し、続いて藤ノ木馬具の図像文様とその文化背景の源流について再検討する。そうした作業によって、藤ノ木馬具の源流を探ろうとするものである。諸賢のご批判をお願いしたい。

二　藤ノ木馬具の技術的特色

(1)　鞍金具の線彫りと立体彫金技術

藤ノ木馬具の色々な技術的特色の中で、「毛彫り」による精緻な線彫りと[8]「鋤彫り」による図像文様の立体的表現を[9]先ず挙げたい。両技術が使われた彫金製品は朝鮮半島と列島内の五・六世紀では、藤ノ木馬具と珠城山三号墳出土杏葉・鏡板と神宮徴古館蔵金銅製杏葉および福岡県金隈古墳出土杏葉を挙げるのみである。

六世紀後半までの線彫りのほとんどは、三角形の打点を連続させ、それを目の錯覚によって一本の線に見せる「蹴り彫り」の技法[10]（切りくずが出ない）によっていた。ところが藤ノ木古墳の鞍金具には毛彫り鏨による〇・五㎜ピッチ（一㎝の間に二〇本）の線彫り（切りくずが出る）が見られ、しかもその線彫りで動・植物の様態の変化を表現するという高度な技法が駆使されている。

一方、図像文様の立体的表現については、杏葉や龍文飾金具などの金具類に薄肉彫りが施され、鞍金具には薄肉彫り、高肉彫りの両者が用いられている。すなわち、細やかな透彫りが施された薄い銅板（厚さ一・六㎜前後）を使った部分では、鋤彫りで文様周囲の不要な素材を削り取る「彫りくずし」による薄肉彫りとし、ダイナミックな鬼神などを表現する把手下海金具と磯金具および覆輪（共に素材の厚さ三㎜前後）では高肉彫りに作っている。これら高肉彫りの部品については鋳造製である可能性が高いと考えているが詳しくは再調査し報告したい。どちらにしても藤ノ木馬具は豊かな表現への欲求に従って、素材や金具部分の機能性、装飾性を十分に配慮して彫刻されていると言えよう。

（2）鞍金具の堤状連珠文・双連珠魚々子文

藤ノ木馬具の堤状連珠文は、海金具の亀甲繋ぎ文帯すべてに、また双連珠魚々子文（二列の堤状連珠文とその間に挟まれた魚々子文）は、海金具の上・下辺の縁に並んでいる。連珠の粒は〇・五㎜前後の大きさで一㎝の間に一六～二二個が並ぶ[11]。

この二つの連珠文は、朝鮮半島系大刀装具の責金具（図1）や環頭部分の装飾に使われていた文様である。細金細工の装身具と刀装具以外では藤ノ木馬具と神宮徴古館蔵金銅製杏葉だけに見られる文様で、これらの馬具が新しい生産体制（プロジェクトチーム型技術移転）で作られたことを伝えている。

さらに藤ノ木古墳からは魚々子文が凸に施文された「双連珠凸魚々子文」が発見されている。大変特殊な文様であるが、馬具の障泥縁金具や鞍金具把手端部、龍文飾金具などの中に見つかっている[12]（図2）。障泥縁金具の凸魚々子文は、魚々子鏨を裏から打ち込む一工程で出来るのではなく、丹念なさらい彫りを必要とするので、古代の工人が相当手間をかけていることが分かる。しかもこの文様は、藤ノ木古墳の調査以前は他に全く知られていないものであった[13]。

その後、石棺内出土円頭大刀（大刀2）の責金具（図3）によく似た双連珠凸魚々子文が見つかった。障泥の凸魚々子文と比べてみると、外円径の寸法比が〈一・九：一・八㎜〉、内円径の寸法比が〈〇・八：〇・八㎜〉であった。同じ寸法と言ってよく、同じ鏨が使われていた可能性が高い。双連珠凸魚々子文が希少な文様であることや、これを施文した障泥と大刀とが一つの古墳内にあったことを考え合わせれば、同一工房、同一工人の手に拠ったものと考えることができよう。これまで馬具製作集団と刀装具の製作集団の間の交流の跡を確認できる資料はなかったが、この時代になって何らかの技術協力体制ができ、新しい生産システムが生まれたことを物語るものであろう。

（3）把手付き金銅板

藤ノ木馬具で一番目につくのは把手付き金銅板（図4）である。これまで東アジアの五～六世紀代の鞍金具で、藤ノ木馬具と同じ形態のものは見あたらない。金銅板に三本の円管支柱が垂直に立ち、その上に横棒を渡したように管状の把手がついている。支柱、把手共に金銅製で、支柱の径は約一・七㎝、把手の径が約二・一㎝である。金銅板の表面は部分的な線彫りと高肉彫りによって、上空を睨んで仰臥する鬼神像が体をやや右に開いて踏ん張る憤怒形で表されている（図5）。鬼神は髪を逆立てて、口をいっぱいに開けて牙を剥いて真ん中の支柱を噛んでいる。両の手に大刀と斧を担ぐパワフルな形相である。それらが練達の技によって鬼神像を一層の肉高にし、溢れんばかりの力感を描写している。

なお、鬼神の手足の指は五本で、いわゆる鬼体ではなく人体である。一体このような鬼顔人体のモデルは何者なの

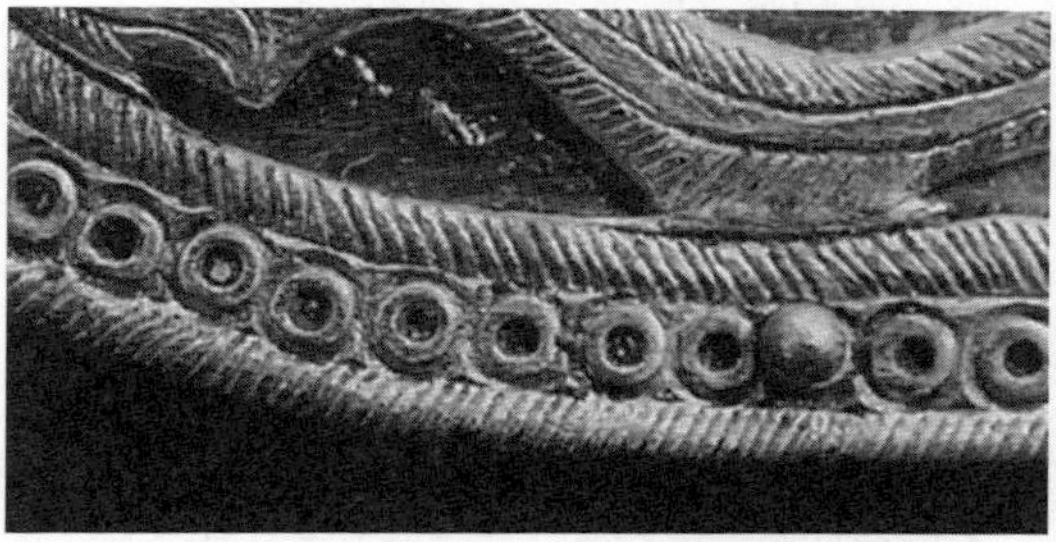

図２　双連珠凸魚々子文（藤ノ木古墳龍文飾金具部分）

図１　双連珠魚々子文
（群馬県綿貫観音山古墳
出土大刀の責金具）

図３　双連珠凸魚々子文
（藤ノ木古墳大刀２の責金具部分）

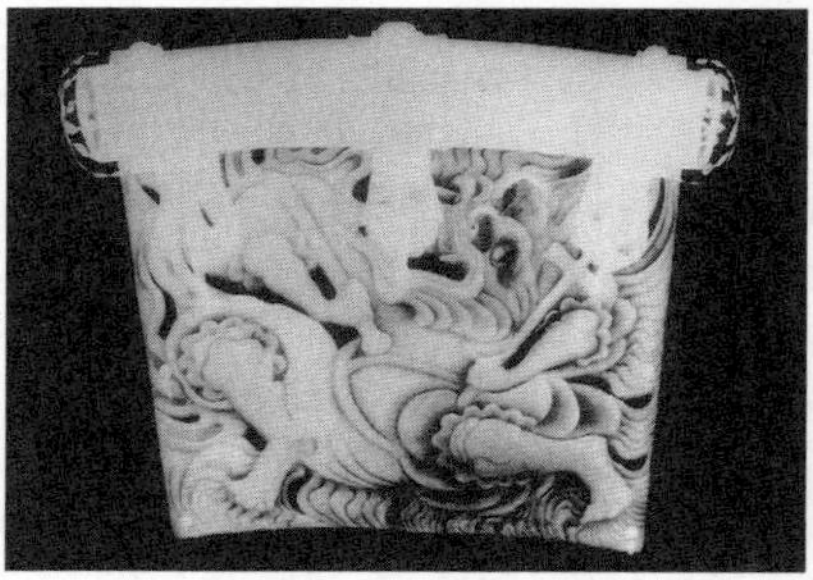

図５　憤怒形の鬼神像（X線像）
（藤ノ木古墳鞍金具後輪中央板）

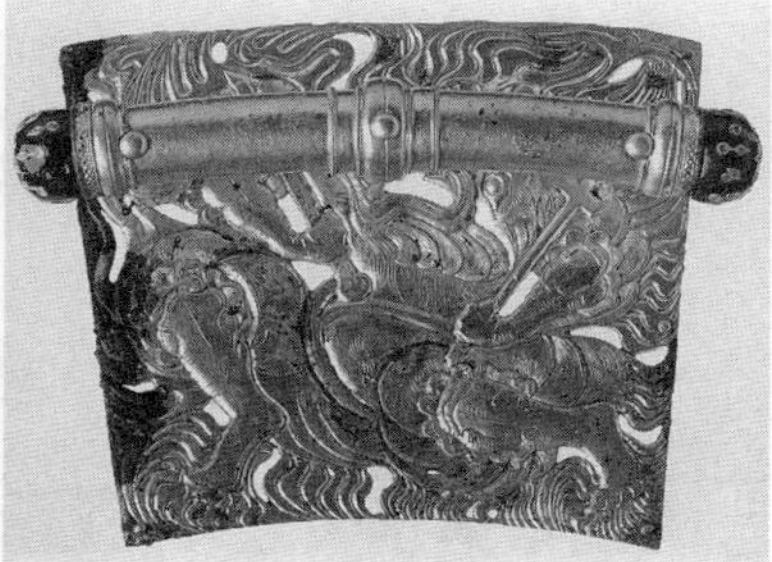

図４　銅製把手付中央板
（藤ノ木古墳鞍金具後輪中央板）

か、いつどこの世界で活躍した怪物だったのだろうか。

この鬼神像に関連して、伝京都府相楽郡出土の鞍金具（図6）、ドイツハンブルグ所在鞍金具（図7）、熊本県江田船山古墳の鏡板など馬具の鬼面文や韓国忠清南道扶余郡外里寺址出土の鬼面文磚などの図像が参考として挙げられている(14)。しかし、これら鬼面文として知られている資料は顔も体も完全な鬼体である。藤ノ木馬具が見つかった時、中央板のこの像を「鬼面」としないで「鬼神」と名付けたのは、人間の体躯をしていたからである。

上述のように五本指で武器を担ぎ、仰臥して満身の力を込め、柱座を噛み支えるという明確な意志を持った姿は、鬼面文や鬼面瓦当文などこれまでの日本、朝鮮に存在する像形と同列には扱えない。想像を逞しくすれば、春秋・戦国時代の神話上の軍神蚩尤のような怪物を当てる以外に見あたらない。

一方、支柱と把手には金具の全面に施されているような濃密な装飾文がなく、きわめてシンプルである。支柱の根元の複弁蓮華文座と、把手の両端の青色のガラスキャップ（径二・四㎝）が付き、ガラス面を凹ませて細金細工の金文様板を嵌入している。そのガラスキャップを取り付ける部分の銅管の責金具に前述の双連珠凸魚々子文が認められるだけである。

（4）ガラス玉象嵌

藤ノ木馬具には鞍金具の把手先に被せられたガラスキャップ（図4）や龍文飾金具の龍のガラス眼玉（図8）などがあり、金銅製品の金色の輝きと共に異国文化への美の憧れを象徴している。しかも海金具の亀甲繋ぎ文帯の交点のすべてに青色ガラス玉の象嵌（図9）があり、この馬具の独創性が窺われる。金属への象嵌は、古代オリエントやエジプトにもあり、中国では殷周時代の青銅器に、朝鮮半島では五～六世紀の宝石を鏤めたような金帽付きの勾玉や宝剣装飾が見られる。しかし藤ノ木馬具のようにガラス玉を嵌めた例は東アジアでは珍しい。このガラス玉象嵌の孔は裏側ま

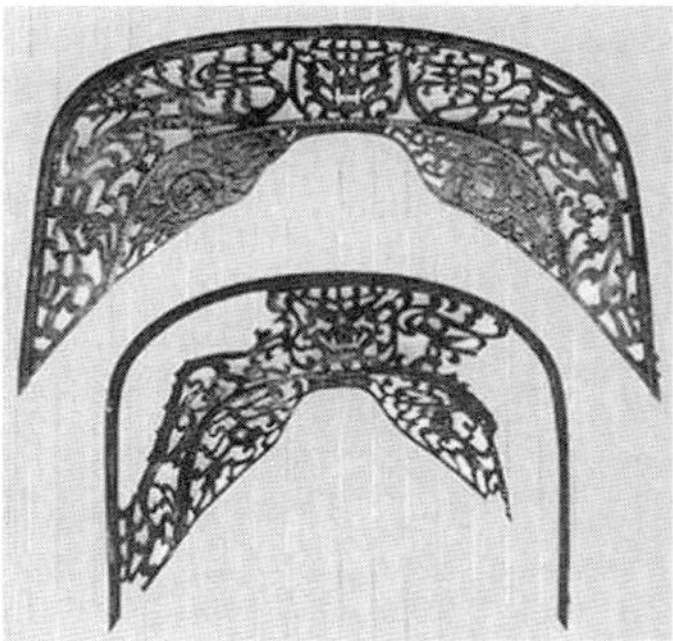

図７　ドイツハンブルグ所在鞍金具

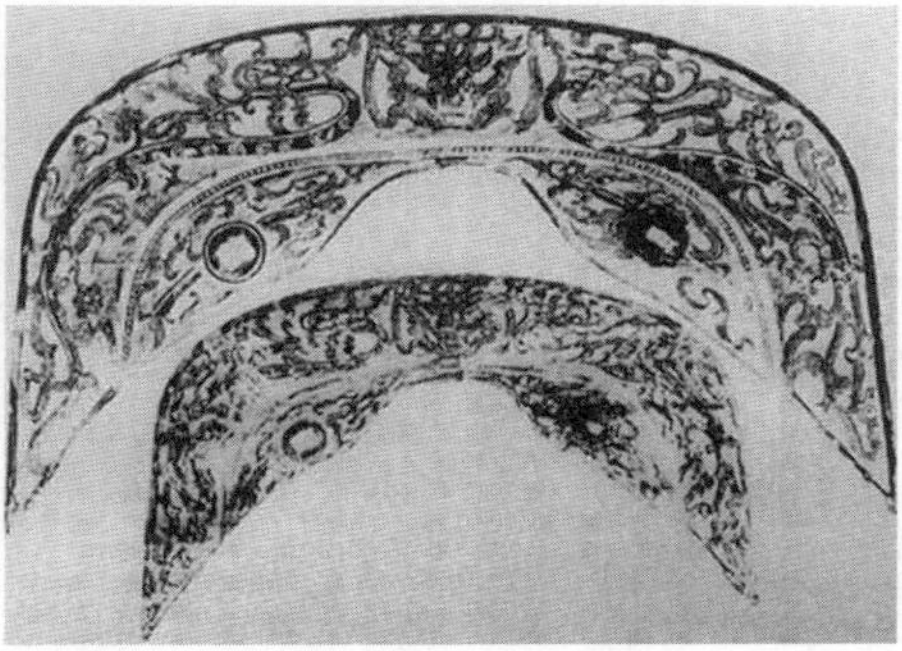

図６　伝京都府相楽郡出土の鞍金具

図９　亀甲繋ぎ文帯のガラス玉象嵌
（藤ノ木古墳鞍金具）

図８　ガラス眼玉象嵌
（藤ノ木古墳龍文飾金具）

図11　慶州博蔵出土地不明金銅製帯金具

図10　慶州博蔵伝榮州出土金銅製帯金具

で貫通させてある。孔の裏から光を入れて輝くように工夫されている。ところがこの透し彫り金銅板の裏には漆塗の鉄板（一・六〜三・〇㎜）が補強のために当てられている。だからこの黒い漆塗の鉄板と金銅板との間がこのままであれば、ガラス玉の孔を底まで貫通させた意味がないのではと考えられた。それで鉄板との間に色布が当てられていただろうと想定し、それを確かめる実験を行った。その結果、海金具と布の間にわずかな透き間をあけ、薄い紫色の下地の布を置くと青いガラス玉の色と透し彫り文様の間から覗く布地の色が調和して高貴な美しさが感じられた。

三　藤ノ木馬具出現以前の列島内の彫金製品とその技術

前項で述べた藤ノ木馬具の彫金技術の源流を遡るために、それ以前の列島内と朝鮮半島と中国の彫金技術を以下に整理した。

(1) 新山群

四世紀末から五世紀の頃、列島内で彫金製品の使用が始まる。新山古墳や行者塚古墳の帯金具などである。慶州博蔵伝榮州出土金銅製帯金具（図10）、伝中国出土金銅製帯金具（京都大学総合博物館蔵品、出光美術館蔵品）なども知られるところである。これらは写実的な龍文、魚々子たがね、蹴り彫りと毛彫りの併用などの要素技術を持つことと波状列点文が見られないことが特徴である。これらを「新山群」と呼ぶ。

(2) 五條猫塚群金銅製品

五世紀の古墳からは新山群とは要素技術の異なる金銅製品群が出土する。五條猫塚古墳、七観古墳、月岡古墳の帯金具などである。他に、出土地不明金銅製帯金具（図11）、江陵・草堂洞B－一六号墓出土金銅製帯金具（共に慶州博蔵）

などが知られる。波状列点文、抽象的な龍文、龍文内の点文、蹴り彫り等があり、魚々子文は見られないことが特徴的である。これらを「五條猫塚群」と呼ぶ。

誉田丸山古墳出土一、二号鞍は、波状列点文はないが、他の要素技術と文様要素は五条猫塚群と同一であり、共伴遺物と伝えられる鏡板には波状列点文があることから五條猫塚群に属するものと考えて良い。新開一号墳の鏡板も同様である。

また、甲冑類に彫金が施された例が注目される。五條猫塚古墳出土四方白鉄地金銅装小札鋲留眉庇付冑、西小山古墳出土金銅製眉庇付冑、千葉県祇園大塚山古墳出土眉庇付冑、福岡県月岡古墳出土金銅製眉庇付冑などである。これらを別項目に分類することもできるが、五条猫塚群の帯金具などが甲冑に付属するものであることと、それらと一緒に副葬されていることは重要である。要素技術は蹴り彫りと点打ちのみであるが、どちらも五條猫塚群の要素技術に含まれていることも考え併せれば、これらも五條猫塚群金銅製品と考えることが可能である。

（3）蹴り彫り主体群

五、六世紀を通して作り続けられる蹴り彫り主体の金銅製品がある。各地から出土する金銅製冠、魚佩、履など様々で数え切れないほどの数がある。これらの多くは列島内で製作されたものと考えて良いだろう。魚佩については伝統的な倭装大刀の付属品と理解されており、倭装大刀装具と密接な関連があると考えなければならない。倭装大刀の金工技術は、堅い伝統の中で五世紀末から六世紀後半にかけて閉鎖的に守られ続けてきた技術の一部であることはかつて鈴木が明らかにした(15)。

この群の要素技術は、鍍金、蹴り彫り、点打ち、針金、歩揺、波状列点文などがあり、五條猫塚群となんら変わらない。五條猫塚群については、渡来工人の手による列島内製作の説と、輸入品の説とがあるが、要素技術の観点から

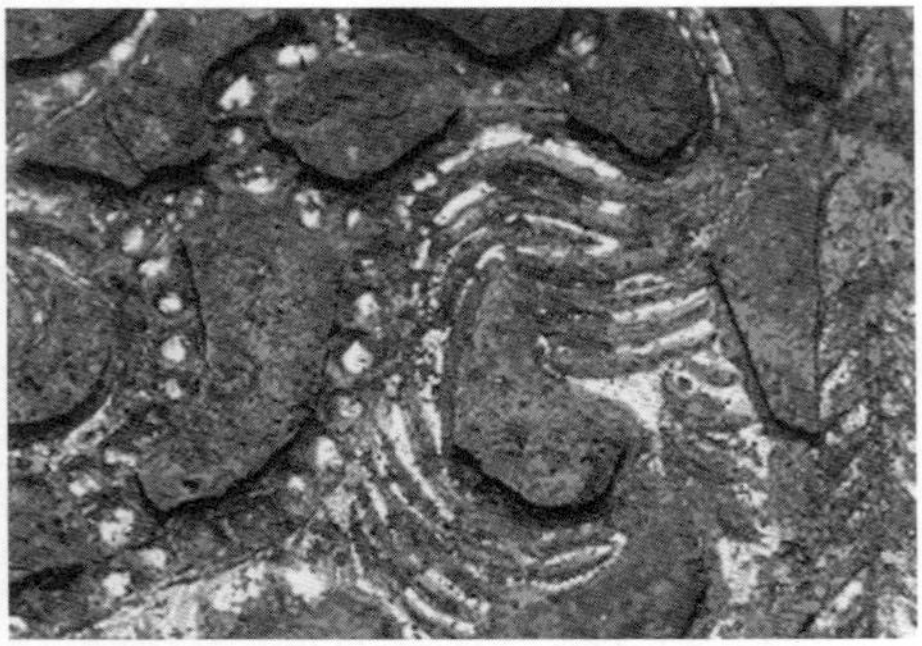

図12　京都府穀塚古墳出土帯金具部分

図13　加耶玉田M三号墳出土龍鳳文環頭

列島内における製作の可能性を考えておきたい。(16)〜(18)

月岡古墳では、五條猫塚群に分類される金銅透彫り帯金具や金銅製眉庇付冑などが蹴り彫り主体群と同時に出土しているが、全ての要素技術が共通し、つくりも同一水準にあると言える。従って全ての共伴金銅製品が同一工房で作られた可能性が高く、列島内での製作が示唆される。

（4）穀塚群

上記三群とは大きく異なる要素技術を用いた金銅製品が、五世紀後半頃から列島内に現れる。京都府穀塚（図12）、埼玉県稲荷山、和歌山県大谷、熊本県江田船山などの各古墳から出土している帯金具などである。なめくりたがねによる線彫り、矢羽形堤状連珠文、疑似薄肉表現の龍文、円文（魚々子）たがねを使った半球形連珠文などの要素技術を持つことが大きな特徴であるが、これらは上記三群の金銅製品には全く見られない要素技術であり、技術系譜は異なると言える。また、波状列点文を持たないことも忘れてはならない。この一群を「穀塚群」と呼ぶ。

武寧王陵出土大刀装具、加耶玉田M三号墳出土龍鳳文環頭大刀群（図13）、伝仁徳陵出土環頭大刀柄頭（ボストン美術館蔵品）、安中

市原市古墳出土双鳳環頭大刀装具、埼玉県将軍山古墳出土三葉環頭大刀装具などは、要素技術が穀塚群と同じで、立体表現法、基準精度も同水準にあると言える。穀塚群の帯金具などの系譜に関わる工人達が大刀装具を作るようになったと考えることができる。

四　五・六世紀の金工技術と藤ノ木馬具

（1）使用工具と要素技術と文様要素を比較する

列島内五、六世紀のそれぞれの金銅製品群と藤ノ木馬具などを、使用工具と要素技術と文様要素によって比較してみた（表1）。

使用工具と要素技術の近似性はそれに基準精度(19)を勘案することで技術系譜の距離を推し量ることが可能である。表を見れば、新山群、五條猫塚群、蹴り彫り主体群と藤ノ木馬具との間に工具と要素技術の点において大きな隔たりがあり、系譜的関連は薄いと言える。一方穀塚群と藤ノ木馬具との間には工具と要素技術に共通するものが多く、系譜的関連があると言える。とは言え、藤ノ木馬具は穀塚群金銅製品の技術だけでは作ることが出来ない。穀塚群の彫金技術と他の要素技術や文化が融合し発展することによって藤ノ木馬具の製作に結びつくものと理解することが大切である。

（2）堤状連珠文と双連珠魚々子文の源流

堤状連珠文の技術は、元々は朝鮮半島系大刀装具の技術の一部であり、どれも珠文のピッチ（間隔）が〇・五㎜前後のものが多い。この基準精度も技法も耳飾りなどのものとほとんど同じであることから、装身具金工の工人が大刀装

表1　金銅製品の使用工具と要素技術と文様要素による比較

			使用工具と要素技術																				文様要素										鋳造技術
No.	名称	時期	細粒連珠文	堤状連珠文	円文連珠	双連珠魚々子文	双連珠凸魚々子文	薄肉彫り	高肉彫り	打出し	なめくり	鋤たがね(彫りくずし)	うろこたがね	ガラス玉象嵌	ガラスキャップ	ガラスへの金象嵌	透彫り	鋲留め	点打ちたがね	円文たがね	毛彫りたがね	蹴り彫りたがね	龍文	龍文内点打ち	鳳凰文	向かい鳳凰文	円文	亀甲文	波状列点文	複弁蓮華文	鬼神	鬼面	
1	新山群彫金製品	4，5C															○	○		○	○	○	○				○						
2	五條猫塚群彫金製品	5C															○	○				○	○	○					○				
3	蹴り彫り主体彫金製品	5，6C															○	○	○			○						○	○				
4	穀塚群彫金製品	5，6C			◎	◎		○		○	◎						○	◎		◎			○				◎					○	
5	穀塚群大刀装具	5，6C		◎	◎	◎		○	○	○	◎							◎		◎			○		○		◎	○					◎
6	耳飾り等装身具	5，6C	○	◎						◎	◎			○																			
7	龍鳳文環頭と大刀装具	6C		◎		◎	◎	○	○		◎	◎	◎				○			◎	○		○		○		◎						◎
8	珠城山3号墳鏡板・杏葉	6C						◎				◎					◎	◎			◎				○	○							
9	藤ノ木古墳馬具	6C		◎		◎	◎	◎	◎	◎	◎	◎	◎	◎	◎	◎	◎	◎		◎	◎		◎		◎	◎	◎	◎		◎	◎	◎	◎

○…技法状の関連あり、基準精度は異なる水準にある
◎…技法状の関連あり、基準精度も藤ノ木馬具と同水準にある

具の製作にたずさわるようになったものと考えられるのである。また、双連珠魚々子文や竜鳳文環頭に使われた刀装具の魚々子たがねは、耳飾りなどの細金細工には見られない技法であるため、魚々子たがねを多用する穀塚群から受け継がれたと考えるべきである。双連珠魚々子文は、異なる分野から移転された二つの要素技術が大刀装具の分野で新しく組み合わされたのであろう。

（3）薄肉彫りと線彫りの源流

藤ノ木馬具に特徴的に見られる立体的表現技術の関連技術は、穀塚群の帯金具と刀装具、そして大刀環頭の龍鳳文

（鋳造後たがねで仕上げ）などのその萌芽的とも言える疑似立体表現に見ることが出来る。しかし、基本的な加工法は、藤ノ木馬具は彫りくずし（切り屑は出る）と鋳造、穀塚群は打ち出し、龍鳳文環頭は鋳造である。加工法では必ずしも同一とは言い難い。

彫りくずしによる薄肉彫りの例は、珠城山三号墳出土杏葉と同鏡板と神宮徴古館蔵杏葉および福岡県金隈古墳出土杏葉に見られる。その立体表現法は藤ノ木、珠城山、神宮徴古館、金隈の馬具の間に僅かな相違があるものの、技術系譜は極めて近いと言える。これらの薄肉彫りの立体表現法は、高度に写実的で、この時代の朝鮮半島には見られない。それは骨格や筋肉の動きまでを表現した西アジア的薄肉彫り手法である。この技法は見よう見まねで修得できる水準のものではなく、厳しい継承のための修練が必要、すなわち、師匠から弟子へ、或いは親から子へといった直接的継承が求められる。東アジアにおける西アジア的薄肉彫り表現の系譜を辿ろうとすれば、中国の石窟寺院群の動植物の表現手法を視野に入れる必要があろう。

一方、藤ノ木馬具の線彫りは、その後の調査で二種類の加工法があることが明らかになった。毛彫り（切り屑が出る）となめくり打ち（切り屑が出ない）である。狭い間隔で線彫りがたくさん施されている部分には毛彫りを、透彫りの輪郭にはなめくり打ちが使われている。なめくり打ちの線彫りは穀塚群に特徴的な技法である。

毛彫りの列島内における初例は新山古墳出土帯金具の銙板に認められる（図14）が、四、五世紀の朝鮮半島と列島内では希少な例である。毛彫り技術自体は中国由来の可能性があるが、表現方法は列島内独自のものであろう。藤ノ木古墳より少し前のものと考えられる珠城山三号墳出土鏡板・杏葉（図15）に藤ノ木古墳出土馬具と同水準の精緻な毛彫りを見ることができ、神宮徴古館蔵杏葉も同様の毛彫りが見られるのであるが、どちらも鳳凰や唐草文の躍動感や広がりを線彫りの勢いや流れによって表現しようとしている点に特徴がある。こうした表現は、時代は下るが、飛鳥奈

図15　珠城山三号墳出土杏葉の毛彫り

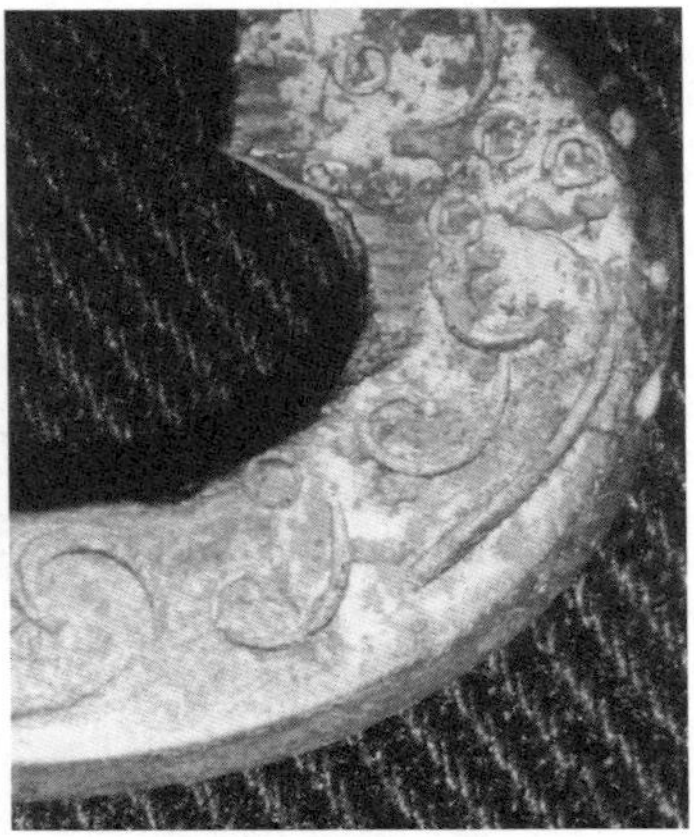

図14　新山古墳出土帯金具の銙板の毛彫り

図17　慶州博物館蔵菊隠コレクション鳳凰飾環頭大刀の凸魚々子文

図16　島根県岡田山一号墳出土円頭柄頭大刀の凸魚々子文

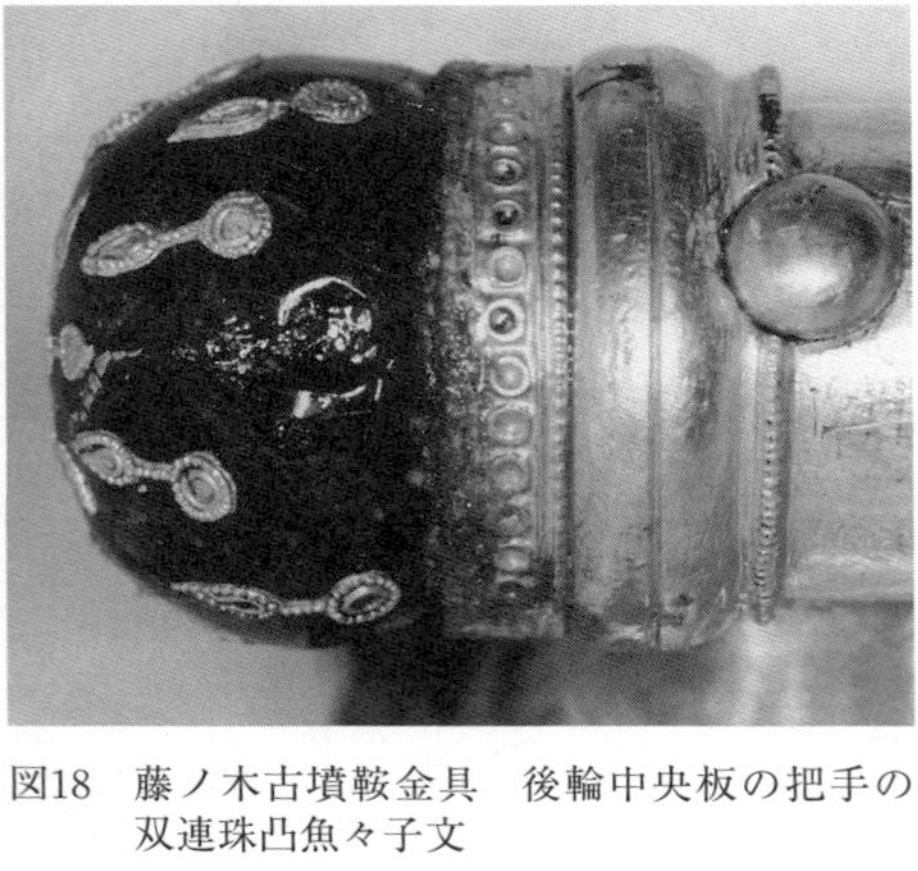

図18　藤ノ木古墳鞍金具　後輪中央板の把手の双連珠凸魚々子文

図19　ササン朝帝王獅子狩文銀製皿の凸魚々子文

図20　韓国内出土地不明金銅製釧

良時代の文字の線彫り刻銘技術に見られる我が国独自技術の発展形態[20]や、仮名文字の発生、片切彫りの発生を含めて、どれも「流れの文化」を基軸とする我が国独自の表現方法であると言える。[8]

（4）双連珠凸魚々子文について

藤ノ木馬具と同古墳出土円頭大刀に見られた双連珠凸魚々子文については、調査報告書刊行の時点では他に例を見ることはなかったが、その後、島根県岡田山一号墳出土円頭柄頭大刀（図16）と慶州博物館蔵菊隠コレクション鳳凰飾環頭大刀（出土地不明、図17）にもあることがわかった。双連珠凸魚々子文は双連珠魚々子文から派生したものと筆者等も考えてきたが、少し様相が違っているようである。双連珠凸魚々子文の源流として注目すべき技術が明らかになってきたのである。一つは藤ノ木馬具海金具の把手の両端部に取り付けられた大きなガラス玉に嵌入された細金細工の金製文様板である。これは凸魚々子文の周囲に連珠を配したもので（図18）、文様構成上は障泥や大刀２の双連珠凸魚々子文と同様と言える。耳飾りなどの細金細工を技術系譜の直接的な源流の一つに考えなければならないであろう。

今ひとつは、ササン朝の薄肉彫り金工品に見られる技法であり（図19）、藤ノ木馬具の龍文透かし彫り金具や円形飾り金具の双連珠凸魚々子文（図2）と全く同じ技法である。

しかし、藤ノ木馬具の双連珠凸魚々子文には全く系譜を辿ることの出来ない技術的要素も含まれている。それは、藤ノ木馬具の障泥の凸魚々子文である。これは、魚々子文の周囲を削り取って（さらい彫り）魚々子文を突出させるのであるが、これに対し、島根県岡田山古墳例も朝鮮半島菊隠例も、薄い金板に裏から魚々子鏨を打ち込み凸にするのである。両者の技法は根本的に異なると言える。藤ノ木の障泥の凸魚々子文は表から円文を打つという点においては、ササン朝由来の西アジア的手法に近いと言える。藤ノ木馬具、岡田山、菊隠の三例が直接的な技術的関連があるとは言えない。藤ノ木古墳出土馬具の独創性と西アジア的要素の直接的継承の可能性が一層強調される要素技術である。また、二〇〇一年に公開された韓国昌寧桂城二－一号墓出土銀製釧、韓国内出土地不明金銅製釧（図20）の二点に双連珠凸魚々子文とも言うべき構成の文様が刻まれていた。[21] 藤ノ木馬具との関連を考える上で技法の解明が必要である。

（5）藤ノ木以前には見られない技法

表一によって、藤ノ木馬具に使われた技術の一部がそれ以前の金銅製品に見られることが明らかになったが、一方で朝鮮半島と列島内の金銅製品には全く認めることが出来ない技術が多いことも見えてきた。ガラス玉象嵌、ガラスキャップ、ガラスへの金象嵌、向かい鳳凰文、複弁蓮華文、高肉彫りなどである。藤ノ木馬具が穀塚群と大刀装具に密接な関連があるものの、それらを作った工人だけでは作ることは出来なかったはずである。

技術は高い要求があれば不可能とさえ思える水準にまで上がる事例は少なくない。[22] 従って、技術の系譜を全てに辿ることができないとしても、その地で新技術が生まれる可能性については必ずしも否定できない。とは言え、高度な技術を生み出すには、それだけの社会的要求の高さが必要になる。その要求が生まれ出た当時の社会の文化的背景を検討することによって、藤ノ木馬具出現の必然性の一端が見えてくる可能性がある。

図21　雲岡12洞拱門天井の交龍文（部分）

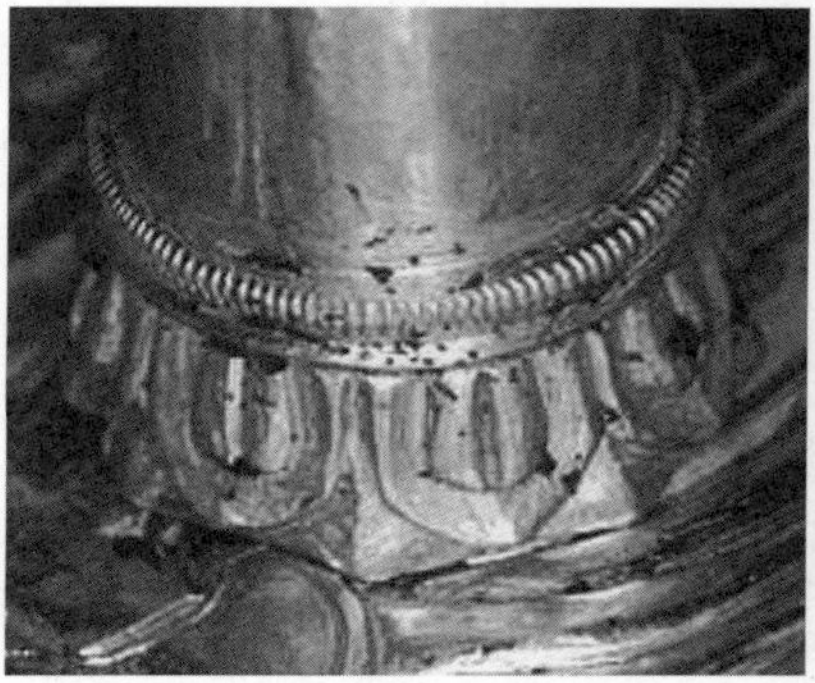

図23　藤ノ木馬具複弁蓮華文座

図22　龍門賓陽洞本尊光背の唐草文

図24　炳霊寺169窟如来座像台座の複弁蓮華文

五　藤ノ木馬具の図像文様とその文化的背景

藤ノ木馬具には意匠性に優れた数々の動・植物文や幾何文があり、古代アジアの文化交流が映し出されている。特に鞍橋を覆った鞍金具には、東アジアでは初めての彫金技術などを駆使して立体的で写実的な図像文様が精緻に彫り出されている。以下にそれぞれの図像文様について、その出現の背景を考えてみる。

(1) パルメット文

この文様は、鞍金具の中で最も多く使われていて、一五〇近い数があるにもかかわらず同じ形のものが見つからないほど形態はさまざまである。この立体的な表現技法とバリエーションは、これが東アジアにおいてパルメット文の最盛期の遺品であることを伝えている。

パルメット文は、ナツメ椰子樹の図案化で紀元前一五～一三世紀ころ古代メソポタミアに生まれ、各地に広がったと言われる。前六世紀ころにはギリシアで側面形を波状に連ねた半パルメットと呼ぶ唐草文が考案され、西アジアからインドを経て東アジアに伝わった。中国では石窟寺院など六朝時代の仏教文化の中で一度に花開いた。朝鮮では三国時代から統一新羅時代の古墳壁画や各種の装飾文として伝播し、日本へは五世紀末から六世紀初頭に伝えられ、馬具の装飾文を中心に六世紀代の古墳遺物に多い。この樹のもつ旺盛な繁殖力と生命力が豊饒と再生を象徴する文様として常用されたようだ。

藤ノ木馬具のパルメット文は、三国時代の朝鮮文化の影響もあるが、種類の豊富なこと、立体感をともなう写実的な装飾技法から見れば中国石窟寺院の文化を色濃く受けていると考えるべきである。例えば龍、虎、鳳凰など動物の体躯の一部分にパルメット葉を付着させた形態が随所に見られる点は、雲岡一二洞門口天井などの交龍文（図21）や鳥

図26　釈迦立像の小指を支える支柱（雲岡18洞）

図25　雲岡石窟 9 洞の天井
（北魏和平 6 年〔465〕～太和18年〔494〕）

図27　藤ノ木馬具の鬼神像と支柱

図28　陝西省茂陵出土玄武磚

の尾羽根の先端にあしらわれる手法に似ている。また、海金具の上・下辺の縁帯上にめぐるパルメット唐草文が、龍門賓陽洞本尊光背の唐草文（図22）、雲岡一〇洞前室東壁の仏像台座と天蓋の装飾文に近似することなどが挙げられる。

（2）蓮華文

藤ノ木馬具の把手を支える三本の支柱の根元に複弁蓮華文座がある（図23）。複弁蓮華文は日本、韓国では寺院址出土瓦などから七世紀中葉以降のものとされている。藤ノ木古墳の年代観については、横穴石室構造、家型石棺、出土須恵器などの調査から六世紀後半の五八〇年代が考定されている。したがって、飛鳥時代以前、すでに藤ノ木古墳の時代に、素弁・単弁蓮華文よりも早くに複弁蓮華文が伝わっていたことになる。文献には六世紀半ばに仏教伝来を伝えているので、そのような文化背景を語る資料になるのだろうか。

複弁蓮華文は中国の仏教遺跡に多く用いられていて、五世紀頃からの石窟寺院や仏像台座などに多い。炳霊寺一六九窟の如来座像台座（図24）、雲岡石窟九洞の天井（図25）、あるいは大同東郊司馬金龍墓の柱座などのほか特に五～六世紀代の石窟寺院に多い。中でも藤ノ木馬具の把手支柱の蓮華座を考えるのに、雲岡一八洞釈迦立像の造形（図26）は重要である。

その釈迦像の左手は、衣の端を取って胸に当てており、小指以外の四本の指先は胸についているが小指だけが浮いている。その宙に浮いた指を支えるため、一本の小支柱が体部との間に渡されている。その小支柱の根元に花弁座（花弁は支柱の上下にあるので仰弁・覆弁か）がある。釈迦への畏敬の念を、大切な指が傷まないようにと、小さな支柱を添える心配りで表現したのであろう。

一方、藤ノ木馬具の支柱の上にも、金象嵌文のガラスキャップを施した把手が載っている。しかも、その支柱をものすごい形相の鬼神が噛み支えている（図27）。だから、単に鞍の取り扱い用の把手ではない造形だということは十分

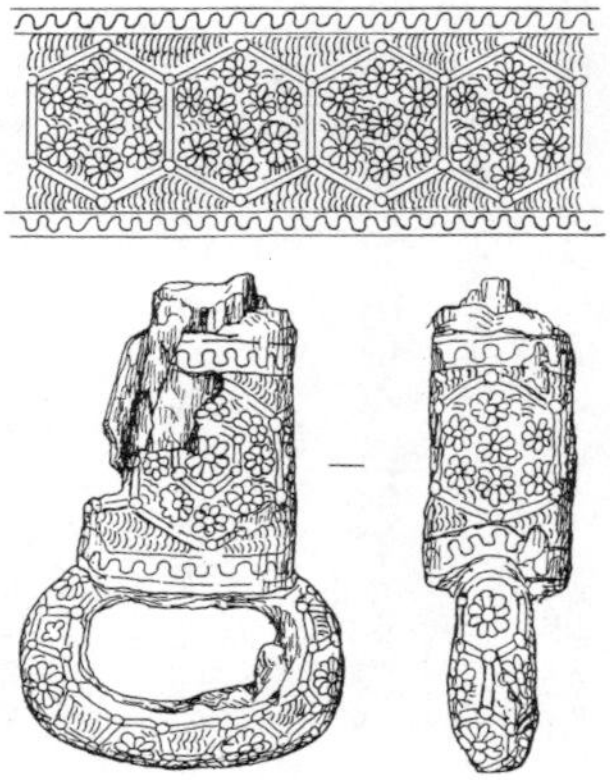

図30　金銀象嵌亀甲繋ぎ文
（韓国慶尚北道月山里古墳環頭大刀部分）

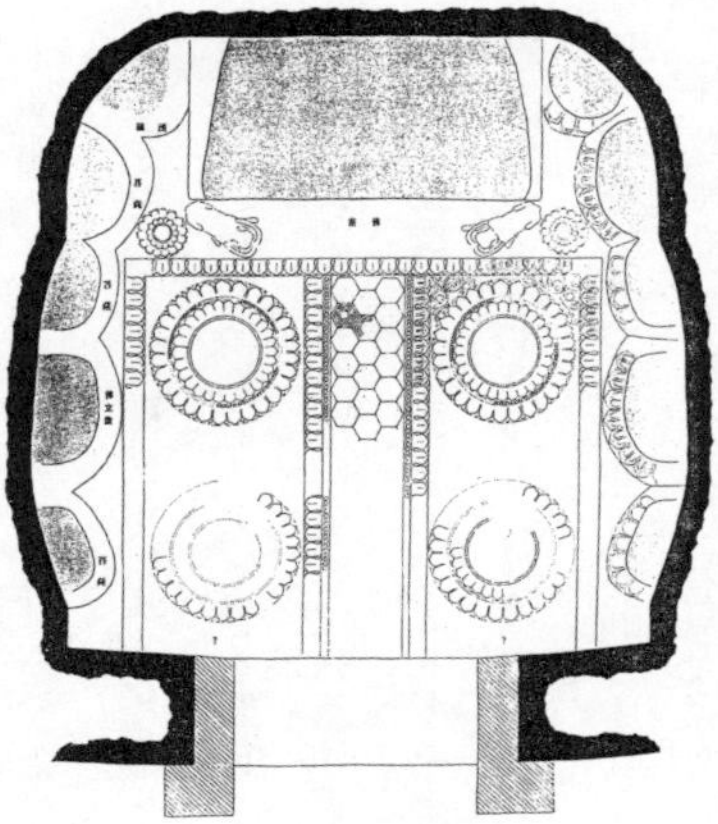

図29　石窟床面の亀甲繋ぎ文
（龍門賓陽洞）

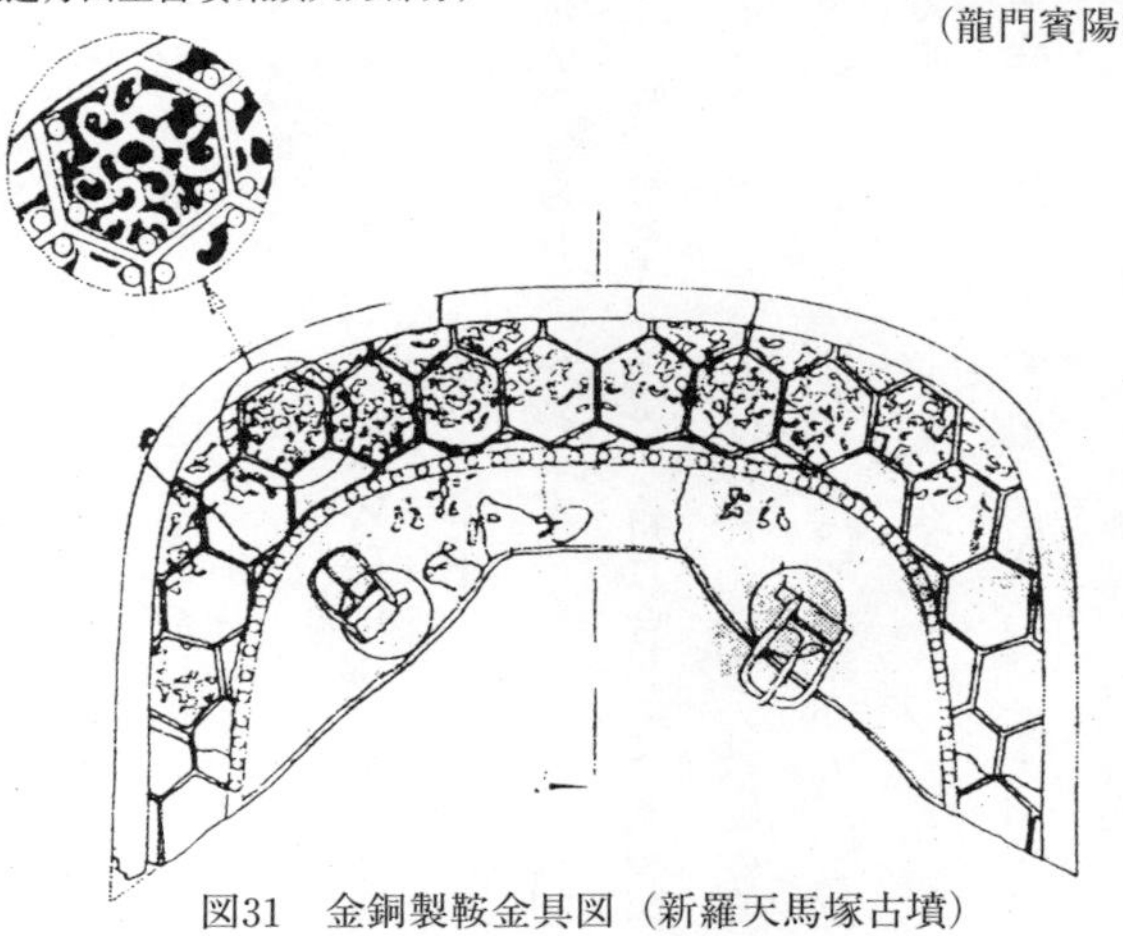

図31　金銅製鞍金具図（新羅天馬塚古墳）

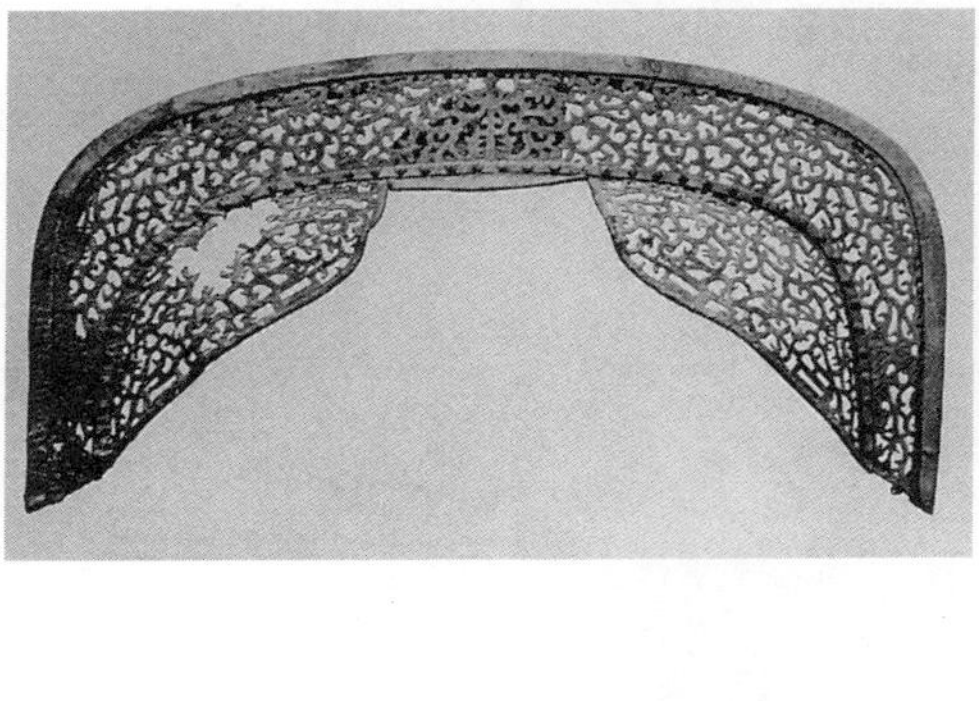

図32　金銅製龍文透彫鞍金具（伝慶尚北道高霊出土）

に察知されよう。鞍金具全面の形態・文様の中心的存在として重要な構造物であり、蓮華座で飾るほどの意味を持つものであった。

このように考えれば、把手支柱の蓮華文座をはじめ鞍金具全面を飾る図像・文様の文化背景が単なるデザインとして受容されたものではなく、仏教の影響下でのデザイン構成であることが理解されよう。今後の調査研究によっては日本への仏教伝播の道程を考えていく上できわめて重要な資料となるのではないだろうか。

(3) 亀甲繋ぎ文

亀甲繋ぎ文は紀元前九～八世紀頃、西アジアのイラク、シリアの宮殿壁画にあるものが最も古いと言われ、ササン朝美術の影響を受けて中国へは六朝時代に伝えられたとされる。[23] しかし、陝西省茂陵からは多重の亀甲繋ぎ文を画いた玄武磚が出土し、早くから西方文化との接触が知られる（図28）。亀甲繋ぎ文は五世紀後半頃から石窟寺院を中心に多く見られるようになる。敦煌莫高窟からは、亀甲繋ぎ文と円文を組み合わせた刺繍裂が発見されている。また、龍門賓陽洞の床面に蓮華文と亀甲繋ぎ文が浮彫され（図29）、もとは貴賓礼拝時の敷物の文様としてあったことを伝えている。さらに、梁の陳文帝の着衣に描かれていることから、神人、仏像、帝王、天馬（獅子狩文錦の天馬の翼に亀甲繋ぎ文）などにふさわしい権威性と霊性を象徴する文様だったと言えよう。

金工品に施された亀甲繋ぎ文は百済武寧王陵、大邱月山里古墳（図30）の環頭大刀・金銅製沓、新羅天馬塚の鞍金具（図31）、飾履塚の金銅製沓などに見られる。一般に亀甲繋ぎ文の特徴は、規則性をもって無限に広がるところにある。新羅天馬塚、伽耶達西五五号墳の金銅製鞍金具や栃木県足利公園古墳の銀象嵌の亀甲繋ぎ文などに、優れた意匠性と亀甲繋ぎ文のもつ象徴性が発揮されている。おそらく、このように同一文様を連ね左右で対向した相似形文様は、それより以前に発達していた皇南大塚南墳、伝高霊出土など多くの朝鮮半島製龍文透彫鞍金具（図32）や、応神天皇陪冢

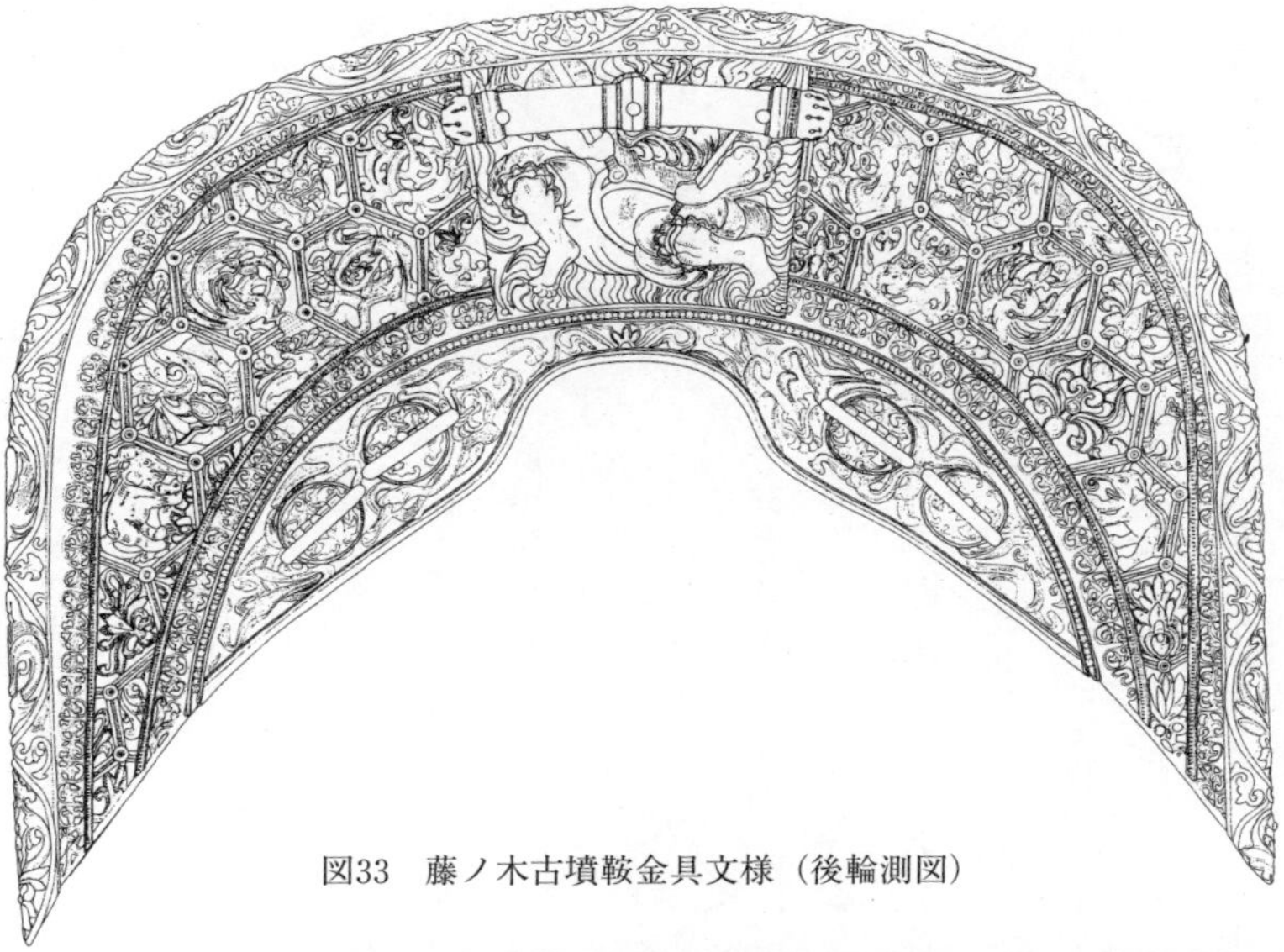

図33　藤ノ木古墳鞍金具文様（後輪測図）

図34　藤ノ木古墳鞍金具覆輪の穿壁繋ぎ文

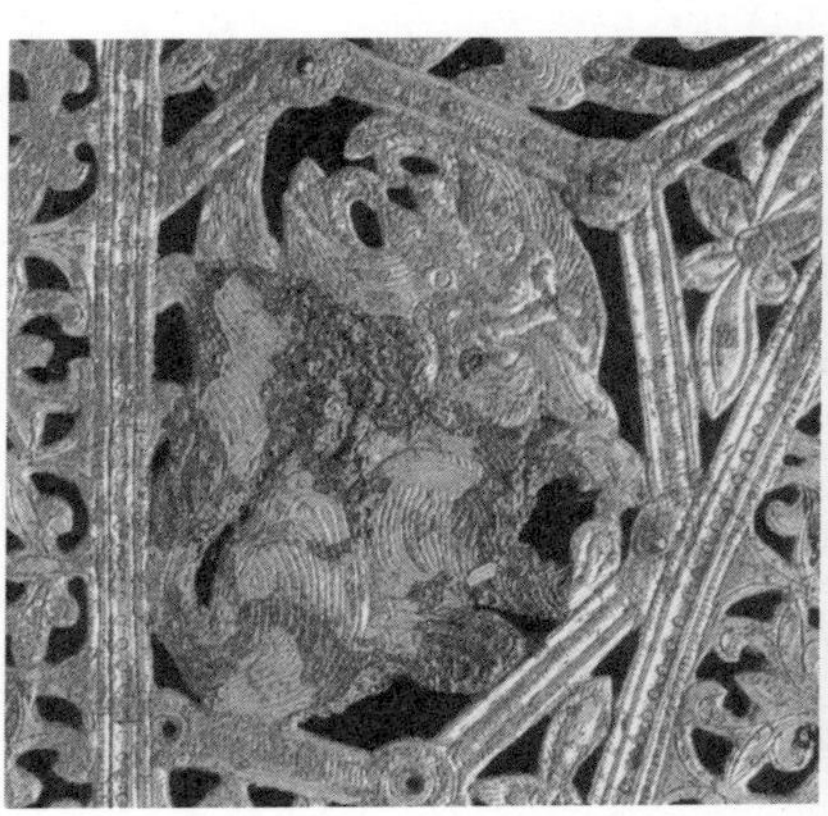

図35　海金具透彫りの獅子（藤ノ木古墳鞍金具前輪左右）

丸山古墳などの龍文透彫り鞍金具文に見られる対称性・相似形構図を受けて発達したものであろう。

一方、藤ノ木古墳の金銅製鞍金具・履などの亀甲繋ぎ文は、六角形でつながる文様が少なく規則性を保って並んでいない。亀甲形の中の図像文様もさまざまで、しかも海金具左右の文様も非対称、非相似形である。非対称・非相似の藤ノ木古墳の鞍金具文様（図33）をどのように捉えればよいのだろうか。

非対称、非規則性、非相似のデザインは、列島内文化の影響を強く受けた結果である可能性がある。先に挙げた珠城山三号墳出土鏡板も杏葉の文様も、一見対称形に見えながら、敢えてそれを崩している意図が見える。また、列島内文化の象徴とも言うべき直弧文などは典型的な非対称、非規則性、非相似なデザインである。

いずれにせよ、それは亀甲繋ぎ文だけでなく、鞍金具全体の図像・文様が醸成する独特の造形の中で考える課題であろう。

（4）穿壁繋ぎ文

藤ノ木馬具の覆輪に穿壁繋ぎ文がある（図34）が、これまで中国以東では高句麗真坡里四号墳の壁画に描かれたものが東限とされていた。もちろん日本では初めて見るものだが、馬具の装飾文としては東アジアで初出である。(24)

この覆輪の穿壁繋ぎ文は、中国漢代に発達した文様が変化したもので璧が環形に変わり、璧を穿って交わる双龍の体部も二本の紐帯に略されて図案化した文様となっている。すなわち、円環上のリングの中を二本の帯が左右から交叉し、次の環に至る間はこの帯によって大楕円が描かれ、その円内に龍、鳳凰、パルメットが交互に浮彫りされている。また穿壁文の外、覆輪の縁との隙間にもパルメット文が埋められている。これらの文様は同じ単位分のように見えるが、一つとして同形文様がなく限りないバリエーションがある。

この藤ノ木古墳の穿壁繋ぎ文に、漢代の呪力や神力の作用が伝えられていたか否かは定かではない。

図36　獅子１対（龍門古陽洞北六獅洞）

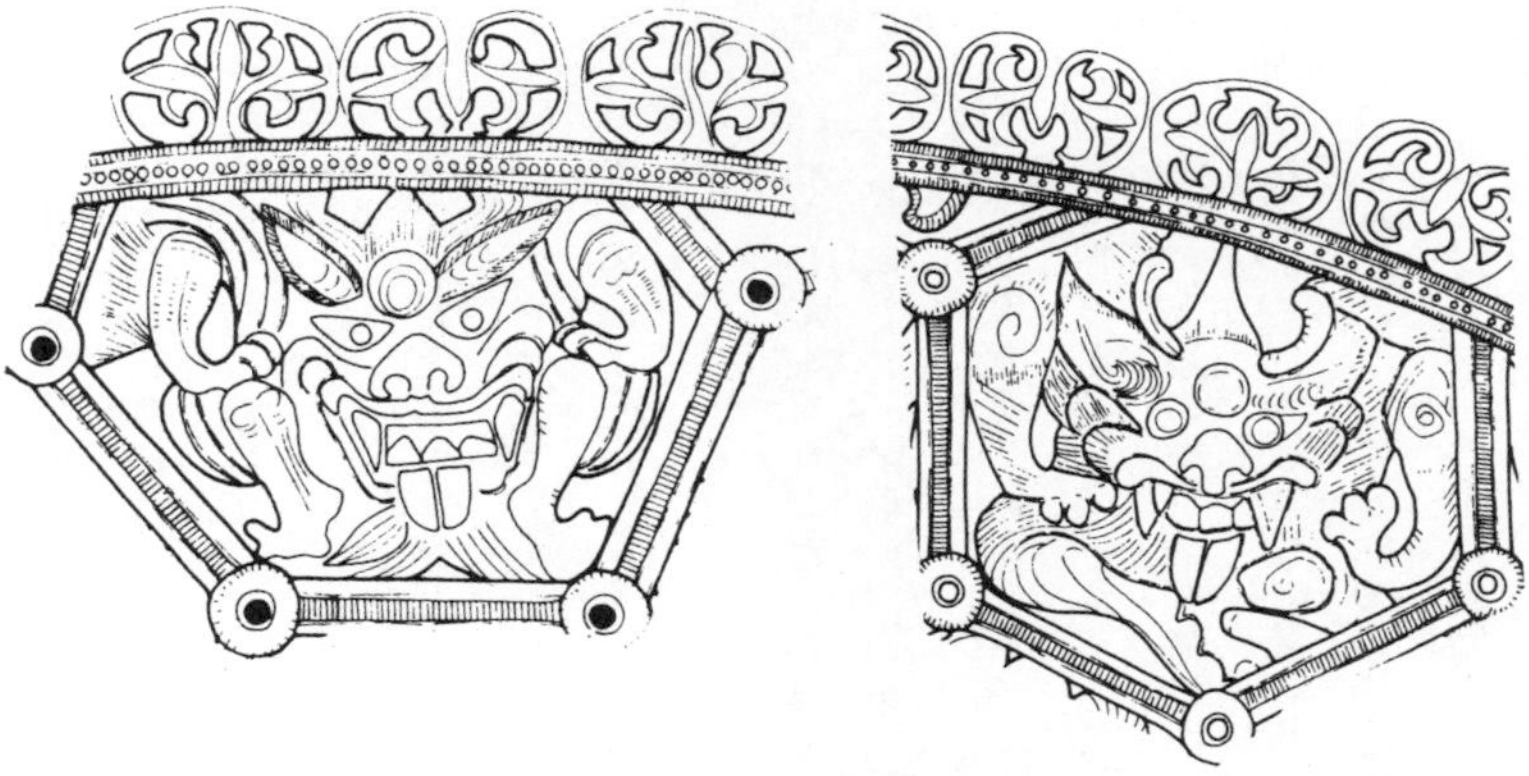

図37　海金具左右の鬼面（藤ノ木古墳金銅製鞍金具部分図）

図38　舌出し鬼面（雲岡６洞主室上龕部分）

（5）獅子

藤ノ木馬具の前輪には、海金具左右の両下辺に対称位置をとった一対の獅子（図35）が配されている。右側の獅子は顔を上に向けて口を開き、右前足を上げ、後ろ足を折り曲げて踏ん張っている。牙を剥き、たてがみを両側に振り立てた吠え猛るポーズ。一方、左の獅子は顔を少し右に傾けて食いしばった歯で長い舌を噛んでいる。たてがみと髭を逆立てて、眼を一杯に剥いた威嚇の姿勢である。

獅子は前漢時代に西アジアから中国へ伝えられたとされ、遺品が多くなるのは六朝以降で仏像両脇の守護獣として、あるいは南朝の陵墓の磚などに見られる。それらの中でも左右一対の造形や舌出し像、右前足を上げる姿などが、雲岡七洞、龍門古陽洞（図36）、鞏県石窟などのものとよく似ている。やはり、石窟寺院の獅子像との関連が深い。

（6）鬼面

鬼面は祖型がインドの土俗神、邪鬼、辟邪として生まれたと言われている。中国では漢代から瓦当文や墓石に刻まれ、南北朝時代の石窟や陵墓の守護獣として発達した。高句麗、百済、新羅で瓦当、磚の文様に用いられた影響を受けて日本でも鬼面瓦に多い。悪魔を払う力、光の象徴といわれ、屋瓦のように高い所で使用されるのはこの故であろうか。藤ノ木馬具でも鬼面は鞍金具の上辺に配置されている。

藤ノ木馬具の鬼面（図37）は、鞍金具後輪の左右上辺の対称的位置にある。共に正面観で表されているが、右側の鬼はあぐらをかき、腕まくりの両手を大腿部に置いて肘を張っている。大きな顔に大きい口を開けて長い舌を出している。両の眼と太い眉を吊り上げて威嚇している姿に。左の鬼面の形相も同じで、あたりを払う勇猛な姿をしている。右の鬼があぐらをかいて腰をおろしているのに対し、左の鬼は両膝を曲げて腰をかがめ、両手を膝頭に当てて肘を張っている。

図39　マカラとクシャを表す浮彫（6C　ニューデリー国立博）

図40　海金具透彫りのマカラ(中央)、象(左)、兎(右)
(藤ノ木古墳鞍金具部分)

図41　兎と象（雲岡6洞西壁中央龕・矢印）

鬼面を表した資料には鬼面文瓦の他に、伝京都府相楽郡出土の鞍金具（図6）、江田船山古墳の鏡板、韓国扶余出土の磚などが知られている。舌出しの顔相で共通するものとしては雲岡六洞北壁拱額の鬼面（図38）を挙げることが出来る。しかし、舌出しで手を膝に当てて踏ん張る五体を持った〝鬼面〟はこれまでの像形にはない独特なものである。

（7）マカラ

マカラ（摩伽羅）は、サンスクリット語で鰐のことだが、体部に翼と尾鰭を付けた想像上の複合獣である。水中から胎内の大乱流カリパリクシャ〈豊饒の気〉を天に向けて吐き続ける霊獣でインドで二世紀頃から仏教寺院の拱門の壁画に彫られ、五～六世紀の石窟の建築装飾（図39）にも多い。後代、北京郊外居庸関のラマ教のアーチに象・羊などと共に彫刻されている。同じように明、清代のラマ教五塔寺のアーチにも見られ、マカラの口や胎内からの乱流が唐草文で描かれている。

藤ノ木馬具のマカラ（図40）は、後輪左側海金具の中、六角形の帯の中に大きなパルメット葉とセットで表されている。マカラは両翼を広げ、体部を左に捻り尾鰭を上に跳ねている。半開きの長い口を上方に向け、その口の上には珍しい形のパルメット葉がある。このパルメット葉は一つの株から、上・中・下の三方に派生したように表わされ、鞍金具面の一五〇にも及ぶ数多いパルメット文の中でも他に例のない特異な形態をしている。おそらくマカラが口中から吐いたカリパルクシャによって、水中に渦が発生し、その渦によってパルメット葉が捻じれを起こした状態を表現したものと推察される。次元のある芸術的な描写と言えよう。

（8）兎

藤ノ木古墳時代の東アジアで、兎の造形品（図40）はまことに珍しい。管見によれば韓国、日本の絵画・彫刻資料にはこれまで見られなかったようである。したがって、この鞍金具に兎が装飾された意図も文化背景も判然としてこな

図43　雲岡 6 洞方柱西面の象

図42　鞍金具右側の象

図44　白象受胎（雲岡37洞東壁）

い。そこでこの馬具文様の中で、他の動物文〈象・獅子・鬼面など〉の多くが仏教遺跡との関連性が強いことから、兎についても石窟の造形品について注意してみることにした。

限られた資料の中の調査であったが、雲岡六洞西壁中央龕の釈迦立像の周りで、釈迦像を見つめる多くの人像と動物の群れの中に一匹の兎がいた（図41）。兎のそばには同じような姿勢で釈迦を見つめている象もいる（二つの矢印の先に）。鞍金具の後輪にも同じように兎と象がそばに並んでいる。やはり、この鞍金具の図像も石窟寺院における曼陀羅を背景としていると考える以外にないようだ。

（9）象

藤ノ木馬具の二頭の象は、後輪海金具の下辺左右に対向して彫られたふくよかで写実的な姿である。右側の象はパルメット葉を背に飾り、四ツ足で地面を歩く姿に（図42）、左の象は蓮の葉（荷葉）を飾り何かの上に乗っている（図40）。ほぼ左右対称の配置だが、この鞍金具に特有の非相似形文様である。

古墳時代の日本で、象は見たこともない想像上の生き物であったに違いない。(25) 日本で象が描かれた資料として、古墳出土銅鏡の文様や正倉院の「樹木象臈纈屛風」などがある。いずれも立体感に乏しくなかなか象らしいイメージが伝わってこない。

見たこともない生き物を描くことは、とても大変なことである。藤ノ木古墳の馬具の象は、描くだけでなく立体的に写実的に彫刻されており、技術者が象の体の構造を深く理解していたように思えてならない。それでは、この象は一体どこから来たのだろうか。

目を凝らしてよく見ると、左側の象は頭と鼻の上に面繋を付け、野生の象ではないことが分かる。しかも蓮の葉やパルメット葉を背に飾るところなどは、仏教の祭りの場へ赴く姿である。雲岡、敦煌、ギジル千仏洞を始め石窟寺院には仏教と関連して現れる象が多い（図43）。

雲岡三〇・三八洞や敦煌三二二窟などの他にもあるように普賢菩薩を乗せた姿、あるいは雲岡三七洞東壁（図44）の「白象受胎」のように乳児を背にして釈迦涅槃像のもとへ急ぐ象の描写などもある。だが、この鞍金具の象のように蓮の葉やパルメットを背に飾る姿は、石窟寺院でも見ない珍しいものである。おそらく作者がもつ石窟寺院等における荘厳の知識をもとに、このように独創的な図案を考案したのであろう。

いずれにしても、五～六世紀頃の中国石窟寺院の図像・文様との関連性で考えるのが一番分かりよいようだ。

六　藤ノ木馬具の源流と六世紀後半の仏教

以上のように見てくると、藤ノ木馬具を形作る様々な技術的文化的要素の源流が、朝鮮半島にあるものもあり、列島内にあるものもある。また、中国本土にもあることが明らかになってきたと言えよう。殊に、朝鮮半島には認められない高度な薄肉彫り高肉彫りによる立体表現技術やガラス玉象嵌技術などは、西アジア由来の中国文化と技術の直接的関与を想定せずにはいられない。

一部の技術的要素や一部の文化的要素が朝鮮半島に発するものであることは、これまでの私達の研究において推定した朝鮮半島系大刀装具の技術者が藤ノ木馬具の製作プロジェクトチームに加わった状況からすれば、当然のことと言える。逆に、それだけではこの馬具に辿り着くことが出来ないことこそが重要な事実である。

多くの文化的要素が五～六世紀の中国石窟寺院の図像文様との密接な関連を指摘することが出来たのであるが、その要素は厳密に言えば、現在のところ朝鮮半島には見られないものが多い。その一方で、双連珠魚々子文などが馬具に使われた例が列島内にしかないこと、線彫りで動植物の躍動感を表現した「流れの文化」に基づく列島内独自の表現、亀甲繋ぎ文とそれに囲まれた様々な動植物文様の非対称性、非規則性、非相似性なども我が国独自の美意識によるものである可能性も考えられる。

このように考えを進めると、藤ノ木馬具の誕生は、五～六世紀の中国と朝鮮半島と列島内の全ての技術と文化が結集した結果であると考えざるを得ない。それが結集できる可能性があるのは、他でもないこの列島内においてのみである。

まだ見たこともない象を立体的かつ写実的に彫り上げることは、象を見たことのない人間ではおそらくは不可能であろう。少なくとも象に接した経験を持つデザイナーとも言うべき工人が藤ノ木馬具の製作プロジェクトチームに加わっていたことも考えなければならないだろう。また、複弁蓮華文の存在からも中国の石窟寺院などの仏教的美術に触れた経歴を持つ人間の存在を想定する必要があろう。

仏教公伝は元興寺縁起によれば欽明天皇七（五三八）年、日本書紀によれば欽明天皇一三（五五二）年となる。どちらにしても書紀に欽明一三年「冬十月、百済聖明王、更の名は聖王、西部姫氏達率怒唎斯致契等を遣して、釈迦佛の金銅像一躯・幡蓋若干・経論若干巻を献る」の記事以後いくつもの仏教関連記事が残されていることからすれば、五八〇年前後の列島内には、仏教的知識を持つ人が少なからず居たことが想定できる。また、敏達天皇六（五七七）年に「冬十一月の庚午の朔に、百済国の王、還使大別王等に付けて、経論若干巻、并て律師・禅師・比丘尼・呪禁師・造佛工・造寺工、六人を献る」とあるように工人たちも公式ルートで渡来している。公式ルートに乗らない人も含めれば仏教的文化に触れた人が藤ノ木馬具の製作に関わったことも想定できよう。扶桑略記に延暦寺僧禅岑の記す所として「第廿七代継体天皇即位十六年壬寅。大唐漢人案部村主司馬達止。此年春二月入朝。即結草堂於大和國高市郡坂田原。安置本尊。帰依礼拝。」と引かれているのは、その点を考えると大変興味深い。その信頼性についてはひとまず置くとしても、「大唐漢人」であって、鞍作りを生業とし、なおかつ「本尊を安置し、帰依、礼拝する」様な仏教信仰心にあふれた司馬達等のような人物であれば、象、複弁蓮華文、兎、獅子、マカラなどの多彩な文様を写実的に立体表現した金銅製馬具を作りあげることも決して不可能ではない。仏教文化の受容が私達の想像以上に進行していたのかもしれない。

参考文献

（1） 勝部明生・鈴木勉『古代の技―藤ノ木古墳の馬具は語る』一九九八・六　吉川弘文館

（2） 勝部明生「藤ノ木古墳の馬具の系譜をめぐって」『斑鳩藤ノ木古墳第一次調査報告書』一九九〇・二　斑鳩町・斑鳩町教育委員会発行、奈良県立橿原考古学研究所編

（3） 鈴木勉「金工」『斑鳩藤ノ木古墳第一次調査報告書』一九九〇・二　斑鳩町・斑鳩町教育委員会発行、奈良県立橿原考古学研究所編

（4） 鈴木勉「石棺内出土金属製品の金工技術」『斑鳩藤ノ木古墳第二・三次調査報告書』一九九三・三　斑鳩町・斑鳩町教育委員会発行、奈良県立橿原考古学研究所編

（5） 勝部明生「藤ノ木古墳鞍金具文様の考察－亀甲繋ぎ文」『由良大和古代文化研究協会紀要第六集』二〇〇〇・七

（6） 勝部明生「副葬品における文様の世界」『出土品とハイビジョン映像による「藤ノ木古墳とその時代」展』一九八九・一〇　（財）NHKサービスセンター刊

（7） 鈴木勉「斑鳩・藤ノ木古墳出土鞍金具の金工技術と技術移転」『橿原考古学研究所紀要考古学論攷第二一冊』一九九七・三

（8） 勝部明生・鈴木勉『古代の技－藤ノ木古墳の馬具は語る』一九九八・六、吉川弘文館　一〇～一二頁「線彫りは流れの文化」

（9） 勝部明生・鈴木勉『古代の技－藤ノ木古墳の馬具は語る』一九九八・六、吉川弘文館　一二～一四頁「立体彫刻は素材を削って」

（10） 勝部明生・鈴木勉『古代の技－藤ノ木古墳の馬具は語る』一九九八・六、吉川弘文館　一六二～一六五頁「目の錯覚を利用した蹴り彫り技術」

（11） 勝部明生・鈴木勉『古代の技－藤ノ木古墳の馬具は語る』一九九八・六、吉川弘文館　二二頁「堤状連珠文技術の発見」

（12） 勝部明生・鈴木勉『古代の技－藤ノ木古墳の馬具は語る』一九九八・六、吉川弘文館　三二頁「摩訶不思議な凸魚々子文」

(13) 『斑鳩藤ノ木古墳第二・三次調査報告書』刊行後、島根県岡田山一号墳出土円頭柄頭大刀（図14）と慶州博物館蔵菊隠コレクション鳳凰飾環頭大刀（出土地不明）から凸魚々子文が発見されている（本文内で詳述）

(14) 東潮「藤ノ木古墳の馬具の系譜をめぐって」『斑鳩町藤ノ木古墳第一次調査報告書』一九九〇

(15) 鈴木勉「藤ノ木古墳倭装大刀出現の技術史的意義－木彫金張り装の技術移転から六世紀の技術状況を考える－」『由良大和古代文化研究協会紀要　第六集』二〇〇〇

(16) 小林謙一「金銅技術について－製作工程と技術の系譜」『考古学論考　小林行雄博士古稀記念論文集』一九八二、小林行雄博士古稀記念論文集刊行委員会編

(17) 森下章二「五世紀の技術革新と歴史的背景」『王者の武装－五世紀の金工技術－』京都大学総合博物館、一九九七

(18) 森下章二「馬具と武具」『王者の武装－五世紀の金工技術－』京都大学総合博物館、一九九七

(19) 鈴木勉「日本古代における技術移転試論Ⅰ－技術評価のための基礎概念と技術移転形態の分類－（金工技術を中心として）」『橿原考古学研究所創立60周年記念論集』一九九八

(20) 鈴木勉「飛鳥奈良時代の切削加工用彫刻たがねについて（第二報）－文字彫刻技術から見た法隆寺薬師座像と同釈迦三尊像の両光背銘の刻銘年代について－」『一九九一年度精密工学会春季大会学術講演会講演論文集』一九九一

(21) 慶州国立博物館『新羅黄金』二〇〇一

(22) 鈴木勉「京都西本願寺鐘銘の挺出文字」『梵鐘』第一四号　二〇〇二・一〇

(23) 江上綏『日本文様の源流－亀甲つなぎ』日本経済新聞社一九八三

(24) 勝部明生・鈴木勉『古代の技－藤ノ木古墳の馬具は語る』一九九八・六、吉川弘文館　四四～四八頁「穿壁繫ぎ文」

(25) 『日本百科大辞典』（一九六三・小学館刊）によれば日本に象が渡来した最も古い記録は、応永十五年（一四〇八）六月ジャワの船が象を積んで小浜に着き、将軍の足利義持に献上したものという。

河内の渡来人と古代国家

直木孝次郎

一　文首とその氏族

河内の渡来人といえば、だれしもまず思うのは王仁の後裔氏族である文首であろう。[1]『古事記』（以下『記』）応神段に百済から渡来した「和邇吉師」が論語・千字文を貢進した記事があり、つづけて分注の形で、

此和爾吉師者文首等祖。

と記し、『日本書紀』（以下『紀』）応神一六年二月条に、

所謂王仁者、是書首等之始祖也。

とある。但し論語・千字文のことは見えない。

文首（＝書首）氏が河内を本貫としたことは、応神二〇年九月に渡来した阿知使主を祖とする倭漢直（『紀』）の一族のうちの文直が東文直と呼ばれるのに対し、書首が西書首（『紀』斉明二年九月）と呼ばれることでわかるが、『令義解』神祇令18大祓条にも、

　東西《ヤマトカフチノ》文部　謂、東文直、西漢文首也。

とある。『紀』雄略九年七月条にみえる説話に、河内国の飛鳥戸郡の人田辺史伯孫の女が古市郡の人書首加龍の妻となったとあるのは、書首が河内に居住したことを示している。

古市郡はおおよそ現在の羽曳野市の市域に含まれるが、羽曳野市古市に鎮座する西琳寺は、「河内国西琳寺縁起」(2)（一名「西琳寺文永注記」。以下「西琳寺縁起」）に、欽明二〇年（己卯年）に「文首阿志高」が諸親属等を率いて建立したとあり、文首氏の氏寺と考えられる。文首氏は中河内の古市郡の地を中心に栄えていたのである。

この文首は天武一二年九月に連の姓を賜わり、天武一四年六月に忌寸を賜わり（以上『紀』）、延暦一〇年四月に宿祢を賜わった（『続日本紀』）。弘仁六年（八一五）に成った『新撰姓氏録』（以下『姓氏録』）には文（書）首の後裔は文宿祢として見え、同書の左京諸蕃（上）条に、

　文宿祢。出レ自二漢高皇帝之後鸞王一也。

とある。これは事実とは思われないが、前記の『続日本紀』延暦一〇年四月条にすでにこの伝承が見えている。『姓氏録』にはつづいて、

　文忌寸。文宿祢同祖、宇爾古首之後也。

とあり、他に

　武生宿祢。文宿祢同祖、王仁孫阿浪古首之後也。

　櫻野宿祢。武生宿祢同祖、阿浪古首之後也。（以上左京諸蕃（上）条）

　栗栖首。文宿祢同祖、王仁之後也。（右京諸蕃（上）条）

が見え、河内諸蕃条に、

古志連。文宿祢同祖、王仁之後也。

とある（河内諸蕃条では文宿祢系はこれ一氏のみ）。

『姓氏録』の編纂されたころには、文首の後裔の文宿祢や文忌寸、また一族の武生・櫻野・栗栖などの諸氏族は本貫を平安京に遷していたが、古志連のように河内に残っていた同系の氏族もいたのである。

以上が『記・紀』『続日本紀』『姓氏録』等にみえる西文首系氏族の大体である。この他に一族または同族の関係にあったと思われる氏族が若干存する。つぎにそのうちからクラ（蔵・椋）関係の氏族を取上げて見ておく。

二　クラ関係氏族

クラ関係の氏族に注目する理由は『続日本紀』神護景雲四年（宝亀元）三月二八日条に、

葛井・船・津・文・武生・蔵六氏男女二百卅人、供二奉歌垣一。

とあり、蔵氏の氏人が文・武生の氏人とともに「歌垣に供奉」しているからである。時の天皇称徳はこの年二月二七日以来由義宮（河内国若江郡弓削郷の弓削行宮の後身）に行幸・滞留し、歌垣の催しを挙行したものと思われる。葛井・船・津の三氏については後述するが、蔵氏が文氏及び文氏と同祖の伝承を持つ武生氏と行動を共にしていることは、蔵氏が西文首と血族でないまでも、同族の関係にあったことを思わせる。

また文首氏の氏寺西琳寺の縁起を記した前出の「西琳寺縁起」を見ると、

神護景雲二年帳大政人蔵田長

とある。ここにいう「帳」は神護景雲二年に作製された西琳寺の「縁起并びに資財帳」であろう。その「帳」には「少政人武生継□長」の記載のあったことも「西琳寺縁起」に見える。大政人・少政人はこの場合、西琳寺の管理に当る職員とみてよかろう。(3)「檀越」にも蔵氏は文・武生とともに名前が挙げられている。これらは蔵氏が西文氏の同族であることの傍証としてよい。

なお『古語拾遺』には、履中朝に齋蔵の傍に内蔵を建て、官物を分収し、

　仍、令下阿知使主与二百済博士王仁一記中其出納上。

とあり、王仁が内蔵の管理に当ったという伝承を記している。これも蔵氏が王仁の後裔氏族であることの傍証となるであろう。

その本拠の地の候補に羽曳野市の蔵之内（古市郡蔵之内村）を挙げることができる。西琳寺の西南約一㎞である。

このように見てくると、八世紀の文献に姿を現わす春日倉首も、河内の蔵氏と同族関係にあったのではないかと思われる。その氏姓を持つ著名な人物に春日蔵首老があり、『続日本紀』大宝元年三月条に、

　令二僧弁紀還俗一。代度一人、賜二姓春日首名老一、授二追大壹一。

とある。『懐風藻』に詩一首（「述懐」）を残す従五位下常陸介春日蔵老、『万葉集』に歌五首（五六、六二、二八二、二八四、二八六）を残す春日蔵首老、一首（二九八）を残す弁基と同一人物であろう(4)（万葉集の二九八番歌の左注に「右或云、弁基者春日蔵首老之法師名也」とある）。このほか『続日本紀』天平神護二年三月条に春日蔵毗登常麻呂、正倉院文書に春日蔵首大市（大日本古文書一巻六三二頁）が見える。

この春日蔵の春日を大和の春日（添上郡）とみることもできるが、『延喜式』神名帳によれば、河内国高安郡の条に「春日戸社坐御子神社」があり、また同郡の天照大神高座神社の注に「元名二春日戸神一」とあって、河内の地名とも考えられる。大和では添上郡やその周辺の地に蔵（内蔵）氏の存在は知られていないが、河内では高安郡に近い古市

郡に蔵氏の存在したことは確かであるから、「春日蔵首」の春日は河内国高安郡の地名によるとするのが妥当であろう。この氏の本貫は従って河内高安郡の付近に在ったと考えられる。

この古市郡や丹比郡を含む中河内の地域には、これ以外にもクラとかかわりのあるウジを持つ氏族が存在する。その一つは川原蔵人で、『姓氏録』河内国諸蕃条に、

河原蔵人。上村主同祖、陳思王植之後也。

とある。上村主は『姓氏録』左京諸蕃（上）条・右京諸蕃（上）条などに見え、「廣階連同祖。陳思王之後也」などとあり、右京諸蕃（上）条の廣階連の項には「出レ自二魏武皇帝男陳思王植一也」とある。いずれにしても西文首とは系統を異にする渡来系氏族である。

しかし『続日本紀』神亀二年七月条に「河内国丹比郡の人正八位下川原椋人子虫等卌六人に河原史の姓を賜う」とあり、「西琳寺縁起」には、古市郡細川原椋人広麿の戸口で西琳寺の僧弁教が大宝三年閏四月に受戒して公験を受けたとあり、川原椋（蔵）人が古市・丹比郡のあたりに居住していたことが知られる。おそらく朝廷の蔵の制が整ってきた六世紀代には蔵首の支配下にいり、朝廷に出仕して蔵の事務に当った氏族であろう。細川原椋人もおそらく川原椋人の同族で、大宝年間に細川原椋人の戸口が西文氏の氏寺西琳寺の僧となったのもそうした関係によるのだろう。

中河内の地域にはこの他にもクラヒトをウジの一部とする氏族は少なくない。詳細はさきに発表した旧著(5)に譲って、ウジ名と推定居住地を記すと、つぎのようである。

河内蔵人　河内郡
白鳥椋人　古市郡
次田倉人　安宿郡

高安倉人　高安郡
尾張倉人　高安郡

〔備考〕
クラヒトの上郡につく名称には河内蔵人の河内、尾張倉人の尾張以外には国名に比定できるものはなく、郡または郡以下の小地名が一般である。「尾張」は、おそらく国名ではなく、高安郡尾張郷（『和名抄』）の存在から高安郡の地名と推定できるし、河内蔵人の河内も郡名の河内であろう。

川原蔵人を含めてこれらクラヒト氏族は朝廷の蔵に勤務する下級官人を出し、蔵首に率いられ、朝廷に上番したのであろう。そのクラヒト氏族が上司の蔵首や、本宗家の西文首と同族関係にあったとまでは言えないが、何等かのかかわりがあったことは認めてよかろう。古市・丹比など中河内の地は、文筆にすぐれた文首の一族が栄えただけではなく、それを中心に財政に通じた中・小の氏族の多い土地であったのである。

三　葛井・船・津三氏と文首の関係

つぎに前述の『続日本紀』神護景雲四年三月条に見える葛井・船・津の三氏を取上げる。この三氏と王仁後裔の西文首一族の関係については井上光貞氏の詳細・明確な研究(6)があるので、本稿での論述は簡略にとどめる。要するに結論は、この三氏の保持する伝承では祖先は西文首のそれとは異なるが、同じく百済系の渡来人で、西文首の本拠とする古市郡に隣接する丹比郡を中心に居住して相互に関係が深く、同族意識をもって結ばれていたと考えられるということである。井上氏の言葉では、

地縁的関係の力強さは西文氏系の三氏（文・武生・蔵を指す。直木注）の場合にも、船氏系の三氏の場合にも血縁同

胞の精神的＝生活的共同の保持強化に大きな役割を果したのであるが、それはまた血縁的には恐らく無関係な西文氏系の三氏と船氏系の三氏をも一つの結合へと統一して行ったのである。

そして、

此の両系統はそれぞれ由来を異にするにもかかわらず共通の文化及び地縁を媒介として一つのより高い渾然とした融合を形成して居たと考へられるのである。

とし、「河内の古市附近を中心とする一帯に本貫をもっていた西文氏系、及び船氏系の二グループ」は一つの「連合体」をなしていたとされる。

結論を先に述べた。叙述が逆になるが、以下この結論に至る過程を略述する。

葛井以下三氏のうちで史上にまず姿を現わすのは船史である。『紀』欽明一四年七月条に、

蘇我大臣稲目宿祢奉レ勅、遣二王辰爾一、数二録船賦一、即以二王辰爾一為二船長一。因賜レ姓為二船史一。今船連之先也。

船氏の祖はもと王辰爾と呼ばれる渡来人で、船に関する税のことを掌り、船史の氏姓を与えられたというのである。

つぎに見えるのは葛井氏の前身氏族の白猪氏で、『紀』欽明三〇年正月条に、

詔曰、量二置田部一其来尚矣。年甫《ハジメテ》十余、脱レ籍免レ課者衆。宜下遣二胆津一胆津者、王辰爾之甥也検中定白猪田部丁籍上。

とある。ここに「田部」というのは、欽明一六年七月に吉備の五郡に置いた白猪屯倉の田部のことで、胆津は命の通り「白猪田部の丁籍を検閲し」「籍を定め、田戸を成」した。その功によって胆津は「白猪史」の姓を賜わった、というのである（『紀』欽明三〇年四月条）。白猪史は『続日本紀』養老四年五月条に「白猪史氏を改めて、葛井連の姓を賜う」とあるように、葛井連に改姓する。

三番目の津氏は、『紀』敏達三年一〇月条に、

詔、船史王辰爾弟牛、賜レ姓為二津史一。

として成立する。以上の系譜をまとめると、つぎのようになる。

王辰爾……→船　史
□――胆津……→白猪史→葛井連
牛……→津　史

このようにこの三氏はもと同じ血族から出た一族と考えられる。『紀』にみえる系譜記事によると、中心は王辰爾であるが、『紀』ではそれ以前の先祖については語らない。おそらく明瞭な伝承は持たなかったのであろう。ところが『続日本紀』延暦九年七月条には、津史の後裔津連真道らのたてまつった上表文が収められているが、それには津連ら三氏の祖先系譜について、つぎのように述べている。

真道らが本系は百済国の貴須王より出づ。貴須王は百済始めて興れる第十六世の王なり。（中略）その後、軽嶋豊明朝に御宇《あめのしたしらしめ》しし応神天皇、上毛野氏の遠祖荒田別に命じて、百済に使して、有識の者を捜し聘《と》はしむ。国主貴須王、恭《つつし》みて使の旨を奉けたまはり、宗族を択び採りて、其の孫辰孫王一名は智宗王を遣はして、使に随いて入朝せしむ。天皇、焉を嘉し、特に寵命を加へて、以て皇太子の師とす。（中略）難波高津朝に御宇《あめのしたしらしめ》しし仁徳天皇、辰孫王の長子太阿郎王を近侍とす。太阿郎王の子は亥陽君なり。亥陽君の子は午定君なり。午定君、三男を生めり。長子は味沙、仲子は辰爾、季子は麻呂なり。此より別れて始めて三姓と為る。各職《つかさ》どる所に因りて氏を命ず。葛井・船・津連ら即ち是なり。

これによって三氏の系図を記すと左の如くになる。

貴須王―□―辰孫王
　┗太阿郎王―亥陽君―午定君┳味沙……→葛井連
　　　　　　　　　　　　　┣辰爾……→船連
　　　　　　　　　　　　　┗麻呂……→津連

もちろんこの系譜は作為が多く、午定君以前の系譜はほとんどが信用できないが、貴須王の孫の辰孫王が応神天皇の皇太子の師となったことなどは、王仁が応神の太子菟道稚郎子の師となったという伝承の模倣であろう。西文氏のことを十分意識していることがわかる。

船氏など三氏は西文氏を意識しているだけでなく、両者は地縁的に密接な関係にあった。それは井上氏の強調するところであるが（前述）、西文首の居地が古市郡であることはすでに述べた。蔵首氏も西琳寺の大政人や檀越であることから、やはり古市郡を本拠の地としていたと考えてよかろう。前にも述べたことだが、西琳寺の西南約二kmの地に蔵之内という聚落があるのも無視できない。

葛井氏ら三氏の居地については、津連の後裔である菅野朝臣真道らが延暦一八年三月に、「己等の先祖、葛井・船・津の三氏の墓地は河内国丹比郡野中寺の以南に在り。名づけて寺山と曰う。子孫相守り、累世侵かさず」と述べている（『日本後紀』）のが注意される。この言は、三氏の本拠が丹比郡にあったことを思わせるが、ここに挙げられた野中寺は、文武四年三月に没した道昭の父の船史恵尺が丹比郡の人であったことが『続日本紀』の道昭の没伝[7]によって知られることなどから、野中寺は船氏の氏寺と考えられている。西琳寺の西北西約二kmの地である。

また同じく丹比郡に属する現藤井寺市藤井寺にある葛井寺は、その名から葛井氏の氏寺と考えてよかろう。西琳寺の西北約二・七kmの地である。

津氏については氏寺は知られていないが、『延喜式』神名帳の河内国丹比郡の条にみえる大津神社が氏神の社とされている。現在、西琳寺の西北約三・三kmの地に羽曳野市高鷲八丁目に鎮座する。この社が津氏の氏神社であったことは確証はないが、北方約一・五kmに津堂の地名（もと津堂村）もあり、このあたりを津氏の居地と考えてよかろう。

このように見てくると、井上氏の指摘のように葛井・船・津の三氏が地縁的に西文氏一族と深い関係にあったことが知られる。おそらく六世紀以降、西文氏を中心にこれら諸氏族が一つの同族団を構成したのである。

四　交通・運輸関係氏族とクラ

ここで注意したいのは、この同族団の形成は地縁だけが契機になったのではなく、職掌もこれに関係したのではないかと思われることである。

西文氏は文筆に長じて朝廷の財政機関である「蔵」の管理に関与し、一族のなかに蔵首を氏姓とする者があり、その配下に川原蔵人をはじめ多くのクラヒト氏族を擁していたことを述べたが、蔵と関係が深いのは交通と運輸である。蔵に物資を収納・保管するにも放出・消費するにも交通・運輸が伴なわなければ十分に機能を発揮することができない。この蔵に必要な交通・運輸を担当したのが、王辰爾より出る船史と辰爾の弟牛より出る津史である。

大和を源とする大和川は中河内にはいると支流石川の流れを併せて水量を増し、河内平野を北流し、山代川（淀川）と合流して難波の海へはいる。難波では五世紀代に難波堀江が掘開され、難波津にはいった船は、そのまま大和川を溯行し（外洋航行の大船は別として）、安宿・古市・丹比等の諸郡のある中河内に至ることができる。その船を管理するのが船史、船の着く津を管理するのが津史の職掌であろう。主要な津は大和川と石川の合流点付近、現柏原市片山町（安宿郡）付近にあったのではあるまいか。大和川の水運・舟行は江戸時代にも盛んで、剣先船と称する吃水の浅い船が大阪の京橋から河内と大和の境の亀ヶ瀬まで運行したことはよく知られている。

亀ヶ瀬と大和川・石川合流点の中間、大和川の南岸に川に臨んで所在する松岳山は松岳山古墳の存在で有名だが、江戸時代に戊辰年（天智七年）の紀年をもつ船王後首（首はこの場合、姓ではなく敬称か）の墓誌が出土したことでも知られている。大和川を上下する船を見おろせるこの岳は、船の管理を職とした氏族の族長の墓所にふさわしい。船氏が大和川の水運にかかわったことの傍証とすることができよう。

水運には船・津両氏が関与した。では陸運はと考えると、西文氏の一族の武生氏がもと馬史であったことが想起される。井上氏も指摘しているが、『続日本紀』天平神護元年十二月条に、

右京人外従五位下馬毗登国人、河内国古市郡人正六位上馬毗登益人等卌四人、賜二姓武生連一。

とある。カバネの毗登は、『続日本紀』宝亀元年九月条の令旨に、「去る天平勝宝九歳、首・史の姓を改めて並びに毗登と為す」とあるように、もとは首または史であった。馬毗登は、『続日本紀』霊亀二年六月条に、

正七位上馬史伊麻呂等、献二新羅国紫驃馬二疋、高五尺五寸一。(8)

とあり、『万葉集』四四五八番歌の左注に、「散位寮散位馬史国人」とあることなどから、もと馬史であったと思われる。

さきに私は馬史（武生連）の同族・蔵首の居住の候補地として羽曳野市蔵之内を挙げたが、羽曳野市の郷土史家三木精一氏の示教(9)によると、蔵之内の近辺に馬谷・馬々脇・馬々崎など馬に因む地名が少なくない。この地を馬史の本拠地と直ちに推定することはできないが、西文氏一族の担当する蔵に必要な陸運を馬史氏が担当した可能性は大きい。

なお注目されるのは、丹比郡から古市郡へかけて大津道・丹比道（のちの長尾街道・竹内街道か）が通じ、大和川の河

道（現在の大和川ではなく、旧大和河）に沿って難波に通じる渋河道もあり、それは六世紀代にはまだ造営されていなかったであろうが、馬による運輸も盛んであったに違いない。六、七世紀には、馬史氏は大いに活動したと思われる。改めて西文氏の一族・同族の職掌をまとめると、蔵首は春日倉首と連携して、川原・河内・白鳥・次田・高安・尾張の諸クラヒトを率いて蔵の管理に従い、船史・津史は水運・舟行の管理・運営を担当、馬史（武生連）は陸運を担当して、蔵の経営に貢献したのである。大和政権の財政のかなり大きな部分が、中河内の地域に分布する西文氏同族団によって担われていたと言ってよい。

さきに私は、蔵首は川原蔵人以下の諸クラヒトを率いて朝廷に上番・勤務したのではないかと言った（第二節）が、このように考えてくると、上番もしたであろうが、中央の蔵の機能の一部を担当する蔵が交通の便のよい安宿郡・古市郡のどこかに設置され、西文氏の同族団はクラヒトなどの下級官人を率いて、朝廷の蔵の出先き機関ないしは分館である中河内の蔵の運営にも従事したのではないかと思われる。

朝廷の財政の出先き機関の設置場所としては、難波も好適の場所である。六世紀前半の安閑朝に難波屯倉を設けたことが『紀』に見えるのを始め、大郡・小郡などの外交・内政の機関や高麗館・百済客館など外国の使節を迎える宿舎などが、七世紀初頭の推古期にかけて次ぎ次ぎと造られ、政治的には難波の比重が高まり、大化改新とともに都は難波に遷るのであるが、財政面ではそれまでは中河内の地位が高かったと考えたい。

五　編戸の起源と渡来人

中河内の地域には上に述べて来た古市・丹比両郡の地に近接する安宿・高安両郡の地にも、特色のある渡来系氏族の居住が知られる。それは岸俊男氏の研究「日本における「戸」の源流」[10]によって広く知られることになったが、飛鳥戸造・春日戸村主・橘戸・八戸史・史戸など、多くは「地名+戸」のウジを名のる氏族である。

その諸氏族のうち、春日戸村主・八戸史は村主・史のカバネから渡来系であることが知られる。八戸史は『姓氏録』河内諸蕃条にも見え、「出レ自二後漢光武帝孫章帝一」とある。造のカバネは渡来系に限らないが、飛鳥戸造は『姓氏録』右京諸蕃（下）条に「出レ自二百済国比有王一也」とある。史戸はカバネを持たないが、『姓氏録』摂津諸蕃条に「漢城人韓氏鄧徳之後也」とある。橘戸もカバネは不明で、『姓氏録』にも採録されておらず、出自の判定に苦しむが、橘戸君麻呂の戸口に八戸史族大国のいること、[11]橘戸君麻呂、橘戸若島古・橘戸乙人古・橘戸鳥守が僧光覚願経の奥書に[12]知識として名の見えること、大仏開眼会に橘戸広嶋が高麗楽頭を船連虫麻呂とともに勤めたこと[13]（以上いずれも岸氏による）などより、渡来系の氏族とみてよいであろう。

春日戸村主は前述のようにカバネから渡来系（諸蕃）としたが、少し問題があるのは『姓氏録』未定雑姓の山城国の条に、春日部主寸（主寸は村主と同意）を「津速魂命三世孫大田諸命之後也」とあり、神別と認めていることである。しかしこれは岸氏の考証のように「春日部主寸」は「春日戸主寸（村主）」の誤記ではなく、安閑皇后春日山田皇女または敏達天皇の子の春日皇子の名代の部、または春日臣の部曲として設定された部の後裔とみるべきであろう。神別でありながら村主（主寸）をカバネとする珍らしい例で、春日戸村主はそれとはちがい、諸蕃とみてよいと考える。

そして興味深いのは、さきに挙げた飛鳥戸造以下五氏の氏人で、「何某戸」のウジを持つ者の居所が知られる限り、ほとんど安宿郡と高安郡とであることである（居所については岸氏の研究に詳しいので、ここには繰返さない。竹内理三氏他編『日本古代人名辞典』〈吉川弘文館〉に拠っていただいてもよい）。

もちろん「何某戸」というウジは上記の五氏だけにあるのではなく、岸氏の調査によると、子戸（大和）・大戸（河内）・陵戸（和泉）・真野戸（近江）・尾治戸（美濃）・三川戸（美濃）・朝戸（播磨）・他戸（不明）・志我戸（不明）・道祖戸（不明）・戸（不明）などがある（ウジ名の下の括弧内は、そのウジを持つ氏族の所在地を示す）。しかし上記の五氏以外は例数も僅かであり、各地に分散している。大戸の所在地は河内だが、他の五氏から離れて河内郡が居住地である。何某戸の所在地は左記のように飛鳥戸村主以下五氏の安宿郡と高安郡とがぬきんでている。

安宿郡　飛鳥戸
高安郡　飛鳥戸・春日戸・橘戸・八戸・史戸

こういうことは偶然または自然発生的に起るとは思えない。有力豪族なら、政治・経済上の要地を地盤として自力で集住し繁栄することは十分あり得るが、何某戸はそんな有力な氏族ではない。飛鳥戸村主以下の五氏が中河内の二郡に分布するのは、当時の中央政府の力ないし政策によると考えるのが妥当であろう。

ではなぜ何某戸が集中的に安宿郡・高安郡の地に配置されたのであろうか。それを考えるためには、何某戸の性格を明らかにしなければならない。何某戸に着目した岸氏はつぎのように推測する（岸氏は「何某戸」といわずに「――戸」と表記する）。

「――戸」と「戸」の字を含むことから、編戸造籍制の「戸」との関連性、つまりそれが日本における「戸」の源流をなすものではないかということである。

と述べ、編戸造籍制の起源に関する史料として『紀』の欽明元年八月条の、

秦人漢人等の諸蕃投化の者を召集し、国郡に安置し戸籍に編貫す。秦人戸数惣べて七千五十三戸。

とある記事に注目し、「帰化人を集団的に諸国に定着せしめて編戸造籍が行なわれたらしいことが示されている」とする。岸氏も認めるように、この記事の信憑性がどの程度か問題はあるが、天智紀・持統紀等にも百済の亡命者や高

麗人・新羅人を集団的に居住させた記事がある。氏はこれらの史料にもとづいて、

> このような帰化人安置の諸史料と、「――戸」がほとんど帰化系氏族に限られるという事実から、日本における最初の編戸制はまず朝鮮から渡来した人たちを一定地域に集団的に居住せしめる場合から始められ、そのような集団にまず「――戸」の称呼が用いられたのではないかと考えるのである。

と結論する。

妥当な見解であると思う。朝廷は渡来した人々を安宿郡・高安郡の地に集住させて戸に編成し、これに安宿(飛鳥)戸・春日戸・橘戸・八戸・史戸などの名を与えて支配したのであろう。安宿(飛鳥)戸・春日戸の安宿・春日が地名に依っていることは、その戸の人びとがもと血縁で結ばれた氏族ではなく、居住させられた土地で編戸された人びとであることを示している。八戸の「八」は何によるのか不明だが、丹比郡に八下郷があること(『和名抄』)からすると、高安郡にもヤという音を含む地名があり[14]、それを「八」の字で表わしたのかもしれない。橘戸の橘は、現在の高安郡に地名としては存しないようだが、大和と河内にはアスカ(明日香・安宿)・カスガ(春日)・シキ(磯城・志紀)など同一の地名が多く、大和の高市郡に橘の地名があることからすると、高安郡にもあった可能性は認めてよい。

おそらく朝廷は、朝鮮諸国との交渉が密接になるに従い、朝鮮の民衆支配の状況を知り、さらに朝鮮を介して中国の戸籍の制を知って、編戸の制が民衆支配のために有効であると考え、まず渡来人の多い河内の地で渡来人を対象に編戸制の導入を計ったのであろう。河内のなかでもとくに安宿・高安両郡の地を選んだのは、両郡地域が大和川の流れに近く、大和王権の浸透した先進地であり、また新しい編戸制の導入の妨げになる有力豪族の少ない地方であったからだろう。両郡にはさまれた大県郡の地に何某戸が見えないのは、天皇家と直結する県主の支配地であったからではあるまいか。

六　むすび――律令国家体制の源流――

古代における編戸制がまず中河内の安宿・高安両郡の地で始まったことを述べたのであるが、大和政権がこの地を選んだもうひとつの理由は、近接した古市・丹比両郡の地に西文氏の一族が繁栄し、その一族や同族の蔵・船・津・馬などの氏族により財政・運輸の制が整えられていたからであろう。その制度もまた王権にとっては権力強化のための新しい試みである。編戸制によって得られる租・調などの物質的利益は、蔵によって保管・運営され、船や馬によって都その他へ輸送できる。編戸に関する情報の獲得や伝達にも便利である。このような条件があったことが、安宿・高安の地に編戸制が展開したもう一つの理由であろう。

ただし、こうした推定を下すためには編戸制――何某戸の制――の設けられた年代を考える必要がある。いまそれを正確に定めることはできないが、岸氏が注目した「秦人・漢人等、諸蕃の投化せる者を召集し、国郡に安置し、戸籍に編貫す」の『紀』記事が欽明元年八月にかけられていることに、私も関心を持つ。吉備の白猪屯倉で田部の丁籍が造られたのは欽明一六年ないし同三〇年のこととされる（前出）。これらの年次は必ずしも正確とは思われないが、このように渡来人あるいは田部を「戸籍に編貫」することが欽明朝に試みられたという記憶が八世紀に存したことは、事実であろう。試みがどこまで実現したかは分からないが、欽明の治世の六世紀中葉に実施されたと考えたい。

岸氏の研究が出るまでは、この「戸籍編貫」や「田部丁籍」記事を疑問とする説が有力であったかと思うが、岸論文が公けにされた現在では、一概に否定することはできない。

一方、蔵関係の施設や組織が作られ、西文氏を中心とする諸氏族が活動を始める時期も、正確なことはわからないが、『紀』は王辰爾が船史の姓を賜ったのを欽明一四年、その弟の牛が津史の姓を賜るのを敏達三年としており、やはり六世紀中葉ないし後半の可能性が高い。編戸制の開始とほぼ同時期である。

私はさきに蔵関係の施設や制度がまず成立し、編戸制の採用、施行はそれより遅れるとしたが、あるいは逆ということも考えられるだろう。いずれにしても六世紀中葉ごろ、おそらく欽明朝に、財政制度と編戸制という、公地公民制に基く中央集権の国家の基礎となる制度が、渡来人を主要な構成要素として、古市・丹比・安宿・高安の諸郡の地を中心とする中河内に、形成・展開するのである。

このように考えると、この地域はのちの律令国家体制形成のモデル地区であったのではないかと思われる。この地でためされ、検討され、試行錯誤を経たものが、約一世紀ののち、七世紀中葉の難波で、大化新政として実施が企てられた諸制度の基礎となったのではなかろうか。欽明朝の中河内での新制と、孝徳朝の難波での新制とを簡単に結びつけることはできないが、検討に値する問題のように思われる。

その当否はともあれ、六世紀の中河内に新しい国家体制の胎動が始まり、それには渡来人が大きく関係していることは否定できないと考える。

文中しばしば述べたように、本稿は井上光貞・岸俊男両氏のすぐれた研究に負う所が多い。両氏から受けた多大の学恩に改めて感謝したい。

なお本稿ではふれなかったが、河内の有力渡来系氏族には西漢直（『紀』天武一二年）がある。加藤謙吉氏著『吉士と西漢氏』（白水社　二〇〇一年）に詳細な研究があるので、参照されたい。

註

（1）　井上光貞「王仁の後裔氏族と其仏教」（『井上光貞著作集』第二巻。初出一九四三年）。

（2）　「河内国西琳寺縁起」（続群書類従、『羽曳野市史』第四巻）。

（3）　政人が官司の職員の職名であったことは、続日本紀、大宝三年一〇年九日条、『大日本古文書』七巻三六頁、藤原宮跡出土木簡（『奈良県史跡名勝天然記念物調査報告』第二五冊、木簡釈文七五番）に見え、『聖徳太子伝補闕記』に「軍政人」が見える。拙稿「大宝令前官制についての二、三の考察」（拙著『飛鳥奈良時代の考察』高科書店　一九九六年。初出一九七八年）。

（4）天平勝宝九歳に、首と史のカバネは毗登に改めることが命ぜられた。首は聖武天皇の諱、史は藤原不比等の名と読みが等しいからである。

（5）拙稿「人制の研究」（拙著『日本古代国家の構造』青木書店　一九五八年）。

（6）井上光貞註（1）論文。

（7）続日本紀、文武四年三月一〇日条の没伝に「和尚、河内国丹比郡人也。俗姓船連、父恵釈少錦下」とある。

（8）驃は『和名抄』に「漢語抄云、驃馬白鹿毛也」とも「黄白色馬」ともみえる。諸橋の大漢和辞典には、「白ぶちの黄馬。又、たてがみと尾との白い黄馬」とある。

（9）『日本のなかの朝鮮文化』一八号（朝鮮文化社　一九七三年）所載の座談会「王仁系氏族とその遺跡」（出席者は金達寿・三木精一・森浩一・直木孝次郎）参照。

（10）岸俊男「日本における「戸」の源流」（岸著『日本古代籍帳の研究』塙書房　一九七三年。初出一九六四年）。

（11）天平十五年正月「八戸史族大国優婆塞貢進解」（『寧楽遺文』中五一七頁）。

（12）天平宝字六年五月一六日「光覚願経」（『寧楽遺文』中六三四頁）。

（13）『東大寺要録』巻二、供養章第三。

（14）『和名抄』は八下郷を波知介（東急本）と訓むが、のち平安時代後期に丹比郡から分立する八上郡は、ふつうヤガミと訓む。

宮宅と古代寺院の構造

服部伊久男

一　斑鳩宮の研究史と問題の所在

斑鳩宮は厩戸王子（うまやとのみこ）とその子山背大兄王の父子二代を中心とする一族である、いわゆる上宮王家が経営した皇子宮であり、法隆寺東院（上宮王院）がその故地に当てられていることは大方の知るところである。この「斑鳩宮」については『日本書紀』に記述があり、成立や廃絶の時期をある程度知ることができる。(1) 推古九年「春二月皇太子初興二宮室于斑鳩一」、推古十三年「冬十月皇太子居二斑鳩宮一」、皇極紀二年「十一月丙子朔、蘇我（中略）等焼二斑鳩宮一」とあり、推古九年（六〇一）に宮室の建設を開始し、四年後の推古一三年（六〇五）に飛鳥の地から斑鳩宮に移宮し、皇極二年（六四三）に上宮王家の滅亡事件で焼失するまでの約三八年間にわたり存続した宮室であることが知られる。

厩戸王子は推古三〇年（六二二）に薨じているので、(2) 厩戸王子が一六年間、山背大兄王が二一年間の、父子二代にわたり伝領され、それぞれほぼ同じ期間占有された宮であることが知られている。このように宮の経営期間については、書紀の記事が明らかにしているが、宮の位置、規模、構造については、少し後に著述された史料などからうかがうこ

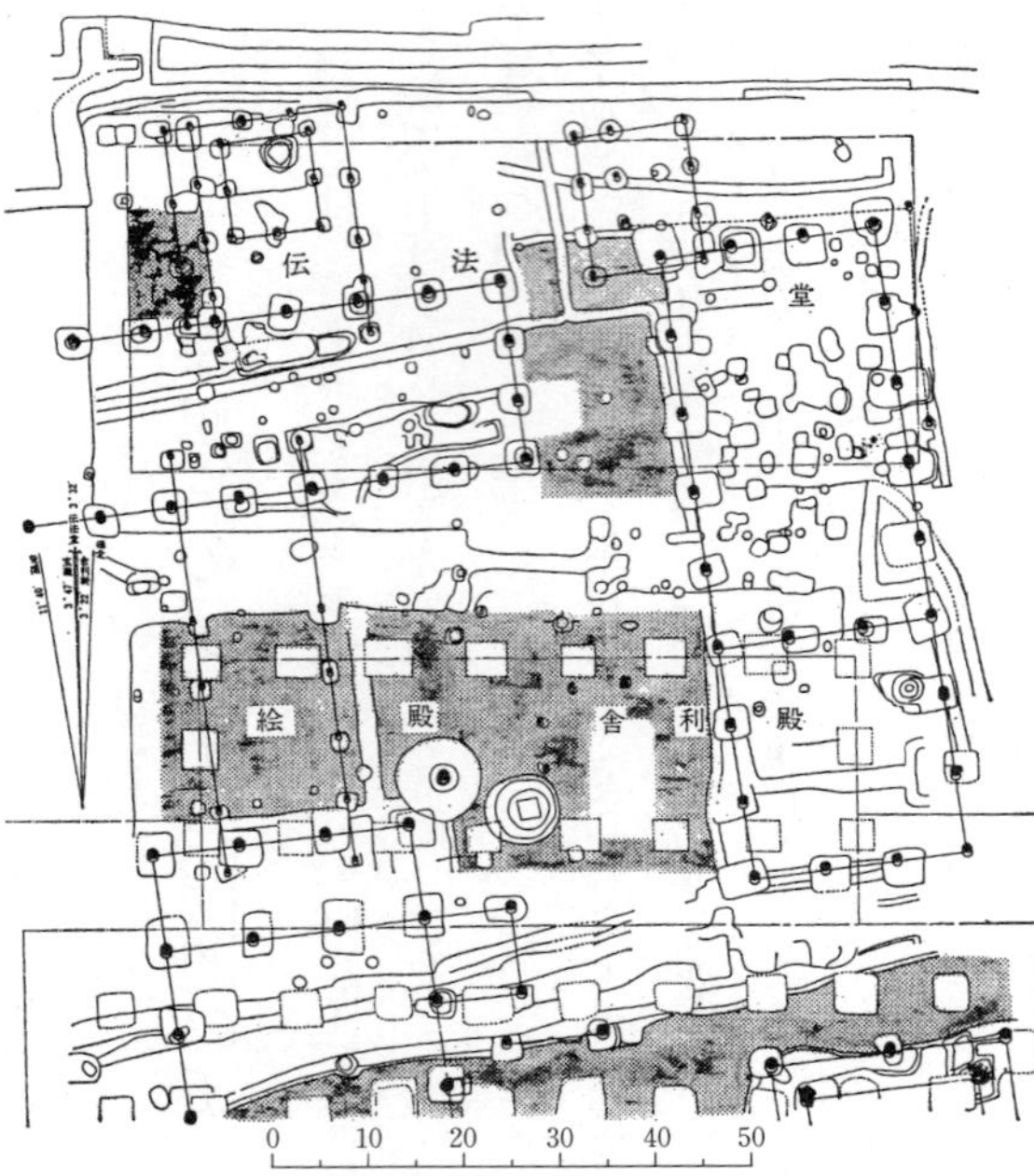

図１　東院下層遺構平面図（浅野1983より）

とができる。『法隆寺東院縁起』、『日本三代実録』、『聖徳太子伝暦』、『伊呂波字類抄』、『古今目録抄（聖徳太子伝私記）』などの記述から西院伽藍、あるいは若草伽藍の東側に位置する夢殿を中心とする東院伽藍の地が斑鳩宮に当たると考えられてきた。東院縁起には斑鳩宮の故地の荒廃を嘆いた僧行信が春宮阿部内親王（後の孝謙天皇）に奏上し、天平一一年（七三九）に東院伽藍を創建したと伝えるが、この所伝が後の太子信仰に関係した史料群に引用されていくようである。宮の内部構造については、『日本書紀』、『上宮聖徳太子伝補闕記』、『聖徳太子伝暦』には「内寝」、「大寝」、「寝殿」などの建物の表記はみえるが、建物の構造や形状は具体的には知り得なかった。

このように史料上からは具体的に知られなかった斑鳩宮をめぐる問題について、大きな進展を図る機会となったのが、いわゆる法隆寺東院下層遺構の発掘であった（図一、国立博物館一九四八）。調査は東院建物の解体修理にあわせて実施されたもので、一九三四年（昭和九）の礼堂地下の調査に始まり、八年後の一九四二年に終了。多大の成果をあげた下層遺構は、伝法堂、舎利殿、絵殿の解体修理に併行して行われた。一九三九年（昭和一四）、伝法堂の地下調査での掘立柱建物柱穴の確認に端を発し、多くの掘立柱建物を検出した。総調査面積は約一一〇〇㎡であった。浅野清博士によって精力的に進められたこの調査は、掘立柱建物（柱穴）の検出方法がはじめて開拓されたものとして学史上つとに名高いものであり、以後の都城、官衙、集落遺跡などの調査に大きな影響を与えた。

一九四一年（昭和一六）、建築史家足立康氏が、東院下層遺構に関する新聞記事（昭和一五年六月二二日「大阪朝日新聞」奈良版）を受けて、東院下層遺構は斑鳩宮の中心部ではなく、地形的条件が良好な東院の北方、または西方が中心部に当たるとされた（足立一九四二）。一九四八年（昭和二三）には報告書が、また、一九五九年（昭和三四）には『法隆寺建築総覧』が上梓され、下層遺構について浅野博士が詳細に報告されている（国立博物館一九四八、浅野清一九五九・一九七一・一九八三）。要点を列記すると、①検出した掘立柱建物は七棟で、大型の柱掘方をもつものと小型の掘方をもつものに二分される。②建物はいずれも東院創建時の盛土層（整地層・白土層）の下層で検出され、建物の主軸は東院の現存建物より約八度西へ振れている。③旧表土（地山・砂利層）上面から、灰、焼瓦、焼壁土（木舞痕跡、ワラスサ、仕上白土が認められる）が出土した。④その範囲は夢殿の裏から北室院本堂辺り、また、さらに西側に広がる、などである。そして、先の文献史料などを照会し、南北棟建物（絵殿及び北回廊跡で検出された建物）を中心とする左右対称の配置形態を想定され、斑鳩宮の中心部である可能性を指摘されたのであった。

一九五七年（昭和三二）には、福山敏男氏が下層遺構を小形建物の一群（第一期）と大形建物の一群（第二期）に分け、遺構群に時期差のあることを指摘されているが（福山一九五七）[3]、浅野氏はこの福山氏の考え方には賛同を示さず、あくまで同時併存する建物群ととらえられている（浅野一九五九）。一九七九年に小笠原好彦氏は、畿内を中心とする掘立柱建物集落を検討され（小笠原一九七九）、小形建物四棟からなる一群を分析し、倉庫をもつコ字形配置に近い形態を呈することから六世紀後半に比定できるとされた。一九八三年に岡本東三氏は法隆寺の再建年代を検討する中で、飛鳥稲淵川西遺跡との建物配置の類似性を指摘された（岡本一九八三）。

大きな進展のみられなかった東院下層遺構をめぐる問題について、新たな成果を提供したのが法隆寺防災施設工事に伴う発掘調査であり、一九八五年に大部の報告書が上梓されている（法隆寺一九八五）。下層遺構とほぼ同じ偏度をもつ、夢殿の北側で検出されたSD一三〇〇を南限に、SD六一九一を西限、SD一一五〇を東限とする方二町（四町域・東西、南北とも一辺約二一〇m、高麗尺六〇〇尺）におよぶ斑鳩宮の宮域を復元し、東院下層遺構は宮の東南隅部に位置することになり、宮の中心部は現福園院（福生院）の北方に想定できるとしたのである。ただし、下層遺構とSD一三〇〇の方位が厳密には一致しないこと、また、夢殿南側の整地の時期が明らかでないことなど、宮域の南限については課題が残されたが、「SD一三〇〇以北に斑鳩宮を想定し、東院造営時に南半部の盛土をおこなったとしておくのが妥当」という見解（山岸一九八五）に従っておきたい。また、出土瓦についても検討が行われ、東院下層遺構に伴う軒瓦は、無子葉単弁六弁蓮華文軒丸瓦（二A形式）、忍冬弁単弁六弁蓮華文軒丸瓦（三三B型式）、均整忍冬唐草文軒平瓦（二一五A型式）であり、いずれも小型品である点から甍瓦や小規模な仏殿、仏堂の所用瓦であったとされている（山本一九八五）。

斑鳩宮の宮域が具体的に復元された点は重要であるが、西側に接するいわゆる若草伽藍についても大きな成果が示されている。伽藍地の北限塀SA四八五〇、西限塀SA三五五五が検出され、若草伽藍は東西一五一m（高麗尺四三一・五尺）、南北一七一m（高麗尺四八七・五尺）の範囲とされ、金堂、塔は伽藍地の東西幅を三分する西一番目の南北線を中軸線としていることが判明した。高麗尺一町（三〇〇尺）の四分の一である七五尺が基準寸法となり、さらにそれを二つ割りする精密な計画の下に建立され、斑鳩宮を含めて一体的に造営されていることが明らかにされている（岡田一九八三）。さらに宮と寺院の中間地帯で幅約四mの溝SD一〇〇一が検出されていた事実を考え合わせた結果（石田茂作ほか一九五九）、若草伽藍の東上方に斑鳩宮が造営されているという、寺院と宮が併立する存在形態が明らかにされたの

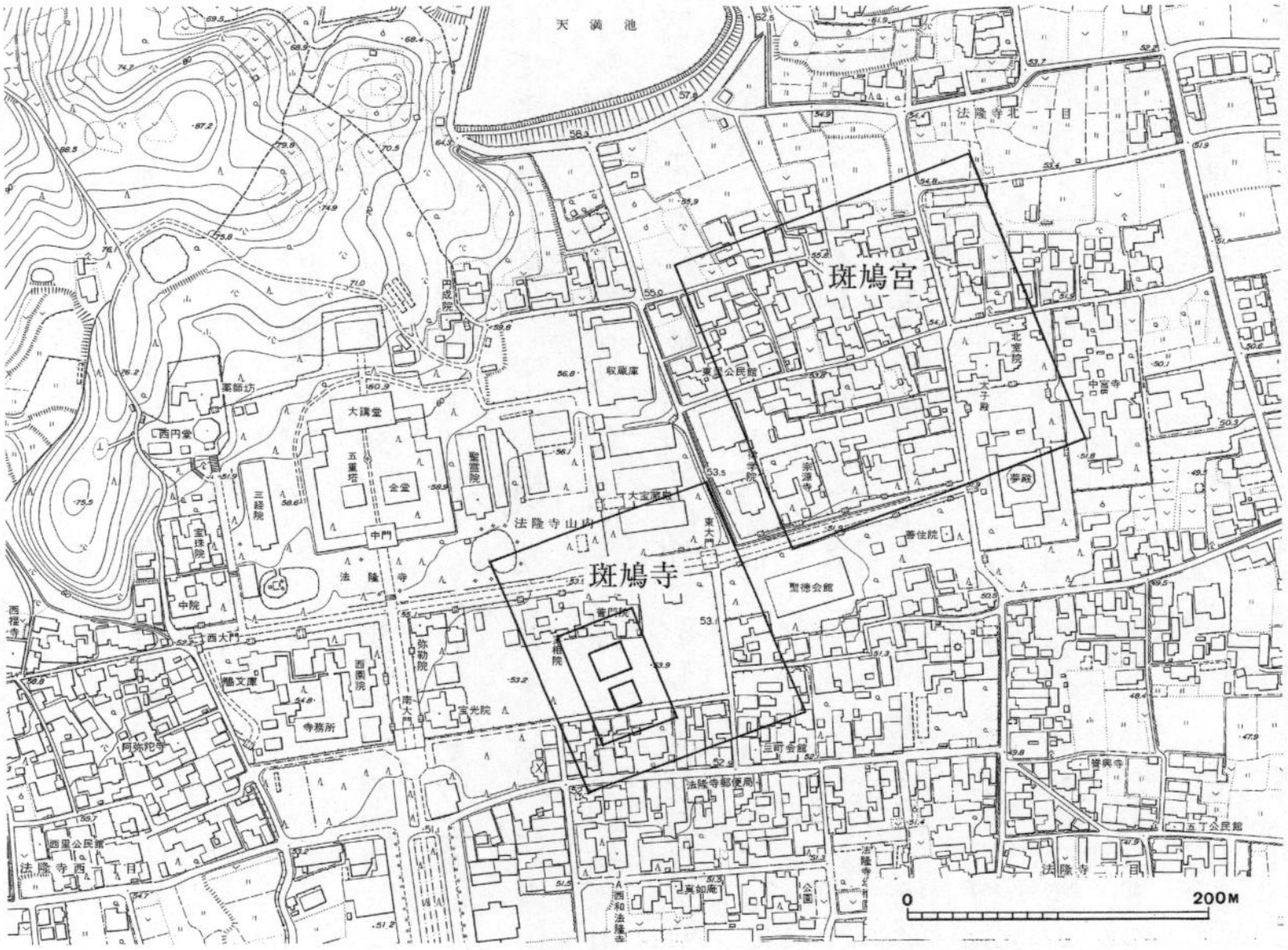

図２　斑鳩寺と斑鳩宮（服部作図。基図は斑鳩町都市計画図５〈S＝1/2500、平成７年版〉）

である（図二）。

一九八六年から一九八七年にかけて斑鳩宮の東半部中央辺で第八次調査が実施され、掘立柱建物三棟、掘立柱塀一条が検出されている（小沢ほか一九八六）。これらは、東院下層遺構と同じく建物方位が約一五度〜一八度北で西偏し、斑鳩宮南限とされるSD一三〇〇の偏度に近く、また、柱痕跡の部分や柱の抜取穴には多量の焼土、炭を含むものがあり、柱穴出土土器の年代などからみて少なくともその一部が斑鳩宮に該当することは確実とされている。また、調査地が南限溝SD一三〇〇から北へ一町（約一〇六m、高麗尺三〇〇尺）のラインを含んでいることから、宮室はさらに北側へ広がっていることが判明している。その後、一九八八年には宮本長二郎氏が下層遺構と稲淵川西遺跡、桜井市上宮遺跡との比較を行い（宮本一九八八）、下層遺構の中心建物（建物A）は南北棟、四面庇である可能性をあげ、さらに上宮遺跡との共通性から建築形式上の関連性、連続性を指摘された。

宮（推定地）及びその周辺における発掘調査では、既述の三件の調査が大きな成果を得ているものであるが、その他にも数回にわたる調査が実施されている。小規模な調査事例が多いが、この内、斑鳩町教育委員会が一九九四年（平成六）に実施した調査地は斑鳩宮推定域の西限ラインに当たっていたが、砂層がベースとなり遺物・遺構は検出されていない。また、同年に行われた宮の中心ラインに当たる調査地では、幅一mの南北溝が二条重複して検出され、一方は七世紀のものと考えられている(3)。

一九九六年、小笠原好彦氏が「斑鳩宮の建物構造」と題して、これまで以上に詳細な検討を行われている（小笠原一九九六）。稲淵川西遺跡と比較したところ、その配置計画には共通点が多いが、もっとも大きな違いは中心建物の棟方向であることから、下層遺構の建物Aを再検討し、身舎五×二間で南北両庇を伴う東西棟を想定された。さらに、中心建物と付属する南北二棟の配置の類例を求め、稲淵川西遺跡型、平城宮大膳職政庁型に類型化し、斑鳩宮は後者に属するとされた。宮室の内廷的性格をもつ大膳職に宮室の伝統的な建物配置が採用されたとされている。また、斑鳩宮の宮域について、その南限をSD一三〇〇よりさらに二〇mほど南に想定し、下層遺構が斑鳩宮の中心部を構成していることを強調されている。

翌年には大脇潔氏が厩戸王子関係の宮室、寺院、墳墓（古墳）を概観する中で東院下層遺構について新たな見解を示されている（大脇一九九七A）。すなわち、かつて福山敏男氏が二分した第一期と第二期の建物小群をA期、B期とし、A期は厩戸王子の時代、B期を山背大兄王の時代の建物群として解釈されたのである。

以上現在までの主要な研究を概観したが、当面以下のように纏めておきたい。

『法隆寺東院縁起』や『聖徳太子伝暦』などの伝記類の記述から斑鳩宮の故地に東院伽藍の地が比定されてきたが、その範囲や建物の構成については史料からは窺い知ることはできなかった。東院下層遺構の発見はこうした状況を打開し、より具体的に宮室の構造を知ることのできる大きな成果となった。防災施設工事に伴う調査では宮の四至を復元し、寺院と宮室の併存する形態が明らかになり、その後下層遺構の建物群を宮の存続期間内で二分して考える細分案なども提起されているが、今の状況では多様な可能性の範疇に属しており、断案を下すことはできない。

いずれにせよ、考古学的に確定されているわけではなく、文献史料との照合の結果、宮の遺構であることを否定することもできないという消極的肯定論の側面をもっていることにも注意しておく必要があり、厳密に言えば〝斑鳩宮推定地〟という認識に留めておくのが妥当と思われる。しかし、多くの研究者が斑鳩宮であることを前提に立論されているように、積極的にこれを否定すべき事実も見当たらないのが現状であろう。本稿では「斑鳩宮」として記述を進めるが、その用語の内実には「斑鳩宮推定地」という現状認識を含み込んでいることを了解されたい。

東院下層遺構自体についても課題は残されている。特に中心建物Aについては、浅野博士自身、「…庇をもつ様子ではあるが、まだ、どちらへどのように続くものか予測を許さない」（浅野一九五九）との見解を示されているように、その規模と構造に不明確な点が残されているのも事実である。その結果、東院下層遺構と類似する建物配置をもつ遺跡との比較検討には、建物Aの復元が大きな論点となってきている。特に小笠原氏の見解がそうであるように（小笠原一九九六）、稲淵川西遺跡に認められる建物配置との類似性と共通性の追求に傾斜する方向を生んでいる。

稲淵川西遺跡は稲淵川西岸の緩傾斜地に立地する遺跡で、北と西を山塊に囲まれた地形的制約を受ける地に位置している。掘立柱建物四棟、石敷広場一所が検出されている。掘立柱建物は四面庇を伴うSB〇〇一を中心に、その背後にSB〇〇二が、さらに東側にはSB〇〇三とSB〇〇四の南北棟の建物が並び柱筋をそろえる。計画的な配置形態であり、SB〇〇一を中心とする東西対象の建物配置である可能性が指摘されている。石敷広場は一辺約四〇㎝の玉石を敷きつめる。七世紀中頃に造営され、七世紀末前後に廃絶したと考えられている。中大兄王の飛鳥河辺行宮に比定する見解があるが、天皇別邸、皇子宮とする意見もある（奈良国立文化財研究所一九七七、木下一九八七）。

さて、小笠原説での問題は、身舎二×五間に南北両庇を付設する建物に復元した場合、東側柱列、南入側柱列で計七基の柱穴が浅野博士の調査で未検出に終わっていることを示している点であろう。掘方約一m前後、深さ約〇・五〜一・〇mの大型柱穴が七基も未検出に終わったとは考えにくいのではないか。この問題の部分は東西方向の溝と重複する部分でもあるが、溝は完掘されており柱穴は溝の底面でも十分に検出されたのではないか。事実、西側柱列の北第三・四の柱穴は溝と重なる位置で検出されている。また、東院創建時の七丈屋や北面回廊の柱掘方とは重複しないので、十分に確認されたのではないか、とも思う。ただ、解体修理工事のための足場で調査が制約を受けたり、一部は奈良時代の井戸と重複するなど、多くの制約があったことは事実であろう。また、南側柱列については調査区外でもあるので、今となってはどちらとも判断できない。しかし、小笠原氏のように身舎五×二間で南北両庇を伴う東西棟に復元すると、建物B・C・Dとの柱筋が一致し、より計画性の高い建物群である面が強調できる点も多いのは事実であり、宮都を構成する内廷的宮司との比較を通じて、王宮や皇子宮の推移、変容の過程を考究する点には多くの教唆が含まれているが、いずれにせよ、建物Aの全貌は今後の発掘調査で検証するほかあるまい。

ところで本稿では、この斑鳩宮についてこれ以上の考察を加える気はない。むしろ、宮室と寺院の関係、それらの平面的な併置関係という存在形態を通じて、古代寺院をめぐる空間構成、とりわけ伽藍地と院地の関係やその類型、さらには宮室・寺院・院地の発展と変容の過程に関わり若干の考察を及ぼすことに目的がある。

二　斑鳩宮と斑鳩寺

斑鳩寺の創建時期については、金堂創建瓦の素弁九弁軒丸瓦（三Bb型式）が豊浦寺金堂にも供給されていることから、斑鳩宮が完成した推古一三年（六〇五）前後と考えられており、宮と寺の造営時期については若干の時間差はあるがほぼ同時期の造営とみなしてよいであろう。斑鳩宮は皇極二年（六四三）に焼亡するまで存続していたので、約三〇数年間併存していたとみなすことができる。(6) その様態は寺院の右上方（北東方）に宮域を設定するという、東西に併置する形であったことは先述のとおりである。さらに、両者の中間には幅約四mの河が南流していた。斑鳩寺は幅約一〇mの尾根（仮称若草尾根）上に造営されており、この尾根の東端部が東限となり、さらに東側は幅広い谷地が東院付近まで広がっていたとされている。河は人工河川というよりは、尾根筋の側辺を流れる自然流路、谷川であったと思われるが、護持河の機能をもつ人工流路であったとも指摘されている（菅谷一九八五）。

宮室の四至については課題が残されている。宮域復元の根拠となった東限溝SD一二五〇は東側肩部が未検出であり、また、西限溝SD六一九一も古墳時代の溝SD六二一二を踏襲したものであり、やや不安定な遺構となっている。さらに、南限溝SD一三〇〇については、小笠原氏はこれを否定しさらに二〇mほど南に南限を想定されている（小笠原一九九六）ことは既述したとおりである。宮の南限の問題は建物Aの棟方向や規模の復元に直接関わる点できわめて重要であるが、本稿では先述のように防災工事報告書の復元案に従っておきたい。

ところで、斑鳩宮とはどのような性格と機能をもち、どのように経営されていたのであろうか。この点については、仁藤敦史氏による一連の研究に拠りながら概観しておきたい（仁藤一九九七A、B、C、D）。

いわゆる上宮王家は斑鳩地域で斑鳩宮を主宮とし、岡本宮、中宮、飽波宮を傍宮とする分散居住の形態を採っていたが、主宮の斑鳩宮は厩戸王子と山背大兄王親子が居住していた皇子宮である。家政機関は派閥構成氏族を中心として、家臣的氏族や舎人、宮人、隷属民（家人・奴婢）などから構成され、宮の家産機構を構成し、貢納物の管理、所領の経営・管理、農耕、雑事などを行い宮や寺院の経営に奉仕していた。八世紀中葉の寺院経済史料である『法隆寺伽藍縁起并流記資財帳』の分析から、七世紀初頭に上宮王家が斑鳩に進出し、斑鳩地域の開発を進め経済的基盤を作り上げ、同時に在地氏族の山部氏を王家の家政に組み込み、乳部を中心とする名代・子代の奉仕体制を確立、部民の所有と支配を強化し、屯倉経営を進め、所領支配を拡充する過程が導き出されている。文献史学者の間では、資材帳にあらわれた所領はすでに七世紀前半の上宮王家の時代に確保されていたとする意見が強い。宮は単に王子やその一族の居住の場ではなく、宮の維持・経営・管理を行う家政機関、そして王家の家政を含めた総体であり、王家の家産経済を体現する空間でもあった。さらに寺院の経営によって王家の私領を施入により寺領化し、所領支配を合理的に拡充することができ、官司制的な技術者集団（画師、仏師など）を確保できる利点があったとされている。

このように、寺院と宮室の関係は、平面的な外観のみをみると単なる方形区画が併立する形態にすぎないが、実態としては一体のものであり、一方は仏教的精神を体現するイデオロギー的支柱として、もう一方は王家の私経済を体現する現実的支柱として、双方が不可分の関係で機能していたのである。

斑鳩宮の経営の実態などの課題は考古学的には実証が困難であり、文献史学の研究に委ねるしかないが、外観や平面的な関係については考古学的にアプローチが可能であり、また、その検討成果が宮室や寺院の相互関係や発展過程の解明に資することが期待される。

三　斑鳩寺の院地

前節で寺と宮の併置関係を概観したが、次に寺の管理運営を担っていた諸院の部分について検討しておきたい。古代寺院における院の重要性については旧稿で指摘したことがある（服部二〇〇一）。

さて、初期の寺院には、伽藍地の東西幅を三分する西一番目の南北線を伽藍中軸線に設定する例がある。(7) 飛鳥寺、斑鳩寺である。飛鳥寺は南北約二九〇m、東西約二一〇mの不整五角形の寺域をもつ。この範囲を寺院地としてとらえ、北端部から東半部にかけて諸院の存在を考える見解がある（奈良国立文化財研究所一九五八、大脇一九九七B）。飛鳥寺の報告書においても浅野清氏が『薬師寺縁起』にみえる本薬師寺の寺地構成を参考に、主要伽藍の東方に大衆院のようなものを設営できる空間的余地の生じることを指摘されている。また、森郁夫氏は、古代寺院の空間構成に関する概念図を示され、額田寺伽藍並条里図を例示して同じような空間構成を採っていたことを指摘されている（森一九九八）。斑鳩寺の場合も同様に想定して院地とみなすと、その大きさは、東西五〇m、南北一七一mであり、諸院を配する空間的余裕は十分に認められる。しかし、今のところそれらの建物や伽藍地と院地を分かつ塀などの区画施設は確認されていない。また、飛鳥寺では僧房、食堂などが未検出であり、斑鳩寺では講堂、僧房、食堂などが未検出である。これらが院地とされる東半部に建築されていた可能性もある。斑鳩寺については、斑鳩寺北限塀SA四八五〇の北側には、SA四八五五、SA二一一五などがあり、斑鳩寺の僧房や大衆院屋、雑舎的性格の地区などの可能性も指摘されており（浅野一九五九、岡田一九八五）、伽藍地の北側に院の一部が形成されている可能性も含み置く必要はあろう。両寺の院の位置や内部構成については今後の調査を待つしかないが、初期の寺院の伽藍地と院地の関係はきわめて重要であり、初期の寺院に定型化した院が付設されていたのかどうかという根本的な問題を含めて検討する必要がある。

かつて旧稿において額田寺、市道廃寺、野中寺、新堂廃寺、海会寺などの例を上げ、各寺院の伽藍地の右方（東方）、ないしは右上方（北東方）には掘立柱建物を中心とする遺構群が一定の範囲に広がっている様相を指摘し、それらが経営氏族の居宅や集落ではなく、院として分析が可能であることを指摘した（服部二〇〇二）。その範囲は不明確なものもあるが、大方は伽藍地と同じか、あるいは一回り大きい方形の区画が想定される場合が多いようである。これらは寺院空間を構成する院地であると推定できる。院は政所院、大衆院、食堂院などに分かれ、寺院を維持管理、運営する上で不可欠な存在である。これまで院に対する認識が不足していたため、寺院周辺で検出される建物群については、首長居宅、一般集落という分析視角が優位に立ち、集落論の域を脱することはなかった。しかし、寺院機構や寺院経済をめぐる文献史学上の研究課題を概観すれば、主要伽藍以外に多くの施設や所領を伴ってはじめて寺院が成り立っていることは容易に察することができる。首長居宅や集落としての分析視点の意義や有効性を完全に否定するものではないし、また、否定するに足る細かな反証を用意しているわけではないが、このままでは古代寺院が本来有する空間を狭くとらえることに結びついてしまう。むしろ、寺院には院の存在が不可欠であるという前提に立ち、どのような遺構が院として認識できるのか、どのように類型化されうるのか、居宅や集落とどのような差が認められるのか。こうした課題にも答えていく必要があるものと考える。その一端として、旧稿では古代寺院の伽藍地と院地の相互関係について、その平面的な併置の関係が一つの〝かたち〟として明確に存在しているという点を指摘したのである。

先の諸例はいずれも寺院の存続期間と併行して展開している点は確かであるが、寺院創建当初から寺院の衰退時期までまったく同じ形態を保持していたわけではない。比較的長期にわたる変化の実態が知れる市道廃寺例のように、建物の配置形態や構成数は変化するのである。これらは院内部の機能分化や機能統合の結果とみることができる。おそらく他の事例でも時期によって変化するのが実態であろう。しかし、そうした状況においても伽藍地の右上方（北東方）に院地を付設するという類型が当初より一つの規範として存在したことを想定させた。ここで想起させる類似の様相は、まさに斑鳩寺と斑鳩宮の相互関係のように方形の区画が併置される様相であり、ここに伽藍地と院地の関係性、宮地と寺院の関係性について、その配置外観の類似性を指摘するに至る。

なお、院の中枢が伽藍地の北東方に展開する背景について、西方を重視し伽藍前面を開放的にするため（宮本一九八一）、西方浄土の思想的影響を受けたため（大脇一九九七B）、などの見解が提出されている。

四　宮室・宮宅と寺院

宮宅、居宅と寺院（伽藍・仏殿）の併置関係について、岸俊男氏は示唆に富む指摘をされている（岸一九八四）。山田寺、安倍寺、豊浦寺に近接して氏上の居宅があり、両者はきわめて密接な関係にあったこと、また、百済大宮と百済大寺、斑鳩宮と斑鳩寺、中宮院と法華寺などの関係にみられるように、居宅・宮宅と寺院の併置関係が存在することを指摘されている。また、最近、山中章氏は宮都の発展段階の中にこうした併置関係を位置付け、政治空間と宗教空間が一体化した斑鳩宮と斑鳩寺の関係が舒明朝の百済宮と百済寺の関係に継承され、以後の首都の基本形態となったことを指摘し、都市景観の形成史上に位置付ける必要性を指摘されている（山中二〇〇一、二〇〇二）。

岸氏の指摘や一連の掘立柱建物集落に関する研究成果（小笠原一九八二）を参照に、宮宅・居宅と寺院との間にみられる関係性を類型化すると、①宮宅から寺院への移行、②居宅から寺院への移行、③宮宅と寺院の併置、④居宅と寺院の併置、の四つの類型に整理することができる。いずれの類型も寺院の成立の過程や存続の様態を考えるうえで重要であるが、本稿では主に第③の類型を軸に検討を進めていることになる。なお、①・②はいわゆる捨宅寺院の問題で

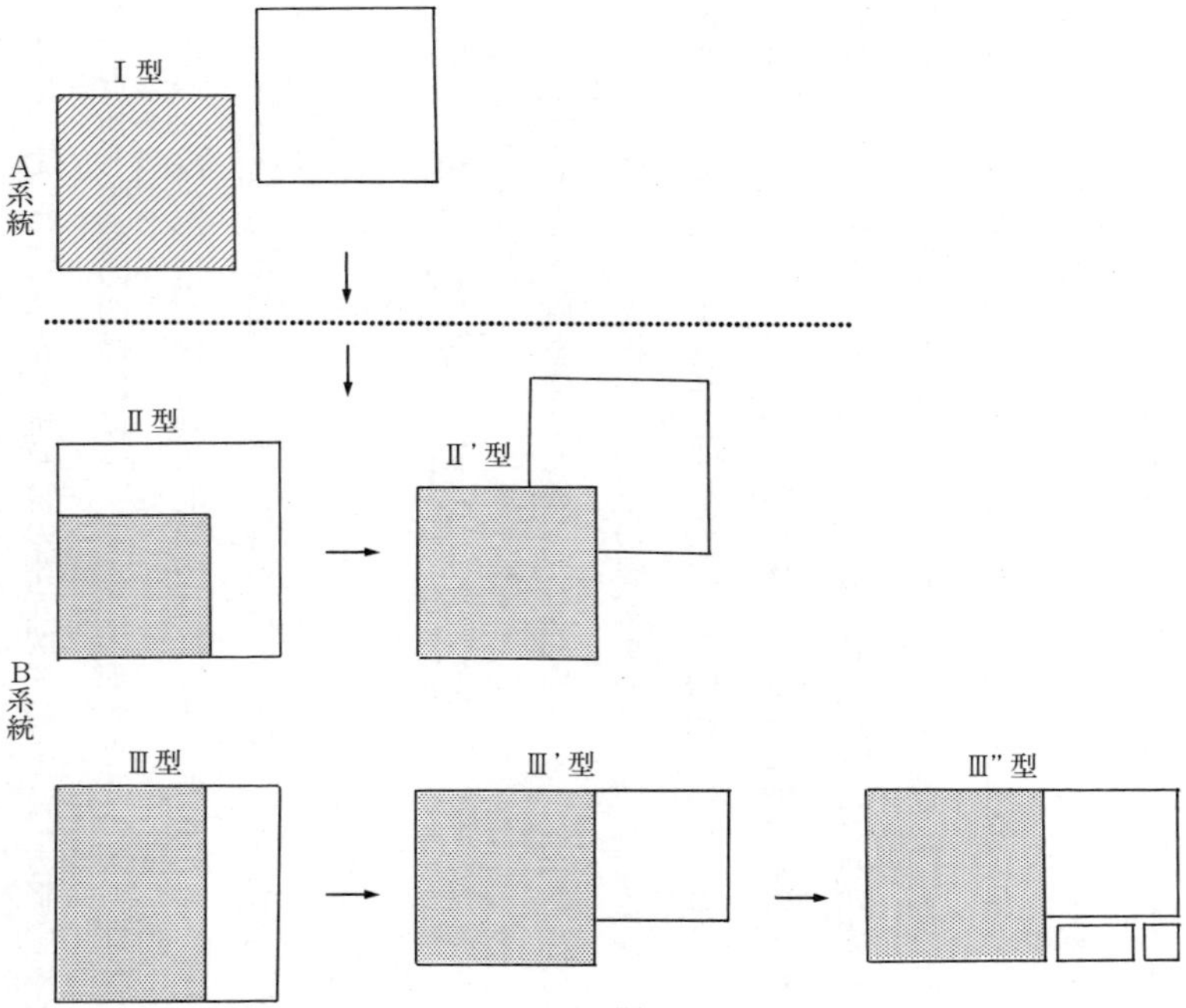

図3　併置関係の類型模式図（服部作図）

ある。

さて、これら宮と寺院の関係、寺院と院地の関係にみられた併置関係を類型化し、模式的に示すと図三のようになる。変化の系統として二つの流れを想定しておきたい。すなわち、一方は寺院と宮地の関係性からの発展であり（A系統）、他方は伽藍地と院地の関係性からの発展である（B系統）。A系統はより大きな視点からみた変遷であり、B系統を包摂するものでもある。各類型は次のようにまとめておきたい。

Ⅰ型　斑鳩寺と斑鳩宮の関係にみられる類型。寺院の北東部に宮が位置し、両者はそれぞれ明確な領域をもつ。中間地帯には自然河道を利用するか、あるいは、人為的に河川を設営し、明確に分離される形態。宮自体は宮室と家政機関の集合体として存在するが、寺院の維持管理機構も宮の内部に組み込まれていた可能性もある。この形態は伽藍地と院地の関係には今のところ認められない。なお、実態は不明であるが、舒明朝の百済大寺と百済大宮の関係も、寺と宮の位置関係が逆になるがこの類型に含み得るかもしれない。

Ⅱ型　飛鳥寺の伽藍地と院地の関係を祖型に想定した類型。Ⅰ型のように分離独立しておらず一体化した形態。Ⅱ'型のように寺院伽藍地の北東角を中心に院地が取り付き院全体の南西隅部が欠ける形態を呈するものに派生すると思われる。市道廃寺、野中寺、新堂廃寺などが事例であろうか（服部二〇〇二）。いずれの遺跡でも掘立柱建物群全体を区画する施設は検出されていないが、遺構の分布状況から方形に近い一定の区画が設定されていたものと推定される。

Ⅲ型　斑鳩寺の伽藍地と院地の関係を祖型に想定した類型である。伽藍地の北辺と東西線をそろえて、東辺に接して院が取り付く形態。院の南北長が、伽藍地の南北長より短く、全体をみた場合、東南の部分が欠けるような形状に発展すると思われる（Ⅲ'型）。額田寺の場合、さらに南に南院と馬屋の二つの小規模な独立した院が形成されているが、これらはⅢ'型からさらに発展した形態と考えられる（服部二〇〇二）。

さて、こうした類型化の作業を通じて指摘しておきたいのは、日本の古代寺院の院地がどのように発展したかという問題である。そのためには初期の寺院における院の実態解明が不可欠であるが、斑鳩寺、飛鳥寺ともにまだまったく手が付けられていない。そこで、やや根拠は薄いものの一定の想定の元に祖型を借定しその変遷を考えた。八世紀には小規模な氏寺にも院が発達している。その祖型がかならず存在したはずである。中国や朝鮮半島の寺院との比較研究も残された課題である。同時に、寺院、それ自体での内在的発展過程の中だけに位置付けるのではなく、さらに上位にある大きな関係性、宮地と寺院といった方形区画の併置関係の影響なども想定しておくことが必要と思われる。

まとめ

斑鳩宮について多くの記述を行ったが、斑鳩宮それ自体については不十分な検討に終わっている。小考は、個別の宮の景観や歴史的性格を具体的に復元、考定するのが目的ではなく、いま少し巨視的な視点から、すなわち、斑鳩宮と斑鳩寺の関係性のさらなる下位に諸寺院の伽藍地とその院地の関係性を認め、宮宅と古代寺院の構造について一考を提出したものであるが、かなり雑駁な論であることは否めない。

かつて岸俊男氏が巨視的な視点から平城宮と東大寺の関係、国府と国分寺・国分尼寺の関係などもこの種の併置関係の一種とみなし得ることを示唆されたように、方形区画が併置される様態は多重的、多層的に展開しており、その結果、寺院景観や宮をめぐる景観が、さらには都市景観といったものが形造られ、それらは古代都市空間の中心を形成していた。この多重的な併置構造をより微細なレベルで検証していくことが必要と考えられる。

註

（1）史料にみえる「斑鳩宮」は、斑鳩地域の諸宮すべての総称として使用されている場合、厩戸王子、山背大兄王の居宮に限る場合の、広狭二義に使用されているという指摘が仁藤敦史氏によってなされているが（仁藤一九九七）、本稿では狭義に解釈する。

（2）厩戸王子の薨年については、『日本書紀』では推古二九年（六二一）となっているが、中宮寺天寿国繍帳銘、法隆寺金堂釈迦如来光背銘、『上宮聖徳法王帝説』などでは推古三〇年（六二二）となっている。本稿では後説に従う。

（3）福山氏が建物に付したＡＢＣ・ａｂｃのアルファベットは、その後も踏襲されているので、これに従っておきたい。

（4）斑鳩町教育委員会が実施した調査については平田政彦氏（斑鳩町教育委員会）から多くのご教示を得ることができた、記して感謝いたします。

（5）学史的には若草伽藍と呼ぶべきであるが、便宜上斑鳩寺という寺名で統一しておきたい。

（6）再建非再建論には言及しない。本稿は従来の再建説の立場で斑鳩寺の存続時期などをおさえている。

（7）伽藍地、院地などの用語については研究者間で一致していないが、本稿では服部二〇〇一に拠る。

参考文献

浅野　清　一九五九『法隆寺建築総観』京都大学考古学叢書第一冊、便利堂、後増補改訂して『昭和修理を通して見た法隆寺建築の研究』中央公論美術出版一九八三に再録

一九七一「聖徳太子に関係が深い建物」『聖徳太子論集』平楽寺書店

足立　康　一九四一「斑鳩宮の遺址について」聖徳太子千三百廿年御忌奉讃論文集『日本上代文化の研究』法相宗勧学院同窓会

石田茂作ほか　一九五九『法隆寺福園院址第二回発掘調査概報』

大脇　潔　一九九七A「聖徳太子関係の遺跡と遺物」『聖徳太子事典』柏書房

一九九七B「古代寺院と寺辺の景観を復元する」『摂河泉の古代寺院とその周辺』第一回摂河泉古代寺院フォーラム、摂河泉文庫

岡田英男　一九八三「西院伽藍と若草伽藍の造営計画」『法隆寺発掘調査概報Ⅱ』法隆寺

一九八五「まとめ」『法隆寺防災施設工事・発掘調査報告書』法隆寺

小笠原好彦　一九七九「畿内及び周辺地域における掘立柱建物集落の展開」『考古学研究』第二五巻第四号　考古学研究会

一九八一「古代寺院に先行する掘立柱建物集落」『考古学研究』第二八巻第三号　考古学研究会

一九九六「斑鳩宮の建物構造」『考古学と遺跡の保護』甘粕健先生退官記念論集刊行会

小沢毅ほか　一九八九「斑鳩宮推定地発掘調査概報」『奈良県遺跡調査概報』一九八六年度（第二分冊）、奈良県立橿原考古学研究所

岡本東三　一九八三「法隆寺天智九年焼亡をめぐって」『文化財論叢』奈良国立文化財研究所

岸　俊男　一九八四「宮宅と寺院」『古代宮都の探求』塙書房

木下正史　一九八七「地中に眠る宮と寺」『古代を考える　飛鳥』吉川弘文館

国立博物館　一九四八『法隆寺東院発掘調査報告書』

菅谷文則　一九八五「若草伽藍について」『法隆寺防災施設工事・発掘調査報告書』法隆寺

奈良国立文化財研究所　一九五八『飛鳥寺発掘調査報告』奈良国立文化財研究所学報第五冊、奈良国立文化財研究所

一九七七「稲淵川西遺跡の調査」『飛鳥・藤原宮発掘調査概報七』、奈良国立文化財研究所

仁藤敦史　一九九七A「上宮王家と斑鳩」同『古代王権と都城』吉川弘文館、初出一九九一年

一九九七B「『斑鳩宮』の経済的基盤」同『古代王権と都城』吉川弘文館、初出一九八七年

一九九七Ｃ「『斑鳩宮』の経営について」同『古代王権と都城』吉川弘文館、初出一九九〇年
一九九七Ｄ「皇子宮の経営」同『古代王権と都城』吉川弘文館、初出一九九三年
服部伊久男　二〇〇一「古代荘園図からみた氏寺の構造と景観」『国立歴史民俗博物館研究報告』第八八集　国立歴史民俗博物館
福山敏男　一九五七「都城と宮殿」『図説　日本文化史大系』第二巻　小学館
法隆寺　一九八五『法隆寺防災施設工事・発掘調査報告書』法隆寺
宮本敬一　一九八一「最近の調査成果からみた上総国分尼寺の伽藍と付属諸院（二）」『月刊歴史教育』三一号
宮本長二郎　一九八八「聖徳太子建立の宮と寺院」『聖徳太子の世界』、飛鳥資料館図録第二〇冊、飛鳥資料館
森　郁夫　一九九八「古代における寺院」『日本古代寺院造営の研究』法政大学出版局
山岸常人　一九八五「法隆寺東院と斑鳩宮」『法隆寺防災施設工事・発掘調査報告書』法隆寺
山中　章　二〇〇一「古代宮都成立期の都市性」『都市社会史』新体系日本史六、山川出版社
二〇〇二「律令国家形成過程の古代王権」『日本古代王権の成立』青木書店
山本忠尚　一九八五「瓦について」『法隆寺防災施設工事・発掘調査報告書』法隆寺

その他、特に引用は明記しなかったが、下記の文献を参照した。

田村圓澄一九六四『聖徳太子—斑鳩宮の争い—』中央公論社（中公新書）、坂本太郎一九七九『聖徳太子』吉川弘文館、吉村武彦二〇〇二『聖徳太子』岩波書店（岩波新書）。なお、史料の引用は日本古典文学大系本（岩波書店）によった。

斑鳩地域における飛鳥時代寺院の一様相
――法輪寺創建年代私考――

平田政彦

一　はじめに

「斑鳩」は、推古天皇九（六〇一）年に聖徳太子が斑鳩宮を造営し始めてから[1]、舒明天皇一五（六四三）年に山背大兄王が蘇我入鹿等の襲撃を受けて上宮王家が滅亡するまで[2]、飛鳥時代において当時の政治文化の中心地である「飛鳥」とともに、仏教文化の象徴でもある寺院が四ヶ寺も建立された特殊な地域であった[3]。またその後の法隆寺西院に代表される白鳳期の造寺活動や奈良時代の東院の成立といった斑鳩の寺院における歴史へつながるキーワードは「聖徳太子」と言えよう[4]。その斑鳩地域における飛鳥時代に建立されたと考えられる四ヶ寺とは、すなわち「斑鳩寺」、「中宮寺」、「法起寺」、「法輪寺」であり、それらは日本における当該期の寺院研究には欠くことのできない存在でもあり、直径約一・五km以内の範囲に点在している（図1）[5]。

これらの寺院については、『上宮聖徳法王帝説』や『法隆寺伽藍縁起并流記資材帳』をはじめ法隆寺における聖徳太子関係史料などに記されており[6]、明治時代以降の近代的学問においても、考古学のみならず、文献史学、建築学、美

図１　斑鳩地域における飛鳥時代の宮跡と古代寺院位置図

１．斑鳩寺(若草伽藍跡)　２．中宮寺跡(中宮？)　３．法輪寺　４．法起寺(岡本宮)
５．法隆寺西院　６．斑鳩宮跡　７．飽波葦墻宮伝承地(上宮遺跡)

術史学等各方面より数多くの調査・研究がなされている。(7)

筆者は斑鳩町に奉職し、上記の各寺院の境内及びその周辺における発掘調査に携わってきたなかで、おぼろげながらではあるが、これら斑鳩の古代寺院の成立に関しての考えが書き留められるくらいになってきたことから、これまでいくつかの研究ノート的なものは機会をとらえて発表してきた。(8) そこでこの度、これらの古代寺院のうち「法輪寺」(9)についての現在の自分なりの考えを披瀝し、大方の叱正を乞う次第である。

二　太子関係史料にみる法輪寺について

さて、斑鳩地域の古代寺院について考えていく上で、これらはお互いに関連し合うことが少なくないことから、総合的に捉える必要があるが、それらの内容を、ここですべて取り扱うことは困難である。そこで、ここでは今回考察を加える法輪寺の創建に関して記されている聖徳太子関係の史料を中心に取り扱い、その他の史料や研究等については、特に本稿の記述に深くかかわる場合についてのみ随時触れることにする。

まず、『聖徳太子伝私記』(10)下巻に引用されている「御井寺勘録寺家資財雑物等事」であるが、以下のように記されてある。

　　　　東限法起寺堺　南限鹿田池堤
法名法琳寺　北限氷室池堤　西限板垣峯
　　在平羣郡夜麻郷
右寺斯奉為小治田宮御宇天皇御代歳次壬午上宮太子起居不安、于時太子願平複、即令男山背大兄王并由義王等始立

表1　江戸時代までの法輪寺に関する略年表

西暦年等	元号等	主な内容
622年頃	推古天皇三十年頃	聖徳太子の病気平癒を願い、山背大兄王とその子の由義王等が建立した
670年以後	天智天皇九年以後	斑鳩寺が焼失して、衆人が寺地を定めることができなかったことから、百済聞師、圓明師、下氷居雑物により建立した
928年	延長六年	高橋朝臣（膳臣氏の後裔）が壇越となったと記された「寺家縁起」が成立した
平安時代		興福寺一乗院の末寺となる
1238年	嘉禎四年	法隆寺の僧顕真が『聖徳太子伝私記』によると、塔、金堂、講堂、食堂等があり、建立堂宇の配置が法隆寺に似るとある
1367年	貞治六年	『大乗院日記目録』によると法輪寺炎上
室町時代末		『大和国夜麻郷三井寺妙見山法輪寺縁起』によると金堂、講堂、三重宝塔のほか、僧房、四面回廊等があったという
1645年	正保二年	金堂と講堂が倒壊し、三重塔の最上層が大風により吹き飛ばされる
17世紀後半		『愚子見記』によると三重塔のみ残っていたという（金堂等は礎石で記されている）
1739年	元文四年	法輪寺別当大円房宝祐が、三重塔修理にあたり、心礎より舎利容器を発見
1741年	寛保元年	法輪寺別当大円房宝祐により、『舎利縁起』が記される

此寺也、所以高橋朝臣預寺事者、膳三穂娘為太子妃矣、太子薨後、以妃為檀越、令斯高橋朝臣等、三穂娘之苗裔也、維于延長六年歳次戊午合参佰貳拾歳云云

つまり、『聖徳太子伝私記』においては、推古天皇三〇（六二二）年に聖徳太子の病気平癒を願って、子の山背大兄王とその子の由義王らが建立したとする創建説が記されてある。今後、この説を創建説①と称することにする。

次に『上宮聖徳太子伝補闕記』[11]には以下のように記されてある。

（前略）斑鳩寺被災之後衆人不得定寺地故百済入師率衆人合造葛野蜂岡寺合造川内高井寺百済聞師圓明師下氷居雑物等三人合造三井寺（後略）

つまり、『上宮聖徳太子伝補闕記』においては、天智天皇九（六七〇）年に斑鳩寺が焼失し、衆人が寺地を定めることができなかったことから、百済聞師、圓明師、下氷居雑物等三人により、三井寺が建立したとする創建説が記されてある。今後、この説を創建説②と称することにする。

このように、法輪寺は斑鳩地域にある著名な古代寺院のひとつである一方で、その創建については説が二つあり、これまで斑鳩に所在す

る他の古代寺院である法隆寺や中宮寺や法起寺に比して、縁起の定まらない謎の多い寺院であったと言えよう。

上記文献のほかに『聖徳太子伝暦』や『上宮太子拾遺記』等の文献については、これらの創建説がほぼ同様の内容で転載されるかたちで紹介されている。

なお、今後の稿を進めていくのにあたり、法輪寺を理解する上で、いくつかの文書より拾える数少ない法輪寺に関する記事について、江戸時代までの主なものを略年表としてまとめてみた（表1）。

三　法輪寺における発掘調査成果について

法輪寺における発掘調査については、昭和二五年に石田茂作氏による伽藍地中心堂塔の確認を目的とした伽藍地の調査にはじまり、平成一二年度より、「法輪寺旧境内遺跡」として遺跡範囲確認のための発掘調査が、斑鳩町により進められており、調査次数としては平成一四年度で第一三次を数える（表2）。

これらの調査成果については、法輪寺の歴史解明に重要なものが多くあるが、今回はそれらの内容すべてにふれることはせずに、本稿に関係する飛鳥期から白鳳期を中心とした調査成果について以下に概観してみる。

第一次調査では、短期間の調査であったが、白鳳期の伽藍が現況の通りの「法隆寺式伽藍配置」であったこと、そしてその規模は法隆寺の三分の二のプランであることが確認され、主要な各堂宇の規模や出土瓦等が明らかとなった(12)。

第二次調査では、講堂基壇の中心部から東部にかけての発掘調査が実施され、中心部の大型の礎石の調査のほか、基壇の残存状況が確認された(13)。

第四次調査では基壇外装を含め塔基壇の全面調査が実施され、乱石積基壇で重成基壇であることが確認され、地下

表2　法輪寺境内及び旧境内における既往の発掘調査一覧表

調査次数	実施年	調査機関等	主な調査内容
第1次	昭和25年	石田茂作氏	現境内の伽藍地の主要堂宇の調査
第2次	昭和33年	石田茂作氏・稲垣晋也氏ほか	収蔵庫建設に伴う講堂基壇の調査
第3次	昭和40年	竹島卓一氏	塔基壇の調査
第4次	昭和46年	奈良国立博物館・奈良国立文化財研究所・奈良県立橿原考古学研究所	三重塔再建工事に伴う塔基壇の調査
第5次	昭和49年	奈良県立橿原考古学研究所	防災施設工事に伴う中門付近の調査
第6次	昭和52年	奈良県立橿原考古学研究所	西門保存修理工事に伴う回廊の調査
第7次	昭和57年	奈良県立橿原考古学研究所	遊歩道建設工事に伴う南大門付近の調査
第8次	平成3年	奈良県立橿原考古学研究所	史跡三井覆屋修理工事に伴う調査
第9次	平成5年	斑鳩町教育委員会	個人住宅建築に伴う旧境内推定域の調査
第10次	平成6年	斑鳩町教育委員会	景観保全事業に伴う旧境内推定域の調査
第11次	平成12年	斑鳩町教育委員会	金堂南側および金堂周辺の調査
第12次	平成13年	斑鳩町教育委員会	金堂北側、講堂東部および北側の調査
第13次	平成14年	斑鳩町教育委員会	金堂東面、講堂北東部および北面の調査

式心礎や心柱腐食部分の空洞の再調査が実施された。そして塔基壇内に「船橋廃寺式軒丸瓦」と「重弧文軒平瓦」（図2第Ⅰ類）の飛鳥期の瓦が含まれる事実と、塔基壇の東側に掘建柱建物の柱穴が検出されたという成果があった[14]。

第一一次調査では金堂周辺の調査が実施され、金堂基壇の西部で地山が検出されていることから、ほぼ伽藍の中軸線が旧地形の丘陵頂部であったと推定された。そして金堂基壇には掘り込み地業はなく、基本的には地山を利用しており、東に向かって低く傾斜している部分には基壇土が版築で造成されていること、金堂所用の瓦は法隆寺式軒瓦のセット（図2第Ⅱ類）であることが明らかとなった[15]。

第一二次調査においては、金堂北側で現伽藍の整地時に埋められたと考えられる窪地状遺構から、飛鳥期の船橋廃寺式軒丸瓦片が出土した。また講堂基壇東部においては、講堂基壇が脆弱な砂層の地山をベースにしたもので、残存状況の良好な乱石積基壇が検出された。他の建物が基壇基底石のみ残存している状況で、周辺の調査状況より基壇外装が乱石積基壇であったと推定されていたのに対して、創建時の状態を良好に保っていた形で検出された調査意義は大きい[16]。

第一三次調査では、講堂の北東隅部と北側について調査が実施され、講

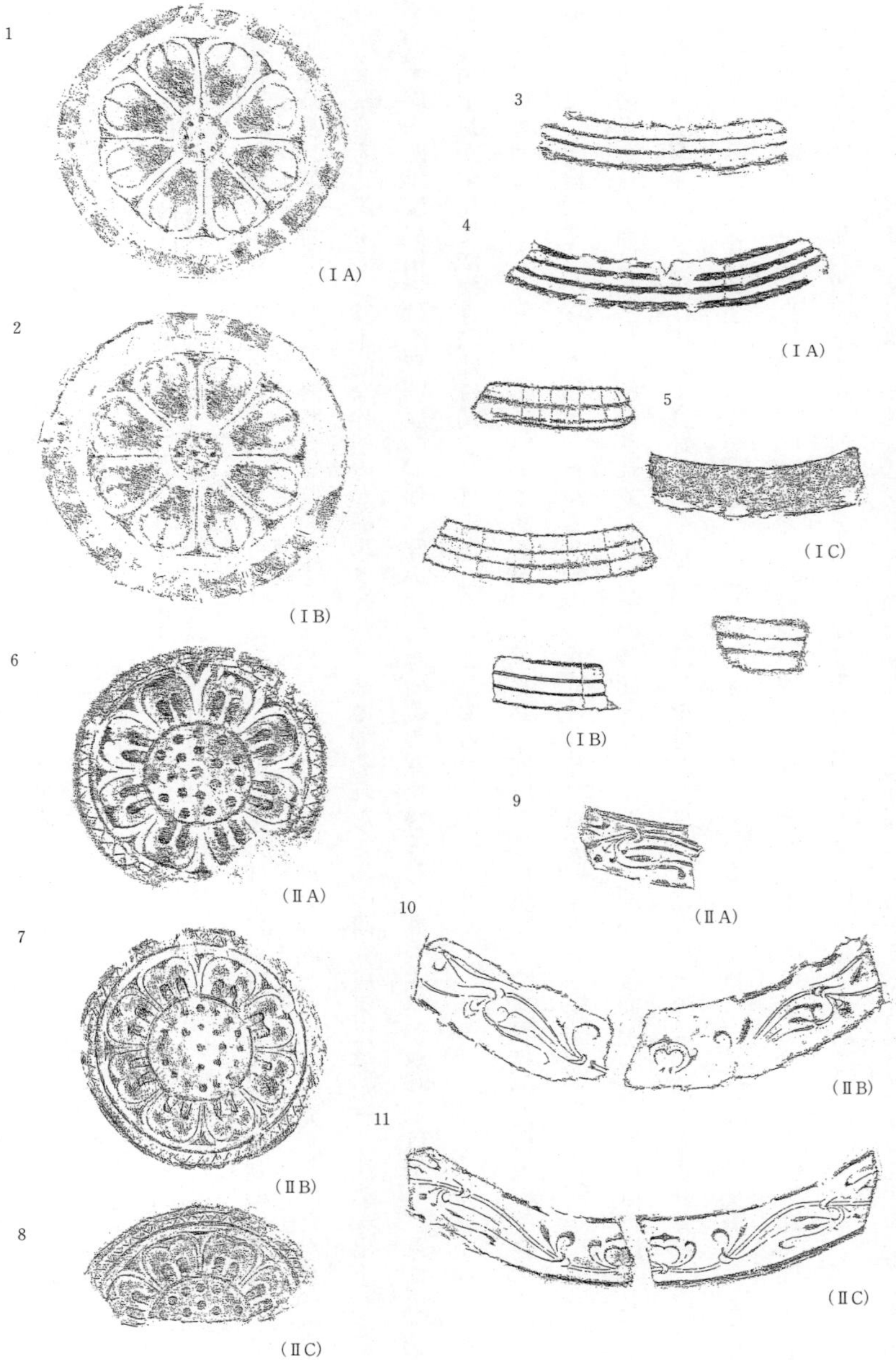

図2 法輪寺所蔵の飛鳥期から白鳳期の軒瓦

堂の北面基壇に後世の積み直しが認められた。そして、講堂基壇北側からは、建物やハスを描いた線刻画瓦片が三点出土し、特にその建物は法輪寺の金堂を模したものではないかと推測されている。[17]

四　出土瓦からみた法輪寺創建について

法輪寺の創建について考えていくのにあたり、法隆寺昭和資財帳編集作業における法隆寺出土瓦の緻密な研究[18]と、近年の飛鳥地域を中心とした飛鳥時代寺院の出土瓦研究[19]の進展により、斑鳩地域との比較研究が可能になり、斑鳩地域の寺院を考える上で、基本的な枠組みが構築された。そこでそれら先学の研究成果に導かれ、法輪寺出土瓦について、平成一四年度法輪寺秋季特別展の開催に伴い法輪寺所蔵の瓦を整理した調査成果[20]があり、以下それらに依りながら、出土瓦から見た法輪寺創建に関して考えて行くことにする。

まず飛鳥期の瓦のうち軒丸瓦についてであるが、金堂北側で検出された現在の法隆寺式の伽藍地を整備する際に整地された、窪地状遺構から出土したいわゆる「船橋廃寺式軒丸瓦」については、『法隆寺の至宝　瓦』で「８Ｂ」として、法輪寺からの補足瓦として報告されており、その時期としては飛鳥中期から後期頃のものと位置付けられている。

筆者は法輪寺所蔵の残存状況が良好な瓦を観察する機会を得た結果、法輪寺出土の「船橋廃寺式軒丸瓦」には、胎土の違いのほか、製作技法からも二つに分けることができると考えている。すなわち、一つは瓦当厚が約二㎝と薄手で外縁幅も細く、焼成も良好で、内区の花弁の稜線や弁端の反りなどシャープで范傷も少ないもの、瓦当部分と丸瓦の接合方法は、丸瓦の凹面を削り、刻み目を施す「片ほぞ型」のタイプ（図２ⅠＡ）である。

そしてもう一方は、瓦当厚が約四㎝と厚手で外縁幅も太く、花弁部に范傷が多く、瓦当部分と丸瓦の接合が外縁部付近までほぞが長くなる片ほぞに成形して接合しているタイプ（図2ⅠB）である。

瓦当径はともに約二〇㎝と当時としては大きいが、同じ時期の吉備池廃寺も同じく瓦当径は約二〇㎝であることから、この瓦当径が大きいことで時期が下がる要素とすることはできない。[21]

次に、軒平瓦であるが、前述の船橋廃寺式軒丸瓦とセット関係になるのが、四重弧文軒平瓦（図2第Ⅰ類）である。「ⅠA」は粘土板桶巻き作り技法であり、「挽き型」には凸線の観察から型の違いが確認でき、時期差であるのか、工人グループの差なのかは明らかでない。すべて段顎であり、顎の長さには違いが認められる。

また、「ⅠB」は簾状重弧文軒平瓦で、瓦当面に型挽きにより施文する際に、動きを止めることにより、押した状態になるために縦の筋が瓦当面に連続して施されて「すだれ」のように見えることから、そのように呼称されている。この止めの長さの単位の違いから、少なくとも三種類には分けることが可能であり、瓦工人のくせや成形の工程で生じたというよりは、むしろデザインとして意識したものと思われる。

そして出土点数は少なくイレギュラー的な存在ではあるが、素文軒平瓦（図2ⅠC）が出土している。前述の重弧文軒平瓦と段顎の長さが一致することから、試作品等ではなく、実際に屋根に葺くために製品として焼成されたものである。この素地としての瓦当面に弧文を施せば重弧文となることから、重弧文軒平瓦の成立を考える上で、重要な存在であると筆者は考えている。[22]

また、出土遺物のうち、現在国重要文化財の指定を受けている講堂跡付近出土の鴟尾[23]以外に、第一二次調査では、金堂所用と考えられる鴟尾片が出土し、その鴟尾には全国でも類例を聞かない朱（ベンガラと考えられる）が塗布されていた。[24]そしてその講堂跡付近出土の鴟尾についても詳細な観察をすると、わずかに朱が認められることから、法輪寺の鴟尾にはすべて朱が塗られていたと考えられる。鴟尾ではないが、奈良県桜井市の山田寺の鬼瓦に朱が塗布されていた例[25]があるものの、かなり特殊品であったと思われる。そしてその鴟尾の年代については、法隆寺金堂所用の鴟尾と考えられているものに比べて、鰭部の表現がかなりシンプルであることから、白鳳期以前の七世紀半ば過ぎと考えられている。[26]そうすると後述する複弁八弁蓮華文軒丸瓦と均整忍冬唐草文軒平瓦の軒瓦のセットの時期に合わないことになるが、この事については後ほど考えてみることにする。

次に、白鳳期の瓦についてであるが、法隆寺式伽藍配置を有する現在の法輪寺には、発掘調査の結果から塔と金堂は白鳳期の複弁八弁蓮華文軒丸瓦と均整忍冬唐草文軒平瓦のセット（図2第Ⅱ類）の瓦が葺かれており、[27]若干奈良期の軒瓦を含む。[28]一方、法輪寺所蔵の出土瓦の整理作業の過程で、ⅠAの船橋廃寺式の素弁八弁蓮華文軒丸瓦は個体数も少なく、境内に散らばって出土しているのに対して、ⅠBの船橋廃寺式の素弁八弁蓮華文軒丸瓦と重弧文軒平瓦のセットが講堂北側からまとまって出土している事実があったことは、伽藍の主要堂宇に、第Ⅱ類の白鳳期の軒瓦が軒先を飾っているのに対して、講堂の北面には、第Ⅰ類の飛鳥期の軒瓦が使用されていたことを示している。[29]

そして塔基壇内の心柱の周辺から飛鳥期の軒瓦がセットで出土していることや、現在の伽藍の整備により埋められている窪地状遺構より、船橋廃寺式の素弁八弁蓮華文軒丸瓦片が出土している事実は、現在の法輪寺に先行する寺院または仏堂の存在を予感させる。このことは、以前より出土状況からも指摘されていたことではあるが、現在の白鳳期の伽藍整備前に、これらの瓦の一群が葺かれていた前身の建物が存在し、それを壊した後に現在ある伽藍の整地作業や基壇を造る作業を行なった際に、これらが紛れ込んでしまった所産と解釈されているものである。[30]この前身寺院については、現在の法輪寺と区別するため、本稿においては「法輪寺前身寺院」と呼称することにする。

以上、飛鳥期と白鳳期の法輪寺出土瓦について見てきたが、法輪寺の創建年代を考察していこうとするときに、この第Ⅰ類の船橋廃寺式軒丸瓦の存在が重要なポイントとなる。

ところで、法起寺の創建については、『聖徳太子伝私記』にある「法起寺塔露盤銘文」[31]によると、山背大兄王が、聖徳太子の願いにより舒明天皇一〇（六三八）年に福亮僧正をもって、岡本宮に弥勒菩薩像をまつり金堂を構立して寺とし、天武一四（六七四）年には恵施僧正が塔を構立し始め、慶雲三（七〇六）年に塔が完成したとある。法起寺より出土する飛鳥期の瓦には、岡本宮に伴う仏堂に用いられたと考えられている「角端点珠」の素弁八弁蓮華文軒丸瓦が出土する一方で、外縁に圏線がめぐる船橋廃寺式の範疇にある素弁八弁蓮華文の軒丸瓦が出土しており、これとセット関係になるものが簾状重弧文軒平瓦であると想定されている。[32]この後者の軒丸瓦の年代に合うものとすれば舒明天皇一〇（六三八）年以外に考えられない。『日本書紀』によると舒明天皇一一（六三九）年に官の大寺として建立したとする百済大寺[33]を近年発掘調査が実施された奈良県桜井市の吉備池廃寺とした場合、山背大兄王が、舒明天皇一〇（六三八）年に福亮僧正をもって、岡本宮に弥勒菩薩像をまつり金堂を構立した際に用いた軒丸瓦が船橋廃寺式の範疇にある軒丸瓦であるとするとその整合性を認めることができる。つまり軒丸瓦の型式の系譜論としては、船橋廃寺式→百済大寺（吉備池廃寺）式→山田寺式となる流れが認められているのである。[34]

また、この軒丸瓦の系譜の考えに連動して軒平瓦を見てゆくと、山田寺式軒丸瓦と重弧文軒平瓦を用いた山田寺は、蘇我倉山田石川麻呂によって舒明天皇一三（六四一）年に造寺されたと考えられている。[35]そして吉備池廃寺出土の三重弧文軒平瓦に斑鳩寺で使用されたパルメット文のスタンプを施した例[36]が、山田寺の重弧文軒平瓦へと結実したと考えられている。これらのことから、范型の移動や使用時期の検討は十分に要するものの、前述の軒丸瓦の型式の系譜論と法輪寺の創建瓦のセット関係からは、法輪寺出土の重弧文軒平瓦が山田寺にほぼ同時期または若干先行して舒明朝に成立している可能性を指摘しておきたい。このことは、斑鳩寺造寺において斑鳩の瓦工人（造寺の主体者の指示によるデザイナーでもよい）が、「手彫り忍冬唐草文軒平瓦」[37]を創作したことに代表されるように、当時の斑鳩が瓦作りの先進地域であったといっても過言ではない。そこで、そういう状況下であれば、法輪寺造寺においても重弧文軒平瓦を創作した可能性もないわけではない。そして、その活発な瓦作り活動の一つの現われが、他地域にはほとんど見られない「簾状重弧文軒平瓦」や「素文軒平瓦」の存在と考えて見てはどうだろうか。そしてこの「簾状重弧文軒平瓦」についでは、製作技法や瓦当文様としては異なる点も多いが、「簾状重弧文」という範疇にある軒平瓦の出土する寺院を見て行くとかなり限定的である。このことに関して示唆的な記事が『日本書紀』に見られる。『日本書紀』によれば、蘇我入鹿の軍勢によって斑鳩が攻められた際に、山背大兄王の従者が京都方面へ向かい、東国で軍勢を立て直し反撃する旨の進言をしたとするものである。(38)つまりこの記述からは、これらの地域には山背大兄王の何らかの支持基盤があったに違いなく、そして一方で、先ほどの「簾状重弧文軒平瓦」の出土する寺院が、当時は畿外と言うべき東方の地域であった愛知県の尾張元興寺(39)や群馬県の上植木廃寺(40)であるという事実に着目したい。これら寺院の創建年代については、発掘調査の結果、軒丸瓦が山田寺式を採用している点等から七世紀中頃を大きく隔たることはない。すると、このような特殊なデザインといってもよい「簾状重弧文軒平瓦」は、自然発生したと解するよりは、瓦工人の移動を含めた製作技法の移動と解してはどうであろうか。そうすれば、上宮王家滅亡後の斑鳩の瓦工人の動きの一つが追える可能性がある。

また、斑鳩地域にあって「法輪寺前身寺院」を舒明朝の創建とすれば、一方で飛鳥地域にあっては前述の百済大寺が舒明天皇により官の大寺として創建されていることになる。舒明天皇といえば田村皇子のことであり、推古天皇の次期天皇として山背大兄王と、蘇我氏だけでなく多くの豪族をまきこんでの中央政治を二分する皇位継承争いをした間柄である。(41)結局、山背大兄王はこの政争において敗北を喫するわけであるが、父親である聖徳太子の威光を譲り受け、仏教の世界における権力誇示としての意味をも含めた「寺造り」においては、舒明天皇または飛鳥の中央体制に対抗意識をもつなかで、百済大寺の造寺活動の援助を行う一方で山背大兄王が威信をかけて斑鳩において造寺活動に取り組むといった姿を読み取れはしないだろうか。

　そうすると、あらためて前節での史料にみた二つの創建説に着目したい。つまり、瓦の観察から創建説①に対応する軒瓦が第Ⅰ類であり、創建説②に対応する軒瓦が第Ⅱ類である。つまり、創建説が二つあったのは、そのどちらも歴史の真実を伝えていた結果によるものであったと言えよう。ただし、もう少し第Ⅰ類の考え方に補足が必要であるのでまとめておくと、山背大兄王と由義王らが建立しはじめた「法輪寺前身寺院」は、舒明天皇一五（六四三）年に蘇我入鹿等による斑鳩襲撃事件により、上宮王家滅亡を迎えて、わずか数年で造寺活動が停止したであろうことは想像に難くない。しかし、「ⅠB」の軒丸瓦や鴟尾の時期が七世紀中頃と考えられている点を考慮すれば、その後に造寺活動を再開していることとなる。この時の造寺の主体者が誰であるのかとの疑問については、滅亡を免れた上宮王家一族[42]と考えるよりは、山背大兄王にゆかりの氏族つまり、「膳臣氏[43]」であったと考えたい。それ故、平安時代にはなるが、『聖徳太子伝私記』下巻の「御井寺勘録寺家資財雑物等事」において、寺の壇越が高橋朝臣つまり、膳臣であるという記事につながったのではあるまいか。そして、そういった経緯から当初より使用していた軒丸瓦の范型を使用しつづけた結果、船橋廃寺式軒丸瓦という瓦当文様は同じながら范傷が進行し、製作技法が変化したものが作られたことが、「ⅠB」のあり方を説明しているものと解したい。

　そしてその後の「法輪寺」の成立へのプロセスとして、筆者は、律令国家形成へと進む中で、後の『日本書紀』へとつながる国史編纂事業において、その律令国家の基盤をつくったとする聖徳太子への評価はゆるぎないものとなり、天武・持統朝における斑鳩の寺々の造寺活動に合わせて、聖徳太子及び山背大兄王ら「上宮王家」追善のための斑鳩地域の四ヶ寺について国家支援を受けた形での造寺活動が再開されたといった姿を考えている[44]。これらはまさに、朝廷内における太子信仰の芽生えといってよいものである。なお、この支援のありかたに、吉備池廃寺（百済大寺）と同范の軒丸瓦が出土している木之本廃寺からは、白鳳期の法輪寺特有の「池上」の刻印がなされたⅡＢの軒平瓦が出土[45]している点に注目している。ただし、木之本廃寺自体性格のよくわからない遺跡であり、また、たかが瓦数点でそれらすべてを語れるものではないが、たまたま瓦が運ばれてきたものとするのではなく、当該期の国家支援を受けていたとする考えを傍証するような斑鳩地域と当時宮都であった飛鳥地域との瓦工人の関係をそこに見出したい。

五　地理的環境からみた法輪寺について

さて、少し視点を変えてみると、法輪寺の現在の地勢を観察していく過程で、伽藍配置について気になる点がある。と言うのも、現在法輪寺は法隆寺式伽藍配置を採るが、「法輪寺前身寺院」の伽藍配置については、当初四天王寺式伽藍配置を採る予定であったのではないかと考えている[46]。

なぜならば、図1にあるように、法輪寺の立地条件としては、現境内が東西約七〇ｍしかないことに表れているように、伽藍の北東方向に「斑鳩溜池」が存在することにあるように、伽藍の東側は谷地形となっており、東側の平坦地はこれ以上望めない。このように、法輪寺は東西方向がかなり狭く、寺造りとしてはかなり無理をしている感がある。つまり、中心伽藍を回廊で囲む伽藍地を確保するのが精一杯であり、築地塀でさらに広い寺域として囲むといった土地を東西方向には十分確保できない。なお、南北方向については、講堂の北方には、丘陵のカット面が明瞭に観察でき、食堂または僧房といった建物が想定できる平坦な土地は存在している。そして丘陵の頂部のラインは講堂を通って、塔と金堂の間付近を通っている。それゆえ、伽藍の中軸線が磁北ではなく、少し西に偏向し、いわゆる「斑鳩条里」と称される方位になっている。(47)ちなみに、寺院地としてのいわゆる付属院を設ける場所は、現地形からも、また瓦の散布状況からも、現在法輪寺の西側にひろがる三井の集落内に求められる。

そこで、現在の講堂附近に「法輪寺前身寺院」の金堂が建立されて、その南に塔を建立する予定であったが、先ほど述べた蘇我氏による斑鳩襲撃事件により、塔は完成を見ていなかったが、その選地を活かして白鳳期に法輪寺が創建されたと筆者は推測する。また、基壇外装についても、法隆寺西院が凝灰岩製切石による「壇上積基壇」(48)であるのに対し、同じ伽藍配置や同率の企画などの設計を採り、軒瓦としては法隆寺式軒瓦の範疇に属する瓦を所用し、法隆寺西院と同時期、または少し後出の建立と考えられる法輪寺が、なぜ「壇上積基壇」でなく「乱石積基壇」なのかという点に着目したい。もっとも、乱石積基壇であるだけでその建物や寺院の建立時期が決定できるわけではないが、地方寺院でなく、時期の下がるものを除けば、飛鳥時代のなかでも大和において、早く創建された飛鳥寺や豊浦寺といった寺院に採用されている基壇のスタイルではある。それらのことを考慮し、推察すれば、現在の法輪寺の講堂付近に「法輪寺前身寺院」の船橋廃寺式軒丸瓦と重弧文軒平瓦を軒先に飾る金堂が存在していて、その基壇が乱石積基壇であったことにより、そのスタイルを踏襲したとの考えに辿り着く。このことが、創建説②において、瓦の様式論として、法隆寺の均整唐草文軒平瓦が、斑鳩宮下層出土の軒平瓦からのものであるという流れの中で、法輪寺の均整忍冬唐草文軒平瓦が法隆寺のそれに先行するとは考えられない事実に対して、斑鳩寺の再建にあたり、法隆寺に先行して存在する法輪寺の記され方は、これらの背景を示しているものと解したい。

そうすると、そうまでしてもなぜこの選地であるのかということになるが、白鳳期に造寺する際にこの場所にこだわる必要があったと考えたい。筆者はかつて、法輪寺の所在する地に名の伝わっていない宮や膳氏に関わる居館を寺としたと想定したことがあったが、(49)僧寺と尼寺との関係で理解すればこれらのこだわりも理解できる。(50)

つまり、聖徳太子妃であり、山背大兄王の母である刀自古郎女が住まいしていたと考えられている岡本宮を、聖徳太子の遺命により、山背大兄王が尼寺とした関係から、あまり距離を置かず、併設するかたちで現在の法輪寺の場所が、僧寺建立の寺地として必要であったのではないかと考えたい。地形的に見ても、法起寺の西側で伽藍を構えようとすれば現在の法輪寺の場所しかない。斑鳩地域は、矢田丘陵より南または南東方向に延びた小丘陵がひろがり、大小の谷を形成している。このことは、法隆寺西院も防災施設工事に伴う発掘調査によって、矢田丘陵より延びた小丘陵である法隆寺裏山よりさらに南に延びた丘陵の微高地を利用しながらも、その間の谷を埋めて平地を造成して寺地を得ていることが明かとなった(51)が、斑鳩寺焼失後の聖徳太子追善の寺との位置付けで理解すれば、斑鳩寺を大きく離れることない場所に、伽藍をもってくる必要があったというか、造寺するというこだわりがあったと理解できるのである。このことは法輪寺の場合でも、平坦地としては狭い土地しか得られない斑鳩の地域性から理解できる。

これらのことからは、聖徳太子が建立した僧寺「斑鳩寺」に対して、聖徳太子が母穴穂部間人皇后の宮である「中宮」を寺にしたとの伝承のある尼寺が「中宮尼寺」という関係から、『聖徳太子伝私記』にあるように、山背大兄王が建立した僧寺が「法輪寺前身寺院」であるのに対して、尼寺が「法起寺（池後尼寺）」という関係が想定することが可能ではないだろうか。

ただし、ここで同じ「斑鳩」の地にありながら、法起寺が多くの史料において、聖徳太子建立寺院として認識されているのに対して、法輪寺については古くから聖徳太子建立寺院に加えられていない背景について推察しておきたい。もちろん、この違いについては、法起寺の前身である岡本宮(52)における仏堂（仏殿）の存在もあろうが、共に寺院の本格的な建立時期が聖徳太子没後であるのに、この取り扱われ方の違いには大きなものがある。その最も大きな要因は、太子信仰の興隆と合わせて聖徳太子についての研究が法隆寺やその僧たちによってなされる平安時代には、表1にあるように、法輪寺が法隆寺を離れて興福寺の末寺となっていることが大きな要因であったと思われる。かくして、史料に記述する際に、斑鳩に所在する古代寺院は聖徳太子ゆかりの寺院であろうという考えをこじつける必要性から、先にあげた『聖徳太子伝私記』にある聖徳太子の病気平癒を願って、山背大兄王等が建立したとの表現に帰結し、法輪寺はある意味で歴史的には真実を伝えながらも、創建については、謎の部分を残した形で今日まで法灯を守ってきたものと理解したい。

斑鳩にある古代寺院四ヶ寺については、それほど広くない地域に聖徳太子ゆかりの寺院が密集して建立されたとすると、聖徳太子だけではその歴史的意義付けに少々無理があったが、山背大兄王の発願の寺院とし、聖徳太子にならい僧寺と尼寺のセットで造寺したと考えれば、斑鳩に四ヶ寺となる点がすっきりと理解できよう。

六　おわりに

以上まとめてみると、法輪寺には前身寺院が存在し、その前身寺院の創建年代を、『聖徳太子伝私記』の記述通りではないにしても、出土瓦の考察から、飛鳥時代の舒明朝に求めた。また、いわゆる法輪寺の創建年代としては、伽藍配置や諸堂宇所用瓦から、『上宮聖徳太子伝補闕記』が、ほぼその史実を伝えていると解することができ、白鳳期に求められた。つまり、聖徳太子関係史料において二つの創建説が記載されていたのは、それらはお互いにある部分は史実に基づいてあったことから、それらの伝承を記述する段階で混乱を招いたものであったのである。そして、法起寺との相対性から、法輪寺を山背大兄王発願による僧寺と理解した。

本稿においては、出土瓦を中心に考察を進めてきたが、考古学の範囲をかなり逸脱した想像に想像を重ねる結果となった。しかし、筆者は考古学は歴史学のなかの一つの学問としての位置付けを絶えず意識しており、単に検出した遺構や出土した遺物に対して客観的に報告し、「モノ」に対してのみ研究を行う学問ではないはずで、それらの調査成果については、積極的に歴史へフィードバックさせることが大切であると考えている。もちろん、本稿の推測すべてが考古学的に実証されたものではなく、また実証できるものとは考えていない。しかし、歴史復元にあたりこういった作業の中で、七世紀の飛鳥時代の斑鳩地域における正しい歴史が構築されていくものと信じ、起稿した次第である。なお、今回ふれることのできなかった斑鳩地域の他の古代寺院については、別の機会に論じることを約し、ひとまず擱筆とする。

註

（1）厩戸皇子と聖徳太子については、近年の大山誠一『〈聖徳太子〉の誕生』（一九九九年）等に代表される聖徳太子研究において、史実の厩戸皇子像と後世に華美された聖徳太子像について区別されるべきであるとの考えがある。本稿においては、聖徳太子として取り扱うことに対して、特に問題がないので、聖徳太子の呼称を使用する。

（2）『日本書紀』推古天皇九年二月条「九年春二月、皇太子初興宮室于斑鳩」

（3）『日本書紀』皇極天皇二年一一月条「十一月丙子朔、蘇我臣入鹿、遣小徳巨勢徳太臣・大仁土師娑婆連、掩山背大兄王等於斑鳩」

（4）創建年代が飛鳥期にあっても、法隆寺式軒瓦にみられるように、法隆寺西院のほか、中宮寺、法起寺、法輪寺においても、ひとつの画期があったことは明らかである。この点については、法輪寺に関してのみ本文において触れることにする。

（5）『法隆寺東院縁起』によると、行信が春宮安倍内親王に奏上して、天平一一（七三九）年に上宮王院を造営したとする。

（6）『上宮聖徳太子伝補闕記』、『聖徳太子伝私記』（『聖徳太子伝古今目録抄』）などがあり、後述するように法輪寺についての伝承もこれらの文書による。

（7）これらの研究書や論文等については、膨大なものがあり、特に石田茂作『飛鳥時代寺院址の研究』（一九三六年）の研究成果に依るものが大きい。またこれらの文献目録ついては、高田良信『日本古寺美術シリーズ１　法隆寺Ⅰ［歴史と古文献］』一九八七年、藤井恵介『日本古寺美術シリーズ２　法隆寺Ⅱ［建築」』一九八七年、大西修也『日本古寺美術シリーズ３　法隆寺Ⅲ［美術］』一九八七年、大橋一章『日本の古寺美術シリーズ15　斑鳩の寺』一九八九年、石田尚豊他『聖徳太子事典』（一九九七年）等によられたい。

(8)　「法輪寺成立に関する研究予察」（『平成12年度奈良県内市町村埋蔵文化財発掘調査報告会資料』二〇〇一年　所収）、「中宮寺創建に関する研究ノート」（『平成14年度奈良県内市町村埋蔵文化財発掘調査報告会資料』二〇〇三年　所収）

(9)　斑鳩町大字三井に所在する別名御井寺、三井寺と呼ばれている寺院である。本来は、現在寺の北西方向の三井集落に所在する国史跡指定の井戸「史跡三井」が当時としても、かなり重要な位置付けがあり、この井戸に対する敬称の「御」がついたものが、寺名の由来となったのであろう。ちなみに、法輪寺出土の白鳳期の瓦に「王井」の刻印のあるものがあり、この「井」は上記のものを指し示し、「王」は山背大兄王か由義王のいずれかの意味を指し示すものと推測している。

(10)　御物巻子本による。『聖徳太子伝私記』はまたの名を『聖徳太子伝古今目録抄』と称し、法隆寺僧顕真により著された（御物帖子本）。下巻は寛喜二（一二三〇）年から記述されている。この書については、荻野三七彦『聖徳太子伝古今目録抄の基礎的研究』（一九三七年）に詳しい。

(11)　『上宮聖徳太子伝補闕記』については、作者不詳の平安時代前期に成立したと考えられている。

(12)　第１次調査の内容については、石田茂作「奈良県生駒郡法輪寺三重塔址」（『日本考古学年報３』一九五五年所収）に調査概要が記されているが、法輪寺所蔵の石田茂作『法輪寺伽藍の発掘』（一九五一年）を法輪寺のご理解とご好意により、法輪寺所蔵のものを閲覧させていただくことができました。記して感謝いたします。

(13)　第２次調査の内容については、稲垣晋也『法輪寺講堂址発掘調査報告』（一九五八年）を参照した。この資料についても、法輪寺のご理解とご好意により、法輪寺所蔵のものを閲覧させていただくことができました。記して感謝いたします。

(14)　鈴木嘉吉ほか『法輪寺三重塔調査報告書』（一九七二年）と宮本長二郎「法輪寺塔基壇の発掘調査」（『奈良国立文化財研究所年報一九七二』一九七三年所収）

(15)　第11次調査内容については、『法輪寺発掘調査現地説明会資料』や、斑鳩町教育委員会「法輪寺旧境内遺跡（第11次）発掘調査概要」（『平成12年度奈良県内市町村埋蔵文化財発掘調査報告会資料』二〇〇一年所収）や、平田政彦「法輪寺」（奈良県立橿原考古学研究所附属博物館編『大和を掘る　十九』二〇〇一年所収）がある。

(16)　第12次調査の内容については、斑鳩町教育委員会「法輪寺旧境内遺跡（第12次）発掘調査概要」（『平成13年度奈良県内市町村埋蔵文化財発掘調査報告会資料』二〇〇二年所収）や平田政彦「法輪寺」（奈良県立橿原考古学研究所附属博物館編『大和を掘る　二十』二〇〇二年所収）がある。

(17)　平田政彦「法輪寺」（奈良県立橿原考古学研究所付属博物館編

『大和を掘る二十一』二〇〇三年所収)、法輪寺・斑鳩町教育委員会「法輪寺出土瓦特別展資料」二〇〇三年

(18)　毛利光俊彦ほか『昭和資財帳一五　法隆寺の至宝　瓦』(一九九二年　小学館)

(19)　奈良国立文化財研究所編『古代瓦研究会シンポジウム記録古代瓦研究Ⅰ－飛鳥寺の創建から百済大寺の成立まで－』(二〇〇〇年)に代表される古代瓦研究会の研究成果であり、本稿もこれらの研究成果に負うところが大きい。

(20)　法輪寺の出土瓦については、石田茂作『飛鳥時代寺院址の研究』や町田甲一編『大和古寺大観　第一巻』において森郁夫による概説がある。そしてこれらの研究成果を受けて稲垣晋也の監修のもと、平田政彦が『平成14年度秋季特別展　法輪寺出土古瓦展』(二〇〇二年)において法輪寺所蔵の出土瓦のうち、飛鳥期から平安期のものを整理してまとめている。

(21)　小沢毅・佐川正敏「吉備池廃寺の調査」(『奈良国立文化財研究所年報1997－Ⅱ』一九九八年所収)奈良文化財研究所『吉備池廃寺発掘調査報告』二〇〇三年

(22)　日本における最初の本格的寺院は、奈良県明日香村の飛鳥寺であるが、創建当初は軒平瓦を持たず、平瓦を軒先に使用していたことが平瓦凸面についた朱によって明らかにされている。この平瓦に使用したという事実に関連して、重弧文軒平瓦の瓦当面は、この平瓦を重ねた姿を表現したものとの考え方があり、筆者は素文軒平瓦の存在からも、この「素文」は「重弧文」の素地であり、自然発生的に弧文を描いたことより発展したとする考え方より、より説得力があると考える。

(23)　法輪寺においても、詳細な出土記録はないものの、江戸時代にはすでに掘り出されていたらしく、表面の傷み具合から見て、地表に一部露出していたようである。このように鴟尾の出土場所は確定していないわけであるが、後述の金堂出土の鴟尾とは焼成具合も違うことから、言い伝え通りに講堂所用のものでほぼ間違いないものと思われる。

(24)　斑鳩町教育委員会「法輪寺旧境内遺跡(第12次)発掘調査概要」(『平成13年度奈良県内市町村埋蔵文化財発掘調査報告会資料』二〇〇二年所収)、平田政彦「法輪寺」(奈良県立橿原考古学研究所附属博物館編『大和を掘る　二十』二〇〇二年所収)

(25)　奈良文化財研究所『山田寺跡発掘調査報告』二〇〇二年

(26)　飛鳥資料館『日本古代の鴟尾』(一九八〇年)及び大脇潔『日本の美術　鴟尾』(一九九九年)

(27)　本稿は法輪寺創建を中心に考察を加えることから第Ⅱ類の軒瓦についての詳細な説明は割愛するが、製作技法等については『法隆寺の至宝瓦』を参照されたい。

(28)　金堂に第Ⅰ類の軒瓦が使用されていたのではとの考えもあったが、発掘調査により金堂には、第Ⅱ類の軒丸瓦が使用されていたことが明らかとなった。奈良期の軒瓦が周辺より出土することは、補修というよりは補足したものと考えたい。

(29)　古い瓦を再利用する際に、目立たない北面に寄せ集めた結果との考え方もある。

(30)　宮本長二郎「法輪寺塔基壇の発掘調査」(『奈良国立文化財研

究所年報一九七二』一九七三年所収）及び平田政彦「法輪寺」（奈良県立橿原考古学研究所附属博物館編『大和を掘る 十九』二〇〇一年所収）

(31) この文献については、現物がないなかで、その真偽については、疑問とされる向きもあるが、会津八一「法起寺塔婆露盤銘文考」（『法隆寺・法起寺・法輪寺建立年代の研究』一九三三年所収）による研究で、その内容について詳細な検討が加えられており、ほぼ史実とみてよいものと考えられている。

(32) 稲垣晋也ほか『飛鳥白鳳の古瓦』（一九七〇年　奈良国立博物館）

(33) 『日本書紀』舒明天皇一一年七月条「秋七月　詔曰、今年、造作大宮及大寺。則以百済川側爲宮處。…」

(34) 奈良国立文化財研究所編『古代瓦研究会シンポジウム記録　古代瓦研究Ⅰ－飛鳥寺の創建から百済大寺の成立まで－』（二〇〇〇年）

(35) 『上宮聖徳法王帝説』の裏書には舒明天皇一三年に建立とされ、奈良文化財研究所『山田寺跡発掘調査報告』（二〇〇二年）においても、創建年代としては、ほぼ妥当と考えられている。

(36) 小沢毅・佐川正敏「吉備池廃寺の調査」（『奈良国立文化財研究所年報一九九七－Ⅱ』一九九八年所収）奈良文化財研究所『吉備池廃寺発掘調査報告』二〇〇三年

(37) 毛利光俊彦ほか『昭和資財帳一五　法隆寺の至宝　瓦』（一九九二年　小学館）

(38) 『日本書紀』皇極天皇二年一一月条「三輪文屋君、進而勸曰、請、移向於深草屯倉、従茲乗馬、詣東國、以乳部為本、興師還戰。其勝必矣。」

(39) 尾張元興寺については、名古屋市教育委員会『尾張元興寺跡発掘調査報告書』（一九九四年）ほか

(40) 伊勢崎市『上植木廃寺発掘調査概報Ⅰ』（一九八四年）ほか

(41) 『日本書紀』推古天皇三六年三月条及び舒明天皇即位前紀

(42) 聖徳太子の子と孫にいたる上宮王家の人々は、舒明天皇一五年の斑鳩襲撃事件において、山背大兄王以下すべての王や王女は亡くなり、上宮王家は滅亡したとみる研究者と、いくらかは生きのびていると考える研究者がある。またそれらの名や人数についても、後世の史料だけに一致していない。なお、最近薬師如来坐像の台座を年輪年代法により調査した奈良文化財研究所の光谷拓実氏と奈良国立博物館の松浦昭氏により、六四〇年から六五〇年の制作ではないかとの発表があった。

(43)
蘇我馬子──刀自古郎女
穴穂部間人皇后
用明天皇──厩戸皇子
膳臣傾子──菩岐々美郎女
山背大兄王
春米女王
由義王

(44) 但し、法隆寺西院の成立背景と法輪寺の成立背景とは、少し様相が異なるものと考えている。筆者は創建説②の三人の合力

という記事と、法輪寺より出土する刻印瓦に、白鳳期の「知識」を想定しているが、この事に関しては別稿を用意している。

(45)「左京六条三坊の調査（第45・46次）」（奈良国立文化財研究所『飛鳥・藤原宮発掘調査概報16』一九八六年　所収）

(46)四天王寺式伽藍配置を採る飛鳥前期の寺院には、四天王寺、斑鳩寺、中宮寺、平隆寺、豊浦寺、奥山廃寺等があり、これら寺院より出土する瓦の研究により、范型や製作技術の移動や供給先の瓦窯の問題など複雑に関連している。このように、伽藍配置という設計やそれらを構成する瓦に共通項が多くなるのは、造寺の時期が近接することによるのであろう。

(47)岩本二郎「斑鳩地域における地割の再検討」（奈良国立文化財研究所『文化財論叢』一九八〇年所収）

(48)法隆寺国宝保存委員会『国宝法隆寺金堂修理工事報告』（一九五六年）

(49)平田政彦「法輪寺成立に関する研究予察」（『平成12年度奈良県内市町村埋蔵文化財発掘調査報告会資料』二〇〇一年所収）

(50)斑鳩地域以外における僧寺と尼寺の事例として、奈良県明日香村の「飛鳥寺」と「豊浦寺」や大阪市「百済寺（堂ヶ芝廃寺）」と「百済尼寺（細工谷遺跡付近）」がある。また筆者は奈良県香芝市の尼寺廃寺における北遺跡と南遺跡との関係も、この僧寺と尼寺の関係にあるものと考えている。

(51)法隆寺『法隆寺防災施設工事・発掘調査報告書』（一九八五年）

(52)斑鳩における諸宮については、仁藤敦史「上宮王家と斑鳩」（『新版古代の日本6　近畿Ⅱ』一九九一年　所収）、平田政彦「称徳朝飽波宮の所在に関する一考察」（大阪教育大学歴史学研究室『歴史研究』第三十三号　一九九六年）等参照のこと。

最後に、本稿作成にあたっては、寺所蔵の資料を惜しまなく提供していただき、日ごろより公私にわたり何かとお目をかけていただいております法輪寺住職井ノ上妙覚様、副住職井ノ上妙康様、事務長佐藤英樹様に深く感謝いたしますとともに、本稿が法輪寺様の寺史研究の一つとして加えていただきましたら大変幸いに存じます。

また、挿図作成にあたっては岡田諭氏の協力を得ました。記して感謝いたします。

西田中遺跡と古代の造瓦所

濱口芳郎

一　はじめに

一九九八年より二〇〇〇年に行った大和郡山市西田中遺跡の調査で、造瓦所に関連する施設として五棟の大型建物の存在が明らかとなった。(1) 造瓦所のイメージは西田中遺跡の調査以前、一九八九年の京都府木津町における上人ヶ平遺跡で確認された四棟の大型建物によって一変させられてはいたが、(2) 奈良山丘陵で一貫した生産・供給体制が大規模施設と結びついて、平城宮の造営において造瓦システムの完成を印象付けた。しかし、藤原宮の造営については、瓦生産地が散在することから体制は未成熟な段階とされ、(3) そのイメージはそれまでの寺院造瓦所的に複数の小規模な建物があるだけというものがあった。ここでは、西田中遺跡における造瓦所像を紹介するとともに、まだ数少ない事例ではあるが瓦生産に関わった遺跡を取り上げ、個々の遺跡内で見つかった建物を含む諸施設を検討することによって、時代的な変遷、地域における生産体制の相違を考えていきたい。

二　西田中遺跡の概要

西田中遺跡は、これまで弥生時代中期の集落跡とされていた。しかし一九九八年からの調査で、弥生時代のほかに古墳時代後期、そしてこれから紹介する七世紀後半の瓦工房と三時期にわたる複合遺跡であることがわかった。調査地は西田中瓦窯のある谷上の北東約五〇ｍの地点、北に下る緩斜面上である。最も注目すべき五棟の大型建物は、調査地西側の崖のラインを基準にして建てられていた。

大型建物はすべて総柱で、遺物や遺構の切りあいから前後関係は明確にはできなかったが、位置関係や平面プランから一応調査地の最も南に位置する、東西棟の大型建物1が最も古いと考える。この建物は、南と北に庇を持ち、身舎部分は梁行二間、桁行九間、庇の桁行は同じく九間である。庇を含んだ建物の大きさは、東西二二・七ｍ、南北一一・五ｍで床面積はおよそ二六〇㎡になる。大型建物1の西端と東端の柱列を基準にして、そのすぐ北側にある大型建物2の身舎西端の列と、同じく身舎の東端から二列目の列が決定されたようである。大型建物2は四面に庇を持つ東西棟の建物で、身舎の梁行は大型建物1と同様に二間であるが、桁行は一二間、庇は梁行六間、桁行一四間で東西長二五・五ｍ、南北長一一・九ｍ、床面積は三五〇㎡を越え、この遺跡最大の建物となる。大型建物2の平面プランは残りの三棟の建物に踏襲され、大型建物1では、柱の間隔もばらつきが多かったが、次第に整っていく。大型建物2をそのまま東へスライドさせるようにして建てられたのが、大型建物4である。この建物は、身舎の桁行三間分まででしか確認できなかったが、恐らく大型建物2と同規模の建物であったろう。大型建物2の北側にある大型建物3は2の西庇の柱列と身舎の西端から五列目の柱列を基準にして建てられた南北棟の建物である。平面プランは大型建物2と同様であるが、東と西の庇と身舎の柱の間隔がやや縮まり、南北長二九ｍ、東西長八・三五ｍ、床面積は二四二

㎡とやや小さくなる。大型建物3の北には同じく南北棟の大型建物5が存在する。この部分は西側の崖のラインが東に曲がり、大型建物を建てる広さが確保できなかった。そのため、大型建物5の北半分の部分は、崖を埋め平坦面を確保し、大型建物3の身舎の西列を大型建物5の西庇列に合わせ、崖を避けるため、建物を東に寄せるようにして建てられた。しかし、それでも崖を避けることはできず、西庇列の北から五本分の柱は、斜面上に立てられることになった。調査範囲の制約のため、東庇列、身舎の東列の全てと、身舎中央列の南の柱三本分、北庇の東から四本分、南庇の東から三本分は検出できなかった。従って、大型建物5の東西長は確定できないが、南北長は二八・七mで、大型建物3とわずかに三〇cm短いだけで、ほぼ同規模の建物だった。これらの大型建物に重複しない掘立柱建物は五棟あり、内三棟が大型建物と主軸の一致を見る。

大型建物3と重複する掘立柱建物12と13は建物自体、二〇㎡にも満たないものであるが、大型建物に匹敵する柱穴

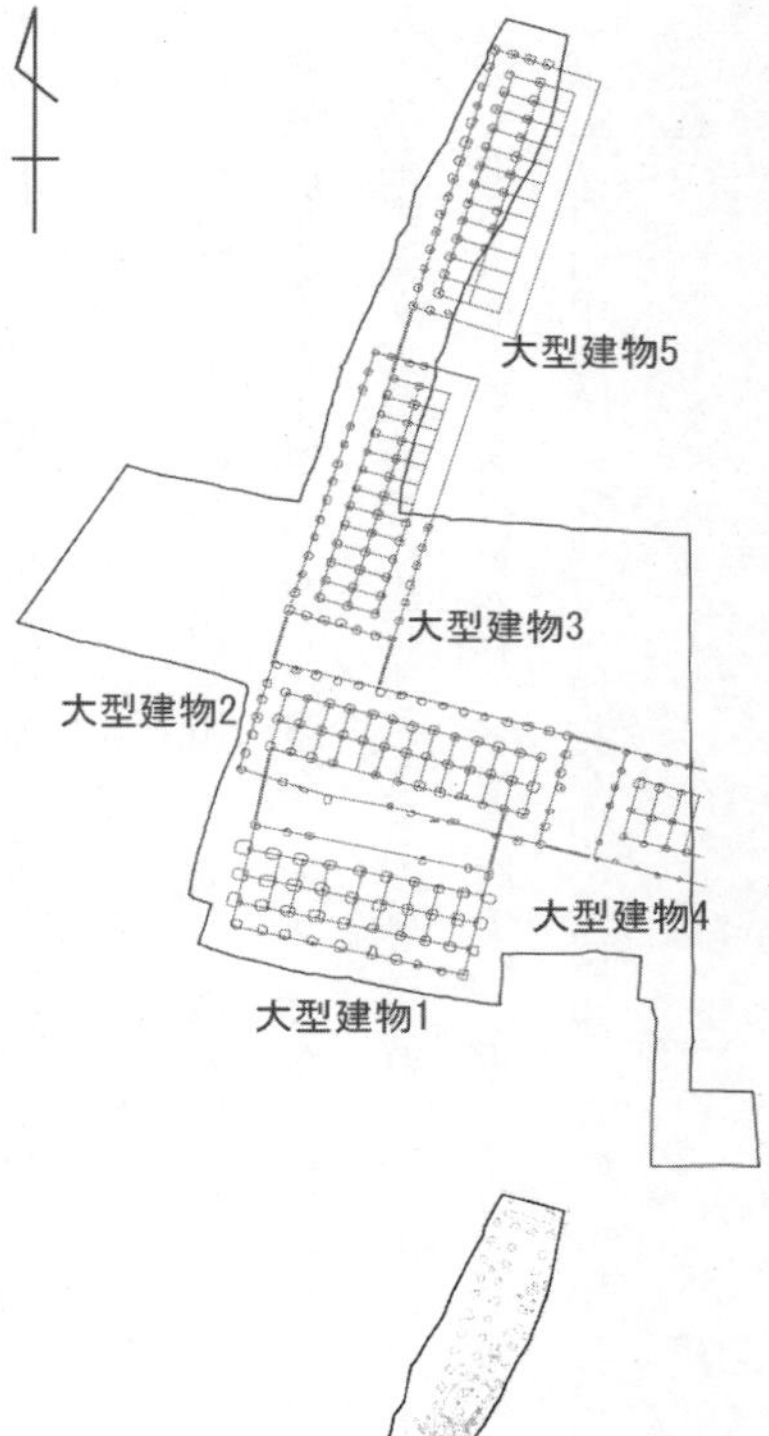

図1　西田中遺跡の大型建物（上）と掘立柱建物（下）

掘方をもち、大型建物3に先行する。これらの建物からは、時期の特定できる遺物の出土が見られず、古墳時代後期の集落に伴う遺構の可能性が高いものの、可能性として大型建物群に先行する造瓦所関連施設であるとも考えられる。この建物の特徴は、磁北に建物を揃え、隅丸方形の柱穴掘形をもつ。掘形の大きさは、かなり小さくなるものの、この特徴に合致する建物は、掘立柱建物8・9・10など六棟ほどある。また、大型建物の柱穴内からは瓦の出土が見られ、造瓦事業が大型建物に先行することが確認されているので、これらの小規模建物が西田中遺跡における初期造瓦施設である可能性も視野に入れ、今後検討すべき重要な課題である。

以上、西田中遺跡について、建物を中心に解説したが、瓦工房にはどのような形態のものがあるか、以下解説したいと思う。

三　古代の瓦工房遺跡

管見によれば、表のとおり現在二九ヶ所ほどの遺跡を確認している(4)。畿内および畿内周辺地のものと九州の一例であるが、七世紀前半より操業を開始する隼上り瓦窯の段階から、工房は掘立柱建物を採用する。畿内における瓦窯の操業形態は、初期の瓦窯では瓦陶兼業が一般的で、宮都の造瓦所が出現する頃までは量の多少の差はあれ、このような状況が続いていた。ここで寺院の造瓦所の事例として、隼上り瓦窯跡、梶原瓦窯跡、樋木原遺跡の建物のあり方を紹介しよう。

京都府宇治市の隼上り瓦窯跡は、豊浦寺塔築造期の瓦を生産した七世紀前半に遡る最も古い時期に位置付けられる造瓦所である(5)。四基の登窯と五棟の掘立柱建物が見つかっている。調査担当者の杉本宏氏によれば、内一棟にはロクロに伴うと見られる環状溝があり、それと同規模のもう一棟で二棟の作業棟を想定、ほかにカマドを持つことから炊事棟、窯に近いことから窯に関連するもの、たとえば薪の保管や番小屋的な建物を想定されている。

滋賀県の榿木原遺跡では三時期、約二〇〇年間にわたる断続した操業が確認されている。南滋賀廃寺創建期のものは二基の登窯と二棟の掘立柱建物がある。(6) 一棟は九間×三間で床面積一二〇㎡を超え、七世紀中ごろまでの造瓦施設としては最大の規模であり、また、建物内に粘土溜を持つ。他の一棟は二間×二間で二四㎡程度のものである。Ⅱ期の施設には窯は伴わないが、先に述べた大型の建物を建替えたもので、ほぼ同規模の建物が造られた。八世紀前半頃のものと考えられている。Ⅲ期は平窯一基と三棟の掘立柱建物があるが、一〇〇㎡を超える大型の建物は消滅する。九世紀前半以降と見られている。

梶原瓦窯は、大阪府高槻市に所在する梶原寺の造瓦所である。(7) 梶原寺は造東大寺司より摂津職に出された文書により有名であるが、これまでに確認されている遺構は七世紀半ばから後半のものである。五基の登窯、三棟の掘立柱建物、三ヶ所の竪穴がある。掘立柱建物は、七世紀半ばの遺構面より竪穴2と重複して一棟、七世紀後半の遺構面より重複して二棟検出している。竪穴は、後述する東日本に見られる方形の竪穴建物とは違い、形が整っておらず、明瞭な柱穴も、カマドの痕跡も確認できない。ただ、竪穴1の中央にはロクロピットが穿たれている。この竪穴が建物跡だとすると、近畿地方では唯一の検出例となる。また、七世紀後半の遺構面より検出された掘立柱建物1は床面積が約八四㎡である。

このように、七世紀前半から八世紀前半頃までの寺院工房だけの変遷を見ると、掘立柱建物の大型化と建物数の減少をその特徴として上げることができる。

一方、宮都の造瓦所ではどのような変化が見られるだろうか。先に説明した西田中遺跡を除き、日高山瓦窯、上人ヶ平遺跡、音如ヶ谷瓦窯と大畠遺跡、七尾瓦窯跡、吉志部瓦窯跡、上ノ庄田瓦窯跡について説明しよう。

日高山瓦窯は藤原京右京七条一坊の日高山北西斜面に三基の登窯と一基の平窯で構成されるが、その工房については明確ではない。ただ、藤原京右京七条一坊北西坪、左京七条二坊北西坪において、工房跡と考えられる掘立柱建物が存在する[8]。二三次・六三－一二次では窯壁と見られる焼土、南西坪では藤原宮第一九次の調査で塼仏笵などが出土している。また右京七条一坊北東坪は調査が進んではいないが、南東坊とは分離しておらず、宅地とは考えがたいとの見解もあり、日高山の丘陵を挟んで、北西側と東側は造瓦所を含む、藤原宮の工業地区として機能していたと見る

掘立柱建物	竪穴建物	主な供給先	操業期間					
			7 c	8 c	9 c	10c	11c	12c
5	0	豊浦寺	━					
1 2	3 ? 0	梶原寺	━					
2 2 3	0 0 0	南滋賀廃寺	━	━ ━ ━	━			
0 7	0 0	藤原宮	━	━				
0 0 6	0 0 0	藤原宮	━	━				
4 35	0 0 0	阿弥陀浄土院		━				
0 10	0 0	平城宮		━				
7	0	難波宮		━				
6 9	0 0	平安宮		━	━			
2	0	平安宮			━			
2	0	鳥羽離宮						━
1	0	鳥羽離宮						━
4	0	豊前国分寺		━				
8	3	伊勢国分尼寺		━				
0	24	御亭角廃寺	━					
0	4	岡上廃堂		━				
0	4	武蔵国府 武蔵国分寺		━				
2	19	武蔵国分寺				━ ━		
5	43	上総国分寺 小食土廃寺		━	━			
3 0	37 27	武蔵国分寺		━ ━				
0 0 0	10 0 0	武蔵国分寺		━				
0	4	武蔵国分寺				━		
0 0	1 1	武蔵国分寺			━ ━			
0	2	武蔵国分寺			━			
0	2	下野国分寺 大慈寺			━			
0	0	十念院		━				
0	6	台渡廃寺 田谷遺跡		━	━			
8	2	多賀城 陸奥国分寺		━				
11	6	多賀城 陸奥国分寺		━				

	遺跡名	所在地	時期区分	生産物の主体	登窯		平窯
					有段	無段	
1	隼上り瓦窯	京都府宇治市		瓦	4	0	0
2	梶原瓦窯	大阪府豊中市	Ⅰ期 Ⅱ期	瓦	2 2	0 0	0 0
3	榿木原遺跡	滋賀県大津市	Ⅰ期 Ⅱ期 Ⅱ期	瓦	6 0 0	0 0 0	0 0 3
4	日高山瓦窯 藤原京右京七条北西坪	奈良県橿原市		瓦	3 0	0 0	1 0
5	内山瓦窯 西田中瓦窯 西田中遺跡	奈良県大和郡山市		瓦	4 1以上 0	0 0 0	0 0 0
6	音如ヶ谷瓦窯 大畠遺跡	京都府木津町	A期 B期	瓦	0 0 0	0 0 0	2 2 0
7	市坂瓦窯 上人ヶ平遺跡	京都府木津町		瓦	8 0	0 0	0 0
8	七尾瓦窯	大阪府吹田市		瓦	6	0	1
9	吉志部瓦窯	大阪府吹田市	Ⅲa期 Ⅲb期	瓦	0	4	9
10	北ノ庄田瓦窯	京都市北区		瓦	0	0	2
11	南ノ庄田瓦窯	京都市北区		瓦	0	0	1
12	神出窯跡群垣内支群	神戸市西区		須恵器	8	0	0
13	船迫窯跡群堂がへり遺跡	福岡県築城町		瓦	1	1	0
14	川原井瓦窯跡	三重県鈴鹿市		瓦	0	0	3
15	小杉丸山遺跡	富山県小杉町		須恵器	0	3	0
16	三輪瓦窯跡	東京都町田市		瓦	2	0	0
17	多摩ニュータウンNo.513遺跡	東京都稲城市		瓦	13	0	1
18	南多摩窯跡群御殿山支群	東京都八王子市	Ⅲa期 Ⅲb期	須恵器	0 0	32 17	0 0
19	南河原坂窯跡群	千葉市緑区		瓦	0	13	6
20	鳩山窯跡群赤沼地区	埼玉県鳩山町	HⅢ期 HⅣ期	須恵器	0 0	12 5	0 0
21	雷遺跡 石田瓦窯跡 久保瓦窯跡	埼玉県鳩山町		瓦	0 0 0	0 0 0	0 5以下 1以上
22	新開遺跡	埼玉県三芳町		須恵器	0	0	0
23	新久窯跡A・B・C・D地点 新久窯跡E地点	埼玉県入間市		須恵器 瓦	0 0	6 0	0 1
24	八津池窯跡	埼玉県入間市		須恵器	0	7	0
25	鶴舞窯跡	栃木県佐野市		瓦	0	0	1
26	岡瓦窯跡	栃木県足利市		瓦	0	0	2
27	原の寺瓦窯跡	茨城県ひたちなか市		瓦	0	10以上	0
28	枡江遺跡	宮城県仙台市		瓦	0	4	0
29	神明社窯跡	宮城県仙台市		瓦	2以上	0	4

表1　古代の造瓦遺跡一覧

ことができる。さらに六三－一二次の調査で粘土溜の可能性のある、炭化物を含む粘土が堆積する浅い土坑も存在する。

次に説明する二ヶ所の造瓦所は、平城宮に関連する造営工房として著名な奈良山瓦窯群内のものである。

京都府木津町の音如ヶ谷瓦窯と窯のまわりの掘立柱建物、そして窯の北側に広がる大畠遺跡の掘立柱建物群は平城宮内の法華寺阿弥陀浄土院の造瓦施設とされる遺跡である。音如ヶ谷瓦窯では、四基の平窯と五棟の掘立柱建物がある(9)。窯は二基ずつが時間差を持って操業しており、建物もそれぞれの時期に対応し、一棟は古い時期に、他の四棟は新しい時期のものと想定されている。いずれも小規模なものであることから、窯に関連する施設と見られる。この音如ヶ谷瓦窯で焼成する瓦を製作していた工房が大畠遺跡である。大畠遺跡では、幾重にも重複しながら三五棟以上の掘立柱建物が存在した(10)。建物の内、最大規模の建物でも床面積七七㎡で、整然とした建物配列とはなっていない。ただ窯の東地域、大畠遺跡の南側が調査されておらず、遺跡の全貌は明らかではない。

同じく木津町の市坂瓦窯と上人ヶ平遺跡では、四棟の大型建物と八棟の付属建物で構成される(2)。瓦は、建物跡群の南西側の谷斜面にある市坂瓦窯の八基の窯で焼成された(11)。大型建物は東西棟で東西端を揃え、計画的に建設されていることがわかる。建物の変遷は四時期に分けられ、当初、二棟の大型建物と三棟の付属建物からなり、次に既存の大型建物の南側に一棟、付属建物は一棟を建設、一棟が拡張され四棟になる。三・四期には大型建物が南にさらに一棟、付属建物は三棟加わる。操業期間は平城のⅣ期にわたり、概ね二〇年間存在したものと考えられている。

大阪府吹田市に所在する難波宮の造瓦所である七尾瓦窯は、六基の登窯と一基の平窯、重複して六棟の建物が見つかったが、同一場所に五回の建替えを行っていて並存した可能性のあるのは二棟のみである。おそらく雑然と小規模な建物が窯跡の西に広がるように建っていたのではないだろうか。

平安京に関連する瓦工房の建物は、大阪府吹田市の吉志部瓦窯、京都市北区の西賀茂瓦窯群内の上ノ庄田・下ノ庄田瓦窯、そして神戸市の神出窯跡群内の南支群内で見つかっている。

七尾瓦窯より二〇〇mはなれて存在する吉志部瓦窯は、平安宮造営の初期段階に操業していた造瓦所で、これまで九基の登窯と四基の平窯が確認されている。工房は窯の東と南東にあり、一五棟の掘立柱建物が見つかった。単独の造瓦所として、窯の数は圧倒的に多い。掘立柱建物は一〇㎡以下の小規模なもので、最大のものでも面積五〇㎡に満たない。基準となる方位の違いから建物は二時期に分けられる。

西賀茂瓦窯群の北端に位置する上ノ庄田瓦窯は、平安京造営に伴う瓦窯で、二基の平窯と二棟の小規模な建物からなる。屋外に三ヶ所のロクロピットを備えることから、建物は貯蔵施設と見られている。

以上の遺跡で注目される点は、藤原宮、平城宮に関連する造瓦所の建物のあり方に二者があったということである。前者は、初期寺院造瓦所のような比較的小規模な建物が雑然と立ち並ぶもの、後者は大型建物が整然と並ぶものである。難波宮の造瓦所では状況がはっきりしないが、平安宮の二つの造瓦所は恐らく前者のようになろう。この二者には、窯との位置関係に密接なつながりがあるようである。すなわち、日高山瓦窯と音如ヶ谷瓦窯の場合、工房は窯の下側にあり、その配列は雑然としたものとなる。一方、西田中瓦窯や市坂瓦窯では窯の上位に工房を持つ。これは前者が山麓に立地するのに対し、後者が谷間に窯を設けていることによるが、尾根あるいは台地上に工房を設けるためには大規模な土木工事を伴い、限られた面積の中に効率よく建物を配置する必要があったと考えられる。一方、広く平坦面を確保できる平地型の工房では、それぞれの作業手順や生産量によって、そのつど適当な建物の増改築を行い、結果雑然としたものとなるのだろう。大型工房の出現は、官営の大建築事業の産物であることには違いないが、一貫した生産体制を具現した施設ではなく、個々の造瓦所にあった立地等の規制の中で生まれたものと考えられる。(12) 造瓦所自体が大規模であるという見方をすれば、最初期の宮都造営工房の姿は、窯であれ建物であれ通常の施設ではないという見方もできるだろう。西田中遺跡の無理やり建てた大型建物群、一三基の窯がひしめき合う吉志部瓦窯跡、これらこそ宮都造営最初段階の工房の姿ではないだろうか。造営事業も終了に近づいた頃の造瓦所である日高山瓦窯跡や上ノ庄田窯跡ではこうした状況は見られない。

畿外の地域はどうだろうか。西日本と東日本の状況について紹介する。畿内周辺と西日本の遺跡は国分寺造営時の工房が、三重県と福岡県で各一ヶ所見つかっているに過ぎない。

三重県鈴鹿市の川原井瓦窯は、伊勢国分尼寺に瓦を供給していて、三基の平窯に三棟の竪穴建物、八棟の掘立柱建物が検出されているが、窯の操業が八世紀後半とされるのに対し、掘立柱建物は平安時代初め頃のものとされ、瓦窯に伴うか否かがはっきりしない。竪穴建物からは瓦の出土も見られることから、瓦窯に伴う施設であったのだろう。[13]

福岡県船迫窯跡群堂がへり遺跡は、豊前国分寺に瓦を供給していた造瓦所である。[14]二基の登窯とその北側の谷底の平坦面に四棟の掘立柱建物がある。内二棟は床面積三〇〇㎡を超え、寺院付属造瓦所では最大の規模を持つ。建物は北東方向を基準にして南北に並んで建てられていた。両者とも総柱で南北二面に庇を持つ。北側の二号掘立柱建物は部分的に高床構造を持っていたとされる。他の二棟はそれぞれ二一㎡、七㎡と小型のもので方位も大型建物とはそろわない。

関東を主とした東日本の状況を説明する。東日本の瓦生産には三つのパターンがあった。一は寺院等の造営に伴って、瓦と若干の須恵器を生産、造営の完了と共に閉窯するもので三輪瓦窯跡、[15]多摩ニュータウン五一三遺跡、[16]南比企窯跡群雷遺跡、[17]鶴舞瓦窯跡がある。[18]二は、一と同様に造営に伴い開窯するが、造営事業終了後も須恵器の生産を継続する。南河原坂遺跡、[19]原の寺瓦窯、[20]台の原・小田原窯跡群の枡江遺跡[21]と神明社窯跡[22]が上げられる。三は先行して須恵器生産が行われ、生産の過程で一時的に瓦生産に携わるもので小杉丸山遺跡(23)、南多摩窯跡群御殿山支群(24)、南比企窯跡群赤沼地区(25)、東金子窯跡群の新久窯跡(26)と八津池窯跡(27)、新開遺跡(28)がある。

東日本の遺跡では工房跡とされる建物は竪穴建物であり、掘立柱建物は多賀城造営に関わった枡江遺跡と神明社窯跡以外ではほぼ存在しない。今回取り上げた東日本の遺跡の竪穴建物の総数は一九五ヶ所に及び、その内八〇ヶ所が南比企窯跡群赤沼地区、四三ヶ所が南河原坂遺跡のもので、この建物の多さは、二あるいは三に該当する須恵器生産を伴う長期的な生産の継続によるものに他ならない。南比企窯跡群赤沼地区の場合、須恵器生産が八〇年ほど継続され集落化したことによる。また、南河原坂遺跡でも上総国分寺造営に伴い開窯し、その後須恵器生産を主体に移し生産を継続している。一方、武蔵国分寺造営に関わった多摩ニュータウン五一三遺跡の場合、国分寺造営に先行して開窯していて、未焼成窯を含め一五基の窯を持っていた。ところが、窯付近で確認された竪穴建物はわずか四棟である。このように須恵器生産と重複する遺跡の多い東日本の状況は、瓦生産を考えるうえでの問題を非常に複雑にする。

四　工房内の諸施設

これまで、遺跡の概要を述べてきたが、ここでは造瓦施設に見られる、特徴的な遺構について述べる。

1　掘立柱建物

西田中遺跡を表題にしている以上、大型建物の特徴について話を進める。大型建物がある西田中遺跡、上人ヶ平遺跡、堂がへり遺跡に共通することは、建物の大きさに対し、柱痕が著しく小さいこと、また柱穴の掘形の形状も一定しない点が上げられる。これは、決して恒久的な施設として建てられたものではないことを、そして専門性の高い技術者によって立てられたものではないことを意味する。また、建物の内外にはロクロピットが存在せず、移動可能な造瓦道具を使用していたことがわかる。これは、大型建物の性格付けをする上で重要である。つまりこの屋内空間は、多目的使用を可能とする空間だったのである。西田中遺跡や上人ヶ平遺跡の場合、製作場所と乾燥場所は同じ建物内で行うようになったと考えるべきで、物を動かすのではなく、工人が道具とともに建物を移動するようになったと解釈したい。

建物構造は、西田中遺跡の場合、斜面地に立地しておりまた、五棟すべてが総柱建物であることから床張りの建物であったと見る。一方、上人ヶ平遺跡では土間であったようである。堂がへり遺跡の場合は二号掘立柱建物においては一部床張りであったと考えられており、この事例では建物内での使い分けが行われたとすべきだろう。これは、粘土溜を建物内に取り込むこととも合致する。こうした事例は檍木原遺跡の大型建物ＳＢ一〇三にも認められることから、単独あるいは少数棟の場合は、建物内でこうした使い分けがあったのだろう。

2　竪穴建物

八津池窯跡の事例から坂詰秀一氏は瓦工房について解説されたが、(29) その後の資料によって、イメージは大きく変わってしまった。たとえば、工房と見られる竪穴建物は長方形プランを有するとされていたが、大きさのはっきりした一一四例の内、短辺に対する長辺の比率が一・二を超えるものは五四例、約半数が正方形に近い。ロクロピットを備えた竪穴建物二二例でも、一・二倍を超えるものは一一例である。また、ロクロピットを備えた竪穴建物で、生活施設であるカマドが存在しないものはわずかに一例あるのみである。大半は先にも述べたように須恵器生産集落の事例であるが、集住人数や生産規模によってそこには複雑な使い分けがなされていた(30)。

3　ロクロピット

報告されているロクロピットの検出事例の多くは、関東における須恵器を主体とする生産遺跡である。これらはいずれも、竪穴建物内に一〜三基設置される。近年の報告事例ではロクロのあるものを工房、ないものを住居とすることが一般化している。しかし、瓦専業工房に目を向けてみると、三輪瓦窯跡や多摩ニュータウン五一三遺跡、原の寺瓦窯跡など、窯跡の至近距離にある建物で、工房と見られる竪穴建物でもロクロピットのない事例がほとんどである。

一方、畿内ではその数は少ないが、時代の古い順に梶原瓦窯跡、吉志部瓦窯跡、上ノ庄田瓦窯跡、神出窯跡群垣内小支群にこの事例が見られる。掘立柱建物を工房とするこれらの遺跡ではロクロピットは屋外に設けられ、梶原瓦窯跡の竪穴には上屋構造が存在したか不明であるため、屋内に据え付けた事例は神出窯跡のみである。ロクロピットが際立って多く見られる吉志部瓦窯跡では、その窯の多さもあり、宮都造営の初期段階における特殊な事情を感じさせる。

4　粘土溜

掘立柱建物が工房と認識される遺跡では、一般的には建物の至近距離に粘土溜を設置する。屋内に粘土溜を持つ事例は、樫木原遺跡のＳＢ一〇三やＳＢ一〇五、どうがへり遺跡の二号掘立柱建物に見受けられるが、建物としては大型のものに限られよう。粘土溜の形状は方形あるいは楕円形の土坑状をなすものが多いが、西田中遺跡では、建物に沿うような溝状を呈するものもあり、上人ヶ平遺跡では古墳の周溝を再利用した事例があるように、その施設や周辺の状況によって形を変えるようである。西田中遺跡の大型建物と粘土溜の位置関係を見ると、東西棟の建物では、長辺側に、南北棟では妻側に設けられている。大型建物1以外は溝状を呈し、幅は約八〇cm、深さには深浅の差があり、大型建物2の溝の最深部では五〇cm、唯一土坑状を呈する大型建物1のものを除くとほかは一〇cmから二〇cmの範囲に収まる。建物の建設順は先に述べたように1から2へ、そして4と3最後に5と考えているが、大型建物3・5は地形的な制約もあったとは思われるが、建物内での作業ラインをより効率的に変更したことによるものかもしれない。

竪穴建物の場合、屋外に粘土の堆積が認められるものが多く、屋外にも設けるものは意外と少ない。神明社窯跡、原の寺瓦窯跡に認められる程度で、おそらく竪穴建物を主体とする東日本の工房では、個々の工人がそれぞれ粘土を採取するような状況であったのかもしれない。また、放棄された竪穴建物を粘土貯蔵施設として再利用する事例も見つかっている。

5　その他

特異な遺構として栃木県岡瓦窯跡では、八列の畝状のものが並ぶ、瓦置き場と見られる遺構が検出されている。また、小杉丸山遺跡では周壁溝を持つ、段状遺構と呼ばれる遺構がある。簡単な小屋掛けがなされたと見られ、竪穴建物とは別の作業スペースと考えられる。

五　造瓦所遺跡の変遷と特質

現段階では遺跡が畿内と関東に偏在する状況から、二極の対比で考察を進めなければならないが、各々の遺跡にはさまざまな形態をもったものが存在した事実は、そこにその形態をもたせたさまざまな要因があっただろう。ここでは造瓦所遺跡の変遷と特質をあげてまとめとしたい。

畿内と周辺地域において、七世紀前半の寺院造瓦所から宮都造営に伴う官営造瓦所の成立と崩壊期の事例を見ることができる。時代を通して共通することは、掘立柱建物を工房の主要建物とすることである。七世紀も後半になると建物の数は減少し、規模が大型化する。わずか二つの事例で解釈するには問題もあるが、建物の大型化は事業規模の拡大によると見られ、具体的には官大寺の造営がその端緒となろう。現段階では榿木原遺跡がそれと見なされる。榿木原瓦窯の供給先である南滋賀廃寺は、大津宮造営に伴い宮都の鎮護寺院として建立された官寺である。この時期の私寺の工房として、梶原瓦窯では七世紀後半の遺構のなかに突出する大きさの掘立柱建物はあるが、大きさは榿木原遺跡の三分の二程度である。その後、宮都の造瓦工房が出現し、畿内とそれ以外の地域との生産体制を隔絶させる。宮都の造瓦所における建物規模、配置の大きな違いは、特に造営初期段階においては組織を急激に拡大させたことによる、複数の集団の同時生産体制によるものではないだろうか。それが、雑然とした建物配置として表出されるのだろう。そうした状況によって生産性や効率に不都合があった場合、工房はその場所も含め、大きく姿を変えたのだろう。平安京造営以降も、文献には興福寺、観世音寺瓦屋に比較的大きな建物の存在が記されるが、造宮工房に匹敵するものは存在しなかった。

畿外の諸地域では、国分寺造営事業を契機にする造瓦所の数、遺跡の規模を大きく増大させた。大規模な造瓦所としては豊前国の堂がへり遺跡や、上総国の南河原坂窯跡群などが代表的である。この二遺跡は工房や窯の形態に畿内的影響が表出している点を含め、大きな差異はあるものの、少なくとも個々の国々で国分寺造瓦所がそれまでのものと規模において格段の差があったことは間違いない。大型建物を持つ堂がへり遺跡の場合は、国分寺造営によるためと見るだけでなく多賀城の造瓦工房である枡江遺跡・神明社窯跡に見られる掘立柱建物の存在と同様に、それ以前の大宰府建設事業に伴う畿内の影響も考慮しなければならない。

生産形態の差は、関東においても須恵器生産と瓦生産の分離した畿内型の地域と、造瓦須恵器生産の地域に大別されると渡辺一氏は指摘する。[30] それは初期寺院の造営から国分寺造営の一時期に顕著に表れ、国分寺を含め単独あるいは複数の消費地に供給する瓦窯は存在するが、九世紀以降、瓦窯は急速にその姿を消し、須恵器窯にその生産をゆだねる傾向に向かう。渡辺一氏の言う「造瓦須恵器工房」であるが、宮都を含む一部の官衙や経済的に自立した寺院を除き、全国的に認めうる傾向だろう。その中で、関東においては初現から終焉まで一貫して竪穴建物を工房とし、また瓦窯における工房と、須恵器窯における工房には、建物数に差はあれ、形態には顕著な差異は認められない。ただ一点、瓦窯においては竪穴建物内にロクロピットがないことを除いては。そして、工房の姿は宮都造営に伴う瓦生産体制の存在した畿内とそれ以外の地域において、律令国家的造宮体制が崩壊する一一世紀頃まで厳然とした隔差を持って、変容したのである。

註

（1）濱口芳郎『西田中遺跡』（大和郡山市教育委員会　二〇〇〇年）

（2）石井清司ほか『京都府遺跡調査報告書　第一五冊』上人ヶ平遺跡（京都府埋蔵文化財調査研究センター　一九九一年）

（3）上原真人「古代の造瓦工房」『古代史復元』九（講談社　一九八九年）

（4）神出窯跡群には窯ノ口小支群内にも工房が存在する。（『昭和五六年度神戸市埋蔵文化財調査年報』一九八三年）

（5）杉本宏ほか『隼上り瓦窯跡発掘調査概報』宇治市埋蔵文化財発掘調査概報三（宇治市教育委員会　一九八三年）

（6）林博通ほか『榿木原遺跡発掘調査報告』（滋賀県教育委員会　一九七五年）
林博通ほか『榿木原遺跡発掘調査報告』Ⅲ（滋賀県教育委員会　一九八一年）

（7）鎌田博子『梶原瓦窯跡発掘調査報告書』（名神高速道路内遺跡

調査会　一九九八年）

（8）西口寿生「右京七条一坊の調査」『藤原京右京七条一坊調査概報』（奈良国立文化財研究所　一九七八年）
奈良国立文化財研究所「右京七条一・二坊の調査」『飛鳥・藤原宮発掘調査概報』二〇（一九九〇年）
奈良国立文化財研究所「右京七条一坊の調査」『飛鳥・藤原宮発掘調査概報』二一（一九九一年）
奈良国立文化財研究所「右京七条一坊の調査」『飛鳥・藤原宮発掘調査概報』二二（一九九二年）
奈良国立文化財研究所「右京七条一坊の調査」『飛鳥・藤原宮発掘調査概報』二三（一九九三年）

（9）奈良国立文化財研究所「音如ヶ谷窯跡（第九号地点）の調査」『奈良山－Ⅲ』（京都府教育委員会　一九七九年）

（10）平良泰久「大畠遺跡」『木津町史』史料編Ⅰ（木津町　一九八四年）

（11）石井清司ほか『京都府遺跡調査報告書　第二六冊』奈良山瓦窯跡群（京都府埋蔵文化財調査研究センター　一九九九年）

（12）ただ、音如ヶ谷の場合、平城宮に関連するとは言え、法華寺阿弥陀浄土院の造瓦所で、厳密に造宮工房ではなく、宮の造瓦所と寺の造瓦所の相違である可能性もある。

（13）伊藤久嗣「三二　三重県川原井瓦窯跡」『日本考古学年報』三三（日本考古学協会　一九八三年）
宇河雅之「川原井瓦窯」『斎宮・国府・国分寺』（斎宮歴史博物館　一九九六年）

（14）高尾栄市ほか『船迫窯跡群』（築城町教育委員会　一九九八年）

（15）三輪南遺跡群発掘調査団『三輪南遺跡群発掘調査報告書』（三輪南遺跡群発掘調査会　一九八九年）

（16）加藤修ほか「№五一三遺跡」『多摩ニュータウン遺跡　昭和六〇年度』第四分冊（東京都埋蔵文化財センター　一九八七年）

（17）金井塚厚志『雷遺跡』（鳩山町教育委員会　一九九一年）

（18）大川清『下野古代窯業遺跡』上（飛鳥書房　一九七五年）

（19）村田六郎太「南河原坂窯跡群」『土気南遺跡群』Ⅶ（千葉市文化財調査協会　一九九六年）

（20）勝田市教育委員会『原の寺瓦窯跡発掘調査報告書』（一九八〇年）
勝田市教育委員会『原の寺瓦窯跡発掘調査報告書』（一九八一年）
鴨志田篤二「原の寺瓦窯跡」『茨城県史料』考古資料編　奈良・平安時代（茨城県　一九九五年）
鴨志田篤二『原の寺瓦窯跡発掘調査報告書（第四次）』（ひたちなか市教育委員会　一九九八年）

（21）結城慎一『枡江遺跡発掘調査報告書』（仙台市教育委員会　一九八〇年）

（22）木村浩二ほか『神明社窯跡』（仙台市教育委員会　一九八三年）

（23）富山県埋蔵文化財センター「№二一遺跡」『小杉流通団地内遺跡群第五次緊急発掘調査概要』（富山県教育委員会　一九八三

年）
富山県埋蔵文化財センター「№二一遺跡」『小杉流通団地内遺跡群第六次緊急発掘調査概要』（富山県教育委員会　一九八四年）

(24)　服部敬史『南多摩窯址群　御殿山地区六二号窯址発掘調査報告書』（八王子バイパス鑓水遺跡調査会　一九八一年）
服部敬史ほか『南多摩窯跡群　東京造形大学宇津貫校地内における古代窯跡の発掘調査報告書』（一九九二年）
坂詰秀一ほか『南多摩窯跡群　山野美容芸術短期大学校地内における古代窯跡の発掘調査』（一九九二年）
立正大学文学部考古学研究室『南多摩窯跡群　大法寺裏遺跡Ⅱ』（二〇〇〇年）
八王子市南部地区遺跡調査会『南多摩窯跡群　八王子みなみ野シティ内における古代窯跡の発掘調査報告Ⅰ』（一九九七年）
八王子市南部地区遺跡調査会『南多摩窯跡群　八王子みなみ野シティ内における古代窯跡の発掘調査報告Ⅱ』（一九九九年）
八王子市南部地区遺跡調査会『南多摩窯跡群　八王子みなみ野シティ内における古代窯跡の発掘調査報告Ⅲ』（二〇〇〇年）
八王子市南部地区遺跡調査会『南多摩窯跡群　八王子みなみ野シティ内における古代窯跡の発掘調査報告Ⅳ』（二〇〇一年）

(25)　鳩山窯跡群遺跡調査会『鳩山窯跡群』Ⅰ　窯跡編一（鳩山町教育委員会　一九八八年）
鳩山窯跡群遺跡調査会『鳩山窯跡群』Ⅱ　窯跡編二（鳩山町教育委員会　一九九〇年）
鳩山窯跡群遺跡調査会『鳩山窯跡群』Ⅲ　工人集落編一（鳩山町教育委員会　一九九一年）
鳩山窯跡群遺跡調査会『鳩山窯跡群』Ⅳ　工人集落編二（鳩山町教育委員会　一九九六年）

(26)　坂詰秀一ほか『武蔵新久窯跡』（雄山閣出版　一九八四年）

(27)　坂詰秀一「武蔵・谷津池窯跡第Ⅱ次調査」『日本考古学協会昭和四一年度大会研究発表要旨』（一九六六年）

(28)　三芳町教育委員会『新開遺跡』（一九八〇年）
三芳町教育委員会『新開遺跡』Ⅱ（一九八一年）
埼玉県『新編埼玉県史』資料編三　古代一　奈良・平安（一九八四年）
柳井章宏『新開遺跡Ｔｄ地区』（三芳町教育委員会　一九九二年）

(29)　坂詰秀一「窯工」『新版考古学講座』九（雄山閣　一九七一年）

(30)　渡辺一「須恵器作りのムラ」『古代王権と交流』二（名著出版　一九九四年）。氏は鳩山窯跡群の分析から建物跡を半住半工型・工房型・住居型・管理型・選別型に類別される。

「頡頏」を表現する図像について

――キトラ古墳壁画の朱雀図に関連して――

網干善教

一

奈良県高市郡明日香村阿部山に所在するキトラ古墳において、昭和五八年一一月七日、ファイバースコープによる内部探査が実施され、石槨内に高松塚古墳と同様北壁に玄武の壁画の描かれていることを確認、平成一〇年三月五日、六日には第二回目の内部探査が行われたところ、天井の星辰と東壁の青龍図、西壁の白虎図の描かれていることが判明、さらに平成一三年三月二二日のデジタルカメラの撮影によって、南壁に色鮮やかな朱雀が描かれており、四神図が残存していることが分かった。その後、平成一三年一二月四日〜六日に第四回の撮影が行われ、平成一四年一月二二日には、獣頭人身像の一部が公表されて話題を呼んだ。

日本における古墳壁画のなかで、高松塚古墳では盗掘のため消滅したと思われる朱雀図が、キトラ古墳で確認されたことにより、高松塚古墳にも朱雀図の描かれていた可能性が極めて高くなったことに関係して、この朱雀図を理解するための手始めにどのような研究方法があるかを考えようとし、中国、朝鮮（主として朝鮮民主主義人民共和国＝以下北朝鮮と略す）、日本という東アジアの地域のなかで、朱雀を表現した図像を聚成し、分類を試みた。その結果、朱雀（あるいは鳳凰）を描いた図像の姿態を、次の四つに分類できることを提案した。それは

①静止＝鳥が両足を揃えて立つ姿勢。

②歩行＝鳥が片足を踏み出して歩く姿。

③頡頏＝鳥が片足を鋭く曲げ、他の足で力強く地を蹴るという、頡頏（「頡」とは鳥がまさに飛び立つ姿、「頏」とは鳥が着地しようとする姿）の姿勢。

④飛翔＝鳥が両足を揃えて後方に伸ばし、大空を飛翔する姿。

である。そして、各々の姿容を比較しながら、地域的特徴、時代差、さらには描写の系譜的な課題を追究しようと試みた。その事例の一部については「古墳壁画・墓誌等にみる朱雀・鳳凰の図像について」と題して所見を述べた(1)。このうち「静止」は両足をしっかり揃えて立ち、「飛翔」はまさしく大空を飛ぶ姿であるから問題はないが、「歩行」と「頡頏」には分類上やや不明確であろうかとも思われる点もあるが、個々の図像をみると頡頏の場合は片脚を鋭く曲げ、他の脚で強く地を蹴るという姿であって、明らかに歩行と頡頏は異なるものであり、峻別、分類は可能である。

ところが、この分類・考察については異論も出た。

例えば、在日本朝鮮歴史考古学協会会長の全浩天氏は(2)キトラ（古墳）の朱雀は疾走しながらいままさに飛びたたんとする姿態であったことである。驚かされたのは高句麗壁画古墳の朱雀との違いを強調するのに、朱雀の最高傑作とされる六世紀末から七世紀初の南浦市の江西中墓に描かれた朱雀をキトラの朱雀に対比させている点である。

長沙隋墓出土鏡の朱雀

飛鳥キトラ古墳の朱雀

宝鶏市法門寺地宮の鳳凰文

奈良薬師寺本尊台座の朱雀

八角鏡　漆背金銀平脱の鳥

史思礼墓誌蓋の朱雀

豆盧建墓誌の朱雀

百済広州宋山里六号墳の朱雀

鄭国大長公主墓誌の朱雀

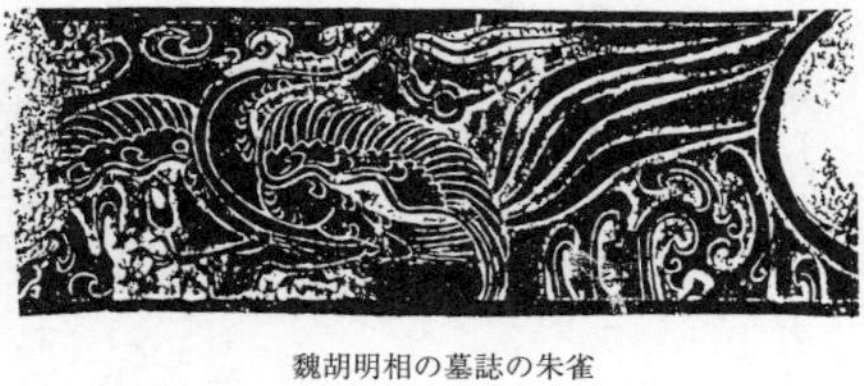

魏胡明相の墓誌の朱雀

図１　頡頏を表わす朱雀・瑞鳥集成

江西中墓の朱雀は両足をそろえて静止しているが、キトラのそれは疾走しながら飛びたとうとしているのが特徴であるというのである。こうしてキトラ古墳の朱雀は高句麗壁画古墳に描かれない独自の形姿であるとされた。

はたして、そうであろうか。

とある。江西大墓や中墓にみる朱雀図は、横穴式石室の玄室袖部の両側に描かれた二羽の朱雀図（鳳凰）図である。これらの朱雀は、両翼を拡げ、尾羽を大きくあげている。しかし、両脚はしっかり地を踏んでいる。これと同じ姿態の朱雀図は日本でも大和壺阪寺所蔵の鳳凰塼(3)、正倉院宝物八角鏡（北倉四二、鳥獣花背の鳳凰）(4)、鳥獣葡萄背円鏡（南倉七〇）(4)、鳳凰葛形裁文（南倉一六五ー一）(4)、金銅鳳形裁文（南倉一六三）(4)、をはじめ多くの文物に見ることができる。また、高句麗では中国吉林省集安市五盔墳五号墳の朱雀図(5)、舞踊塚主室天井第四持送の鳥、三室塚壁画の鳥(6)、中国では江蘇省鎮江市の東晋画像石の朱雀(7)、河南省鄧県画像磚墓の朱雀(8)、陝西省三原市隋李和墓(9)の石棺に彫刻された二羽の朱雀図をはじめ西安市所在の蘇思勗墓(10)、高元珪墓(10)、韋氏墓(10)などに朱雀の図像がみられる。したがって、私の意見を誤解して「高句麗古墳壁画に描かれない独自の形姿であるとされる」とあるが、そうではなく高句麗壁画にもあることは周知であろう。

この問題は、そこからである。全浩天氏はこれにつづいて次の如く記述されている。

江西中墓の朱雀は静止しているのではない。疾走を終えて翼を大きく羽ばたかせ、尾を風にはらませていままさに飛びたたんとする朱雀の動と静の瞬間をとらえて美しく描いた傑作のなかの傑作とされる絵なのである。したがって上述したような対比の方法で論じて終わるのでは、よい方法ではない。

とされる(2)。全浩天氏の解釈は江西中墓の朱雀図が両脚を揃えている。その姿が疾走を終えた鳥が飛び立とうとする動作である。そして翼を大きく羽搏たかせているとみるのである。それはこの絵に対する極めて個人的、主観的な解釈であるから、何もいうことはない。ただ、翼を拡げているから飛び立たんとする姿勢であるとするのはどうであろか。

東アジアにみられる朱雀、鳳凰図を聚成したところ、管見ではあるが静止、歩行もふくめて、若干の例外を除いてすべて翼を拡げている通例の表現である。すなわち鳥は羽根を拡げることによって美的に、動的に表現されるのである。アジアの中で若干の例外としたのは管見では二例あった。一例は、中国河南省南陽市で出土した漢代画像にみられるものである。(11) これは鳥が歩行する姿態を描いたもので、尾羽を後方に揃えている。

もう一例は、西安市郊外で出土した咸通五年(八六四)に歿した銀青光録大夫、行上柱国侯であった楊玄略墓の墓誌線刻文に、鶴か鷺を思わせる歩行の絵があり、(12) 左脚を垂直に立て、右足を曲げる姿容を描いている。

この二例以外は、静止、歩行、頡頏のどのような姿勢であってもすべて羽根を拡げているであって、飛び立つ瞬間だけの姿勢でないことがわかる。ここでは、そのことを全氏と議論しようとは考えていない。高松塚古墳やキトラ古墳の壁画が高句麗的であるのか、中国的であるのかということである。そのために図像の表現を比較しようとした。高句麗古墳壁画も、日本古墳壁画も、共に中国に由来するからには両者に共通性があることは当然である。しかし、日本古墳壁画が高句麗古墳壁画の影響の下に描かれたと決めつけることに疑問をもつのである。本稿は、以前発表した朱雀、鳳凰図のうち頡頏の姿勢をとる図像の追加を行い、前回の紙幅の制限を補いたい。そして、改めてこの「頡頏」の問題をふくめ、意図する点を述べてみたい。

二

先ず日本の所例をみる。

法隆寺蔵　玉虫厨子背面の頡頏図(13)

法隆寺には有名な玉虫厨子がある。玉虫厨子については今更説明を必要としないが、天平一九年の『法隆寺伽藍縁起并流記資財帳』に「宮殿像貳具」とあるのがこれに相当するとされる（この二具をめぐっては諸説がある）。ところで、玉虫厨子は構造上、宮殿部と台座部からなる。宮殿部は軸組みと軒回り屋根を造り付け、入母屋型の屋根を別に造って載せる。軸部は厚さ一・五cmの一枚の板を横張りに用いたものである。

宮殿部及び台座に描かれた絵画の絵具については、密陀絵説、漆絵説、油絵説に分かれているが、ここで取り上げようとする絵は、宮殿部の背面に描かれた絵画である。

この絵の主題は霊鷲山浄土を表現するものと解され、上の左右に日・月像を描き中央に霊鷲を意味する鳥を描き、その上に蓮華座に住する須弥座を置き、宝塔三基を建てる。その各々には如来が通肩の法衣を着し、結跏趺座し、施無畏の印相を結ぶ。

霊鷲の下の窟内には四人の修業する比丘を描き、三基の宝塔の左右は飛天を表わし、左右の下にはここで取り上げようとする頡頏の瑞鳥を表現する。

なお、この図は霊鷲山に因む情景を表現するものの、その由緒となる経典、教説、教義については、種々の解釈がなされていて、結着をみていないし、今後も討議の対象となるであろう。

さて、ここの絵画の頡頏図は、冠羽と鋭い嘴をもちそして両翼を大きく拡げる。主翼の風切羽、雨覆羽も力強く表現され、尾羽も大きく上にのびる。右脚は「く」の字形に曲げ、左脚は真直ぐに伸ばし、まさに飛翔しようとする躍動的な描写である。キトラ古墳の朱雀図と相通ずるところがある。

この玉虫厨子の絵画について『奈良六大寺大観』には「厨子絵のすべてにおいて、中国的要素の多いことは、すでに田中豊蔵氏が指摘したところであるが、いずれも空寂たる深山清静処ともいうべき神仙的雰囲気をただよわせている」とする。

そして「製作地については従来中国説や朝鮮説がないではなかったが、近年は日本製とする説が有力となっている」[14]としている。

なお、その製作年代については「推古朝あるいはそれ以前」、「推古朝——七世紀初葉」、「孝徳朝前後——七世紀中葉」、「天智朝前後またはそれ以後」、「持統・文武朝以後——七世紀末から八世紀初葉」など諸説が述べられており、推定が七世紀全体に及び、百年以上の年代差がある。

図２　法隆寺玉虫厨子背面　瑞鳥図

法隆寺蔵　乾漆鳳凰文浮彫光背[15]

同じ法隆寺所蔵の三面の光背のうち「鳳凰文浮彫」とされ

図3　法隆寺蔵乾漆鳳凰文浮彫光背（辻本米三郎撮影。『奈良六大寺大観』第3巻、岩波書店より）

る残欠に頡頏の瑞鳥がみられる。これについて『奈良六大寺大観』解説は「元来、光背の身光部、つまり身光光心部とその下の光柄部分に相当するものである。全体は檜の一材で造られ、一部背面の浮彫り部分は乾漆で盛上げ、さらに全面に漆箔を施す」とする。

　そして、鳳凰文浮彫については

　　背面の光心部には、綬帯を啄み、蓮台を踏む鳳凰文を中心に、周囲に霊芝雲文、また光柄部には一根二茎のほぼ左右対称形の宝相華文をそれぞれ乾漆盛上げで浮彫し、さらに漆箔を施している。

とある。これは平成六年三月一日から四月三日の間、奈良国立博物館で開催された「国宝法隆寺展」(16)（以後、東京国立博物館、福岡市博物館、名古屋市博物館、仙台市博物館で巡回展示）に出陳されたもので、その図録には「光柄と身光中心（輻状文を彫出）のみが残るが裏面に綬帯をついばむ鳳凰と霊芝雲、さらには瑞果をのぞかせる花卉文を木屎漆で浮彫する。その意匠はやはり天平風ののびやかなもので、また柄の状況から伝法堂西の間の中尊に付属するものとみなされる」とある。

　この光背の文様は先述の玉虫厨子にみる絵画とは異なり、冠羽のついた頭部は頸の位置から後方に偏せてあり、しかも頭をさげて下を向く姿勢である。また口には綬帯を喰む。

　主羽根は大きく拡げ、風切羽、雨覆羽等を装飾的に表現し、尾羽は通例の如く大きく上にあげる。両脚共に蓮華座に置く。右足は鋭く曲げ前方に出し、左脚は後方に力強く伸ばし、まさしく頡頏の姿態を表現しているとみる。

図4　東大寺蔵花鳥彩絵油色箱の瑞鳥
（薗部澄撮影。『奈良六大寺大観』第9巻、岩波書店より）

東大寺蔵　花鳥彩絵油色箱(17)

　東大寺什物のなかに彩絵油色箱一合がある。箱の法量は蓋高三・三cm、身高二四・二cm、身縦六〇・〇cm、身横七一・三cmの木製で、蓋は印籠蓋の型式、蓋、身共に全面に黒漆を塗り、その上に花鳥文を描き、透明の乾性油を施した技法を用いている。

　各面に宝相華や花文を描き、中央に鳥文を表現している。箱の両側の短面の中央にあたる位置に、頡頏の鳥を描いている。これについて『奈良六大寺大観』の解説では「彩色は全体にくすんでいるが、今なお丹、朱、緑青、黄土などを確認でき、特に鳥のくちばしや花弁などの朱と丹は鮮やかである。文様構成は大振りで、華麗さと明快さをそなえ、正倉院宝物中の密陀絵をほどこした箱や盆などとも共通する趣を持っている」とする。

　さて、描かれた鳥（解説では鳳凰としている）の頸から胸にかけての緩やかな曲線はキトラ古墳の朱雀の表現に著しく共通する。鳥の頸には火焔状の形状を示す頸飾がある。

両翼は通例の如く大きく拡げ、風切羽、雨覆羽などを具体的に表現し、尾羽も羽根を拡げて上にあげる。脚をみると、左脚を「く」の字形に大きく曲げ、右脚を真直ぐ伸ばし、大地を蹴るという力強い表現である。この図と同じ正倉院蔵の八角鏡漆背金銀平脱　第一二号（寛嘉二年〈一二三〇〉、盗難にあい、五片に破損、その後接合された）の鳥の文様に非常に近似し、また、尾羽の表現はやや異なるが、キトラ古墳の朱雀図や中国陝西省宝鶏市の名刹法門寺地宮楣石に彫刻された鳳凰文の鳥形に共通する図像であり、同じ系譜の上で考えるべきものと思う。

正倉院蔵　金銀平脱皮箱（蓋表）(18)

正倉院中倉所蔵の皮箱の蓋の上面に金銀平脱の手法を用いた頡頏の絵がある。これは名品として正倉院展に屢々陳列されるもので、昭和二五年（第四回）から最近では昭和六〇年（第三七回）、平成三年（第四三回）にも開陳された。これらの展覧図録の解説によると、箱は被せ蓋造りの皮箱で、法量は縦三二・三cm、横二六・七cm、高さ八・五cmである。

実物は手にとって観察することができないので、『正倉院展図録』の解説をみると造り方の手法は「蓋の外面と身の側面に布を着せ、塗りは黒漆の上に透漆を塗りこめ、全体に褐色を呈す。布着せした蓋の外面と身の側面を華麗な金・銀の裁文で飾るが、これは金と銀の薄板を文様に切り、毛彫りをほどこしたりして、その上に黒漆を塗り、あとから文様部分の漆膜を研ぎ出す、平脱の手法によるものである」としている。

ところで皮箱の蓋の上面の鳥は、頭頂に肉冠を付け、後方をふり返り、両翼を大きく拡げ、尾羽をたてて、上方にあげる。

右脚は鋭く曲げ、左脚は力強く地を蹴るような姿態で、まさしく頡頏を表わす図像であるといえる。なお頭を進行

図 5　正倉院蔵金銀平脱皮箱（蓋表）

図 6　正倉院蔵密陀彩絵箱の瑞鳥

方向に対して振り返らせる表現は奈良薬師寺本尊台座の朱雀、法隆寺所蔵乾漆鳳凰文浮彫光背の鳥形、中国では天宝三年（七四四）歿の西安市東郊郭家灘に所在する花武将軍、右龍武軍翊府中郎将であった史思礼墓誌の朱雀、貞元二年（七八六）に歿し、三年に咸陽底張湾に埋葬された郯国大長公生（粛宗の女が合葬）墓誌の朱雀図にもみられ、この系譜と位置付けることができる。

正倉院蔵　密陀彩絵箱(19)

正倉院宝物のなかに頡頏の文様を描いた箱一合がある。中倉に所蔵するもので、法量は縦四六・五cm、横六〇・七cm、高さ一四・六cmである。

製作手法については正倉院展図録の解説に「木製黒漆塗り、長方形の印籠蓋造の浅い箱で、四隅は角をとり内外とも黒漆の塗立て仕上げとするが、現在は暗褐色を呈する」とある。そして「蓋表は、中央にふり返る大きな鳳凰を置き、そのまわりに八つの花枝と、つる草を咋えた四羽の鳳凰を右旋回式に飛翔させ、四隅に大花文を配し、また霊芝雲をちらしている」と説明している。

蓋表の鳥（ここでは鳳凰とされる）の姿態は顔を後方に振り返らせ、赤色で大きな頭冠をつける。大きく拡げた両翼は赤と黒の二色で表現され、尾羽も大きく上にあげている。

脚は右脚を前方に伸ばし、左脚は強く地を蹴るいわゆる頡頏の姿勢である。

正倉院蔵　密陀彩絵箱（蓋表）(20)

正倉院中倉所蔵のなかに、もう一合の密陀彩絵箱（第一四号）の蓋表面に頡頏を描いたものがある。この箱は檜の柾目板を用いたもので、縦三〇・〇cm、横四四・八cm、高さ二一・三cm、板の上に直接下地を施し、黒漆を用いて仕上げている。鳥の文様については『正倉院の漆工』に、「蓮の実を中心に二羽の鳳凰と二羽の怪鳥が旋回しているように配置され、その空間には蓮花と忍冬文をあしらっている」とする。

　ところで、描かれた鳳凰二羽、怪鳥二羽は共にまさしく頡頏の姿を表わす。すなわち、両翼を拡げ、右脚を曲げ、左脚でもって力強く地面を蹴って飛び立った瞬間を描いたものである。

図7　正倉院蔵密陀彩絵箱の瑞鳥
（便利堂撮影。『正倉院の漆工』平凡社より）

　鳳凰といわれる鳥は頭頂の後方に渦文に装飾を付した文様があり、口には蕨手文を描いている。（第七図上）

　怪鳥と称される鳥は大きな目を表現、開いた口には鋭い歯を描き、口の中から蕨手文形の舌らしき文様を描いている。尾羽は装飾的に表現されている。（第七図下）

平壌市力浦区龍山里（平安南道中和里戊進里）　真坡里一号墳(21)

平壌市にある東明王陵と定陵寺を中心とする地域に真坡里古墳群がある。ここには約二〇基の古墳が群集するが、高松塚古墳の壁画との関係でよく知られるようになったのは真坡里一号墳である。

朱栄憲氏の著書によれば(22)、この古墳の壁画には四神図のほかに日月、蓮花、忍冬唐草、雲文などが描かれており、築造年代は後期単室墓（四神図）の年代に編年され、「六世紀に該当する」と判断されている。

さて、ここに取り上げようとする朱雀図は横穴式石室の両袖の内側に描かれた左右相向かい合う二羽の鳥の描写である。残存している絵は完璧ではないが、よくみると細部において表現が若干異なると理解できよう。

図８　真坡里１号墳　朱雀

玄室から羨道に向って左側の朱雀図は、雄であろうか、頭頂に鶏冠形を表現し、目と垂肉との間に羽毛を棚引かせる。両翼は拡げ、尾羽はことさら大きく、はねよった状況に描かれ、羽根には斑点状の文様が並ぶ。

問題の姿態は左脚を大きく曲げ、右脚はよく判らないが下に向けて伸ばし地につけているようである。鳥の上には曲線で雲状の文様を描いている。

対する向かって右側の鳥は構図においては左側とほぼ同様であるが、頭頂に頭冠はなさそうで雌を意識しているのかも知れない。もしそうだとすれば、左右一対で鳳凰図をなすとも考えられる。

逆S字状の頸から胸にかけて二列乃至三列の斑点状の文様があり、大きく拡げた両翼を描く。そこには風切羽と思われる表現もなされている。尾羽は通例にしたがって、雄大に上方に向かって立つ。如何にも流動的に表現されている。

足は右足を鋭角に「く」の字形に曲げている。左足は損傷のためよく判らないが、恐らく下に向かって伸ばし、大地を蹴り上げているように思われる。このことからして、真坡里一号墳の朱雀は鳳凰を意識したもので、まさに飛翔せんとする直前の「頡頏」の姿態を描いているものと考えてよい。

同様な姿態は中国や日本でも多々見受けられる。

図9　山東省臨朐県北斉崔芬墓　朱雀

中国山東省臨朐県崔芬墓壁画㉓

次に中国の新資料を検証してみよう。

一九八六年四月二日、臨朐県製糸工場の建設工事中、北斉時代の崔芬の墓を発見、山東省文物考古研究所と臨朐県博物館によって四月一六日から五月一六日までの一箇月間にわたって発掘調査が行われた。
被葬者の崔芬は出土した墓誌銘から、字を伯茂と称し、現在の山東省武城県の出身、武定八年（五四七）威烈将軍、南討大行台都軍長史となり、北斉の天保元年（五五〇）一〇月一九日、亨年四八才で死去、天保二年一〇月九日、臨朐県城南一一・五㎞の治源鎮に葬られた。墳墓は調査前に、建築工事によって削平され、墓室が出土していた。埋葬主体部である石の平面は一辺三・五八ｍのほぼ正方形で、高さ三・三二ｍ、天井は穹窿状で切石積みの構造であった。副葬品は調査前乱掘をうけていたが、神獣鏡一点をはじめ、青瓷罐一点、青瓷鶏首壺一点、青瓷碗一点、泥銭三二枚などが出土している。
それもさることながら最も注目すべきものに墓室の壁画がある。その内容は甬道の東西両壁に武士像が描かれ、また墓主夫婦出行図と「竹林七賢」が屏風形式で描かれていた。それはそれなりに多くの課題はあるが、ここで問題は「四神及二十八宿図」が描かれていることである。なかでも「朱雀と南方星宿図」である。これについて報告書は次の如く説明している。

（朱雀図は）墓室南壁の西側下部（室門の西側）、（南方星宿図は）墓室天井部下層の東端に位置する。朱雀図の画面は縦〇・九五ｍ、横幅一・一〇ｍ、星宿図の画面は縦〇・八九ｍ、横幅〇・七五ｍである。朱雀は大きく股を拡げて彩雲・山岳の間を闊歩し、両脚に力をこめ、両翼を拡げて飛び立とうとしており、一枝の蓮華を銜えて振返る様である。画面の右上には一束の蓮華が見える。朱雀と組になる星宿は墨点をもってわずか十二個の星を描くにすぎず、そのため、どの星宿を表現したものかを具体的に指摘することはできない。とはいえ、他の三壁の状況から分析すると、この画面には井・鬼・柳・星・張・翼・軫の南方七星宿が描かれたようである。

とある。そして、摹本が示されている。

それによると崔芬墓の朱雀は東向きに描かれているが顔面を少し振り返らせ、左右の羽根を大きく拡げ、尾羽も上に向けてあげている。高句麗の朱雀図の羽根が装飾的に誇張されているのに対して写実的に描かれている。脚の状態をみると、左脚を大きくあげ、右脚は強く踏ん張って、大地を蹴る力強い頡頏の姿勢であるといえる。

なお、玄武は私案の第二類型C型式に属するが、ここでは蛇の絡まるなかに左手に剣を執る神人が描かれている点特異なものであるといえる。

三

ここに挙げた事例は、前回の頡頏図を補遺する資料ともなる。これらの資料を通じて考えられることは、まず、第一に鳥が飛び立つ瞬時の「頡頏」の姿勢を描いたものであることは間違いないであろう。静止する姿勢から飛翔までの動きを観察した場合、その間に歩行、頡頏があると考えた。ただし、鳥によっては歩行から頡頏へ明確に姿を変えるのではなく、静止から頡頏の姿勢に入る場合もある。

図像としては歩行と頡頏に相似る点もあるが、通常、歩行はあげる足の表現をみると角度も鈍角で、頡頏時程の力強さがない。それに対して頡頏図は、上げる足の角度がさらに鋭角となり、反対側の地を蹴る足はより躍動的に表現される。そのように全体として歩行と頡頏とに区分できる。キトラ古墳や本稿に示した法隆寺玉虫厨子の鳥や東大寺蔵の花鳥彩絵油色箱の鳥、その他の資料はこの頡頏の姿の特徴をよく現わしているものと考えた。

次に朱雀図にしろ鳳凰図にしろ、若干の例外を除き、静止、歩行、頡頏の別を問わず大きく両翼を拡げ、尾羽根をあげる共通性がある。この点、全浩天氏がいわれる如く「羽根を拡げているから飛び立つ躍動的な姿である」との見解と異なる。むしろ静止、歩行、頡頏、飛翔は足の状態によっても分類されるものと考えている。

そうした視点からキトラ古墳の朱雀図をみると、他の数例と少し異った点がある。それは尾羽の描写である。多くの例は尾羽は大きく弧を描いて上にあがる。その場合、羽根が装飾的に表現されるのが通例である。ところがキトラ古墳の朱雀の場合、尾羽は揃えて後方に棚引かせる。このような描き方は中国では河南省南陽市出土の漢代画像石、(24)陝西省綏徳県蘇家圪坨墓の歩行図、(25)北魏孝明帝の孝昌三年（五二七）の紀年をもつ胡明相墓誌の頡頏の朱雀、(26)長沙隋墓出土の鏡の朱雀にみられ、(27)吉林省集安市の舞踊塚古墳の墓室持送りの鳥、(28)三室塚墓室の鳥、(6)北朝鮮南浦市の徳興里古墳の鳥、江西郡薬水里古墳の朱雀(28)など高句麗古墳にもみられる。

日本では正倉院宝物などに数例がある。

本来、尾羽を大きくあげる図像は装飾的であり、キトラ古墳の朱雀図のような場合は写美的に近いものといえようか。

以上、頡頏図の事例を挙げて観察してきた如く、キトラ古墳の例をはじめ躍動的に表現されたものは尾羽を長く後方に伸ばすもので、具体的な鳥名でいえば雉のような形を表現するものであり、上に大きくあげるのは孔雀を思わせるものである。

なお、キトラ古墳の朱雀は四神図として一羽の朱雀を描いているが、高句麗古墳壁画である北朝鮮真坡里一号、(21)江西大墓・中墓、(30)集安五盔墳四号・五号などは左右相対する二羽の鳥が描かれ、朱雀の意味を兼ねた鳳凰図であり、キトラ古墳の朱雀とは異なる図像であるともいえる。

さらに、横穴式石室を主体部とする後期古墳と横口式石槨を主体部とする終末期古墳の副葬品について、比較検討の結果、(31)終末期古墳の副葬遺物は後期古墳との間に系統的な関係が薄いのに対し、白鳳・天平期の正倉院宝物や法隆寺、東大寺等で所蔵される伝世品と極めて近いもののあることを指摘したが、本稿で聚成した朱雀、鳳凰文の頡頏文も同様であると観察した。キトラ古墳も間違いなく終末期に編年される古墳であり、これらの資料がキトラ古墳の四神図を考える例証となれば幸甚と思っている。

註

（1）網干善教「古墳壁画・墓誌にみる朱雀・鳳凰の図像について」『関西大学博物館紀要』第八号、二〇〇二年
（2）全浩天『母と子でみる古代壁画が語る日朝交流』二〇〇二年
（3）奈良県高市郡役所編『奈良県高市郡志料』一九一五年、『奈良県高市郡寺院誌』一九二四年
（4）正倉院事務所『正倉院の金工』一九七六年
（5）吉林省博物館「吉林輯安五盔墳四号和五号墓清理略記」『考古』一九六四年第二期
（6）池内宏・梅原末治『通溝』（巻下）一九四〇年
（7）鎮江市博物館『江蘇鎮江的東晋画像磚墓』一九七三年
（8）河南省文化局文物工作隊『鄧県彩色画像磚墓』一九五八年
（9）陝西省文物管理委員会「唐三原県双盛村隋李和墓清理簡報」『文物』一九六六年第一期
（10）群馬県立歴史博物館編『唐墓壁画集錦』一九八九年
（11）綏徳県博物館「陝西省綏徳漢代画像石墓」『文物』一九八三年第五期
（12）陝西省博物館編『唐代墓誌紋飾選編』一九九二年
（13）奈良六大寺大観刊行会編『奈良六大寺大観』第五巻「法隆寺五」一九七一年
（14）村田治郎「玉蟲厨子は何処で作られたか」『佛教芸術』二号、一九四八年
村田治郎「玉蟲厨子の諸考察」『佛教芸術』六三号、一九六六年
（15）奈良六大寺大観刊行会編『奈良六大寺大観』第三巻、「法隆寺三」一九六九年
（16）法隆寺昭和資財帳調査完成記念『国宝法隆寺展』（図録）、一九九一年
（17）奈良六大寺大観刊行会編『奈良六大寺大観』第九巻、「東大寺」、一九七〇年
奈良国立博物館・東大寺・朝日新聞社『東大寺のすべて』（図録）、二〇〇二年
（18）奈良国立博物館編『第三七回正倉院展』（図録）一九八五年
（19）奈良国立博物館編『第四五回正倉院展』（図録）一九九三年
（20）正倉院事務所編『正倉院の漆工』一九七五年
（21）金容俊『高句麗古墳壁画研究』一九五八年（朱雀図は註（2）による）

（22）朱栄憲『高句麗古墳壁画』一九七二年
（23）山東省文物考古研究所・臨朐県博物館「山東省臨朐北斉崔芬壁画墓」『文物』二〇〇二年第四期（総第五五一期）
（24）日本中国文化交流協会・日本経済新聞社『中華人民共和国河南省画像石・碑刻拓本展』（図録）一九七三年
（25）綏徳県博物館「陝西省綏徳漢画像石墓」『文物』一九八三年第五期
（26）中田勇次郎『中国墓誌精華』一九七五年
（27）中国科学院考古研究所「長沙西晋南朝隋墓発掘報告」『考古学報』一九五九年第三期
（28）朱栄憲『薬水里壁画古墳発掘報告』一九五三年
（29）朝鮮民主主義人民共和国社会科学編『徳興里高句麗壁画古墳』一九八六年
朝鮮総督府『朝鮮古蹟図譜二』一九一五年
（30）李王職『朝鮮古墳壁画集』一九一六年他
（31）網干善教「終末期古墳出土遺物の諸相」『末永先生米寿記念献呈論文集』一九八五年

藤原京の宅地

――班給規定と宅地の実相――

竹田政敬

一　京域と班給地

平成七年東西の京極が確認されるに及び、今日では藤原京は、従来の諸説よりも大きく、大和三山（畝傍山・天香具山・耳成山）をも包摂した京域であることが明らかとなった。ただし、南北の京極については北京極が未確認であり、また南京極においても岸説の京極想定位置で十二条大路北側溝および路面の一部が確認されているものの、これより更に一里南に京極が置かれたとする見解があり、南北長はいまだ確定してはいない。しかしながら、東西の京極の判明はこれまでに提示された諸説の終息を告げるものであり（図1）、本来有していた京域が確定できる段階に入った。そして、今日では東西十里、南北九里の京域説[1]、或いは十里四方の京域説が唱えられており[2]、特に後者の説が定着しつつある。

このように広大な京域を有する藤原京は、碁盤目状に計画的に設置された条坊道路により区画された宅地が広がっ

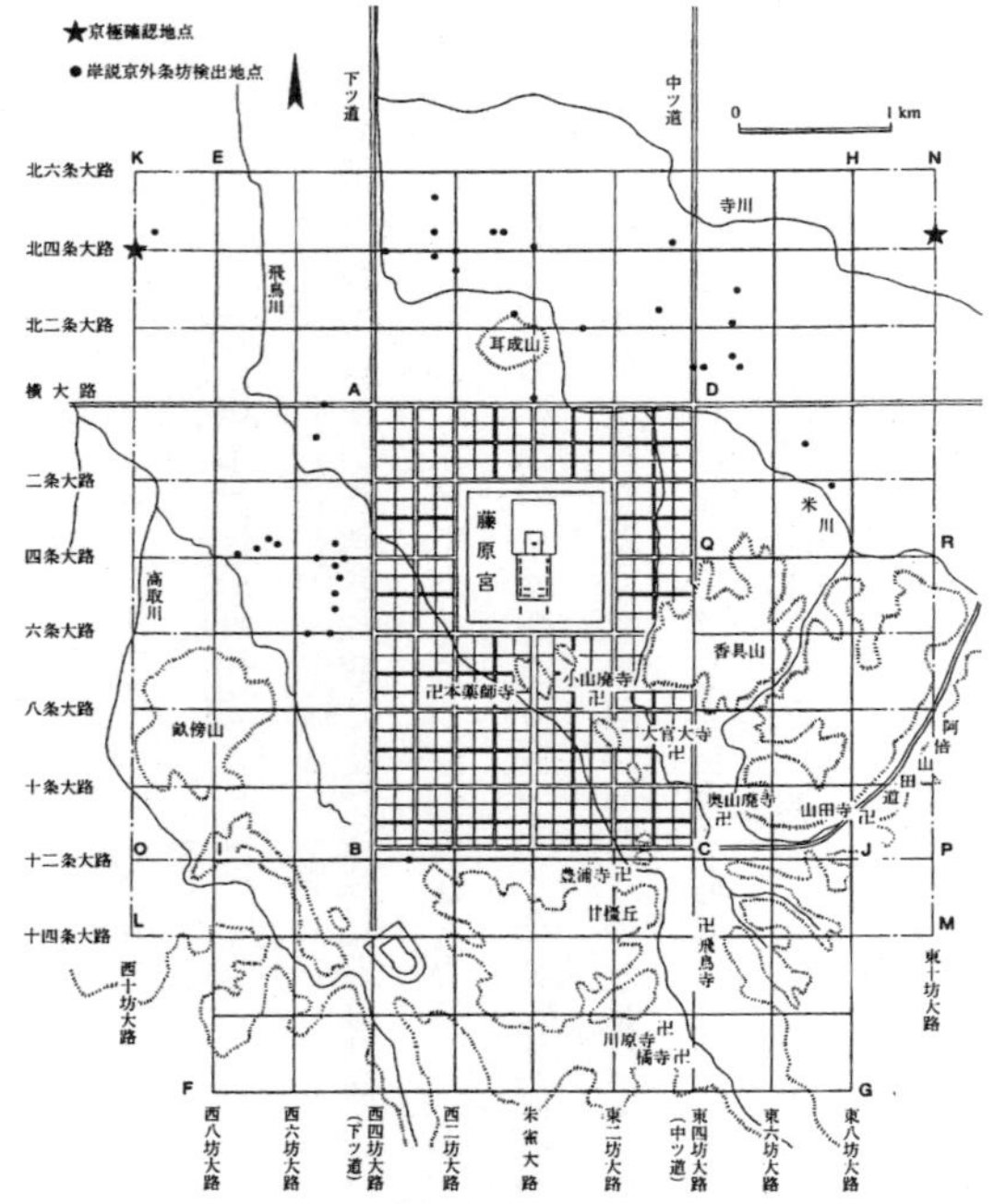

（条坊呼称は岸説およびその延長呼称による）

ABCD＝岸俊男説、EFGH＝阿部義平・押部佳周説、EIJH＝秋山日出雄説

KOPNまたはKOCQRN＝竹田政敬説、KLMN＝小沢　毅・中村太一説

図１　藤原京京域諸説（註２より引用）

ていた。その数（一坪が基準単位）は純粋に計算すると一六〇〇坪（十里四方の京域）、或いは一四四〇坪（東西十里、南北九里の京域）となる。しかしながら、実際は山や丘陵、河川などで平地として造成することが不可能な地域の存在や、さらに、造成後における宮および市、そしてすでに建立が始まっている本薬師寺をはじめとする寺院や建立予定の寺院等の占有区画地の決定があり、それらを除いた坪数が宅地として班給された。したがって、その坪数は、一〇〇〇坪前後であったと推測される。

班給可能な坪数は上記のとおりとみられるが、実際、藤原京においてどのような基準で宅地が班給されたかは、『日本書紀』や『続日本紀』には文字として記録されていない。しかしながら、『日本書紀』には藤原京の造営にかかる一連の記事のなかで、持統五年（六九一）一二月には「右大臣に賜う宅地四町。直廣弐より以上には二町。大参より以下には一町。勤より以下、無位に至るまでは、其の戸口に随はむ。其の上戸には一町。中戸には半町。下戸には四分之一。王等も此に准へよ」と記されている。この班給規定の記事が、遷都予定の藤原京での宅地班給のあり方を示すものとして今日理解されている。この記録によると宅地の大きさは位階により最大四町から最小四分の一町の五段階に設定され、その規模が偶数で推移している。これに対してこれまでの発掘調査から宅地を班給する基礎単位は、条坊道路で区画された一坪を基準とし、一町未満では、一坪内を条坊道路の設置と同じ手法を用いて四等分にほぼ均等に分割された一区画を単位として、それぞれ位階に即応した班給を行っている。

このようにして宅地が班給されたと推測される反面、班給対象となる正確な世帯数は判然としない。しかしながら、少なくとも藤原宮遷都から平城京遷都までの一六年間で、『日本書紀』、『続日本紀』に名を記された人々が対象であったことは間違いない。対象となった人々を位階別に集計してみると（この間に死去した人々を除き、さらに記録された最終位階で集計）、左・右大臣二人、四位以上四二人、五位以上一九〇人、六位以下一一五人を数える。この集計では、位階が下がるにつれて人員数が数倍に増加している一方で、五位に比べ六位以下が減少していることを示す。しかしながら、これは六位以下の人名記載が少ないということに起因するものと推測され、本来六位以下の人員数は五位の数倍であったと想定される。さらに人名以外として慶雲元年（七〇四）一一月には、「宅宮中に入る百姓一千五百五烟に布を賜ふこと、差あり」とみえる。これらの人々も間違いなく京内で宅地の班給を受けていた。そしてこれらの人員数（世帯数）を班給基準に照らすと、左右大臣で八町、四位以上で八四町、五位以上で一九〇町、そして六位以下および百姓を下戸とした場合四〇五町、中戸とした場合八一〇町となる。六位以下の人々がどれ程になるかは不明であるものの、先の想定から導き出される数値は六八七町から一〇九二町となり、少なくとも宅地予定地の七割は確実に班給されていたことが記録から伺える。このほか、諸国から上番した人々も勿論京内に宅地を支給されていたであろう。従って、宅地の大半は班給されたと考えられる。

これら大小に区画された宅地がどの様に展開していたかは、藤原京の早い段階での調査で明らかとなった右京七条一坊西南坪(3)が五位に相当する一町占地を有する邸宅跡をもとに、宮に接する条坊道路によって区画されたそれぞれの坪が一町以上の邸宅地として想定されて以降は、面的な調査例があまりないため検討されていない。しかしながら、先に記したように一町以上を班給された人員が二三四人に及ぶことからすれば、その周辺にも同じ規模の邸宅が展開していたと理解できよう。一方、京内に生活を営んだ人々の多くは六位以下の官人層と百姓とされる人々であり、班給された宅地も一町未満が多くを占め、これら小規模宅地が、さらに周辺に展開していたのではないかと推測される。

以下、京内の調査例をもとに検討を加えてみたい。検討に際しては、宅地規模の識別とその敷地内に建てられた建物規模や建物配置、そして生活用水としての井戸の数と配置状況、さらには最近検出例が増えつつあるトイレ等総合的に行わなければ、本来の姿がどのようであったかは確定できないが、実際の調査例では、すべてが確認された例は皆無に等しい。よってここでは班給規定にある敷地規模の判別に重点を置き、宅地の様相が判明しているもの或いは想定できるものについては、その都度ふれる。なお、地点名の呼称については従来の名称に従う。

二　宅地の規模と細分方法

今日、宅地の大きさがほぼ判明しているもの、或いは想定可能なものとして二〇数例が挙げられる。規模別にみると四町が一例（当初の二町から四町に拡大）、二町が四例（うち一例は一町から二町に拡大）、一町が八例、二分の一町が二例、四分の一町が六例、そして班給規定外である八分の一町が八例、このほか少なくとも一町未満として数例がある。このうち一町では坪全域を占有することで形成され（右京二条三坊東南坪）、またそれ以上の場合では、坪を構成する条坊道路を埋め（二町から四町・左京六条三坊）、或いは遮断する（一町から二町・右京七条二坊東北・東南坪）方法で占有化が図ら

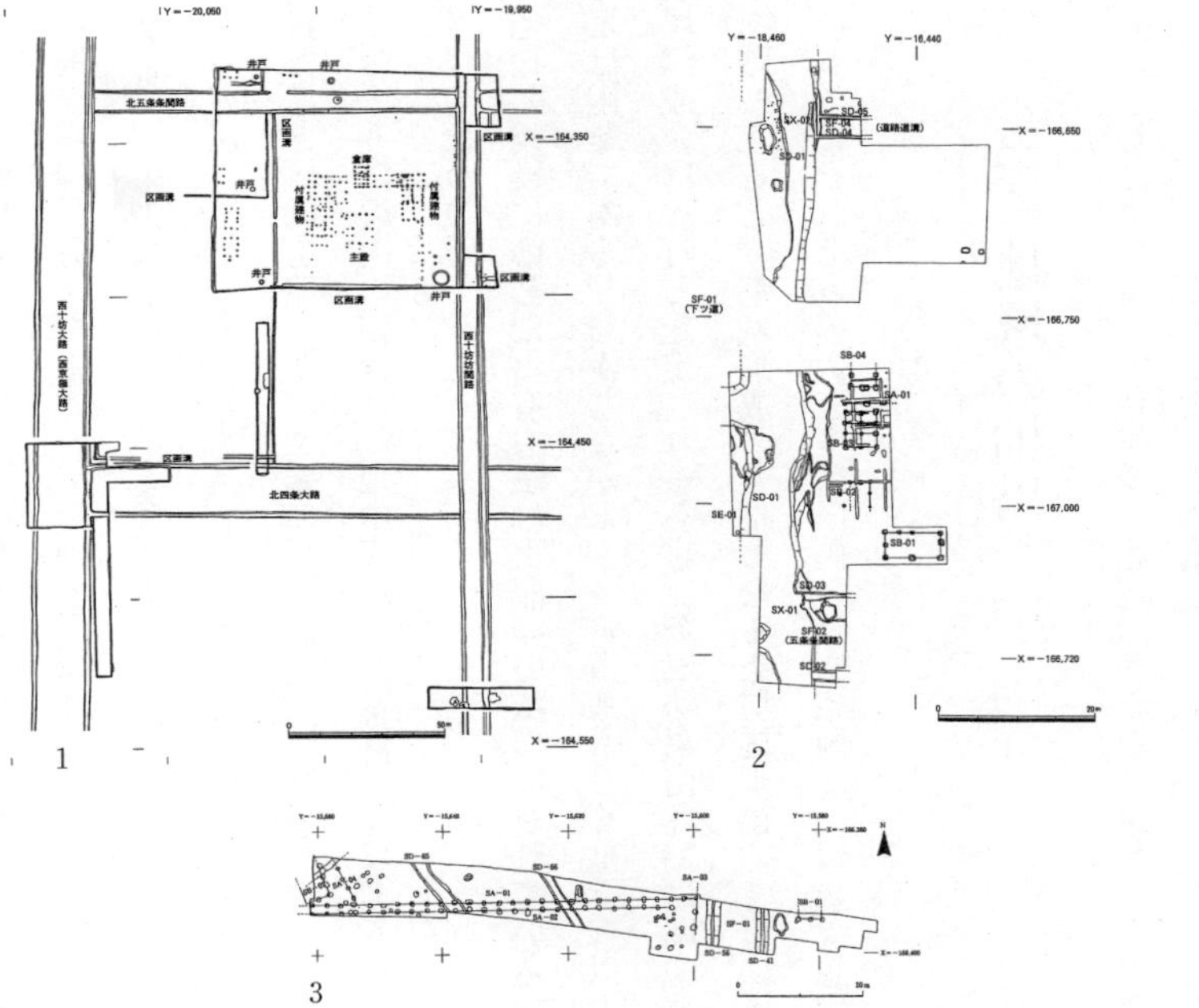

図２　坪内細分方法の一例

１：区画溝－右京北五条十坊　２：区画道路－右京五条四坊　３：一本柱塀－右京四条七坊
４：区画溝と区画道路－左京北三条四坊　５：区画道路と一本柱塀－右京十条四坊

れている。

対して一町未満においては、当然坪内を細分化しなければ班給規定に即した宅地は形成されない。現在確認されている例から細分方法をみると、その多くは坪の各辺に対しほぼ二等分される地点上に幅一m程の素掘りの溝を掘る方法（右京北五条十坊西南坪や右京十条五坊東南坪）が採用されているが、中には素掘りの溝二条を掘り、道路（区画道路）を設置する方法（右京五条四坊西北坪や右京五条六坊東南坪）、一本柱塀を構築する方法（左京四条七坊東北坪や右京八条四坊東北坪）、素掘り溝と区画道路（左京北三条四坊東南坪）、区画道路と一本柱塀（右京十条四坊西北坪）の五通り（図2）がみられる。

このように坪内の細分は、地中表示（溝や道路）と地上表示（柱塀）の二種類の方法を用い、場所によっては両者を併用することがある。

宅地の規模に応じた占有方法は上記の方法でなされているが、このような割付がどの段階でなされたかを確定することは困難である。しかしながら、一町占地もしくはそれ以上の可能性がある右京七条一坊西南坪及び同八条一坊西北坪、或いは一町と想定される右京二条三坊東南坪では邸宅建設以前の造成地には坪内が細分されておらず、このことを踏まえると、都城形成の骨格となる条坊施工後でさらに班給地決定以降と思われる。

それではそれぞれの大きさに区画された宅地が、冒頭で想定したように地域ごとで類型化できるかを考えたい。

三　地域の抽出

先に記したように、宅地規模が想定できるのは僅かにすぎない。このなかで大規模宅地は一三例にとどまる。このうち左京六条三坊域(4)では、当初、東北坪と東南坪を画する六条条間路を埋めて両坪を占有する二町の敷地として割り付けられ、その後、西側の西北坪と西南坪にも拡大され四町占地となる場所で、敷地内の建物配置状況や、さらに後代である奈良時代の井戸からは香久山と墨書された土器が出土することから、班給された宅地ではなく、官衙関連の施設であったと推測されている。また、左京七条一坊からは中務省関連の木簡が多数出土し(5)、さらに建物の占地状況からこの場所も班給された宅地ではないことが明らかとなっている。したがって、想定できる大規模宅地には官人に班給された宅地以外の宅地も含まれている可能性をあらかじめ断っておく。

1　一町以上の宅地

一町以上の宅地は、建物配置まで判明しているのは右京七条一坊西南坪の邸宅(6)である。敷地内には、整然と建物が配置されている。七条大路に面して坪のほぼ東西の中軸上に桁行三間、梁行二間の門を構え、宅地の四周を一本柱塀が巡る。さらにこの門から北約二八mにも桁行五間、梁行二間の門が設置され、この門を基点に一本柱塀が四周を囲み内郭を形成する。内郭には正殿と後殿、更に後殿の背後にも囲郭された塀に取り付く状態で建物が配置される。建物はすべて東西棟で、南北に一列に並ぶ。三棟とも桁行七間、梁行三間で構成され、正殿は四面廂、後殿は南に廂が付く。また、正殿の左右には、やや南寄りで桁行五間、梁行二間の南北棟の脇殿が配されている。所謂「コ字型」配置の邸宅である。この邸宅はこれまで一町規模と考えられていたが、七条大路を挟んだ南の八条一坊西北坪の一連の調査から、この場所も上記の邸宅と深く関連することが想定されるようになった。

八条一坊西北坪(7)は、坪の南を飛鳥川が西北流しており、したがって宅地利用は坪の北側約半分にしか過ぎない。この場所からは、七条一坊西南坪の門からやや東に寄った位置に南北に併走する二条の一本柱塀の設置により通路が確保され、東の一本柱塀はそのまま東半を囲郭する。そして郭内のほぼ中央で南北に整然と並ぶ東西棟建物、そして両側に総柱からなる建物（倉庫）をはじめとする南北棟建物が一列に配されている。

建物配置状況から、前者が公的機能、後者が居宅機能とする想定である。これに類するものは、京内では確認されていないが、京に接する南側の丘陵地帯で確認された藤原京期前後の五条野向イ遺跡と同内垣内遺跡の邸宅が挙げられる。この二遺跡は、西から東に入り込んだ谷一条により隔てられているものの、直線距離にして三〇〇mと指呼の間にある。前者は「コ字型」配置の大型建物、後者は同じく「ロ字型」配置となる大型建物である。そして谷筋には、「コ字型」の造成地を配置することで両者を有機的に繋いでいる。両者は一体であり、前者に公的機能を、後者に居宅機能を持たせた施設として理解されるものであった(8)。このように機能分化を持った一連の建物の存在、さらには建物の時期が藤原京期であるという点から、右京七条一坊西南坪と同八条一坊西北坪の邸宅も一体の邸宅として把握できよう。すなわち、一町以上の占地となる宅地であったといえる。

雷丘の北に位置する左京十一条三坊域(9)では、その西北坪と西南坪の二町を占有した邸宅がある。一本柱塀で囲郭された郭内は、四面廂の東西棟建物を中心に、両側に東西に廂が付く長大な南北棟建物が柱筋を揃えて二列配される。「長舎囲郭型」配置の邸宅である。確認されているのはこの一群の建物にすぎないが、建物を囲郭する一本柱塀の南辺は、所謂西南坪の南北辺のほぼ中軸付近に位置するものであり、前面には一坪の二分の一程度の空閑地が存在する。この空閑地がどの様に利用されていたかは現状では不明であるが、先の一町以上の邸宅と比較すると、残された空閑地には、居宅施設が十分入っていても不思議ではない大きさである。この場所は調査が実施されれば明らかになるが、仮に居宅施設が存在すれば、判明している「長舎囲郭型」配置の建物は、その配置状況から公私の機能を備えた邸宅の公的施設であったといえよう。そして、この邸宅は、忍部皇子の宮とする見解もある。

次に、想定可能な条坊地点をみてみる。右京域では、二条三坊東南坪と西南坪、三条三坊東北坪と西北坪、六条四坊西南坪、十一条四坊西北坪、左京域では二条三坊、二条四坊東北坪、四条三坊東北坪と西北坪が挙げられる。

右京二条三坊東南坪(10)では、坪を東西南北それぞれに二等分する中軸点より約一四m東に寄った場所に桁行七間、梁行二間の身舎に東西に廂が付く南北棟建物が位置し、その背面に東西建物四棟を配する。また、前面には、東西に一本柱塀を設け、さらに前面に東西棟建物がくる。全体的な建物配置は不明であるが、坪の中心付近に位置する建物が他の建物より大きく、前面に塀を設置していることから、中心建物とみることができよう。同西南坪はその東南域しか判明していないが、ここでは敷地を囲郭する一本柱塀と建物二棟と井戸が確認されている。三条三坊東北坪(11)では、坪の中心付近は調査されていないため不明であるが、中心より南で左右対称となる建物が確認されている。なお、西三坊坊間路東側溝には水洗式トイレが二基設置されている。対してその西北坪では、坪を南北に二等分する地点で坊間路に開く門と一本柱塀が確認されている。十一条四坊西北坪(12)では、その北側部分が調査され、坪内を囲郭する一本柱塀と左右対称となる建物が配置されている。

左京二条四坊西南坪(13)では、坪の北半部で坪内を東西に二等分する中軸上で柱掘方が一m前後を持つ桁行、梁行とも二間の建物とその西に柱掘方が八〇cm前後となる桁行、梁行とも二間以上の南北棟建物、さらにこれらを囲郭したとみられる一本柱塀が建物の西側で確認されている。ちなみに一本柱塀の位置するところは、東三坊大路から三二m東に位置する。

同四条三坊東北坪と西北坪(14)では、当初は別区画とされ、それぞれから坪内を南北にほぼ二等分する地点に一本柱塀を囲郭した二分の一町以下とみられる宅地が、その後、両坪を画する坊間路を埋め、ほぼ同じ場所に大型の柱掘方を持つ一本柱塀に改修されていた。このことから、ここでは坪を無視した横長の一町宅地が想定されているが、塀の位置する場所が上述したように坪の中軸に位置していることは、さらに広い二町占地の宅地であった可能性も想定できる。

以上の例は、不分明なところが多いながら、大型の建物で、それが中心建物として位置づけ可能なもの、また、坪の中軸上に門が存在する、或いは、坪内建物が左右対称の配置である点、一町もしくはそれ以上と見て差し支えない状況である。これら想定可能な宅地は、右京十一条四坊西北坪が唯一宮より離れているが、それ以外は宮の周辺に集中している。

2　一町未満の宅地

一方、一町未満の宅地は、宮周辺にもみられる。それは、宮の北側右京一条一坊～二坊、同二条一坊～二坊、左京二条二坊域である。

右京一条一坊東北坪(15)では、坪内を南北に二等分する地点より約一〇m南に東西に併走する溝二条が掘られ、南側溝の南には、同方位に延びる一本柱塀も設置されている。これらの遺構は、明らかに坪内を細分する施設と捉えられる。そしてその北側と南側には、建物がある。特に北側に展開する建物は、南北棟建物が不規則ながら並列するように配置され、さらに、建物間を南北溝により区分けされ、小区分された建物にはそれぞれ井戸が伴う。井戸はその多くが素掘りである。また、坪のほぼ中央から北にかけての調査である西南坪(16)では、坪内を細分する施設は確認されていないものの、そこには正殿となるような大型の建物は存在せず、むしろ小規模な建物が散在している。建物のほかには井戸及び土坑があり、建物数に比べ井戸が多い状況である。さらに、隣の一条二坊内で広く調査された東北坪(17)でも、南北棟を主体とした小規模建物が密に建てられているといった状況である。

左京二条二坊西北坪(18)では、東一坊大路東側溝から東約二九・六mの地点に南北溝が掘られている。その位置は、坪を東西に四等分する線上となる。さらにこの区画を南北に画するように東西塀が設けられ、北側には塀に近接してほぼ区画内の東西中軸上に東に廂を持つ桁行三間以上、梁行二間の南北棟建物一棟、南側には桁行三間、梁行二間の小規模な南北棟建物が密集して配置されており、対照的なあり方を呈する。両者の関係は不明ながら、一体としてみた場合、後者は前者に付属するものと言えよう。しかしながら、この区画は、先にみたように東西幅約三〇mで一区画を構成していることは、まず間違いないことで、坪内が細分されていることを示す。なお、この地は「テンヤク」の字名を持ち、「典薬寮」との関連性が指摘されてきたところでもある。

次に、宮周辺部以外でみるとまず右京五条四坊西北坪(19)が挙げられる。この坪では、確認された五条条間路北側溝から約六〇m北で、下ツ道(西四坊大路)東側溝に合流する東西二条の溝が掘られている。この遺構は、坪内を南北二等分に細分する区画道路として設置されており、南側の区画内には五条条間路沿いに東西棟建物が、また下ツ道東側溝に沿って南北棟建物が一列に配置され、坪の中心部を囲うような状況である。右京八条四坊東北坪(20)では、一本柱塀を設置して坪内を南北に二等分し、その北区画に桁行三～四間、梁行二間の南北棟建物四棟と西に廂を持つ東西棟建物一棟がみられる。建物はすべて小規模でやや散在した状況を呈する。右京十条四坊西北坪(21)では、ほぼ坪内の中央で調査がなされ、ここからはそれぞれの辺を二等分する位置で、坪の南半分には「丁」字状に二条の溝を掘ることで区画道路が設けられ、さらに、北半部では、「丁」となる交点の延長上に一本柱塀を築くことで四分割に区分されている。この区画内のうち西北区画では、建物配置は不明ながら東南隅付近に東西辺が縦板、南北辺が横板となる井戸が設けられる。また、西南区画からは区画溝に沿う状態で東西棟建物と南北棟建物が鍵手に屈曲した配置で建てられている。

このように坪を細分する宅地例は、さらに周辺部で多く見出される。右京五条六坊東南坪(22)では、区画道路により坪内を東西に分割され、東地区のさらに東半部に南北棟を主体とする建物が密に建てられている。隣接する右京六条五坊東北坪[23]では、区画施設こそ確認されていないが、坪内には三〇m間隔でほぼ同じ線上に井戸が設けられ、井戸の西側には建物がそれぞれ配置されている。右京七条五坊東北坪[24]では、七条条間路北側溝に合流する状態で坪を東西に二分する場所に溝を掘り、坪内を区画する。そしてそれぞれの地区には、建物が配置されている。右京十条五坊東南坪[25]では、一本柱塀で囲郭された坪内は、東西の区画溝により南北に分割されている。北区画には、西五坊坊間路東側溝から東約一四・五mの距離をおいて、区画溝際から桁行四間、梁行二間、その北約八mにも桁行三間、梁行二間の南北棟建物が一列に配される。北側の建物の東には、ほぼ柱筋が揃う形で桁行三間以上、梁行一間の東西棟建物、さらに背後に桁行三間以上、梁行二間の東西棟建物が並ぶ。そして東西棟建物の前面には空間が広がる。建物は整然と並び、その状況から「コ字型」配置であることは間違いなく、この点から北地区は、さらに東西二区画に分割されていると想定される。

今列挙した例は、周辺部とはいうもののまだ宮よりはそれほど離れた地域ではないが、このように細分された宅地はさらに外側にも展開している。現在宮から最も離れた場所での確認は、右京北五条十坊域[26]が挙げられる。初めて西京極が確認された場所でもあるこの条坊域は、その西南坪の東北域の様相が明らかにされている。西南坪は、坪の各辺のほぼ二等分線上に溝を掘り、四等分に宅地割が設定されている。そして東北地区の敷地には、中央やや南寄りに桁行四間、梁行二間の身舎に東西に廂が付く南北棟建物を中心として、背面に三間四方の総柱建物を据え、東に桁行二間、梁行三間の南北棟建物二棟を、西に柱筋を揃えた西に廂を持つ桁行四間、梁行二間の南北棟建物が連なる「コ字型」配置の建物が建ち、東南隅に土居桁隅柱溝落とし込み横板組の井戸を配する。一方、西隣の西北地区は、さらに南北に宅地が二分割され、それぞれの地区には建物があり、かつ東南隅に素掘りの井戸が設けられている。このほか、同西南地区でも地区内を南北に二等分する線上で区画溝付近に素掘りの井戸が設けられ、隣接する西北坪でも同様な位置に同じく素掘りの井戸が存在し、東南坪も坪内を南北に二等分する溝が掘られている。区画溝や井戸の配置状況から、この条坊地区は四分の一町及び八分の一町に分割された区域であることが解る。

また、京の北側に位置する北三条三坊西南坪[27]は、建物は判然としないが西二坊坊間路に合流して坪を南北に区画する東西溝がみられ、その南側敷地には井籠横板組の井戸が確認されている。

さらに、左京域でも分割宅地がみられる。左京北三条四坊西南坪と同北二条五坊東北坪、同北二条六坊西北坪である。北三条四坊西南坪[28]では、北三条条間路南側溝から約二九m南には区画道路、さらに五八m南には溝がそれぞれ設置され、坪内を分割する。そして後者の溝より南には区画施設は存在しない。両遺構は、坪を南北に四等分に均等した場合の中央とその北側四分の一上に位置するものであり、右京北五条十坊西南坪の配置を九〇度時計回りに回転させた状況となる。左京北二条五坊東北坪と北二条六坊西北坪[29]では、それぞれの坪を南北に二等分する場所に東西溝が確認され、後者では分割された宅地から建物及び井戸が存在する。

以上、一町未満の宅地域についてみてきたが、これに該当する地点は宮の周辺から京の端までと広くみられる。しかしながら、同じ細分された宅地として位置づけられるこれらの宅地も建物配置において違いがみられる。宮の北側にみられる宅地域や右京五条六坊東南坪では、確認されている建物は、一定の方位を向いた建物を主体とし、それが密集するものである。この二つの地域では、前者の中には、建物に付随して多くの井戸が設けられ、後者は未確認という違いはあるが、両者からは、鞴羽口や鉄滓などの工房関連遺物が出土することで共通している。特に後者では、隣接する右京五条五坊西北坪[30]からも鞴羽口や鉄滓をはじめ、内区部分だけであるが小型海獣葡萄鏡二面や丸鞆・巡方などの製品が出土するなど、この地域一体は工房関連施設が林立した状況を呈している。同じく建物や井戸が多く設けられていた右京六条五坊東北坪[31]でも、炭交じりの土坑や井戸内から金属製人形が出土するなど一般宅地として特異なあり方を示す。また、左京二条二坊も字「テンヤク」の地名が遺存することは、確認遺構から証することは困難であるが、小区画された敷地でありながら、この中には、明らかに機能分化がみられる建物配置から、班給宅地とするよりは字名が示すように公的な区域と位置づけるほうが自然である。一方、宮周辺よりさらに遠隔地で確認される小規模宅地は、右京十条五坊東南坪、或いは同十条四坊西北坪で確認された一部の建物でも規則的な配置は、右京北五条十坊西南坪の「コ字型」配置に共通するものであり、このような点から班給宅地の建物の一つのあり方が導き出される。したがって、同じ細分された宅地であっても建物配置によって性格が異なっていると理解される。すなわち前者は公的施設として、後者は班給宅地として分別される。こうした分別が可能ならば、一町未満の宅地は、一町以上の宅地域のさらに外側に展開していたと推測される。これを条坊域で明確に区分することは現状では困難であるが、班給規定の人員と対比すれば、さしあたって条では一条から八条で坊では左右三坊と一部四坊を含む地域が一町以上、それより外部は一町未満の宅地とみなすことは可能であろう。

四　宅地と井戸

京内における規模別宅地の展開を如上のように想定したが、班給された宅地には、それぞれ生活用水の確保として井戸が併設されていた。一宅地に井戸が何基設置されていたかは、位階に応じたそれぞれの宅地の様相が判明していない以上、その数を推し量ることは困難である。仮に最低一基とした場合でも、『日本書紀』、『続日本紀』に記録された世帯数は一八五四に及ぶことが明らかである以上、井戸の数も世帯数に比例したものである。この場合の数は、宅地の班給規定に即しているにすぎず、班給された宅地には、さらに小さい八分の一町規模も存在しており、実際の数は、更に多かったこと想像に難くない。これら膨大な数の井戸に対して、これまでの調査では、そのうちの一〇〇基前後を確認している。この数は全体の六%程度にすぎないが、これらをもとに宅地との関係を検討してみる。

井戸は、大きく分けて素掘りの井戸と井戸枠をもつ井戸がある。素掘りの井戸は宮内にも認められるが、京内では、北五条十坊西北坪・西南坪、北三条五坊西南坪、右京一条一坊東北坪、右京二条一坊東北坪、右京二条二坊西南坪、右京八条四坊東北坪でみられる。確認された条坊区をみると、公的施設とみられる宮域北側を除けば、班給基準に照らすと八分の一町と四分の一町宅地域である。四分の一町とした右京八条四坊東北坪は、現状では南北を分割する一本柱塀しか確認されていないため確定はできないものの、設置場所が八条条間路沿いで、さらに南北を二等分する軸線より西に寄っていることは、上記の如く想定しても矛盾はない。このことから井戸枠が抜き取られた可能性を残す。さて、八分の一町域で井戸枠をもつ井戸しか確認されていない。ただ後述するように四分の一町占地の宅地には、の井戸は明らかに素掘りで、設置場所は、確認例にしかすぎないが、すべて宅地の東南隅である。

井戸枠をもつ井戸では、現在判明しているものとして、一、相欠き仕口横板組、二、土居桁隅柱溝落とし込み横板組、三、井籠横板組、四、横桟縦板組、五、横桟横板縦板併用組がある。

相欠き仕口横板組として、左京一条一坊西北坪、右京北五条三坊東南坪、同右京五条六坊東北坪、同六条四坊東南坪、同九条三坊西南坪がある。このうち九条三坊の井戸の構成材に木製槽が転用されている。土居桁隅柱溝落とし込み横板組としては、左京十一条一坊西南坪、右京北五条十坊西南坪、同一条二坊西南坪、同二条二坊東北坪・西北坪、同右京五条五坊東北坪、同右京六条四坊東南坪・西南坪、同右京六条五坊西南坪がある。この井戸は、井戸枠の規模において左京十一条一坊と右京六条五坊例が一辺一・二m前後、残りが一辺八〇cm前後と、二種類が存在する。このうち右京六条五坊例では、隅柱や横板に枘穴が多数存在しており、転用材を使用して構築されている。井籠横板組は、

(32)(33)(34)(35)(36)(37)

図3　右京八条五坊西南坪出土井籠横板組井戸

左京北五条四坊西南坪、同十一条一坊東北坪、右京北三条三坊東南坪、同北一条四坊西北坪、同六条五坊東北坪、同六条六坊西南坪、同八条四坊西南坪、同八条五坊西南坪でみられ、転用材は使用されていない。特に右京八条五坊例（図3）では、その名称が示すように、組み合わせに必要な木口を凹凸に加工するための基準線を、板材の外面全てに墨で線画しており、[38]規格品として作られたものである。これ以外には、このような痕跡はみられないが、これに該当する井戸枠は板材を含め、木口の凹凸位置や大きさがほぼ統一されていることは、同じく規格品であったことが理解できる。このことは、転用材が使用されていないことからもいえよう。横桟縦板組は、右京六条四坊東南坪、同七条六坊東北坪、同九条三坊東南坪、同四坊西北坪でみられる。横桟横板縦板併用組は、右京十条四坊西北坪でみられ、東西辺に縦板、南北辺に横板を用いる。縦板は転用材で、東辺の縦板外面には「日置」の墨書がみられる。(39) このほか、板材の木口を四五度内側に切り取って組み合わせた横板組みの井戸も、左京一条五坊東南坪で確認されている。(40)

井戸枠をもつ井戸の確認条坊地区をみてきたが、井戸には転用材が多く使用されていることが理解できる。このことは、井戸一基を構築するのに必要な材数が、地下に流れる水脈の深度の違いによって異なるものの、井籠横板組の多くは六段分前後の構成となっていること、縦板組みでは一部材あたり二mを越すものが多く、枚数は少なくなるが、一部では横板組との併用例もみられることから、やはりかなりの枚数を必要とする。こうした井戸が京内の班給地に設置されていた。その数は、先に記したように膨大な数にのぼり、それが、藤原京遷都に伴い居宅を移す人々の生活用水確保としての井戸の設営として短期間に集中するのであるから、利用部材として転用部材が調達されたのではなかろうか。

このように転用材を使用した多種多彩な井戸が存在するが、井戸の設置場所をみると、宅地の規模にかかわらず敷地の東南隅に配置しているもの一九例、東南に位置するもの三例、東北隅に位置するもの一例、西北よりに位置するもの一例、西南隅よりに位置するもの一例、ほぼ坪の中央に位置するもの一例、建物の間及び建物に近接して位置するもの六例となる。なお、ここに挙げた中には、左京十一条三坊、右京二条三坊東南坪、同三条三坊東北坪、同右京七条一坊西南坪と同八条一坊西北坪といった二町ないしは一町規模の宅地及び公的施設の宅地と想定される区域は含まれていない。なぜならここに挙げた一町以上の宅地では比較的広い面積が調査されているにもかかわらず井戸が確認されていないことによる。また、後者は基本的に班給宅地とは考えられないことによる。しかしながら、前者の場合は反対にこれまでの調査から井戸が確認されていないことを踏まえると、井戸は東南隅周辺に配置されていた可能性が残る。

さて如上の配置をみる井戸からは、東南隅及び東南部に集中する傾向が強く、それ以外の場所ではあまり認められない。東南隅付近以外では、建物間及び建物に近接する六例が多い。しかしながら、これに該当する条坊区は、右京四条六坊東北坪や右京五条五坊東北坪であり、前者からは貢進物木簡が出土し(41)、後者は隣接する条坊区が、公的施設の林立する場所である点、同様の区域であった可能性を残す。したがって、明らかに班給宅地としての井戸の配置は、東南隅が圧倒的に多くなる。さらに、素掘りの井戸の設置位置数を合わせれば、その数は更に増す。井戸の配置は、敷地の東南隅付近に配置されるのが基本であったと理解される。

このように位置づけられるならば、坪内に数多く確認される井戸も決して無造作に設置されているのではなく、計画的に配置されていたことが予測でき、井戸の配置状況から坪内がどの様に分割されていたかを推測する手立てともなる。

五　おわりに

これまでの調査成果から藤原京の宅地の様相をみてきた。ここで明らかにできた点を確認しておく。

京内の宅地は、『日本書紀』、『続日本紀』に記載された人員数からほぼ全て班給されていた。班給に伴う坪内細分は条坊施工と同様の手法でなされ、実際の施工は区画溝や区画道路、塀などで行われた。また宅地域は、大規模宅地（一町以上）は宮周辺に、小規模宅地（一町未満）はそれより外側に配置された。建物の配置形態は不明な点があるが、公的施設とみられる宅地（右京一条一坊・同五条五坊等）では、ある一定の方向（南北）を主体とした建物が密接に配置され、井戸も多く設置されている場合が多い。対して、班給宅地では、大規模宅地では「長舎囲郭型」（二町宅地：左京十一条三坊東北・東南坪）、「コ字型」（二町宅地：右京七条一坊西南坪・同八条一坊西北坪の前者）で明らかなように幾種類もの配置が予測できる。特に後者は、建物規模や棟数に違いがあるが、配置形態が小規模宅地（四分の一町：右京北四条十坊西南坪東北区画）にも採用されていることは、建物配置に一定の規格が存在していることを推測させる。これは、坪内における宅地の占地形態が判明する反面、建物配置がよく解らない例が多いながら、規則的な配置となることが多いことも証左となる。さらに、このような規定は、井戸の設置にも及んでいたといえよう。それは井戸の位置が西北隅と例外もみられるが、多くは東南隅付近に集中していることによる。今回触れられなかった、トイレにしても確認された水洗式トイレ（右京九条四坊東北坪等五例）は、すべて坊間路の東側溝に配置されていること[42]も、証左となる。

とすれば、『日本書紀』に記載された宅地班給規定は、位階に応じた宅地の賜給だけでなく、建物の規格・配置構成をも含めて規定し、さらに、建物部材をはじめ井戸に使用される部材等隅々まで及んでいた可能性を示唆するものである。藤原京は、日本に初めて出現した都城であり、人々の居宅のあり方までを規定することで律令国家の体制を目に見える形で表現した。そしてこのことは、人々に社会の変化を実感させたのではないだろうか。

本稿は一九九八年『古代都城制研究集会第三回報告集　古代都市の構造と展開』で発表した「四行八門制の始め」をさらに再考したものである。

註

（1）竹田政敬二〇〇〇「藤原京の京域」『古代文化』第五二巻第二号

（2）小澤毅一九九七「古代都市「藤原京」の成立」『考古学研究』第四四巻第三号

（3）奈良国立文化財研究所一九八七『藤原京右京七条一坊西南坪

発掘調査概報』
(4)　奈良国立文化財研究所一九八六・一九八七「右京六条三坊の調査（第四五～四七・五〇次）」『飛鳥・藤原宮跡発掘調査概報一六・一七』
(5)　独立行政法人文化財研究所奈良文化財研究所二〇〇二「二藤原京の調査　左京七条一坊の調査　第一一五次」『奈良文化財研究所紀要』
(6)　(3)と同じ
(7)　奈良国立文化財研究所一九九九・二〇〇〇「藤原京右京八条一坊の調査（第九〇次・第一〇一次）」『奈良国立文化財研究所年報　一九九九－Ⅱ・二〇〇〇－Ⅱ』
(8)　竹田政敬二〇〇〇「五条野内垣内遺跡」『季刊明日香風』第七五号
(9)　奈良国立文化財研究所一九九四「左京十一条三坊（雷丘北方遺跡）の調査（第六九－一三次）」『飛鳥・藤原宮跡発掘調査概報二四』
(10)　奈良国立文化財研究所一九八五「右京二条三坊の調査（第三九・四三次）」『飛鳥・藤原宮跡発掘調査概報一五』　竹田政敬一九九八「四行八門制の始め」『古代都城制研究集会第三回報告集古代都市の構造と展開』奈良国立文化財研究所
(11)　橿原市千塚資料館一九九六「藤原京右京三条三坊」『かしはらの歴史をさぐる四』
(12)　橿原市千塚資料館一九九五「藤原京右京十・十一条四坊」『かしはらの歴史をさぐる三』
(13)　橿原市教育委員会一九九〇「藤原京左京二条四坊発掘調査概報」『橿原市埋蔵文化財調査報』
(14)　奈良国立文化財研究所一九九一「左京四条三坊の調査（第六三－七次）」『飛鳥・藤原宮跡発掘調査概報二一』
(15)　橿原市千塚資料館一九九六「藤原京右京一条一坊の調査」『かしはらの歴史をさぐる四』
(16)　奈良国立文化財研究所一九九二「右京一条一坊の調査（第六五次）」『飛鳥・藤原宮跡発掘調査概報二二』
(17)　奈良国立文化財研究所一九九二「右京一条二坊の調査（第六四次）」『飛鳥・藤原宮跡発掘調査概報二二』
(18)　奈良国立文化財研究所一九八七「左京二条一・二坊の調査（第四八次）」『飛鳥・藤原宮跡発掘調査概報一七』
(19)　橿原市千塚資料館一九九三「藤原京右京五条四坊」『かしはらの歴史をさぐる』
(20)　竹田政敬一九九八「四行八門制の始め」『古代都城制研究集会第三回報告集古代都市の構造と展開』奈良国立文化財研究所
(21)　橿原市千塚資料館一九九五「藤原京右京十条四坊（第二次）」『かしはらの歴史をさぐる三』
(22)　(20)に同じ
(23)　橿原市千塚資料館一九九六「大藤原京右京六条五坊（第三次）」『かしはらの歴史をさぐる四』
(24)　橿原市千塚資料館一九九五「大藤原京右京七条五坊（第二次）」『かしはらの歴史をさぐる三』
(25)　橿原市千塚資料館一九九七「大藤原京右京十条五坊（第二

次)」『かしはらの歴史をさぐる五』

(26)　橿原市千塚資料館一九九七「土橋遺跡」『かしはらの歴史をさぐる五』

(27)　橿原市千塚資料館一九九六「大藤原京右京北二・三条三坊」『かしはらの歴史をさぐる四』

(28)　(20)に同じ

(29)　桜井市教育委員会一九八七『桜井市　大福遺跡・西之宮黒田地区発掘調査報告書』

(30)　一九八八年発掘調査実施。遺跡名：四条大田中遺跡

(31)　(23)に同じ

(32)　素掘りの井戸は、現状では宮内を除くと八分の一町宅地と公的施設で確認されているにすぎない。特に八分の一町宅地は、班給規定外となる宅地割りであり、この点で井戸枠の支給対象に含まれていなかったとも考えられる。

(33)　奈良国立文化財研究所一九九二「右京八条四坊の調査（第六四次）」『飛鳥・藤原宮跡発掘調査概報二二』

(34)　井戸の分類は、黒崎直一九九五「藤原宮の井戸」『奈良国立文化財研究所創立四〇周年記念論文集　文化財論叢　Ⅱ』同朋舎出版に準拠する。

(35)　橿原市千塚資料館二〇〇三「藤原京右京九条三坊の調査」『かしはらの歴史をさぐる一〇』

(36)　奈良県立橿原考古学研究所一九九九・二〇〇〇『橿原市　藤原京十一条朱雀大路想定地　藤原京左京十一条一坊発掘調査概報（県道橿原神宮東口停車場飛鳥線建設に伴う発掘調査Ⅰ・Ⅱ』

(37)　橿原市千塚資料館一九九六「大藤原京右京六・七条五坊」『かしはらの歴史をさぐる四』

(38)　橿原市千塚資料館一九九五「大藤原京右京八条五坊」『かしはらの歴史をさぐる三』

(39)　橿原市千塚資料館二〇〇二「大藤原京左京一条五坊の調査」『かしはらの歴史をさぐる九』

(40)　(21)に同じ

(41)　奈良県立橿原考古学研究所一九九二「橿原市　四条遺跡Ⅱ第一一次～第一三次発掘調査概報」『奈良県遺跡調査概報第二分冊一九九一年度』

(42)　橿原市千塚資料館一九九四「藤原京右京九条四坊」『かしはらの歴史をさぐる二』など。水洗式トイレは右京九条四坊東北坪で初めて確認された。その後、左京北四条一坊東北坪、同二条二坊西北坪（この地点での確認は古く一九八六年の調査で確認されているが、その後トイレとして確定）、右京一条三坊西南坪、同三条三坊東北坪でもその存在が明らかとなった。上記五例とも平面形状が弧状で、設置場所が坊大路（奇数）・坊間路の東側溝と共通する。なお、右京北四条五坊東北坪も確認されているが、平面形状が「コ」とほぼ九〇度で屈曲し、設置場所が西四坊大路西側溝である点、問題を残す。

智努王の珍努宮と元正天皇の和泉宮

井上　薫

一　本朝皇胤紹運録に二人のチヌ王

チヌの語源とその表記

チヌは何を指すのか（語源）について、㈠黒鯛節と、㈡つばな（ちがや）説が行われてきたが[1]、古代の大阪湾で黒鯛が盛んに獲れたので湾が茅渟海と呼ばれ、その湾に面する和泉地方も茅渟と呼ばれたのは、上記の㈠が語源となっている。

和泉地方は茅渟・茅努・智努・珍努・珍《ちぬ》・千沼・血沼・血渟・陳奴などと書かれ、そのチヌは人名・地名・山名・海名・離宮名に用いられ、智努王・茅渟道・茅渟山・茅渟海・珍努（茅渟）宮などの用例が史料に見える。今も大阪湾でチヌが漁場を賑わせていることは、新聞に毎月一回「釣り情報」[2]が紙面に載せられているのによって分かる。（例、二〇〇三年）

皇極・孝徳天皇の父茅渟王

本朝皇胤紹運録(3)に二人の茅渟王が記され、一人は押坂彦人大兄の子の茅渟王で、記紀に名は見えないが、七世紀に没した。皇極・孝徳天皇の父にあたる。これをAチヌ王と呼ぶことにしよう。

Aチヌ王を葬った艸墓古墳は奈良県桜井市谷、字カラト六五七番地にあり、文殊院東・西古墳が築かれた丘陵の頂部から東へ張り出す尾根の先端東南向き斜面（高さ一一五m）に営まれた。艸墓古墳に関する梅原末治の『近畿地方古墳墓の調査㈠(4)』が日本古文化研究所によって複刊され、天沼俊一作製の石室・石棺実測図が収められた（図版第一二、艸墓古墳石室実測図）。

次いで奈良文化財研究所が『飛鳥時代の古墳(5)』を刊行し、艸墓古墳を県指定史跡とする報告を記述しており、この要点を整理すると次の如くになる。

［墳丘］南北に長い長方形墳で、長辺約二八m、短辺約二二m、高さ約八m。斜面に拳大から人頭大の玉石が露出し、葺石を持つ可能性が考えられる。

［石室］内面を粗く加工した巨大な花崗岩で葺かれた横穴式石室の長さは約一三・五m。東南方向に開口する。玄室の両側壁は各二個（ほぼ整形）を内傾させて立て、両側壁は中央接合面上端の三角形に粗く加工した石を嵌め、漆喰で隙を填める。奥壁に一個の巨石を内傾させて立て、上端右側に三角形の割石を嵌め、左側に方形の自然石を嵌める。天井は巨石二枚で覆い、楣石《まぐさ》は羨道寄りの両側壁上部に仕口を造って受ける。玄室の長さは約四・六m、幅は約二・八m、高さ約二・二m。羨道東壁の二石と入口二石が一段積みで、中央では四石を二段積みとし、計八石。西壁は玄室寄り一石と入口寄り二石を二段積みとし計九石。玄室の天井は四個の巨石で覆い、長さ約八・八m、幅約二・八m、高さ約七m。玄室の側壁と天井石の隙に漆喰が残る。

［家形石棺］長軸を石室中央線に合わせ、巨大な凝灰岩刳《えぐり》抜式。蓋の頂部は平坦で広く、縄掛突起を持つ。蓋の長さは約二四八㎝、幅一五三㎝、高さ六二㎝。平坦面の幅八〇㎝。身の長さ二三八㎝、幅一四五㎝、高さ九九㎝。

［遺物］盗掘されたので遺物は知り得ない。

艸墓古墳の被葬者茅渟皇子

日本古文化研究所の『近畿地方古墳墓の調査㈠』と奈良文化財研究所の『飛鳥時代の古墳』には艸墓古墳の被葬者に言及していないが、延喜式（諸陵寮）にＡチヌ王の艸墓古墳が記され、その分注に(6)「茅渟皇子、在㆓大和国葛下郡㆒、兆域東西五町、南北五町、無㆓守戸㆒。」と記される。

艸墓古墳と平野古墳群・平野塚穴山古墳の被葬者に関し、小泉俊男・塚口義信・泉森晈らの諸説が二上山博物館特展図録(7)に収められている。

［小泉氏の説］平野古墳群の被葬者について、石室の構造や出土遺物から見て皇族級の貴人と解し、皇極・孝徳天皇の父のＡチヌ王一族とする見解を初めて発表し、また最近ではＡチヌ王の娘皇極が前夫高向王との間に産んだ漢皇子らを含むＡチヌ王一族の墓であることを述べた(8)。

［塚口氏の説］㈠横口式石槨に天皇や皇子、高級官僚級の柩である夾紵棺と塗籠棺の二棺が棺材に用いられており、被葬者として政治・社会的地位の高い人物と考えられること、㈡片岡葦田墓（延喜式諸寮陵）が営まれた葛城の片岡・葦田の地域は、今の王子町から上牧町の西部を中心とする葛下川流域の北葛城付近一帯を指し、平野古墳群以外にこの地に七世紀代の高位の集団が形成したと推定される古墳がないこと、㈢Ａチヌ王のみならず、敏達天皇の百済大井宮造営とともに、その皇子でＡチヌ王の父押坂彦人大兄皇子や、義兄弟の舒明天皇が百済近辺などの葛城北部と深い

関わりを持つことなどから、平野塚穴山古墳の被葬者はAチヌ王であると解した(9)。

〔泉森氏の説〕近年の調査結果をふまえ、Aチヌ王の没年代から見て、平野塚穴山古墳の被葬者はAチヌ王でなく、七世紀前半から中頃にかけて造られた双墓（艸墓と書くべきである、井上注）と考えられる平野一・二号墳こそがAチヌ王と弟桑田王であるとの新見解を出した(10)。

下大迫幹洋氏は、塚口説と泉森説の間にAチヌ王の墓を平野古墳群中のどれに比定するかをめぐり相違があるけれども、平野古墳群の被葬者をAチヌ王一族とすることに三者が共通する見解を持つと総括する(11)（「主戸」は守戸の誤り、井上注）。

二　天武天皇の孫智努王

智努王の珍努宮と元正天皇の和泉宮

本朝皇胤紹運録にもう一人のチヌ王が見え(12)、それは天武天皇の孫にあたり、すなわち長親王の子智努王（六九三～七七〇）である。智努王の珍努宮造営と元正天皇の和泉監（設置・廃止）和泉宮（造営・行幸）に関する続紀記事(13)（①～㉒）を次に掲げて問題を整理しよう。

〔表〕㈠　元正天皇の和泉宮と智努王の珍努宮

①霊亀二年三月癸卯（二十七日）、割㆓河内国和泉、日根両郡㆒、令㆑供㆓（智努王）珍努宮㆒。

②霊亀二年四月甲子（十九日）、割㆓大鳥・和泉・日根三郡㆒、始置㆓和泉監㆒焉。

③養老元年二月壬午（十一日）、（元正）天皇幸㆓難波宮㆒。

④養老元年二月丙戌(十五日)、(元正)自二難波一至二和泉宮一。

⑤養老元年二月己丑(十八日)、(元正)和泉監正七位上堅部使主石前、進二位一階一、工匠役夫、賜レ物有レ差。

⑥養老元年二月庚寅(十九日)、(元正)車駕還、至二竹原井頓宮一。

⑦養老元年二月辛卯(二十日)、(元正)河内摂津二国、并造行宮司及専当郡司大少毅等、賜レ禄各有レ差。即日還レ宮。

⑧養老元年十一月丁巳(二十一日)、(元正)車駕幸二和泉離宮一。免二河内国今年調一、賜二国司禄一有レ差。

⑨養老三年二月庚午(二十日)、(元正)行二幸和泉宮一。

⑩養老三年二月丙子(十七日)、(元正)車駕還レ宮。

⑪天平十二年八月甲戌(二十日)、和泉監并二河内国一焉。

⑫天平十六年二月戊午(廿四日)、(聖武)取二三嶋路一、行二幸紫香楽宮一。太上天皇(元正)及左大臣橘宿禰諸兄、留二在難波宮一。

⑬天平十六年二月庚申(廿六日)、左大臣宣レ勅云、今以二難波宮一定為二皇都一。

⑭天平十六年七月癸亥(二日)、(元正)太上天皇幸二智努離宮一。

⑮天平十六年七月戊辰(七日)、(元正)太上天皇幸二仁岐河一。倍従衛士已上、無レ問二男女一賜レ禄各有レ差。

⑯天平十六年七月己巳(八日)、(元正)車駕還二難波宮一。

⑰天平十六年十月庚子(十一日)、(元正)太上天皇行二幸珍努及竹原井離宮一。

⑱天平十六年十月辛丑(十二日)、(元正)賜二郡司十四人爵一級。高年一人六級、三人九級、行所レ経大鳥・和泉・日根三郡百姓年八十以上男女穀一、人有レ差。

⑲天平十六年十月壬寅(十三日)、(元正)太上天皇還二難波宮一。

⑳天平十六年十一月癸酉(十四日)、(元正)太上天皇、幸二甲賀宮一。

㉑天平十六年十一月丙子（十七日）、太上天皇（元正）自㆓難波宮㆒至。
㉒天平二十年四月庚申（廿一日）、太上天皇（元正）崩㆓於寝殿㆒。春秋六十有九。

年表の①の珍努宮をめぐる諸説を検討するにあたり先ず虎尾俊哉氏[14]の説を取り上げると、虎尾氏は「和泉監正税帳」の解説で㈠「和泉監」は珍努（ちぬ）宮の造営のための特別行政区域として、霊亀2年（716）から天平12年（740）まで存続したが、」㈡「この期間の正税帳である」と述べるが、元正は和泉宮造営のため和泉監（行政官庁と支配地域を指す）を置いたと記すべきである。理由は、虎尾説の如く考えるならばその正税帳は珍努監正税帳と呼ばれたはずである。しかし珍努監正税帳は残存しない。

年表⑴の①「珍努宮に供せしむ」に関し、青木和夫等校注『続日本紀』[15]㈡九頁の脚注一四に「両郡の課役などを充てる」の意とする。なお「課役」に関し青木は「調・庸・雑徭の総称。ただし稀に租も含む場合や雑徭を除く場合がある」とする。[16]

年表⑴の④の和泉宮に関し、青木『続紀』[17]㈡補注九に、「この和泉監は、芳野離宮のための芳野監と同じように、離宮（Bチヌ王が二郡の課役を以て造る宮殿を指すと考えられる。井上注）のために特置されたものと考えられるから、おそらく造営を始めていた珍努宮のためのものと考えられる。ところが翌養老元年二月に行幸した先は和泉宮と書かれ、和泉監の官人と工匠役夫に叙位賜物しており、同年（養老元）十一月、養老三年二月、天平十六年二月にも和泉宮に行幸している。しかし、同年（天平十六）七月と十月に太上天皇が行幸した先は再び智努離宮と書かれている。珍努（智努）宮と和泉宮が並存していた可能性も否定はできないが、以上の続紀の記事から考えると、和泉郡を中心に和泉監が置かれたため、珍努宮が正式には和泉宮と呼ばれるようになった可能性が強い。」と述べる。

思うに青木『続紀』の説は、⑴珍努宮の名は仮のものだったが、正式の名の和泉宮になったと考えることになり、⑵両宮別箇説は強いと述べながら、それに従わず、両宮同体説を唱えることになる。私見をいえば、どうして仮の名である珍努宮が正式の名の和泉宮になったのかに関し述べないことに従いかねる。⑵に関し私見をいえば第一に珍努宮と和泉宮とでは名称が違うし、第二に珍努宮造営に二郡の課役を充てたのに比べて、和泉宮造営に三郡の課役などを充てたから造営規模が異なることを物語り、すなわち珍努宮の宮室は元正以外の人物の所有と考えられ、別の人物はＢチヌ王（天武の孫。長親王の子）であることを提案したい。

竹内理三等編『日本古代人名辞典』（四1109頁）智努王の項の冒頭を「天武天皇の孫。長親王の子。文室真人大市の兄。文室真人與伎、大原王（文室真人大原）の父。文室真人姓を賜り（続紀勝宝四・九条）、名を智努（四284、万葉十七3926など）、知努（十二392、尊卑分脈）、弥努（三575、十二340）、珍努（続紀勝宝六・四条）、智奴麻呂（万葉十二4275）などにもつくり、のち浄三と改められた（続紀宝字五・正条以降）。養老元・正、無位より従四下に叙せられ、同元・十封戸を益され」と書き出しているが、①霊亀二年三月条の珍努宮には触れない[18]。

辞典類で智努王を詳記する坂本太郎等監修『日本古代氏族人名辞典』[19]も、①続紀霊亀二年条の珍努宮について記述していない。このように見ると、智努王の宮室珍努宮は放置されていたといえる。

山本博著『竜田越』[20]は、続紀に見える珍努宮（霊亀二・三・二十七条）と和泉宮（霊亀二・四・十九条）との関係について詳述しており（四章のなかの「和泉国の設置」「珍努宮と和泉宮」の項）、それを取り上げたい。第1表（和泉国設置・廃止変遷表、八九頁）で⑴続紀霊亀二年三月二十七日条について、山本が「和泉・日根二郡の河内国所属」とだけ記すのは不十分で、原漢文に「河内国の和泉・日根両郡を割きて、珍努宮に供（ぐ）せ令む」と記されるから、山本は「珍努宮に供せ令む」の句を取り上げないことになる。

〔系図〕二人のチヌ王とその周縁

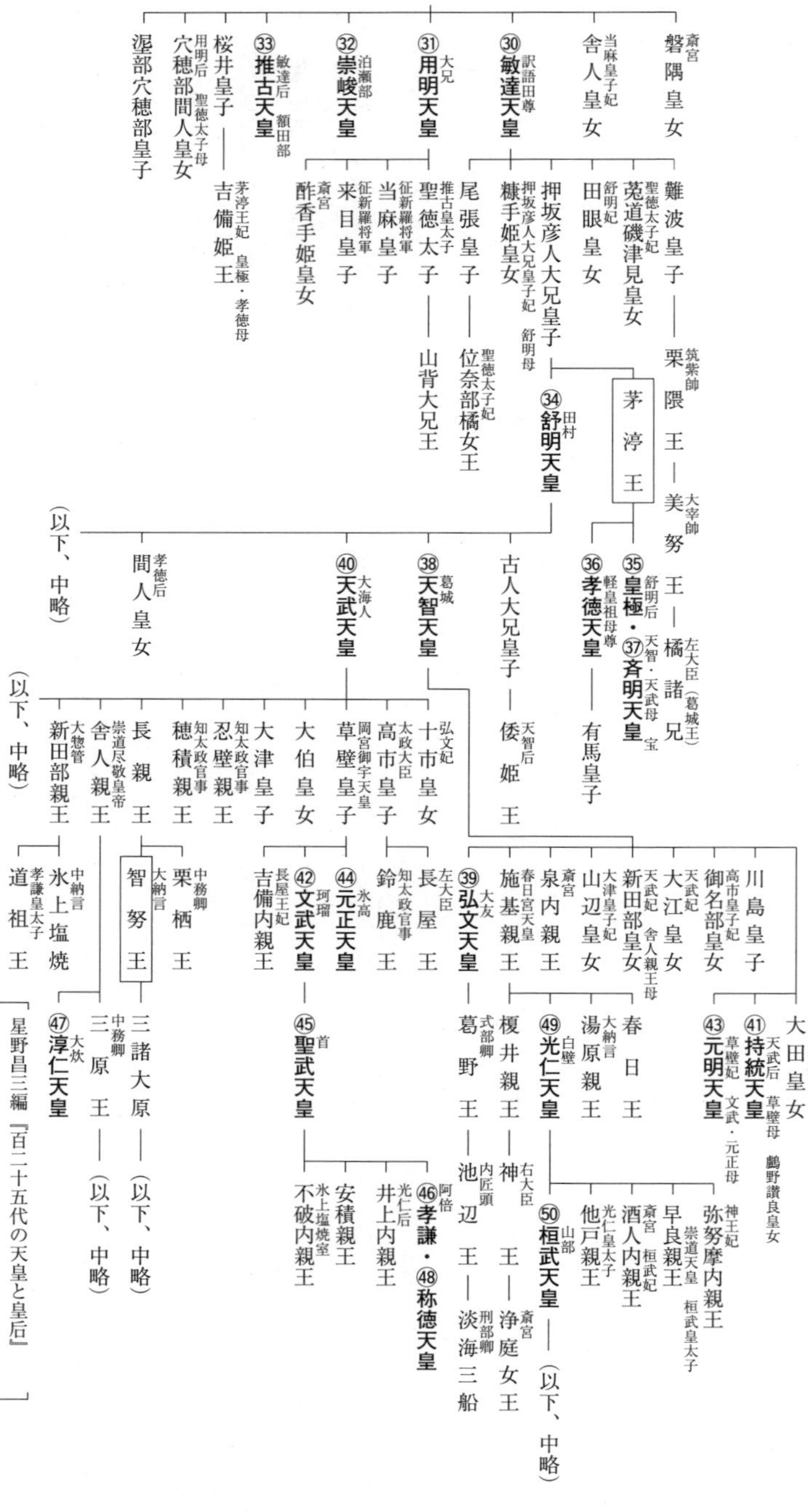

［星野昌三編『百二十五代の天皇と皇后』『歴史と旅』特別増刊号、秋田書店　平成9］

(2)第1表の養老六年三月七日条に、山本は「阿倍朝臣広庭『知河内・和泉事』」と記すが、続紀の天平四年二月二十二日条に「中納言従三位兼催造宮長官。知河内和泉等国事阿倍朝臣広庭薨ず」と記す。続紀に見える広庭の薨伝は、河内国に重点を置く書き方であり、天平四年に和泉監が存在しているから、「知河内国・和泉監等事」と記すべきところであり、山本は河内国の「国」と和泉監の「監」の字を落としている。

(3)山本は書紀の欽明十四年条を引き「河内国言泉郡茅渟云々」と記すが(九一頁)、書紀には「泉郡茅渟海」とあり、山本は「海」の字を落としている。

林陸朗校注訳『続日本紀』(第一分冊)[21]は、続紀①(霊亀二・三・二十七条)の珍努宮に関する注一〇で「和泉宮ともいう。(中略、井上)、泉佐野市上野郷辺に比定され」と述べるが、珍努宮は和泉宮と同名でないから異なる宮であるはずである。また上之郷に比定される宮室は五世紀の允恭天皇茅渟宮であって、続紀①の珍努宮との関係はない。さらに林は続紀②(霊亀二・四・十九条)の和泉監設置に関する注二三で「珍努宮(離宮)のための特別行政機関」と述べるが、和泉監は元正天皇和泉宮造営にともなう特別行政機関(行政地域をも指す語)であって、珍努宮(智努王の宮室)と無関係である。

大山誠一氏の『長屋王家木簡と奈良朝政治史』[22]は、続紀①(霊亀二・三・二十七条)の珍努宮と続紀②(霊亀二・四・十九条)の和泉宮の違いに関し、(一)「霊亀二年三月に和泉・日根二郡を珍努宮に供せしめ、四月に和泉監を置いたというのは、珍努宮の造営に関わるものと考えられるが、」と述べるけれども、霊亀二年三月条の珍努宮は智努王(長親王の子、六九三－七七〇、文室真人智努)の宮室と考えられ、元正は智努王と又イトコの血縁関係(親同士がイトコ関係であることを指す語)にあったので、智努王の珍努宮(宮室)造営に肩入れしたのであったし、四月の和泉監設置は元正が三郡の課役などを和泉宮造営に充てたのであって、珍努王の宮室造営は和泉監設置と無関係だと考えられる。

大山は(二)「その後、天皇として養老元年と三年に行幸したのは和泉宮である。同様に天平十六年に、天皇聖武が行幸したのは和泉宮であるが、元正太上天皇が行幸したのは珍努宮である。しかも、ここでは珍努離宮とされている。ということは、天皇が行幸する和泉宮はより公的な性格をもつ宮であるのに対し、珍努宮の方は、関わるものが元正だけという点から見ても、元正の私的な宮であったと推測しうる」と述べる。ところで天平十二年八月二十日、和泉監を廃して河内国に併合したことは和泉監と関係深い和泉宮に影響を与えたと考えられ、天平十六年二月聖武が和泉宮に行幸したとき、元正太上天皇も和泉宮にいた可能性があるが、同十六年七月二日元正太上天皇が智努離宮に行幸したのは智努王の宮室に行幸したのであり、同十六年十月十一日にも元正太上天皇が珍努離宮に行幸したのは、和泉宮が廃止されたからであろうと考えられる。大山が珍努宮は私的な宮であり、和泉宮は公的な宮であったとするけれども、私的な珍努宮との考えを持ち出すことはおかしいのであるまいかと思う。

大山は、㈢珍努宮の起源に関し「少なくとも天智朝まで遡る頃から、皇室の離宮として存在し、草壁皇子または阿閇皇女（元明）を経て元正に伝えられた宮であったと考える。その宮を、元正が即位後、新たに建て直したと考える」と述べるが、続紀①霊亀二年三月二十七日条の珍努宮は智努王の宮室造営の初見であると考えられるのであり、大山のように複雑な起源を持ち出すのは不要である。

井山温子氏の論考「和泉宮と元正女帝」[23]は珍努宮と和泉宮に関し詳論を展開しており、それに対する私見を記すことにしよう。㈠井山は続紀①の珍努宮に和泉・日根二郡を供せしめたとの記事と、続紀②の大鳥・和泉・日根三郡を河内国から割き和泉監を置いたとの記事が近い時期にあることは、和泉監設置が珍努（茅渟）宮造営と関係を持つとし、「茅渟（珍努）宮と和泉宮という名称の違いによって別の宮であると即断することはできない」と述べるが（四八頁上段七～一四行目）、私見では名称の相違が両宮別箇を示すと考えるし、珍努宮造営に二郡を供せしめたことと、和泉宮造営に三郡が関係を持つことも大きな相違であると思う（井上は旧稿「和泉監正税帳の復原をめぐって」〈『奈良朝仏教史の研究』〉で両宮を同体としたが、その後の考察によって両宮は別箇と考えなおしたい）。

㈡井山が、和泉監長官の正を竪部使主石前とする（四七頁下段五行目）のはおかしい。その理由は、続紀⑤（養老元・二・十八条）には「和泉監の正七位上竪部使主石前に位一階を進む」と記されるからである（井山は正の字を長官の意に解するが、正は正七位上のなかの正を指す語と解すべきである）。

㈢井山は、「和泉監は霊亀二年三月に設置され」と述べるが（四九頁上段二〇行目）、続紀②に四月と記され、三月は誤りである。

㈣天平勝宝四年五月十六日の「造東大寺司解案」によれば、如法経十二部二百三十巻（花厳経二部、法華経八部、最勝王経二部）と荘厳物十七種（墟三具、盖三覆、経覆六條、敷布六條、経樻三合、覆明樻三口、小幡十旒）が勝宝四年五月十五日に珍努宮より造東大寺司に対し借用を願い出ており（大日古十二の二八七〜二八八頁）、井山は造東大寺司が「珍努宮」より「奉請」（ここでは借用）していると述べるが、以上の物件の借用を請うたのは珍努宮であり、造東大寺司が貸出したと解さねばならない（井山が造東大寺司が借用したとすることに従えない）。天平二十年に元正太上天皇は崩じ、勝宝四年五月に智努王が如法経十二部と荘厳物十七種を造東大寺司から借用したのは、勝宝五年七月に夫人茨田郡王（法名良式）のため仏足石を作ったことに関係を持つと推定されよう。

「奉請」は写経・造像・法会に関する文書に頻出し、大平聰氏は奉請が⑴請求と⑵貸出を意味すると述べ、(24) その通りであると思うが、奉請は敬語（お招きする、借りて安置させていただくことなどを意味する）であることを先ず考慮しなければならない。

井山は、勝宝四年五月十六日の「造東大寺司解案」によると、造東大寺司写経所が如法経と荘厳物十七種を「智努宮」より「奉請」（ここでは借用）している」と述べるが（五三頁下段一〇〜一三行目）、それは誤解であり、逆に智努宮が造東大寺司から借用したと解さなければならない。

和泉監正税帳の監司借貸と月料

天平九年度『和泉監正税帳』に見える日根郡の「大領日根造玉纏□一斛九斗」「少領別君豊麻呂十一斛七斗四升四合三夕」「主帳日根造五百足九斛七升」という記載に関し、私見は監司借貸と見なし、穀の借貸の珍しい例であると述べ、頴でなく穀と書かれていることを以て欠官物塡補記事と解した（『奈良朝仏教史の研究』）。

これに対し山里純一氏は「書評」（薗田香融『日本古代財政史の研究』）で「しかし官稲欠負の際には主として国司が補塡責任を負うのが一般的で郡司が差をなして責任を負うた例はあまりみられない。殊に和泉監正税帳の場合、一倉につき専当の国司（監司と記す方が適当。井上注）・郡司が一人ずつ記載されており、郡司が差をなして補塡責任を負うような専当制がとられた形跡はみられない。ちなみに著者（山里氏を指す語、井上注）が差をなして補塡弁備した例として掲げた『越前国雑物収納帳』の記事は海損の場合であり、倉庫内の官稲欠負とは補塡責任において異なることに注意する必要がある」と述べており、その論に従わねばならない。

ところで拙著（『奈良朝仏教史の研究』）で和泉監正税帳に記す監月料を特定の給与制度としたことに関し薗田香融氏が批判して監月料を「新任国司食料」に準じて考えるべきだと述べた（『日本古代財政史の研究』）。

山里純一氏は薗田著書の「書評」を書き「日根郡の雑用項で胡令史（郡令史の誤り。井上注）と将従二人に対して、正月一日から七月四日までの一八一日間監月料が支給されたことがみえているが、正月一日からの支給となっているのは天平九年（七三七）度の支出分として計上されたことを示すものであり、前年度分は恐らく天平八年度の正税帳に記載されていたであろう。また七月四日までの支給となっているのは令史が死去したため月料支給が打ち切られたことを示すものと解される。従って監月料を和泉監の官人に支給される、いわゆる月料であると解した井上説は妥当な見解と思われるのである。摂津職にも月料が存在したことが知られるから（『類聚三代格』所収、延暦十二年三月九日太政官符）、和泉監の「監月料」も名称通りの月料と解して何ら問題はないと思うがいかがであろうか。」と述べる。その後日に井上が薗田氏と会った際、月料に関して述べた井上説批判を撤回すると薗田氏は述べた。

表2　和泉帳の官人と郡司

官職	年	位階	氏名
正	養老六	正六位上	名貴首百足
正	天平四	―	田辺史首名
正	〃八	正六位上勲十二等	御使連乙麻呂
正	〃九―十	従六位上勲十二等	黄文連伊加麻呂
佑	〃六	従八位上	土師宿禰比良夫
佑	〃九―以前	―	丹比宿禰足熊
令史	〃五	従八位下	椎田連嶋麻呂
大領	〃八	外正七位上勲十二等	日根造玉纒（日）
少領	〃九―十	外従七位下	珍県主倭麻呂（和）
少領	〃九―以前	―	別君豊麻呂（日）
主政	〃四―九	外従七位上	土師宿禰広浜（大）
主帳	〃五	无位	珍県主深麻呂（和）
主帳	〃九―十	外従八位下	日根造五百足（日）

注　大は大鳥郡、和は和泉郡、日は日根郡を示す。

和泉監正税帳に見える弐寺と地黄煎料

『和泉監正税帳』の第一断簡（首部関係）に(1)「依例正月十四日弐寺読金光明経捌《(八)》巻、最勝王経拾巻、合壱拾捌巻、日仏聖僧肆躯、并読僧拾捌口、合弐拾弐躯、惣供養料稲伍拾束壱把陸《(六)》分、（仏聖僧、并読僧十八口、合廿二躯、々別飯料四把、雑餅并油等料一束八把八分）」、(2)「依民部省天平九年十一月九日符、給大鳥連大麻呂造地黄煎所米漆《(七)》斛料稲壱伯肆《(四)》拾束」と見える（大日古二）。

(1)弐寺については、表(2)「和泉監正税帳の官人と郡司」を参照すると、珍《ちぬ》県主倭麻呂（少領）と珍県主深麻呂（主帳）が注目される。珍県主倭麻呂は日本霊異記によれば行基の弟子で神厳禅師と称したことで知られるように篤信者であり、官職はのちに大領に進んだ。珍県主には二氏があり、他の氏から珍県主深麻呂が出ており（表2）、『正税帳』に見える弐寺はこの二氏の氏寺と推定される。元明・元正の二女帝は首皇子（のち聖武）の即位を望まず、一線を隔てていたといわれ、元正が和泉監を置き、珍県主の氏寺で護国経典を読誦するように仕向けたことが弍寺において金光明経と最勝王経の法会を例年の如く行われた事情を物語るのであった。

(2) 地黄煎について、藤間生大氏は大鳥神社での供物らしいというが（「古代豪族の一考察」[26]）、地黄はゴマノハグサ科の多年草。原産地は中国で薬用に栽培。地下茎は黄色く肥厚、葉は楕円形。根茎は漢方薬剤とされ、補血に効能がある。地黄煎は穀芽の粉に地黄の汁をねり合わせたもの。地黄を塗った飴が京都市伏見稲荷神社付近の名産（新村出編『広辞苑』九四一頁、岩波書店、昭和三〇）。

珍努王の珍努宮と霊異記の血渟山寺

『日本霊異記』には、聖武天皇の時代として和泉国血渟（珍努）の山寺の吉祥天女像・聖観自在菩薩像の霊験談が載せられているが、血渟の山寺とは当寺のことではないかとされる。（直木孝次郎・森杉夫編『大阪府の地名』Ⅱ、一四〇七頁中段、「施」の項、平凡社、昭和61）。これについては施福寺の文献的研究をはじめ、当寺の仏像・荘厳物の調査や当寺の発掘調査を期待する次第である。

表3　元正天皇と智努王をめぐる事績

年号	西暦	年令		事績	
		元正	珍努王	元正	珍努王
天武8	680	1		誕生。父は草壁親王、母は阿閇皇女(のち元明)諱は氷高(日高)。	
9	681	2			
10	682	3			
11	683	4			
12	684	5			
13	685	6			
14	686	7			誕生。父は長親王（草壁の異母弟)。珍努王は元正の又イトコ。
持統1	687	8			
2	688	9			
3	689	10			
4	690	11			
5	691	12			
6	692	13			
7	693	14	1		
8	694	15	2		
9	695	16	3		
10	696	17	4		
文武1	697	18	5		
2	698	19	6		
3	699	20	7		
4	700	21	8		
大宝1	701	22	9		
2	702	23	10		
3	703	24	11		
慶雲1	704	25	12		
2	705	26	13		
3	706	27	14		
4	707	28	15		
和銅1	708	29	16		
2	709	30	17		
3	710	31	18		
4	711	32	19		
5	712	33	20		
6	713	34	21		
7	714	35	22	正月、二品氷高に食封千戸を益す。	
霊亀1	715	36	23	正月、一品を授けられ、9月即位。	
2	716	37	24	4月、大鳥郡以下三郡を河内国から割き和泉監設置。	3月、和泉・日根二郡の課役を智努宮造営に充てる。
養老1	717	38	25	2月、難波宮より和泉宮に幸。11月、和泉離宮に幸。	正月、無位より従4下に叙され、10月封戸を益される。

年号	西暦	年　令		事　　績	
		元　正	珍努王	元　　正	珍　努　王
2	718	39	26	３月、長屋王を大納言に任。	
3	719	40	27	２月、和泉宮に幸。３月、首太子、朝政を聴く。	
4	720	41	28	４月、舎人親王、日本紀30巻系図１巻を奏上。８月、不比等薨。	
5	721	42	29	正月、長屋王を従二位右大臣に任じ、藤原武智麻呂を中納言に任。	
6	722	43	30	２月、阿倍（安部）広庭を参議に任。９月、元明太上天皇のため写経。	
7	723	44	31	５月、吉野宮行幸。	
神亀１	724	45	32	２月、首皇太子に譲位（聖武）。	
2	725	46	33		
3	726	47	34		
4	727	48	35		
5	728	49	36		11月、故基王を葬むる造山房司長官に任命。
天平１	729	50	37	２月、長屋王自尽。８月、改元。	３月、従４位上に叙さる。
2	730	51	38		
3	731	52	39		
4	732	53	40		
5	733	54	41		
6	734	55	42		
7	735	56	43		
8	736	57	44		
9	737	58	45		
10	738	59	46		
11	739	60	47		
12	740	61	48	和泉監を河内に併合。	11月、正四上に叙。
13	741	62	49		８月、木工頭に任。９月、造営卿（恭仁官）に任。
14	742	63	50		８月、造離宮司（紫香楽）に任。
15	743	64	51		
16	744	65	52	２月、左大臣橘諸見は難波を都とす元正の勅を宣す。７月と10月に智（珍）努離宮に幸。	
17	745	66	53		
18	746	67	54		４月、正四上に叙する
19	747	68	55		正月、従三位に叙
20	748	69	56	４月21日、寝殿に崩ず。	４月、元正大葬の御装束司
感宝 勝宝１	749		57		
2	750		58		

年号	西暦	年　令		事　績	
		元　正	珍努王	元　正	珍　努　王
3	751		59		
4	752		60		5月、造東大寺司は珍努宮へ（花厳経などを奉請〈貸出〉）。
5	753		61		7月、故夫人のため仏足石を作り、8月、写経所へ穀紙を送り、書写依頼。
6	754		62		4月、摂津大夫に任。
7	755		63		
8	756		64		8月、聖武大葬の御装束司。
天平宝字1	757		65		3月、太子道祖王を廃する策に参加。6月、治部卿に任。
2	758		66		6月、出雲守に任。時に参議。8月、参議と見える。
3	759		67		6月、封事（僧尼粛正）を上る。
4	760		68		正月、中納言。6月、光明皇太后葬送の山作司に任。
5	761		69		正月、叙正三位。名を浄三と改む。
6	762		70		正月、御司大夫に任。8月、宮中で杖許可。12月、神祇伯を兼。
7	763		71		
8	764		72		正月、叙従2位。9月、致仕。同月、職分雑物を全給に改められ、時に前大納言とある。
天平神護1	765		73		
2	766		74		
神護慶雲1	767		75		
2	768		76		
3	769		77		
宝亀1	770		78		10月9日薨、薄葬を遺言。

註

(1)大野晋等編『古語辞典』(岩波書店、昭和三〇)

(2)「朝日新聞」二〇〇三年四月四日。魚場の東播東二見・神戸平磯・神戸和田防と鳥羽本浦・若狭宇久・丹後養老大島の六場を除き、武庫川一文字魚場以下七魚場だけを転写して左に掲げたが、チヌを記す魚場が四つをかぞえる。

【武庫川一文字】エビまきでチヌ順調。落とし込みでも。さぐりでガシラ、アブラメまじり回復。

【大阪南港】川筋でチヌの食い活発。ハネまじり。新波止でフカセで釣りをして良型チヌ。

【泉南岸和田】えびえさのウキ釣りでメバル、アブラメ。フカセで良型チヌ。落とし込みでも。

【和歌山】水軒の沖向きで飛ばしウキのサビキを使い中アジ50匹。青岸でチヌ好調。

【中紀湯浅】乗合船で湯浅沖に出て18〜28cm級のマアジ50匹。35cm級のサバを30匹。

【中紀由良】日ノ御埼沖で25〜37cm級のイサキを30〜50匹。マダイ狙いも有望。

【紀東引本】水温が上がり浅場のいそでグレ活発。オオネのいかだで１kg級のアオリイカ。


(渡船の名称・電話を略した。井上)

(3)続群書類従完成会編『群書類従』第五輯二一頁下段、昭和一二)

(4)日本古文化研究所編『近畿地方古墳墓の調査㈠』(吉川弘文館、昭和四九)

(5)奈良文化財研究所編『飛鳥時代の古墳』(同研究所刊、昭和五六)

(6)黒板勝美編『新訂増補国史大系・延喜式』(五五三頁、吉川弘文館、昭和一二)

(7)香芝市二上山博物館編『二上山麓の終末期古墳と古代寺院』(香芝市教育委員会、平成一四)

(8)小泉俊男「平野塚穴山古墳とその被葬者像」(『石器のふるさと香芝』、平成一〇)

(9)塚口義信「平野塚穴山古墳の謎」(上、『香芝遊学⑦』香芝市役所、平成一〇)

(10)泉森皎「六平野塚穴山古墳と斑鳩文化」(『近畿の古墳文化』学生社、平成一一年)、同「香芝市平野塚穴山古墳の再検討」(『古代学研究』一五〇号、古代学研究会、平成一二)

(11)下大迫幹洋「平野古墳群の被葬者像」(香芝市二上山博物館編『二上山麓の終末期古墳と古代寺院』香芝市教育委員会、平成一四年)

(12)『群書類従』(第五輯二三頁上段)

(13)黒板勝美編『新訂増補国史大系・続日本紀』(普及版、吉川弘文館、昭和五七)

(14)虎尾俊哉「和泉監正税帳」(国史大辞典編集委員会編『国史大辞典』7)

(15)青木和夫等校注『続日本紀』二(以下、青木『続紀』と略称)、二の9頁脚注一四

(16)青木「課役」(『国史大辞典』3、六三〇頁)

(17)青木『続紀』二の補注九(四五七〜四五八頁)

(18) 高柳光寿・竹内理三編『角川日本史辞典』は「和泉監」に関し「奈良時代の臨時の官名。七一六年（霊亀二）元正天皇は河内和泉郡に珍努宮（ちぬのみや）造営を計画し、和泉・日根・大鳥の三郡をその経費にあて、和泉監をおいておさめさせた。宮は翌年完成し、和泉監は七四〇年（天平一二）まで存続、のちその管轄圏は河内国から分かれて和泉国となる」と記すが（五五頁左欄、昭和四一）、冒頭の五行の説明は混沌としており、誤解が甚だしく、続紀（霊亀二年三月条）の珍努宮に関する研究がいかに遅れているかを物語る。

(19) 坂本太郎等監修『日本古代氏族人名辞典』（吉川弘文館、平成二）

(20) 山本博『竜田越』（学生社、昭和四六）

(21) 林陸朗校注訳『続日本紀』一（現代思潮社、昭和六〇）

(22) 大山誠一『長屋王家木簡と奈良朝政治史』（吉川弘文館、平成五）

(23) 井山温子「和泉宮と元正女帝」（『古代史の研究』第九号、平成五）

(24) 大平聡「正倉院文書における『奉請』」（『ヒストリア』第一二六号、平成二）

(25) 山里純一「書評・薗田香融『日本古代財政史の研究』」『歴史学研究』五〇七号

(26) 薗田香融『日本古代財政史の研究』（塙書房、昭和五六）

(27) 藤間生大「古代豪族の一考察」（『歴史評論』第八六号、昭和三二）

菅原寺及び周辺出土の瓦からみたその造営背景

大西貴夫

一　はじめに

平城京内では奈良時代を通じて多くの寺院が建立された。奈良県遺跡地図に収録される平城京条坊復元図によると三〇を越える寺院が記されているが、文献で知られるのみで場所が明確でないものも多い。各寺院の性格としては官寺と貴族の氏寺、鑑真の唐招提寺や智通の観世音寺のような僧が建てた寺などがある。また、これらの寺院の規模は一二町以上を占める西大寺、大安寺、薬師寺、元興寺、興福寺などは特例で四～七町の法華寺、西隆寺、唐招提寺などがこれに次ぎ、多くは一町程度のものと考えられている。しかし発掘調査で寺域が確認されたものはなく、これも問題点として残されている。

この中で菅原寺（喜光寺、以下菅原寺に統一）は『行基菩薩伝』、『行基年譜』によれば、養老五（七二一）年に寺史乙丸が居宅を行基に施し寺とし、菅原寺と号したこと、天平二〇（七四八）年に聖武天皇が行幸し、喜光寺と号したこと、天平二一（七四九）年に菅原寺東南院で行基が入滅したことが記されている。寺域に関しては『行基年譜』では右京三条三坊九、十、十四、十五、十六の五町を占めるとされ、『西大寺所伝京城坪割図』ではこの五町の他に同坊の七坪と三条四坊一、二、七坪も寺領に含めている。また、西大寺文書では寺域が四町の記載もみられる。福山敏男が指摘するように九町を占めることは困難であり、延暦頃の五町、長承頃の四町、喜田貞吉の説をうけて当初は一町であったものが後に拡張したという説も出されるが寺域に関しては確定はできない。(1) ここでは最も妥当とされている『行基年譜』の五町説を採用しておく。この五町という規模は先に述べたように官寺ではない京内の寺院としては大きい部類に入れることができる。また、行基という一人の僧が造営したという点でも特異な性格が考えられる。

本稿ではこれまで漠然と考えられてきたこの菅原寺の性格について考古学の立場から検討することとする。発掘調査は旧境内では一部に止まっているため関連する資料として隣接する坪の調査成果にも適宜触れることとする。ここでいう旧境内とは先に述べた五町のことであり、隣接する坪とはこの五町に接する坪のことである。しかし、後者は東側しか調査が行われていないため、おのずとそこに限定されることとなった。また、検討する遺物としては、主に瓦を用いることとする。

二　菅原寺と隣接地の調査

菅原寺旧境内での調査は、これまで五回おこなわれている。最初の調査は阪奈道路拡幅工事に伴う事前調査である。奈良県教育委員会が実施し、調査は奈良国立文化財研究所が担当した（一九六九年、国一次）。以後は奈良市教育委員会による住宅建設などの小規模な調査が四回ある（一九八七、九四、九五、九九年、市一～四次）。旧境内に接する坪の調査としては東側の六、七、八坪において、近鉄西大寺駅南土地区画整理事業に伴う奈良市教育委員会による大規模な調査

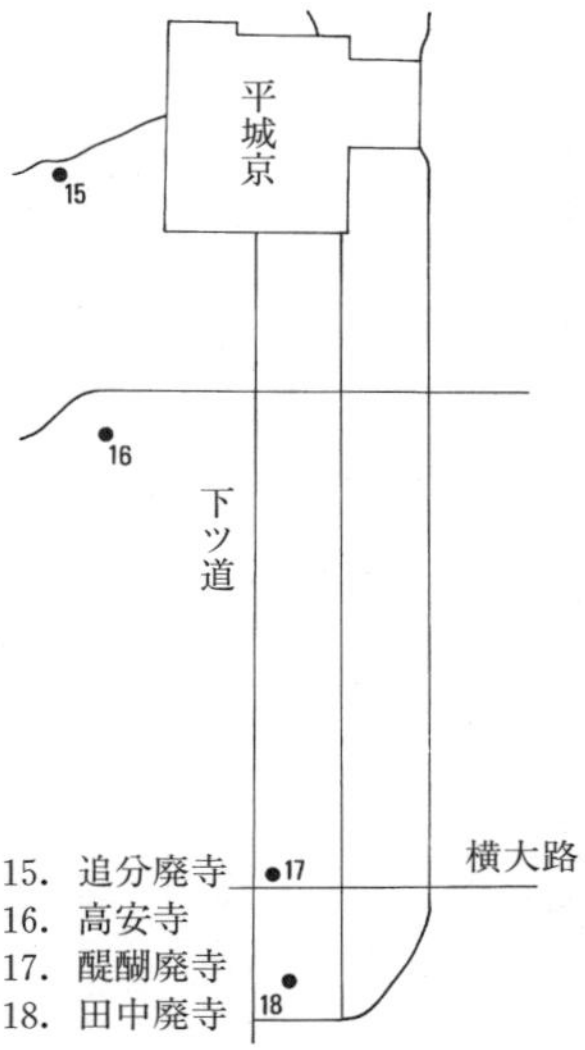

図２　今回ふれる主な寺院②

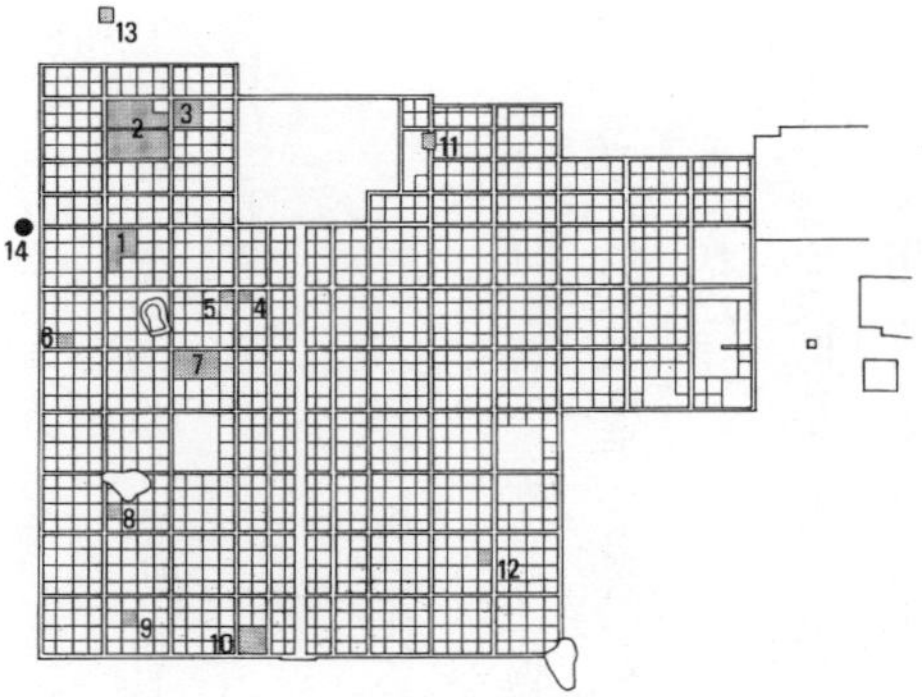

図１　今回ふれる主な寺院①（平城京内）

1.菅原寺　2.西大寺　3.西隆寺　4.禅院寺　5.弘文院　6.平松廃寺　7.唐招提寺　8.三松寺(七条廃寺)　9.殖槻寺　10.観世音寺　11.海龍王寺　12.姫寺　13.秋篠寺　14.菅原遺跡(長岡院)

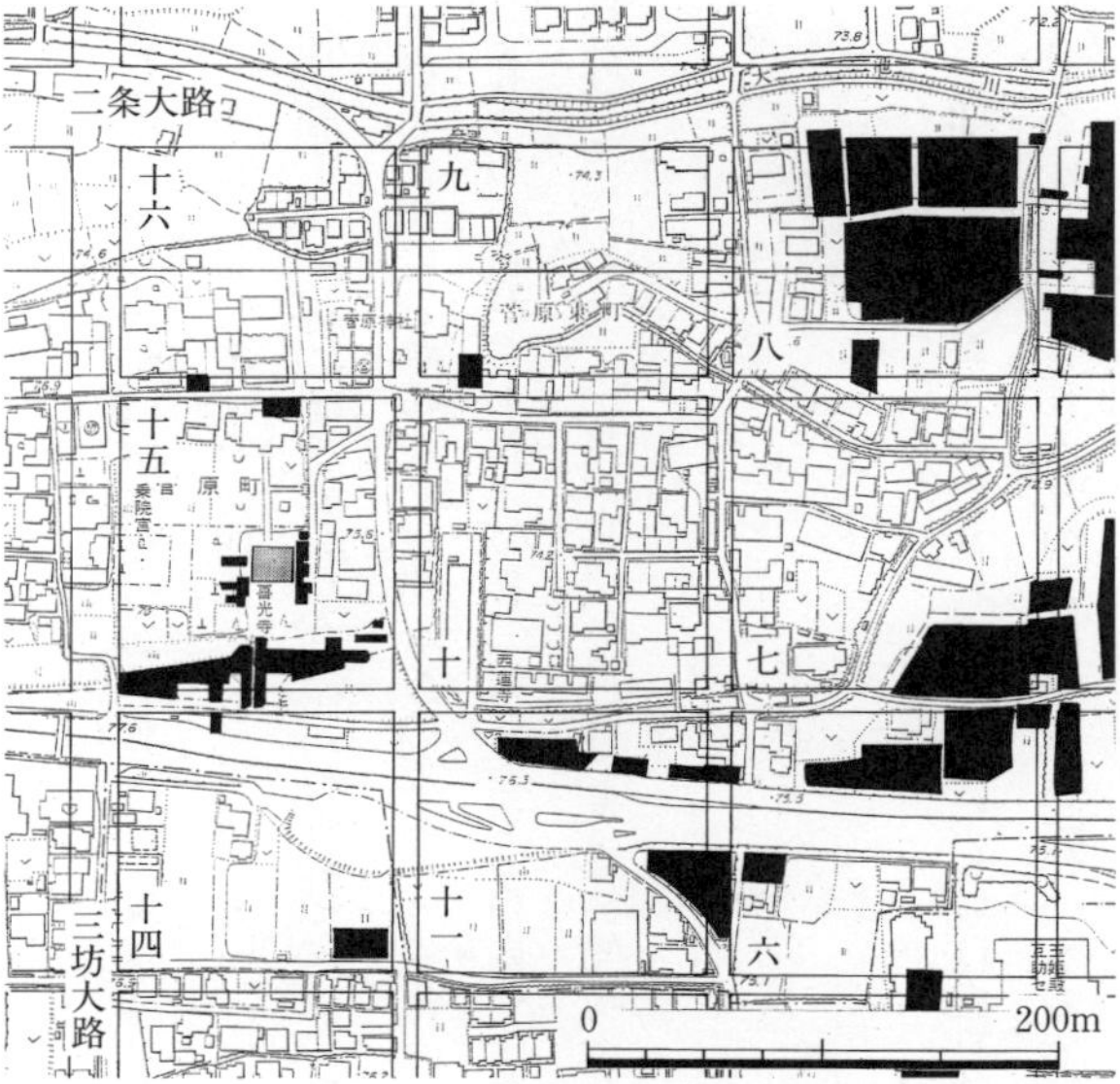

図３　調査地位置図（S＝1/6000）

が行われている（一九九〇～九三年）。また、六、十一坪においては阪奈道路拡幅工事に伴い橿原考古学研究所による調査が行われている（二〇〇一、〇二年）。ここではこれらの調査の概要を述べる（2）。

1　菅原寺旧境内の調査

国一次調査においては十五坪に位置する現喜光寺本堂と重複して建物基壇が検出された（SB一〇）。規模は東西二八m、南北二一mであり、本堂の前身建物と考えられた。また、SB一〇の南前方約四二mでも東西一五m、南北七mの建物基壇が検出され（SB〇一）、これには築地SA〇六が取り付く。南側には雨落溝SD〇五が検出され、SB〇一は門と考えられた。十五坪の中央南端で、すぐ南には三条条間路が想定されるため妥当なものであろう。出土した瓦の多くは近世以降のものである。市一～四次調査は小規模なものが多いが、十五坪の第二次調査では奈良時代の掘立柱建物（東西二間以上×南北二間以上）が一棟検出され、十四坪の第四次調査では長岡京遷都以降の掘立柱建物や井戸が検出されている。

2　菅原寺旧境内隣接地の調査

十一坪では小規模な掘立柱建物が二棟、井戸が二基、西三坊坊間路、築地塀が検出されている。築地塀は奈良時代前半、それ以外は後半である。SE〇三は中世の瓦積の井戸であるが、使用される瓦の大半は奈良時代のもので軒瓦も多くみられた。

八坪では奈良時代全般で四時期にわたる多くの掘立柱建物や塀、井戸、二条大路南側溝が検出されている。軒瓦が比較的多く出土しており、室町時代の瓦積の井戸であるSE二〇六からは「長岡院」と推定される菅原遺跡と同笵の瓦が多く出土している。

七坪では四時期にわたる多くの掘立柱建物や塀、井戸、三条条間路北側溝が検出されている。六坪では多くの掘立柱建物や塀、井戸、三条条間路南側溝が検出されている。また、道路に面して掘立柱塀が検出されている。

以上のように遺構からは十四坪の現喜光寺本堂の位置が奈良時代の金堂と考えられ、その前面に門があることから伽藍の中心は十五坪で完結する可能性は高い。周囲の坪は付属の雑舎などがあったのであろう。また、金堂の平面形は奈良時代寺院の長方形ではなく、白鳳時代寺院の正方形に近い長方形であり、規模も白鳳時代の一般的な金堂規模に近い。奈良時代前半の創建を裏付けるものと考えられる。また、旧境内周辺は広範囲な調査例から明らかなように中・小規模の宅地が広がり、三坊という位置からも大規模なものは無いことが指摘できる。

三　菅原寺と隣接地の出土瓦

菅原寺と隣接地の調査において出土した軒瓦は表一にまとめた(3)。これを概観すると軒瓦の出土点数は調査面積に比べて多いとはいえない。しかし、一〇〇㎡に対する軒瓦の出土点数が県二〇〇一年の十一坪の調査では二・六八点、市二五七―一次の八坪の調査では一・六七点であることは一般の宅地としては多い部類に入れることができるといえる。また、型式数は多いものの点数は一、二点のものが大半であり、特定の型式がまとまる状況は十一坪の六三四五A、八坪の六二二五、六七六五Aを除いてほとんどみられない。さらに、出土状況として奈良時代の遺構に伴うものは少なく中世以降の井戸などからまとまって出土する点に特徴がうかがえる。検出された遺構は通常の宅地であり大規模なものではない。また、寺院に関するような遺構は検出されていない。特に八坪は坪の中心を含めて約三分の一

菅原寺旧境内出土瓦

	軒丸瓦型式番号（時期、点数）	軒平瓦型式番号（時期、点数）	その他
十五坪（国第1次）	6172A（Ⅳ－2、1）	6710C（Ⅲ～Ⅳ－1、1）	
	6236A（Ⅳ－1、1）	不明（1）	
	不明（1）		
十四坪（市第4次）	6284（Ⅰ、1）	6646A（Ⅰ－1、1）	
	不明（3）	6664C（Ⅰ、1）	
		6682A（Ⅱ－2、1）	
		6711Aa（Ⅲ～Ⅳ－1、1）	
		不明（1）	

菅原寺隣接地出土瓦

十一坪（県2001年）	6075A（Ⅳ－2、2）	三重弧文（1）	竹状模骨丸瓦
	6083A（1）	四重弧文（1）	
	6132A（Ⅱ－2～Ⅲ－1、1）	6641E（Ⅰ－1、1）	
	6273B（Ⅰ－1、1）	6671B（Ⅱ－1、1）	
	6281A（Ⅰ－1、1）	6711A（Ⅲ～Ⅳ－1、1）	
	6301B（Ⅰ－2～Ⅱ－1、2）	6732C（Ⅳ－1、1）	
	6345A（Ⅰ－1、7）		
八坪（市196－1～3次）	6225C（Ⅲ、2）	6685A（Ⅱ、1）	
		6691A（Ⅱ－2、1）	
（市257－1次）	6225F（Ⅲ、2）	6641Aa（Ⅰ－1、1）	小型丸瓦
	6225　（Ⅲ、4）	6681S（Ⅱ－2、1）	小型平瓦
	6299A（Ⅲ～Ⅳ、2）	6691A（Ⅱ－2、1）	鬼瓦
	6316Ka（Ⅳ、1）	6695B（1）	
		6711B（Ⅲ～Ⅳ－1、1）	
		6765A（Ⅲ～Ⅳ、23）	
七坪（市257－2次）	6133S（Ⅴ、1）	6721G（Ⅲ、1）	
	6227A（Ⅳ－1、1）		
	6285A（Ⅱ－1、2）		
	6291A（Ⅱ－2、1）		
	6311A（Ⅱ、1）		
	6311B（Ⅱ、1）		
六坪（市226－1次）	6133Kb（Ⅲ－2、1）	6664C（Ⅰ、1）	鬼瓦
	6134A（Ⅳ－1、1）	6664F（Ⅱ、1）	
	6308C（Ⅱ－2、1）	6682B（Ⅱ－2、1）	
	6311B（Ⅱ－1、1）	6691A（Ⅱ－2、3）	
		不明（2）	
（市257－4次）	6278B（Ⅰ－1、2）	6732C（Ⅳ－1、1）	
	6311B（Ⅱ－1、1）	不明（2）	
（県2001年）		偏行唐草文（1）	

表1　軒瓦一覧表

を調査していることから、全体が通常の宅地であることは確実と考えられる。以上のことから隣接地の坪内では総瓦葺きの建物は考えにくいといえる。当然棟の一部などに使用されたことは考えられるが、軒瓦と丸瓦、平瓦が中世の井戸に集中して多量に転用されていることから、出土地付近で散漫に使用されたものが集められたというより、瓦が集中して使用される場所が近くにあり、そこから持ち込まれた可能性が高いと考えられる。そこで本来使用されていた場所としてはこの場合当然隣接する菅原寺旧境内に存在する建物が第一に考えられる。ここではこの可能性を前提に菅原寺に関わる瓦群として旧境内と隣接地出土の個々のものをそれぞれ検討していくこととする。

1　菅原寺旧境内出土の瓦（図4）

全て一点ずつの出土であり、検出された創建時の金堂や門の所用瓦を決めることはできない。十五坪の六二三六Ａ（1）はかなり笵の摩滅したものである。西大寺、西隆寺に同笵例があり、西大寺では創建期に主体的に使用された軒丸瓦の一つである。同型式のものは唐招提寺にもあり、右京域に分布する点が注意される。六一七二Ａ（2）は左京二条二坊・三条二坊（以下長屋王邸とする）、左京五条一坊七坪に同笵例がある。六七一〇Ｃ（3）は西隆寺、羅城門、朱雀大路、長屋王邸、左京三条二坊十五坪に同笵例がある。十四坪の六六四六Ａは藤原宮式の偏行変形忍冬唐草文であり、他の六二八四、六六六四Ｃ、六六八二Ａは平城宮に同笵例がある。六七一一Ａａは六七一〇と同じく羅城門に同笵例がある。以上、旧境内の軒瓦の同笵例にみられる特徴としては右京の寺院に共通するものが多いこと、時期としてはⅠ期とⅣ期にややまとまることがあげられる。

2　菅原寺旧境内隣接地出土の瓦（図4、5、6）

十一坪の六〇七五A（7）は施釉瓦もあることから、平城宮「東院玉殿」に使用されたとされているものである。左京二条二坊十二坪にも同范例があり、飛鳥・紀寺、秋篠寺に同型式のものがある。施釉瓦は左京二条二坊十二坪や秋篠寺にもみられ、六〇七五Aとのセット関係がうかがえるが十一坪では施釉瓦は出土していない。六〇八三A（8）は右京三条三坊三坪に同笵例がある。六二七三B（9）、六二八一A（12）、六六四一E（16）は藤原宮式の軒瓦で藤原宮、平城宮、西隆寺で同笵例がある。六六四一Eは後述する平松廃寺でも出土している。六一三三A（11）は六六九一Aと組み、平城宮第二次大極殿南面回廊で使用されている。六七三二C（19）は「宮系」の東大寺式である。六三〇一B（13）、六六七一B（17）は興福寺式のセットであるが、「宮、京」で使用されるものである。六三〇一Bの瓦当裏面の布目の有無は不明、丸瓦広端部の凹凸両面を削り、裏面の溝に接合している。六六七一Bは段顎である。平城宮、左京一条三坊でも両方出土している。東大寺丸山西遺跡では「寺系」の六三〇一Aと「宮・京系」の六三〇一Bの組み合わせが創建瓦と考えられているが、ここでは六三〇一Bも少量出土している。[4] 西隆寺、左京三条二坊十五坪では六三〇一Bだけが出土している。六三四五Aは（14、15）平縁の外区外縁に偏行唐草文を巡らすものであり、点数もまとまっている。右京四条四坊十二・十三坪、唐招提寺、高安寺、田中廃寺に同范例があり、十二坪には平松廃寺が想定されることからそこの所用瓦と考えられている。また、この平松廃寺と田中廃寺は軒丸瓦で二種類、軒平瓦で三種類共通することから、飛鳥から平城京へ寺院の移転が考えられている。[5] さらに十一坪出土の四重弧文（22）は弧線が浅い点などの文様の特徴から田中廃寺の四重弧文ⅡB型式（30）と施文原体が一致する可能性が高いと考えられる。この点でも田中廃寺との関連がうかがえる。また、十一坪出土の三重弧文（21）は弧線の上面が平坦で直線顎である点など飛

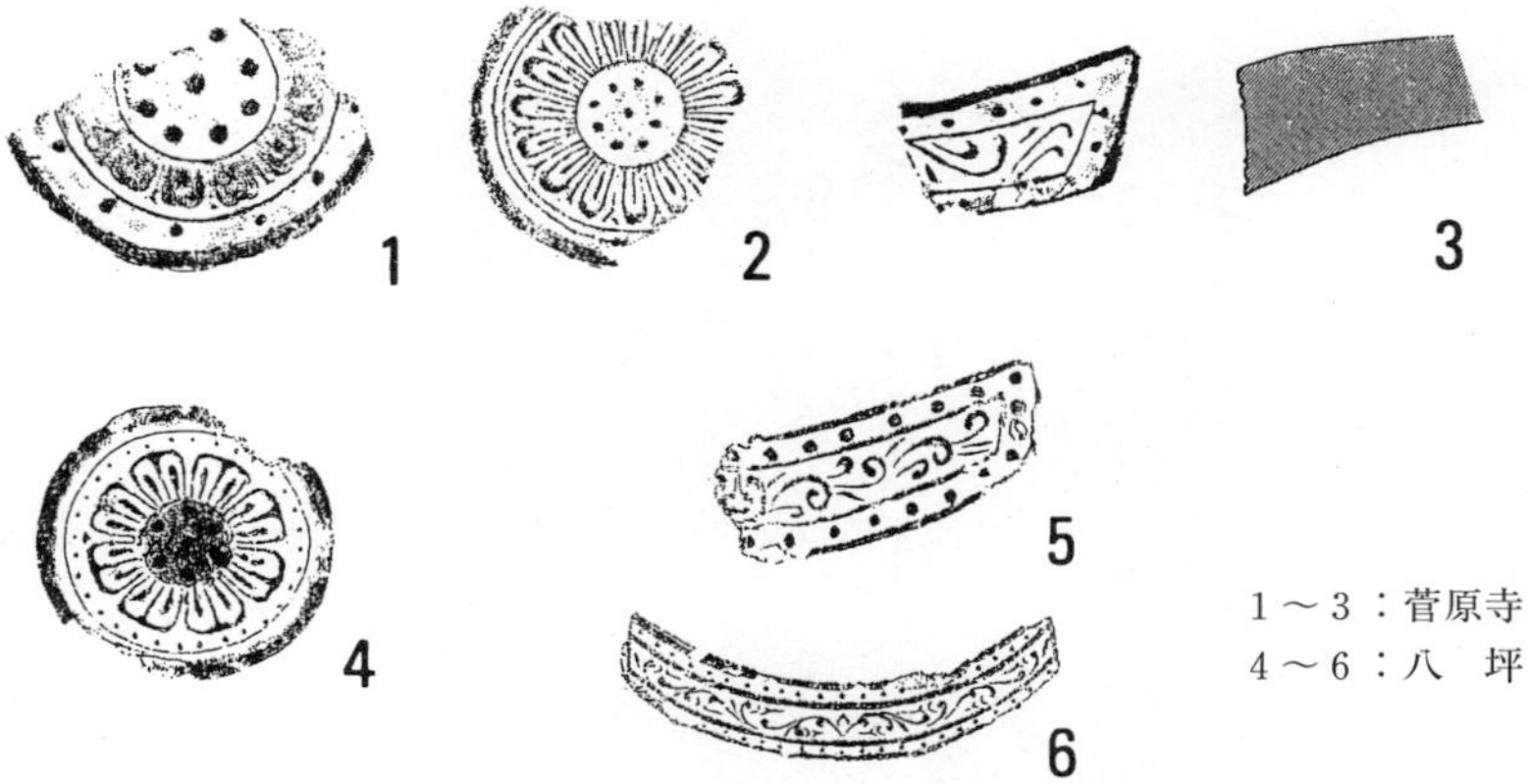

図4　菅原寺、八坪出土軒瓦（S＝1/6）

鳥寺東南禅院の三重弧文ⅠＢ型式(26)と施文原体が一致する。ＳＥ〇三からは三重弧文とともに竹状模骨丸瓦が六点出土しており、これも飛鳥寺東南禅院や隣接する飛鳥池遺跡と同じものである。飛鳥寺東南禅院で特徴的な軒丸瓦と三重弧文軒平瓦、竹状模骨丸瓦は右京三条一坊十四坪でも出土しており、これに関しては右京四条一坊に存在したと考えられる禅院寺の所用瓦であることが考えられている。また、このことによって東南禅院の位置が禅院寺の瓦から証明されることとなった(6)。

以上、十一坪の軒瓦の特徴としては平松廃寺、禅院寺といった、平城京内でも右京の初期の寺院と密接な関係がみられることが指摘でき、その背景には飛鳥から平城京への寺院本体の移転も考えられた。また、複数の種類にわたって共通性がみられることも重要である。当然ではあるがそれらの瓦は平城京以前のものであり、各寺院から転用されたと考えざるをえない。他の寺院でみられるもの以外では藤原宮式を含め宮で使用されるものが比較的多い点、Ⅰ、Ⅱ期のものが目立つ点も指摘できる。

八坪は六二二五がまとまる点は指摘できる。六二二五は宮でもみられるが、六二二五Ｆ、六二九九Ａ(4)、六六八一Ｓ、六六九五Ｂ(5)、

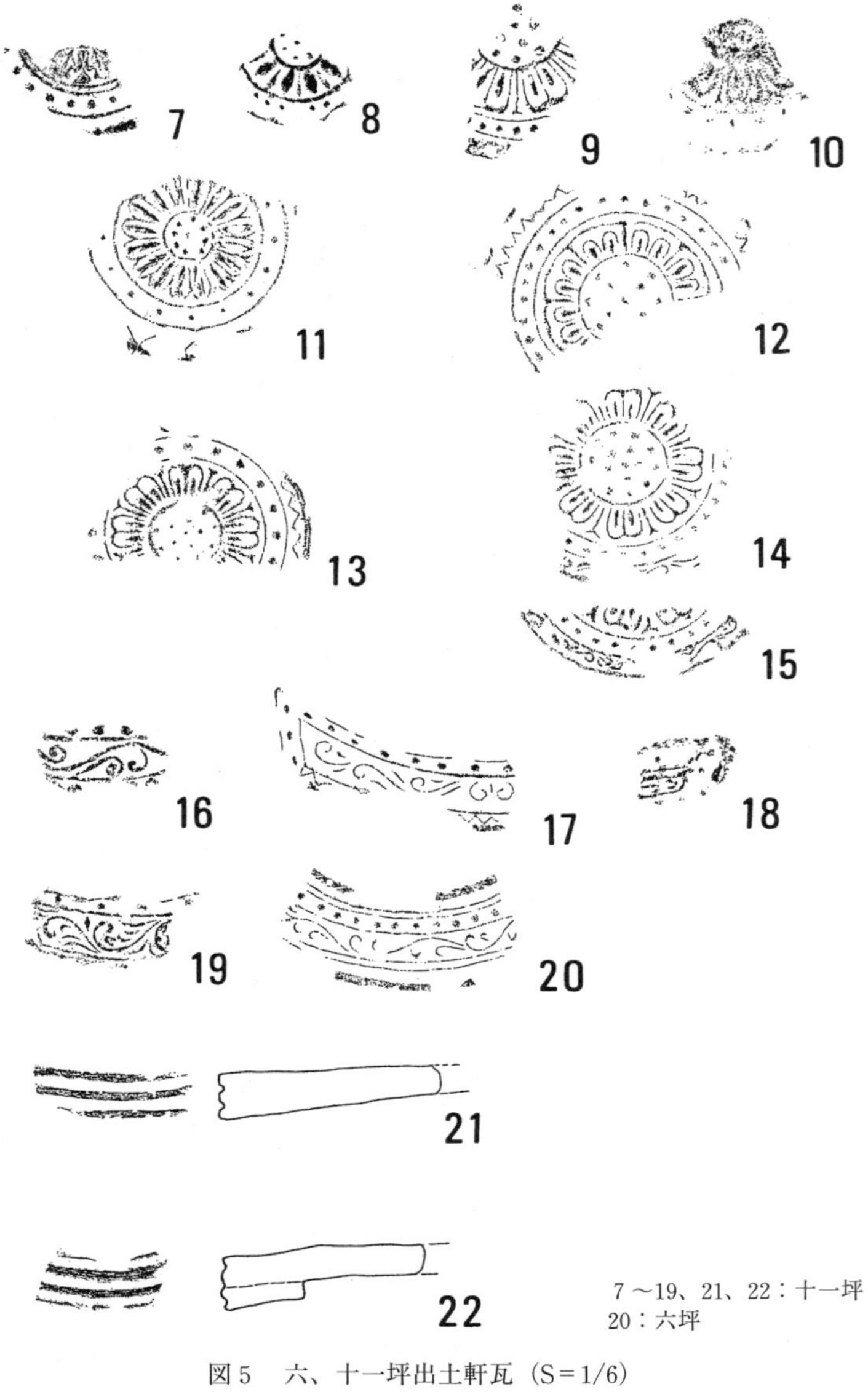

図5　六、十一坪出土軒瓦（S＝1/6）

六七六五A（6）は京内では八坪周辺のみでみられるものである。しかし六二二五、六二九九A、六六八一S、六七六五Aは鬼瓦とともに同笵品が菅原寺の西方一㎞に所在する菅原遺跡で出土しており、小型丸瓦、超小型丸瓦、超小型平瓦も菅原遺跡と同大であることが指摘されている。また、六二九九Aと六七六五Aはともに小型瓦で菅原遺跡の創建瓦として組み合うことも指摘されている。この遺跡は八世紀中頃に創建され、『行基年譜』にみられる長岡院に比定されている。(7) 八坪はこの長岡院と何らかのつながりが推測される。

七、六坪では宮でみられるものが多く、Ⅰ、Ⅱ期のものが目立つ。六一三三、六三一一は両坪でみられる。七坪の六二二七と六坪の偏行唐草文（20）は『大和上代寺院志』の「植槻寺」の項に同笵と思われるものが掲載されている。殖槻寺は右京九条三坊に推測され、六五六一A(8)が出土している。また、六坪の鬼瓦は八坪と同様、菅原遺跡と同笵である。七、六坪は瓦の出土数も少なく特徴は見出しにくいがⅠ、Ⅱ期のものが目立つ点や殖槻寺との関連は十一坪と同じ状況が考えられる可能性もある。

四　出土瓦の関連寺院（図6）

ここでは三章で触れた同笵瓦が出土する寺院について特に問題と考えられる禅院寺と平松廃寺について詳しくみることとする。

禅院寺は道昭が飛鳥寺の東南隅に建てた東南禅院が平城京に移転した寺院である。(9) 道昭は白雉四（六五三）年の遣唐使とともに唐に渡り、玄奘三蔵に師事し禅定を学んだ。その後、多くの経論と共に帰国しそれは禅院におさめられた。道昭は架橋などの社会事業にも貢献し、文武四（七〇〇）年遷化の後火葬された。平城遷都の翌年の和銅四（七一一）年に東南禅院は右京四条一坊に移された。最も早い寺院の移転である。禅院寺の調査は行われていないため所用瓦などは全く不明であったが、右京三条一坊十四坪や飛鳥寺東南禅院、飛鳥池遺跡の調査によって相互の関連が明確になった。東南禅院所用の主な瓦は特徴的な複弁八弁蓮華文軒丸瓦（23、24）と三重弧文軒平瓦（25、26）、竹状模骨丸瓦の組み合わせである。軒丸瓦の同笵品は大和では奥山廃寺、高田廃寺、藤原京横大路、姫寺廃寺、平城薬師寺で出土しており、奥山廃寺、姫寺廃寺では竹状模骨丸瓦も出土している。姫寺廃寺は左京八条三坊十五坪に位置し、講堂と僧房が検出され、金堂もその南に推定されることから一坪におさまる伽藍配置が考えられている。出土瓦には飛鳥時代前半の素弁蓮華文がみられることから、創建はこの時期まで遡る。条坊におさまることから奈良時代に移転してきたこと、「土寺」の墨書土器から土師氏との関わりが考えられている。[10] 素弁軒丸瓦の同笵品は海龍王寺でも出土している。

平松廃寺は右京四条四坊十二坪に所在すると考えられている。[11] かつては土壇も存在したようであるが現在は不明。発掘調査も小規模なものしか行われておらず、瓦の大半は採集されたものである。奈良時代以前のものは重圏文縁単弁八弁蓮華文軒丸瓦（27）と重弧文軒平瓦（29、30）の組み合わせが最も古く、重弧文では顎面施文のある五重弧文がある。これに次ぐのが外縁が凸鋸歯文の法隆寺式軒丸瓦（31）と均整忍冬唐草文軒平瓦の組み合わせ、さらに組み合うかは明確でないが六三四五A（28）と藤原宮式の六六四一E、六六四二がある。奈良時代では六一二七B（32）と六六五九Aの組み合わせ、六二三五Cなどがある。同笵関係は先に述べたように、田中廃寺とは重圏文縁単弁八弁蓮華文軒丸瓦、顎面施文重弧文軒平瓦、六三四五A、六六四一Eにみられる。重圏文縁単弁八弁蓮華文は田中廃寺では有子葉のものと無子葉のものがあり、無子葉のものが後出する。平松廃寺例は後者である。田中廃寺では他に三、四、五重弧文がみられるが、平松廃寺では三重弧文のみみられる。六三四五Aは高安寺、唐招提寺にもあり、高安寺の均整忍冬唐草文軒平瓦は法輪寺や醍醐廃寺と同笵の可能性が考えられる。同笵関係は他には醍醐廃寺とは法隆寺式軒丸瓦、別種の

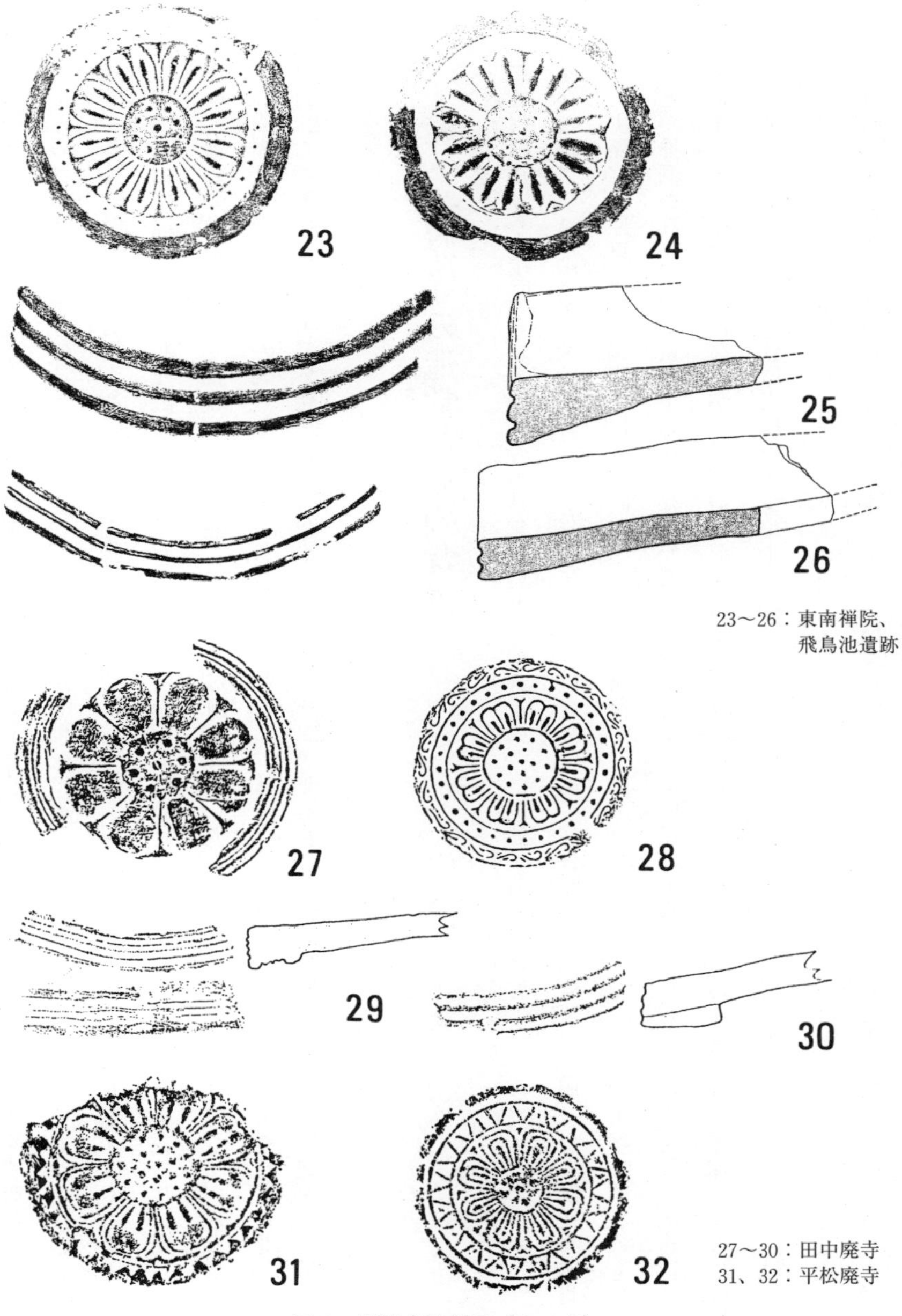

図６　関連寺院軒瓦（S＝1/6）

均整忍冬唐草文軒平瓦に、右京七条三坊に推測される七条廃寺とは複弁蓮華文軒丸瓦、均整忍冬唐草文軒平瓦、六六五九Aにみられる。平松廃寺の造営主体については、創建が七世紀に遡ることからも周辺に勢力をもった氏族である土師氏である可能性や藤原百川が創建した興福院である可能性、密接な同笵関係から蘇我氏の傍系氏族である田中氏の氏寺である田中廃寺が移転した説などが出されているが決定的ではない。興福院であるなら七世紀の瓦に関しては全くの転用と言わざるをえず、田中廃寺の移動についても相互に全ての瓦が出土しているわけではなく、法隆寺式にみられる醍醐廃寺や高安寺との関わりも無視できないと思われる。法隆寺式は斑鳩や山村廃寺など奈良盆地北部に分布すること、七条廃寺との同笵関係からも平城京以前の寺院がこの地に存在した可能性も否定はできないであろう。

五　菅原寺の造営とその背景

ここでは所用瓦から考えられる菅原寺の造営過程とその背景について述べることとする。

菅原寺の建立された菅原の地は天応元（七八一）年に改氏姓を願い出て居住地名から菅原姓を賜った土師氏の本貫地である。実際に菅原東遺跡の調査では古墳時代の埴輪窯や集落が検出されており、佐紀・盾列古墳群に関わるものであることが推測され、その背景に土師氏の存在が考えられている。平城京の宅地班給において右京三条三坊周辺に土師氏が居住したことは知られないが平城京造営前や天応元年段階での居住は確実と思われる。東南禅院でみられる特徴的な軒瓦や竹状模骨丸瓦が菅原寺に隣接する十一坪と土師氏に関係すると考えられている姫寺で見られる点は、背景に土師氏が存在する可能性を示すものと思われる。しかし、なぜ土師氏とこれらの瓦が結びつくかは問題点として残る。東南禅院と禅院寺は道昭とその弟子達によって建てられた寺であり、瓦もそれらに関わるものである。菅原寺は行基の造営であることが知られるが、行基は出家の後飛鳥寺に入っており、後に道昭と同様に社会事業に尽くす点からも道昭と師弟関係を持ったことが考えられている。(12) このことから禅院寺の造営に行基も弟子の一人として関わったことも推測され、そこで主体となった瓦の一部が自ら建てる寺に使用されることは十分考えられる。また、行基と土師氏の関わりは母親の出身地が和泉の土師氏の本拠地に隣接することなどから指摘されており、大野寺土塔の同笵瓦が土師氏に関わる土師観音廃寺でみられることもそれを支持している。(13) 同じ土師氏でも居住地が大和と河内で異なるが改氏姓を同じ時期に行っている点からも同族意識があったことは確実であろう。また、全ての寺が相互に共有するわけではないが、瓦の同笵関係にみられる菅原寺と平松廃寺、七条廃寺、姫寺、高安寺、田中廃寺、醍醐廃寺の関係も問題点である。田中廃寺が田中臣、姫寺が土師氏の氏寺であること以外、各寺院の造営主体すら明確でない。これらに何らかの背景を考えること自体現段階では難しいが、菅原寺のみ確実に白鳳寺院ではなく瓦は明らかな転用であることはいえる。よって、田中廃寺や平松廃寺の造営氏族からの援助があった可能性は考えられよう。また、これは行基とその集団の支持層を示すことも考えられる。

最初にも述べたが、菅原寺は行基が養老五（七二一）年に寺史乙丸の居宅の寄付を受け、養老六（七二二）年に起工されている。寺史乙丸は下級官人と推測されるが、どのような人物かは全く不明である。また、この時期は養老元（七一七）年から天平三（七三一）年までの行基集団に対する禁圧の時期にあたっている。このような時期に京内に寺院が営めるのか疑問である。しかし、瓦の時期からは平城京以前の転用瓦を含みながらⅡ期までのものが主としてみられることから七二二年の起工という時期は妥当なものと考えられる。また、このように時期がある程度符合する点は瓦の全てが後の時期の転用とは考えにくいと思われる。さらに、平城宮・京で使用される瓦もみられることから、禁圧を受けながらもその一方で寺院造営の援助を受けるという複雑な状況が浮かび上がる。行基は霊亀二（七一六）年には平群郡に恩光寺を、養老二（七一八）年には添下郡に隆福院を造営しており、養老六年の菅原寺起工以後天平三年の隆福尼院造営まで大和における寺院の造営がみられない。その一方で和泉などでは行っており、禁圧の時期とほぼ重なることから、大和から一時的に撤退したことが考えられている。[14]しかし、Ⅱ期の瓦がある程度みられることから菅原寺の造営は引き続き行われていたことは十分考えられる。また、隆福院と考えられる追分廃寺出土の瓦が興福寺式の六三〇一Aと六六七一Aの組み合わせ、六三四八Aと六六五四Aの組み合わせであり、ともにⅠ期のものであることからこれも文献にみられる創建時期と符合する。この年代も菅原寺と同様、禁圧の時期と重なるが、使用された瓦は興福寺や京で主としてみられるものであり、宮の瓦ではないものの官に近い立場からの援助がうかがえる。[15]

以上のことから官の行基集団に対する禁圧とは何であったのか問題点として指摘できよう。官としては規制をおこなうものの全否定をするわけではなく、僧尼令の範囲内では援助をおしまなかった可能性や、行基の禁圧に屈しない強い活動であった可能性を考えておきたい。

菅原寺はⅢ～Ⅳ期にかけても整備が続けられる。行基が官にとりいれられた時期であり、宮や、西大寺、西隆寺との同笵関係がみられ、大僧正という地位の向上と共に官の援助の強いことがうかがえる。五町という規模からも鑑真の唐招提寺と並ぶ寺格をもっていたことが考えられる。また、八坪の瓦と長岡院と考えられる菅原遺跡の同笵関係は菅原寺との関わりを通じて理解できるものであり、セットで量的にもまとまることから転用ではなく菅原寺でも同様な施設が存在した可能性を考えておきたい。さらに、このことから菅原遺跡が長岡院である可能性は補強されるものと思われる。

以上、出土瓦から菅原寺の造営過程とその背景を考察した。行基は道昭や土師氏といったその生い立ちの中での関わりと官や貴族層の援助をうけて菅原寺の造営を行ったことが具体的に明らかになった。しかし、その時期は行基集団禁圧の時期に重なっており、この禁圧の意味を再検討すべきことも述べた。これらの点は今後、行基造営寺院の全体を検討した上で再度考えてみたいと思う。

註

（1）この部分の記述については、福山敏男「菅原寺（喜光寺）」（『奈良朝寺院の研究』綜芸舎　一九四八年）を参考にした。

（2）調査の概要は奈良県教育委員会『菅原寺―喜光寺旧境内緊急発掘調査報告書―』（奈良県文化財調査報告書第一二集　一九六九年）、奈良県立橿原考古学研究所『奈良県遺跡調査概報』二〇〇一、〇二年度（二〇〇二、〇三年）、奈良市教育委員会『奈良市埋蔵文化財調査概要報告書』平成二、三、五、十一年度（一九九一、九二、九四、二〇〇一年）の文献による。

（3）軒瓦の型式番号は奈良文化財研究所が設定する型式番号による（奈良国立文化財研究所『平城京・藤原京出土軒瓦型式一覧』一九九六年）。また時期は毛利光俊彦・花谷浩「平城宮・京出土軒瓦編年の再検討」（『平城宮発掘調査報告』一三　奈良国立文化財研究所　一九九一年）による。第Ⅰ－1期は和銅元（七〇八）年～霊亀元（七一五）年、Ⅰ－2期は～養老五（七二一）年頃、Ⅱ－1期は～天平初頭（七二九年）頃、Ⅱ－2期は～天平一七（七四五）年、Ⅲ－1期は～天平勝宝元（七四九）年、Ⅲ－2期は～天平宝字元（七五七）年、Ⅳ－1期は～神護景雲元（七六七）年、Ⅳ－2期は～宝亀元（七七〇）年、Ⅴ期は～延暦三（七八四）年。

（4）吉川真司「東大寺の古層―東大寺丸山西遺跡考―」（『南都仏教』七八　二〇〇〇年）、菱田哲郎「東大寺丸山西遺跡出土の瓦について」（同書）。

（5）竹田正敬「平松廃寺―前身寺院は飛鳥に―」（『シンポジウム古代寺院の移建と再建を考える』帝塚山考古学研究所　一九九五年）。

（6）花谷浩「丸瓦作りの一工夫―畿内における竹状模骨丸瓦の様相―」（『文化財論叢Ⅱ』奈良国立文化財研究所創立四〇周年記念論文集　一九九五年）、「飛鳥寺東南禅院とその創建瓦」（『瓦衣千年―森郁夫先生還暦記念論文集―』一九九九年）、原田憲二郎「平城京出土の飛鳥寺軒丸瓦と「竹状模骨痕」をもつ丸瓦」（『奈良市埋蔵文化財調査センター紀要　一九九四』一九九五年）。

（7）菅原遺跡調査会・奈良大学考古学研究室『菅原遺跡』（一九八二年）。

（8）保井芳太郎『大和上代寺院志』（一九三二年）、山川均「付載資料―大和郡山市出土の屋瓦（白鳳期）について―」（『内山瓦窯一号窯発掘調査概報』大和郡山市教育委員会　一九九五年）。

（9）禅院寺については註（6）文献を主に参照した。

（10）奈良国立文化財研究所『平城京左京八条三坊発掘調査概報』

（一九七六年）。

（11）平松廃寺については堀池春峰「古代各節」（『伏見町史』伏見町史刊行委員会　一九八一年）、田辺征夫「遺跡遺物からみた原始古代の伏見町」（同書）、原田憲二郎「奈良時代の外区線鋸歯紋が特徴的な軒瓦について」（『藤澤一夫先生卒寿記念論文集』二〇〇二年）、註（5）文献を参照した。

（12）井上薫『行基』（一九五九年）。しかし、吉田靖雄氏は『行基と律令国家』（一九八七年）において行基は摂論宗系の唯識学を学んだと考えられ、玄奘から道昭に伝わったものとは異なることから、師弟関係を否定している。

（13）近藤康司「和泉・大野寺の造瓦集団と知識集団」（『瓦衣千年―森郁夫先生還暦記念論文集―』一九九九年）。

（14）註（12）文献による。

（15）菅谷文則「奈良市大和田町追分の寺院遺構」（『青陵』№一四　一九六九年）、坪之内徹「平城宮系軒瓦と行基建立寺院」（『ヒストリア』第八六号　一九八〇年）、「行基の宗教活動とその考古資料」（『行基の考古学』二〇〇二年）。この中で坪之内氏は六三〇一と六六七一をⅡ期に置いている。また森郁夫氏は『興福寺氏軒瓦』（『文化財論叢』奈良国立文化財研究所創立三〇周年記念論文集　一九八三年）において、追分廃寺の六三〇一Aに笵傷の無いものから広い範囲にみられるものまであることなどから、八世紀半ばに新造ないし修造にともない集められたと考えている。造営の実体は不明確であるが他のⅠ期の瓦もある程度まとまることから、造営は文献が示す頃の時期と考えることとする。出土瓦の分析は今後の検討課題である。

挿図出典

図4　奈良県教育委員会『菅原寺―喜光寺旧境内緊急発掘調査報告書―』（奈良県文化財調査報告書第一二集　一九六九年）、奈良市教育委員会『奈良市埋蔵文化財調査概要報告書』平成五年度（一九九四年）

図5　奈良県立橿原考古学研究所『奈良県遺跡調査概報』二〇〇一、〇二年度（二〇〇二、〇三年）

図6　奈良国立文化財研究所『奈良国立文化財研究所年報　一九九九―Ⅱ』（一九九九年）、田辺征夫「遺跡遺物からみた原始古代の伏見町」（『伏見町史』伏見町史刊行委員会　一九八一年）、竹田正敬「平松廃寺―前身寺院は飛鳥に―」（『シンポジウム古代寺院の移建と再建を考える』帝塚山考古学研究所　一九九五年

高野山の石造物の石種

奥田　尚

一　はじめに

和歌山県伊都郡高野町に位置する高野山は、弘法大師の開基とされ、宝塔を中心に多くの建造物や石造物がある。真言密教の聖地であるにも関わらず、境内には神社や注連縄を張る山門もある。また、山下からは町石が立ち、奥之院に通じる参道の両脇には、中世から近世にかけての武士や諸大名などの五輪塔や宝篋印塔などが林立している。

高野山付近の岩石は中生代の白亜紀に大洋の底に堆積した赤色泥岩・赤色チャートや現在のハワイのような大洋に噴出した海底火山の噴出物がマントル対流のために大陸近くまで運ばれ、大陸から供給された泥や砂とともに大陸地殻の下に沈み込んで形成された。地下の深くまで沈み込んだ為に圧力と熱のために片理ができ、その後の地殻変動によって隆起し、現在のように山地の地表に地層として露出した。

高野山の建造物の石垣に使われている暗緑色や暗赤緑色の「カラスイシ」と呼ばれている石は玄武岩質溶岩である。この玄武岩はハワイ諸島のような大洋の海底から噴出した火山の石である。また、町石道にある「弘法の押上石」や

「鏡石」は大洋の海底に堆積した赤色泥岩や赤色チャートである。この赤色をした石からは白亜紀の中頃（Late Albian-Cenomanian）を示す今から約一億年前の放散虫化石を産する。広く分布する黒色泥岩には片理が発達しており、石材としては使用し難い。石垣に使用されている石材は、「カラスイシ」と呼ばれる玄武岩質溶岩や赤色泥岩・赤色チャートが非常に多い。また、これらの石を加工して石材としての使用がし難い。

高野山にみられる加工された石造物は全て山下から運び上げられたものであると言っても過言ではない。調査した石造物は、昭和・平成にも多量に運び込まれているが、トラックでの運搬が可能でなかった昭和初期までのものを対象とした。

二　石造物の石種と石材の採石地

石造物は多種に及ぶが、石種はかなり限定されるようである。今回報告する石造物は町石・五輪塔・宝篋印塔・石仏・石燈籠等の一部である。観察結果について述べる。

1　町　石

九度山町の慈尊院から奥之院まで一町毎に六里にわたって二一六本の町石と四本の里石が参道沿いに建てられている。この町石は鎌倉時代の文永三年から弘安四年にかけて鎌倉幕府の重鎮であった安達泰盛が中心となって建立されたものである。町石の寄進者には鎌倉幕府に仕えている武士の名が多くみられる。大門坂にかかる黒雲母花崗岩（御影石）製の「十町」石は当時の執権北条時宗（相模守平朝臣時宗）の寄進によるものである。安達泰盛は建立を終えて間もなくして反逆者として殺されている。建立されてから破損や破壊がなされたのであろうか、天正や江戸時代の安永から寛政にかけて山上の町石が修復されている。また、大正時代には福田海が中心となって全域にわたる町石の修復がなされている。

創建時、奥之院側の町石が慈尊院側よりも先に完成したようである。奥之院への参道脇にある「二十三町」石には「文永三年二月十五日」と刻まれており、最古の年号を示す。文永三年の銘がみられるものは奥之院への参道脇の「三十五町」石、慈尊院側の「百六十一町」石にもみられ、町石が必ずしも順番に建立されたのではないようである。町石に刻まれている種子から奥之院側が金剛界曼陀羅、慈尊院側が胎蔵界曼陀羅とされているようである。町石建立の願文によれば、長さが一丈一尺、太さが一尺四方で、五輪塔婆形式のものを計画されている。創建時の町石に使用されている石材は、黒雲母花崗岩（御影石）、斑状黒雲母花崗岩（庵治石）、弱片麻状斑状黒雲母花崗岩（志度花崗岩）と石種が限定される。これら石種の特徴と推定される石材の採石地[1]について述べる。

黒雲母花崗岩（御影石）：「文永四年三月廿一日」と記されているもの。色は淡桃灰色である。石英・長石・黒雲母が噛み合っている。石英は無色透明、粒径が二～五㎜、量が中である。長石は淡桃色と灰白色のものとがある。淡桃色の長石は粒径二～六㎜、量が中である。灰白色の長石は粒径が三～八㎜、量が多い。黒雲母は黒色、板状で、粒径が〇・五～二㎜、量が僅かである。

長石が淡桃色と灰白色を示す典型的な黒雲母花崗岩で、山陽地方に分布する広島型花崗岩に似ている。長石と石英の様相から岩相的に神戸市東灘区から芦屋市にかけての付近に分布する黒雲母花崗岩の岩相の一部に似ている。石材としては「御影石」と呼ばれ、昭和五十年頃までは流通していたが、採石地付近が宅地化したためか、現在では貴重な石材となっている。

斑状黒雲母花崗岩：色は灰白色である。石英・長石・黒雲母が噛み合っている。石英は無色透明、粒径が二～五㎜、量が中である。長石は灰白色で、球状をなすものと基質をなすものとがある。斑晶をなす長石は粒径が五～一〇㎜、量が多い。基質をなす長石は粒径が二～三㎜、量が多い。黒雲母は黒色、粒状・板状で、粒径が一～四㎜、量が中である。

このような岩相を示す石は高松市の東方にある牟礼半島の庵治町付近に分布する黒雲母花崗岩～花崗閃緑岩の岩相の一部に似ている。現在採石されている庵治石は斑晶が大きな斑状黒雲母花崗岩～斑状花崗閃緑岩であり、やや白っぽくみえるが、岩体の周辺部の岩相は灰色っぽく、岩相的に似ている。

弱片麻状斑状黒雲母花崗岩：色は灰白色で、微かに黒雲母が並んでいるようにみえる。灰白色で短柱状の長石が片麻状の方向に並ぶ。石英・長石・黒雲母が噛み合っている。石英は無色透明、粒径が一～五㎜、量が僅かである。長石は灰白色で、斑状をなすものと基質をなすものとがある。斑状をなす長石は粒径が八～四〇㎜、量が中である。斑晶にはモザイク状の割れ目がみられる。基質の長石は粒径が二～五㎜、量が多い。黒雲母は黒色、板状で、粒径が一～三㎜、量が中である。

このような岩相を示す石は高松市の東方にある牟礼半島に分布する領家式花崗岩類の岩相の一部に似ている。岩相的には牟礼半島北東部に分布する片麻状斑状黒雲母花崗岩（志度花崗岩）の岩相の一部に似ている。

以上のように石材は、神戸市東灘区から芦屋市にかけて分布するカリ長石と斜長石が含まれる典型的な黒雲母花崗岩である広島型花崗岩とカリ長石が殆どみられなく、斑状や片麻状を示す領家式花崗岩類の二種類が使用されている。石材の採石地としては、前述のように前者の黒雲母花崗岩は神戸市御影から芦屋にかけての付近であり、後者の斑状黒雲母花崗岩・弱片麻状斑状黒雲母花崗岩は高松市の東方にある牟礼半島が推定される。現在、牟礼半島では片麻状を示す黒雲母花崗岩の採石はされていないが、斑状をなす黒雲母花崗岩〜花崗閃緑岩（庵治石）は盛んに採石されている。

2　五輪塔

高野山の山内には各地に五輪塔があるが、最古の銘がある西南院の五輪塔、鎌倉時代とされる西室院の源家三代の五輪塔・曽我兄弟の五輪塔、御所の芝、奥之院への参道脇にある五輪塔の石材について述べる。

a　西南院の五輪塔

西南院経蔵の西側に東西一列に四基並んで立つ高野山で最古の銘がみられる五輪塔がある。四基共に同質の砂岩である。狭川真一（一九八一）(2)の図では西端に無名のやや小さめの五輪塔が掲載されているが、現在居所について確認できない。西から東に向かって1〜4の番号とする。この四基の五輪塔は奥の院にあったものを現在の場所に移されたとも言われている。

1　弘安七（一二八四）年十一月　中粒砂岩（和泉石）
2　弘安十（一二八七）年丁亥十月　中粒砂岩（和泉石）
3　弘安四（一二八一）年辛巳一月三日　中粒砂岩（和泉石）
4　建長八（一二五六）季十月十九日入滅　中粒砂岩（和泉石）

1〜3については建立時を示していると考えられ、最古の銘である4については入滅の時であり、建立時を示しているのではない。しかし、形状は他の三基と同じであるため弘安の時期より下るものではないだろう。弘安十年の地輪での観察結果を述べる。

中粒砂岩：色は灰褐色である。やや風化しかけている。構成粒種は流紋岩・石英・長石である。流紋岩は暗灰色、粒形が角、粒径が一～三㎜、量が僅かである。石英は無色透明、粒形が角、粒径が〇・五～一㎜、量が中である。長石は灰白色、粒形が角、粒径が〇・五～一㎜、量が中である。

このような岩相を示す石は大阪南部の和泉山脈や淡路島の南部、鳴門から善通寺にかけての讃岐山脈に分布する和泉層群の砂岩の一部の岩相に似ている。採石地としては箱作から淡輪にかけての付近が推定される。「和泉石」あるいは「和泉砂岩」と呼ばれている石である。

奥之院の参道脇に「為敦盛公空顔　□□　元□元辰二月十日　直實立」の銘がみられる五輪塔、右横に「□□為熊谷□房法力蓮生法師　承久三巳年九月四日」の銘がある砂岩（和泉石）製の五輪塔がある。これらの五輪塔は形状から鎌倉時代前期を示しているとは言えない。

b　西室院の五輪塔

庭園の北西隅に三基東西に並んで建てられている「源家三代供養塔」とされているものである。「元は同院の西方の山上に建てられていたのを、同院の西側に移築され、更に、道路拡幅のために現在地に移された。」と言われているそうである。形状は三基とも鎌倉時代のものである。石種の観察は水輪で行った。
東の五輪塔：石種は斑状黒雲母花崗岩である。
斑状黒雲母花崗岩：色は灰白色で、長石の斑晶が目立つ。石英・長石・黒雲母が噛み合っている。石英は無色透明、粒径が二～八㎜、量が中である。長石は灰白色と赤茶色のものがある。赤茶色の長石は基質の灰色の長石が変質したものであると考えられる。基質の灰白色の長石は粒径が二～五㎜、量が中である。赤茶色の長石は粒径が一～三㎜、量が中である。斑晶をなす長石は粒径が八～一五㎜、量が中である。黒雲母は黒色、板状・粒状で、粒径が一～三㎜、量が僅かである。

中央の五輪塔：石種は斑状黒雲母花崗岩である。

斑状黒雲母花崗岩：色は灰白色で、長石の斑晶が目立つ。石英・長石・黒雲母が噛み合っている。石英は無色透明、粒径が二～六㎜、量が僅かである。長石は灰白色で、斑晶をなすものと基質をなすものとがある。基質の長石は粒径が二～八㎜、量が多い。斑晶をなす長石は粒径が八～二〇㎜、量が僅かである。黒雲母は黒色、板状・粒状で、粒径が一～三㎜、量が僅かである。

西の五輪塔：石種は斑状黒雲母花崗岩である。

斑状黒雲母花崗岩：色は灰白色で、長石の斑晶が目立つ。石英・長石・黒雲母が噛み合っている。石英は無色透明、粒径が三～六㎜、量が僅かである。長石は灰白色で、斑晶をなすものと基質をなすものとがある。基質の長石は粒径が二～六㎜、量が多い。斑晶をなす長石は粒径が一〇～二〇㎜、量が僅かである。黒雲母は黒色、板状・粒状で、粒径が一～三㎜、量が僅かである。

以上のように五輪塔の斑状黒雲母花崗岩は少し構成粒の粒径や量が異なるが、同じ採石場の場所による違いの範囲である。このような岩相を示す石は牟礼半島に分布する黒雲母花崗岩の岩相の一部に似ている。庵治町付近を中心に採石されている庵治石の岩相に似ている。高野山の町石にも同質の石がみられる。

c　曽我兄弟の五輪塔

三基並んで同じような形状のものがあり、どの二基が曽我兄弟の五輪塔に相当するのか不明である。形状から三基共に鎌倉時代のものである。石材の石種も三基共に同質の斑状黒雲母花崗岩である。

斑状黒雲母花崗岩：色は灰白色で、長石の斑晶が目立つ。石英・長石・黒雲母が噛み合っている。石英は無色透明、粒径が二～八㎜、量が多い。長石は灰白色で、斑晶をなすものと基質をなすものとがある。基質の長石は粒径が三～六㎜、量が多い。斑晶をなす長石は粒径が一〇～一五㎜、量が僅かである。黒雲母は黒色、板状・粒状で、粒径が一～三㎜、量が僅かである。

このような岩相を示す石は牟礼半島に分布する黒雲母花崗岩の岩相の一部に似ている。庵治町付近を中心に採石されている庵治石の岩相に似ている。高野山の町石にも同質の石がみられる。

d　信州諏訪家の五輪塔

諏訪家には五輪塔の石材の運搬に関しての記録が残されているものがあり、興味があって当家の五輪塔の石材と建立年月日を観察した。運搬記録が残る五輪塔の地輪には「天保二辛卯年十一月十二日卒」「天保三壬辰年四月十三日建立」と刻まれている。紀ノ川から奥之院まで大きな石は二日で担ぎ上げている。現在の神戸市東灘区の御影から九度山まで舟で運び、後は担いで運んでいる。この運搬費用のみに米を基にした金額でみれば、現在の金額で八百～千二百万円を必要としている。しかし、現在の米の値段をもとにして現在の人夫賃金一日一万五千円ぐらいを当てはめれば約二〇から三〇倍となり、莫大な費用となる。亡くなってから五輪塔の建立までの期間が僅か五ヵ月である。五輪塔の発注・製作・運搬・組立・式典までの日数をみれば、葬儀後すぐに供養塔の建立が計画されているように思える。

観察した五輪塔の石種と年月日の関係について述べる。

慶長十（一六〇五）年八月十一日		中粒砂岩（和泉石）
寛永四（一六二七）年九月二日	地輪	黒雲母花崗岩（御影石）
	空風輪・火輪・水輪	中粒砂岩（和泉石）
寛永十八（一六四一）年		黒雲母花崗岩（御影石）
明暦三丁酉（一六五七）年五月十四日		黒雲母花崗岩（御影石）
寛文九己酉（一六六九）二月十四日		黒雲母花崗岩（御影石）
元禄八乙亥（一六九五）年三月一日		黒雲母花崗岩（御影石）
延享四丁卯（一七四七）年八月十六日		黒雲母花崗岩（御影石）
明和八辛卯（一七七一）年六月十五日建之		黒雲母花崗岩（御影石）
文化九壬申（一八一二）年十月有二日卒		黒雲母花崗岩（御影石）
文政五壬午（一八二二）年六月二十七日卒		黒雲母花崗岩（御影石）
天保二（一八三一）年三月十五日		黒雲母花崗岩（御影石）
天保三壬辰（一八三二）年四月十三日建立		黒雲母花崗岩（御影石）
天保十四癸卯（一八四三）年四月廿一日建之		黒雲母花崗岩（御影石）
嘉永四辛亥（一八五一）歳五月二日卒		黒雲母花崗岩（御影石）

以上のようになり、寛永四年で中粒砂岩と黒雲母花崗岩が使用されている。諏訪家では寛永四年まで砂岩（和泉石）

製の五輪塔を建立されていたが、以降は黒雲母花崗岩（御影石）製の五輪塔が使用されている。

e　その他に観察した奥之院と奥之院への参道の五輪塔

御所の芝大塔の宮の五輪塔(3)	建武二（一三三五）年十一月六日	黒雲母花崗岩
御所の芝四条隆賢の五輪塔	正平七（一三五二）年	中粒砂岩（和泉石）
御所の芝の五輪塔	正平十一（一三五六）年三月日	中粒砂岩（和泉石）
武田信玄の五輪塔	天正元乙□（一五七三）年三月六日	中粒砂岩（和泉石）
伊予河野通直の五輪塔	天正十六（一五八八）年四月二十六日	中粒砂岩（和泉石）
奥之院御所の芝の五輪塔	文禄四（一五九五）年	黒雲母花崗岩
前田利長の五輪塔	干時乙卯（一六一五）歳閏林鐘（六月）二十日建之	黒雲母花崗岩（御影石）
仙台伊達家の五輪塔	元和三（一六一七）年三月六日	黒雲母花崗岩（御影石）
秀忠夫人の五輪塔	寛永四丁卯（一六二七）年九月十五日	黒雲母花崗岩（御影石）
佐倉松平家の五輪塔	寛永十五戊寅（一六三八）天正月十四日	黒雲母花崗岩（御影石）
仙台伊達家の五輪塔	正徳元龍集辛卯（一七一一）年六月四日	黒雲母花崗岩（御影石）
中川家の五輪塔	寛政十龍集戌（一七九八）年九月八日	黒雲母花崗岩（御影石）

今回の調査では大きな五輪塔に目を向けたため、諸大名の墓所の小さな五輪塔の調査に及んでいない。しかし、片隅に並べられている小さな五輪塔は花崗岩製と言うよりも砂岩製のものが非常に多いように見受けられる。西南院の庭にまつられている小さな一石五輪塔や墓地の入口にも設けられた無縁仏の塔の中の一石五輪塔は砂岩製のもののみ

で、結晶片岩製や花崗岩製のものが見られない。点紋片岩製の五輪塔は御所の芝に一基のみ確認できた。御影石製のものは諸大名の五輪塔のみと言っても過言ではないと言えよう。また、大きな五輪塔に限ってみても、中世後半には和泉石製の五輪塔が使用され、江戸時代の初期まで使われていることから、御影石の使用は江戸時代に入ってから始まり、急に多くなると言える。

五輪塔の石材は西南院の五輪塔に見られるように最古のものは砂岩（和泉石）であり、中世から近世を通じて和泉石の使用が主流を占めている。中世の前半には源家三代の五輪塔や曽我兄弟の五輪塔のように讃岐の花崗岩の使用がみられるが、中世後葉には砂岩製のものが目立ち、近世になって諸大名等の五輪塔のみが御影石となる傾向がみられる。

3　宝篋印塔

山上に宝篋印塔は殆ど見られないが、奥之院の御所の芝には多く見られる。記念銘が見られ、観察したものは下記のようであるが、形状から多くは南北朝頃を示すものとされている。

御所の芝　　元亨三（一三二三）年八月日　　中粒砂岩（和泉石）
御所の芝　　応永三十二（一四二五）年　　中粒砂岩（和泉石）

御所の芝に並んだ宝篋印塔は南端から二基目のみが黒雲母花崗岩であり、他は全て中粒砂岩（和泉石）である。

4　石　仏

西南院の墓地に見られる地蔵石仏の記念銘と石種の関係について述べる。推定の域は出ないが当墓地の石仏は西南院に関係した人の石造物であろう。

地蔵尊　慶長六（一六〇一）年六月　中粒砂岩（和泉石）
地蔵尊　元和三丁巳（一六一七）　中粒砂岩（和泉石）
地蔵尊　明暦二（一六五六）年七月　中粒砂岩（和泉石）
地蔵尊　延宝二己（一六七四）歳六月　中粒砂岩（和泉石）
地蔵尊　貞享四丁（一六八七）歳六月　中粒砂岩（和泉石）
地蔵尊　安永八（一七七九）年八月　中粒砂岩（和泉石）
地蔵尊　文政二（一八一九）歳八月　中粒砂岩（和泉石）

以上のように当墓地の地蔵石仏の石材は江戸時代のみであるが、全て中粒砂岩であり石材の採石地は石材の岩相から和泉南部と推定される。

5　石燈籠

石燈籠は参道の脇や建物の前、諸大名等の五輪塔の前などに建てられている。参道脇や宿坊前等にある石燈籠数基について観察した。

石燈籠　仙台伊達家　正徳四甲午（一七一四）年　黒雲母花崗岩（御影石）
永代常夜燈　一の橋の手前　元文二丁巳（一七三七）年閏十一月廿一日　黒雲母花崗岩（御影石）
常夜燈　西南院の門前　明和八（一七七一）年卯大二月吉日　黒雲母花崗岩（御影石）
常夜燈　西南院の門前　文化二（一八〇五）年乙丑六月廿一日建之　黒雲母花崗岩（御影石）
石燈籠　奥の院　昭和十二（一九三七）年十月吉日　黒雲母花崗岩（御影石）

以上のように観察した石燈籠は江戸時代のものばかりであるが、全て黒雲母花崗岩（御影石）製である。一の橋の手前北側にある永代常夜燈には「高祖大師御寶前　元文二丁巳年閏十一月二十一日　施主　當国富貴荘名畑次郎右衛門保光」とある。この石種について述べる。

黒雲母花崗岩：色は淡桃色である。石英・長石・黒雲母が噛み合っている。石英は無色透明、粒径が三～八㎜、量が僅かである。長石は桃色と灰白色のものとがある。桃色の長石は粒径が五～八㎜、量が多い。灰白色の長石は粒径が五～八㎜、量が多い。黒雲母は黒色、粒状で、粒径が一～五㎜、量が僅かである。

このような岩相を示す石は山陽地方に分布する広島型花崗岩の岩相の一部に似ている。採石地としては東灘区から芦屋市にかけての付近が推定される。「御影石」と呼ばれている石である。

この常夜燈の寄進者が橋本市富貴の人であり、橋本市付近は高野山付近と同じく片岩が分布する地域である。諸大名の五輪塔に使用されているような黒雲母花崗岩（御影石）をあえて使用していることに当時の石材使用に対する世相が窺える。

6　多層塔

御所の芝の左右にもとは十三重層塔と推定される層塔がある。この層塔の石種は礫質砂岩である。層塔には「延慶二（一三〇九）年六月十六日」の銘が見られる。(3)

礫質砂岩：色は淡褐色、淡青褐色である。構成粒は流紋岩・石英・長石である。流紋岩は青灰色、粒形が亜円、粒径が一～六㎜、量が僅かである。石英は無色透明、粒形が角、粒径が〇・五～一㎜、量が多い。長石は灰白色、粒形が角、粒径が〇・五～一㎜、量が中である。基質は緻密である。

このような岩相を示す石は和泉山脈に分布する和泉層群の礫質砂岩の岩相の一部に似ている。石材の採石地としては和泉山脈の南麓、岩出町からかつらぎ町にかけての付近が推定される。

九度山町の慈尊院にある鎌倉時代〜南北朝時代の形状を示す二基の五輪塔は礫岩製である。また、天野里の丹生都比売神社の北側に町石と同形の一石五輪塔婆がある。この塔婆には正応六癸巳（一二九三）年四月二十一日の銘があり、石種は礫質砂岩である。これらの石造物は泉南方面ではなく、和泉山脈の南麓である紀ノ川の流域で製作されたもの(4)と推定される。

三　石造物の石種と搬入時期

片麻状黒雲母花崗岩は一部の町石に使用されている石材である。等粒状を示す黒雲母花崗岩に比べて片麻状の方向に割れやすく、加工し難い石である。このような石材の加工を示す石に奈良市般若寺の笠塔婆がある。弘長元（一二六一）年に伊行末の子である伊行吉が亡父の一周忌に父の供養と母の息災延命を願って笠塔婆二基を建立している。伊行吉によって建立されている笠塔婆は片麻状黒雲母花崗岩で、約五ｍの大きな柱状の石である。このような片麻状の石の加工技術と片麻状を示す石の町石の加工技術には関連性がある。ひいては片岩の加工技術にもつながるのである。

緑泥石片岩製の石造物は天野の里にある丹生都比売神杜の北側にある五輪塔婆、御所の芝にある宝篋印塔である。また、奥之院への参道脇の墓所に至る路傍にも僅かであるが一石五輪塔が散在している。このようなことから、鎌倉時代の後期から結晶片岩製の石造物は山上へ運び込まれていることが伺える。中世から近世にかけて奈良盆地の南部や紀ノ川沿いに「吉野石」と呼ばれている緑泥石片岩製の五輪塔や宝篋印塔や石仏等が見られる。採石地としては五條市の東部付近が推定される。この片岩に比べて、黒雲母花崗岩（御影石）や砂岩（和泉石）は等粒状で、同じような技術で採石・加工でき、細工も細かくできる。

熊谷次郎直実と平敦盛の中粒砂岩（和泉石）製の五輪塔が親鸞上人の宝篋印塔の横にあるが、両者の石造物は形状から鎌倉時代前期を示すものとは言えない。五輪塔の形状と銘が合うと考えられるのは、西南院の五輪塔が弘安年間である。南北朝から室町にかけての宝篋印塔が御所の芝に見られ、中世末になれば戦国時代の武将や守護大名の砂岩製の五輪塔が増えてくる。江戸時代になれば、大きな黒雲母花崗岩（御影石）製の五輪塔や砂岩（和泉石）製の五輪塔が多くなる。また、西南院の庭に見られるように多量の砂岩（和泉石）製の一石五輪塔が運び込まれたのであろう。このように鎌倉時代から江戸時代にかけて砂岩（和泉石）製の石造物が連続して運び込まれていると言えよう。

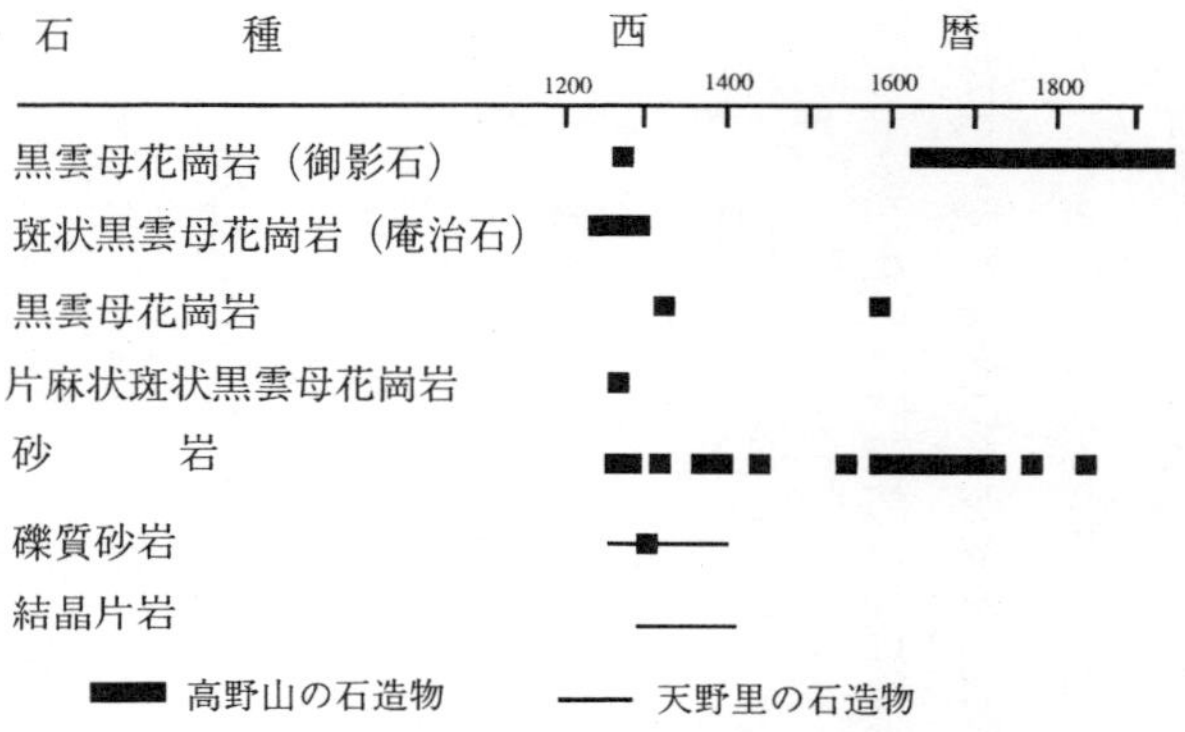

図１　石造物の石種と時期

これに比べ、奥之院の廟前に見られる礫質砂岩製の十三重層塔は鎌倉時代後期のもので、天野の里の丹生都比売神社横の五輪塔婆も鎌倉時代後期であり、九度山町の慈尊院の礫岩製の五輪塔も鎌倉時代後期から南北朝にかけての時期である。これらの石造物の石材は和泉山脈の南部、紀ノ川の北方付近が採石地と推定される。鎌倉時代の後期には紀ノ川の右岸にも砂岩を加工する石工がいたことを伺わせる。

町石に多く使用されている黒雲母花崗岩（御影石）は、鎌倉時代の中期に町石に使用され、江戸時代に入ると大名の五輪塔や石燈籠等に大量に使用されている。町石に使用されている斑状黒雲母花崗岩（庵治石）は源家三代の五輪塔や曽我兄弟の五輪塔のように鎌倉時代の石造物のみに使用されている。また、片麻状斑状黒雲母花崗岩は創建時の町石のみに使用されていると言っても過言ではない。

以上のことから、高野山の山上に運び込まれている石造物の石材は中粒砂岩（和泉石）が中世から近世を通してみられ、黒雲母花崗岩（御影石）・斑状黒雲母花崗岩（庵治石）・片麻状斑状黒雲母花崗岩は限られた時期にしか見られないといえる。

四　おわりに

石を産しない河内西部の丹比付近で、片麻状黒雲母花崗岩製の石造物について古老と話していれば、この石は「四国石」と言われることが多い。八尾市の服部川から郡川にかけての付近は古くから造園業者が多い。この造園業者と話している時、緑泥石片岩や赤色泥岩や赤色チャートのような見栄えの良い石は「四国石」と言われることが多い。また、最近は少なくなったが、石造物に加工している石屋さんによれば、漢文などの文字が刻まれた顕彰碑などに使用されている砂質片岩の板石は「阿波石」と呼ばれている。片麻状を示す石や片理がある石は全て四国石とされているようである。町石に関しては、弘法大師が四国の善通寺出身であることから、四国の石を使用されていると言われる方も多い。調査した石造物はごく僅かである。その中で四国の石が使用されているのは鎌倉時代の町石と一部の五輪塔である。中世後半から近世にかけては四国の石がみられない。

御影石製の石造物は、創建時の町石や近世から現代にかけての石造物に多く見られる。しかし奥之院参道脇に林立する将軍・諸大名関係の五輪塔や町石の石材を除けば、石燈籠ぐらいのものとなる。奈良盆地の西部に分布する墓地の石塔婆でも元禄ごろから御影石が多く使われるようになっている。(5) 徳川期の大坂城の築城が終わった頃から各地に多量に御影石が搬出されるようになるのであろう。その前兆が前田利長の五輪塔にみられるのであろう。

より多くの石造物の石材についての調査が進めば、より詳細な使用傾向が分かるであろう。

最後となりますが、西南院・西室院・奥の院・慈尊院の方々には快く石材の観察の機会を与えて頂きました。また、この調査の大半に及んで高野山大学の堀田啓一先生に協力を頂き、石造物の観察に対する便宜をはかって頂きました。ここに記して謝辞とします。

註

(1)　奥田　尚二〇〇〇「高野山町石の石種とその採石地について」『古代学研究』第一五〇号

(2)　狭川真一一九八一「高野山西南院の五輪塔」『古代研究』二二　元興寺文化財研究所

(3)　田岡香逸一九六五「高野山の金石文」『密教文化』季刊　第七三号　高野山大学　密教研究会

(4)　奥田　尚二〇〇二『石の考古学』学生社

(5)　奥田　尚二〇〇一「平岡極楽寺墓地と中山念仏寺墓地の石材の石種とその産地」『近畿地方における中・近世墓地の基礎的研究』平成九年度～平成一二年度科学研究費補助金（基盤Ａ二研究成果報告書）

遠国奉行の勤め方ほか
――「寧府記事」抄

平山敏治郎

寧府紀事は、幕末弘化・嘉永のころに奈良奉行となった川路聖謨が、在任中日々公私の生活を刻明に書綴って、江戸に残る実家の母などに送った記録をいい、任期六年のうち始めの四年分が伝えられた。

この人豊後国日田の代官所属吏内藤吉兵衛の二男で、幼少のころ家族が江戸に移るのに従った。やがて父が西丸の徒士に採用されて、牛込の徒士組屋敷に入り、また十二才で小普請組川路三左衛門の養子となり、四谷六軒町の養家に入った。養父が病身のため、翌年十三才で家督をうけ、官途について吏務に精励して、次第に驥足を伸ばして、奉行職に就き、家禄も加増されて二百俵となった。これが奈良奉行のころである。のちにさらに五百石まで昇格した。聖謨は生まれながらの江戸者ではなかったが、幼時から徒士組長屋や小普請組屋敷の人となったので、市井の哀歓が身に染み、洒脱の気質や幾分偽悪趣味ももっていたようである。

そのところ東京下町の生まれ育ちの小生に相伝されている江戸気質に通じるものがある。この書には言わでものことを言ったり、下情を穿ったところも間々あって頤を解く件りもかなりある。

以下に数條、この書中で思いついたところをご披露する。あまり人が筆に載せないような事柄も交っている。

一　ヨヤマカセ

寧府紀事を読んで、思わず頬のゆるむ思いをするところがある。年中恒例の儀式ばった席に臨むことは、奉行職にある最高位の役人として度々あった。こんな場合に、常の役人ならば得意満面、ことさらにふんぞりかえって肩肘を張りたがるところだろうが、このお方は違った。かえって恥ずかしそうに身を縮めて、人々の視野から逃れたい心持ちだったらしい。よくわかる。これは恐らく東京の下町の住人か、近年まで受け継いだ江戸以来の気質らしい。いまはもう無いかも知れぬ。

このお奉行が閉口した一つの場合は、自らヨヤマカセと表現した。公式出席の場合の行列だった。春は興福寺の薪能、冬は春日社の御祭のときなどである。弘化三年十一月廿七日の御祭に、はじめて臨席した日の記事を掲げよう。僅か家禄二百俵取のお人であるが、奈良奉行は千石役高と役料も千七百俵（六百石とも）の、幕吏として中堅層の生活ができた。のみならず公式の資格として十万石高の大名並みといわれた身分である。それがハレの場へ出ると、誰に憚ることもないのに、いささかきまりがわるいことでもあったろう。この日の記に、

○あさくもり　四時《よつとき》よりはれて、出門の頃九《ここの》ツ半時過にはことにはれたり、

九ツ半時、三度目注進に而出門也、春日社の御祭、当日は往古よりの例にて、奉行は十万石以上之格と申こと也、

先挟箱・伊達道具并貳本やり、徒士六人、二本道具、長刀、かこわき六人内のしめ着用之もの三人、六人共白たひ着用（雨天には手かきを用ゆ）、箱二ツみの箱、引馬、茶弁当、茶道具壱人（黒羽織に而かみはくわいの如く結たり）、次

に用人四ッ供に而、合羽ざるをも為持、給人同断、給人之内鑓奉行といふものあり、鑓百四十本之差配いたし参る、いにしへの長柄のものなるへし、公儀の千人同心是也、肩輿にのると門前よりヨヤマカセ也－中略－門前よりして見物夥こと也、興福寺門前の松原より春日社一の鳥居まで、かぼちゃ西瓜の船のごとき見物人也、春日社一の鳥居左右は奉行所之桟敷也、右は与力左は奉行也、奉行桟敷近所半町はかりへ組のもの出迎へ、与力共きっこう三星ののしめ着用、鑓箱に而平服(伏)、用心之内目付同心は着ながし、郷同心は紋羽織に而出迎いたす。けしからぬ勢也。奉行之桟敷は松原のうち、三間はかり高き所江高麗へりのたたみ五十畳はかり敷、きっこう三星のまく打ちまはしあり、土手には階段附有之、階段下、用人・給人・先き番之近習中小性等出迎、いつれも遣したるのしめ着用也、刀を差たるまま、長刀を脇に差、着坐、老分之与力壱人奉行着坐之前江つい居たり、夥見物に而巍々たること也、頓而御祭礼之式はしまる…

右、いやはやどうもご大層な仕組みである。着任第一年の出座とて、お奉行さまのお顔を見に集まった町人らも多かったろう。ただでさえも照れくさがりの上に、この人出には、奉行は居所もなく感じたことであろう。亀甲三星とあるのは川路家の家紋である。

翌廿八日は、祭すんでの後日能が催され、奉行はこの場にも臨む。出れば今日もヨヤマカセという段取になる。

○昨日之通例十万石格に而、よやまかせに而出る。よやまかせは実に馬鹿〱敷こと也、鑓を投、かこのもの七草の拍子に足をふむ。何の事に候哉。十町はかりの道を小半時かかりて行也、能は春日之御かり屋の前江台を敷ていたす也。中の刻よりはしまる。

七草の拍子に足を踏むというのは、どのような所作であろうか。この表現は度々記された。奉行所と役宅とは現在の奈良女子大学の辺りにあった。そこからヨヤマカセで春日一の鳥居の辺まで、小半時つまり一時間もかける。その間奉行は輿の内とはいえ衆人環視の的となる。弘化五（嘉永元）年の薪能の日に「行かけに例の先箱なれ共、けふはヨヤマカセはあらすともよしといへ共」・「何か手廻り等はヨヤマカセがしたきこととみえ」とて、

○無言にてこと〳〵に身ふり也、ミブ《（壬生）》狂言といふもののことく、長刀持の足鷺の泥鰌をふむがことく、毛やりを投ること禅僧の悟道するに似たり…輿福寺の山内の広芝原まて行に、与力・惣年寄・町代共出迎、下坐して居り、奈良町人共夥見物せし所にいたりければ、鑓もちの身ふり益甚し、肩輿のうちにて不覚なき出せり

生真面目なハレの行為に居たたまれなくなった江戸者奉行の生地がまたしても現れた。格式というもの、一つことながら立場を替えてみたいもの、考えたいものである。それにしてもこのヨヤマカセというのはいかなる行為の表現であろうか。槍を投げ受ける先供の所作をいったものか。七草を踏むような練り足のことであろうか。それとも供衆の所作に合わせて掛声があったのか。あるいはまた当時知られていた踊唄の囃子言葉の類でもあろうか、ヨイヤマカショなど似寄りの囃子言葉などと考えてみたが、思い当たるところがない。博雑の示教を待っている。

二　奈良の案内人

江戸時代、それも多分中ころから以後のことでもあろうか、奈良の町に寺社や名勝などの案内を生業とする者がいた。多分男の仕事で、人体《にんてい》はわからないが、頭取という者がいたようだから、多少は仲間うちの統制もあったらしい。地理不案内の他国者の古都見物には便利重宝だったろうが、時にはその無知につけこんで、旅人を苦しめることもまゝあった。これは何もむかしの奈良に限ったことではない。今もヒョッとするとそんな手合いがあちこちに蔓っているかも知れない。

寧府紀事の嘉永元年四月廿六日の記事に、つぎの一条がある。

○きのふは、旅人の名所の案内してくらすもの七十人余あり、夫らがたとへは途中に而、宮方の築地わきへ、田舎ものの小便するをみつけておどし、銭をとり、強而案内者になりて銭を貪る、種々の悪法あるによりて、其頭取を呼出し而、一通り糾(糺)之上、白洲江廻し…

頭取らの申立てでは、案内者の風俗はよろしいとあるが、そのころ大阪あたりでは、奈良の案内者は評判がわるかったと、奉行はすでに承知していた。そこで

○大坂にて、ならの案内者といふものは、不宜由を板行にいたし候由等申立あるによりて、夫までにわか支配所を悪敷申さするといふはいか成ことにや、わが内々糾(糺)之趣なくは、大坂の板本よりは大にあらし

右の趣を申渡したところ、頭取らは深く恐れ入ったとある、そこで頭取は免し「田舎ものより無理成銭をとりたるもの三人は入牢申付たり」とあった。わが支配する奈良の悪い評判を気遣って、真偽を調べたり、私利私欲のため、人の無知につけこむこと些事でも許さぬなど、奉行の心遣いはありがたい。ところがそのあとに続く文章は多少気にかかった。

○これにてわが勤役中は博奕止、あしき案内はやめなるへし、ならに名高き博奕打、盗賊の中口より出て、追々に三人はかり遠島になりし故に、此ほとは悪党共大坂其外江逃行しも多ある也

堂社案内の取締りについて、また一条の記事があった。同書嘉永二年三月五日条に、

○晴、少々暖気也、此節所々之旅人大和めくりのもの多く来る。ならも少々にきやか也

と記して、花も咲き若草も萌え出て、人々の往来も目に見えて増したのを喜んだ筆のつづきに、

○ならの堂舎案内といふもの、旅人をあさむきて、いろ〳〵のことをする也、甚敷は旅人の欠込訴なとする、い

かに製《(ママ)》しても不止、よって工夫をして、旅人宿江はり出しをさせたり、旅人をあさむくみち案内あらは、早々可申出、直に召捕よしを所々へはりかみをしたり

取締りの一つの方法で、たしかに旅客の安全を図った良策といえよう。しかし、先を急ぐ他国の人々が僅かの銭を貪られたと訴え出て、そのため滞在を余儀なくされるのを喜んだであろうか。つまりはいわゆる泣き寝入り、そして奈良は柄の悪い所、恐ろしい所と言い立てたであろう。いまも変わらぬ観光地の小悪党の手口は巧妙かつ細微である。その取締りには大層手間がかかる。

三　奈良の郷宿

昭和二十年代の末のころ、九学会連合の対馬総合調査の第二年度に、日本民俗学会から特命をうけて、北見俊夫さんとともに鴨居瀬の附近、主に与良郷の村々を訪れたことがある。そのとき郷宿という名称を耳にした。ゴウヤドといった。それぞれの郷村の人々が主邑の嚴原へ出向いたとき、寝泊まり滞在する宿所のことで、各村の宿はきまっていたという。郷宿という所以である。もし村から出た使いの者が、きまっている旅費を受取って行くと、その留守中に村人は思い思いの仕事をしても差支えなかった。しかしもしも費用を受取らずに公用で出向いた場合は、その者が帰ってくるまでの日数、村人は寺庵などに集まって、別用をすることは許されなかったという。現に緒方の村の寺で、集まっていた人々からそのことを聞いた。大方郷宿ゆきは公費を受取るいわゆる公用であったようである。この施設が嚴原の町のどのあたりにあったのか、一ヶ所に群在したのか、またその運営には同郷の者が当ったのか、詳しいことは尋ねずにしまったのは、返す返す残念だった。（また郷宿というものに深い関心を寄せていなかったのか悔まれた）。

ところが江戸時代に、いつのころからか奈良の町にも、この名で呼ばれる旅宿があった。これは他国から来往する旅人の宿ではない。大和一国の村々の住人のために設けられた施設であった。寧府紀事についてその実情を述べようと思う。

対馬の場合と同様、この宿舎が市中のどの辺にあったのか、集っていたのか散在かどうか、いまならばまた尋ね当てられるかも知れない。またいまある旅宿が以前郷宿として設けられたかどうかも知られよう。郷宿は弘化年間に二十軒あり、村々の公事出訴人たちが、裁判の決着するまで滞在したようである。公事宿の名もあった。公事が長びけばその滞在も長引いた。その間に退屈まぎれに、木辻町の遊所へ足を入れるものも少くなかった。従って訴訟が速やかに落着すると、宿の客も少なくなり、遊所に行く足も淋しくなる。そのあたりがお奉行の筆の先にあらわれた。その報告に、まず弘化四年七月十九日の記事に、

○此ほど公事少く而郷宿共助成薄、夫に付木つち町の遊所さひしといふ也、一躰は公事人共百五十六人は滞在いたし居候事之由也、しかるに此ほと半分もなしといふ。よってしらべみるに盆前に多くかた附て、当時惣公事数七ツにて、帰村中の物(者)等あり、動き居るは二口なり、郷宿二十軒江割みればはつか成事也、尤御用日の度々に出る目安、其外之もの共多ければ、惣公事数の類にはあらす、五六十人も居るとみえし、此節公事宛に百人余も居るといふのあるは、所々の地頭用、又は寺社之領内より出しものとみえし也

訴訟が長びくと、そのことから、いろいろの弊害が生じた。しかも長びくというのは、その難易からではなく、上役人の器量にも亦関係者の企みにも根を張っていた。弘化四年八月廿六日条に、

○順作方之下女の宿郷宿也、其下代の来りていふことあるにつきて、順作の申せしは、御奉行さまも郷宿の衰微することをいたく御嘆きあれ共、御用の滞ことは不被成故、無余儀手廻しにて御さばき被成るる也、近頃郷宿の

益少は甚以気の毒に思召と申せしに、彼ものの答に、以前は平均五六十人以上は必やどせし、公事人共此ほとははつかに六七人に不過、よりて甚うらさひて内々歎居なれ共、公事人共足をとしめぬ故に、雑用に倒るるものなければ、飯代の滞なき故、ならしてみは、さして格別の相違はあるましけれ共、筆工といふものは甚貧に陥たり、これら不便に思召くたされ度といひしよし也、これはここの風にて、はっか成ことも書付を取、たとへは返答書に訴訟方に而又返答書をいたさせ、段々と其返答書〳〵と再三におよひ、少々事立たる一件は、返答書といふもの百枚二百枚もあり、よって其悪風を改て、目安返答書の外は不取上こととし、其外重き科のものに始末書を出さすること驚入たることにて、申サハ宿やと科人の示談之口書を以、罪を決するに近し、よって筆工といふものをいたくいましめ、文を廻し工にすることを禁し、始末書を取分は、こと〳〵くに口書にいたしたり、筆工の費は二十分一と兼ておもひ居也、其ことを前のことく順作の云故、浅右衛門かこまるとて死罪のものを多くし、たきおとしの少とて真木をたき費類のことを患うことゆめ〳〵あるへからすとて笑ひし也

順作というのは江戸から召連れた召使いの侍、浅右衛門は江戸の首斬役の山田浅右衛門のこと、代々家職を傳えて八世に至った。

嘉永元年五月廿六日の条には、前の奉行の無能にして怠惰な勤めの方を批判したうちに、

○一寸の盗賊の引合にても、百姓共の三十日宛も郷宿に居たるといふこと也

と述べ、訴訟は埒があかず、徒らに宿に滞在した村民の迷惑を考えて歎いた。

またこのような記述もある。嘉永二年三月六日の記事。

○御用日、奈良にては、御料所は百姓共出訴之節、役所より添切手を出し、夫を目当に取上る也、私領之分は村役人之奥印有之分は取上る也、よって出訴のみたり成こと甚し、差添人之村役人といふものは、郷宿にて日傭を

買て出る也、奉行所之門前町に、印形をうること家々也、夫故に返答書に其偽を被申立而、御仕置に成もの年々あり、右に付来る十八日より之訴状は、奥印は人別帳と突合する積、其上にて取上る趣を心得として、郷宿江一昨日申達たるに、けふは出訴至而少し、いつも五十口ツツもあるに、けふは十口也、これによりておもへば、常にはけしからぬ偽をなして出ること丶みゆる也、人別帳持参して、夫と訴状之印形符号する上は取上るといふも、元来簡易之かきりなるに、夫に而右之如し、上方筋の等閑なること知るへし、京都にては差添人は一白洲百文ツツとかにていつるよし也。奈良にも差添人に出る定式の顔あり、され共夫等は先大目に過す也

江戸育ちの性急さからみると、上方は大かた等閑にみえたのでもあろうが、筆工といい、お役所門前の印形うりといい、いずれも見逃せないことばかりであったろう。このほかにも石川屋助十郎という郷宿の亭主「双キキにてかたき親父」の話なども記された。

郷宿の制は明治になって廃止されたかと思うが、いまならば少しは実情が知られるかも知れぬ。

四　遠国奉行の勤め方

弘化三年の春三月、奈良奉行として任地に赴いた川路聖謨は四十六才、いわゆる天保改革挫折の余波を蒙って、いささか失意の旅立ちではあったが、それなりの経歴による自信と期待とをもっていた。ところが始めて接した上方の人士と風土とは、この精勤の能吏を戸惑わせることが少なくなかった。オレは一所懸命に勤めているのにという自負に、反應のない寂しさの悩みが離れなかった。いままでの、風はお江戸から吹くという信念や態度では割切れないものがあったと漸く悟るところがあったようだ。

悩んだ挙句に、飜って初心に戻り、役所向きの古い文書類にも目を通し、与力・同心たちの勤めぶりをも観察することになった。まず初期の奉行職は中坊家の人々が世襲したこと、その登用で世の移り替りを穏かに乗切った事実に注目した。その家の系譜によると、中坊飛騨守秀祐が、慶長七年に召されて、徳川家康に謁見、吉野郡の旧領三千五百石を賜って、奈良の奉行に任ぜられたとある。この人はじめは筒井順慶に属し、代々興福寺衆徒の家筋であった。その子飛騨守秀政、またその嗣子美作守時祐も引続いで南都の奉行の職についた。時裕は実は秀政の孫で、つまり秀政の女婿超昇寺弘盛の男であった。この家系からはさらに一人、正徳から享保のころに美作守秀広が奈良奉行の職についた。聖謨はこの事実から、まず中坊家に関心をもって、その「寧府紀事」に度々言及している。

○近く中坊之三代目之中坊美作守といふは、興福寺之出家に而、尊教院の住職たりしが、慶長の頃中坊飛騨守卒して、帰依して、父のことく奈良奉行とはなりし也。この人延宝のころまで居たれば近きことにて（弘化四・八・廿条）この記事年代に誤りあり。

○この頃、御役所之旧記をみるに、与力共が所持之古記録をもみるに、南都奉行は已然興福寺盛にて、大和を過半領せし頃、同寺の衆徒より筒井順慶・中坊法眼なといふ人つとめて、其内中坊美作守といふ人、寛文の頃よき奉行とみえて、寛文三年御役御免願けれ共、御老中より勤向辛苦之旨尤至極なれ共、当年の春日神事・薪能は御たのみ被成問可相勤旨、御意に付、御頼の廉に而、右之御用を継上下にて勤たる由《よ》しみゆ、いにしへは人才を重し給ひしことみるへし（弘化四・正・廿二条）

○元来中坊駿河守先祖は、南都の衆徒にて、筒井などの類なれば、取計向に其仕来のおかしき事もあれ共、畢竟土地之生れ故に、土地に應したる御政事をするとの思召にて、國初に奉行になされたるへし（嘉永元・四・廿六条）、着任三年目、満二年經って漸く役向の人柄と任地の土地柄との合一、親近さということに合点かいったのである。

のみならず、そのころの歴代奉行の勤めぶりを調べたり、聞いたりしたとみえて、名前は憚って記さず「あるお奉行」の話として述べている。

○前の奉行の勤向というふものは、月に一度も白州江不出、只与力らに酒を呑ませ、同心等へものをくれ、市中へ小恵を施したるもの也、扨公事吟味物は、此公事は何両、この出入はいくらとて、用人・給人申合而、よき公事はなきやあらずやとて買歩行、入牢ものなと夥あり、一寸の盗賊の引合にても、百姓共の三十日宛も郷宿に居たるというふこと也、奉行は日々後園にて酒のむ外は他事なく、二男とか三男とかは、木辻町江入ひたりて、果は親もこまり、坊主のことくに頭をして、行かれぬ様にせしか止らず、其奉行の死する時も木辻に居たりといふ也、され共小恵を行ふ故に気うけよし、世にありかた（脱アルカ）人のことくいふ也、其の監察局の支配下の、我に某の人にならにて市中如神に尊す佛のことくにありかたり（ママ）、既に其人の武運をいのる燈籠を、市中にて納たりしをみ来れりと、深く賞して咄したり、乍去其実はかくの如く也（嘉永元・五・廿五条）

奈良で現職のまま死んで、石灯籠を作ってもらった奉行は数人いた。近くは聖謨の二代以前の本多淡路守繁親（二千五万石）、また落馬して即死した文政頃のこれも本多飛騨守重賢（二千石）などがあった。この落馬奉行のことは二度も筆にし、名前も挙げた。その人柄には聖謨も我慢できなかったのであろう。

○なら奉行之本多飛騨守、長崎奉行之松平石見守、みな手にかちたる馬にのり、落馬して即死也（嘉永元・十・十二条）

○なら奉行の本多飛騨守も落馬して、鍔にて胸を打即死也、乗馬の時必たしか成とめをして、脇差をさすへし、たしかなるとめよし……無事なる馬にのりて大切にすべし（嘉永二・四・九条）

その記事の中に「くせある馬にのるへからす、遅くともつまつかぬ馬にのるへし」とわさと述べ、また足場の悪い所や崖ふち、邪魔な杭などのある辺は気をつけよと戒めた。要は落馬は武士にあるまじき不用意、不鍛錬の極みとした。聖謨自身はこの嗜みを忘れなかった記事がある。

さて世は打続いて泰平のころ、武士はもはや無用の長物と化した。江戸の小咄にも「アイサ　さむらいはネ　ありもせぬ戦《いくさ》を請合うて、知行とやらを取っていなんすからサ」などと女郎の口からいわせる（天明三年刊　柳巷訛言）ご時世でもあった。この作者は勿論江戸の町人であったろう。ともかくご先祖の槍一筋とやらの働きのお陰で、代々高禄を食む旗本の武士は、お役につけぬ寄合衆でさえも、安穏に日々の暮らしが立ったろう。それでも千石、二千石も頂戴していながら、お蔵前の札差町人その他に莫大な負債をもつ者も少なくなかったそうだ。こんな手合はイザという時に、決してお役に立つことはなかろう。現に明治戊辰の世替りの際に、すっかり馬脚を露してしまった。

千石・二千石取といったが、奈良奉行に登庸された者は、その初めには千石高以上の高禄をもった家筋の者であった。中頃には数百石という礼も二三家あった。文化年間になって初めて二百俵という微禄の人がぬきん出て任に当たった。ついで梶野良材やこの川路聖謨という有能練達の逸材が選ばれる。これらも二百俵の家柄であった。こうして家格と並んでその人柄をも選ぶようになった。

奈良奉行は千石高、役料千七百俵の、まずは旗本中堅層の役職であった。微禄の者には望しい地位であったろうが、大身の人にはむしろ江戸の屋敷で安逸できるのに、わざと馴染みのない遠国勤めは、内心あまり歓迎すべき機会ではなかったかも知れない。だから、無能な奉行は毎日酒浸りで、仕事は与力ら地許歴代の与力ら吏僚に委せきり、落馬頓死しなければ、江戸からの御用召を待っていればよかった。

こんな事例があった。現職で死んだ奉行の家族のことという。

○ある人の奉行所にて失て、其家内の江戸へ帰る路用のなきにこまりて、長吏等江申付て、大寺の女犯を穿鑿して、所々より五百両はかりゆすり同前のことにて金をかり、夫を取継ものみな大にうるほひ、扨奉行所之金も百両もち行て、今に沙汰なし、此人の気受け至而よし、いくつもの社々が市中より御武運永久という大成石の灯籠あけあり、ある御目付寺筋のものも、其理に化されて感服して人にかたりき、其ころに給人と用人と申談して、所々の出入を買歩行、与力・同心も上を学ぶ下なれば、大変をつくしたるよし也（嘉永二・八・廿二条）

右の記述につづけて「奉行之次男遊女屋江行て居つゞけをして帰らず云々」とあるから、酒を飲んで暮らした人の家族のことと思われる、聖謨は嘆息して、「夫が気うけよければ、我などの気うけのわるきはしるべし、かかることにて難義するものに良民と貧人なれと、夫等はをとなしきものなれば出訴なとはせず」と書きつづけた。

こうして先轍を踏むことなく戒心して聖謨はついに会得することがあった。嘉永元年四月廿六日の記に、つぎのように記した。

○髪をいふ家来不快に付、おさとかはりてゆひたり、久々故に不似合也といふ也、いかなれば髪結は人々に似合やらむといふ故に、与風おもふは、髪結に其人の以前の風に似せていふ故なるへし、遠国之奉行又しかり、先其の御役所江行、其土地之風俗をみて、少しも私意を不加、其風俗によりて手を下し、仕来りを守り居るうちに、其善悪のわかる也、其よき風を長し、其のあしき弊をあらたむるにあらされは、土地によく似合たる御政事は出来ぬ也、しかるを其土地へ来り、これも江戸風あれも江戸風と仕直したらは、前の下手の結かみなるへしとて笑ひし也、ならの奉行所なと珍事あれ共、害にならぬは少も構はぬ也、元来中坊駿河守先祖は南都の衆徒にて、畢竟土地之生れ故に、土地に応じたる御政事をするとの思召にて、国初に奉行になされたるへし、其御趣意に背きては参らぬ也、夫故におかしき事も必死之覚悟にてこらへ居るうち、少々みなれたり

このあとに言わでものことを少しつづけるのはこのお人の悪い癖である。「鹿も犬のことく、魚類は新鮮にあらぬ

ものとおもふことくになりたり」と。これは本音であろう。

友人で同じころ上方勤めをしていた都筑金三郎という旗本士の言葉として挙げた一条がある。恐らく同感の思ひをしたことであろう。

○上方之こと、異国へ行し積ならてはつとまらぬと常にいひしか、まことにしかり、をり〳〵御膝元の正敷を見覚居るヲクヒに出てこまる也（嘉永二・三・六条）

五　遠国奉行の御用召し

嘉永四年五月、南都の奉行川路聖謨は御用召の書状を受取った。江戸への召還文書である。遠国にいて職務に日夜精勵しつつも、内心にはこの召状を待ちわびてもいたらしい。江戸者、江戸育ちの者には、やはりお江戸の水が一番よく合っていたようだ。

六月十日を出足の日ときめて、その前日には重立った社寺を訪れて、それぞれに別離の挨拶を述べて廻った。分けても格別の御眷顧を蒙った興福寺の一条院宮には、惜別の思いが深かった。宮も一別再見の機がないことを思われ、懇ろのお言葉を賜り、奉行も万斛の思いを述べて退出した。この御方は伏見宮家のお人で入道尊應親王と申され、のち京都の青蓮院に移って尊融と改められた。明治維新に際して還俗、中川宮と稱し、久邇宮家を創立して朝彦親王と申された。

この日は町人その他も多く役所へ参って、御用あれば仰付けられたいと申出て、またそれぞれに物を捧げて別離の辞を添えたとある。これはいわば通例のことであったろうが、奉行はすなおに受けて、しかし品物はみな辞退返却した。

明くれば六月十日、御用召には当人のみがまず召還される。家族妻子らは新任の地がきまるまで、現任の地に留まるのを例とした。顧みると五年以前、弘化三年三月に着任したときの歓迎ぶりと併せて今日の見送りを感慨深く思ったろう。

まず奈良へ到着した三月十九日の日記（寧府紀事）の文は、

○けふは南都江着と申に、雨は止たれとも……南都江四里はかり手前なる玉水といふところにて昼食せし頃より、空少しくよろしくなり、これならはふりもすましとおもひ行くうちに、段々とはれ、木津川の船わたしにかかりける頃は、四方の山々はれ、日かけほのみえて、はなくもりてふ天気に付、こころいさみて木津川の土手の上より川の向ふをみるに、人蟻のことくに集りたり、近くなりてみるに、徒立たるもあり、みなみな麻上下着せしもの共也、川をわたりて一番に平服(伏)したるは給人の松野四郎にて、夫々宮方之御家来、或は紀州熊野三山之貸附懸之もの共、与力・同心壱両人、其外町人共に至り候迄、夥出迎たり、木津川の河原は白砂百間も其余もある所に大勢出たれは、よほとけばけば敷こと也、町人共はもも立にて、供の先江立也（是も夫々の規模に寄故、振合のある事也）　夫ゟ宮方々御家来、或は町人、……の長吏といふものに至る迄、仕来にて奉行所門前迄之内に、追々立迎いたす、其外見ン物の夥事は、かぼちゃ西瓜をつみたるがごとく、頭をならへ、女共には夫々衣類等着替て出居る体也、わが此国の司に成てくれはこそ、かくもみるとおもひけれは、肩輿の簾をかかけてみるに、笑ふへきことの多かりき、それをも思ひて木ましめにて着したり。

ヤレヤレこれからは、この連中と付合ってゆくのかと、奉行はちぢに思いわずらったことであろう。その現実は寧府紀事に窺われた。それも済んだことで、ようやく帰府の日を迎えたのである。奈良から江戸に向かった朝のことは、

聖謨の浪花日記の記事に、

○晴、七十三度の暑也、出立には天気都合十二分也
けふは少々おもふ旨もあれば、かごには不乗、御役所之御玄関より歩行せり、与力・同心共先例之通御役所御門前へ平服（伏）して、暇乞いいたす、段々世話に相成候段、詳に丁寧にいたし候而申述、同心共江も相應辞遣す、なら町ゟ山城の木津迄、与力共之内別段にいたし候もの之由にて、与力は若手之分不残、同心は十人はかり。医者弐人、勝南院宮内・儒者・槍遣ひ宝蔵院之後見満田権平等、町人共迄夥来る、木津川渡船場に平服（伏）して、川を渡り堤之上を行を、うしろかけみゆるまて見送たり、市中之町人共は困窮を救はれ候前にしるしたる町々之もの共数百人、おもひ〳〵一二里より三里はかり送りたり、小児を携へ老人を扶て夥敷事也、今迄なら奉行にかかることなしといふ也

と、大層の見送りである。その内で奉行が名を挙げた勝南院宮内といふのは、興福寺の僧で医術に勝れ、奉行の家族も度々診療をうけた。中でも妻女の持病には最も信頼を寄せていた。現在市中に勝南院町の地名があるが、ここに寺院があったのだろうか。あるいは別の勝南院があったのだろうか。また槍の宝蔵院後見とある満田氏は、山城相楽郡兎並村、現加茂町兎並に居住した、もと藤堂家無足人満田権右衛門の家族と思われる。この家は宝蔵院の寺元であった。

浪花日記の文をつづけると、

○其外御高恩を報候ため、御武運御長久可奉祈といふをことを（ママ）いふもの多し、それはわか御用召之義を承り、礼として物を差出ても、少も貰はず、よって急に武運長久いのりの大石灯籠を春日へ納、永世の報恩といふことになりて、奥方之帰りまでに出来之積、昼夜をかけてするよし、其ことをいふなるへしと家来いひぬ。

江戸幕府のとき、南都の奉行は総計四十三名、そのうち春日社の境内参道に、報恩のためなとで灯籠を建ててもらった者は二十一名ある。初代中坊秀政と二代中坊時祐とは釣灯籠、ほかは石灯籠である。そのうち現職で死んだ者は十三名、うち灯籠のある者は五名、この中には落馬即死の人もあった。こうしてみると、灯籠の有無は市中で人気のあった者とはいえても、有能の人ばかりとはいえないようである。

日記の文はなお続く

○老婆なとは多くみな手を合てをかむ也、かく民に思はるるとはいかなる事にや、厳過て気の毒なること多く、其上にいくらも仕残しだらけにて、恥ることいと〳〵多く、大和の人気わろしなといふはつや〳〵受られぬ事也、右之次第故披露多く、給人一人にてはとてもできず、供につれたる用人共、供さむらひまて、左右に立並て披露したり、其躰おもふへし、かがや助蔵なと永代御出入相願旨之書面差出し、聞済遣したる礼に京地まて来れり

お奉行がいつもの癖で、わが身の至らぬことを悔いてはいるが、やはり一般には好意をもって受けいれられていたと思われる。加賀屋助蔵という町人は寧府紀事にたびたびその名が記され、奉行に信頼された一人である。見送って京都まで来たとある。その反面に離任退去を喜んだ連中もないわけではなかった。

○猿楽の類に送るもの壱人もなし、博奕打・盗人は小躍して喜へし、六年の間博奕・盗賊は過半よりも減し、猿楽は大にさひれたれは、今日より其もの共は大悦也

後顧の憂いを幾分か残して任地を離れたからでもあろうか、自分の後任には勘定吟味役の佐々木循輔のちの信濃守顕発を推挙した。佐々木も家禄二百俵、有能の士であったろうか、その事績を知るよしもない。やがてこの人聖謨のあとを追って大坂町奉行にもなった。さて奈良を去った聖謨には一つ気がかりのことがあった。離任の日、南都の人

の口から報恩の石灯籠建設の話があり、奥方の出立までに造立するような話であった。大坂へ転任したので、夫人らは江戸へ戻らず、奈良から直ちに浪花の街へ移ったようだ。その話はどうやら一場の思いつきで、立消えになったらしい。浪花日記の嘉永四年七月十三日の記事に、ちょっぴり未練かましい文句がある。

○ならの石灯籠はいかになりしか、はなしはかりか

この年十月初め、聖謨は江戸を発って、新しい任地、奈良と地つづきの大坂に向かった。遠い江戸へ帰ってしまうとばかり、口先で約束したのに、近い新任地に立帰ったので、奈良の人々はさぞ驚いたことであろう。しかも後任の奈良奉行は前任者とごく親しい者であった。驚きながら内心恐れながら、石灯籠はついに実現しなかったようだ。上方の人士のしたたかさ、しかも泥くささは恐るべきものがあった。

南朝皇帝陵の再検討
――石獣の編年を中心に――

岡林孝作

一　はじめに

江蘇省南京市および丹陽市の郊外には南朝歴代の皇帝陵、王侯墓が残されている。その神門石刻は現在も数多くが地上に遺存していることから、南朝陵墓を認識し検討する上で有効な資料となる。南朝陵墓石刻の彫塑芸術史上に占める評価は多言を要しないが、中国古代陵墓の考古学的研究においてもその資料的重要性はきわめて高い。

一九三五年に南京で出版された『六朝陵墓調査報告』[1]は、朱希祖、朱偰《しゅせつ》父子らが南京・丹陽周辺の陵墓二八ヶ所を調査した詳細な報告である。朱らは現地踏査の成果に加え、精緻な文献操作にもとづいて石刻が遺存する陵墓二〇ヶ所の墓主を比定した。このうち皇帝陵は宋初寧陵、斉永安陵・泰安陵・景安陵・修安陵・興安陵、梁建陵・修陵・荘陵、陳万安陵・永寧陵の南朝帝陵計一一陵である。解放後、一九六五年に丹陽胡橋仙塘湾[2]で、六八年に丹陽胡橋呉家村および建山金王陳村（金家村）[3]で計三基の南朝大墓が発掘されたが、仙塘湾墓は朱希祖らの比定を追認するかたちで斉修安陵と判断され、新発見の呉家村墓と金家村墓には朱らが一九三五年当時の材料では候補地を挙げられなかった斉恭安陵と斉廃帝墓が当てられた。陳永寧陵については朱偰がかねてから一九三五年に比定された南京棲霞獅子衝ではなく江寧麒麟門外に求める案を示していたが、(4)一九七二年の麒麟門外霊山大墓の発掘結果を受けて羅宗真がこれを永寧陵とし、従来の比定地を宋長寧陵とする変更案を提唱した。(5)この唯一ともいえる比定替えは大方の支持を得ているようであるが、なお両論を併記するような懐疑的な認識も見受けられる。(6)

その後、墓室磚画や石獣の編年的検討から町田章、(7)曾布川寛(8)が陵名比定の改訂案を提示し、陵墓の選地を検討した来村多加史(9)も一部の比定について疑問点を指摘するなど、日本の研究者から比定の大幅な見直しを含む問題提起がなされている。これに対し、たとえば羅宗真は持論の補強材料として町田の石獣分類を援用しながら、斉皇帝陵の再比定の問題にはまったく触れていない。(10)朱希祖らの陵墓比定を尊重する中国の研究者の立場がうかがわれる。

朱らが比定の根拠としたのは、（一）現存する神道石柱・石碑の刻銘、（二）宋代以降の地誌・金石書所載の石刻銘、（三）史書・地誌の記述、主に地誌にみえる里程、である。「太祖文皇帝之神道」石柱が現存する丹陽荊林三城巷の梁建陵は（一）による確実な比定である。南京江寧麒麟鋪の宋初寧陵は（二）を援用した比定で、北宋政和年間に「初寧陵西北隅」石柱を得たという『六朝事迹編類』巻十三の記述に加え、史書・地誌の詳細な検討を経ており、信頼度は高い。実際、この二陵の比定には従来ほとんど異論がない。梁荘陵も宋代には碑が残っていたという『太平寰宇記』の記述(11)などを総合して丹陽荊林三城巷に求められている。三城巷には建陵を含め四陵が存在するが、比定地の絞り込みには成功している。

問題となるのは、（三）のみに依拠した上記以外の比定で、明確な根拠が示されないまま定説化している場合も少なくない。これらに対して日本の研究者から異論が提出されているのであるが、その内容にも異同がある。本稿では上記の問題認識を出発点として、諸先学の研究成果に導かれながら、陵前石獣の編年的検討を中心に据えて南朝皇帝陵の比定を再整理してみたい。

二　南朝陵墓石刻の概要と皇帝陵の抽出

南朝陵墓石刻は褐色ないし白色節理の目立つ青みがかった石灰岩から刻出した大形の石彫で、石獣・石柱・石碑があり、それぞれ対をなして神道入口の両側に対峙し、神門を標示する。

石獣は大形肉食獣を彷彿させる有翼怪獣の威嚇的な姿を表すもので、基本的形制から有角獣と無角獣とに大別できる。有角獣は頭上に長い角をもち、陵体の方向からみて右側を独角、左側を双角とする配置規律が貫徹される。豊かな眉毛と頬髭、長い顎髭を生やし、舌は口中にあって外に垂らすことはない。総じて体表の装飾に富み、体躯が長い。無角獣は角や髭がないかわりに頭全体を包み込むような鬣《たてがみ》を表現し、口から長い舌を垂らす。有角獣に較べて体表の装飾が控えめで、体躯も短い。

有角獣と無角獣はそれぞれ皇帝陵と王侯墓とに使い分けられていたと考えられている。この原則は石柱・石碑の刻文や墓誌から判明する墓主の身分、墓室の規模・構造、その他の要素にみられる階層性とよく整合する。かかる石刻の種別や有無による皇帝陵と臣下の墓の明確な差別化は、唐代以降の陵墓前石刻にみられる一つの定式であり、南朝陵墓の状況はその嚆矢と理解される(12)。

石獣に加えて、「某之神道」石額を掲げた石柱(13)、墓主の事績を刻んだ石碑の組み合わせが神門石刻の完成された構成である。ただし、この構成が完存するのは梁建陵と一部の梁王侯墓に限られ、皇帝陵では建陵以外はすべて石獣が残されるのみである。したがって、発掘調査例がまだ少ない現状で南朝皇帝陵の比定を検討する材料としては、石獣の編年がもっとも有効であろう。現在有角獣が地上に残され、皇帝陵と認められる南朝陵墓は一〇ヶ所（表1－1～10）である。(14)

三　陵前石獣の分類と編年

町田章は陵前石獣を検討し、宋形式・斉形式の二タイプを抽出した。前者は「頭が大きくて頸が短いプロポーションをとる。全体の感じは重厚にして素朴で、加飾が平板的である。翼は基部を素朴な鱗状にあらわし、幅の広くない帯状の羽根がでる。前脚部に翼の基部とつながる半パルメット風の文様をくわえ、後脚前部にも同様の文様をほどこす。関節の後方に羽毛がのび、尾が短い」、後者は「全体のプロポーションは、頸が長く、頭が小さく、長い尾をたらしている。翼が幅広く強調され、前脚の飾りは三本の平行突線となり、羽毛状の表現が消失している。羽根の鱗状部分が半円形に突出し、そこに四弁の花形文をいれる。眉の幅が広くなり、先端の巻き込みが小さい」といった特徴がある。有角獣を分類する際の基本的な視点はここに引用した町田の文章にほぼ示されているが、曾布川寛が指摘した左右いずれの肢を前に出すかの違いも重要である。これらの点に、筆者が編年上有効と考える体毛表現、角の刻出方法、眉と眼の表現を加味し、改めて以下のような分類案を示したい。

A類（図2）　宋形式のうち、宋代に属すると判断された麒麟鋪・獅子衝石獣が該当する。右石獣は左肢、左石獣は右肢を前に踏み出すことはA～C類に共通する。全体の姿態の特徴や四肢に「半パルメット風の文様」がある点は町田が指摘したとおりである。眉・頬髭、四肢関節後方の三角形の長毛・翼の羽毛に加え、獅子衝石獣では顎髭を含む

表１　南朝皇帝陵の候補地と陵名比定

番号	所　在　地（名称）	類型	比定陵名（推定時期）			
			羅宗真（1994）	町田　章（1983）	曾布川寛（1991）	岡林（2003）
1	南京市江寧麒麟門麒麟鋪（麒麟鋪）	A	宋 初寧陵	宋 初寧陵	宋 初寧陵	宋 初寧陵
2.	南京市棲霞棲霞鎮新合村（獅子衝）	A	宋 長寧陵	宋 長寧陵	陳 永寧陵	宋 長寧陵？
3	丹陽市胡橋仙塘湾（仙塘湾）	D	斉 修安陵	斉 景安陵	斉 修安陵	斉 永安陵
4	丹陽市建山金王陳村（金家村）	D	斉　廃帝墓 または恭安陵	斉 修安陵	斉 興安陵	斉 泰安陵
a	丹陽市胡橋張荘村（趙家湾）	D	斉 泰安陵	斉 泰安陵	斉 永安陵	斉 景安陵
b	丹陽市埤城巨竹村（水経山村）	無角	斉 前廃帝墓	斉 後廃帝墓	斉 後廃帝墓	斉 前廃帝墓
c	丹陽市建山爛石壠（爛石壠）	無角	斉 後廃帝墓	斉 前廃帝墓	斉 前廃帝墓	後廃帝墓
5	丹陽市胡橋張荘村（獅子湾）	D	斉 永安陵	斉 興安陵	斉 泰安陵	斉 興安陵 または 修安陵
6	丹陽市前艾田家村（前艾廟）	D	斉 景安陵	斉 廃帝墓	斉 景安陵	
d	丹陽市胡橋呉家村（呉家村）	－		斉 恭安陵	斉 恭安陵	斉 恭安陵
7	丹陽市荊林三城巷（三城巷２・梁建陵）	D	梁 建陵	梁 建陵	梁 建陵	梁 建陵
8	丹陽市荊林三城巷（三城巷４）	B	梁 荘陵		梁 荘陵	梁 修陵 または 荘陵
9	丹陽市荊林三城巷（三城巷１）	B	斉 興安陵	斉 永安陵	梁 敬帝陵	
10	丹陽市荊林三城巷（三城巷３）	C	梁 修陵	（梁）	梁 修陵	梁 敬帝陵
e	南京市江寧上坊石馬衝（石馬衝）	無角	陳 万安陵		斉 王墓	陳 万安陵？
f	丹陽市陵口鎮（陵口）	B	（梁初）	（斉）	（梁末）	（梁）（武帝期）

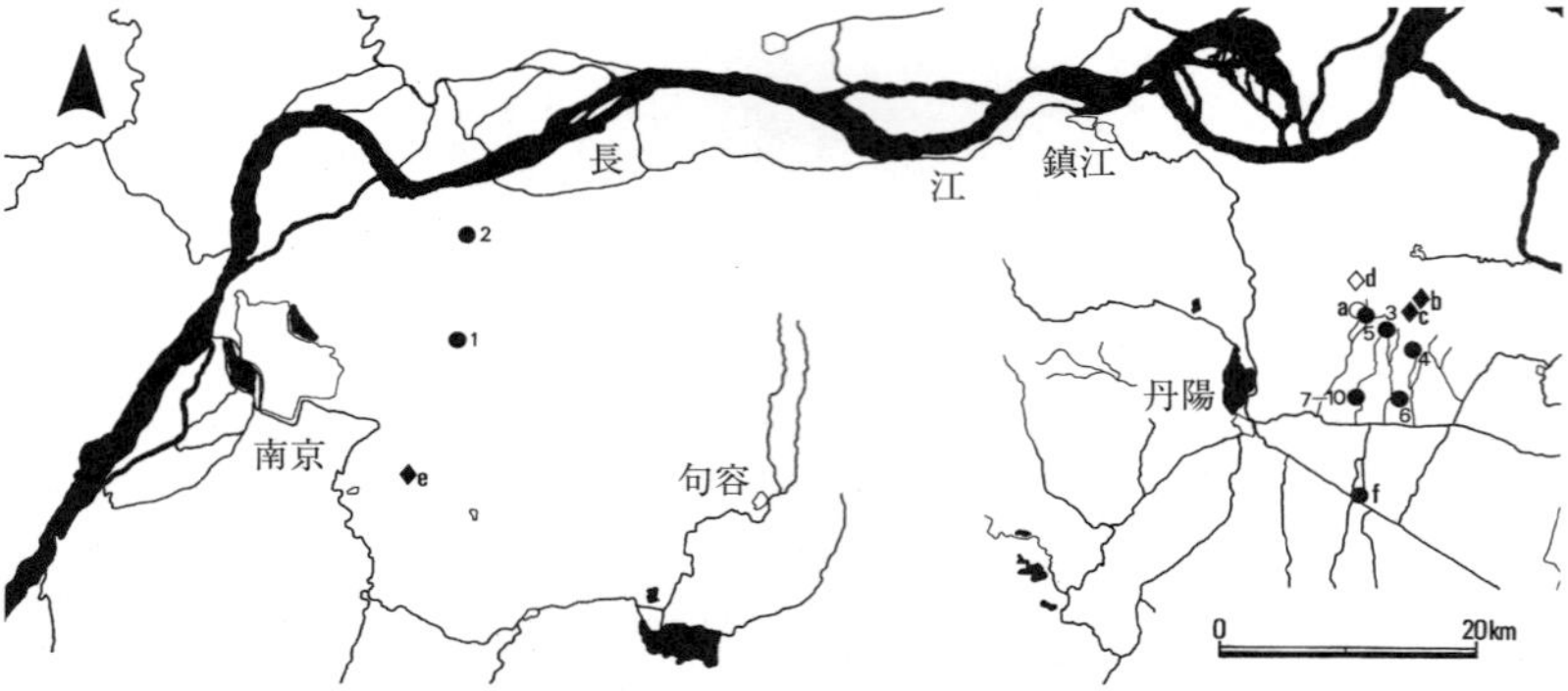

図１　南朝皇帝陵および関連遺跡の分布（番号は表１に対応する）

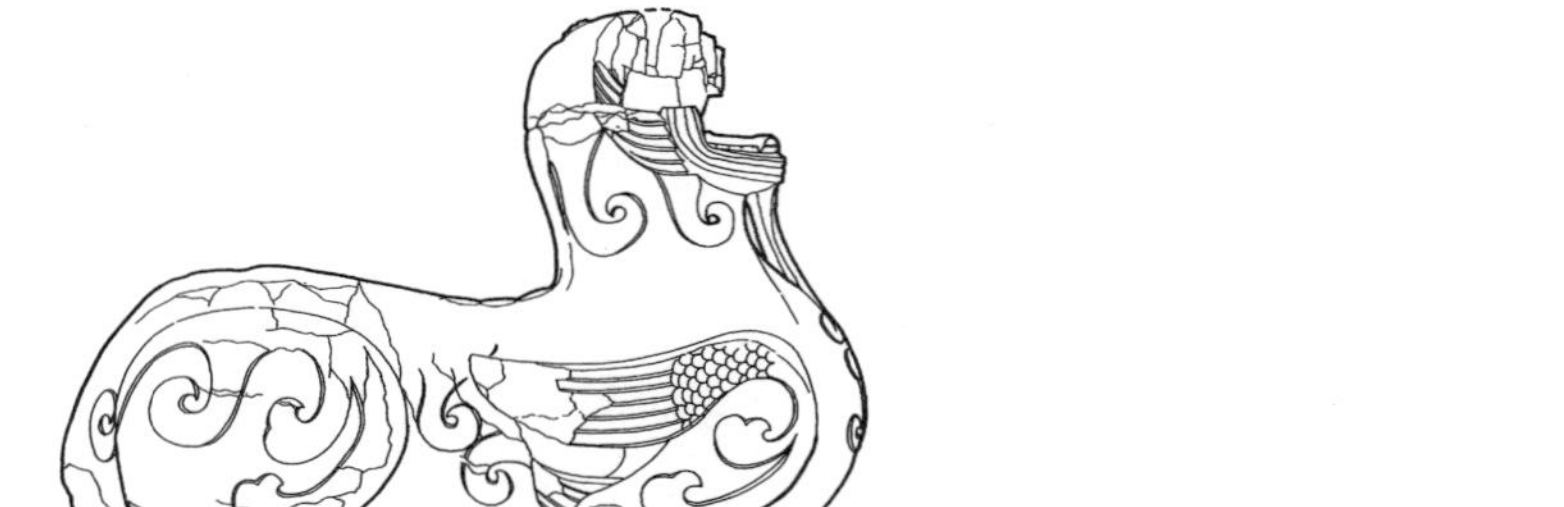

図２　有角獣A類（１麒麟鋪右石獣　２獅子衝右石獣）

各部で段彫りと刻線によって毛の線条を表すが、その他の体毛はすべて無文の平彫りによる硬い表現である。尾は後方へののびが小さく、先端は半分以上が台座に埋まった格好で渦巻き状に浮彫りされており、側面からみると短い印象を受ける。角は頭頂から後頭部まで頭に密着したままのびる（以下、密着式と呼ぶ）。眉は長くのびて先端を大きく渦状に巻き込み、頬髭は先端が上方にはね上がる。翼基部の鱗状装飾は平彫りによる硬い表現である。

顎髭は麒麟鋪と獅子銜とで表現が異なる。獅子銜石獣の顎髭は下顎前面と左右側面の三ヶ所から分かれて生えだす。前面のものは胸元で五条に分かれて広がり、それぞれ先端を渦状に巻き込む。ただし右石獣の上端は巻き込みが甘く渦巻き状をなすにはいたっていない。側面のものは後方に短くのびて先端を渦状に巻き込む。いずれも刻線によって毛の線条を表し、流れるようなカーブを描く優しい表現である。いっぽう麒麟鋪右石獣の顎髭は左右各三条が下顎前面からまとまって生えだし、胸元で広がって先端を巻く。無文の平彫りで、左右対称の硬い表現になっている。

B類（図3）　宋形式のうち、斉代に属すると判断された三城巷（1）・陵口に三城巷（4）を加えた三例が該当する。基本的形制はA類と共通するが、体表の表現はかなり異なる。体毛は全体を浮彫とし、要所を刻線によって縁取り、末端に近い部分には線条表現を煩雑なまでに施して、毛のさまざまな動きを表現する。四肢関節後方には三角形の長毛があり、臀部の後肢付け根付近にも毛の表現が加えられる。角はいずれも欠損が著しいが、頭頂から生えだして一度頭から離れ、後頭部で再び頭に密着する（以下、分離式と呼ぶ）。眉は眼下の縁取りと一体化し、切れ長の目尻から毛が生えだしているかのようである。頬髭は先端が上方にはね上がる。翼基部の鱗状装飾は粒が大きく立体的である。顎髭はそれぞれに複雑に分岐して広がるが、基本は左右対称である。

C類（図3）　三城巷（3）が該当する。[15]四肢を開いて体躯を低くし、頸をのばして頭をもたげた姿態で、A・B類とはかなり異なる。体表装飾は立体感を失い、顎髭や体毛はほとんど線刻に近い。翼の羽根や四肢関節後方の三角形

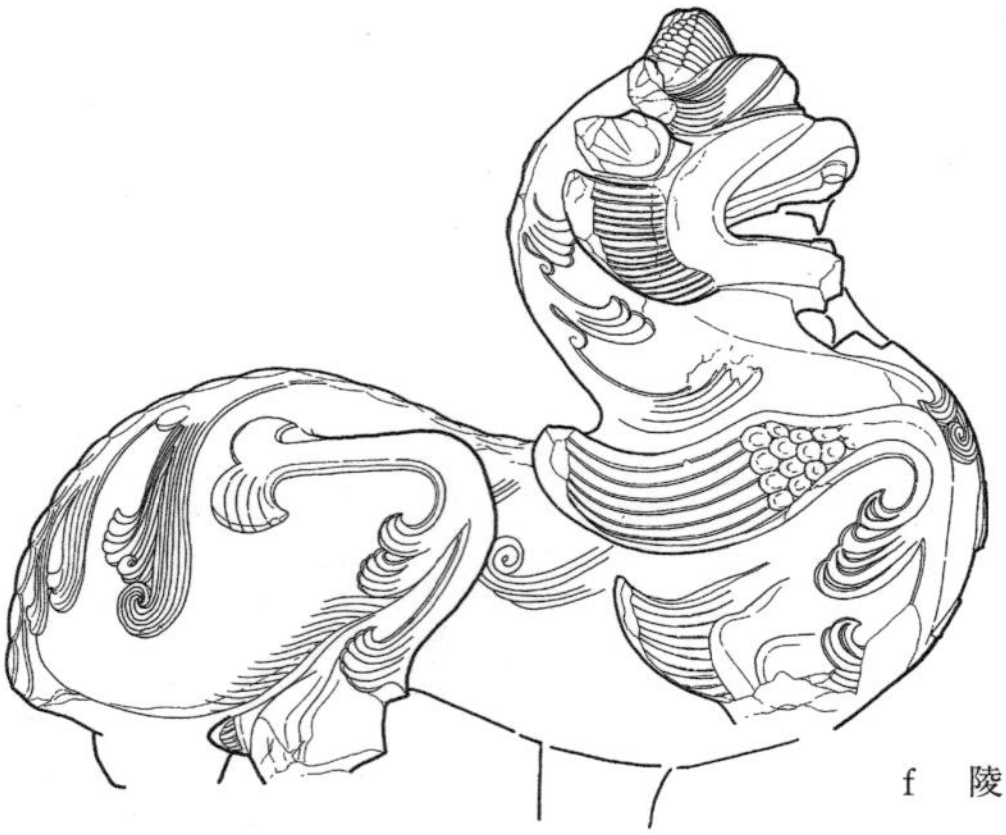

f　陵口左石獣

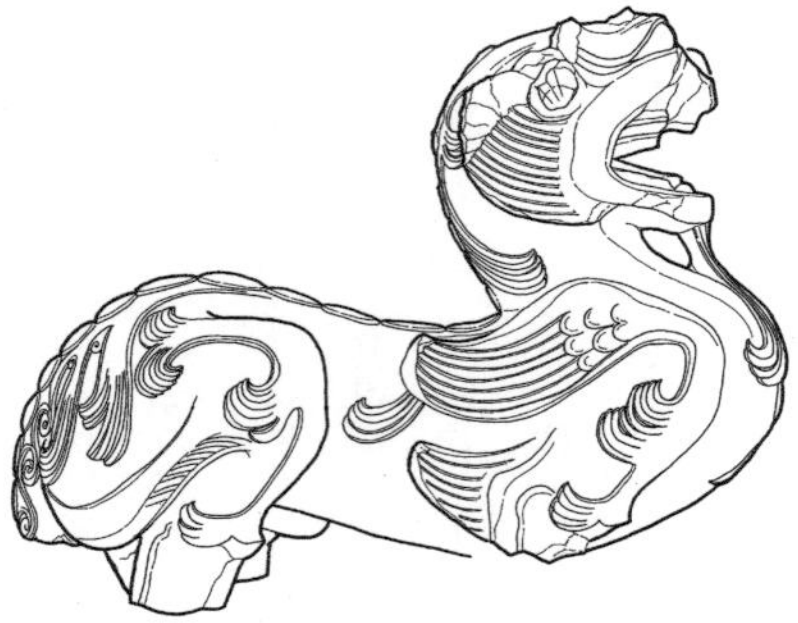

9　三城巷(1)右石獣

8　三城巷(3)左石獣

図3　有角獣B・C類

の長毛は、Ａ・ＢおよびＤ類とは逆向きの段彫りによって刻出する。前肢の「半パルメット風の文様」は翼基部の大きな渦巻きと連続する三～四本の蕨手文様に変化し、後肢のものは事実上消失している。角は分離式である。眉や頬髭の表現はおおむねＢ類と共通するが、線刻で黒目を表現する点に違いがある。顎髭は左右各三条が胸元で対称に広がって先端を巻く。

Ｄ類（図４）　斉形式に相当するタイプで、仙塘湾・金家村・獅子湾・前艾廟・梁建陵および現在は埋没している趙家湾が該当する。Ａ～Ｃ類とは逆に右石獣は右肢、左石獣は左肢を前に踏み出し、その踏み出した側の方向にわずかに顔を向ける。四肢は長く、体躯は「Ｓ字形」と表現される細身で流麗な姿態である。翼の位置はＡ～Ｃ類に比べて低く、基部の鱗状装飾の中に花形文一個を置き、段彫りの線条で羽根を表す。前肢の付け根には深い刻線による三日月形の縁取りをなし、それが翼の基部を取り巻く。縁取りの外側には平行してさらに二条の深い刻線がある。四肢関節後方の三角形の長毛はなく、代わりに前肢にのみ無文の半円形突起がある。体毛は二条一対で長くのび、先端を渦状に巻く蕨手状をなす。やわらかい半肉彫表現であるが、いずれも様式化して画一的である。ただ、体毛の数は個々の石獣によって少しずつ異なり、巻きの方向も左右で逆にするなど微妙な変化をもたせている（表２）。眉毛は段彫りによって毛の線条を表すが、三条一対の縁取りがあり、先端の巻き込みも小さくまとまっている。頬髭は右石獣は先端が上方にはね上がり、左石獣は下に下がる。

胸には左右各三条の外向きに巻く体毛があり、顎髭はその上にかぶさるようにのびる。獅子湾・前艾廟左石獣の顎髭は五条に分かれる。真ん中の一条は太く下端が左に巻き、そこから対称に派生した左右二条は細くそれぞれ外側に向かって巻く。梁建陵右石獣の顎髭は表現がやや萎縮しているが構成はこれと同じで、左石獣は左右が逆になる。いっぽう、仙塘湾左石獣は四条で、真ん中の一条が太く左巻きであるのは獅子湾・前艾廟左石獣と同じであるが、そこ

（孟津石獣）

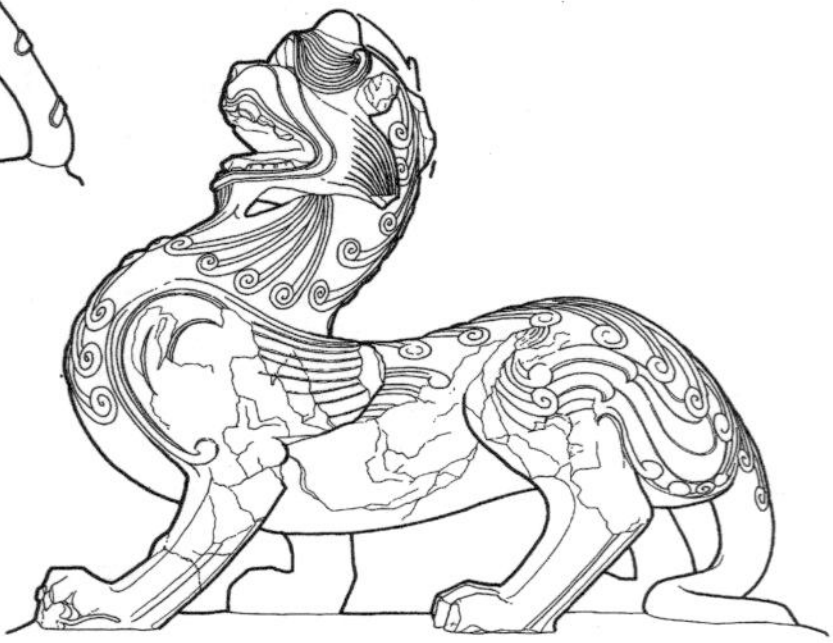

3　仙塘湾左石獣

5　獅子湾左石獣

6　前艾廟左石獣

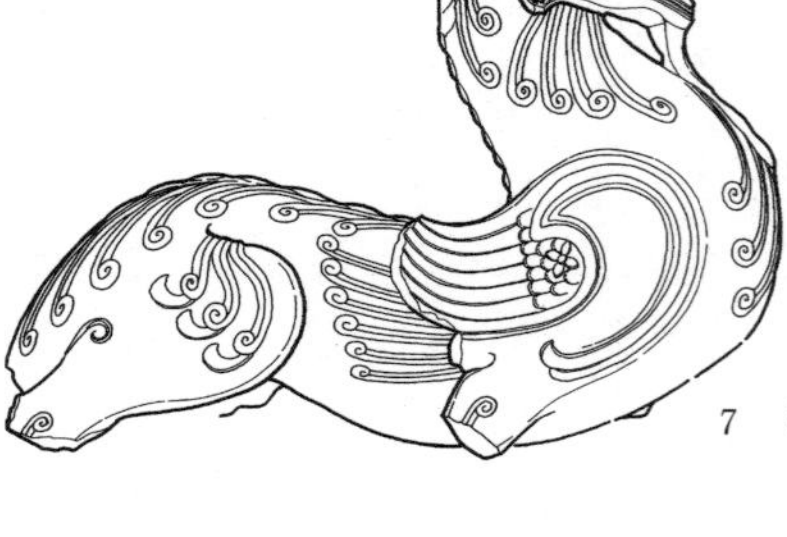

7　梁建陵左石獣

図4　後漢の石獣と有角獣D類

表2　有角獣D類の体毛の巻き方向と本数

			頬髭下	翼後	項	背	腰
仙塘湾	左石獣	左側面	前巻き・4	下巻き・5	外巻き・5	外巻き・3	外巻き・7
		右側面	前巻き・4	下巻き・?	外巻き・5	外巻き・3	外巻き・7
	右石獣	左側面	後巻き・4	上巻き・5	外巻き・5	内巻き・5	外巻き・6
		右側面	後巻き・4	上巻き・5	外巻き・5	内巻き・5	外巻き・6
金家村	左石獣	左側面	?	?	?	?	?
		右側面	前巻き・?	下巻き・5	?	外巻き・?	外巻き・5＋
	右石獣	左側面	後巻き・4	?	外巻き・3	内巻き・?	外巻き・5＋
		右側面	後巻き・4	?	外巻き・3	内巻き・?	外巻き・5＋
獅子湾	左石獣	左側面	後巻き・4	上巻き・5	外巻き・3	外巻き・?	外巻き・7
		右側面	後巻き・4	上巻き・5	外巻き・3	外巻き・?	外巻き・7
	右石獣	左側面	後巻き・?	下巻き・4	?	内巻き・4	外巻き・5
		右側面	?	下巻き・6	?	内巻き・4	外巻き・5
前艾廟	左石獣	左側面	前巻き・4	上巻き・5	外巻き・3	外巻き・?	外巻き・7
		右側面	前巻き・4	上巻き・6	外巻き・3	外巻き・?	外巻き・7
	右石獣	左側面	?	?	?	?	?
		右側面	?	?	?	?	?
梁建陵	左石獣	左側面	前巻き・4	上巻き・5	外巻き・3	外巻き・2	外巻き・5＋
		右側面	前巻き・4	上巻き・6	外巻き・3	外巻き・2	外巻き・5＋
	右石獣	左側面	後巻き・4	下巻き・5	なし	内巻き・3	外巻き・5＋
		右側面	後巻き・4	下巻き・5	なし	内巻き・3	外巻き・5＋

から左側に一条、右側に二条が非対称に派生する。右石獣はこれとは左右が逆になる。いずれも豊かな毛の様子を巧みな曲線で立体的に表現し、様式化した体毛の表現とは一線を画している。

角の生え方をみると、仙塘湾右石獣は密着式であるが、左石獣は分離式である。左石獣の二本の角の間は頭頂部から後頭部まで弧状の刻線で埋められる。後頭部に双方の角から内側に派生する突起があり、つながってブリッジのようになっている。獅子湾左石獣の双角も同様である。梁建陵右石獣の独角は折れてしまっているが、破断面からみて分離式である。

各類型の先後関係　以上の四類型はA~CとDの二つの組列に分けて考えることができる。まず、A~Cの組列は全体の姿態に共通の特徴がある一方、体表装飾に顕著な変化がある。各類の体毛表現はA類が無文の平彫りによる簡素かつ硬い表現、B類が煩雑な線条をともなう浮彫による装飾的な表現、C類が簡単な線刻表現である。四肢の「半パルメット風の文様」はこの差を反映してA類では硬直的な様相を示すのに対し、B類では毛の表現の違いによってそれぞれ柔軟に変化し、C類にはない。A類の眼は丸く大きく見開いた表現であるが、B・C類は切れ長である。A類の角は密着式、B・C類は分離式である。こうした点を総合的に検討するならば、退化的な様相がつよいC類がもっとも新しく、A→B→Cの先後関係が想定できる。A類の獅子衝石獣およびB・C類の体表装飾は体躯左右での対称をつよく意識しているようであるが、A類の麒麟鋪右石獣は体毛の配置や巻きの方向が左右非対称で、とくに先行的様相がつよい。

D類はきわめてまとまりのよい一群であるが、細部の特徴から仙塘湾・金家村、獅子湾・前艾廟、梁建陵の三グループに分けられる。仙塘湾・金家村石獣はもっとも装飾的で、後肢付け根からのびる三条の体毛先端に鎌形の飾りが付き、臀部を縁取るように短い蕨手状の体毛が並ぶ。鎌形の飾りは獅子湾・前艾廟石獣および建陵右石獣にはみられないが、建陵左石獣に小さな勾玉形に変化した同様の飾りがある。翼の表現をみると、付け根の鱗状表現を巻く三日月形部分の先端が仙塘湾・金家村・趙家湾(16)では丸みを帯び、後述する後漢後期の孟津石獣・宗資墓石獣と共通するのに対し、獅子湾・前艾廟・梁建陵では鋭角的に尖る。仙塘湾・金家村の花形文は花弁の中ほどがふくらみ、縁取りがある。これに対し、獅子湾・前艾廟・梁建陵の花形文は平板な浮彫で、子房に相当する部位を明確な円で表す様式化した表現である。また仙塘湾右石獣右翼の花形文は五弁であるが、仙塘湾左石獣を含めて確認できるその他の花形文はすべて四弁である。孟津石獣は三日月形部分の中に弧状の溝を彫り込むが、仙塘湾・金家村・獅子湾石獣はこれが様式化した刻線を同様の位置に刻み、前艾廟・梁建陵にはない（図5）。梁建陵は左石獣の背の体毛が二対に減り、右石獣の項の体毛にいたっては消失しており、装飾の簡略化が進んでいる。

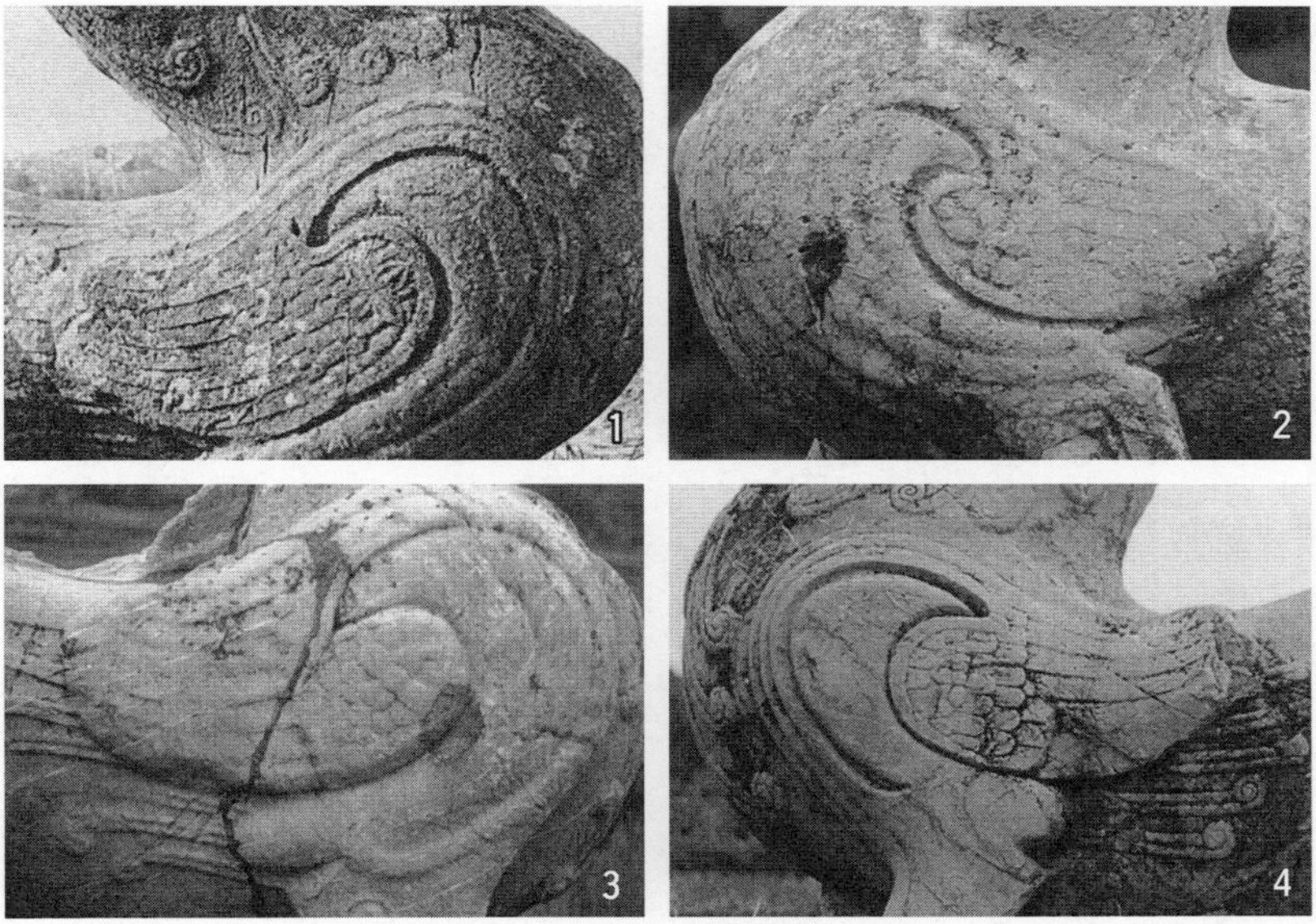

図５　翼の表現
（１：仙塘湾左石獣　２：水経山村右石獣　３：獅子湾右石獣　４：前艾廟左石獣）

このように、仙塘湾・金家村・趙家湾のグループは後漢石獣との共通点の多さ、花形文などにみられる装飾性の豊かさ、さらには仙塘湾右石獣の角がA類と同じく密着式であることなどから、先行的様相がつよく、これと対極にあるのが体表装飾を抑制した端正な表現をとる梁建陵石獣である。したがって、D類石獣の先後関係は仙塘湾・金家村・（趙家湾）↓獅子湾・前艾廟↓梁建陵の順が想定できる。かつ、梁初年の建陵石獣を編年の定点として、それ以前に位置づけられるD類をほぼ斉代の所産と推定することが可能である。

ところで、A類石獣の豊かな眉と丸い眼の表現は、B・C類の切れ長の眼とは隔たりがあり、表現自体の特徴はむしろD類とよく似ている。角の生え方はA類とD類の一部が密着式、D類の残りとB・C類が分離式である。A類の獅子衝石獣の上唇には口髭の表現があるが、同様の表現はD類の仙塘湾石獣にみられる。A類とD類とにこのような細部の類似点がみられることは、A〜C類の組列とD類の関係を考える上で重要である。いっぽう、細部での共通性という点では、たとえば獅子銜石獣の下唇には真ん中で相対する、上向きに巻いた蕨手状の刻線がみられるが、これはD類石獣にはなく、B類の陵口右石獣に下向きに巻く同様の刻線がある。A類石獣がB・D類双方の模倣対象の一つとされた結果、偶然の所産とは思われない細部の類似点を生んだものと解釈できよう。ただしその基本的形制を直接に継承したのはB類であって、基本的形制の異なるD類には別のモデルがあったはずである。後漢後期の石獣は多様であるが、その中でも河南省孟津出土石獣(17)（図4）、南陽宗資墓石獣(18)をD類のモデルの候補として挙げられる。胸まで垂らしたひじょうに長い舌、平彫り主体の体毛表現、頸・胸・脇腹にある肋の浮き出したような皺状表現などの相違点もある反面、全体の姿態から個別装飾の細部にわたる多くの共通点が認められる。D類の製作に際してはこうした後漢後期の石獣が直接のモデルとされ、南朝石獣にA類とはまったく異なる形制を導入したものと考えられる。

四　皇帝陵再比定の試み

石獣の分類結果とその分布には明確な相関関係がある。A類は南京郊外すなわち国都建康城の周辺に、B〜D類は丹陽郊外つまり斉・梁の皇族蕭氏が自らの桑梓の地とする蘭陵・武進の一帯に分布し、さらに後者のうちB・C類は丹陽三城巷と陵口に、D類は建陵を除いてすべて丹陽東北郊の経山につらなる山塊の周辺に分布していて、それぞれに別個の陵区を設けていたようである（図1）。

A類の麒麟鋪石獣は宋武帝初寧陵である蓋然性が高く、D類の梁文帝建陵は比定に疑問の余地がない。三城巷の四陵のうち、建陵を除くB類の三城巷（1）・（4）、C類の（3）のいずれかが梁簡文帝荘陵であろうことも前述したとおりである。これらを定点として編年結果、分布状況などを総合すると、A類を宋、D類を斉、B・C類を梁皇帝陵石獣の規格と判断できる。梁文帝建陵がD類であるのは、文帝が梁初の追諡皇帝で、特例的に斉制を踏襲した結果とみて差し支えない。以上を出発点として、石獣の編年を踏まえつつ個別の陵名比定を試みたい。

宋皇帝陵　武帝劉裕初寧陵（四二二）[19]については既述のとおりで、石獣に先行的様相がつよいことからも、朱希祖以来の比定に異論はない。獅子衝は陳皇帝陵説もあるが、石獣の編年的位置から成り立ちがたく、やはり宋皇帝陵と考えるべきであろう。個別の陵名比定には問題も残るが、一応文帝劉義隆長寧陵（四五三）説に従っておきたい。

斉皇帝陵　斉は二四年間（四七九～五〇二）の短命な王朝であるが、高帝蕭道成・武帝蕭賾《さく》・前廃帝鬱林王蕭昭業・後廃帝海陵恭王蕭昭文・明帝蕭鸞・廃帝東昏侯蕭宝巻・和帝蕭宝融の七人が帝位に就き、宣帝蕭承之・文帝蕭長懋・景帝蕭道生の三人の追諡皇帝がいる。

前廃帝と後廃帝の終礼は王礼で執行されたことが史書にみえ、[20]廃帝は暗殺後さらに降封されていることから、[21]この三人の墓は皇帝陵の規格ではなかったとみられる。また、文帝崇安陵は武帝から文恵太子墓として陵名が与えられ、その後前廃帝から帝号が贈られたもので、[22]当時蕭鸞が実権を掌握していた状況下で皇帝陵の規格に改変されたかどうかは疑問である。和帝は禅譲して巴陵王に封ぜられた直後に没し、『梁書』武帝紀中に「巴陵王薨于姑孰、追謚爲齊和帝、終禮一依故事」の記述がある。これは東晋から禅譲を受けた宋武帝が晋恭帝の終礼を晋礼によって執行させ、沖平陵に葬るにあたっては百官を率いて瞻送した、などの故事に倣い、[23]和帝が斉皇帝の礼によって埋葬されたことを示すものである。したがって、斉の皇帝陵としては宣帝永安陵、高帝泰安陵、武帝景安陵、景帝修安陵、明帝興安陵、和帝恭安陵の六陵が考慮される。

仙塘湾・金家村石獣はD類としては最古の部類に位置づけられ、趙家湾石獣もこれに準じよう。町田章は墓室の発掘調査が実施された仙塘湾・金家村・呉家村墓の磚画・刻字磚の検討から仙塘湾↓金家村↓呉家村の先後関係を想定した。前二者は同笵の「羽人戯虎図」磚画を有し、年代的にきわめて近接するとともに、相互の関係も深いことが推察される。呉家村墓は石獣が現存しないが、文様磚の様相から南京棲霞の梁桂陽簡王蕭融墓（五〇二）（図6）に近い年代が想定され、前二者とはやや年代的に隔たる。獅子湾・前艾廟石獣は様相的に近く、先後関係は微妙であるが、しいていえば翼基部の三日月形部分に弧状の溝がない前艾廟石獣の方に後出的要素を認めることができる。

斉皇帝陵の比定に際して参考とすべきは水経山失名南朝墓（水経山村）（図6）と爛石壠失名南朝墓である。両者の石獣は無角であるが顎髭があり、その上に長い舌を垂らす。爛石壠左石獣[24]は上半部を欠損し、右石獣も風化のために顎髭の状況は不分明であるが、水経山村石獣の顎髭は有角獣D類と同じ立体的な表現である。両者は翼・体毛の表現もD類と共通し、つよい関連性がうかがわれる。とくに注意されるのは翼基部の花形文で、仙塘湾・金家村石獣と同タイプであることから、時期的には獅子湾・前艾廟石獣に先行する可能性が高い（図5）。水経山村墓・爛石壠墓は先後関係は不明ながら、相次いで殺害され、王礼で埋葬された前廃帝墓・後廃帝墓（四九四）に比定する意見が多く、従うべきであろう。これを鍵として斉皇帝陵の候補地を整理すると、仙塘湾↓金家村↓趙家湾↓（水経山村・爛石壠）↓獅子湾（↓）前艾廟↓呉家村の順になる。

以上から、仙塘湾・金家村はそれぞれ宣帝永安陵（四七九）、高帝泰安陵（四八二）に、趙家湾は武帝景安陵（四九三）に比定するのが妥当である。[25]宣帝・高帝は父子の関係にあり、陵の造営時期もきわめて近く、比定に矛盾はない。獅子湾・前艾廟は景帝修安陵（四九四）および明帝興安陵（四九八）に比定できる。景帝・明帝も父子の関係にあり、陵の造営時期もやはり近い。呉家村墓は和帝恭安陵（五〇二）に比定できよう。

ところで、高帝妃劉氏は斉建国に先立って没し、「宣帝墓側」に帰葬されたという。[26]高帝は建元元年（四七九）の建国

図６　無角獣
１・２　水経山村左石獣
３・４　石馬衝右石獣
５　　梁代王侯墓の石獣
（蕭融墓左石獣）

とともに劉氏を追尊して昭皇后とし、陵名を泰安としたが、朱希祖はこの「泰安陵」に高帝が追葬されたと解釈する。このように解せば永安陵と泰安陵とは隣接することになり、位置関係の共通性から朱が主張するように獅子湾・趙家湾を両者に比定する根拠となる。(27)ところが、『南斉書』禮志下「建元四年、高帝山陵、昭皇后應遷祔」以下には劉氏を高帝陵に改葬する際の礼をめぐる議論が載録されていて、実際は朱の解釈とは逆であったと考えられる。したがって泰安陵は建元四年までに皇帝陵の規格で改めて造営されたとみるべきであり、史書の上には旧比定の根拠となった永安陵と泰安陵の位置関係を直接示す手がかりはないことになる。

梁皇帝陵　梁は五六年間（五〇二～五五七）存続したが、建国者である武帝蕭衍の治世が天監元年（五〇二）から太清三年（五四九）までの約半世紀におよぶ。武帝治世末期の太清二年に勃発した侯景の乱（五四八～五五二）以降は急速に弱体化し、北朝の侵攻もあって政治的な混乱が続いた。武帝以後のわずかの間に簡文帝蕭綱・豫章王蕭棟・元帝蕭繹・貞陽侯蕭淵明・敬帝蕭方智の五人が相次いで帝位に就いた。追謚皇帝には武帝の父、文帝蕭順之がいる。

陵名が判明するのは文帝建陵、武帝修陵、簡文帝荘陵の三陵のみである。昭明太子蕭統墓は安寧陵の陵名を与えられているが、蕭統は追謚皇帝ではない。(28)侯景によって一時的に擁立された豫章王、北斉に擁立され陳覇先に廃された貞陽侯の終葬は明らかではなく、西魏に殺害された元帝はのちに江寧に埋葬された。(29)この三人の墓も状況からして皇帝陵の規格で造営されたとは考えにくい。陳覇先によって殺害された敬帝の終葬については『南史』陳武帝紀に「追謚梁敬帝。詔太宰弔祭、司空監護喪事。」とあり、丁重に挙行されたようである。したがって梁皇帝陵としては建陵・修陵・荘陵の三陵があり、これに敬帝陵が加わる可能性がある。

梁皇帝陵の候補地は丹陽荊林三城巷の四陵に限定される。四陵は至近距離で南北に並んで造営され、北から三番目が文帝建陵（五〇二）である。前述のとおり、建陵の石獣が斉皇帝陵と同じくD類石獣を採用したのは文帝が追謚皇帝で、その造営時期が梁初年であることによるものと考えられる。残る三城巷（1）・（3）・（4）のうち、B類の（1）・（4）のいずれかが武帝修陵（五四九）および簡文帝荘陵（五五二）に該当し、もっとも新しい様相を示すC類の（3）が敬帝陵（五五八）に比定されよう。

B類の陵口石獣は長さ約四m、推定重量二〇t以上とされる巨大なもので、特定の皇帝陵に付属する石獣ではなく、陵区全体の入口を標示するものとした朱希祖以来の理解が妥当である。水路をはさんで対峙するのは皇帝の葬送や謁陵・拝陵に船が利用されたためであり、[30]『南斉書』王敬則伝には「武進陵口」の地名もみえる。その設置時期を町田章は斉代、来村多加史は斉明帝期、羅宗真は梁初、曾布川寛は梁末に求め、一致しないが、石獣の形制からは斉代ではなく梁代の所産と考えるべきである。

曾布川は侯景の乱平定後の大宝三年（五五二）、梁復興の気運の中で簡文帝の葬礼を契機として諸陵の修復とともに陵口石獣も設置されたと推測する。曾布川の説は一案であるが、いま一つの案として、治世が約半世紀の長期におよび、比較的安定した政治状況が実現した梁武帝期の設置を考えたい。武帝は晋宋斉三代諸陵の守護を命じるなど歴代陵墓の整備にも努め、[31]大同十年（五四四）には建陵に謁陵し、亡夫人郗《ち》氏を改葬した修陵で哭したという盛大な蘭陵行幸[32]を挙行しており、陵口石獣もこの頃までに設置されたのではなかろうか。

陳皇帝陵　南京江寧石馬衝石獣（図6）は朱希祖以来、陳武帝陳覇先万安陵に比定されているが、顎髭をもつ無角獣で、陵前石獣の規範を逸脱した形制であることから、曾布川寛は斉王侯墓とする見解を示している。しかし、前に踏み出す肢の左右は斉代のD類および水経山村石獣とは逆で、全体の姿態も水経山村とはかなり異なっており、斉代に位置づけるのは困難と思われる。いっぽう、来村多加史はその選地から山全体を陵墓域に取り込もうとする意識がつよいことを指摘し、唐の山陵の制との関係にも言及している。来村に従って陵墓域設定が梁代以前の南朝皇帝陵にはみられないスケールでおこなわれている点を重視すれば、やはり陳代皇帝陵である蓋然性は高いと考えられる。

五　むすび

石獣の編年を軸に南朝皇帝陵の再比定を試みた。結果は表1のとおりである。D類石獣の検討から得られた編年的理解は町田章が提示した序列に近く、変化の方向性として装飾化を想定した曾布川寛の案とはほぼ逆になったが、町田が斉代でももっとも古いと考えたB類の三城巷（1）については梁代の所産と判断した。A類の獅子銜石獣については宋長寧陵説と陳永寧陵説とがあるが、石獣の編年的位置づけからは宋代の所産と考えるのが合理的であり、来村多加史が明らかにした選地の特性とも合致する。

丹陽東北郊経山周辺一帯の陵墓群と丹陽三城巷の四陵を別の陵区としてとらえ、それぞれ斉・梁皇帝の塋域とした点、陵口石獣を梁代の所産とした点は、個別の比定に異同があるものの、曾布川の検討結果を追認することになった。とくに梁皇帝陵は一定の範囲内に整然と並び、全体の入口として陵口石獣を設置するなど、武帝期に計画的な陵区の整備がおこなわれ、侯景の乱後もそれに沿った陵の造営がおこなわれたようである。史書の上でも建・修二陵は数回にわたって並記され、陵寺としての皇基寺とともに互いに近い地理的位置にあったことがうかがわれる。『梁書』武帝紀下にみえる「蘭陵縣建脩二陵」の周囲五里内の居民を復し、陵監を改めて陵令とした、との天監七年（五〇八）の記事は陵区の管理状況の一端を示すものである。また、南京市東北郊甘家巷周辺一帯に並んで造営された梁文帝諸子すなわち武帝の兄弟たちの墓の分布状況は、丹陽三城巷の四陵のあり方に通じるものがあり、陵区に準じてその整備がおこなわれた可能性がある。さらに、石獣・前石碑・石柱・後石碑の四対で構成される神門石刻の遺存例が梁代陵墓に限定されることから、梁武帝期には陵墓域の整備とともに石刻群の構成を含む陵墓構造自体も整えられた可能性があろう。

石獣の形制には王朝ごとの独自性が発揮されている。斉は宋制をそのまま踏襲することなく後漢石獣を模倣して独自の形制を確立し、梁は建国初年の建陵こそ斉制を踏襲しているが、その後は宋制をベースに独自の形制を確立している。しかし神門に石獣を配置する大原則自体は一貫しており、正統な漢民族王朝としての継続性と、新王朝としての独自性という、一見相反する主張が巧妙に表現されているのである。

図出典

図1　註（9）文献　第1図を改変作図。

図2～4　一九九三・一九九九・二〇〇二年撮影写真をもとに作図。修復時の後補部分もそのまま図化した場合がある。

図5　1　姚遷・古兵『南朝陵墓石刻』文物出版社、一九八一年による。2～4　一九九三年撮影。

図6　1・2・5　一九九九年撮影。3・4　一九九三年撮影。

註

（1）　朱希祖ほか『六朝陵墓調査報告』中央古物保管委員会調査報告第一輯、一九三五年

（2）　南京博物院「江蘇丹陽胡橋南朝大墓及磚刻壁画」『文物』一九七四年第二期

（3）　南京博物院「江蘇丹陽県胡橋、建山両座南朝墓葬」『文物』一九八〇年第二期

（4）　朱偰「修復南京六朝陵墓古蹟中重要的発現」『文物参考資料』一九五七年第三期

（5）　羅宗真「南朝宋文帝陵和陳文帝陵考」『南京博物院集刊』七、一九八四年

（6）　魏正瑾「南京南朝陵墓石刻」『中国大百科全書（文物・博物館）』中国大百科全書出版社、一九九五年

（7）　町田章「南斉帝陵考」『文化財論叢』、同朋舎、一九八三年

（8）　曾布川寛「南朝帝陵の石獣と磚画」『東方学報』第六三冊、京都大学人文科学研究所、一九九一年

（9）　来村多加史「南朝陵墓選地考」『網干善教先生華甲記念考古学論集』、一九八八年

（10）　羅宗真『六朝考古』、南京大学出版社、一九九四年、七三～七四頁

(11)『太平寰宇記』巻八十九「梁簡文帝陵、有麒麟、碑尚存。陵有港、名曰蕭港、直上陵口大河、去縣二十五里。」

(12)楊寛『中国皇帝陵の起源と変遷』（西嶋定生監訳）、学生社、一九八一年、一一四頁

(13)石柱の編年については試案を示したことがあるので参照されたい。岡林孝作・鈴木裕明「南朝陵墓の概要」『南朝石刻』奈良県立橿原考古学研究所編、二〇〇二年、七七～七八頁

(14)中国では一般に現状の比定にもとづく墓主名と陵名を冠するが、記述の便宜上、ここでは曾布川寛の呼称に準拠した。

(15)町田が「梁代の石獣は斉形式よりは宋形式に近い。しかし、翼の渦巻や長い尻尾は宋形式にない。」と述べているのは、本例を念頭に置いたものであろう。

(16)『六朝陵墓調査報告』写真No.7・8

(17)蘇健「洛陽新穫石辟邪的造型芸術与漢代石辟邪的分期」『中原文物』一九九五年第二期

(18)周到・呂品「略談河南発現的漢代石彫」『中原文物』一九八一年第二期

(19)埋葬年。追謚皇帝の場合は追謚年。以下同じ。

(20)『南斉書』鬱林王紀「出西弄、殺之、時年二十二。輿尸出徐龍駒宅、殯葬以王禮。」（鬱林王の終葬）、『南斉書』海陵王紀「十一月、稱王有疾、數遣御師占視、乃殞之。給温明秘器、衣一襲、斂以袞冕之服。大鴻臚監護喪事。葬給輼輬車、九旒大輅、黄屋左纛、前後部羽葆鼓吹、挽歌二部、依東海王故事、謚曰恭王。年十五。」（海陵恭王の終葬）

(21)『南斉書』和帝紀（中興元年春三月）「丙午、有司奏封庶人寶巻爲零陵侯、詔不許。又奏爲涪陵王、詔可。」、『南史』斉本紀下「十二月丙寅、新除雍州刺使王珍国、侍中張稷率兵入殿殺帝、時年十九。」、『南斉書』東昏侯紀「宣徳太后…又令依漢海昏侯故事、追封東昏侯。」

(22)『南斉書』文恵太子伝「…及薨、朝野驚惋焉。上幸東宮、臨哭盡哀、詔斂以袞冕之服、謚曰文恵、葬崇安陵。」、『南斉書』鬱林王紀「辛酉、追尊文恵皇太子爲世宗文皇帝。」

(23)『南史』宋本紀上「九月己丑、零陵王殂、宋志也。車駕率百僚臨于朝堂三日、如魏明帝服山陽公故事。使兼太尉持節護喪事、葬以晉禮。…十一月辛亥、葬晉恭皇帝于沖平陵、車駕率百官瞻送。」（宋武帝による晋恭帝の終葬）、『南斉書』高帝紀下「己未、汝陰王薨、追謚爲宋順帝、終禮依魏元、晉恭帝故事。…葬宋順帝于遂寧陵。」（斉高帝による宋順帝の終葬）

(24)爛石壠石獣は左右とも蹲踞し、現存する南朝陵墓石獣としては唯一の事例である。

(25)『南斉書』武帝紀所載の遺詔中には「今可用東三處地最東邊以葬我、名爲景安陵。」の一文があるが、「東三處地」のもっとも東側が何処を指すのかは不明である。

(26)『南史』高昭劉皇后伝「宋泰豫元年殂、歸葬宣帝墓側、則泰安陵也。門生王清與墓工始下鍤、有白兔跳起、尋之不得。及墳成、兔還栖其上。」

(27)いっぽう、仙塘湾・金家村墓は直線距離で約二km離れている。

(28)『梁書』昭明太子伝「四月乙巳薨、時年三十一。高祖幸東宮、

臨哭盡哀。詔斂以袞冕。謚曰昭明。五月庚寅、葬安寧陵。」

(29)『陳書』世祖紀「壬辰、詔曰、梁孝元遭離多難、靈櫬播越、朕昔經北面、有異常倫、遣使迎接、以次近路。江寧既是舊塋、宜既安卜、車旗禮章、悉用梁典、依魏葬漢獻帝故事。…是月、葬梁元帝於江寧。」

(30)『南史』斉本紀上「梓宮於東府前渚升龍舟。四月丙午、葬於武進泰安陵、於龍舟卒哭、内外反吉。」（斉高帝の終葬）、『南斉書』荀伯玉伝「世祖拝陵還、景眞白服乘畫舴艋、坐胡牀、觀者咸疑是太子。」（斉皇太子蕭賾の拝陵）

(31)『梁書』武帝紀下（大同六年）「夏四月癸未、詔曰、…晉、宋、齊三代諸陵、有職司者勤加守護、勿令細民妄相侵毀。作兵有少、補使充足。前無守視、並可量給。」

(32)『南史』梁本紀中「三月甲午、幸蘭陵。庚子、謁建陵、有紫雲蔭陵上、食頃乃散。帝望陵流涕、所霑草皆変色。陵傍有枯泉、至是而流水香潔。辛丑、哭于脩陵。壬寅、於皇基寺設法会、詔賜蘭陵老少位一階、并加頒賚。所經縣邑、無出今年租賦。因賦還舊郷詩。癸卯、詔園陵職司、恭事勤劳、並錫位一階、并加賜賚。」

古墳に刻まれた地震の痕跡

寒川　旭

一　はじめに

最近、古墳の発掘調査において、激しい地震動に伴って墳丘や石室が変形した痕跡が検出されるようになった。(1)

これらの中には、本来の形態を大きく変えている場合もあり、古墳の学術的研究においても、地震による影響を考えることの必要性が認識されるようになった。

古墳は、築造されてから現在に至るまで、千数百年もの年月を経ており、この間に、大きな地震に遭遇することも大いに考えられる。また、一定の規格に基づいて築造されているため、地震に伴う変形が詳しくわかり、過去の地震を知るためのユニークな「地震計」の役割が期待できる。

このような背景のなかで、著者が調査に加わった中で、代表的な事例を簡単に紹介し、これに関与した地震について言及したい。

二　丹後半島の古墳群

京都府埋蔵文化財調査研究センターが調査した竹野郡網野町のスガ町古墳群（図1）において、顕著な地割れの痕跡が検出された。これらは、北北東－南南西方向にのびる三列の小丘陵（西からA〜C）の尾根に沿って生じたものである。このうちB－4号墳（丘陵Bの頂部）では、最大幅一・四mの地割れが、尾根の方向と一致する北北東－南南西方向にのびて、古墳の主体部を引き裂いていた（写真1・2）。また、丘陵Cに位置するC－4号墳でも墳丘の南西側に地滑りが生じていた(2)。

同センターは、丹後半島の調査で、その他の二つの古墳群においても地割れや地滑りの痕跡を検出している（図1）。中郡大宮町の通り古墳群では、北北東－南南西方向にのびる二つの丘陵尾根の頂部で地滑り跡が検出された。東側の尾根頂部では、二号墳の墳丘の一部が北東－南西および北北東－南南西方向にのびる滑落崖に沿って東へ滑り落ちていたが、主体部の東端も約二〇cmの右横ずれを伴いながら二〇cmほど低下していた(3)。五〇m西にある西側の尾根では、北北東－南南西方向の鮮明な滑落崖が並行しており、西側が滑り落ちていた。これに伴い、尾根の最高点にある一号墳は西側の端部が滑り落ちていた。さらに、二〇m南南西で、やや低い尾根の頂部に位置した三号墳の主体部は真ん中から切断され、六〇cmほどの左横ずれを伴いながら、西へ約六〇cm低下していた(3)（図2）。

竹野郡弥栄町の遠所古墳群では、北北東－南南西方向の尾根に築かれた古墳の頂部に、最大幅数十cmの小規模な地割れが多く刻まれていた(4)。

この地域では、昭和二（一九二七）年三月七日の一八時二七分に北丹後地震（M：マグニチュード七・三、兵庫県南部地震と

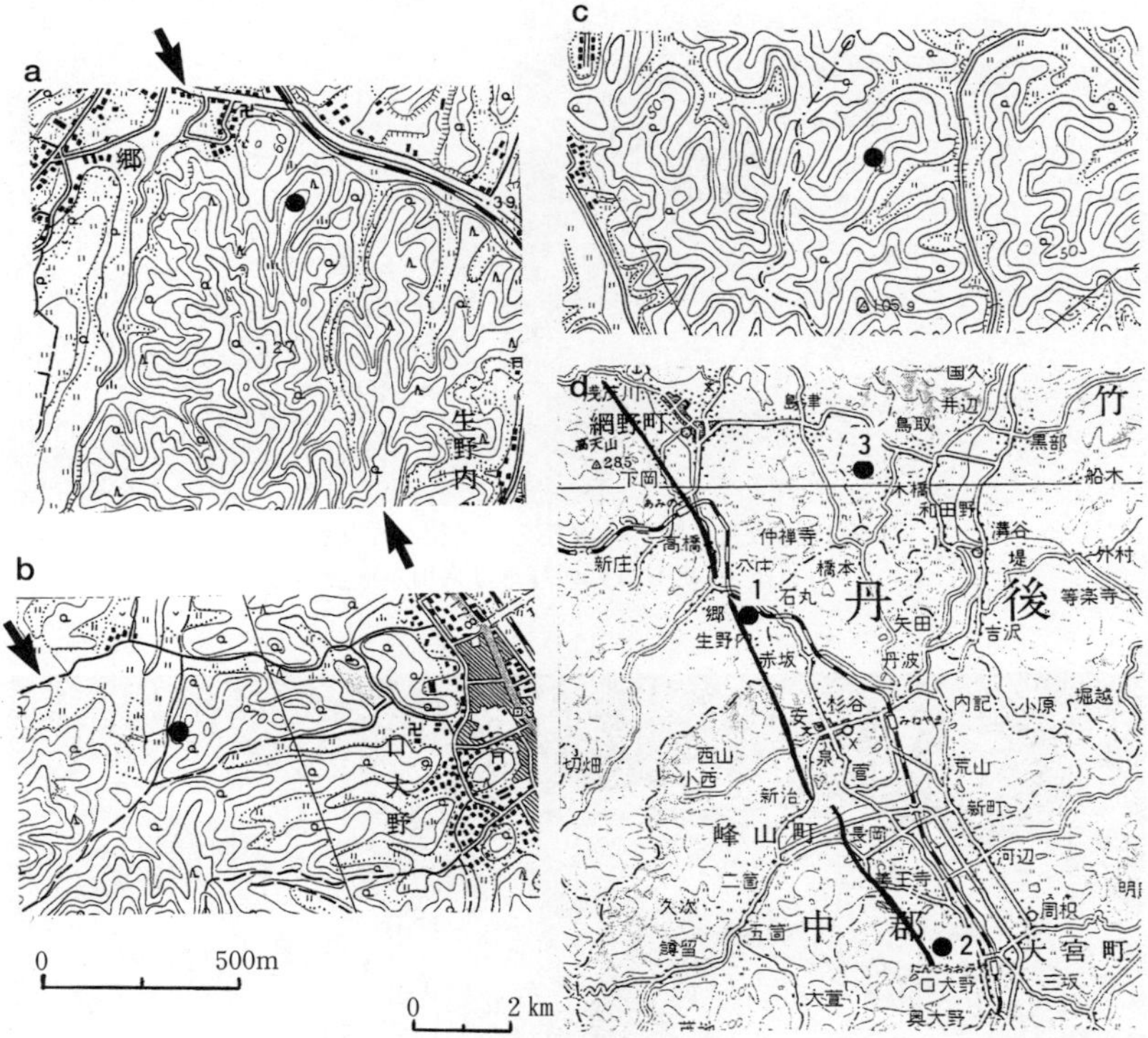

図１　郷村断層と変形した古墳群

図aはスガ町古墳群（●印は丘陵B）、図bは通り古墳群（●は３号墳主体部）、図cは遠所古墳群（●は地割れ検出地点）群で、国土地理院発行の１：2500地形図「峰山」・「四辻」・「網野」を用いた。矢印に沿って、北丹後地震の断層変位が生じた。図dでは、太実線で示したのが郷村断層で、１スガ町古墳群、２通り古墳群、３遠所古墳群を●で示した（国土地理院発行の１：200,000地勢図「宮津」を用いた）。

写真１　スガ町古墳群の墳丘を引き裂く地割れ
以下、写真９以外の写真は寒川が撮影した。

写真２　スガ町古墳群の墳丘主体部を引き裂く地割れ

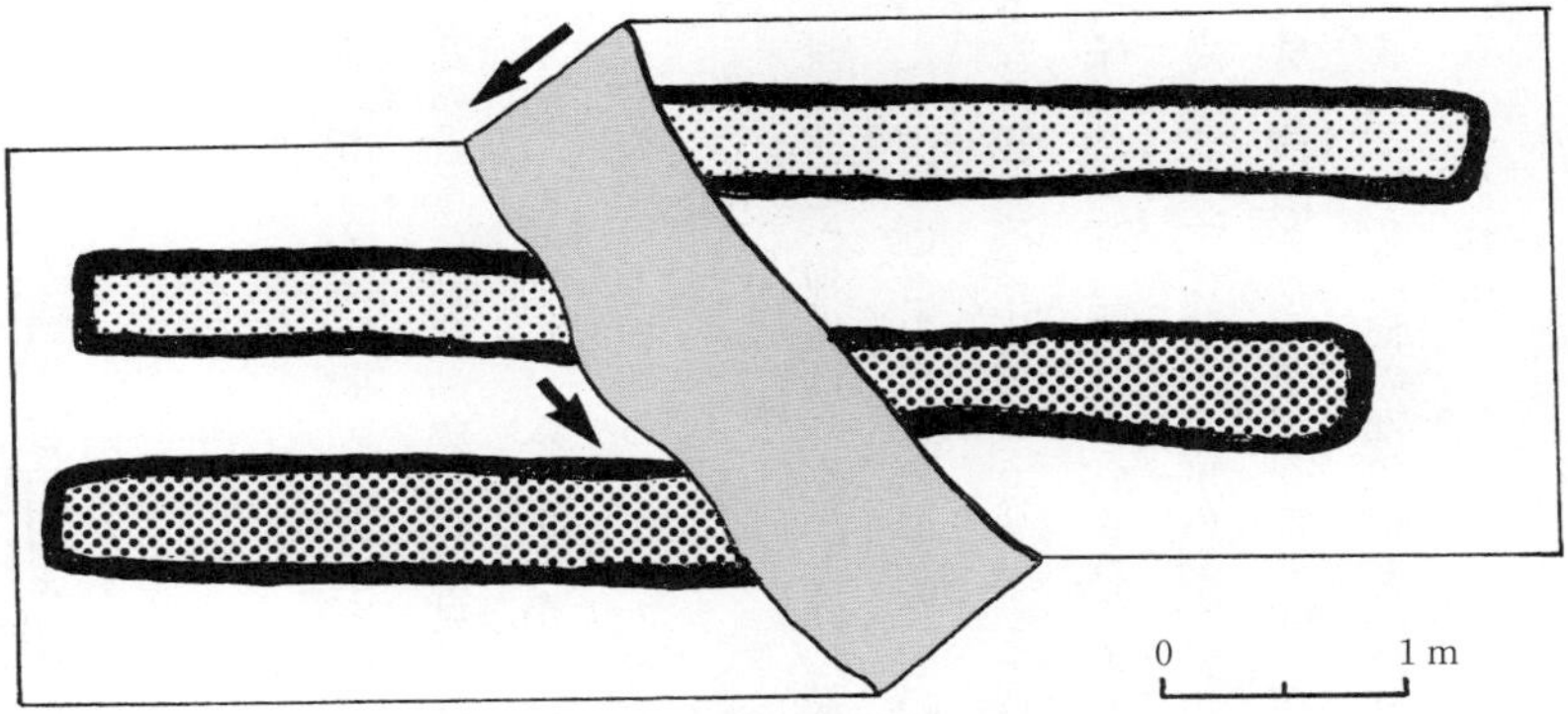

図２　通り古墳群における主体部の変形

図の左側が北西方向で、矢印の方向へ移動している。粗いアミが主体部、細かいアミが滑落崖を示す。京都府埋蔵文化財調査研究センターの資料をもとにして模式化したものである。

ほぼ同じ地震規模）が発生している。この地震は丹後半島の西部を北北西－南南東方向に走る郷村断層（図１）と、半島南端でこれに直交する山田断層の活動で生じたものである。特に大きく活動した郷村断層に沿っては、西側の地面が、相対的に、最大八〇m上昇し、左横ずれ方向に最大二・七m移動している。(5・6)

上記の三つの古墳群について、スガ町古墳群は郷村断層から約一〇〇m東、通り古墳群は約二〇〇m東、遠所古墳群は三・二km東にある。いずれも、概ね南北方向の丘陵頂部に位置し、尾根の方向に沿って生じた地割れや地滑りによって変形している。

北丹後地震の直後に、石灯籠・墓石などの転倒方向が詳しく調べられ、東西方向の揺れが卓越したことが報告されている。特に、通り古墳群の場合、近くにある大野神社の石燈籠が東西方向に揺れ倒れている。(7)

一般に、細長い高まりに強い地震動が加わった場合、頂部で震動が増幅して地変が生じやすい。上述のような古墳の変形は、震源となった郷村断層に近い位置で顕著になっており、断層活動に伴う断層近傍での地面の変形や、地震動と地形の関係を考える上で貴重な資料と思える。

三　大阪平野北縁の古墳群

1　神戸市の西求女塚古墳

神戸市灘区の西求女塚古墳における神戸市教育委員会の発掘調査において、石室から画文帯神獣鏡・三角縁神獣鏡などの貴重な副葬品が多く発見された。そして、一九九二年度の調査においては、石室が中央から切断されて、南西側が約二m低下したことがわかった[8]（写真3）。

石室の中央を横切る地滑りの部分では、写真4のように南西へ向って約六〇度傾く滑り面に沿って墳丘の盛土が大きく滑り落ちていた。

滑り落ちた地塊は、水平方向に最大で十m以上移動し、古墳の外側に開墾されていた水田耕作土の上に乗り上げていた。図3はこの状態を示したもので[9]、墳丘盛土（Ⅰ層）には、引き裂かれて滑り動く過程で加わった強い引張力にともなう正断層（小さな滑り面）が多く発達していた（写真5）。一方、墳丘に覆われた水田耕作土（Ⅱ層）には一六世紀後半の備前焼の擂り鉢片が含まれており、一六世紀後半以後の地滑りであることがわかった[8]。

さらに、二〇〇一年度の調査によって、墳丘盛土に覆われた水田耕作土からは、一六世紀後半までの中世の遺物が大量に検出されたが、それ以降（近世）の遺物は全く認められなかった。

また、墳丘の他の部分にも地滑りの痕跡が刻まれ、墳丘が設置された地山の砂層には小規模ながら液状化現象の痕跡も認められた。

写真３　西求女塚古墳石室の変位
写真の右側が約２m低下している。

写真４　西求女塚古墳盛土の地滑り跡
N50°W、60°Sの滑り面（指さしている位置）に沿って写真の右側が滑り落ちている。

写真5　滑り落ちた盛土を切る正断層群

地滑りで移動した盛土に、水平方向の引張力が働き、多くの正断層が生じている（図3に近接した位置）。

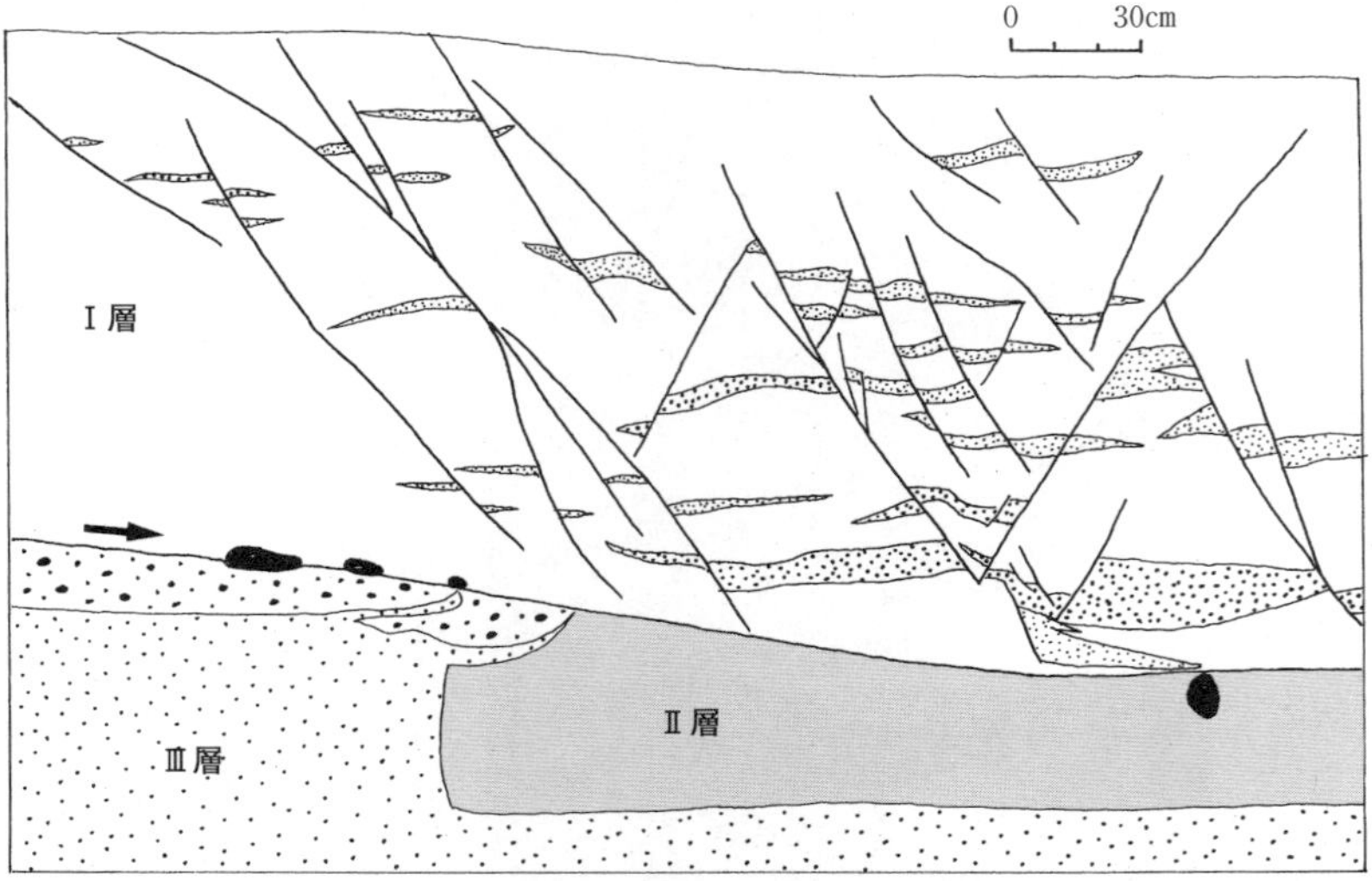

図3　西求女塚古墳の墳丘に覆われた水田耕作土（寒川、1997より）

Ⅰ層　滑り動いた墳丘（矢印の方向へ移動）Ⅱ層　16世紀後半の遺物を含む耕作土
Ⅲ層　地山（粗粒砂）

2　高槻市の今城塚古墳

平成一二年度に高槻市立埋蔵文化財センターが実施した今城塚古墳の発掘調査においても、顕著な地滑りの痕跡が検出された(10)。

同センターが作成した墳丘の地形図には、地滑りの存在を示す地形（滑落崖など）が多く認められる。この中で、地滑り地形が最も鮮明に認められる前方部の北西側（図4）において、長さ約六〇ｍの細長いトレンチが掘削された。そして、このトレンチにおいて、滑り初めから到達点まで連続的に観察できたため、滑り動いた地塊の運動がよく把握できた(11)（図5）。

写真6は滑落崖の前縁に沿う細長い凹地の下方を示したものである。地山と墳丘盛土の境界に一致した滑り面に沿って、盛土が左（北西）方向に移動し、築造当初は水平に積み重ねられていたはずの墳丘盛土が最大六〇度傾斜していた。墳丘盛土が、滑落崖から離れるように移動して生じた隙間に向かって、倒れかかるように傾いたものと思える。

さらに北西方向では、盛土は水平なままで滑っていたが（写真7）、引き延ばされるような力を受けて、多くの小断層（小さな滑り面）が発達していた。内濠に堆積した粘土～砂層の上にも盛土が乗り上げていたが、水分を吸収して液体状になったため、写真8のような複雑な変形を示していた。

内濠に堆積した地層の最上部（地滑り土塊に覆われる位置から数cm下）付近から採取した、ひしの実の放射性炭素年代測定値は西暦一四五〇年前後（暦年補正値）となり、一五世紀中頃より少し後に、墳丘が滑り落ちたことがわかる。

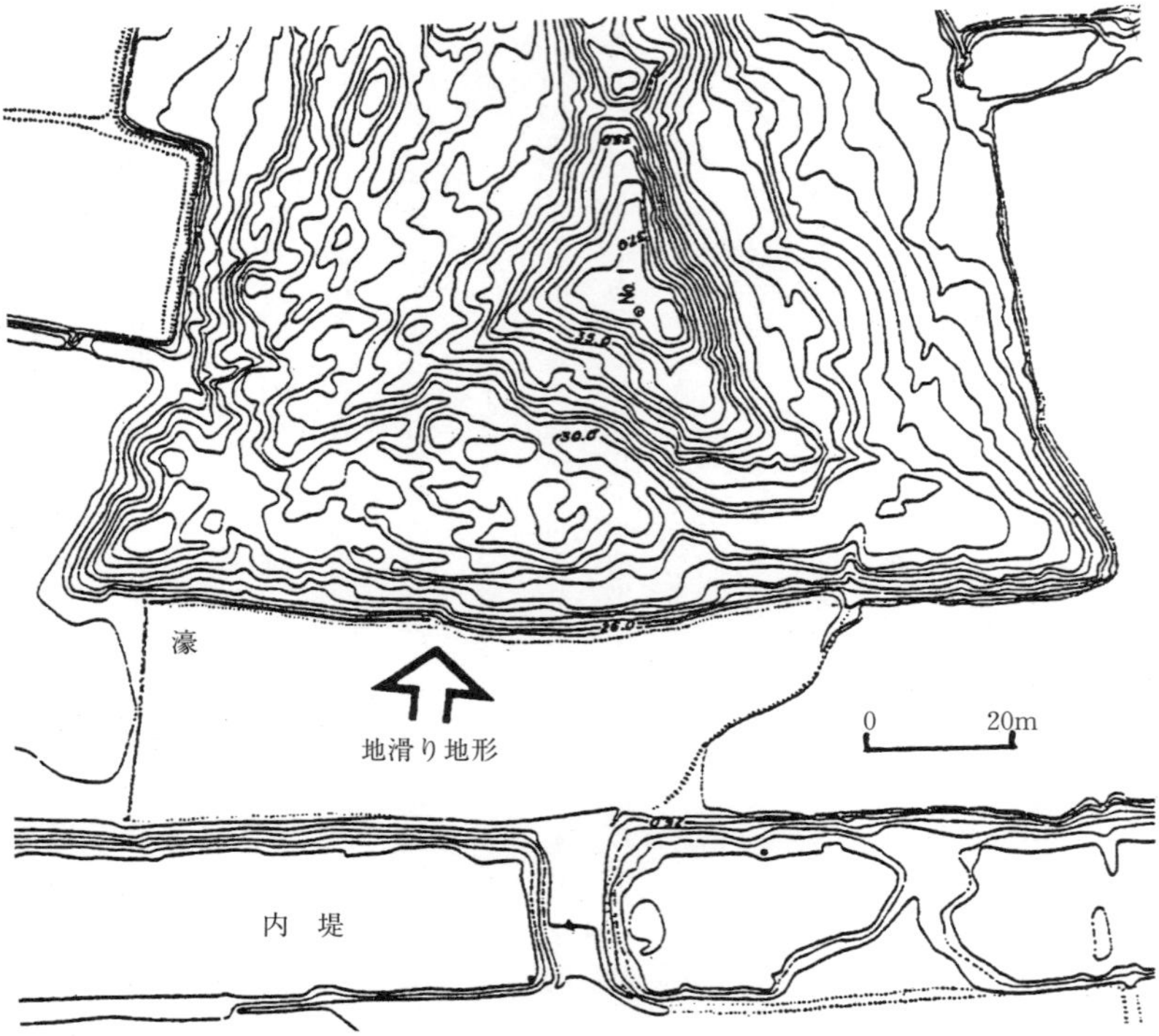

図４　今城塚古墳の墳丘における地滑り地形（寒川、2001より）
高槻市立埋蔵文化財調査センターが作成した地形図の一部で、矢印の位置で発掘が行われた。手前が北西方向である。

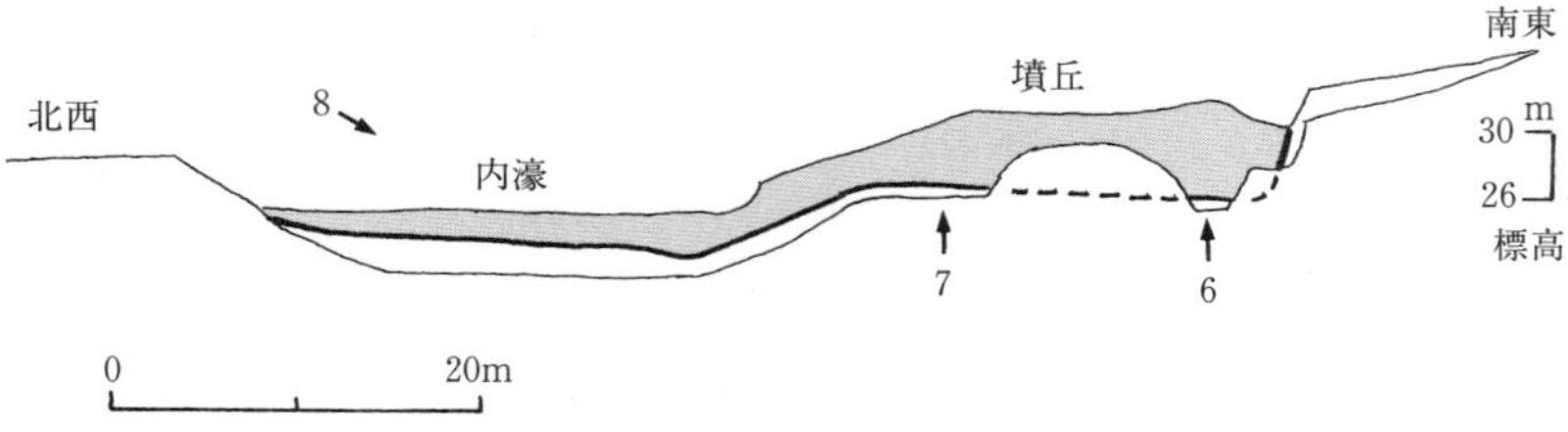

図５　今城塚古墳の地滑り跡に関する断面図（寒川・宮崎、2001より）
上の細い実線は現在の地表、下の細い実線はトレンチの底面。太い実線は滑り面、アミの部分が地滑りで移動した墳丘盛土。本稿で掲載した写真の番号と位置を矢印で示した。

写真６　今城塚古墳墳丘盛土の傾き

滑り面(←)を境にして、墳丘盛土が左に滑り動きながら、右側に50～60°傾いている。

写真７　今城塚古墳墳丘の水平方向への移動

滑り面(←)を境にして、墳丘盛土が向こう側(左奥)に向かって滑り動き、盛土を切断する正断層が生じている。

写真８　滑り落ちて内濠を覆った墳丘盛土
内濠の堆積物の上に盛土が滑り落ちて、複雑な変形を示している。

3　伏見地震と古墳の変形

西求女塚古墳については、一六世紀後半までの遺物を多く含む水田耕作土に地滑り地塊が乗り上げていた。今城塚古墳については一五世紀後半より少し後で、墳丘が大きく崩れ落ちたことがわかった。

この年代で、両古墳を変形させるような激しい地震動を与えた地震として、一五九六年九月五日の午前零時頃（文禄五・慶長元年閏七月一三日の子刻）に発生した、いわゆる「慶長伏見地震」が唯一該当する。

この地震は、京都盆地東部の指月丘に築かれた伏見城が倒壊したことでよく知られているが、京都盆地内では、東寺・天龍寺・二尊院・大覚寺など多くの寺社や民家が倒れ、大坂・堺でも顕著な被害が出ている。兵庫（現・神戸）も、家並みが倒れた跡で火災で燃えてしまったことが記録されている。(12)

伏見地震の痕跡は、図６のように、京都盆地から淡路島にいたる広い範囲の遺跡から検出されている。(13)また、工業

図6　大阪平野周辺の活断層と伏見地震の痕跡が見つかった遺跡

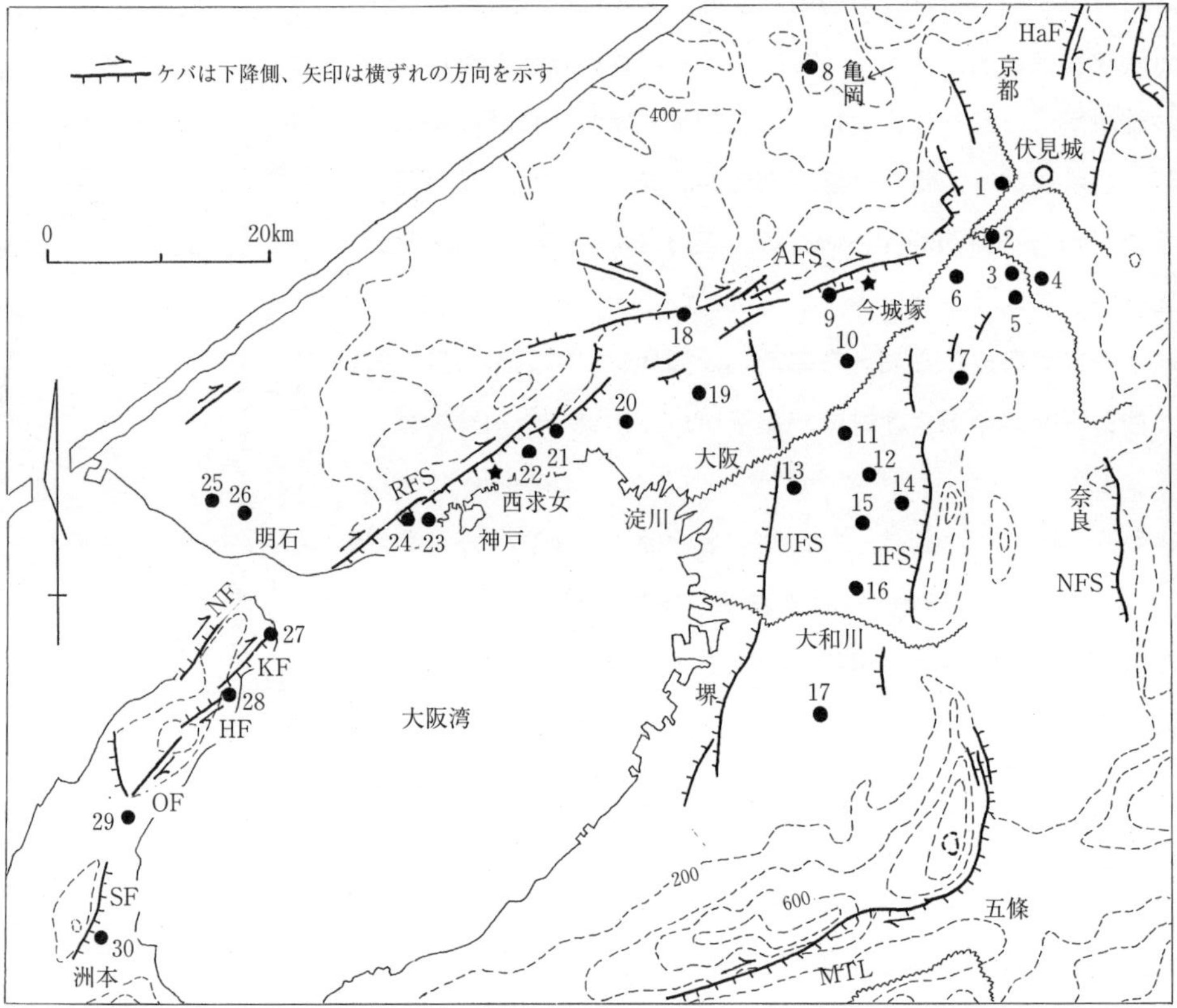

●は伏見地震による可能性の高い地震跡を検出した遺跡（西求女塚古墳と今城塚古墳は★）活断層は太実線で示した。一九九五年に活動したのがNF野島断層。一五九六年に活動したと考えられるのが、AFS有馬－高槻構造線活断層系、HF東浦断層、OF野田尾断層、SF先山断層。一五九六年に活動した可能性が高いのが、RFS六甲断層系、KF楠本断層。その他の活断層は、UFS上町断層系、IFS生駒断層系、HaF花折断層、MTL中央構造線活断層系、NFS奈良盆地東縁断層系。

1志水町、2木津川河床、3内里八丁、4塚本東、5魚田、6樟葉野田、7有池、8鹿谷・太田、9耳原、10玉櫛、11西三荘・八雲東、12西鴻池、13大坂城跡、14水走、15西岩田、16久宝寺、17狭山池北堤、18栄根、19田能高田、20高松町、21寺田・業平・芦屋廃寺・六条、22住吉宮町・坊ヶ塚・郡家、23兵庫津、24長田神社、25玉津田中、26新方、27塩壺、28佃、29脇・志筑廃寺、30下内膳

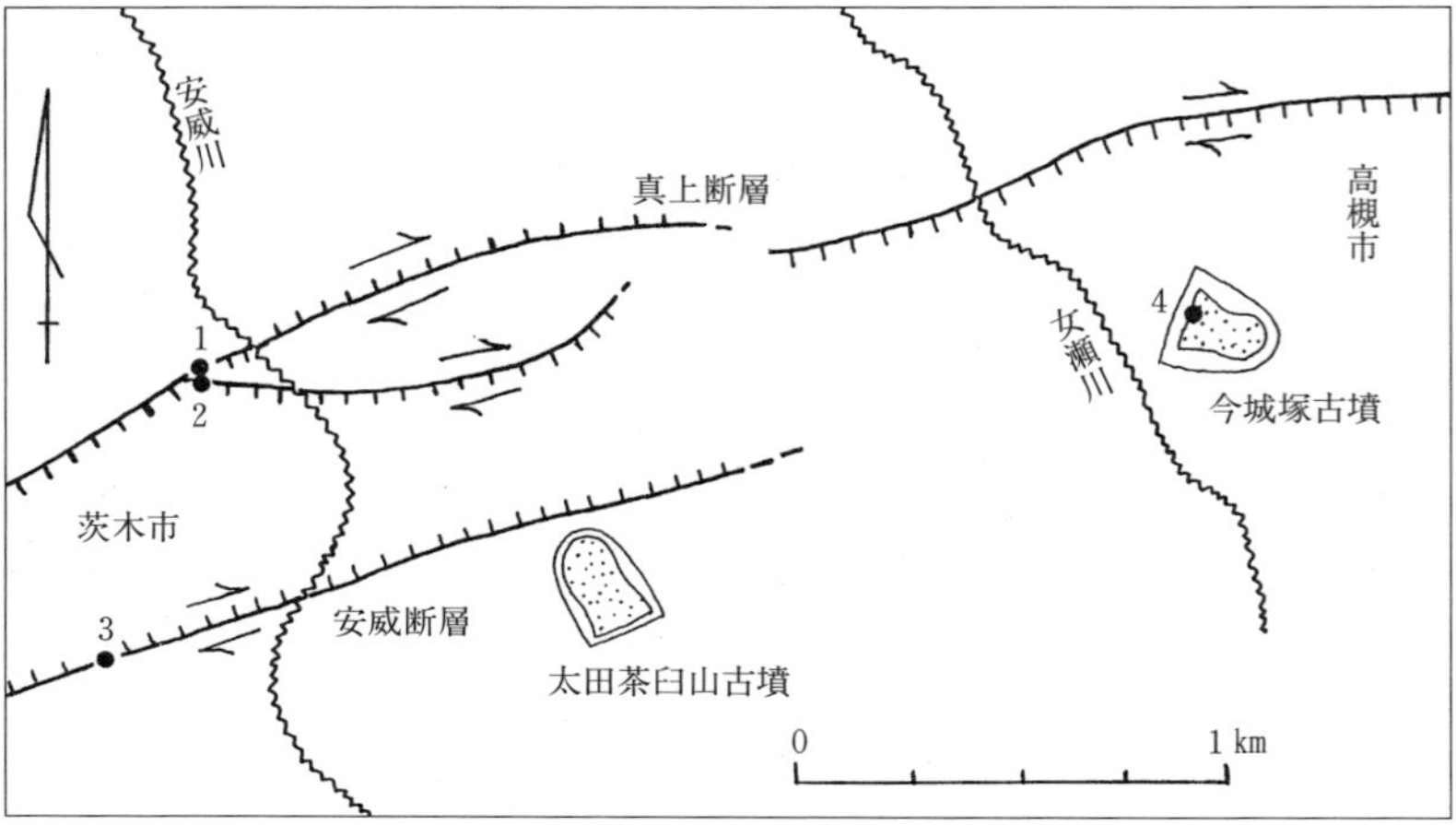

図７　有馬－高槻構造線活断層系と大型古墳（寒川、2001より）
１～３は活断層のトレンチ調査で伏見地震による地層の食い違い（変位）が認められた地点。
４は今城塚古墳の地滑り跡を発掘調査で確認した位置。

技術院地質調査所が一九九五年に実施した活断層の発掘調査（トレンチ調査）で、大阪平野の北縁を限る有馬－高槻構造線活断層系と淡路島の東浦・野田尾・先山の各断層がこの地震で活動したことがわかった。[14] また、未調査の六甲断層系についても、全部または一部が活動した可能性が高い。

地滑りの被害を受けた二つの古墳は、いずれも活断層に近接した位置で、軟弱な砂・粘土の上に築造されている。このため、M（マグニチュード）八近い規模を持つことが推測される伏見地震の、上下動を伴う激しい揺れによって墳丘が大きく滑り落ちたものと思える。

継体大王を埋葬したことが確実と言われる今城塚古墳が、中世末期の築城による改変と、直後の大規模な地滑りによって大きく形を変えているのと対照的に、その西方一kmにある太田茶臼山古墳（継体天皇陵）の墳丘はほとんど変形を受けていない。

図7は、有馬－高槻構造線活断層系を構成する断層の一部である真上断層と安威断層を示し、これに両古墳の位置を示したものである。[15] 安威断層については、一五九六年の伏見地震で、両側の地面が、上下に数十cm、右横ずれ方向に三m以上の食い

違いを示したが、太田茶臼山古墳はこの断層の南に隣接し、今城塚古墳は延長上に位置する。活断層において、地表面の変位が明瞭な範囲を実線で示したが、安威断層の場合、断層の東方延長が今城塚古墳直下の地下に存在する可能性が高い。そして、太田茶臼山古墳は固結度が高い大阪層群とそれを覆う段丘堆積物の上、今城塚古墳は厚さ数mの軟弱な沖積層（砂・粘土層）の上に位置している。四〇〇年前に激しい活動を行った活断層に近接して築かれた二つの前方後円墳において、墳丘の変形に顕著な差異が生じた最大の原因は、それぞれの古墳が立地した地盤の良否であろう。

四　奈良盆地東縁の古墳群

1　黒塚古墳石室の変形

天理市南部から桜井市にかけて大和古墳群が分布している。このうち、天理市の柳本支群に属する黒塚古墳の発掘調査が、平成九年度に大和古墳群調査委員会によって実施された。

この調査によって、南北方向の石室から多数の副葬品が見いだされて注目を集めた。石室の上部は鎌倉時代に試みられた盗掘によって大きく破壊されていたが、石室を構成する石材の一部が地震によって崩落して石室内を覆っていたため、副葬品が盗掘を免れる結果となった(16)。

石室の壁面から落下した石材の多くは、当初は水平に積み重ねられていた東側の壁から一気に落下して地面に突き刺さっていた（写真9）。この時、遠い位置では垂直（一部は反転）、近い位置では緩い角度で着地しているため、水平方

写真９　黒塚古墳石室における石材の落下跡（橿原考古学研究所提供）
左側の壁面から、放物線を描くように石材が落下して、床面に刺さっている。

向の強い外力を受けて、石室の空間部分へ向かって飛び出したことが推測される。

著者も発掘調査の後半に参加させて頂いたが、大量の石材が抜け出した東壁では、現存する石材の多くが、築造時に設置されたと考えられる位置から、水平方向に少しづつ移動しており、これに伴う間隙が多く生じていた。西壁でも、水平方向に移動して不安定になった石材が少なからず認められ、全体として、築造後に水平方向の強い揺れを蒙ったことが推測される。

２　赤土山古墳の変形

天理市櫟本町の東西に伸びる丘陵の頂部に築かれた赤土山古墳において、平成一四年度における天理市教育委員会の発掘調査で、顕著な地滑りの痕跡が検出された。

写真10・11では、左上から右下にかけて滑り面（矢印で示した）が見られ、これに沿って右（南）側の地層が下方に滑り落ちていた。滑り面は、写真の下部で水平となり、写真の手前に向かって水平方向にも滑り動いたことがわかる。

写真10　赤土山古墳墳丘盛土の地滑り跡（遠景）

矢印の滑り面に沿って、右側が滑り落ちている。

写真11　赤土山古墳墳丘盛土の地滑り跡（近景）

斜め右下に向かう滑り面が、水平方向に変わっている（共に矢印で示した）。

この水平方向の滑り面は、厚さ一〇cm程度で水平に堆積した、柔らかい白色の粘土層に沿っていた。これより下には固結度の高い砂層（大阪層群下部層）が堆積しており、地層の中で柔らかくて滑りやすい部分を利用して滑り動いたことがわかる。

一方、写真10のすぐ右（南側）では大型の朝顔形および円筒埴輪が数多く検出されている（写真12）。これらは皆、地滑りによって滑り落ちた側に位置しているので、さらに高い位置に設置されたものが滑り落ちて、埋積されたと考えられる。

赤土山古墳の墳丘に関しては、地形的に地滑りと考えられる痕跡が数多く認められ、これまでの調査の過程でも、地滑りに伴う滑り面や小断層が多く検出されている。このため、古墳築造以降、複数回の地滑りによって、古墳の形態が大きく変化し、現在にいたったと推測される。

古墳の本来の形状や地滑りの時期については、現在、天理市教育委員会で検討中であるが、地滑りに

写真12　滑り落ちて埋まった赤土山古墳の埴輪群
地滑りで低下した側で埋まっている。

よって地下に埋積された埴輪が、水平方向の圧縮力で押しつぶされてはいるものの、風雨や人力による欠落がほとんどないことより、まず、古墳が築造されてから、かなり早い時期に一度、大きく滑り落ちて埋もれたと推測される(17)。

3　南海地震と古墳の変形

大阪平野や奈良盆地では、活断層が活動して引き起こした内陸地震以外に、太平洋側海底のプレート境界から発生する南海地震でも激しい地震動を蒙っている。

図8は、フイリピン海プレートが沈み込みを行っている南海トラフ（東端は駿河トラフ）をA～Eに区分したものである。このうち、A・Bで起きるのが南海地震、C～Eで起きるのが東海地震である。最近では、C・Dを東南海地震、Eを東海地震と細分することが多いが、本稿ではC～Eを東海地震と一括して説明する。

図に西暦年で示したのは文字記録からわかる地震の発生年で、記録の豊富な江戸時代以降は、すべての発生年が把握されている。これによると、一六〇五（慶長九）年・一七〇七（宝永四年）は南海地震と東海地震がほぼ同時、一八五四（嘉永七〈安政元〉）年は東海地震の翌日に南海地震が発生している。また、これらのうちで、一六〇五年は地震規模が小さく（M七・九）、震動は小さいが津波の規模は大きいという特殊な「津波地震」だった。逆に、一八五四・一七〇七年は地震規模が大きく（M八・四以上）、後者は富士山の噴火を伴った。

図8　プレート境界における巨大地震の発生時期

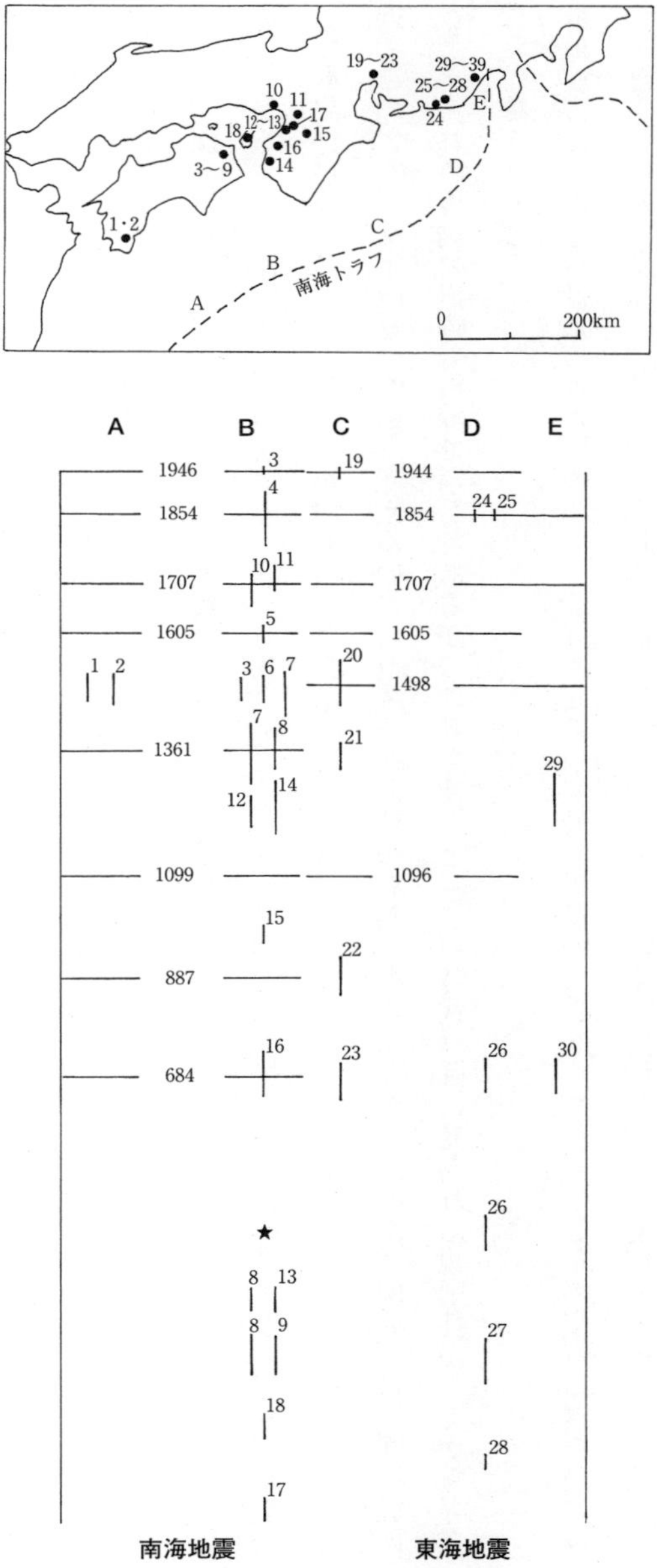

西暦は史料から求めた発生年、縦線は遺跡から検出された地震跡の年代幅（5は内陸地震の可能性大）を示す。赤土山古墳の地滑りを引き起こした可能性の高い年代を★で記した。

1アゾノ　2船戸　3宮ノ前　4神宅　5黒谷川古城　6古城　7中島田　8黒谷川宮ノ前　9黒谷川郡頭　10小阪邸跡　11池島福万寺　12石津太神社　13下田　14藤並　15箸尾　16川辺　17田井中　18下内膳　19東畑廃寺　20尾張国府跡　21門間沼　22地蔵越　23田所　24御殿二之宮　25袋井宿　26坂尻　27鶴松　28原川　29上土　30川合（1～30は遺跡名）

最近では一九四四年一二月七日にC・D地域で発生したが、地震規模がM七・九と小さく、E地域が割れ残ったため東南海地震と呼ばれている。二年後の一九四六年一二月二一日に南海地震が発生したが、これもM八・〇と規模が小さかった。

この四回については、①両地震が九〇～一五〇年の間隔でほぼ同時(二年以内)に発生して、②南海地震が小さい(大きい)と、東海地震も小さい(大きい)という規則性が認められる。

ところが、江戸時代より前になると、南海地震の間隔は江戸時代以降の倍になり、両地震が連動していないように見える。しかし、これは見かけ上の現象で、江戸時代以降にくらべて文字記録の絶対量が極端に少なくなり、地震が発生しても記録が残っていないケースが増えることを意味している。

最近、このような文字記録の空白を考えるのに、遺跡の地震跡が有効であることがわかった。図8では、両地震によると考えられる地震の痕跡も縦線で示してある[15]が、これを使うと、江戸時代以降に見られる規則性が古くから存在したことが考えられる。

南海地震における奈良盆地の被害について、最近四回の中で最も規模の大きかった一七〇七年の宝永地震を例に取ると、天理市荒蒔町にある『荒蒔宮座中間村年代記』に「大和ニ而も方々家も動崩し、当村も四五軒動崩し、其外家どもどれとも少ツヽハゆがみ申候」、奈良市内の『町代高木又衛門公用手帳文書記』に「奈良町損、崩家六十五軒、破損弐百拾二軒、塀石塔石燈籠四十九ヶ所」と書かれている[18]。

黒塚古墳の石室の崩壊も南海地震による激しい横揺れで生じた可能性が高いが、発生年は古墳築造以降で、盗掘があった鎌倉時代以前となる。落下した石材が、石室の床面に堆積した砂層に突き刺さっていることから、古墳築造の後、ある程度の厚さまで砂が堆積してからの地変と思える。また、石材の落下によって墳丘の表面まで変形がおよび、盗掘が試みられた位置に、認識できるような窪みが生じていた可能性もある。

赤土山古墳の場合、古墳が造られた直後に最初の地滑りが生じた可能性が高い。赤土山古墳が築造された古墳時代前期後半に、静岡県袋井市坂尻遺跡で東海地震によると思われる液状化現象の痕跡が検出されていることから、[1]これと連動する南海地震によって滑り落ちた可能性がある。[19]

五　まとめ

本稿で取り上げた古墳のうちで、丹後半島の古墳群については、活断層から発生したM七クラスの大地震に伴う地震動によって、地形的に震動が増幅しやすい位置に築かれた古墳が変形したと考えられる。震源となった活断層との位置関係によって地変の程度が異なっている。

西求女塚古墳と今城塚古墳は、顕著な活断層から発生したM八近い大型地震によって変形が生じたものである。いずれも、地震を発生させた活断層に近接した軟弱地盤に築造されており、上下動を伴う激しい震動が長く続く間に地変が進行している。共に、滑り落ちた地塊が年代のわかる地層を覆ったことで、地震の発生年代も正確に把握されている。

黒塚古墳と赤土山古墳の変形は、太平洋海底のプレート境界から繰り返し生じている南海地震によると推測される。いずれも、水平方向の強い揺れが長く続く過程で変形が生じたと思える。

古墳の変形は、原因となった地震のタイプや、震源域との位置関係、築造された場所の地形や地質を反映して様々な形態を示す。発掘調査の過程でこれらの変形を把握することは、将来の地震に伴う被害の軽減をめざす研究だけでなく、古墳の形態に関する考古学的な研究にとっても重要である。

謝辞

本報告をまとめるに当たり、橿原考古学研究所の松田真一調査研究部長に大変お世話になりました。また、本稿で対象とした古墳を発掘した、京都府埋蔵文化財調査研究センター・神戸市教育委員会・高槻市立埋蔵文化財調査センター・橿原考古学研究所・天理市教育委員会の調査担当者の皆様には、現地調査に当たって多くのご教示を頂きました。東京大学生産技術研究所の小長井一男教授・京都大学防災研究所の釜井俊孝助教授には、地滑りのメカニズムなどについて有益なご教示を頂きました。心よりお礼申し上げます。

註

(1) 寒川　旭『地震考古学　遺跡が語る地震の歴史』中公新書、一九九二
埋文関係救援連絡会議・埋蔵文化財研究会編『発掘された地震痕跡』一九九六

(2) 村田和弘「スガ町古墳群」『京都府遺跡調査概報八三』京都府埋蔵文化財調査研究センター、一九九八

(3) 石崎善久「通り古墳群」『京都府遺跡調査概報五〇』京都府埋蔵文化財調査研究センター、一九九二

(4) 増田孝彦・岡崎研一「遠所古墳群」『京都府遺跡調査概報五〇』京都府埋蔵文化財調査研究センター、一九九二

(5) 宇佐美龍夫『最新版日本地震被害総覧四一六－二〇〇一』東京大学出版会、二〇〇三

(6) 植村善博「郷村・山田断層系の変位地形と断層運動」『活断層研究1』一九八五
岡田篤正・松田時彦「一九二七年北丹後地震の地震断層」『活断層研究一六』一九九七など

(7) 八鍬利助・高谷静馬・一木　茂・棚橋嘉市「北丹後大地震実地踏査概況第一報告」『験震時報三』、一九二七など

(8) 神戸市教育委員会『西求女塚古墳』〈「第五次・第七次発掘調査概報」〉、一九九五

(9) 寒川　旭『揺れる大地　日本列島の地震史』同朋舎出版、一九九七

(10) 高槻市教育委員会『史跡・今城塚古墳』〈「平成一二年度・第四次規模確認調査」〉二〇〇一

(11) 寒川　旭・宮崎康雄「今城塚古墳で認められた地滑りの痕跡」日本文化財科学会第一八回大会研究発表要旨集、二〇〇一

(12) 文部省震災予防評議会『増訂大日本地震史料第一巻』鳴鳳社、一九四一

(13) 寒川　旭「地震考古学に関する成果の概要」『古代学研究一五〇号』二〇〇〇など

(14) 地質調査所『平成七年度活断層研究調査概要報告書』「地質調査所研究資料集二五九」一九九六など

(15) 寒川　旭『地震　なまずの活動史』大巧社、二〇〇一など

(16)　奈良県立橿原考古学研究所『黒塚古墳』学生社、一九九八など

(17)　考古学的な視点から、天理市教育委員会の松本洋明氏に多くのご教示を頂いた。

(18)　東京大学地震研究所『新収日本地震史料　第三巻別巻』一九八三

(19)　奈良盆地東縁にも活断層があり一万年以降に活動した痕跡があるが、有史以降の断層活動は認められていない。
寒川　旭・衣笠善博・奥村晃史・八木浩司「奈良盆地東縁地域の活構造」『第四紀研究二四』一九八五
地質調査所『平成八年度活断層研究調査概要報告書』「〈地質調査所研究資料集三〇三〉」一九九七など

胞衣覚書

田中久夫

はじめに

泉森皎氏の『大和古代遺跡案内』（吉川弘文館、二〇〇一年十一月刊）の「御所市鴨神遺跡」には表題に関する興味深い記事がある。ここの屋敷を区画する溝の近くから、直径三十㎝ぐらいの素焼きの焙烙《ほうらく》が出た。それは「一枚は身に、一枚は蓋に使われ、中に土師器の小皿三枚が入れられていた」というのである。それを泉森氏は胞壺ではないかと考えた。その当否は別として、そういう風に考えたのはと、次のような事例を出して説明しているのである。

近世商家が建並ぶ橿原市今井町の民家の解体修理現場で、これと同じ焙烙と土師皿をもった遺構が検出され、調査を行ったことがある。この民家では、胞衣壺が店の間から中の間に至る、通路の下に埋められていて、毎日多くの人々に踏まれていた。つまり、人々に踏みつけられたことで、「強く、たくましく成長してほしい」との両親の願を込めているのである。この屋敷では通り庭にはあたらない場所である。が、裏の木戸かあるいは便所に近いところなどに胞衣壺を埋める風習も県内各地に残っているため、南大和地方での胞衣壺を埋めた一例として考えてもよさそうである。

というものである。

それにしても、今井町の一商家の風習としての「胞衣壺が店の間から中の間に至る、通路の下に埋められていて、毎日多くの人々に踏まれていた」というのは、民俗事例からいうと、いささか理解しにくい側面がある。だいたい、考古学関係では胞衣を家の前に埋めるとの論調が一般的に見られるので、この際、この事例を提出し検討して見たいと思う。

およそ胞衣が人々に踏みつけられることによって、「強く、たくましく成長してほしい」という願を込めるというのは、どこから来ているのであろうか。今井町ではこのようにいう伝承が今にあるのであろうか。土師器の時代から仮にあったとして、今にいたるまでそのままその信仰が残るものであろうか。もし、残っているとするのならば、何らかの形で奈良時代にも平安時代にも鎌倉時代・室町時代・江戸時代・明治と残っていなければならないであろう。そこのところを、今後、検討していきたいと思う。

そこで今回は「胞衣を踏む」という意味を明治以降の人々はどのように考えていたのか紹介したい。

一　踏まれる胞衣

柳田国男の『産育習俗語彙』（恩賜財団愛育会、昭和十年十月刊）の「六、分娩の前後」によれば、胞衣の処理は次のようである。

コノシロ　秋田地方では、胞衣を埋めるに人の踏まぬ地を選び、コノシロを添へて埋めるのが通例である。コノシロが無ければ他の魚を添へる（「秋田風俗問状答」）。

というのである。ここでは先の奈良県橿原市今井町の伝承に対して、「人の踏まぬ地に胞衣を埋める」といっている。そして、この事例がここ秋田地方だけでなく案外に多いのである。昭和十年の発行であるとはいいながら、「秋田風俗問状答」というのであるから、この事例は「江戸時代末期」の風習である。

ついで『産育習俗語彙』は次の事例を紹介している。

エナワラヒ　大津市誌下の一九七五頁に此言葉があるが、胞衣を埋めに行く者が笑って帰る風習は、足利時代の記録に見えて居る。又沖縄国頭の与那では、イヤワレエと云って、今尚ほ行はれて居る。命名の日、父は胞衣を火の神の後ろ軒下に埋め「上ン下ン笑ヒソウリ、ヨウイ」と云ふと。皆が一せいに笑ふ（山原の土俗、一〇二頁以下）。又出産後やや半日を経て、それを軒下に埋める時、虫が初めにその上を越すといけないと云ふので、父親がその上を跨ぐのが普通である（産、三一四頁）。

ここでは足利時代には胞衣を埋めに行った者は笑って帰るといい、どこに埋めるとも踏むともなんとも云っていない。それでもなかなか人の歩くような所には埋めていないのではないかと、柳田国男は沖縄の国頭の笑う例を出しながら、父親が「跨ぐ」という事例を出して考えているようである。

そうすると、ここには考古学が出した結論と違った習俗が江戸・明治とあることになる。しかも沖縄では埋めた胞衣を「跨ぐ」のであって、決して「踏む」のではなかった。もっとも、これは以下提出する諸事例で確認できる。

兵庫県城崎郡竹野町奥竹野では胞衣の処理を次のようにしているという。

後産はボロにつつんでサンヤワラ（お産をした時にしいていた藁）の上におき、縁の下、竹藪の下、桑の木の下、お墓に持って行って埋める。人の踏むところの方がよいという。

というので、(1)ここでは確かに「人の踏むところの方」がよいといっていることがわかる。それでも縁の下にも埋めている。これでは「踏む」ことができない。

そして、神奈川県津久井郡藤野町では胞衣を大黒柱の土台の側に紙にくるんで埋めたとある。それは、人に踏まれるのがよいからであるという。それでも「びんや箱に入れてナンドの下に夫がいける」ところがあるというのである。(2)ただ踏まれて新生児の未来を願うという点だけでいうならば、埼玉県児玉郡上里村大字金久保での「玄関や氏神様の前に穴を掘って埋めた」というように氏神様の前に埋めることがあってもよい。なにも家のトボグチに限る事はないのである。トボグチに埋めるのにはまた別の理由がある筈である。島根県飯石郡掛合町旧掛合村でも「エナは方角をみて、分かれ道など人が歩く所に埋めた」(五十八年度)というのも、同じ意味である。胞衣を人々の通り道に埋めて、健康で健やかにと願うのもこの流のなかの信仰であった。

それにしても、胞衣の上を最初に踏む人の最たる者が父親であった。静岡県天竜市旧熊村では初湯の水にこの役目をさせている(四十年度)。

父が数通る所にうめるのは赤子が頭をふまれておとなしくなる。お父さんの言うことを良く聞くようにという意味。

とある。もちろん臍の緒の場合もある。ともかく、ここでは胞衣を踏むことを他人に求めるのは、従順な子供に育つ事を願ってのことであった。したがって、胞衣を人通りの多いところに埋めることになっても不思議ではないことになる。奈良県宇陀郡室生村では「男の子のは家の入口、女の子のは家の外に埋めるとはっきりしている」と報告されている。(3)家の入口であれば、たしかに人通りが多い。

このように家の入口に埋めるところもある。島根県八束郡八雲村岩坂地区である。ここでは埋める所は家によってさまざまではあるが、そのなかでも「人のよく踏むところ（たとえば、自分の家の便所の端）」に埋めるというところである（平成三年度）。しかし、一方で「男の子なら内におるもんだから戸口に、女の子なら外に出るもんだから、家の敷地の外に埋める」といっている。これと同じ事は岡山県の児島諸島でもいうと報告されているのを見ることができる。(4)

この男女の差別化が進むと、埼玉県浦和市大久保領家のように「埋める場所は男児は表口、女児は裏口という家もあり」というようになる。(5) しかし逆に、このように胞衣を埋めるのに男女で差別しているところを見ると、胞衣を人に踏ませるということに力点があったのではないということになるであろう。

それにしても、同じ埋める場所であっても便所の側に埋めるという事例がある。これが案外に多いのである。それも笠岡諸島の場合は「便所のしきより内（男）、しきより外（女）へ埋めた」というのである。(6) ここも埋める場所を男女によって便所の「しき」の内か外と違えるのである。

しかし、大阪府南河内郡河南町上河内ではアトザンは「便所のふみ台の下に埋めた」とあるのは便所に意味があることになる。さらに河内長野市（旧天見村）流谷では「ヨナは便所の入口に墨と筆を添えて埋んだ」という。南河内郡千早赤坂村千早では便所の上るところの土へ埋めたのである。(7) ここでは男女の差はいわない。

奈良県吉野郡川上村では「アトザンのおり物は夫が便所の近くに穴を掘って埋めた」(8) という。さらに島根県浜田市長見地区では「胞衣は人がよく踏む所に埋めるのがよいとして、便所の敷板の下などに埋める」という。(9) それにしてもいくら人通りが多いところといっても、便所ではあまりにも問題が多いのではないのであろうか。

長崎県西彼杵郡西彼町旧亀岳村では「便所の側に埋めるのが一般。油紙に包んで便所の入口や横の地面に穴を掘って埋める。人が踏んだり日光にあてるのを忌む」（四十六年度）という。ここに埋めるのは肥を汲み出すときに胞衣を踏むからというのであろうか。とてもこのようには考えられない。むしろ富山県婦負郡山田村では「藁などの汚れたものや後産は、一週間くらい便所に置いておき、それから埋めた」というのであるから（五十七年度）、便所の付近に埋めたりする理由が亦別にあると考えなければならない。

さらには、福島県西白河郡西郷村の次の事例である。

アト産が落ちないときは、誰も知らないうちに雪隠場のところへ行って、踏み板をひっくりかへしてくると落ちると云う。

と、これはアトザンが落ちない場合ではあるが「踏み板をひっくりかへす」というのである。(10) これとかかわりがあるのであろう。後に考えたい。

二　産部屋と胞衣

ところで、滋賀県塩津町での産育の調査の時、そこのご隠居さんが「そんな汚い事を聞いて下さるか」といわれるばかりで調査ができなかったことが思い出されてくる。その時、奥から若奥様が「おかあさん汚くない」という抗議を籠めた声も無視してこの言葉が繰り返されたのであった。もちろん、私の側に居た女子学生が「汚くない」といった言葉にはきつい眼差しが返ってきた。後産は汚いというのが意識にあったのである。

兵庫県西宮市山口町下山口では、後産は墓地に捨てに行くのであるが、それは「後産が自然に土に変っていくから」というためであった。(11) だいたい、「後産はむしろにくるんで、夜、夫が川（今はサンマイ）に捨てに行くが、道路口や水のどんどん流れるところ、入り込んだところには、絶対捨ててはいけないとされている。また、産屋でつかったほうきは汚物と一緒に捨てる」という徳島県板野郡藍住町がある。(12) 胞衣は捨てに行くものである。ただし宮城県栗原郡花山村での、平素、水の浸かるところは腐らないので、そこには捨ててはいけない。腐らないゴサン（後産）は青光りしており、子供を夜泣きさせるなどのいたずらをするという報告がある（四十八年度）。墓地を捨て場所にするのは後に起こった風習であるといっている。

山形県西村山郡朝日町旧西五百川村では「ボロにくるんで箱に入れたり紙に包んで、夫が共同墓地の自分の家の墓の横に埋める」のである（五十六年度）。愛媛県喜多郡河辺村でも「麻袋に入れて油紙に包んで自分の畑」に埋めたという（六十年度）ので、なかなか壺類などに入れて埋めていない。早く土に返る事を願っているからである。ヨナ壺に入れる三重県鈴鹿市旧椿村・庄内村でもヘヤの床下に埋めたという。「また、便所の前の地を掘って埋めることもある。便所の影の日のあたらない雨だれの下につつんで埋めた」とある（四十七年度）。また、先に紹介した岡山県の児島諸島でもここでも「中にはタコツボに入れて納戸の床下に埋めた人もおり」といっている。[13] ともかく、胞衣は早く腐るとよいとしたものであった。したがって、壺などに入れぬものであった。

しかし、兵庫県朝来郡朝来町多々良木では

> アトザン　初湯と同様に桑の木のネキには神がいないといって、日の暮れたあとか朝早く夫が埋めに行く。またお墓の隅に埋めている人もある。多々良木に接した隣村の立野ではアトザンツボを作っており、そこに捨てている。アトザンをまたぐと子供が早く生まれるという。

といって、墓地に埋めるとはいうものの、夫が「神のいない桑の木のネキに埋めている」のである。[14]

さらに、今では福島県耶麻郡高郷村では「後産は産婆が箱につめて墓に埋めてくる」が、「昔は家の土台石の下などに埋めた」というのであるから（五十一年度）、胞衣は単に捨てるというだけでなく、特別なところに埋められていたのではないかということが考えられる。

墓地やアトザンツボなどの神がいない桑の木などに胞衣を埋めるのは、当然のことながら、胞衣が汚いものという考えのもとに生まれた行為であろう。(15) 奈良県曾禰村では、

古くは、アミセタ湯などと共にネマ（オビヤ）の床下に埋めたり流したものという。その後、ヨナは家の門口の内側に埋めるようになり、さらに明治三十七・八年頃からは墓へ持って行くようになった。(16)

というのである。これが参考になる。それにしても、この事例は興味深い。ヨナはネマの床下から家の門口の内側へ、内側から墓へと埋めるところを変えているのである。衛生上の観点からの移動であったのである。したがって、人知れず夜などに夫が処分するのはこの理由によるものであった。兵庫県西宮市名塩でも「焼場へ行く途中の池に捨てる」ということが行なわれているのである。(17)「池はユナの捨て場専用のようなもので」あったという。

ここに三浦半島の次のような事例が出てくることになる。

エナは大黒柱の下、縁の下、上がり壇の下など人のふまぬところやトリアゲが方角を見て埋めた（久留和・小網代高山・長沢）。エナは金神様をよくみていける。金神様は地所のどこかにいるので、そこさえよければよい。昔は人のふまぬところへ埋めたが、大正十二年頃からエナヤが取りにきて、衣笠のエナヤマへ埋めた（赤羽根）。

というのである。大正時代にエナ屋というのが出て胞衣の処理をするようになるのである。胞衣は捨てるものであったので、エナ屋の登場を許すことになった。今ではこの胞衣の処理すら関心を持つ者がいない。(18) 胞衣はそのようなものであった。

およそ、墓地は本来遺体の処理場であった。ところが、室町時代ごろから祖先を祀る場所になってきて後、(19) 胞衣もこれとかかわる意味を持たされてくると思われる。だいたい胞衣の捨て場所も、福島県耶麻郡高郷村では「昔は家の土台石の下などに埋めた」というのであるから、家の内に埋めるのが本式であったと思われる。それも多くは産部屋

の床の下であった。

徳島県海部郡宍喰町では「後産は墓に持って行って捨てた。昔は紙につつみ、産をした部屋の床（スガキ）の下を深く掘り、虫がくわないようにと、ぞうりの片方を切り、裏返しにして置き石をかぶせて、清めをして埋めた（船津）」とある（五十三年度）。どうあっても産部屋の床下が胞衣を埋める場所であった。土器に入れるのではなく、紙に包んで埋めたのであった。当然ながら、ここからは胞衣を踏むということが行なわれないことになる。

三重県熊野市の湯の谷では「踏まれない所、縁の下に埋め大きな石をのせる。または、恵方、アキの方位の川の端に埋め、水が出たら早く流れるように祈る(20)」という事例がある。「踏まれない所、縁の下」に埋めることに力点があるのである。それか、水が出たら流されるようなところに埋めるのである。

したがって、敷居の下に埋めることも人に踏まれないことを願ってのものであったということになる(21)。埼玉県北葛飾郡杉戸町下高野での次のような事例があるからである。

あと産のエナは入口の敷居の下に埋めた。敷居は踏んではいけないことになっており、あと産は踏まれないため。

というものである。敷居はもちろん踏んではならぬものであった(22)。

ともかく、基本的には胞衣は人に踏まれないところ、産部屋の床下などに埋めるものであった。これは多くの事例が示す所である。福岡県八女郡星野村では

後産はイヤといい、アマ紙という油紙に包んで火消し壺に入れ、墓の隅に人の踏まない所に埋める。桃の木の下に埋めるともいった。捨て所が悪いと一生子供にたたるという。

というのである（五十五年度）。三重県度会郡紀勢町でも土瓶に入れて家の墓の横に埋めたという（五十六年度）。したがって、その捨てる場所が墓地であっても、遺体と同様に、胞衣も墓の隅などの他人が無闇に踏まないところに捨てる

ものであったということになる。墓地であれば、人に踏まれることがあまりないということも、埋める場所を墓地に選んだ理由であろう。(23)

秋田県由利郡東由利村ではこれら全体を総括するような報告がみられる。

イナは藁にくるんで両端をしばり、人の行かない場所、日の当たらない場所（墓、畑、馬捨場、ゴミ捨場、桑の木の下、お宮の縁の下など）に埋め、獣が荒らすと赤ん坊が泣くといって、かたく踏みしめておく。川に流す場合もある。〈泡の淵〉では馬のひずめに当たって早く消滅するようにと馬屋の隅に埋める。

というものである。(24)

ここまでくると、人に踏んでもらって子供の成長を願う事例がいかに珍しいかご理解いただけたと思う。ともかく胞衣は捨てるのである。しかも、人の目に触れぬ所に埋めるのである。例えば産部屋の床の下とかである。その上を最初に通るものをその子供が恐れるという。そこで父親が最初に踏むということになる。そしてまた獣などに荒されることを警戒するのである。

これらを通して考えてみると、やはり胞衣は早く自然に返ることを願っていたということになる。もっとも、本来「捨てるもの」であるというのに対して、「踏まれぬ所」とか「獣に荒されぬ所」という意識が強くなると、夫がまず踏むということになるのが自然であろう。それではどうしてそのような考え方が生まれたのかというのが次の問題である。

三　胞衣を祀る

それにしても注意すべきは、資料で紹介した『日本の民俗』の青森県の事例である。ここでは胞衣が早く腐るようにといって、肥盛りに胞衣を入れたり、馬屋に投げ捨てておきながら、「またするめ・干魚・銭六文、あるいは火打ちなどを添えて、屋敷内や神社の境内に埋めた」というようなことをするのである。同じ胞衣でありながらまったく異なる解釈が同一地域にあるのである。一方は捨て、一方は神社などに供物とともに埋めているのである。このことを次いで考えてみよう。

兵庫県西宮市下大市では、

アトザンはヨナともいい、サンバサンが出産時に敷いたオサンブトンなどといっしょにカッパで包み、タンゴに入れて日のあたらない所、たとえば納屋や便所の隅に置いておく。そして、翌日か翌々日の「お日さんがでていない時」といって、朝早くか夕方に夫が墓へ持っていって埋めた。畑の隅に埋めたという話もある。

というのである。[25]太陽を恐れて、アトザンを、一時、便所の隅に置いているのである。兵庫県氷上郡山南町でも同じように、紙に包んでアトザンは捨てるのであるが、やはり、「便所に置き、それから夕方に（山の墓の並びにある深いみぞへ）夫が捨てに行った」というている。[26]

それでも不思議なのは静岡県榛原郡相良町旧地頭方村での「便所のドマ」に埋めることである。もっとも、この地域のアトザンの処置に決まったものがないらしい。それにしても、台所の隅や便所のドマになぜ埋めるのであろうか。三重県一志郡美杉村でも「アトザンはかっぱか新聞紙に包み、便所の端に置く。その日の夕方か翌朝に赤ちゃんの父親が一人でサンマイ（墓）の隅にいけに行く。犬が食べるというので、深く掘って埋める」[27]という。一時、便所の端に置いておき、それから墓地に捨てに行くのである。これは和歌山県伊都郡九度山町でも同じである。「ヨナは父親（または祖父）が墓へいけにいく。その日のうちにいくが、それまでは紙に包んで便所のはたへおいておく」というのである。ここでは「ヨナを埋める時、トンガ（鍬）でおさえてはいけないという」とある。(28)

それではこのような便所などの特別なところに埋められる胞衣を人々はどのように考えたのであろうか。そこのところをもう少し検討してみたい。先の多々良木でも「アトザンをまたぐと子供が早く生まれるという」といっている。また、先の三重県一志郡美杉村でも「多産の人のアトザンをまたぐと産が軽い」といい、さらに「子供がない人は、後産をまたぐと子が授かる」と、静岡県天竜市旧熊村ではいうのである。子授けのことを胞衣に願っているのである。ただし、子授けのことは胞衣だからというわけではない。栃木県安蘇郡田沼町旧野上村長谷場では「幾人も子供のできる人の後のものをまたぐと子供ができるという」（四十一年度）とあるからである。これらは多産の婦人に子授けのことをあやかる為の行為であったということになる。(29)

さらに先の福島県耶麻郡高郷村では「おエナに上げるといって、エナの飯を炊いて供え、家の人と産婆とで食べた。エナをきれいに洗うと、誰の生まれ替わりかがわかるといわれたが、見ると目がつぶれるともいうので、見ないで捨てた」といっている。エナはエナ飯まで炊いて供える対象であった。群馬県群馬郡倉渕村権田・岩永では基本的には畑や山に埋めるものであるが、

本丸の原田元吉氏宅では、後産の松というのがあって、大きな松の根方に三尺四方に穴を掘り、夫が後産の汚物を埋め、その上に、塩・オサゴ・タツクリを供えた。

と、後産の松を作り、そこに埋めその上に「塩・オサゴ・タツクリを供えた」のである。さらに、胞衣には誰の生まれ変りか書いてあるとか、宮城県栗原郡花山村では「エナに寿命の印がついていて、それを見つけると目がつぶれる」

とかいうので（四十八年度）、胞衣を特別な思いで見ていたことがわかる。

鹿児島県大島郡十島村悪石島でも「イヤは荒れた畠の岸の下に埋める。人の触れぬ所を選ぶ。イヤを埋めた所に石を三つ据えてカマを二つ作って（形だけ）、オートババが焼酎を二本供えて皿に鰹節をおろして塩を入れてそのカマの所で祭りをする」ということをする。(30) 人の触れぬ所を選びながら、一方ではイヤを祀るのである。

愛媛県越智郡関前村岡村では、

昔は後産は日にあてられないといい、屋敷の土を掘ってそこに埋めた。後産を屋敷うちに埋めるときには、米三粒一緒に埋めた。だから普段、米三、四粒地面に埋めるようなことは、ボッコイことしてはいけんと言ってしない。ボッコイとは害になることの意。

といって（四十一年度）、「後産を屋敷うちに埋めるときには、米三粒一緒に埋めた」のである。また、栃木県安蘇郡田沼町旧野上村白岩では、

後産は、男はおさご、女は針と一緒に父親が墓に捨てに行く。

といい、埋めるにあたって男にはおさご、女には針を一緒に埋めたという（四十一年度）。さらに茨城県西茨城郡七会村では「油紙に包み、女児なら針、男児なら鉛筆を添えて墓・納戸の下、または縁の下に埋める。仲郷では、以前はお産をした真下に埋めればさわりがないといった。赤子が眠っているとエナにあやされているという」ので、胞衣に産神的なものを求めている事がわかる。

長野県上水内郡小川村でも茨城県西茨城郡七会村と同じである（三十五年度）。岩手県九戸郡九戸村では「後産は粗末にしては子供に悪い事があるというので、・・・厩の肥の中に埋めた」という（六十二年度）。宮城県栗原郡花山村では「後産は古い墓に埋める。埋める所が悪いと赤子が夜泣きする。人が踏まない所に埋める。杉林などにも埋め

る」という（四十八年度）。ここでは赤子の夜泣きと後産のことを考えている。愛知県西加茂郡小原村でも同じことをいう（四十九年度）。それでもここは「夫が朝のうちに馬の墓に捨ててくる」のである。ともかく、山口県豊浦郡豊田町旧豊田上村でも「エナの埋め方一つで、一生がよくなったり、ひどくなったりする」というているのである（四十九年度）。

このような胞衣に子供の未来を願うという事は一つの知識が関与していると思われる。それというのも、埼玉県狭山市北入曽での次のような事例があるからである。

あと産のものの処置は、出産前に入間川の大国様に吉方を見てもらい、その方角へ、ハシ・サンゴ・スミ・フデを添えて埋める。

というものである。北葛飾郡庄和町大字倉常では、

半紙二枚にオサゴ（米のこと）と、鰹節とエナを一緒に包み、それを麻で縛り家の裏の土台の下（明けの方）に埋める。それを方角に悪い場所に埋めると病気になったり、子供が馬鹿になったりするといわれ、神主に方角を見てもらう。

という。方角のことをいったりするのは、大国様や神主が教える所である。[31]北埼玉郡騎西町大字正能でも「また出産後どこに処置するかは易者（占い）に依頼する」とある。[32]方角を気にするのはこのことによるといわざるをえない。神奈川県の三浦半島の事例でも、

お諏訪様の下に尼さんがいて、この人に方角を見てもらって屋敷の中に埋めた（長柄大山）。アガリ段の下に埋め、人にふまれるとよいといった。その後、エナヤがきて、エナ焼き場に持っていくようになった（長柄大下）。

というのである。このようなことはこの地方一帯でいい、小坪南町・伊勢町・地子星ガ谷でも伝えている。[33]以上のよ

うな胞衣の解釈・信仰が確立すると、胞衣を踏んでもらって従順な子供に育つ事を願うようになる。さらには現在行なわれている処理方法について、新たな意味づけが試みられるようになる。それが同じ場所で「踏むな」、「踏むように」という二つの理解が展開する事になる。ともかく、胞衣を踏んで従順な子供に育つようにとか縁の下に埋めるとかいうのは何も胞衣に限る事ではなかった。茨城県那珂郡美和村旧檜沢村ではオボ水（産湯）に対してしているのである（五十七年度）。

四　胞衣というもの——おわりに

そうしたなかで強く主張されてきたものがある。捨て場所が太陽のあたる所かどうかとか、神のいる所かどうかということである。神戸市北区八多町柳谷や下小名田では二〇〇二年現在でも「陽があたるともったいない」といって、夫が太陽のあがらないうちにユナ墓に埋めに行っているのである。(34) 当然、遡るとこれはもう少し意味ずけられて登場する。したがって、「神のいない桑の木のネキ」やあまり神様のいない所に埋めることになる。しかも土地には神があり、エナを埋めるにはその神のゆるしを得ることが必要であった。ここに土地の神にお金やお供物を捧げなければならなくなったということになる。

広島県高田郡美土里町での「後産は日の当たらない影のような所に埋ける。日の当たる所に埋けると子供が麻疹になったり、母親が病気になるといった」という（五十四年度）事例がそうである。(35) これらがその回答になるであろう。どこまでもアトザンは汚かったので人知れず処理するものであった。日の当たるところに捨てなかった。

それにしても出産にあたり、何よりも大事なことは後産が速やかに出ることであった。新潟県中蒲原郡村松町の例によると「出産後三十分ほどでエナ（後産）がおりるもの」という。[36]「小豆を三粒飲ませると後産が早く出る」と岐阜県揖斐郡谷汲村ではいい、小豆三粒で後産が出ることを願っているのである（四十六年度）。高知県仁淀村泉川では「大抵、後産は直ぐに来るものであるが、時には半日か二日も来ぬ場合もある」[37]と遅れることがあるといい、「このような時には荒神様に頼むのが普通である」と大へん気にしているのである。それというのも、栃木県鹿沼市旧西大芦村での次の事例があるからである（五十五年度）。

へその緒はとっておいて兵隊に出るときに持って行くといったり、生きるか死ぬかの病気のときに煎じて飲ませるとよいとか、人に踏まれる方がよいといって、土に埋めてしまうこともあった。短く切って麻でしばるが、後産が出るまで切ってはいけない。切ってしまうと、後産が残って産婦は死ぬという。

と、後産が残ると「産婦が死ぬ」ことがあるのである。

このことは先の兵庫県の多々良木の「何をおいても後産を出す」という言葉や山形県飯豊町中津川での胎児が生まれても、ゴザン（後産）がおりぬうちはそのままにしておく。臍の緒はゴザンがおりてから切らないと「ゴザンが上がる」といわれ、母親の生命にかかわることがある。

といわれている言葉が何よりも遅れることを警戒している事を示している。[38]滋賀県近江八幡市沖島でも「アトザンのおりるのをまつが、これが胎内にあがってしまうと死んでしまう」といい、「主人の履物をヨナに糸でくくりつけるとよい」といって大へん注意もしていた。[39]どうしても、アトザンは早く出さなければならなかったのである。

したがって、「アトザン　出産後すぐとりあげ婆さんが、アトザンのものが上にあがらないように腹帯をきつく締める」という京都府伊根本庄地区の例があることになる。さらにここでは「アトザンのものは親（母）が浜の方へ持っていき焼くか、我が家の土間のくどの後ろの土中に埋めたりする」ということをしている。[40]

同じように「アトザンが上にあがらないように腰帯をきつくしめる。アトザンは出産の時に敷いた油紙や莚とともにタンゴに入れ、男の人が墓へ埋めにいく」と、兵庫県西宮市越水町でもいっている。(41)

その他、後産を下ろすための呪術的なものとして、茨城県西茨城郡七会村での「後産がおりない時は生水を飲ませる」という言葉、岐阜県揖斐郡谷汲村での「小豆を三粒飲ませると後産が早く出るという」という言葉などがある。これらのことによっても、後産は看過できない問題であることがわかる。

福島県耶麻郡高郷村の「後産がなかなか下りないときは、ものさしやヒシャクの柄を口からのどにさしこんだ。また石臼の手の垢を削って飲ませるとよい」とか(五十一年度)(42)、また「後産がなかなか下りぬ時はタワシを絞ってその汁をのませるとよい」という、奈良県野迫川村での信仰のあることもいたし方のないことであった。(43)

福井県武生市旧坂口村では「(カネグソは)後産がおりないときは頭にスイノと箒をのせる」といい、ここでも後産は持山や竹藪にハイミシロと一緒に埋めるといっている(四十五年度)。鳥取県岩美郡岩美町旧小田村では「後産の下りぬときは、柄杓の柄に自分の髪毛を抜いて巻きつけ、それを口に入れて、アーと言うと後産が出る。また、ホウズキのカラを煎じて飲ませるとよい。フキの根、アカニゴ(川がに)の汁などもよく、チリケの薬にもなる」といっている(四十四年度)。こうなるとまさしく後産は生命に関わる邪魔物以外の何ものでもない。

ともかく、以上みてきたように、後産が下りるか下りないかは新生児の母親の生命に関わる恐れがあるので、新生児の母親の無事を願っていろいろな行為をすることになる。ここから胞衣と子供とを重ね合わせて、新生児の未来を思う意味ずけが新しく出て来ても不思議ではないであろう。もちろん、本来、新生児の未来は産神様たちが預かる所である。

今回は肝心の家の入口の敷居の下などに後産を埋めることなどについて論ずる事ができなかった。ただ、桂井和雄は家の雨だれが生まれ出る新生児にとっては「産土神とゆかりの深い清浄な座の一つであった」といい、死者にとっては三途の川であったと述べている。このあたりに解決の糸口があるのであろうか。(44) それにしても多くのものを積み残した。次の機会に考えたいと思う。

註

(1)『三十八年度　民俗採訪』國學院大學民俗学研究会、昭和四十年七月刊。以後、本シリーズを年度でもって記すこととする。

(2)『県北部の民俗（1）―津久井郡藤野町―』（神奈川県立博物館、一九八七年三月刊）。埼玉県秩父市浦山でも「大黒柱の奥下など人々が平素から歩かぬ所に埋めるとした」と、大黒柱の奥下に埋めるとはいいながら、こちらでは人の歩かぬ所に埋めるということである。埼玉県入間郡日高町高麗本郷では「人にふまれると力がつくといい、トボロ（家の入口）の敷居の下に埋めた」というが、入間郡越王町大字小杉では「エナは半紙に包み麻で縛り、トボグチに埋めて人に踏まれないようにする」というのである。同じ行為に解釈が真反対なのである（『埼玉の民俗』埼玉県教育委員会、一九六六年三月刊）。

(3)「室生の民俗」『室生村史』所収、一九六六年二月刊。

(4)『児島諸島及び石島の民俗』岡山県教育委員会、一九七六年三月刊。

(5)『埼玉の民俗』前掲書。

(6)『笠岡諸島の民俗』岡山県文化財保護協会、一九七四年三月刊。

(7)『大阪府の民俗資料』大阪府教育委員会、一九六九年三月刊。

(8)『大滝ダム関係地民俗資料緊急調査報告書』奈良県教育委員会、一九七〇年三月刊。

(9)『（島根）長見の民俗・（高知）十和の民俗』大谷女子大学民俗学研究会、一九七〇年十一月刊。

(10)『西郷地方の民俗』福島県教育委員会、一九七〇年三月刊。栃木県芳賀地方でもこのことをいう（加藤嘉一「芳賀地方」、『旅と伝説』6－7、8－12、9－1）。

(11)『西宮市山口町上山口・下山口の民俗』神戸女子大学文学部史学科、二〇〇一年三月刊。『静岡県榛原郡本川根町梅地長島民俗調査報告書』成城大学民俗学研究会、一九七八年刊にもこのことがある。

(12) 岩脇紳・大橋泰子「通過儀礼―婚姻・産育―」、『御影通信』11、一九七四年六月刊。徳島県海部郡宍喰町でも同じことをいっている（五十三年度）。

(13)『日生諸島の民俗』（岡山県文化財保護協会、一九七四年十月刊）も同じである。

(14)　田中久夫「年中行事・人の一生―兵庫県朝来郡朝来町多々良木―」、『年中行事と民間信仰』所収、弘文堂、一九八五年二月刊。

(15)　富山県婦負郡山田村は姑が桑の木に埋めるところである（五十七年度）。

(16)　『曾禰村史』。『天理市史』下巻（民俗）には、奈良県天理市では「明治になると衛生上、墓の一部にヨナホリバが作られたり、墓地の一部に埋めるようになった」とある。山梨県北都留郡小菅村でも「後産を墓地へいけはじめたのは大正時代から」といい（五十八年度）、『沼島』（兵庫県教育委員会、一九七一年三月刊）には、「大正時代になって産婆が床下に埋めることは衛生上よくないといい、合羽に包んでノオ（三昧）に持っていって埋めた」という。『国崎』（兵庫県）川西市教育委員会、一九七五年三月刊）、『宝塚の民俗』（兵庫県）宝塚市教育委員会、一九七七年三月刊）、兵庫県三田市の『青野川・黒川水系』（兵庫県教育委員会、一九七九年三月刊）などもこのことをいう。明治から大正時代にかけての時期が変化の時であった事がわかる。

(17)　『西宮市名塩の民俗』神戸女子大学文学部史学科、二〇〇〇年三月刊。

(18)　猿渡土貴「現代の出産とエナ観を捉える試みとして―東京都目黒区在住の女性たちを対象としたアンケートの結果より―」、『日本民俗学』二三二、日本民俗学会、二〇〇二年十一月刊。

(19)　田中久夫「中世の盆行事―『満済准后日記』・『看聞御記』を中心として―」、『祖先祭祀の研究』弘文堂、一九七八年六月刊。

(20)　『紀伊熊野市の民俗―三重県熊野市五郷町・飛鳥町編』大谷大学民俗学研究会、一九八二年三月刊。

(21)　なお、茨城県西茨城郡七会村では敷居の下に埋めるのは流産の場合であった（四十五年度）。

(22)　『埼玉の民俗』前掲書。

(23)　『蔵持の民俗―茨城県結城郡石下町蔵持・蔵持新田―』東京女子大学民俗調査団、一九八六年九月刊。

(24)　『東由利の民俗―秋田県由利郡東由利村―』大谷女子大学民俗研究会、一九七四年十二月刊。

(25)　『下大市の民俗』西宮市教育委員会、一九八二年十一月刊。兵庫県津名郡一宮町でもこのことをいう（『郡家の民俗―兵庫県津名郡一宮町―』大阪教育大学民俗研究会、一九七七年六月刊）。

(26)　『岡本・金屋の民俗―兵庫県氷上郡山南町―』御影史学研究会山南町調査団、一九八八年十月刊。

(27)　坂東幸世「多気の産育―三重県一志郡美杉村―」、『御影通信』29、一九七八年三月刊。

(28)　酒向伸行「九度山の産育」、『御影通信』七、一九七三年十月刊。林宏は奈良県吉野郡下北山の例から「ウラヤの神様（便所の神様）」が産神ではないかと考えている（『奈良県吉野郡下北山村史』一九七三年三月刊）。このように考えると、下北山では後産を川のカテ（ほとり）に深い穴を掘り、埋めたというのとこのこととはかかわりがあることになる。

(29) 岐阜県恵那郡山岡町でもこのことをいう（『山岡町の民俗』中京大学郷土研究会、一九七九年八月刊）。

(30) 下野敏見『吐噶喇列島民俗誌（悪石島・平島編）』第一巻、私家版、一九六六年七月刊。

(31) 兵庫県美方町でも神主によい方位をみてもらって墓に埋めたところがある。「子供が夜泣きをして困る」のは、方位が悪いからだという（『小代』兵庫県教育委員会、一九七〇年三月刊）。

(32) 『埼玉の民俗』前掲書。埼玉県で方角の事をいうのは、北葛飾郡三郷町大字幸房、北埼玉郡北川辺村大字飯積などである。岩手県二戸市でも「昔は厩や勝手の隅、あるいはえぐねの隅等に埋め、金神の方向には埋めなかった」という（山口弥一郎『二戸聞書』六人社、一九四三年十月刊）。

(33) 『三浦半島の民俗（Ⅱ）』神奈川県立博物館、一九七二年三月刊。

(34) 『神戸市北区八多町の民俗―柳谷・屏風・下小名田―』神戸女子大学文学部史学科、二〇〇三年三月刊。

(35) 福井県遠敷郡名田庄村納田終・坂本も「太陽の光があたる所に埋めると、おてんと様にバチがあたると言われていた」（平成八年度）というのがある。さらに滋賀県伊香郡余呉村でも同じことをいう（『余呉村の民俗―滋賀県伊香郡余呉村―』東洋大学民俗研究会、一九七〇年三月刊）。

(36) 「別所の生活と伝承―新潟県中蒲原郡村松町―」（『村松町史資料編』第五巻、村松町教育委員会、一九七九年三月刊）。

(37) 坂本正夫『土佐泉川民俗誌』土佐民俗学会、一九六五年一月刊。

(38) 『飯豊山麓中津川の民俗』山形県教育委員会、一九七一年三月刊。

(39) 『びわ湖の専業漁撈』滋賀県教育委員会、一九八〇年三月刊。

(40) 楠元美恵子「伊根の産育習俗―丹後伊根本庄地区―」、『御影通信』31、一九七八年九月刊。その他、茨城県那珂郡美和村旧桧沢村でも、「今は……父親が朝早く日の当たらないにうちか、夜のうちに」墓地へ持っていくが、「昔は台所のスミに穴を掘って埋めた」というのである（五十七年度）。台所やクドの後ろなどに埋める理由はまた後に論じたい。

(41) 酒向伸行「西宮市越水町の産育習俗」、『御影通信』24、一九七六年十一月刊。

(42) 福島県郡山市三穂田では「後産が落ちない時は、柄杓の底をなめれば落ちるとか、亭主の褌をなめれば落ちると言って、亭主の褌は洗わず、亭主が自分で洗ったそうだ」という（『安積地方の民俗』福島県教育委員会、一九六七年二月刊）。柄杓と女性のかかわりが深く、ことに高知県幡多郡大月町小才角では葬送の三日の仕上げの洗濯にあたり、洗濯の女性を別の女性が柄杓を持って出迎えに行く。そのとき柄杓で洗濯に行った女性を招くというのである。詳しくは桂井和雄「柄杓と俗信」（『生と死と雨だれ落ち』高知新聞社、一九七九年六月刊）参照の事。

(43) 『野迫川村民俗資料緊急調査報告書』奈良県教育委員会、一九七三年三月刊。栃木県安蘇郡田沼町旧野上村長谷場でも「後

産がひかえた（取れない）とき、箒かひしゃくの柄の先でのどをつくとよい。だから普段女は箒を跨ぐなという」というのである（四十一年度）。その他、茨城県高岡村では「後産のおりない場合は、父親が人に気づかれないように、大便所の踏み板を裏返しにするとおりる。後産は縁の下へ埋める」という事例がある（大間知篤三『常陸高岡村民俗誌』刀江書院、一九五一年七月刊）。

(44)　桂井和雄「生と死と雨だれ落ち」、『生と死と雨だれ落ち』前掲書。大藤ゆきも「生と死の対応」（『子育ての民俗―柳田国男の伝えたもの―』岩田書院、一九九九年十月刊）でこの点を注意している。それでは胞衣の処理を巡る民俗を、都道府県別に発刊された『日本の民俗』（第一法規）の中から暫く紹介して行こう。

［資料］

『日本の民俗』第一法規掲載の資料

一、九州地方の胞衣の処理

まずは沖縄から近い方から見ていきたい。筑紫豊の『日本の民俗』福岡（第一法規、昭和十九年四月刊。以後シリーズは著者名と府県名でのみ表記する）、山口麻太郎の長崎県にはこの報告がない。市場直次郎氏の佐賀県の報告によると次のようである。

後産や汚水の処理については地方によっては禁忌があるが、佐賀市嘉瀬町ではその年の恵方に向かって穴を掘って埋める。これを誤ると、産婦や出生児が病むという。また、出生児の男女によって右・左と埋める場所がちがうとか、後産は墓地に埋め、汚水は寝室の床下に流すという例もある。

というのである。「穴を掘って埋める」とか「後産は墓地に埋める」とかいうのであるから、ここにも後産を踏んでいない民俗があることがわかる。仮に踏むとなると墓地の入口の「道」ということになる。そこまでこの報告書は書いていない。

ついで、牛島盛光の熊本県の報告である。報告はさらに進んで次のようにいっている。

（出産は）ふつうは納戸のように薄暗い部屋が選ばれた。…後産は便所のかたわらに埋める。これは夫の役目とされる（五家荘）。球磨郡球磨村神瀬では、後産は、畳をあげて産褥の真下に埋めるか、荒神さんの、その年の明きの方位をえらんで、屋敷の隅に埋める。

というのである。熊本県五家荘では「便所の傍ら」に埋めるというている。その他、産褥の真下とか屋敷の隅に埋めるところがあるという。「産褥の真下とか屋敷の隅に埋める」という事例は、後産が人に踏まれることが期待されてといったものではないことはもちろんである。

染矢多喜男の大分県の報告では、熊本県の事例と同じようなものが報告されている。

アトザン　胞衣をアトザンとかエナとよぶ。日のあたる所を避けて、産部屋の床下や便所の近くに埋めるところが多いが、南海部郡鶴見町などでは墓地に埋めるようになった。埋め方が悪いと産婦や子にさしさわるという。子どもはアトザンの上を最初に通ったものをもっともこわがるから、父親が埋めた土の上を最初に踏むと広くいわれている。

ここでは父親が確かに胞衣を踏んでいるが、それは「最初に通ったものをこわがるから」という理由であった。確かにここは別の意味で踏む事に意味を求めている。それでも産部屋の床下に埋めている。人が踏むところではない。

次のは田中熊雄の宮崎県が紹介した事例である。ここも「踏む」ことに意味を認めている。

へその緒と胞衣　胞衣は夫が処理した。台所の隅に埋める。犬などが掘り起こさないようにする（犬がくわえていったらその子どもは馬鹿になるといった）。夫がいつもよく踏む所に埋める。お産したところの床の下につぼまたはどびんに入れて夫はその上にまたがってから埋める（そうしないと子どもがいうことをきかなくなる）などといわれている。

埋めた上に平たい石をのせておいたり、へその緒と一緒にやかんに入れて便所の戸口とか、お産した床の下とか、墓などに夫が埋めたところもあった。そのほか金神に向かって埋めると産後病気になったり、子どもが死んだりする。埋めたところを最初に通ったものに子どもはもっとも恐れを感じる（虫類なり動物、たとえばへびが通ればへびをこわがるというように）などいった。

夫が踏むのは胞衣を埋めた上を最初に通ったものを恐れるからというのが、理屈のようである。前半の「夫がいつもよく踏む所に埋める」というのは、蛇が通らない前にという意味があるのではないか。

次は鹿児島県の例である。村田熙の鹿児島の報告である。

イヤとへその緒　アトザン（後産）のことをイヤといい、たいてい家の床下や裏手の藪になどに埋め、その上に平たい石をのせ、父親がふみつけたりしたが、出水郡野田村熊陣や熊毛郡南種子町平山では、いまは墓の脇に埋めるそうである。

肝属郡大根占町城元では、イヤはぼろ布に包んで、なんどの床下に埋め、石ころを上にならべた。へその緒は大切に保存し、竹の刺を踏んだとき、へその緒を削って飯粒とねりあわせてつけると、大きな刺でも吸い出すという。川辺郡笠沙町でも、へその緒はむやみに捨てると、物忘れをするといって、しまっておいた。大島郡宇検村宇検では、アトザンは人に踏まれないところがよいといって、よく軒下の内側などに埋めた。いっぽう、吐噶喇の平島では、アトザンのことをトモといい、へその緒と一緒にカマヤ（竈屋）の地面に紙に包んで埋めたという。

ここも基本的には人に踏まれるような所には埋めていない。強いてあげるなら父親であろうが、それも他のものに踏まれてはならないのでという意味からであることは明らかである。ことに「大島郡宇検村宇検では、アトザンは人に踏まれないところがよい」といっている。

九州地方の最後である。源武雄の沖縄県の事例である。

産の神　胞衣ことをイヤという。イヤの始末は地方によってすこしずつ違うが、かまどのうしろに当たる軒下に埋めたというのが多い。沖縄本島各地ではイヤを埋める時には子どもたちを集め、埋めた人が音頭を取ってイヤワレ～（胞衣笑い）といって、わざと大きな声で笑わせた。そうすると生児が朗らかな子になるといった。

柳田国男が紹介したイヤワレ～の意味が「生児が朗らかな子になる」ことが期待されてといったというものである。考古学が出した結論と通い合うのはこの一事例だけである。それでも竈の後ろの軒下となると、家の入口ほど踏まれるというわけでもない。縄文時代の住居や弥生時代の住居の竈の後ろの場合でも踏むこととは縁遠い話であろう。

二、四国地方の胞衣の行方

坂本正夫・高木啓夫の高知県によると、
出産　後産は産部屋の床下に埋めたのが普通で、それを他人が越えたり犬に食べられると百日泣きやよくないことがあるという。また、最初に後産をまたいだ動物をその子は最も恐ろしがるものだという。産湯も同じ場所に捨てた。
という。ここでも床下に埋めている。ついで、野口光敏の愛媛県である。
産室　宇和海村日振島では、産室は奥の間で、二～三畳か四畳半の暗い部屋である。後産は陽をみせずに屋敷内の木の根もとか畠のすみに埋める。
というものである。これらは明らかに人の目に触れさせもしないし自らも踏まない。
武田明の香川県によると、
アトザン　アトザン（後産）は男のは家の中に、女のは外に埋める（坂出市與島）。佐柳嶋ではアトザンは村の入り口の人のよくふむところへ埋める。高見島ではカゲヤ（産室）の裏へ親類二、三名が埋めてケガレがすんだ女が一番にふみ皆に踏んでもらう。このときに近所の女は必ず出て踏むことになっている。三豊郡大野原町五郷ではアトザンのおそいときにはアトノマジナイということをした。これは赤子にむかって「お前はこの世へ明かり見にきて、なぜにあとを惜しむか」といい、産婦の背中に「奥州は陸奥の守り塩釜神社さまアビラウンケンソワカ」といいかけて三度さすると必ずアトがくるという。ここでは塩釜さまはお産の神であるといっている。
という風にある。ここは後産を踏む所である。ただし踏む理由はいっていない。「高見島ではカゲヤ（産室）の裏へ親類二、三名が埋めてケガレがすんだ女が一番にふみ皆に踏んでもらう」というのは、カゲヤが男の行かない所だけに踏む理由が知りたい。三豊郡大野原町五郷の「アトザンのおそいときにはアトノマジナイということをした」というのは、後産が遅いと生命がかかるだけ危険であるからである。
金沢治の徳島県によると、
胞衣・へその緒　胞衣のことをアトザン（後産）という。屋内の床下の土を掘って埋めるのが古式であるが、明治の中期ごろからこも巻きにして谷へすてた。美馬郡では家の出入り口の敷居の内の庭に穴を掘って埋め、さんだわらを上へ乗せて出入りの人に踏んでもらうと生児が丈夫に育つといわれている。というものである。ここにある美馬郡の例こそ考古学が求める資料ということになる。それでも埋めたその時だけであろう。庭に埋めるのであるから人通りのあるところではないからである。それでも、「屋内の床下の土を掘って埋めるのが古式」といっているのである。そうすると、考古学のいう家の入口に胞衣を壺に入れて埋めるという結論は穏やかではない。

三、中国地方の胞衣の処理

宮本常一・財前司一の山口県には次のようにある。

ヨナ　嫁の実家では、嫁がお産の後、婚家に帰るときにはお祝いの餅をついてもたせた。ヨナ・エナ（後産）のしまつの仕方には各地ごとに相違がある。阿武郡一帯では、ヨナツボ（胞衣壺）にいれて産室の下に埋め、柳井市の平郡島・山口市小鯖地方・玖珂郡美和町の農業を主業とする地方では産室の床下に埋める。美和町ではヨナはぼろや紙に包みそれが早く腐るほうがよいという。厚狭郡・豊浦郡・吉敷郡ではヨナを紙箱などにいれて、ぼろ布といっしょに自分の家の墓に埋める。美祢地方では、かっては床下に埋めていたが、だんだん変化してきて、美祢市上田代地区では墓に持っていって埋め、その上に土まんじゅうを作り、石をのせていたという。それが現在では山に埋めるようになった。玖珂郡美和町杉ケ瀬では、ヨナを台所のハンズイ（半斗瓶）の下に埋めていたが、後には部落の上手にある竹やぶの中に埋めた。同町内の黒瀬・向畑・柿ノ木原・足谷・小郷、美川町小郷では、ヨナを手ぬぐいで作った袋の中にいれ、中に一文銭をいれて川の浅瀬にもってゆき出水のとき流れるようにその上に軽く石をのせておく。あまり水の流れの早い瀬に沈めておくと子どもの気が荒くなるという。大津郡油谷町大浦では墓や海辺の浜に埋めておくという。

とある。ヨナは床下に埋めるものであって、墓に埋めるのは新しい風習であるという。

藤井昭の広島県では、

後産の処理　使った初湯は、床の下へうつし、後産も寝間の下の地面を二尺（約六十センチメートル）ばかり掘って、そこへ埋め、上へおもしの石をおいたり（安佐郡可部町町屋）、屋根の下ではあるが、地伏（土台石）の外へ埋めたり（同町勝木）したのは古いほうである。墓所へ埋めたり、便所へ捨てたりした（山県郡芸北町樽床）。家船の人たちは、人にみられないように石にくくりつけ、海へ沈めた。浮いて海岸へ流れ着くと、虚弱な子になるといった（箱崎）。海岸の人の踏まないところへ埋める場合もあったが、海へ流す場合は、竜宮さんに願をかけるといって賽銭をつけることにしていた（能地）。また「竜宮さん場所を貸してください」という唱えごともあった。これらの処理は夫がする場合が多かった。

山口県も広島県も胞衣を捨ててしまっている。そして早く腐る方がよいともいっている。

土井卓治・佐藤米司の岡山県によると、

へその緒・後産　後産は備中町では出入り口に埋め、人にふんでもらうのがよいとされる。が床下に埋めるところも多い。

これこそ考古学の結論に合う事例である。それでも、「床下に埋めるところが多い」というので、やはり踏まれない方がよいのであろう。

石塚尊俊の島根には、

へその緒・エナ　エナのことを多くはアトザン（後産）というが、ヨナというところもある。これは多く墓地に埋めたり、山や浜辺に埋めたり、あるいは焼却したりするが、昔はこれにもきまりがあった。出雲部では一般に道の巷のところに埋めるといい、能義郡では埋めたあとは必ずまず父親が踏んでおかなければならないという。隠岐の島前や島根半島の東部、安来市の一部では、家の大戸口をはいったところかウスニハ（臼庭＝土間）かに埋めるという。ようするに人がよく踏むところという気持ちがこれにはあったものらしい。隠岐の島後や石見の益田市・美濃郡・那賀郡あたりでは主としてナンドの床下に埋めるのだという。松江市の新庄町あたりでは、長男ならば戸口の内、長男以外の子ならば戸口の外といっている。

島根県でも地方によってであろうが「ウスニハ（臼庭＝土間）かに埋める」とある。それを石塚は人がよく踏む所という気持ちではないかとコメントをつけている。

四宮守正の鳥取県には、

血忌　東伯郡東伯町別宮では、エナはヒョウデン（捨て墓）に埋められた。

とある。

三、近畿地方の後産

野田三郎の和歌山県で次のように報告している。

後産・へその緒の処理　後産は部落共有のヨナバカ（胞衣墓）へ埋めるか（伊都郡）、自家の墓地の左側へ埋めた（東牟婁郡古座町）。これは親戚の女性の役目である。海草郡下津町大窪では木の下に埋め、他人に踏まれないために父親がいけて最初に踏んでおく。東牟婁郡北山村では出産後十一日目の名つけの日に、川の水ぎわに深く埋めた。和歌山市でも古くは産室の床下に埋めたという。

とあって、後産は床下に埋めるものであった。

保仙純剛の奈良県によると、一番、肝心の奈良県では次のようになっている。

ヨナ・アトサン　これらのあと始末を家屋の中でする習俗は県下全域にみられる。アトサン（後産）がなかなかおりない時は水がめの杓をくわえるとよい。またアトサンは裏の床下に埋めた。ここを最初に通ったものをその子は一生こわがるので、まず、父親が一番に通るとよいという（上北山村東ノ川）。アトサンはしきいから一尺（約三十センチメートル）ほど裏側に埋めると頭のひくいよい人になる。唐臼のふむ下に埋めるとよい。アトサンのおりない時は産婆はツノムスビのぞうりをはき、水杓を産婦とひっぱりあうとよい（山添村旧豊原村）。アトサンは門口とか屋敷のまわりの人のよくふむ所に埋めた。ヨナ（アトサンに同じ）を埋めた所は多くの人にふまれるとよいという（奈良市旧東里村）。墓制の発達している所ではヨナバカ（墓）を設けている所も多く、また子墓とヨナバカが同じである所も多い。

奈良市旧東里村でも「門口とか屋敷のまわりの人のよくふむ所に埋めた」といっている。それは山添村旧豊原村でいうように、「頭のひくいよい人になる」ことを願っての事であったであろう。それでも全般的には「裏の床下に埋めた」というので、当然、後から付け加わった解釈である。

和田邦平の兵庫県によると、

出産　漁村の中津川（洲本市）ではお産はすべて一人でおこなった。十一日間しぶと藁の入った俵によりかかって体の回復をまち、十一日過ぎると海の塩で全部清め、アトザンを自分で床下に埋め、その上から汚物の洗い水をかけた。

というので、多くの所と同じである。高谷重夫の大阪府では、

後産は馬屋の隅とか墓（能勢町）・便所の入り口（千早赤坂村）などに埋めるが、流谷では便所の入り口に筆と墨とを添えて埋めたという。

「筆と墨を添え」るというのはアトザンに意味を求めようになってのことであろう。奈良の場合と同じである。

竹田聴洲の京都府には田井（舞鶴市）では床下に埋めた後産に七日まで燈明をあげるとある。次は橋本鉄男の滋賀県である。

ウブヤミマイ　後産はヨナ（胞衣）といい、カニババ（胎便）とともにフジョウ（便所）にすてたり、ヨナサンマイに埋めたりした（外畑・曽束）。

ここもヨナは捨てている。あまりヨナに意味を求めていない。

関西地区では奈良など一部にヨナに意味を求めた行事らしきものがある。

四、中部地方の胞衣の処理

堀田吉雄の三重県によると、次のようである。

ヨナの処理　ヨナ（後産）は丁字で洗って壺に入れ、北のかげ地に埋めたが、鬼門を避けた。丁字で洗ったというのは少し高い暮らし向きと思われる。明治初年ごろという。太夫町のことである。石鏡では、後産は早朝人に遇わないようにして、ウマレハマに埋める。九木では、家の庭に、方角を考えて埋める。宮川村では、大体軒下に埋め、石をのせておく。縁の下に埋める所もある。岡田照子氏の調査によると、伊賀の友田（阿山町）では、ヨナは大戸口の外に埋めたという。後には共同のヨナ場へ埋めた。高尾（青山町）では、エナで赤あざをふいてやると取れるということを聞いた。

という。ヨナは人の目につかぬところに埋めている。

磯貝勇・津田豊彦の愛知県では、

後産　胞衣は日の当たらぬところへ捨てるのが多い。縁の下・敷居の下・灰屋の下へ埋める。三河東部・渥美などでは産婦の臥している床下、南設楽郡作手村では土間のたたき石、北設楽郡設楽町田峯では唐臼の踏み木の下などへも埋めた。同郡豊根村・設楽村では家の入り口の敷居の付近の人のよく踏むところへ埋めた。また、埋めるとき、渥美郡渥美町では土瓶に入

れたり、知多郡南知多町日間賀島ではたこ壺に入れたりした。東加茂郡旭町では半紙にくるんで上下の桟俵にはさんで麻ひもで十文字にしばって恵方に埋めた。この胞衣の埋めてある上を最初に歩いたものを、その子はこわがるという。豊田市ではその上を父親が踏みつけておくと、子は親に従順になるという。尾張西部では胞衣は便所の裏（肥桶のさげてある下）へ埋めたというところが多い。

ここは極めて教科書的なところである。竹折直吉の静岡県によると、

後産　昔はナンドの地下に後産を埋めていた。伊豆の賀茂郡松崎町あたりでは、生後百日以内に死亡した子ども同様にナンドの地下に埋めたという。墓場の土手や焼場の土手を掘って埋めるところもある。後産がおりない時には馬のわらじを屋根ごしに投げるとおりるとか、後産といっしょに筆か墨を埋めると字のじょうずな子どもに育つなどというところもある。

長倉三朗の岐阜県では、

へその緒・後産　県下では後産を床下に埋めるところが多い。益田郡萩原町萩原・美濃加茂市太田町・関市関・土岐市土岐津町・瑞浪市大湫町・大垣市などでは、どびんに入れて床下に埋める。また、揖斐郡徳山村開田では、ナンドで産んで、日にあてるとばちがあたるといって産んだところの床下に埋める。また、後産は便所の付近に埋める所が多く不浄物捨て場（火葬場）などの隣に捨てる所もある。南濃地方ではミッカノチアイといってあずき飯を炊き、産婆を招待し、家の裏に穴を掘って埋め、塩で清めた。白川郷ではへその緒もともに便所に入れ、湯を注ぎかけて分解してしまった。

というのである。向山雅重の長野県によると、

出産　産湯は日かげのところに捨てる。ノチザン（胞衣）は多くの人に踏まれるとよいというので、家の戸口やアガリハナ（上がり口）の下などに埋める。下伊那郡南信濃村八重河内梶谷ではヒマヤの土間に埋める。

というのである。踏まれるとよいというのがその理由であるがもう一つである。ヒマヤは女性の生理日やお産のために篭るところである。

土橋理木・大森義憲の山梨県には、

出産　胞衣は東八代郡芦川村上芦川、北巨摩郡須玉町比志では墓地へ埋める。後産は富士吉田市上吉田では床下へ捨てる。南巨摩郡富沢町福士では、今は、後産は墓地へ埋めているが、昔は必ず夫が土間の隅を掘って埋めたという。

とある。斉藤槻堂の福井県には記述がない。

小倉学の石川県によると、

へその緒・えな　アトザン（えな）は馬小屋に埋める、人の踏まない場所に埋める、海へ流す、サンマイ（火葬場）で処理する等いろいろである。

ここは大阪府や滋賀県と同じように、馬小屋に埋めたりサンマイに埋めたりしている。

大田栄太郎の富山県には、

出産　汚物は人の踏まないところに、深く穴を掘って埋め

た。

とある。

山口賢俊の新潟県によると、

ヘソノオ　ヘソノオは大鎌で切って麻糸で縛りケサガケに首にかけさせた。また、鋏で切って麻で縛った。ヘソナワとエナは便所の床下など日の当たらない所に埋めるか、または保存する。飛石の下に埋める、自分のネマの下の土中に埋めたが今は墓に埋める、火葬場に埋める。馬屋の片隅に埋めるなどと多くは日の目をみない所に処理した。

というのである。

六、関東地方の胞衣の話

和田正洲の神奈川県によると、

胞衣と産湯　胞衣は大黒柱の下・トンボグチ・上り段の下などに埋めるところが多い。津久井郡津久井町の鳥屋では、生まれた子が女なら針、男なら筆を胞衣と一緒に埋める。厚木市や秦野市では男の子は大黒柱の下、女の子はカッテの床下という。胞衣を墓地に埋めたというところも多い。足柄下郡湯河原町周辺では後産をみそこしに入れて墓に埋めたという。秦野市の弥勒寺ではエナバタケ（胞衣畑）という畑に人目につかないような桶などに入れて埋めに行ったという。津久井郡藤野町の名倉では厚い紙にくるんで墓地に埋めたが、狐が掘らないように重い石を置く。もし狐が掘ると夜泣きするという。横須賀市の阿部倉ではエナツボという素焼きの壺に入れて埋めた。藤沢市江の島では昔はきれいなあわび貝をとっておき、その中に胞衣を入れ麻で結び、方向をみて人の踏まない床下に埋めた。

　産湯は床下に捨てるところが多い。愛甲郡愛川町中津では産湯の捨て方が激しいと気性の悪い子になるという。足柄上郡中井町で胞衣・後産・産湯を床下へ捨てるのはお天道さまにあててはもったいないからだという。江の島では産湯は橋の下に捨てた。

胞衣と俗信　胞衣を埋めた上を最初に通ったものを恐れるようになるというところが多い。たとえば蛇・くも・蛙・みみず・げじげじなど。小田原市周辺では胞衣の埋め場所が悪いと夜泣きをするというので、いったん埋めたのを掘り出して埋め直す場合もあった。秦野市の弥勒寺でも同様にいい、夜泣きをするときは「猿沢の池のほとりで泣く狐、おのれ泣いてもこの子泣かすな」という歌を半紙に書いて流し台にはっておく。三浦市南下浦町菊名では、昔、縁の下に胞衣を埋めたところ、犬が掘り出して振り回した。それ以後、その子は一生「イヌ、イヌ」としかいえなかったそうだ。その後は胞衣焼き人に頼んで焼いてもらう。胞衣焼き場は三浦市南下浦町松輪にあったという。

　ここでは胞衣を特別に処分する到った理由を珍しく述べている。異常事態が発生したからこそこのようになった。それがない時は、人に踏まれることがない縁の下に埋めていたのである。それでも案外、エナが獣に荒されることを多くのところで嫌うようになってきたということも、一方であったであろう。

宮本馨太郎の東京都によると、次のようである。

出産　ノチザン・アトザン（後産）として娩出された胞衣の処置についても、西多摩山地では屋敷地内の明きの方とか、家の床下やダイドコロ（土間）など日のあたらない場所とか、トンボグチ（出入口）の敷居の下とかに埋めたが、ことに青梅市日影和田ではエナの処理は産婦の夫の仕事とされ、一週間ほど乾してから柄のとれた竹の柄杓に入れ、カドグチノ大黒柱の下に埋めてその上に石を置いたという。青梅市新町や八王子市上案下ではサンダラ（桟俵）に紙をおいてエナを置き、これを麻緒でゆわえて、明きの方か墓地に埋めてその上に、大きな石を置いたといい、北多摩台地では屋敷地内に埋めた所もあるが、人の足の多く踏む場所といって、出入口の敷居の下に埋めた所が多い。八丈島ではこのエナの埋め方によっては子どもが病気になるといい、また眠っている子どもが急に泣き出したり笑い出したりするのは、子どもがエナと相撲をとって勝てば笑い負ければ泣くのだといっている。八丈小島ではアトザンは便所へすてたという。

北多摩台地では家の出入口の敷居の下に埋めたところが多いという。これ以外は人の踏めないところに埋めている。なかでも、門口の大黒柱の下に埋めたというのは胞衣の持つ意味を考える上で大切になってくるであろう。

高橋在久・平野馨の千葉県によると、

胞衣　胎盤は胞衣・イナ・後産・ノチノモノなどという。これは男性あるいは産婆によって処理されるが、一般には墓地に埋める場合や方向を占って埋める場合がある。後者は縁の下や屋敷のなかなどで方角をみて埋めるところが多い。なお長生郡長柄町入地宮前のように流すというものもある。埋めるに当たって人に踏まれたり、またがれたりする場所がよいとするのと、踏まない所がよいとするのと、相反する二つの考え方が同じ地域のなかにも混在している。埋める時の入れ物は焼き物や箱・座ぶとんなどが多いが、安房郡千倉町大川におけるあわび貝という例もある。市原市加茂・君津市南子安では、男の場合には筆と墨、女の場合には針と糸を一緒に埋めることもある。胞衣の埋め方が悪いと体が弱かったり、夜泣きをするといわれている。

といっている。胞衣で子どもの将来を占っているのを見る。基本的には人の踏まないところに埋めるものであるらしい。

倉林正次の埼玉県によると、

出産　エナ（後産）は、オサンゴ（洗米）・かつぶし・ごま・麦・あずきの五品を添え、男の子の場合はトボグチ・女の子のときはセドグチのそれぞれ敷居の下に埋める（越谷市）。箸・墨・筆・針・お白粉・紅などといっしょに埋めるところもある。埋め場所も、他に屋敷内のアキノカタや産室の床下の場合もある。埋めた後、まずはじめに父親が踏みつける。

といっている。ここも基本的には人の踏む所に埋めない。敷居の下も踏まないところである。従って、産室の下が共通するところということになる。

都丸十九一の群馬県では、

産の禁忌　なお、えな（ノチノモン・カナババ）は人にふまれるほどよいといって、トボーグチの下などに埋めた。

という。

尾島利雄の栃木県によると、

出産　出産時の浴湯や後産は、産部屋の真下の太陽の光の届かぬ所や戸口に穴を掘って埋めた。ところによっては、オンボウヤキに処理させたり、墓に埋めたりした。

とある。

藤田稔の茨城県によると、

座産　後産（あとざん・ござん）は大正の末ごろまで、お産したヘヤの縁の下に埋めたり（那珂郡緒川村地方など）、母屋の台所へ埋めたり（鹿島郡大野村地方など）したが、今ではたいてい墓地に埋めるようになった。

産室の下に埋めるのが一般的であったという。関東地方はいろいろな考え方がある。

七、東北地方の胞衣

岩崎敏夫の福島県によると、

コシダキ　アトザン（後産）は人の踏まない日の当たらない床下や墓場に埋めた（福島市）が、そこを長虫（蛇）などが通ると、子どもは長虫をこわがり、または夜泣きするものであるから、埋めた上に石を載せておくとよいといわれた。

というので、他所が言うように、ここも産室の下に埋めるがよいというのである。

戸川安章の山形県には、

後産・へその緒・うぶ湯　子どもは後産を埋めた上を一番さきに歩いたものをこわがるから、父親がふむとよいというところ（東田川郡羽黒町手向）、おなじ理由から犬猫の立ち寄らぬ場所をえらぶところ（東田川郡藤島町古郡）、よからぬものの うまれかわりだといけないから、チャノマ（茶の間）のあがり口の土を掘ってそこに埋め、いつも踏みしずめておくところという（東田川郡朝日村八久和）などいろいろである。中津川ではゴサンとよんで墓地に埋めるが、むかしは藁打ち石や台輪の下を掘って埋めたという。

とある。犬猫に荒されることを警戒している。

富木隆蔵の秋田県によると、

産育　産後の汚物は厩にうずめた。馬の爪にあたると早くくさるので、産の汚れが早く去るといわれている。

とある。早く腐る事を求めている。

竹内利美の宮城県には、

産屋・産の忌み　後産は土間隅や墓に埋め、産湯の水は縁の下か、屋敷内の戌亥の方角や屋敷神の祠の陰に捨てるなど、日に当たることをさけた。

とある。

森口多里の岩手県にも、

エナ・臍の緒　エナ（アトザン）は人の跨がない所というので碑の裏の角などに埋め（和賀町岩崎）、またオカミサマ（巫女）の言葉に従って家のまわりの日の当たらぬ場所に埋める（本寺）。アトザンは臍の緒とともに馬屋の厩肥の下に埋め、あとでコナサセ（産婆）が拝む（上斗米）。トリアゲバアサンが赤子の臍の緒を切り、これをアトザンといっしょに馬屋に埋める（九戸村江刺家）。ゴサンは納戸の床下に埋める（胆沢町小山）。といっている。

森山泰太郎の青森県によると、

俗信　エナ（胞衣）はコエモリ（肥盛り）に入れたり、ワラットに入れて庭のすみに埋めるとか、馬屋に投げすてておく。馬の足に踏まれると腐りやすいからだといい、エナが早く腐ると子どもが丈夫に育つという。またするめ・干魚・銭六文、あるいは火打ちなどを添えて、屋敷内や神社の境内に埋めたりもした。

どこまでも捨てるのである。そして、なかには「エナが早く腐ると子どもが丈夫に育つ」といっている。自然に帰ることを願っているのである。その他土地の神などに供物を添えている場合も見受けられる。

八、北海道の胞衣の処理

高倉新一郎の北海道によると、

アイヌは「胎盤」は他の汚物と共に女便所の前に埋めたという。松前では「後産は敷きむしろでまるめ両端をしばって大木また大黒柱の下に埋めた。五月のしょうぶをとっておき束ねて針三本を刺し、せんじて飲ませると後産が早く下りると考えられていた」という。

以上が日本全国の胞衣についての『日本の民俗』に見た調査報告である。

方位名称と方位観
――西部オーストロネシア語派諸民族の空間認識について――

吉田裕彦

一　はじめに

「数年前、私の友人であり、同僚でもあるイ・ワヤン・ブディアサがアメリカにやってきて、我が家に滞在した。彼は太陽が低い位置で南中する初冬の正午頃に到着した。その時以来、その方角が東に当たると彼は思い込んでしまった。赤道のわずか南に位置するバリでは太陽が地平線の近くに位置するのは明け方か夕方の時間帯だけだったからである。彼はこの方角が東ではなく、南であるということをいち早く学んだが、その方角が東に当たると思い込んだ視覚的な第一印象を変えることができなかった。この方角に対する錯覚が、二年間におよぶ彼のアメリカ生活を悩まし続けたのであった。」（F.B.Eiseman 一九九二　三頁）

これは一九六一年以後、バリ島ジンバランをベースにバリ文化を語り続けたフレッド・B・アイズマンJr.（アメリカ、スコットダール出身）の記述である。

アイズマンだけでなく、C・ギアツやバリ文化の研究に携わる著名な研究者の多くが、バリ人が自身の位置を確認する手段の一つに方位感覚が重要な要素を帯びているということをさまざまな事例を通して紹介している。身の処し方がわからなくなったバリ人のこうした行動は、彼らが日常に体得している方位感覚が崩れたことが原因と見なされている。

筆者のみならず、フィールドスタディに携わる研究者は、対象とするフィールドに身を置いて調査観察を行う時、まず、最初に確認すべきことはそのフィールドの位置である。周囲の環境はどのような状況か。空間を区分する方位はその社会ではどのように捉えられているか。フィールドで繰り広げられる社会生活の諸形態はこうした環境や方位と統合させることにより、観念作用や想像作用、構成作用の中に反映された何らかのベクトルを見いだすことができる。いわば、調査観察を行うにあたって行われるべき、こうした確認は対象フィールドの文化を解読するための準備作業の一つと言える。

だが、フィリピン、ルソン島の民俗社会で世界観研究を進める合田は「多くの民俗社会で、太陽の運行、地形、風向きなどに従って人々は独自の方位区分をなし、これらの方位は、しばしば聖・俗、優・劣、浄・不浄等の象徴的世界観と密接に関連している。（中略）方位観の様態を、民俗社会に固有な世界の分類様式、すなわち世界観の具象化の一例として取り扱うことができる」（合田一九八八　八八頁）と述べ、方位観研究を世界観研究の一分野と位置づけている。筆者の考えも同様であるが、おそらく対象フィールドが有する方位観はその地域の人々のすべての生活文化の解読に深く関わってくる事項だと認識しなければならないと考えている。

小稿では、この方位名称や方位観を、やや俯瞰的な視点から伝統的な西部オーストロネシア語派諸民族(1)の村落社会で実施されたフィールドスタディからの報告やこれまでの方位観研究の資料を抽出し、それぞれの類似点や相違点を整理し、そこに内在する問題点の所在を明らかにしていければと考えている。

二　方位名称と方位観研究の経緯

西部オーストロネシア語派諸民族の村落社会には私たちが日常的に使用している東西南北という客観的、科学的な普遍性をもった方位認識や中国起源に端を発する天文方位とは別に、民俗方位ともいうべき各地域に根ざしたより実践的、経験的な方位名称や方位観念が存在することは早くから指摘されてきた。

二〇世紀前半に台湾先住系民族の調査に携わった移川子之蔵は、後に示すように、彼らの方位名称と実際の方位との関係が同じ民族内でずれが生じていることを指摘し[2]、それは居住地を移動した結果に起因する、とした論考をまとめている（移川一九四〇）。おそらく、日本において中国からの影響にとらわれない形の民俗方位についての嚆矢となる研究であった。

また、宗教人類学者の古野清人も台湾先住系民族の一つアミ社会を調査した際、男性、女性それぞれにとっての「聖なる方位」が存在することを指摘し、空間認識上の方位の意味づけとして世界観が形成されているとの考証を示した（古野一九七二　一〇〇～一〇一頁）。そして、移川と共に台湾調査に携わった馬淵東一も独自の社会人類学理論を構築し、沖縄からインドネシアに至る島嶼部アジアの広範な地域を対象に、さまざまな角度から抽出された象徴的秩序の構図相互間の関連を方位観と共に考察した（馬淵　一九七四ａ・ｂ）。いずれも移川の研究に影響を受けて展開された二〇世紀中頃の文化人類学研究の一分野とみなされるであろう。

一方、欧米ではオランダやドイツ、イギリスを中心に早くより、西部オーストロネシア語派の諸民族に独自の方位名称が存在することが指摘されていた。そして、一九三〇年代以後、デンプウォルフやファン・フォーレンホーフェン、ファン・ウーデンらにより、空間認識の中でその民俗方位を捉え、方位観研究へと昇華させていったのである（馬淵　一九七四a　一〇三〜一二〇頁）。

移川や古野、馬淵等はこの欧米の研究に触発され、それぞれのフィールドで調査観察を行い、実証的なデータを示しながら、方位観や世界観を構築していったものと考えられる。

その後、しばらくは方位や空間に関する研究は見られなかったが、馬淵の方位観研究は一九七〇年代に倉田勇（台湾、インドネシア）や常見純一（沖縄、台湾、タイ北部山地）、村武精一（沖縄、フィリピン）、合田濤（フィリピン）、等により、息を吹き返す。彼らは馬淵が指向した方位観研究をより発展させ、方位名称と方位観が神話や祭祀、農耕や狩猟、漁労などの生活空間に密接に関わり、それが性差にまで反映させていることをよりインテンシブな調査から得たデータを基にして、それぞれの地域社会における世界観の再構築が試みられていったのだった。そして、どの社会においても象徴的と見なされるおのおのの秩序は独立したものではなく、方位観が共通要素として内在し、相互に関連しあっていることを考証していった。

また、ヨーロッパでも二〇世紀中頃から後半にかけて東南アジアを中心に方位観の研究が進み、R・フォースやR・バーンズ、C・ギアツ、F・B・アイズマン、R・ウォータソンなどの研究を見ることができる。

このような経緯を受けて、一九九九年に原英子が「台湾アミ族の宗教世界」を発表し、アミ社会の宗教的空間の中に男女の性を意識した認識方法についての考察をまとめ、これまで指摘されてきた空間の二分原理の他にフラクタル構造(3)が認められることに注目した著述を発表するなどし、三たび方位観研究への関心がわが国に高まりつつあるのが今日の現状となっている。

三　西部オーストロネシア語派諸民族の方位名称と方位観

ここではこれまで述べてきた研究者たちの方位観研究で明らかにされた西部オーストロネシア語派諸民族の方位名称を再確認する作業から始めていきたい。それぞれの方位名称が持つ意味の多様性の検討は比較言語学的な色彩を持つことは否めないが、地域社会における基本的な方位観を理解していく上で、その名称の意味を正確に把握することは重要な要素となる。また、地域間の違いや地域を超えて共通する基底的な方位名称などを確認することにより、ある種の方位区分が地域社会での固有な世界観の意味体系との関連や、村落や家屋、屋敷の配置などの象徴的空間を見いだすことができる、と考えている。おそらく、そこには東西南北といった科学的方位しか認めようとしない者には見えてこないもう一つの世界観が横たわっていると言っても過言ではないであろう。

1　台湾先住系民族の民俗社会

台湾先住系民族の今日の生活様式は、移川子之蔵や宮本延人、馬淵東一等が調査研究に従事した当時とは比べものにならないくらい大きく変容しており、民俗方位についての名称も死語と化したものが多い。まして、それに伴う方位観や方位名称の由来などについても、一部の地域を除き、今日では確認することすらできなくなっているのが現状である。

ここではまず、わが国における方位観研究の嚆矢となった移川の「方位名称と民族移動並に地形」(移川一九四〇　一二七〜一五四頁)より、台湾先住民系民族の方位観の一端を抜粋することから始めることとする。

移川の調査した時点では、いわゆる台湾先住民九族の方位名称はその当時もなお、人々の間で生きた用語として用

表１　台湾先住系民族の方位名称（移川子之蔵1940より作表）

	タイヤル			サイシャット		ブヌン		
	スコレク	ツオレ	セデク	シャイマギャヒョブン	シャイヤゴール	タケトッド	ケバタン	イシブクン
東	1 [yatux（上方） pagayag wagi（日の出る方） 2 hatigan wagi（日の出る方） 3 [hahabəka? an wagi （日の出る方） jachtagan wawitux（同）	4 hatigun-u witux （日の出る所）	5 daya （上方、山手、 上流の方） 6 poso （本、日の本）	7 kapay-hahilaan （日の出る方）	8 kapa-i-habilaʁ （日の出る方）	9 m:siuma waḷe （日の出る方）	10 insosoman waḷe （日の出る方）	11 [minsyoma waḷe （日の出る、昇る方） minsoma vale（同）
西	1 [hogal（下の方） kagarop wagi（日の没する所） 2 kijopan-o-wagi（同） 3 [kajapan wagi（同） kakijaopan waji（同）	4 keyan-o witux （wituxは日）	5 hunat （麓の方） 6 daya （山手、上方、 河上）	7 kai-hebanu (?)	8 rai-kaiheßan(?)	9 [okaiman-o-wale （日の入る方） uqqaivan vale （同）	10 okakaiwan wale （日の入る方）	11 [moxaib waḷe （日の入る方，日の 越す方） mohaib vaLe（同）
南	1 boqqui（？） 2 tai-jihel（左の方） 3 tai-bəjinah（片方）	4 名称なし	5 to-gâli （彼方） 6 hunat（麓）	7 kap-na-abaan （暖風の来る方）	8 rai-kanal （右方）	9 名称なし	10 tansiukaun （右）	11 名称なし
北	1 なし 2 tai-ləlao（右方） 3 tai-bəjinah（片方）	4 なし	5 hogâli（下方） 6 tagali（彼方）	7 kap-na-misianan （寒風の来る方）	8 rai-kaiʁ （左方）	9 なし	10 tanavile （左）	11 なし
調査地	1 台中州萬大社の一部 2 台中州久良栖社 3 新竹州竹頭角、タコナン社	4 台中州白毛、 稍來社	5 台中州バーラン社 6 花蓮港タロコ	7 新竹州大東河社	8 新竹州大隘社	9 台中州タマロマン社	10 台中州丹大社	11 台南州トンボ社台東庁下

	ツオウ			ルカイ		パイワン			パナパナヤン（ブユマ）
	ルフト	タパグ	カナカナ		下三社	西北・中部	西南部	東部	
東	12 [ejosmomoha hiʄe （日の出る所） eosumu moxa-hile （同）	13 omẓa （南）	14 taLaLaka taniaru （太陽の出る所）	15 talaoan （日の出る所?） 16 talaoa（同）	17 ðala（上の方、山手） 18 [kararuṣo（日の出る所？） ðaLa（上方、山手） 19 [soroṣo（不明） sorosʉ（同）	20 katsudas （日の出る所） 21 katsudas （同）	22 katudas （日の出る所）	23 i-raol （下の方、 平地の方）	24 [ðaoð（下方） raol（同） 25 [i-raol（同） i-rahuð（同）
西	12 [mufovẓa hiʄe （日の入る所） meovuja hile （同）	13 oeɹ-i （北）	14 tapataLaLa tanijaru （太陽の没する所）	15 taliugan (?) 16 taliuga (?)	17 tauringan（？） 18 [sarudupu（日没の方） haoðo（下手の方） 19 [surūdipu（18と同） haod（18と同）	20 kaludupp （日の入る所） 21 maludup （同）	22 kaldop （日の入る所）	23 i-zaya （上の方）	24 [daya（上の方） ðaya（同） 25 i-zaya（同）
南	12 [omẓasi (?) omuja(?)	13 f̲eona? （側面）	14 名称なし	15 vanal（右） 16 名称なし	17 [tai-dupan （日の入る方） tsiŋi-anʉ（左） vilijaanʉ（同） 18 vilaʔa（同） 19 名称なし	20 tai-naval （右方） 21 i-viri （左方）	22 i-bili （左方）	23 i-biri （左方）	24 timor（？） 25 i-kuruts（？）
北	12 [oliisi (?) oliʔ(?)	13 f̲eona （側面）	14 なし	15 vili（左） 16 なし	17 [tigian （日の出る方） vanananu（右） 18 lanala:u (?) 19 なし	20 taiviri （左方） 21 i-naval （右方）	22 i-nabal （右方）	23 i-nabari （右方）	24 ami （寒い気候・季節） 25 i-hami（同）

調査地	12 台南州楠仔脚萬社	13 台南州達邦社	14 高雄州下	15 高雄州タマラカオ社 16 台東庁大南社	17 高雄州トナ社 18 高雄州マンタウラン社 19 高雄州マガ社	20 高雄州屏東郡下パイワン社、高雄州潮州郡カピヤガン社 21 高雄州屏東郡フェマ社	22 高雄州潮州郡スボン社	23 台東庁大武州近社	24 台東庁卑南社 25 台東庁知本社

	パンツァハ(アミ)		ヤミ(タオ)	平埔族						
	北部	南端部		パゼヘ・カガブ	バブサ	ファヴォルラン	シラヤ	カレワン	カヴァラン	トロブアン
東	26 ka-wali (日の[出る]所?)	27 [kâmis (北) ka-amis (同)]	28 kai-Karaman (?)	29 daya (山手、上方)	30 radi (?) 31 不明 32 idzagi (日の方?) 33 izagi(同)	34 不明 35 不明 36 bajan (?)	37 [taga-saija (山手の方) tago-sia(同) to-saija(同)] 38 tsi-daya (山手、上方) 39 ni-raya(同) 40 talagia(日の出る所?)	41 [wax (日?) waghe(同)]	42 [ghe-waghe (日?) xe-waxa (同)]	43 wade(日?) 44 waʁai 45 valat(同)
西	26 [ka-tep (日没の方) ka-tip (同)]	27 ka-timor (南)	28 kabaratan (?)	29 rahuð (下手の方)	30 tip (日没の方、所) 31 tipan(同) 32 i-chipu(同) 33 i-tsuvu(同)	34 tiepan (日没の方、所) tipan(同) 35 tipan(同) 36 zipan(同)	37 [toraos(下手の地?) tagaraos(同)] 38 tatib(日没の所?) 39 taraguð(下手) 40 ta-alup(日没の所?)	41 raya(山手)	42 zaya(山手)	43 raya(山手) 44 imis(北) 45 su-laya (山手)
南	26 ka-timor (?)	27 ka-wari (日の方)	28 ka-somran (?)	29 amisan (北?)	30 timor (?) 31 ngannan (右?) 32 不明 33 tsimmu (?)	34 moroan (?) 35 moroan (?) 36 不明	37 [taga-timoh (?) taga-tomogh (?) ti-timoh (?) to-timoh (?)] 38 munaya (?) 39 tenbuq (?) 40 不明	41 teepoh (?)	42 tebo (?)	43 tibol (?) 44 zaya (上方) 45 timoʁ (?)
北	26 ka-amis (寒い気候・季節)	27 katip (日没する方向)	28 kairaulan (下の方?)	29 rabahan (?)	30 不明 31 不明 32 dzames (寒い気候・季節) 33 zammi (同)	34 不明 35 不明 36 [amis (寒い気候・季節) amisan (同)]	37 [tage-mingh (寒い気候・季節) to-amih(同) to-amigh(同) to-angh(同)] 38 butib (?) 39 ami(寒い気候・季節) 40 不明	41 imis (寒い気候・季節)	42 imis (寒い気候・季節)	43 yamis (寒い気候・季節) 44 tivox (timorと同語) 45 siaʁaʁ (?)
調査地	26 花蓮港庁下	27 高雄州恆春郡港口社	28 紅頭嶼イモロッド社	29 台中州埔里烏牛欄、大浦蜈蚣崙	30 台中州埔里大肚城 31 台中州埔里東螺社 32 台中州埔里水頭北投社 33 台中州諸羅山	34 新竹州新港社 35 新竹州埔里房里 36 台中州崞化?	37 台南・高雄州下 38 台南州甲仙埔 39 高雄州屏東郡加納埔 40 高雄州老卑・赤山	41 台東庁加走湾	42 台北州宜蘭礁渓	43 台北州宜蘭社頭 44 台北州羅東叭里沙破布烏 45 台北州流々仔

本表では台湾先住系民族の民族名称の分類が現行の民族名称との異なりが見られるが、ここではいわゆる原住民9族の現行名称を添記した他は、移川論文を忠実に作表するに留めた。

いられていたが、平埔族の方位名称の多くは死語となっており、当時の古老の記憶にかろうじて残っていたものとか、記録によって知りうる程度であったと伝えている（移川一九四〇　一二八～一二九頁）。

移川の採集した四五地域の方位名称を新たに整理した一覧（表1）を参照しながら、台湾先住系民族に見られる方位名称の特徴を述べてみよう。

東西の方位名称は太陽の出没をもってその名称としている所が多い。また、地形上、東に山を抱き、西に向かって平地に下るような所（概ね、台湾脊梁山地の西側）、（1、5、17、18、29、37、38、39）では、東を「山手、上の方、河上」と呼び、西方向を「下手、下の方、麓の方」というような呼び方で方位を指している所もある。逆に、台湾の東海岸側の山腹に居を構える地域（23～25、41～45）では東を「下手、下の方、麓の方」、西を「山手、上の方、河上」と称している。

ところが、ツオウ族のタバグ群(13)では「南」と考えられる名称を「東」に充ててomẓaと称し、「北」の名称oe.r-iを西に充てている。ツオウ族ルフト群(12)の方位名称と比較すれば反時計方向に九〇度回転させてその土地の方位名称としていたのである。移川はこの方位名称の錯誤をツオウ族が旋回移動した結果と見ている（移川一九四〇　一四〇～一四一頁）。同一民族間における同じような方位名称のずれはパンツァハ族（アミ族）の一部(27)やルカイ族三社群(17)、平埔族トロブアン群(44)でも生じていた。

次に南北の方位名称について述べる。台湾先住系民族の中にはその名称を片方もしくは双方とも欠いている所がある（1、4、9、11、14、16、19、30、31、34、35）。また、「左」「右」（2、3、8、10、15、17、18、20～23、31）や「側面」(13)、「彼方」(5)の語を持って南北いずれかの方位名称としている。概して東西の方位に比べて、それほど強い意識を持ちあわせていないように思われる。移川は見解として述べていないが、「左」「右」という方位名称の基準はその分布範囲を考慮して見た場合、東西いずれかにある山手に向かっての左右の方向になっている可能性が考えられる。一方、サイシャット族シャイマギャヒョブン群(7)では「南」をkap-na-abaan（暖風の来る方）、「北」をkap-na-misianan（寒風の来る方）と呼称し、風の来る方向（風位）をもって南北の方位を示している。

また、パンツァハ族（アミ族）や平埔族など平地に住む台湾先住系民族の間でも、timor（南）とamis（北）という特定の方位を指す語やその派生語が用いられている。移川はこれらの語の原義を特定はしていないもののこの方位名称も風位を意識した名称と見てよいであろう。「北」（kamis, amis, imis, ami）は「冬、寒風」の意味を持つと推定し、「南」（timor, timol）はカヴァラン語で「南風」を意味するtimoghやインドネシア、ティモール島との方位上の関係などを指摘するものの、その原義については推定の域にすら達しえないとしている。（移川一九四〇　一二八～一三〇頁）

このように、移川は台湾先住系民族の方位名称を列記すると共に、それぞれの方位名称の意味やそれからうかがい知ることのできる方位観の一端を論じ、実際の方向とのずれを民族移動と関連させて検討を加えている。

一方、古野清人はアミ族の社会に男性、女性それぞれにとっての「聖なる方位」が存在することを指摘し、それを受け、倉田勇はアミ族の宗教的空間の中に男女の性を意識した認識方法についての考察をまとめ、男女それぞれに類別される空間がいわゆる方位を指示する語とは別に存在することを明らかにした。そして原英子は、倉田らが明らかにした空間の二分原理の他にアミ社会にはフラクタル構造が認められることに注目した著述を発表するに到っている。（原二〇〇〇　一四七～一五〇頁、日本順益台湾原住民研究会編二〇〇一　一二〇～一二三頁）

移川や古野らの研究を嚆矢として、台湾先住系民族の方位観研究は、さらなる発展を見る一方、近年の著しい文化変容の影響により、民俗方位自体が喪失していく状況にあるという事態に直面していることも現実となってきている。

2　フィリピン民俗社会

フィリピンの民俗社会における方位名称と方位観については合田濤によるインテンシブな研究がある。ここではその成果に基づき、各地の方位名称の様相を見ていくこととする。

合田は自身のフィールドとしたルソン島北部山地、マウンテン州中部、ボントック郡およびその周辺を主な居住地とするボントック社会での民俗方位および方位観を検討するにあたり、西オセアニア（小稿で言う西部オーストロネシア語派諸民族居住域）各地の方位名と方位観の実態を解説している。そこで彼はインドネシアからフィリピン、台湾に至るアジア島嶼部の民俗社会には ḍaja–l'aud（内陸－海）という方位名称が広範に分布し、内陸と海という地理的条件に従いつつ、方位観の基軸の一つを構成していると見なし、フィリピン内で ḍaja–l'aud の方位名称を持つ二〇言語を例証し、その諸相を紹介している（合田一九八八　八七～一一〇頁）。

それでは、台湾先住系民族の場合と同様にフィリピン各地の方位名称を新たに整理した一覧（表2）とタガログ語とイロカノ語の方位図（図1）を参照しながら、フィリピンの方位名称の特徴を見ていくこととする。

タガログ語では、その方位図からも明らかなように東西の方位名称には太陽や月の運行に関連した語彙で指示され、南北の方位名称は風の方位、陸から海に向かって吹く風と海から陸に向かって吹く風を意味する語彙を対応させていることがわかる。北東や南西などの中間方位は東西南北を示す名称の組み合わせである。また、イロカノ語の場合、東西の軸に ḍaja–l'aud（内陸－海）の対応語 daya–laud の方位名称が当てられている。イロカノ社会は西に南シナ海を東にルソン島北部の山岳地帯を控え、地理的にも内陸と海が東西の方位と合致している。また、南北の方位名称もタガログ語と同様に風向きと関連した語彙が充てられている。イロカノ語の中間方位については、特定地域の総称名で

表2　フィリピン民俗社会の方位名称 ḍaja-lau`d 系方位名称の分布（合田濤1989掲載の‘ロペスによるフィリピン比較言語リスト’他より作表）

	ボントック語	カリンガ語	イスネグ語	イバタン語	ナバロイ語	アパヤオ語	イフガオ語	カンカナイ語	ギナアン語	スル語	タオスグ語
ḍaja系	chắya(天) dáya	dáya （内陸、川上？）	dáya（上流） mandáya（上流） imandáya （上流に住む人々）	irayá （内陸） irrayá （高山）	cháya(東)	dáya（東）	aya （川上、山上）	dáya（東）	dáya（西）		
la`ud系	lágod	lágod（下流、北）	láqod（外洋、外洋に向かう）		lāud dāut（西）		láqod （川下）	láqod（西）	lágod(東)	láud(公海)	láwd （外洋、外洋に向かう）

	タガログ語	セブ語	ヒリガイノン語	ビコール語	マギンダナオ語	イロカノ語	レイテ・サマール語	パンパンガ語	イバナグ語	アクラン語
ḍaja系	iláya（上方の、内陸の、町の北側）	iláya（上方の、内陸の、町の北側）	ilayá (?)	iráya (?) hiráya (?)	iláya（源流）	dáya（東） dáya （土地、地方）	irayá （川の源流、内陸）	aláya（下方） paraláya （東、川の対岸）	idáya （山地民の名称）	ilaÿa（東南、南風）
la`ud系	laót（?）	lawód（?）	lawúd（公海） laót（船酔い）		lāut (?) lāud (?)	láod (?)	lawod (?)	láut （湾、外洋）		

表3　インドネシア民俗社会の方位名称（倉田勇1972掲載の`C.レッケルケルケルの方位研究'より作表）

	マライ語とその関係諸方言	ジャワ語	スンダ語	バリ語	マヅラ語	ササック語	ブギ語	マカッサル語
東	timor matahari terbit（日の出） matahari hidoep （生きた太陽＝ランポン語） matapanas（暑さの源） masjik（＝アラビア語）	wētan（一日の開始、起源）	wetan masrik （＝アラビア語）	kangin (ke-angin、風向) dangin (di-angin、風向) timoer	tēmor	temoeq	laoeh（海の方） angin（風向） todang timoq（東風）	râja（陸側） anging（風向） 〈ボンタイン〉ringang timboro timor（東季節風）
東南	tenggara tunggala						toenggara	toenggara
南	selatan daja	kidoel	kidoel	北部－kadja, dadja（上流） lér 南部－kelod, dlod（海側） kidoel kidal（左）	laoq（海の側）	laoeq	wâwo（内陸） manijang sallatang （南風、陸風）	rate timboro sallatang（南風）
南西	barat-daja daksina(サンスクリット語)	koelon 〈クドゥリ地域〉					daja （南南西を指す）	daja
西	barat matahari mati（死ぬ太陽） magrib（＝アラビア語）	kilen	koelon barat magrib （＝アラビア語）	kaoeh daoeh （＝di-aroeh）	baraq	barat odjok barat kaoeh （＝バリ語）	adja radja oerai（陸の側） angin laboe(西風) barat	lâoe（海側） sara anging（風向） 〈ボンタイン〉 noengang（西風） bâra（西季節風）
西北	barat-laut						barat	
北	oetara laut	lor 〈クドゥリ地域〉 lér（海）	lēr	北部－kelod, dlod（海側） 南部－kadja, dadja（上流）	dadja（山の方）	daja	no	naoeng âra râwa 〈サラヤル〉râha
北東	timur-laut							

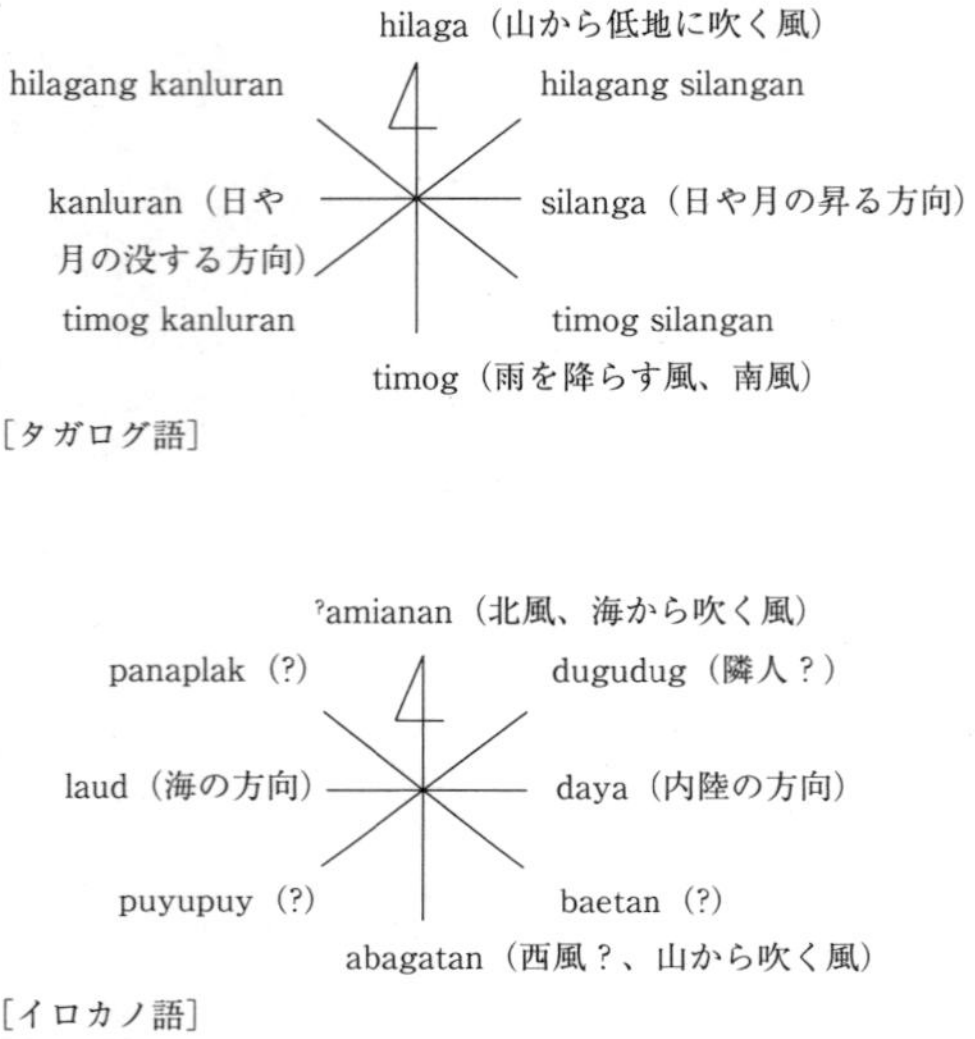

図１　タガログ語とイロカノ語の方位図
（合田 1967：p.83より作成）

ある可能性が指摘されているが、ここでは詳らかには検討されていない。（合田一九八八　九二〜九三頁）

東西の方位軸に対する呼称はフィリピンでは、台湾先住系民族の場合と同様に、太陽や月の出没と関連した語彙、あるいは地形の高低に関連した語彙が充てられ、それぞれが共通の言語系統の中で息づいていることが確認できる。

また、東西の方位軸を磁石軸に当てはめた方位でその名称を求めようとするのは誤りで、太陽の運行により東西を指示する名称を持つ社会にあっても、その方位は季節によって異なっている。いわゆる東は南北との中間方位くらいの範囲を漠然と指す方位名称と見るのが妥当である。内陸（山）と海との対応や風向きによる方位名称を持つ地点でも状況は同じだということに注意しておかなければならない。

合田はさらに、ボントック郡のフィールドで方位に関わる次のような語彙を収集している。falla-an si akew（太陽が昇る方向）、lomakan si arkew（太陽の沈む方向）、chaya（天・空）、totongcho・ngato（高い所・上）、lagod（北東・チコ河の下流方向）、aplay（西南・チコ河の上流方向）、lota（大地）、chalem nan lota（地中）の各語彙である。これらの方位名称の中にこれまでに述べてきた水平方向の方位名称にchaya（天・空）、totongcho・ngato（高い所・上）、lota（大地）、chalem nan lota（地中）という垂直方向の方位名称が加わっている。かくして垂直的な対立と水平的な対立の存在がボントックの世界観の構築に大きく関わっていることを合田はボントック社会の神話分析による考察で試みている（合田一九八八　九四～九五頁、一〇一～一〇七頁）。

3　インドネシア民俗社会

二〇〇～三五〇にもおよぶ多数の民族集団からなるインドネシアには早い段階からオランダ人研究者等による方位観の研究が進められていた。日本では馬淵東一がインドネシア各地の方位観研究に先鞭を付けたのに続き、倉田勇、吉田禎吾等により、その研究が展開されていった。倉田はC・レッケルケルケルの研究を踏まえ、八言語の方位名称を収録している（倉田一九七二　一二八～一三一頁）。それを一覧にしたのが表3である。(4)

表3からも、daja–l'aud（内陸－海）という地形上の対立による方位名称がインドネシアでも広範に分布し、方位観の基軸の一つを構成していることがわかる。そして、バリ島の南部と北部、スラウェシ島のブギ社会とマカッサル社会では、それぞれ南北、東西の方位名称にdaja–l'aud（内陸－海）系の用語が使用されているものの、それが地理的条件により、逆転しているのを見ることができる。

東西の方位名称には太陽や月の運行に関連した語彙で指示され、南北の方位名称は風の方位、陸から海に向かって吹く風と海から陸に向かって吹く風を意味する語彙を対応させていることは台湾やフィリピンの場合と同様である。また、表3には表れていないが、東インドネシアのいくつかの地域には頭側、足（尾）側、右側、左側というように人や動物の身体になぞらえて方位を指し示す地域もある。

ここでは、daja–l'aud（内陸－海）系の用語や風の方位を対応させた方位名称に加え、身体部分と関連させた方位名称を持つバリ島の方位観とスンバ島の世界観に見る空間概念の実際を観察していくこととする。

A、バリ島の方位観

バリ島で基本的な方位として人々に意識されているのが、山と海という地形にちなんだ、「kajå（山方向）－kĕlod（海方向）」との対比、および太陽の出没する方位を指す「kangin（東）－kauh（西）」との対比である。このうち、「kajå（山方向）－kĕlod（海方向）」という方位名称は、南バリと北バリとでは逆転している（図2）。台湾では移川により「方位のずれ」[5]が指摘されていたが、ここでは島の中央にそびえるアグン山を中心としたバリ島独自の方位観が山を取り巻く麓の社会に息づいていることを示しているのである。

そして、この地形による対比は台湾やフィリピン、その他インドネシア地域に見られる「ḍaja–l'aud」系と同様の語彙であることに注意しておかなければならない。すなわち、ヒンズー文化など外来の文明の影響を受ける以前からバリ島に定着していた方位名称と言えるからだ。

初期のオランダの民族学者らが、この「kajå–kĕlod」の対比を「山（特に聖山アグンの頂上）は神々のすみかとして崇められ、海は悪魔のすむ所として畏れられるという定式化した概念」（R・ウォータソン一九九七　一二九頁）として捉えたのを機に、こうした概念が多くの出版物で繰り返されると共に、今日においてもなお、バリ文化紹介の記事やネット上でステレオタイプのように紹介されている。

ところが最近になって、このような固定観念はバリの空間認識の過度な単純化を招いているとの批判が生じている。「方向の連合関係は「善」と「悪」というように分極化するものではなく、もっと曖昧である」とロブリックは主張し、それを受けてロクサーナ・ウォータソンは「海は単純に危険なものではなく、力、生命そして知識の源であり、かつ清めの場所でもある。たとえば、海は死者の清められた遺灰がまかれることでより一層清められる場所であり、また神聖な神々の仮面や装飾品が定期的に洗浄される所でもある。海も山々も、そして本当に環境のすべての部分が悪魔たちと神々の両方の棲み家なのである。」（R・ウォータソン一九九七　二二九頁）と述べている。バリ人は海を「不浄の地」や「悪魔のすみか」、「悪」という捉え方ではなく、悪や不浄を浄化する「聖なる空間」といったアンビバレントな性質を持つ空間だと認識していると見なす方がよいであろう。

フレッドB・アイズマン・Jr.はバリの方位名称がヒンズーの神や色と関連したものであることを図3により説明する（Eiseman一九九二　三〜五頁）。これはバリ・ヒンズー世界の空間識別法を図式化したものであり、ナワ・サンガ nawa sanga と称される「八方位＋中心（puseh＝臍）」からなる九方位によってバリ世界が構成されていることを示すものである。それぞれの方位にヒンズーの神や色が関連づけられているのは、バリ人が本来抱いていた独自の方位観にバリ・ヒンズーの世界観が乗っかって形成されたとみなすのが妥当であろう。

とはいえ、バリ島の方位観や世界観についてはC・ギアツも強調しているように、バリの村落形態が極めて多様であり、一元化して論じるに

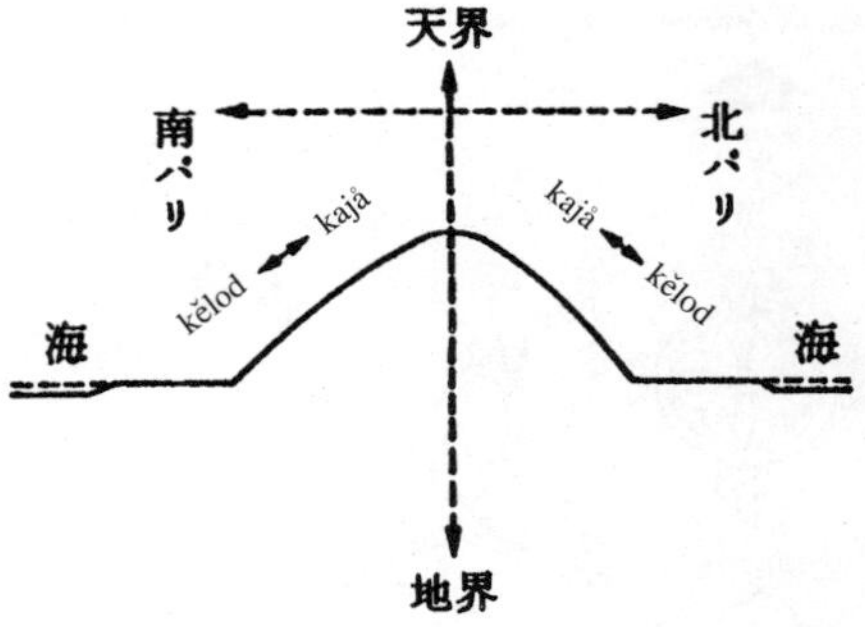

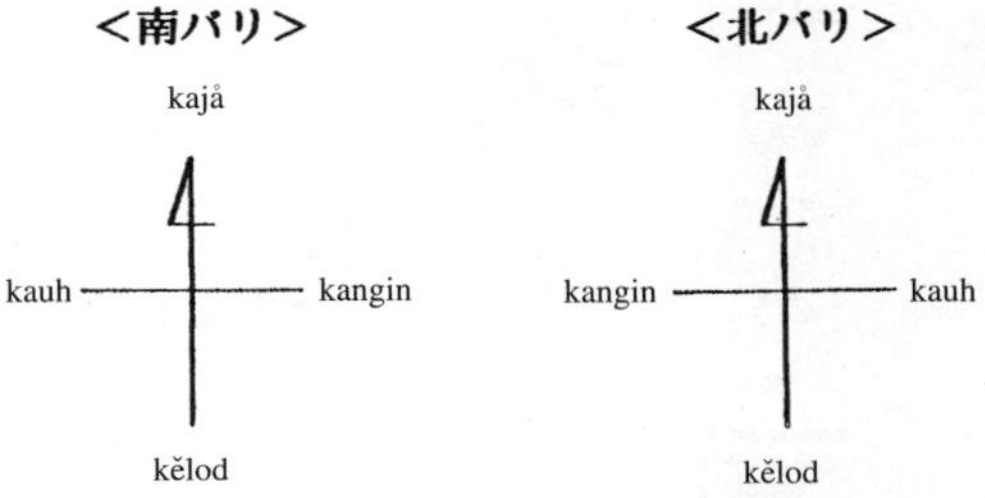

図2　南北バリにおける方位差

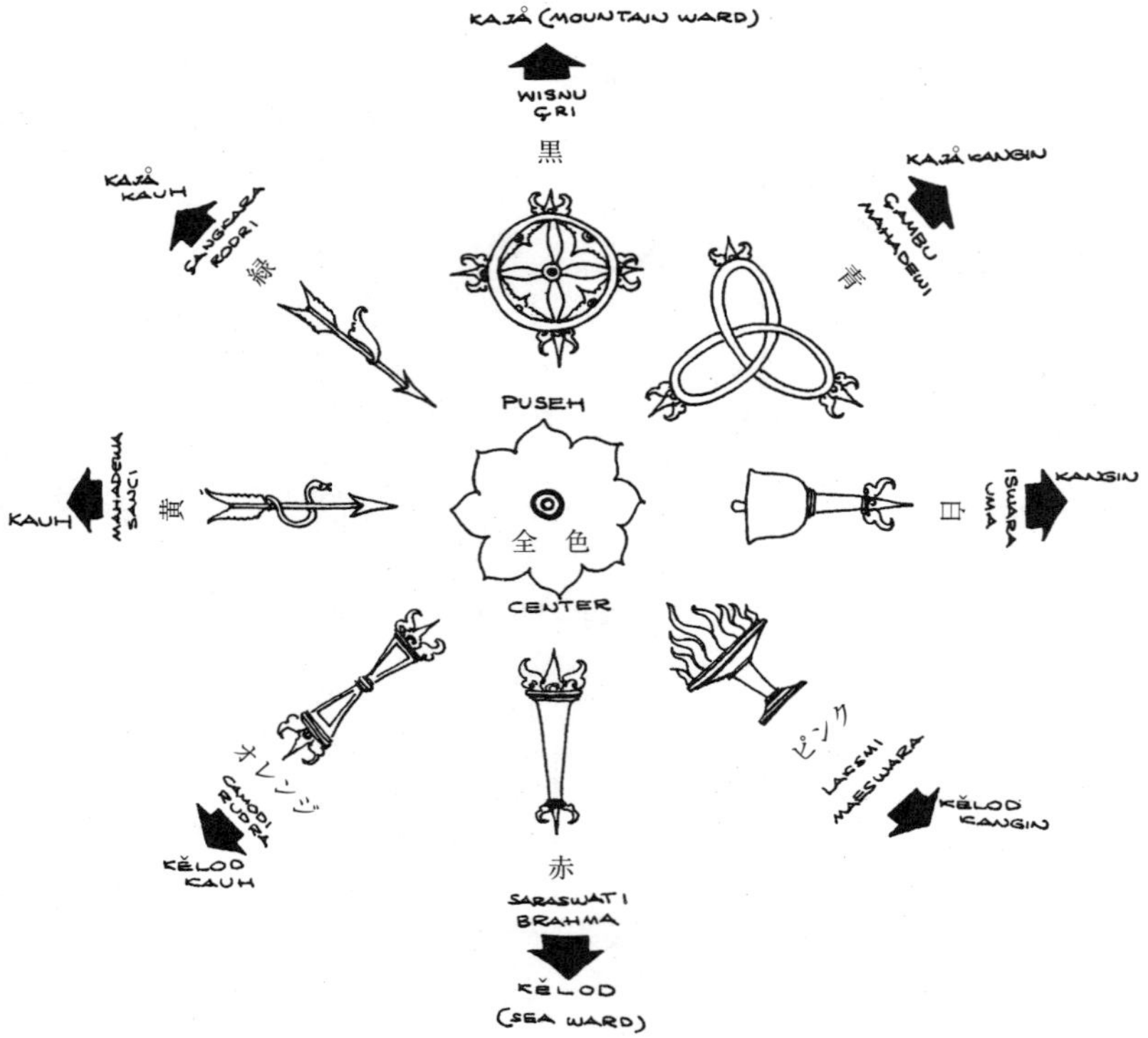

図3　バリ・ヒンズーの方位観〈ナワ・サンガ〉
（Eiseman 1992：p. 4 より作成）

は無理があることも承知しておかなければならない（R・ウォータソン一九九七　一二八頁）。

この方位観はバリ人の生活のいたる所に反映され、村落の公共建造物や個人の屋敷内に見られる建物の配置様式にもその意識を見ることができる。

集落の屋敷はほとんどがkajå—kělodの方向に細長く並び、カヤンガン・ティゴ kayangan tigaという三つの主要寺院が次のように配置される。プラ・プセーPura Pusehという創造神であるヴィシュヌ神を祀る寺院が集落から少し離れたkajåの方位に置かれ、kělodの方位には破壊を司るシバ神やその妻のドゥルガ女神と共に死者を祀るプラ・ダレムPura Dalemという寺院が配置される。そして、その間（集落内）に設けられている神々が会合に集まるとされるプラ・バライ・アグン Pura Balai Agung の三寺院である。

中庭を持つ屋敷も彼らの方位観に則した空間認識の枠内でいくつかの建物の配置がなされている。日常活動の舞台として用いられる中央の庭は「臍」に相当する。屋敷神の祠は、屋敷内でもっとも神聖とされる空間であるkajă-kangin の角に祀られる。島の南部では北東の角がその地点となり、北部では南東の角がそれに当たる（以下は南部バリの場合）。次に重要とされるのが家主とその妻の寝室であるウマ・メテン uma meten で、中庭から見ると kajă 側に建ち北面する。台所と穀倉、豚小屋、ゴミ捨て場は南面して kĕlod 側に設けられる。そして、壁のない四阿（あずまや）は東西に面して建てられている。

また、バリ島の屋敷内に建てられたそれぞれの建物は人間の身体の部分と特別な結びつきをもっているとも見なされる。それはアイズマンの「頭、胴体、足の三部は宇宙そのものを表し、頭（上）部は神の世界・天界であり、胴体（中央）は人間の世界、そして足（下）は下界にあたっている。」（Eiseman 一九九二　八頁）とする身体部位をもって空間を表現、指示する説を裏付けるものと言えよう。

B、スンバ島の方位観

東インドネシア、ヌサ・トゥンガラ諸島の中ほどにあるスンバ島は、外部の文化の影響を大きく受けることなく巨石文化の伝統を保ち続けてきた地域として知られている。スンバ人は社会的地位の高さを表現する手段として、切り出した巨石を引き、彫刻を施した墓石で墓を飾る伝統的な慣行を継承し、今日にいたっている。

スンバ島東部には「dia（上流の方向）－luru（下流の方向）」、「dita（上方）－wawa（下方）」という対立した方向を示す方位名称と、「katiku（頭）－kiku（尾）」という対立する場所を指示する場位名称、対立した土地の状態を示す「tana

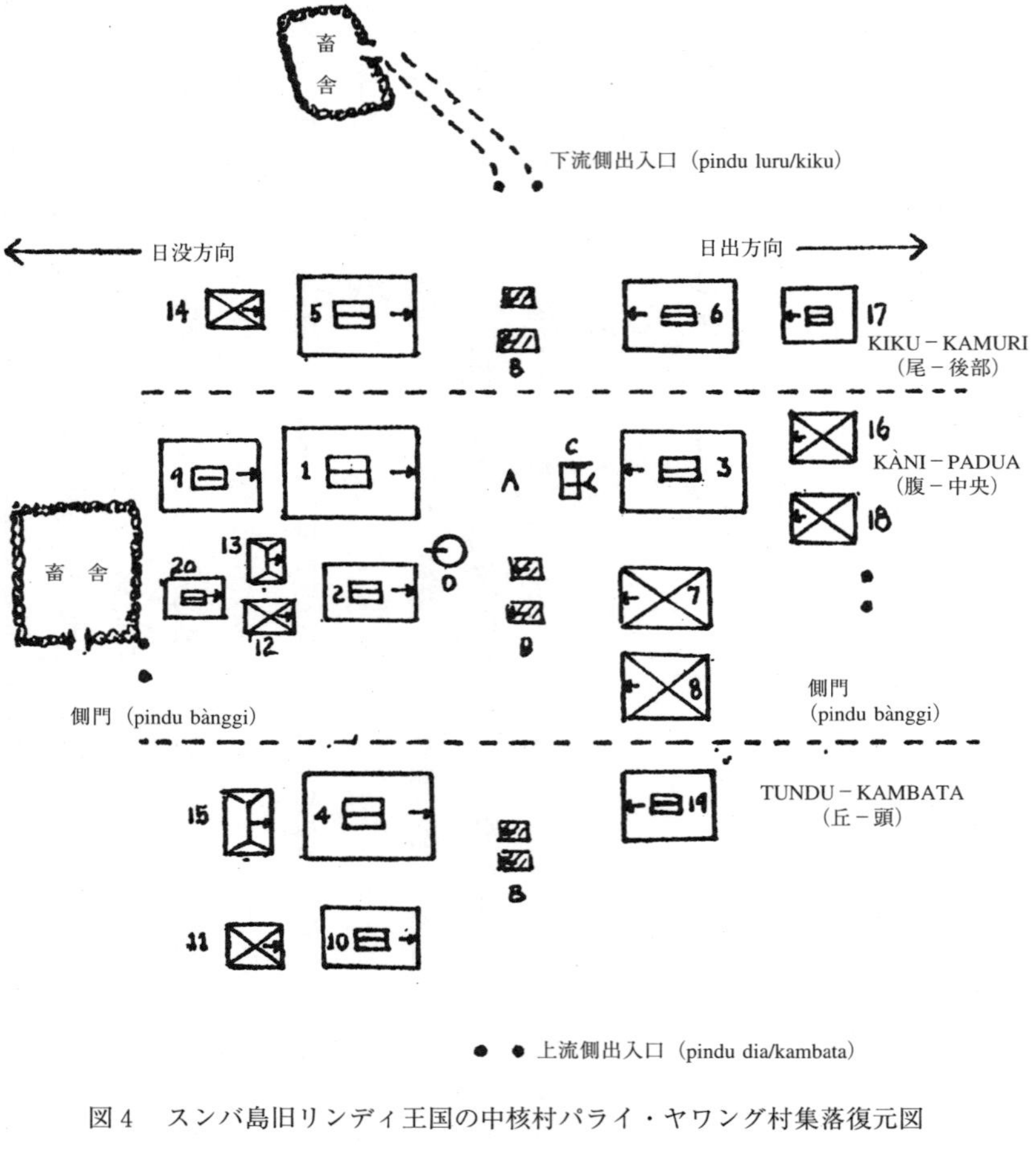

図 4　スンバ島旧リンディ王国の中核村パライ・ヤワング村集落復元図

広場空間の構成

A　padua talora（広場の中央／聖所）　　B　巨石墓

C　andu katiku tau（首級架台があった所）　　D　katoda kawindu（記念柱）

住居空間の構成

1～16　貴族階級の住居（3，10～16は遺構）

17～20　平民階級の住居（すべて遺構）

（Forth 1981: p.51より作成）

maringu（冷たい土地）－tana mbana（あつい土地）」、男女の区分をもって空間の属性を示す「mini（男性）の空間－kawini（女性）の空間」と「papa（他方）」、「lua（外側）」という方向を指示する方位名称がさまざまな対立の構図を描きながら混在して用いられている。ここにも「ḍaja–l'aud」系と同様の語彙とみなされる「dia–luru」、「dita–wawa」という対立する方位名称が存在する。そしてまた、バリの場合と同様に、paduaという中央が明確に意識されている。スンバ島東部で用いられているこれらの方位名を、東西南北の磁石方位に当てはめるのはいささか困難である。磁石方位にとらわれない本来の民俗方位がこの地方では確認することができるといってよいであろう。

ここでは伝統的な集落を例として、その空間認識の様相を確認することとする。

スンバ島東部の旧首長国リンディの詳細な民族誌を著したG・L・フォースの論考からリンディの中核村であったパライ・ヤワング Parai Yawangu 村の集落復元図（図4）を例示して解説を進めていく（Forth 一九八一　五〇～五七頁）。

パライ・ヤワング村は典型的な東スンバ社会の集落の一つである。中央の広場をはさみ、両側にそれぞれ近接した二列の慣習家屋が並んでいる。そして、広場の中央には、巨石の墓が列を作る。集落は低い石積みの塀で囲われ、家列は南北の方向に並んでいる。南側が上流域、北側が下流域である。そして、集落への出入り口が六ヶ所に設けられている。

まず、村人は「tana maringu（冷たい土地）－tana mbana（あつい土地）」という表現で村落空間と外部空間とを区分する。秩序ある文化的な「冷たい」村落空間とその境を越えて広がる野性的な「あつい」外部空間とを対比させて考えている。六ヶ所の出入り口の内、南北の出入り口が主門となり、それぞれ pindu dia（上流の出入り口）－pindu luru（下流の出入り口）あるい kambata（頭＝katikuと同意）－kiku（尾）と呼び、東西にある出入り口は双方とも pindu banggi（腰の出入り口）と称している。

集落は南北方向に三分され、南（上流側）より tundu–kambata（丘–頭）、kani padua（腹–中央）、kiku–kamuri（尾–後部）の空間に分けられる。そして、巨石墓の並ぶ広場の中心に祭壇や首級架台を配置して padua talora（広場の中央）という聖所のような地点が設けられている。padua（中央）は東スンバ人にとってエゴ・セントリックな空間であり、聖性を示す地点ということができる。東スンバ人の世界観や方位観はこの padua の位置を明確に示すことにより、成立するといえるのである。

東スンバではこのような村落空間を区分する空間認識に男女の空間などを加えて、それぞれの用語が方位を示す名称となっていったと推察することができるであろう。そして、村落空間は、このような村落空間における三分割の概念と四つの門と四方を統合する中心からなる四／五分割のパターンが組み合わさるだけでなく、その他の分割概念や垂直方向に対する空間認識等とが混ざり合って構成されているのである。この概念は村落空間に対応するだけではなく、家屋や巨石墓の構造、畑、川、スンバ島自体にも適用され、さらにマラプ marapu という神（霊）の世界にまで深く反映しているとみなされている（Forth 一九八一　六七頁）。東スンバ社会も台湾のアミ社会と同様にフラクタルな世界観や方位観を有していると言うことができる。

四　まとめにかえて
——西部オーストロネシア語派諸民族の方位観に見る共通点と相違点——

小稿では台湾先住系民族、フィリピン、インドネシア各地域に住むオーストロネシア語系民族が持つ方位観をこれまでの研究を踏まえながら、その方位名称を通じてやや俯瞰的な視線で観察した。言語系統を共通する民族間にあっ

表4　方位指示要素の分布状況

	台湾先住系民族	フィリピン民俗社会	インドネシア民俗社会		
			バリ島	スンバ島	その他
①太陽や月の出没	○	○	○		○
②風の吹く方向	○	○	○		○
③地形の高低	○	○	○		○
④川の流れ	○	○		○	
⑤身体の部位	○		○	○	○
⑥男女（性別）	○			○	
⑦中心			○	○	○

て、方位に対する観念が共通するところを数多く確認することができた。①太陽や月の出没、②風の吹く方向、③地形の高低、④川の流れ、⑤身体の部位、⑥男女（性別）、⑦中心などを特徴とした方位指示の要素を西部オーストロネシア語派諸民族の間に存在することを確認した。表4に地域ごとの方位指示の諸要素の分布状況をまとめてみた。

表4からわかるように、西部オーストロネシア語派諸民族に共通する方位指示の要素には①〜③の自然現象をとらえて方位名称に充てていることをあげることができるであろう。太陽や月の出没に因んだ方位名称で東西を指示しているところでは、食い違いやずれが生じているようなことはない。台湾タイヤル族のツオレ群のように方位を指示する名称として、hatigun–u witux（日の出る所）、keyan–o witux（日の入る所?）という東西を指す方位名称だけを空間認識の表現法としているところがある。台湾先住系民族では東西を太陽の出没をもって方位を指示するだけでなく、風の吹く方向や地形の高低で東西を指示している場合も多い。この点から推しても、台湾では方位上の基軸が東西になっていることを察することができる。

一方、フィリピンやインドネシアの民俗社会では ḍaja（内陸）と laúd（海）の対立を示す方位が基軸になっているような印象を受ける。それは必ずしも磁石上の方位を意識したものではなく、フィリピンのカンカナイ語で dáya は東を、láqod は西を指すのに対し、ギナアン語では dáya は西を指し、lágod は東を指す名称となっている。この方位名称の逆転こそが、その地方毎の地形による民俗方位が成立していることを示すものと言えるのである。同様のことは先に記したように、バリのkajå（山側）とkĕlod（海側）についても言える。ḍaja–la'ud系の語彙による方位呼称は地形の高低（山側－海側）に因んだ呼称であり、場所によってその語彙が指す方角が異なるのは当然である。ここでは現代社会に暮らす我々のように真北や真南を指す方位を意識することは、あまり意味がなく、その土地で暮らす人々の山や海に対する思いや畏れが善や悪、神々、男女、優劣などと組み合わさって、集落や社会の基本方位となっていることを認識することが重要となってくる。そして、それぞれの方位空間に関連するさまざまな要素が互いに作用しあって、その社会を特徴づける独自の方位観や世界観が成立していると見るのが妥当と考えられる。

最後に、西部オーストロネシア語派諸民族の間で共有が確認できない方位名称もしくは方位観として「中心（中央）」をどのようにとらえるかという問題が残ってくる。

台湾やフィリピンの民俗社会を扱った論考には「方位」としてのエゴ・セントリックな「中心（中央）」には触れていない。調査者がフィールドスタディで確認したもののこれらの地域では、「中心（中央）」という感覚そのものが欠如した社会なのか、調査者自身が「中心（中央）」を方位研究の対象から除外した結果なのかの確認が必要となってくるが、本来の民俗方位の特徴を強く残しているバリ島やスンバ島にはエゴ・セントリックとしての「中心（中央）」を強く意識した空間認識が示されている。

「中心（中央）」が方位に当たるかどうかの検討も必要で、今後の研究の課題とすることになるのだが、その社会の空間認識や空間に広がる世界観を理解しようとした場合、自ずと「中心」なるものが出現する可能性が高くなってくる。だが、その「中心」を社会そのものが認識し、バリ島やスンバ島のように「生きた空間」として機能しているかどうかを見極める必要があると考えているのが現状である。

馬淵東一がボルネオや東インドネシアに存在した小王侯国の構成様式を分析した論考で、「中心（中央）」が存在することにより、周辺の空間がまとまった世界観を成立させることができるという構図を示している（馬淵一九七四a　一〇三～一二〇頁）。これはオランダの研究成果の一つとしてわが国の学会に紹介された学説で、そのフィールドは旧蘭領インド（現インドネシア）に限られていたが、台湾やフィリピンあるいは西部オーストロネシア語派諸民族全般にわたっての方位観研究においても応用されるべき視点になると推察している。

謝辞

小稿を草するにあたり、方位観研究の先達であり、恩師でもある倉田勇先生（元南山大学教授）より、研究の方向性を示唆していただくと共に、懇切なご教示をいただいた。謝意を表する次第である。

註

（1）　言語学において、東は太平洋東部のイースター島、西はインド洋西部のマダガスカル島、南はニュージーランド、北は台湾、ハワイ諸島を極限とする範囲内で使用されている五〇〇種以上の言語グループをオーストロネシア語族と位置づけられている。そのうち、台湾諸語、西部インドネシア諸語、東部インドネシア諸語を西部オーストロネシア語派としてグルーピングされている（柴田一九九一　九四頁）。西部オーストロネシア語派は今回、小稿で扱うことになる地域の使用言語群にあたるところから、これらの地域に住む諸民族を総称して西部オーストロネシア語派諸民族と称することとする。

（2）　台湾には中国人が台湾に移住してくる以前から居住していた二つの民族集団がある。「原住民」として認定されている民族集団と、早い段階に中国化したために、原住民とは認められていない「平埔族」と言う民族集団である。この両集団を指す適切な呼称は定着していないが、小稿では原英子が用いた「台湾先住系民族」（原二〇〇〇）という用語を使用することとする。

（3）　フラクタル（fractal）とはどんなに微少な部分をとっても、全体に相似しており、しかもそれが繰り返し見られる構造のことを言う（山口一九八六　一四九～一五七頁）。

（4）倉田が指摘しているように、〈民俗方位〉を考える時、「東西南北」という磁石上の方位にとらわれている限り、その本質を見極めることはなかなか難しい。ここでも、インドネシア諸民族には本来、インドネシア語の東西南北「timur-barat-selatan-utara」という空間認識や言語感覚を持ち合わせていなかったとの前提に立って考察を進めることとなる。ただ、例証の過程として「東西南北」の概念にあわせた説明が、〈民俗方位〉と考えられる方位名称の実在を指摘するのに有効とみなし、適宜「東西南北」の方位名称を用いながら考証を進めていくこととする。

（5）kaja は ḍaja を語源とする「内陸」の意味。kĕlod は ke-laut で「海に向かう」の意味。kangin は太陽の昇る位置を示すと共に、風 (angin) の吹く方位の意味を持つ。kauh は日没の意とされるものの語源はわからない。

参考文献

Barnes. R. 1974, Kedang: A Study of the Collective Thought of an Eastern Indonesian People, Oxford, Clarendon Press.

Eiseman, Jr. Fred B., 1992, Bali: Sekala and Niskala, vol.1, Periplus Editions, Singapore and Malaysia

Forth, Gregory L. 1981, "Rindi-An Ethnographic Study of a Traditional Domain in Eastern Sumba" Verhandelingen van het Koninklijk Instituut voor Taal-, Land-, en Volkenkunde 93. The Hague, Maritnus Nijhoff

Kapita, Oe. H. 1982, Kamus Sumba/Kambera-Indonesia, Ende, Arnoldus

移川子之蔵　一九四〇　「方位名称と民族移動並びに地形」『安藤正次教授祝賀記念論文集』、東京、三省堂

倉田勇　一九七二　「「民俗方位」の一考察」『天理大学学報』№八二、天理、天理大学学術研究会

一九八九　「方位観の成立要因の一考察」『アカデミア／人文・社会科学編』第五〇号、名古屋、南山学会

一九九〇　「偶発的な民俗方位の一考察」『アカデミア／人文・社会科学編』第五一号、名古屋、南山学会

一九九三　「家屋と土地の霊的要素の検討」『南方文化』第二〇輯、天理、天理南方文化研究会

クリフォード・ギーアツ　一九九〇　『ヌガラ－一九世紀バリの劇場国家』（小泉潤二訳）、東京、みすず書房

合田濤　一九七六　「ボントック・イゴロット族の方位観覚書」『社会人類学年報』vol2、東京、弘文堂

一九八八　『首狩りと言霊』　東京、弘文堂

柴田紀男　一九九一　「オーストロネシア語」『インドネシアの事典』京都、同朋社

常見純一　一九七八　「ヤオの住居と付属小屋」「宇宙の構造」『東南アジア山地民族誌』東京、講談社

日本順益台湾原住民研究会編　二〇〇一　『台湾原住民研究概覧―日本からの視点』東京、風響社

原英子　二〇〇〇　『台湾アミ族の宗教世界』、福岡、九州大学出版

会
古野清人　一九七二　「原始文化の探求」『古野清人著作集』四、東京、三一書房
馬淵東一　一九七四ａ　「インドネシア民俗社会」『馬淵東一著作集』第二巻、東京、社会思想社
一九七四ｂ　「琉球世界観の再構成を目指して」『馬淵東一著作集』第三巻、東京、社会思想社
村武精一　一九七五　『神・共同体・豊穣』、東京、未来社
山口昌哉　一九八六　『カオスとフラクタル―非線形の不思議』東京、講談社
ロクサーナ・ウォータソン　一九九七　『生きている住まい―東南アジア建築人類学』（布野修司監訳）、京都、学芸出版社
吉田禎吾　一九七五　「バリ島における呪術と象徴的世界」『社会人類学年報』vol 1　東京、弘文堂

付載　橿原考古学研究所　五カ年間の歩み

（平成十年四月〜平成十五年三月）

1　研究集会

平成十年度

第二八〇回　四月十二日「黒塚古墳の調査」宮原晋一・岡林孝作／「大和古墳群　これまでの調査」河上邦彦／「黒塚古墳の鏡」樋口隆康

第二八一回　七月十七日「漢長安城未央宮の考古学発見と研究　―中国古代宮殿制度―」中国社会科学院考古研究所　劉　慶柱／「漢杜陵陵寝建築遺跡の考古学発見と研究」中国社会科学院考古研究所　李　毓芳

第二八二回　十一月二十八日（特別公開講演会と併催）「銅鏡の合金成分の変化と『考工記・六斉・鑒燧之斉』」中国科学院自然科学史研究所　何　堂坤

第二八三回　一月十五日「終末期古墳の研究と展望」網干善教

第二八四回　二月十二日「Archaeological Researches on Buddhist Cultures in South Uzbekistan.」The Fine Arts Scientific Research Institute of Academy Fine Arts of Uzbekistan Dmitriy V. Rusanov

第二八五回　三月六日「韓国における大学博物館の将来像―地域社会における地域普及活動の重要性について―」韓国東亜大学校博物館　車　漢秀／「韓国義城鶴尾里古墳発掘調査概報」韓国国立慶北大学校博物館　金　東淑／「中国乾陵最新考古発掘事情」中国陝西省考古研究所　姜　捷

平成十一年度

第二八六回　六月五日「飛鳥京跡第一四〇次調査の現地見学」「飛鳥出水の発掘調査」卜部行弘

第二八七回　十一月二十三日「第十六回公開講演会・第三回日韓古代シンポジウム『発掘された飛鳥の苑池　―都城的視点からの苑池―』と併催」

第二八八回　一月十日「箸中古墳群の調査」河上邦彦・岡林孝作・大西貴夫

臨時研究集会　三月十八日「特別公開講演会『中国陵墓の考古学的研究』と併催」

平成十二年度

第二八九回　九月十日「鏡を見る会」今津節生

第二九〇回　十一月三日「第十七回公開講演会『ホケノ山古墳　―最古の古墳が語るもの―』と併催」

第二九一回　一月二十一日「ホケノ山古墳の調査」岡林孝作／「宮の平遺跡」橋本裕行

平成十三年度

臨時研究集会　四月七日「飛鳥京跡苑池遺構　現場検討会」鶴見泰寿

臨時研究集会　四月八日「飛鳥京跡苑池遺構　木簡検討会」鶴見泰寿
第二九二回　十一月三日「第十八回公開講演会『日中の考古学—日中の七・八世紀の考古学—』と併催」
第二九三回　一月二十日「研究所の活動報告」河上邦彦／「琥珀の考古学」泉森　皎
第二九四回　二月十一日「宮の平遺跡出土縄文土器検討会」橋本裕行
第二九五回　二月十七日「飛鳥京苑池第一四七次調査出土木簡の検討」鶴見泰寿

平成十四年度

臨時研究集会　一月十五日「秦始皇帝陵　—最近の発掘調査成果から—」中国陝西省考古研究所　段　清波
第二九六回　一月十九日「大峰山岳信仰遺跡の調査」森下恵介／「小篠宿の測量調査報告」入倉徳裕
第二九七回　三月九日「第十九回公開講演会『日中の考古学—五・六世紀の国際交流—』と併催」

2　談話会

平成十年度

四月二十一日「猪名川流域の埴輪に接して思うこと」小栗明彦／六月十九日「勝山古墳周濠出土土器の検討」青木香津江／七月二十二日「腕輪形石製品の基礎的検討　—車輪石を中心に—」高橋幸治／八月二十一日「大和の環濠集落　—発掘資料より見た形成と展開—」伊藤雅和／九月二十一日「藤原宮出土の軒瓦」近江俊秀／十月二十一日「東大寺出土刻印瓦について」平松良雄／十一月二十日「日本古代の鴟尾素材と出土地」廣岡孝信／十二月二十一日「インドネシア・スンバ島の土器作り」松本洋明／一月二十一日「箸墓古墳周辺の調査概要」橋本輝彦／二月十九日「五條市つじの山古墳の調査結果」前坂尚志／三月十九日「中国各地の漢代の王墓」鈴木裕明

平成十一年度

五月二十一日「福建省武夷山市城村漢城について」川上洋一／六月二十一日「南都における近世への断章　—東大寺三社池の発掘調査から—」今尾文昭／七月二十一日「木簡の廃棄法をめぐって」鶴見泰寿／八月二十日「当麻地域周辺の古代寺院について」大西貴夫／九月二十一日「飛鳥時代寺院の軒瓦について」清水昭博／十月二十二日「パルミラの地下墓から考えたこと」西藤清秀／十一月十九日「飛鳥・藤原地域における宮都空間の形成」林部　均／一月二十一日「坊ノ浦遺跡の調査概要」柳澤一宏／二月二十四日「南郷遺跡群北東部の状況について」佐々木好直／三月二十一日「『前五十二年

の土器』その後」寺澤　薫

平成十二年度

五月十九日「大柳生遺跡群の発掘調査成果」湯本　整／六月二十一日「人物埴輪の跪坐像について」米川裕治／七月二十一日「前期古墳の銅・鉄鏃　―寺戸大塚古墳前方部石槨出土遺物について―」南部裕樹／八月二十一日「塼仏製作方法の変化について」丹野　拓／九月二十一日「中世前期における中国陶磁器の需要」土橋理子／十月二十日「導水施設の再検討　―南郷大東遺跡の評価をめぐって―」青柳泰介／十一月二十一日「京と横穴　―都市におけるケガレ観念形成の考古学的検討―」今尾文昭／十二月二十一日「近畿およびその周辺における土器出現期の石器群」松田真一／一月十九日「石製模造品副葬の動向とその意義」北山峰生／二月二十一日「東アジア木槨墓の検討」高木清生／三月二十一日「武具からみた地下式横穴墓」吉村和昭

平成十三年度

五月二十一日「全南地方出土埴輪の意義」小栗明彦／六月二十一日「珪藻分析による環境復元」金原正明／七月十九日「九州松菊里類型要素検」韓国忠南大学校百済研究所　姜秉權・「分銅形土製品について」宮長秀和／八月二十二日「全国の磚仏の現地調査の成果　―中央政権と地方のつながり―」カリフォルニア大学ロサンゼルス校　白井陽子／九月二十一日「武寧王陵からみた六世紀の百済と倭　―木棺をめぐる問題を中心に―」京都大学　吉井秀夫／十月十九日「遺跡出土の下駄について」本村充保／十一月二十一日「韓国研修を終えて　―『大壁建物』再考―」青柳泰介／十二月二十一日「分銅形土製品について」木本誠二／一月二十一日「古墳時代中期における日韓鉄鏃の諸問題」水野敏典／二月十四日「百済時代の集落を中心とする最近の京畿道における発掘調査成果」韓国畿甸文化財研究院　金　武重／二月二十一日「ナイル河下流域（エジプト）における初期国家の形成　―埋葬の研究から―」近畿大学　高宮いずみ

平成十四年度

五月二十一日「縄文草創期における『砥石』の諸問題」光石鳴巳／六月二十一日「古代都市の変容　―旧平城京域を一例として―」土居規美／七月十九日「新羅金京の復原についての試論」山田隆文／八月二十一日「韓国における青銅器時代前期の集落について　―中部地域を中心に―」韓国忠南大学校百済研究所　李　亨源／九月二十日「東日本の弥生土器における赤色塗彩の展開と意義」松井一晃／十月二十一日「横穴式石室構築の技術的段階」相見　梓／十一月二十一日「橿原式と滋賀里式　―西日本縄文晩期土器再考―」岡田憲一／十二月二十日「中町西遺跡の調査成果について　―韓式系土器を中心として―」本村充保／一月二十一日「韓国全南地域

の古墳出土有孔廣口壺について」韓国全南大学校博物館　徐賢珠／二月二十一日「東日本土器製塩の研究　―関東・東北を中心として―」十文字健／三月二十四日「内陸部出土の製塩土器について」木本誠二

3　日本考古学協会二〇〇二年度橿原大会

《開催要項／期日・開催内容・会場》

平成14年11月9日

公開講演会　於／奈良県橿原文化会館

第1部　講演会『古墳時代の文化と国際交流』

第2部　座談会『大和の考古学一〇〇年』

懇　親　会　於／奈良県立橿原考古学研究所

平成14年11月10日

研究発表1『橿原遺跡と縄文時代晩期の社会』

於／奈良県社会福祉総合センター5階研修室

第1部　橿原式土器と文化交流

第2部　橿原遺跡と縄文祭祀

研究発表2『弥生時代文物の移動

―年代論と流通・分業論―』

於／奈良県立橿原考古学研究所1階講堂

第1部　併行関係と実年代論

第2部　「都市的」拠点集落における交易と分業の再検討

シンポジウム『大型前方後円墳の成立』

於／奈良県社会福祉総合センター6階大ホール

第1部　近畿における前期古墳の諸要素の成立

第2部　各地域の前期古墳の様相

―近畿との関わりと地域性―

第3部　討論　―大型前方後円墳の成立―

図書交換会　於／橿原公苑第2体育館

平成14年11月11日

見　学　会　於／各3コース実施

〈主　　催〉日本考古学協会

〈共　　催〉奈良県教育委員会・奈良県立橿原考古学研究所

〈事 務 局〉日本考古学協会二〇〇二年度橿原大会実行委員会（平成13年12月1日～平成14年11月30日）

4　発掘調査現地説明会

《遺跡名・実施日》

平成十年度

奈良市　大柳生ツクダ遺跡（十月十七日）
五條市　居伝館跡（十二月十二日）
天理市　黒塚古墳（一月二十四日）天理市教育委員会と共催

平成十一年度

明日香村　飛鳥京苑池遺構／飛鳥京第一四〇次調査（六月十九・二十日）
奈良市　茗荷遺跡（十月九日）

平成十二年度

桜井市　ホケノ山古墳（四月八・九日）
當麻町　三ツ塚古墳群（六月二十四・二十五日）
桜井市　箸中イヅカ古墳（七月八日）
御所市　西北窪遺跡（十月十四日）
川上村　宮の平遺跡（十月二十二日）
奈良市　史跡東大寺旧境内（十一月十一日）
奈良市　平城京左京五条二坊十五・十六坪（二月二十五日）
明日香村　飛鳥京跡苑池遺構第二次（三月二十五日）

平成十三年度

斑鳩町　藤ノ木古墳第四次調査（四月十四・十五日）斑鳩町教育委員会と共催
明日香村　飛鳥京跡苑池遺構第三次／飛鳥京跡第一四五次（七月七日）
御所市　北窪遺跡・北窪古墳群（十一月十日）
明日香村　飛鳥京跡第一四六次（十二月十五日）
明日香村　飛鳥京跡苑池遺構第四次／飛鳥京跡第一四七次（二月十七日）
明日香村　飛鳥京跡第一四八次（二月十七日）
大和郡山市　水晶塚古墳（三月十日）
天理市　中町西遺跡（三月十日）

平成十四年度

明日香村　キトラ古墳（六月八日）奈良文化財研究所・明日香村教育委員会と共催
山添村　鵜山遺跡（九月一日）山添村教育委員会と共催
天理市　和爾遺跡第十四・十五次（九月二十三日）
王寺町　達磨寺石塔埋納遺構（十一月二十三日）王寺町教育委員会と共催
天理市　マバカ古墳（十一月二十四日）
桜井市　桜井茶臼山古墳（三月二十九日）

5　刊行物

（1）　奈良県立橿原考古学研究所調査報告

〈第73冊までの書名は奈良県史跡名勝天然記念物調査報告〉

平成十年度

岡林孝作『石榴垣内遺跡』（第70冊）

平成十一年度

岡林孝作

『山口遺跡群　―宮之平遺跡・琴屋敷遺跡―』（第72冊）

佐々木好直『南郷遺跡群Ⅱ』（第73冊）

平成十二年度

坂　靖『南郷遺跡群Ⅳ』（第76冊）

佐々木好直『南郷遺跡群Ⅴ』（第77冊）

平成十三年度

佐々木好直『坪井・大福遺跡』（第75冊）

小栗明彦・湯本　整

『菅田遺跡

―大和の中世城館・近世集落―』（第78冊）

本村充保・伊藤雅和『居伝遺跡』（第79冊）

平成十四年度

関川尚功・清水昭博・大西貴夫

『只塚廃寺・首子遺跡』（第57冊）

柳澤一宏・辻本宗久

『能峠遺跡群Ⅲ　―中島編―』（第60冊）

西藤清秀・佐々木好直・松永博明・吉村和昭

『後出古墳群』（第61冊）

井上義光・仲富美子・楠元哲夫

『野山遺跡群Ⅲ』（第66冊）

坂　靖・名倉　聡『伴堂東遺跡』（第80冊）

宮原晋一・神庭　滋『三ツ塚古墳群』（第81冊）

河上邦彦・豊岡卓之・卜部行弘・坂　靖・中井一夫・

木下　亘

『中山大塚古墳

―附篇　葛本弁天塚古墳・上の山古墳―』（第82冊）

岡林孝作『本郷大田下遺跡』（第83冊）

橋本裕行『宮の平遺跡Ⅰ』（第84冊）

本村充保・伊藤雅和『中町西遺跡』（第85冊）

（2）　奈良県文化財調査報告書

平成十年度

関川尚功『保津・宮古遺跡

―第4次発掘調査報告―』（第59集）

松田真一・宮原晋一・川上洋一

『福ヶ谷遺跡・白川火葬墓群』（第73集）

小栗明彦『平城京左京三条三坊八坪

―東三坊坊間路西側溝の調査―』（第76集）

岡林孝作『小山戸城跡』（第77集）

佐々木好直・廣岡孝信

『平城京右京二条二坊七・八・九・十坪』（第79集）
本村充保『越部古墳
　―越部1・2号墳発掘調査報告書―』（第82集）

平成十二年度

今尾文昭『東大寺三社池
　―史跡東大寺旧境内の発掘調査―』（第71集）
亀田　博『橘寺』（第80集）
大西貴夫『西坊城遺跡』（第83集）

平成十三年度

泉森　皎『栗谷遺跡群』（第58集）
岡林孝作・鈴木裕明『長谷寺』（第84集）
坂　靖・丹野　拓『下永東方遺跡』（第86集）

平成十四年度

入倉徳裕『新在家遺跡』（第54集）
大西貴夫・本村充保
『地光寺　―第3次・第4次調査―』（第87集）
木下　亘・今津節生・奥田　尚
『水木古墳発掘調査報告書』（第88集）
寺澤　薫・佐々木好直
『箸墓古墳周辺の調査　―第7・9・10次―』（第89集）
伊藤雅和・岡田憲一『西坊城遺跡Ⅱ』（第90集）
松田真一『桐山和田遺跡』（第91集）
清水康二・西村匡広
『上5号墳　―細川谷古墳群―』（第92集）
名倉　聡『白石遺跡』（第93集）
寺澤　薫『三井岡原遺跡』（第94集）
松田真一『北野ウチカタビロ遺跡　―遺構編―』（第95集）
橋本裕行・川上洋一
『久米石橋遺跡　―藤原京右京十二条五坊―』（第96集）
土橋理子・清水昭博・小池香津江
『三吉2号墳・ダダオシ古墳
　―付　三吉3号墳・佐味田狐塚古墳―』（第97集）
今尾文昭・藤田三郎
『保津・宮古遺跡　―第3次発掘調査報告―』（第100集）

（3）　奈良県遺跡調査概報

一九九六年度　第1分冊・第2分冊
一九九七年度　第1分冊・第2分冊・第3分冊
一九九八年度　第1分冊・第2分冊・第3分冊
一九九九年度　第1分冊・第2分冊・第3分冊

（4）　橿原考古学研究所紀要　考古學論攷

第二十二冊　平成十一年一月

北垣聰一郎「伝統的石積み技法の成立とその変遷　―穴太積みの意味するもの―」／趙　叢蒼〈訳＝川上洋一〉「鳳翔城郊隋唐殉葬墓から見た中国古代人の殉葬制度の発展と変化」／鈴木　勉「栄山寺鐘『ろう製文字型陽鋳銘』とその撰・書者について」／布目順郎「天理市下池山古墳出土の繊維製品についての調査」

第二十三冊　平成十二年三月

山田良三「筒形銅器の再考察　一九九九」／冉　万里〈訳＝橋本裕行〉「唐代香供養具（金属香炉）についての試論」／高橋幸治「下永東城遺跡出土の石釧について」／佐々木稔・赤沼英男・伊藤　薫・清永欣吾・星　英夫「南郷角田遺跡出土小鉄片の組成と用途の再検討」／坂　靖「付　南郷角田遺跡の『小鉄片』について」

第二十四冊　平成十三年三月

田中久夫「月見と芋　―焼畑農耕とのかかわりの中で―」／伊藤勇輔・豊岡卓之「櫛山古墳の新資料」／竹田政敬「五条野古墳群の形成とその被葬者についての憶説」／劉　振東・譚　青枝〈訳＝水野敏典〉「前漢『裸体陶俑』の諸問題」／林　留根〈訳＝宮原晋一〉「中国先史時代の城祉について」

第二十五冊　平成十四年三月

鈴木　勉・福井卓造「江田船山古墳出土大刀銀象嵌銘『三寸』と古墳時代中期の鉄の加工技術」〈付説／法隆寺金堂釈迦三尊像光背銘の『尺寸』と『ろう製原型鋳造法』について〉／中井一夫・清水克朗・清水康二「伝世鏡の再検討Ⅱ―福岡県宮原遺跡および奈良県池殿奥4号墳出土倣製内行花文鏡について―」／李　亨源〈訳＝小栗明彦〉「韓半島における青銅器時代前期の集落について　―中部地域を中心に―」

第二十六冊　平成十五年三月

豊岡卓之「清水風遺跡の土器絵画小考」／豊岡卓之「特殊器台と円筒埴輪」

（5）　奈良県立橿原考古学研究所彙報　青陵

平成十年度

第九十九号

鈴木　勉・今津節生「三角縁神獣鏡の精密計測の必要性について」／西村匡広「三角縁神獣鏡の鋳造記録」

第一〇〇号

樋口隆康・河上邦彦「ドイツハンブルク所在の鞍金具」／佐々木好直「鹿児島県西之表市西之表御拝塔墓地の五輪

塔」／福田さよ子・前澤郁浩「三倉堂遺跡出土木棺の樹種」／廣岡孝信「『瓦製の瓦』は『頭痛が痛い』」／本村充保「集落（居館）を囲むこと」／河上邦彦「大阪府富田林市鍋塚遺跡出土の遺物」

第一〇一号

永島福太郎「鎛飩が岡」／直木孝次郎「藤原武智麻呂の墓と栄山寺」／嶋田　暁「末永先生に始めてお目もじした時」／網干善教「『青陵』創刊の頃」／久野雄一郎「石製鋳型についての考察と実験」／上田早苗「山科盆地と小野氏」／石野博信「やっぱり纒向石塚古墳は古かった」／東野治之「薬師寺仏足石記と竜福寺石塔銘」／靳　瑋〈訳＝岡林孝作〉「濵行散記」／清水眞一「桜井市谷出土の小型海獣葡萄鏡」／坂　靖「十六面・薬王寺遺跡の古墳時代土坑」／山川　均「西ノ京丘陵東麓出土の中世『無文銭』について」／小栗明彦「申敬澈『日本初期須恵器の発現』『東アジアの中の韓・日関係』」／藤田和尊・木許　守「御所市・室宮山古墳出土の陶質土器」

平成十一年度

第一〇二号

伊達宗泰「大和天神山古墳墳丘の再測量」／岡林孝作「大和天神山古墳出土木棺の再検討」／福田さよ子「大和天神山古墳出土木材の樹種」

第一〇三号

久野雄一郎「大阪城天守閣の銅瓦の金属学的調査」／清水眞一「膳夫寺出土の古瓦」／河上邦彦「徳島県阿南市内学国高山古墳の遺物」

第一〇四号

冉　万里「江蘇と浙江の東晋墓の時期について」／木場幸弘「高取町光雲寺1号墳採集埴輪について」

平成十二年度

第一〇五号

久野雄一郎「一人歩き」／清水眞一「燈籠山古墳・東殿塚古墳採集の埴輪について」／本村充保「稲荷基壇跡石垣遺構について」

第一〇六号

鈴木　勉「廣陵王璽と漢倭奴国王印は兄弟印か」／清水昭博「西安寺見聞録」／平山敏治郎「青陵先生の片鱗」／河上邦彦「大和出土のかしははみ」

平成十三年度

第一〇七号

戸田秀典「天理市竹之内町呉鷹出土蔵骨器　調査概要」／小泉俊夫「壬申の乱の戦跡『葦池』について」／平松良雄「當麻寺講堂の瓦」

第一〇八号

張　慧明「日本の文化財保護の研修随感」／小栗明彦「韓国前方後円墳研究のゆくえ」／北山峰生「新沢千塚古墳群出土の土器」／河上邦彦「新沢一町出土の瑞花双鳥八稜鏡」

平成十四年度

第一〇九号

松田真一・成瀬匡章「東吉野村小栗栖採集の縄文時代遺物について」

（6）　その他

平成十年度

西藤清秀・大西貴夫

『畠田古墳　―王寺町文化財調査報告書　第1集―』

（王寺町・研究所編）

『橿原考古学研究所論集（創立六十周年記念）　第13』

河上邦彦・前園實知雄・亀田　博・大江奈津子

『橿原考古学研究所　一九三八～一九九八』

『大和考古資料目録　第21集　―藤原宮跡出土の軒瓦―』

『大和考古資料目録　第23集

―飛鳥・奈良時代寺院出土の軒瓦―』

平成十一年度

『黒塚古墳　調査概報　―大和の前期古墳―』

（天理市教育委員会・研究所編）

清水康二・小栗明彦・植松宏益

『三陵墓西古墳』（都祁村教育委員会・研究所編）

今津節生『出土木製品の保存科学的研究

―奈良県四条古墳出土木製品の保存に関する共同研究―』

（橿原考古学研究所研究成果　第1冊）

河上邦彦『東明神古墳の研究』

（橿原考古学研究所研究成果　第2冊）

『橿原考古学研究所年報　24』

『大和考古資料目録　第22集　―六条山遺跡資料―』

平成十二年度

河上邦彦・宮原晋一・名倉　聡・福田さよ子

『大和木器資料Ⅰ』（橿原考古学研究所研究成果　第3冊）

『橿原考古学研究所年報　25』

『橿原考古学研究所年報　26』

平成十三年度

河上邦彦・岡林孝作・泉　武・清水眞一

『大和前方後円墳集成』

（橿原考古学研究所研究成果　第4冊）

『ホケノ山古墳　調査概報　―大和の前期古墳Ⅳ―』

（研究所編）

『橿原考古学研究所年報　27』

河上邦彦・卜部行弘

『図録・石の文化　—古代大和の石造物—』

（（社）橿原考古学協会調査研究成果　第5冊・研究所編）

平成十四年度

橋本裕行・豊岡卓之・清水昭博・石井香代子・奥田　尚

『太良路南ダイ遺跡発掘調査報告

付・一九九一～二〇〇一年度村内発掘調査報告

—曽爾村文化財調査報告書　第1集—』

（曽爾村教育委員会・研究所編）

米川裕治

『東但馬遺跡

—三宅町文化財調査報告書　第2集—』

（三宅町教育委員会・研究所編）

豊岡卓之『大淀桜ヶ丘遺跡試掘調査報告

—大淀町文化財調査報告書　第3集—』

（大淀町教育委員会・研究所編）

河上邦彦・岡林孝作・清水昭博・鈴木裕明

・大江奈津子・森　和彦

『図録・中国南朝陵墓の石造物　—南朝石刻—』

（（社）橿原考古学協会調査研究成果　第6冊・研究所編）

河上邦彦・坂　靖『馬見古墳群の基礎資料』

（橿原考古学研究所研究成果　第5冊）

池田保信・藤田三郎

『奈良県の弥生土器集成　—本文編・資料編—』

（橿原考古学研究所研究成果　第6冊）

『飛鳥京跡苑池遺構　調査概報』（研究所編）

松田真一・光石鳴巳・岡田憲一『橿原遺跡』

（橿原考古学研究所附属博物館考古資料集　第2冊）

『大和考古資料目録　第25集　—矢部遺跡土器資料—』

『橿原考古学研究所年報　28』

『大和の考古学一〇〇年』

（（財）由良大和古代文化研究協会・研究所編）

『日本考古学協会二〇〇二年度橿原大会公開講演会資料集』

（研究所編）

『日本考古学協会二〇〇二年度橿原大会研究発表会資料集』

（日本考古学協会二〇〇二年度橿原大会実行委員会編）

6　研究所・附属博物館展示

《テーマ・企画内容・開催期間・担当者》

（1）　附属博物館　展示

平成十年度

「聖徳太子と斑鳩
―藤ノ木古墳・法隆寺をめぐる人びと―」
（春季特別展）平成10年4月18日～5月31日　鶴見泰寿

「オオヤマトの古墳と王権」
（秋季特別展／橿原考古学研究所60周年記念特別展）
平成10年10月10日～11月15日　千賀　久

「黒塚古墳の鏡」（速報展）平成10年4月4日～4月12日
河上邦彦・今津節生・豊岡卓之

「大和を掘る　16
―一九九五～一九九七年度発掘調査速報展―」
（速報展）平成10年7月18日～8月31日
近江俊秀・清水昭博

「―シルクロードの隊商都市―　シリア・パルミラ遺跡東南墓地F号墓の調査」（企画展）平成10年6月9日～6月28日
シルクロード学研究センター　豊岡卓之

「よみがえる藤ノ木古墳の大刀
―出土品の保存修理と復元―」（特別陳列）
平成10年12月1日～平成11年1月10日　泉森　皎

「7世紀後半の瓦づくり
―藤原宮跡とその周辺寺院出土の軒瓦を中心として―」
（特別陳列）平成11年1月16日～2月14日　近江俊秀

「大和まほろば展　―ヤマト王権と古墳―」（奈良県立橿原考古学研究所60周年記念特別展／共同企画　～府中市郷土の森博物館ほか巡回展～）
平成10年4月4日～9月27日　千賀　久

平成十一年度

「蓮華百相　―瓦からみた初期寺院の成立と展開―」
（春季特別展）平成11年4月24日～5月30日　清水昭博

「古墳のための年代学　―近畿の古式土師器と初期埴輪―」
（秋季特別展）平成11年10月9日～11月14日　豊岡卓之

「王家の寺々　―広瀬・葛下地域の古代寺院―」（特別陳列）
平成12年3月11日～平成12年4月2日　清水昭博

「大和を掘る　17　―一九九八年度発掘調査速報展―」
（速報展）平成11年7月24日～8月29日
鈴木裕明・鶴見泰寿

平成十二年度

「権威の象徴　―古墳時代の威儀具―」（春季特別展）
平成12年4月22日～6月4日　鈴木裕明

「大仏開眼　―東大寺の考古学―」（秋季特別展）
平成12年10月7日～11月19日　鶴見泰寿
「ホケノ山古墳の発掘調査」（特別陳列）
平成12年6月10日～6月25日　泉森　皎
「スケッチコンクール作品展　―コウコガクを描こう―」
（特別陳列）平成12年9月9日～10月1日　泉森　皎
「大和の古刀　―返還された赤羽刀―」（特別陳列）
平成12年12月2日～12月27日　泉森　皎
「貨幣の歴史　―和銅開珎から一円札まで―」（特別陳列）
平成13年2月24日～3月25日　泉森　皎
「大和を掘る　18　―一九九九年度発掘調査速報展―」
（速報展）平成12年7月22日～9月3日
豊岡卓之・清水昭博
「大古墳展　―ヤマト王権と古墳の鏡―」
（共同企画　～香川県歴史博物館ほか巡回展～）
平成12年11月18日～平成13年7月29日　千賀　久

平成十三年度

「聖徳太子の遺跡　―斑鳩宮造営千四百年―」（春季特別展）
平成13年4月21日～6月10日　清水昭博
「縄文文化の起源を探る
―はじめて土器を手にしたひとびと―」（秋季特別展）
平成13年10月6日～11月18日　光石鳴巳
「白鳳のイメージ　―奈良県出土塼仏展―」（特別陳列）
平成14年3月2日～4月7日　清水昭博
「中庭フェスティバル作品展　―私たちの作った縄文土器―」
（特別陳列）平成13年12月1日～12月27日　泉森　皎
「大和を掘る　19　―二〇〇〇年度発掘調査速報展―」
（速報展）平成13年7月21日～9月2日
鈴木裕明・小池香津江
「速報展示　―飛鳥京跡苑池遺構出土木簡の展示―」（速報展）
平成13年7月7日～7月10日　卜部行弘
「速報展示　―四条シナノ古墳の儀仗形埴輪―」（速報展）
平成13年11月20日～平成14年1月17日　宮原晋一

平成十四年度

「大和と東国　―初期ヤマト政権を支えた力―」（春季特別展）
平成14年4月20日～6月9日　小池香津江
「政権交替　―古墳時代前期後半のヤマト―」（秋季特別展）
平成14年10月5日～11月24日　鈴木裕明
「古墳出土土器が語るもの
―オオヤマトの前期古墳資料展―」（特別陳列）
平成15年3月1日～3月30日　小池香津江
「企画展　スポーツむかしむかし
―蹴る・乗る・射る・打つ・走る―」（特別陳列）
平成14年5月30日～6月16日　今尾文昭

「―重要文化財指定記念特別陳列―　橿原遺跡」（特別陳列）
平成14年10月19日～12月15日　光石鳴巳
「新出の飛鳥京跡苑池出土木簡」（速報展）
平成14年4月6日～4月14日　今尾文昭
「大和を掘る　20　―二〇〇一年度発掘調査速報展―」
（速報展）平成14年7月21日～9月1日
今尾文昭・光石鳴巳

（2）　研究所アトリウム　展示

「唐十八陵」（速報展示／写真パネル展）
平成11年5月～8月　河上邦彦
「南朝陵墓」（速報展示／写真パネル展）
平成11年9月～10月　河上邦彦
「飛鳥京跡苑池遺構とその保存処理」
（速報展示・常設展示〈石造物〉／写真パネル展）
平成11年11月～平成12年3月　今津節生
「大柳生ツクダ遺跡」（速報展示／写真パネル展）
平成12年4月～平成13年3月　湯本　整
「三ツ塚古墳群」（速報展示）
平成13年9月～平成13年12月　宮原晋一
「チュニジアの首都　―チュニスの遺跡―」
（速報展示／写真パネル展）
平成14年5月～平成14年6月　西藤清秀
「大和考古学異次元の世界」（速報展示／写真パネル展）
平成14年11月～平成14年12月　西藤清秀
「この木　なんの樹　木器（もっき）の木」
（速報展示／木製品・写真パネル展）
平成15年3月～平成15年4月　福田さよ子

7　国際交流と海外調査

（1）　研修生の交流

《国文交（国際文化交流事業）・自職協（奈良県自治体職員協力交流受入事業）・海技研（奈良県海外技術研修員受入事業）・長青招（外務省長期青年招聘事業）》

平成十年度

水野敏典（中国西北大学／国文交　派遣）
冉　万里（中国西北大学文博学院　講師／国文交　招聘）
姜　　捷（中国陝西省考古研究所　副研究員／自職協）
車　漢秀（韓国東亜大学校博物館　学芸研究士／海技研）
金　東淑（韓国国立慶北大学校博物館　助教／海技研）

Sopit Panyakhan（タイ王国芸術局　保存科学者／海技研）

平成十一年度

小栗明彦（韓国忠南大学校百済研究所／国文交　派遣）
譚　青枝（中国陝西省考古研究所　助理研究員／海技研）
Boonyarit Chaisuwan（タイ王国芸術局　保存科学者／海技研）

平成十二年度

青柳泰介（韓国忠南大学校百済研究所／国文交　派遣）
姜　秉權（韓国忠南大学校百済研究所　専任研究員／国文交　招聘）
林　留根（中国南京博物院考古研究所　副研究員／海技研）
劉　振東（中国社会科学院考古研究所　副研究員／海技研）
Mahmoud Hamoud（シリア考古総局／海技研）
張　慧明（中国河南省文物管理局　副主任科員／自職協）
Kong Vireak（カンボジア日本国政府アンコール遺跡救済チーム《JSA》専門家補佐／長青招）
白井陽子（カリフォルニア大学ロサンゼルス校　芸術歴史系研究員／国際交流基金fellowship）

平成十三年度

木下　亘（韓国忠南大学校百済研究所／国文交　派遣）
李　亨源（韓国忠南大学校百済研究所　専任研究員／国文交　招聘）
叢　徳新（中国社会科学院考古研究所　副研究員／海技研）
杭　涛（中国南京博物院考古研究所　館員／海技研）
Zeinab Ahmad（シリア考古総局／海技研）
Aye Mi Sein（ミャンマー文化省考古学局　調査担当事務官／長青招）
Voskovskiy Aleksey Alekseevich（ウズベキスタン共和国芸術アカデミー芸術学研究所／日本政府技術協力事業《JICA》）

平成十四年度

清水昭博（韓国忠南大学校百済研究所／国文交　派遣）
鞠　星姫（韓国忠南大学校百済研究所　助教／国文交　招聘）
李　肖（中国社会科学院考古研究所　助理研究員／海技研）
田　名利（中国南京博物院考古研究所　助理研究員／海技研）
Saneh Mahaphol（タイ王国芸術局　保存科学者／海技研）
徐　賢珠（韓国全南大学校博物館　研究員／（財）日韓文化交流基金訪日研究者fellowship）
許　紅梅（中国青海省博物館　講師／アジア太平洋地域の文化遺産保護に関する調査修復担当外国人招聘研修事業《ACCU》）

(2)　主な海外調査

文部科学省科学研究費「中国陵墓の考古学的研究」(中華人民共和国陝西省)
　平成10年度～平成11年度　樋口隆康・河上邦彦・橋本裕行・卜部行弘・岡林孝作・水野敏典・光石鳴巳・鈴木裕明・廣岡孝信・小山浩和・山田隆文・大江奈津子

奈良・シリアパルミラ遺跡学術調査団(シリア・アラブ共和国)
　平成10年度～平成14年度　樋口隆康・西藤清秀・大西貴夫

シルクロード学研究センタープロジェクト研究「青海省における漢代から唐代のシルクロードの研究」(中華人民共和国青海省)
　平成11年度～平成13年度　樋口隆康・松田真一・中井一夫・米川仁一

南朝陵墓踏査(中華人民共和国江蘇省)
　平成11年度～平成13年度　河上邦彦・岡林孝作・鈴木裕明・高木清生・大江奈津子

文部科学省科学研究費「日中古代青銅鏡の製作と流通の研究」(大韓民国ソウル・慶州・釜山／中華人民共和国江蘇省・上海市)
　平成12年度～平成13年度　樋口隆康・河上邦彦・岡林孝作・水野敏典・山田隆文・高橋幸治

シルクロード学研究センタープロジェクト研究「四川省における南方シルクロード(南伝仏教の道)の研究」(中華人民共和国四川省成都市)
　平成14年度　樋口隆康・中井一夫・入倉徳裕

編集後記

昭和一三年（一九三八）に末永雅雄初代研究所長が橿原遺跡の発掘調査を手がけられてから、当研究所は本年で六五周年を迎えることになりました。その橿原遺跡が位置していた一帯は、現在では奈良県立橿原公苑の一角となり、運動競技施設として形を変えて整備されています。今はもはや現地に当時の面影を偲ぶことはできませんが、出土した遺物は一括して附属博物館に保管されていて、有名な橿原式文様をもつ土器や多数の土偶など主なものは平常展示室で一般に公開されていました。ところで昨平成一四年六月に本遺跡から出土した縄文時代晩期の主な遺物が、新たに国の文化審議会の答申によって重要文化財としての指定を受けることになりました。発掘調査後六〇有余年を経過した現在でも、西日本を代表する縄文時代晩期の基礎資料として、学術的に高い価値を有する出土品であることを物語っているといえるでしょう。

今回の創立六五周年を記念した本書には、考古学はもとより、古代史、中世史・近世史、民俗学、自然科学など諸学の研究者の論考も収録しております。かつての橿原遺跡の発掘調査に際しては遺跡の保存状況や特殊性を認識し、当初から学際的研究を念頭に置いて進め、さらにそれを実践した成果を報告書『橿原』に盛り込み纏められていますが、今後の発掘調査では考古学と関連諸学との連携がより一層必要とされてくるようになるでしょう。

さて、本論集は諸般の事情で出版計画の立ち上げが遅くなり、前回までに較べて執筆期間が短かかったにも関わらず、常勤研究員と非常勤研究員から合わせて三二編の論考を寄稿頂きました。また、計画の遅れは同時に編集作業期間等にも影響が及ぶことになりましたが、株式会社八木書店八木壮一社長や社の方々をはじめ、編集の実務を担当頂きました編集課の恋塚嘉氏の出版に対する熱意があって、六五周年目に当たる年内の刊行を果たすことができました。ここに執筆者各位と関係者の方々のご協力に深くお礼申し上げます。

平成一五年九月一日

奈良県立橿原考古学研究所

調査研究部長　松田真一

執筆者紹介（論文掲載順）

①生年月日　②出身学校　③現職　④学位　⑤主要論文・著書（共著は共、編著は編）　⑥現住所

樋口隆康（ひぐち　たかやす）

①大正八年六月一日　②京都帝国大学文学部考古学科　③奈良県立橿原考古学研究所所長・京都大学名誉教授　④文学博士　⑤『古鏡』（新潮社、昭和54年）・『シルクロード考古学』5巻（法蔵館、昭和61年）・『アフガニスタン　遺跡と秘宝』（NHK出版、平成15年）　⑥京都府京都市左京区田中東高原町一

松田真一（まつだ　しんいち）

①昭和二五年七月七日　②明治大学文学部史学地理学科　③奈良県立橿原考古学研究所調査研究部長　⑤「近畿地方における縄文時代草創期の編年と様相」（『橿原考古学研究所論集』第13、吉川弘文館、平成10年）・「青海省における新石器時代の地域性について」（『中国青海省におけるシルクロードの研究』シルクロード学研究センター、平成14年）　⑥奈良県橿原市白橿町四丁目二番一六号

渡辺誠（わたなべ　まこと）

①昭和一三年一一月一八日　②慶應義塾大学大学院文学研究科　③山梨県立考古博物館館長　④史学博士　⑤『縄文時代の漁業』（雄山閣出版、昭和48年）・『日韓交流の民族考古学』（名古屋大学出版会、平成7年）・『よみがえる縄文人』（学習研究社、平成8年）　⑥愛知県名古屋市千種区揚羽町一―一―一　茶屋ヶ坂公園ハイツA―三二五

石野博信（いしの　ひろのぶ）

①昭和八年一一月三日　②関西大学大学院文学研究科　③徳島文理大学文学部教授　④文学博士　⑤『古墳文化出現期の研究』（学生社、昭和60年）・『日本原始古代住居の研究』（吉川弘文館、平成2年）・『邪馬台国の考古学』（吉川弘文館、平成13年）　⑥奈良県橿原市葛本町三三九

角山幸洋（つのやま　ゆきひろ）

①昭和五年一一月一一日　②関西大学大学院経済研究科　③関西大学名誉教授　④経済学博士　⑤『日本染織発達史』（三一書房、昭和40年。〔再版・増補版〕田畑書店、昭和43年）・『アンデスの染織』〔編〕（同朋舎、昭和52年）・

『インカの織物』［共］（朝日新聞社、昭和41年）　⑥大阪府吹田市片山町一丁目　メロード吹田二五〇六

柳田康雄（やなぎだ　やすお）

①昭和一八年二月三日　②國學院大學文学部史学科　③前九州歴史資料館副館長　④博士（歴史学）　⑤『伊都国を掘る』（大和書房、平成12年）・『九州弥生文化の研究』（学生社、平成14年）・「摩滅鏡と踏返し鏡」（『九州歴史資料館研究論集』二七、平成14年）　⑥福岡県前原市蔵持四七六－二二

清水眞一（しみず　しんいち）

①昭和二二年一月二八日　②同志社大学文学部文化史学科　③桜井市教育委員会文化財課課長　⑤「鶏形埴輪についての一考察」（『橿原考古学研究所論集』第11、吉川弘文館、平成5年）・『日本の古代遺跡9—鳥取』［共］（保育社、昭和58年）・『発掘のロマン最前線』［共］（毎日新聞社、平成4年）　⑥奈良県桜井市河西七〇七番地

松井一晃（まつい　かずあき）

①昭和五〇年九月二三日　②東京学芸大学大学院教育学研究科　③奈良県立橿原考古学研究所嘱託　⑥奈良県橿原市久米町六八二　マンションタケウチI号館五〇一号

菅谷文則（すがや　ふみのり）

①昭和一七年九月七日　②関西大学大学院文学研究科　③滋賀県立大学人間文化学部　⑤「倭と大陸—朝鮮半島の古代貿易基地を通じて—」（『古代の日本と東アジア』小学館、平成3年）・『北周田弘墓』〈中日聯合原州考古隊発掘調査報告2〉（勉誠出版、平成12年）　⑥奈良県宇陀郡榛原町墨坂一七五六

東潮（あずま　うしお）

①昭和二一年一二月二二日　②九州大学大学院文学研究科　③徳島大学総合科学部教授　④文学博士　⑤『高句麗考古学研究』（吉川弘文館、平成9年）・『古代東アジアの鉄と倭』（溪水社、平成11年）・『韓国の古代遺跡　新羅篇』［共］（中央公論社、昭和63年）　⑥徳島県徳島市八万町大坪二二三一－一　大坪住宅一－一一

茂木雅博（もぎ　まさひろ）

①昭和一六年一二月二四日　②國學院大學文学部史学科　③茨城大学人文学部教授　④歴史学博士　⑤『古墳時代寿陵の研究』（雄山閣、平成6年）・『日本史の中の古代天皇陵』（慶友社、平成14年）・『東アジアと日本の考古学』全5巻［共編］（同成社、平成13～15年）　⑥千葉県佐原市扇島八二五

坂　　靖（ばん　やすし）

①昭和三六年一一月二日　②同志社大学大学院文学研究科　③奈良県立橿原考古学研究所主任研究員　⑤「古墳時代における大和の鍛冶集団」（『橿原考古学研究所論集』第13、吉川弘文館、平成10年）・「大和の横穴式石室—岩屋山式成立以前—」（『考古学に学ぶ（Ⅳ）』同志社大学考古学シリーズ刊行会、平成11年）・「埴輪祭祀の変容」（『古代学研究』第150号、古代学研究会、平成12年）　⑥奈良県橿原市久米町五四一

水　野　敏　典（みずの　としのり）

①昭和四〇年一〇月二四日　②早稲田大学大学院文学研究科　③奈良県立橿原考古学研究所主任研究員　⑤「畿内における弥生墳墓と古墳」（『弥生の「ムラ」から古墳の「クニ」へ』学生社、平成14年）・「前方後円墳終焉の一様相」（『究班Ⅱ』埋蔵文化財研究会、平成14年）・「日韓鉄鏃にみる相対年代観」（『新世紀の考古学—大塚初重先生喜寿記念論文集—』纂修堂、平成15年）　⑥奈良県橿原市石川町七五－五－四〇八

北　山　峰　生（きたやま　みねお）

①昭和五〇年五月二三日　②関西大学大学院文学研究科　③奈良県立橿原考古学研究所技師　⑤「石製模造品副葬の動向とその意義」（『古代学研究』第158号、古代学研究会、平成14年）・「蛇行剣の分布と変遷」（『考古学ジャーナル』No.498、ニュー・サイエンス社、平成15年）　⑥奈良県橿原市久米町六四一－二一－一〇五号

木　許　　守（きもと　まもる）

①昭和三八年八月一四日　②龍谷大学文部史学科国史学専攻　③御所市教育委員会技術職員　⑤「群集墳形成期の地域社会と集団関係」（『龍谷史壇』第93・94号、平成元年）・「宮山古墳の墳丘とその系譜的位置」（『橿原考古学研究所紀要　考古学論攷』第20冊、平成8年）・『鴨都波1号墳調査概報』［編］（学生社、平成13年）　⑥奈良県北葛城郡當麻町長尾二七七－五四

小　栗　明　彦（おぐり　あきひこ）

①昭和四二年一一月二五日　②國學院大學大学院文学研究科　③奈良県立橿原考古学研究所主任研究員　⑤「全南地方出土埴輪の意義」（『百済研究』32号、韓国忠南大学校百済研究所、平成12年）・「埴輪工人個性抽出の試み」（『埴輪論叢』第1号、埴輪検討会、平成11年）・「光州月桂洞1号墳出土埴輪の評価」（『古代学研究』第137号、古代学研究会、平成9年）　⑥奈良県橿原市城殿町二七一－一四番地

青柳泰介（あおやぎ　たいすけ）

①昭和四三年一月二五日　②同志社大学大学院文学研究科　③奈良県立橿原考古学研究所主任研究員　⑤「家形埴輪の製作技法について」（『日本の美術』No.348、至文堂、平成7年）・「家形埴輪配置考―「首長居館」との関連を中心に―」（『古代学研究』第141号、古代学研究会、平成10年）・「導水施設考―奈良県御所市・南郷大東遺跡の導水施設の評価をめぐって―」（『古代学研究』第160号、古代学研究会、平成15年）　⑥奈良県橿原市石川町四三九－一－一〇四

勝部明生（かつべ　みつお）

①昭和九年一〇月四日　②関西大学大学院文学研究科日本史学専攻　③龍谷大学文学部教授　④文学博士　⑤『海獣葡萄鏡の研究』（臨川書店、平成8年）・『古代の技―藤ノ木古墳の馬具は語る』［共］（吉川弘文館、平成10年）・『藤ノ木古墳の謎』［共］（朝日新聞社、昭和63年）　⑥大阪府大阪市城東区諏訪三－八－六

鈴木勉（すずき　つとむ）

①昭和二四年四月一二日　②早稲田大学理工学部　③工芸文化研究所所長　⑤『古代の技―藤ノ木古墳の馬具は語る』［共］（吉川弘文館、平成10年）・「日本古代における技術移転試論Ⅰ―技術評価のための基礎概念と技術移転形態の分類―（金工技術を中心として）」（『橿原考古学研究所論集』第13、吉川弘文館、平成10年）・「江田船山古墳出土大刀銀象嵌銘「三寸」と古墳時代中期の鉄の加工技術〈付説　法隆寺金堂釈迦三尊像光背銘の「尺寸」について〉」（『橿原考古学研究所紀要　考古学論攷』第25冊、平成15年）　⑥東京都品川区上大崎一－九－四

直木孝次郎（なおき　こうじろう）

①大正八年一月三〇日　②京都大学文学部史学科国史専攻　③大阪市立大学名誉教授　④文学博士　⑤『日本古代国家の構造』（青木書店、昭和33年）・『飛鳥奈良時代の研究』（塙書房、昭和50年）・『難波宮と難波津の研究』（吉川弘文館、平成6年）　⑥奈良県奈良市尼辻南町三－四八

服部伊久男（はっとり　いくお）

①昭和三二年七月一〇日　②同志社大学文学部文化学科　③大和郡山市教育委員会主査　⑤「畿内の大刀形埴輪」（『考古学に学ぶ（Ⅱ）』同志社大学考古学シリーズ刊行会、平成15年）・「古代荘園図からみた氏寺の構造と景観」（『国立歴史民俗博物館研究報告』第88集、国立歴史民俗博物館、平成13年）　⑥三重県阿山郡伊賀町大字愛田一三三一七

平田政彦（ひらた まさひこ）
①昭和四〇年七月二二日 ②大阪教育大学大学院 ③斑鳩町教育委員会技師 ⑤「称徳朝飽波宮の所在地に関する考察」（大阪教育大学『歴史研究』第33号、平成八年）⑥大阪府柏原市石川町五－一五－八〇一

濱口芳郎（はまぐち よしろう）
①昭和三六年八月四日 ②龍谷大学大学院文学研究科 ③大和郡山市教育委員会 ⑥奈良県大和郡山市小泉町三七六－一 第1小泉マンション一〇六

網干善教（あぼし よしのり）
①昭和二年九月二九日 ②龍谷（旧制）大学大学院文学研究科 ③関西大学名誉教授 関西大学飛鳥文化研究所長 ④文学博士 ⑤『高松塚古墳の研究』（同朋舎、平成11年）・『佛教考古学論考』（同朋舎、平成12年）・『祇園精舎』［編］（関西大学〈日印共同学術調査団〉、平成9年）⑥奈良県奈良市朱雀二－一－一二三

竹田政敬（たけだ まさのり）
①昭和三七年三月一〇日 ②國學院大學文学部史学科 ③橿原市教育委員会 ⑤『日本の古代遺跡7－奈良飛鳥』［共］（保育社、平成6年）・「藤原京の京域」（『古代文化』第52巻第2号、古代学協会、平成12年）・「五条野古墳群の形成とその被葬者についての憶説」（『橿原考古学研究所紀要 考古学論攷』第24冊、平成13年）⑥奈良県橿原市久米町九一二 カーサ神宮前五〇三

井上薫（いのうえ かおる）
①大正六年三月二八日 ②東京大学文学部大学院 ③大阪大学名誉教授 ④文学博士 ⑤『行基』（吉川弘文館、昭和34年）・『日本古代の政治と宗教』（吉川弘文館、昭和36年）・『奈良朝仏教史の研究』（吉川弘文館、昭和41年）⑥大阪府箕面市瀬川一－二〇－九

大西貴夫（おおにし たかお）
①昭和四五年五月二三日 ②三重大学人文学部文化学科 ③奈良県立橿原考古学研究所附属博物館主任学芸員 ⑤「地方寺院成立の一形態―伊勢・伊賀における軒瓦の展開―」（『橿原考古学研究所紀要 考古学論攷』第19冊、平成7年）・『地光寺―第3次・第4次調査―』［編］（奈良県文化財調査報告書第87集、奈良県立橿原考古学研究所、平成14年）・『只塚廃寺・首子遺跡』［編］（奈良県史跡名勝天然記念物調査報告第57冊、奈良県立橿原考古学研究所、平成15年）⑥奈良県橿原市御坊町八五－二〇六

奥田　尚（おくだ　ひさし）

①昭和二二年三月一〇日　②奈良教育大学教育学部　③奈良県立橿原考古学研究所共同研究員　⑤『石の考古学』（学生社、平成14年）・「二上山系凝灰岩製の中世石造物」（『橿原考古学研究所論集』第13、吉川弘文館、平成10年）・「大坂山の石」（『古代探究森浩一70の疑問』中央公論社、平成10年）　⑥大阪府八尾市八尾木北六－一二六

平山敏治郎（ひらやま　としじろう）

①大正二年五月一三日　②京都帝国大学文学部史学科国史学専攻　④文学博士　⑤『日本中世家族の研究』（法政大学出版局、昭和55年）・『民俗学の窓』（学生社、昭和56年）・『歳時習俗考』（法政大学出版局、昭和59年）　⑥京都府京都市左京区下鴨西半木町四五

岡林孝作（おかばやし　こうさく）

①昭和三七年一二月二日　②筑波大学大学院歴史人類学研究科　③奈良県立橿原考古学研究所主任研究員　奈良県教育委員会文化財保存課（併任）　⑤『大和前方後円墳集成』［共編］（学生社、平成13年）・『南朝石刻』［共編］（奈良県立橿原考古学研究所、平成14年）・『女王卑弥呼の祭政空間』［共］（恒星出版、平成14年）　⑥奈良県橿原市菖蒲町四丁目三五－五

寒川　旭（さんがわ　あきら）

①昭和二二年四月一日　②東北大学大学院理学研究科　③独立行政法人産業技術総合研究所主任研究員　④理学博士　⑤『地震考古学　遺跡が語る地震の歴史』（中公新書、平成4年）・『揺れる大地　日本列島の地震史』（同朋舎出版、平成9年）・『日本を知る　地震　なまずの活動史』（大巧社、平成13年）　⑥大阪府枚方市中宮北町一〇－一二－五〇三

田中久夫（たなか　ひさお）

①昭和九年七月二三日　②関西大学大学院文学研究科　③神戸女子大学博士後期課程教授　④文学博士　⑤『氏神信仰と祖先祭祀』（名著出版、平成3年）・『金銀銅鉄伝承と歴史の道』（岩田書院、平成8年）・『祖先祭祀の展開―日本民俗学の課題―』（清文堂、平成11年）　⑥兵庫県神戸市東灘区御影本町四－一〇－一一

吉田裕彦（よしだ　ひろひこ）

①昭和二九年一月三〇日　②天理大学外国語学部インドネシア学科　③天理大学附属天理参考館海外民族室学芸員　⑤「東インドネシア、スンバ島の巨石文化を訪ねる」（『異文化を「知る」ための方法』古今書院、平成8年）・「ボル

ネオ島ガジュ・ダヤック族の生命の樹」（『宗教と考古学』勉誠社、平成9年）・〔共〕第44回企画展図録「ニューギニア・アフリカ・アジア太鼓の世界—神々との交信、陶酔の響き—」（天理参考館、平成14年）⑥奈良県橿原市北越智町一一〇番地

橿原考古学研究所論集　第十四

定価：本体18,000円
＊消費税を別途お預かりいたします

2003年11月26日　初版発行

編　者　奈良県立橿原考古学研究所
発行者　八　木　壮　一
発行所　株式会社　八　木　書　店
〒101-0052　東京都千代田区神田小川町3-8
03-3291-2961(営業)
03-3291-2969(編集)
03-3291-2962(FAX)
Web http://www.books-yagi.co.jp/pub
E-mail pub@books-yagi.co.jp

印刷所 製本所　天理時報社
用　紙　中性紙使用

ISBN4-8406-2081-4